JN199795

初期稲作文化と渡来人

—そのルーツを探る—

端野晋平

HASHINO Shinpei

すいれん舎

まえがき

　本書のタイトルに掲げた「初期稲作文化」とは，縄文時代の終末期に日本列島で出現する水稲農耕とそれと不可分な関係にある文化諸々を指す。水稲農耕導入は，それまでの獲得経済から生産経済への本格的な転換を意味し，結果として，弥生時代が始まる。その後，日本列島社会は水稲農耕を基盤として階層化・複雑化が進み，古代国家への道を歩んでいくこととなる。こうしたことから，水稲農耕の開始期は日本列島史上の大きな画期の一つに数えられる。もう一つの「渡来人」は，こうした「初期稲作文化」の導入に関わったとみられる日本列島外からの移入者のことであり，これも本書の内容を端的に表す重要なキーワードとなる。本書では，日本列島・朝鮮半島双方の遺跡から出土した物質文化，暦年代データ，気候変動データを総合的に分析することによって，初期稲作文化のルーツ，ひいては渡来人の故地を突き止める。そして，こうした文化や人がなにゆえ，どのように日本列島にやってきたのかについて，一定の回答を提示するのが目的である。

　今日，日本考古学界では，本格的な水稲農耕の出現をもって，弥生時代の始まりとする定義がある程度，浸透しつつある。そして，考古学・自然人類学双方の立場から，水稲農耕の出現の背景に，朝鮮半島からの人間集団の渡来と一定の関与を認める見解も提出されている。弥生時代がどのように始まったのかについては，第二次世界大戦前から数多くの議論があるが，福岡県板付遺跡［福岡市教委 1979］，佐賀県菜畑遺跡［唐津市教委 1982］，福岡県石崎曲り田遺跡［福岡県教委 1985］など，今日の水稲農耕開始期を代表する諸遺跡の発掘調査成果によって，1980 年代には大きな転機が訪れた。すなわち，弥生時代の開始にあたって，縄文人と渡来人のいずれに主体性を認めるかを問う議論が盛んに行われた。こうした議論は，自然人類学の立場から提出された大量渡来説を背景とするものであったが，1990 年代に

なると，これを「主体性論争」と呼び，この議論自体の意味についての疑義も示された。その後，これから抜け出し，縄文時代から弥生時代への移行のプロセスを明らかにしようとする試みも行われ始め，今日に至っている。

　一方，韓国では 1970 年代において，京畿道欣岩里遺跡［서울大博 1973］，忠清南道松菊里遺跡［国立中央博 1979］などから，日本列島の弥生文化との関係を積極的に見出せる様々な物質文化が存在することが明らかとなった。とりわけ，松菊里遺跡での調査成果は，のちに日本列島での水稲農耕開始期と深く関わる無文土器時代中期（松菊里式期）の設定［藤口 1986］をもたらすこととなった。その後，とくに 2000 年代以降になってから，大規模の開発事業にともなう発掘調査が急増することによって，朝鮮半島南部各地での無文土器文化の様相が格段に鮮明となった。

　このように，近年の日韓両国の考古学界において，考古資料の蓄積による研究の進展には目覚ましいものがある。ところが，弥生文化の成立に一定の貢献を果たした渡来人の故地や，彼らが日本列島にもたらした文化の，朝鮮半島での形成過程，そして渡来の要因については，いまだに不鮮明なままである。これには，次のような日韓双方の考古学界の風潮が背景にあるように思われる。すなわち日本考古学界では，研究者の多くが，日本列島での弥生文化の成立過程とその内的要因に強い関心を払いつつも，外的要因についてアプローチを試みた研究はさほど多くはない。一方，韓国考古学界では，朝鮮半島での農耕文化の成立過程には関心が集中するものの，朝鮮半島での研究蓄積をふまえたうえで，日本列島の弥生文化の成立を論じた研究は極めて少ない。結果として，日本列島・朝鮮半島双方の考古資料を徹底的に突き合わせた比較研究が不十分になっていることが，これらの研究課題が未解明のままである一因となっているようである。とくに，渡来の要因を解明するには，物質文化だけでなく，人類を取り巻く社会・自然環境までを視野に入れたアプローチが不可欠であるが，これまでの研究ではこれが十分とはいえない。

　ひるがえって，最近の考古学の概説書や歴史の教科書をみると，日本列島

の水稲農耕のルーツについて，中国長江下流域に起源する水稲農耕が朝鮮半島を経由して伝わったとする説と並んで，いまだに長江下流域から直接伝わったとする説，中国東南部から南西諸島を経由して伝わったとする説が大きく紹介されているのを目にすることがある。これはひとえに韓国考古学の研究蓄積を軽視していることにほかならない。こうした状況を受けて，これまで筆者が取り組んできた研究の成果をまとめたものが本書である。

さて，本書は九つの章で構成される。まず，第1章では，物質文化の編年と暦年代，弥生時代の開始と渡来人，日本列島・朝鮮半島間の交流，水稲農耕伝播の要因・メカニズムといった四つの論点ごとに学説を整理し，その問題点を明らかにする。そして，それをふまえ，本書の目的である交流の実態とその背後にあるメカニズムを解明するための資料と方法を提示する。

第2章では，当該期における日本列島と朝鮮半島の土器などの文化編年の併行関係と暦年代を検討する。そうしたなか，朝鮮半島無文土器時代の炭素14年代を検討することによって，妥当な年代観を導き出し，2000年代以降，センセーショナルな議論を巻き起こした，国立歴史民俗博物館研究チームによる弥生開始年代遡上論の是非を問う。

第3章では，日本列島と朝鮮半島で得られた複数の異なる種類の気候変動データを点検し，当該地域における過去の気候現象がどのように移り変わったのか，そして，当該期に関係する気候はどのようなものであるのかを明らかにする。

第4章から第7章までは，水稲農耕と時を同じくして日本列島に出現した支石墓・松菊里型住居・丹塗磨研壺・石庖丁という四つの物質文化を対象として，その系統学的研究を行う。これによって，水稲農耕と不可分な関係にある文化が朝鮮半島のどこから日本列島のどこへと伝わったのか，そして日本列島ではどのように受容されたのかを明らかにする。

第8章では，前章までの分析結果を整理したうえで，当該期における日本列島・朝鮮半島間交流の実態を明らかにし，その背後にあるメカニズムのモデル化を試みる。

終章では，第8章までの議論を総括し，全体の概要とまとめを簡潔に記したい。

　本書は，2012年3月に九州大学へ提出した博士学位論文を骨子としている。成稿にあたって，最小限の加筆・修正を行ったが，学位論文提出後の知見や研究については，ごく一部を除いて触れることはできなかった。また，分析に用いた資料は，初出論文のままであり，発表後に報告された資料を追加し，再分析することはできなかった。ご了承いただきたい。

　なお，本書で用いる「水稲農耕開始期」という語は，日本列島の時期区分では縄文時代晩期後葉（弥生時代早期），朝鮮半島の時期区分では無文土器時代中期前半を指す。両地域において，水稲農耕が本格化する時期という点では，今後もこの評価はほぼ動かないものと考える。また，本書では「無文土器時代」という朝鮮半島の時代名称を用いている。最近の韓国考古学界では，これに相当する時間幅の前半部を「青銅器時代」，後半部を「初期鉄器時代」あるいは「三韓時代」，「原三国時代」と呼ぶのが主流となっている。ところが，本文中でも述べるように，「青銅器時代」の使用は適切ではない点もあることから，本書ではこれを用いない。本書のタイトルにもある「渡来人」という用語については，これを古代あるいは国家成立以降に日本列島外部から移住してきた人という狭い意味でとらえ，水稲農耕開始前後の事柄には使わない研究者もいる。しかしながら，本書では，考古学・自然人類学における「渡来説」の学史的な意義を鑑みて，あえてこれを用いることとする。そのほか，本文中の「日本列島」「朝鮮半島」は，煩雑さを避けるため，時折それぞれを「列島」「半島」と略称することがある。また，本文中で登場する人名は，敬称を省略させていただく。ご容赦いただきたい。

目　次

図表目次

初期稲作文化と渡来人
──そのルーツを探る──

第1章 初期稲作文化と渡来人をめぐる諸問題

　初期稲作文化と渡来人をめぐる，これまでの研究の論点は大きくみて，次の四点にまとめられる。一つ目は，物質文化の編年と暦年代に関する研究である。これは細かくみると，朝鮮半島南部・日本列島西部双方の地域における文化・土器の編年研究，両地域における編年の併行関係に関する研究，そしてこれらの考古学的時期の暦年代についての研究に分けられる。これらの研究は，半島・列島間の交流を論じるための基礎を形成するものとして欠かすことのできないものである。

　二つ目は，弥生時代の開始と渡来人をめぐる諸説である。従来から，自然人類学や考古学の両学界において，列島への水稲農耕伝来，あるいは弥生時代の開始の背景に，大陸や朝鮮半島からの渡来人の存在と一定の関与を想定する見解が提出されてきた。これらの議論は，半島・列島間で行われたであろう，当該期における交流の具体像に迫るものとして，大きな意義をもっている。

　三つ目は，個別の物質文化についての検討にもとづいた半島・列島間の交流論である。従来から，半島と列島とに共通して分布する，様々な文化要素の検討にもとづいて，両地域間の交流ルートやその様態についての議論が活発に行われてきた。列島への水稲農耕の導入にともなう半島系の物質文化としては，支石墓，松菊里型住居，木製農耕具，それを製作するための石器，収穫するための石器，無文土器文化に由来する土器の器種，製作技法など数多くが知られる。そして，各研究者が対象とする物質文化の種類や分析法，伝播現象についての考え方の違いによって，結果として様々な見解が提出されている。

　四つ目は，水稲農耕伝播の要因・メカニズムに関する諸説である。これは，水稲農耕を受け入れた列島側の要因を対象としたもの，列島へ水稲農

耕をもたらした中国大陸側あるいは朝鮮半島側の要因を対象としたもの，の二つに分けられる。前者には，唯物史観の立場からの見解，民族学者による「照葉樹林文化論」，生態系における食料獲得システムに着目した見解，気候変動に起因する水田適地の形成をあげる見解などがある。また後者には，中国大陸における政治的動乱をとなえる見解や，さらにその背景に気候の寒冷化を想定する見解があり，近年は東北アジア全体を視野に入れ，気候の寒冷化（悪化）と農耕民の移動とを結びつけ，各地における農耕化や農耕伝播を段階的にとらえようとする見解も提出されつつある。これらの議論は，考古学的事象の背後にある要因を説明しようとした点で，本書での究極的な目的とも大きく関わってくる。

　本章では，以上四つの論点ごとに，初期稲作文化と渡来人をめぐる学説を検討することによって，その問題点を明らかにする。それをふまえ，本書の目的である水稲農耕開始前後における列島・半島間の交流の実態とその背後にある要因・メカニズムを解明するための資料と方法を提示する。

第1節　初期稲作文化と渡来人をめぐる諸学説の検討

　本節では，従来の当該議論を，物質文化の編年と暦年代に関する諸説，弥生時代の開始と渡来人をめぐる諸説，個別の物質文化にもとづいた列島・半島間交流論，水稲農耕伝播の要因・メカニズムに関する諸説の四つに分けて，概観することとする。

1　物質文化の編年と暦年代に関する諸説

A　無文土器時代と突帯文期・弥生時代前半期の編年と併行関係

　ここでは，本書の課題と関係する時間軸についての既存の研究を，半島南部の無文土器時代土器・物質文化の編年研究，九州北部の突帯文期〜弥生時代前期土器の編年研究，そしてその両者の併行関係に関する研究の三つに分けて，整理したい。

（1）無文土器時代の土器・物質文化の編年

　まず，今日までの無文土器時代の土器・物質文化の編年研究を概観する。無文土器の編年研究は，1960 年代に行われた京畿道可楽里遺跡［金廷鶴 1963］とソウル特別市駅三洞遺跡［金良善・林炳泰 1968］の発掘調査報告を出発点として，1970 年代から 80 年代にかけて，その後の追加資料を加えながら徐々に進展していった。この時期での半島南部を対象とした編年研究として，後藤直［1973］や尹武炳［1975］をあげることができる。また，半島南部の小地域を対象とした編年作業としては，李白圭［1974］，趙由典［1979］，崔茂蔵［1983］がある。これらのうち，後藤直［1973］と李白圭［1974］は，朝鮮コマ形土器を中心とする西北地域の文化と，孔列文・口唇部刻目土器を中心とする東北地域の文化が南下し，漢江流域で接触して南部独自の無文土器文化が成立し，南部各地に広がっていったという見解を示したものである。

　1977 年，忠清南道松菊里遺跡では，遼寧式銅剣をはじめとする豊富な副葬品が石棺墓から出土し，さらに無文土器時代に属する住居跡群も発見された［国立中央博 1979］。この遺跡から得られた成果によって，1980 年代後半になると，無文土器の編年研究が一つの画期を迎える。藤口健二は，朝鮮半島を西北部地域，西部地域，東北部地域，中南部地域の四地域に区分し，各地域の無文土器を編年した。そのうち，本節と関係する中西部地域については，欣岩里遺跡と松菊里遺跡の土器資料の検討を通して，無文土器時代の中期土器，すなわち松菊里式を初めて設定した［藤口 1986］。李健茂は，これまでの研究を総括したうえで，土器と石器・青銅器などの共伴遺物との比較を通して，無文土器文化を前期・中期・後期・末期の四期に区分した［李健茂 1991］。安在晧は，嶺南地方の住居跡と墓から出土した遺物を対象として，A ～ H 群という単位を設定し，型式学的な変化の方向性にしたがって，A・B 群→ C 群→ D 群→ E・F 群という序列で編年した［安在晧 1992］。この編年単位は，今日の時期区分でいえば，A ～ D 群が前期，E・F 群が中期に相当する。河仁秀も，嶺南地方の丹塗磨研土器を編年し，その中で無文土器時代の中期段階を設定した［河仁秀 1992］。

前期無文土器もまた，1980年代後半から1990年代にかけて，資料の蓄積をふまえ，「類型」という概念を規定するとともに，その時空間的な位置づけについて議論された。李清圭は「無文土器文化」を，土器と石器を中心とする遺物複合群によって認定した無文土器群を標識とする概念とした。そして，無文土器群については「○○式」を，無文土器文化については「○○類型」を用いるとして区別したうえで，無文土器文化を早期・前期・中期・後期・末期の5期に区分した［李清圭 1988］。これは韓国考古学界での無文土器時代研究における「類型」という用語の初出である。漢江流域の青銅器・初期鉄器文化を論じた朴淳發は，欣岩里式土器を出土する遺跡群を欣岩里類型とみなし，欣岩里類型を半島南部全域の無文土器前期の後半段階に位置づけた［朴淳發 1993］。さらに朴淳發は，既存の研究では，「文化」と「類型」の意味内容の点で混同しており，かつ朴淳發［1989］での「類型」の概念規定に不明瞭な点があったとして，「文化」と「類型」を再定義した。すなわち，「類型（Cultural Assemblage）」を「同質的文化伝統をもっており，考古学的同時間帯に包括され得る製作・使用集団によって製作・使用された一連の遺構および遺物群」と定義づけた。そして，「一定の空間的範囲内で同一の類型の考古学資料が反復的に確認される場合は，該当類型を標識とする考古学的文化とすることができる」とした［朴淳發 1999］。

　1990年代後半になると，それまで韓国考古学界に支配的であった，欣岩里類型土器の成立に，豆満江流域の文化の関与を認める見解に疑問が示された。大貫静夫は，豆満江流域よりも鴨緑江流域や清川江流域などの西北地域が，欣岩里類型との結びつきがより強そうなことを指摘した［大貫 1996］。

　無文土器時代の集落の変遷を検討した安在晧は，構造的な画期がE群とする先松菊里類型の時期に現れることから，この時期から細形銅剣が出現する直前までを無文土器中期とみた。そして，先松菊里類型を中期前半，松菊里類型を中期後半に位置づけた［安在晧 1996］。その後，安在晧は櫛目文土器と突帯文土器とが共伴する段階を無文土器早期として設定した［安在

皓 2000]。

　弥生時代開始期における土器製作技法の受容を検討した家根祥多は，半島南部の無文土器を，「欣岩里式」→「大坪里式」→「休岩里式」→「館山里式」→「古南里式」→「松菊里式」→「校成里式」という序列で編年した。また，後に一部が「検丹里式土器」と呼ばれることとなる検丹里遺跡出土土器については，半島南東部地域独自の地域色をもつ，「館山里式」と併行する土器群として位置づけた［家根 1997]。

　1990 年代も終わり頃になると，韓国考古学界においては，それまで「無文土器時代」の範疇でとらえてきた粘土帯土器文化期を「鉄器時代」に編入する動きも出始めた。鄭漢徳は，これまで無文土器後期とされてきた粘土帯土器段階を鉄器時代の始まりと認識したうえで，無文土器時代から外し，代わりに松菊里類型を後期へと変更した。そして，朝鮮コマ形土器とそれが半島南部で在地した土器＝可楽洞式土器を標識とする可楽洞類型を前期に，駅三洞式土器と欣岩里式土器を標識とする欣岩里類型を中期に当てた［鄭漢徳 1999]。

　金壮錫は，「欣岩里類型」の定義を再検討したうえで，「可楽洞類型」と「欣岩里類型」の炭素 14 年代，「可楽洞類型」「駅三洞類型」「欣岩里類型」の三類型の分布を検討した。その結果，「駅三洞類型」がやや古く出現し，その後，「可楽洞類型」と「欣岩里類型」が同時期に出現するという編年観を示した［金壮錫 2001]。

　宋満榮は，「松菊里類型」の遺物複合体がすでに各要素が完成された状態で錦江中・下流域に出現したものととらえ，従来，前期無文土器の類型から「松菊里類型」への移行過程ととらえられてきた「先松菊里類型」を，「松菊里類型」が孔列土器の占有地域に波及する過程において，文化接触によって発生したものとみなした［宋満榮 2001]。

　これに対し金壮錫は，「松菊里類型」が突如として錦江中・下流域に出現したものとはとらえず，忠清道地域において，前期無文土器文化から「先松菊里類型」を経て「松菊里類型」へと移行するとみた［金壮錫 2003]。

　2000 年代以降，無文土器前期〜中期の文化編年は，半島南部をいくつか

に分けた小地域ごとに，住居跡・土器・石器などの複数の物質文化を対象として，精力的に行われた。たとえば，湖西地方（忠清道地方）では，李亨源［2002］・千羨幸［2003］・庄田慎矢［2004b］などが，嶺南地方（慶尚道地方）では，董眞淑［2003］・黄炫眞［2004］・庄田慎矢［2004a］などがあげられる。これらの研究は，後述するように，松菊里型住居跡と土器とがそろって分布する範囲を「松菊里文化圏」と定義するならば，そのなかの小地域を対象としたものといえる。

　ところで，この時期には無文土器中期に位置づけられてきた松菊里文化の範囲が鮮明となった一方で，それの及ばない範囲が明らかとなった。松菊里文化の及ばない地域のうち，北漢江流域では「北漢江類型」［金權中 2005］，蔚山地域では「検丹里類型」［裵眞成 2005；李秀鴻 2005］が設定された。これらは松菊里文化と併行しつつ，それとは異なる物質文化の組み合わせにもとづいて設定された独自の考古学的文化といえる。嶺東地方は，朴榮九［2005］によって集落構造の検討が行われたが，中期についてはとくに言及がなかった。そこで筆者は，嶺東地方においては，「北漢江類型」や「検丹里類型」とは異なり，無文土器中期併行期にいたっても，独自の文化が形成されず前期無文土器文化が継続し，そのまま円形粘土帯文化（水石里式）が接続したとみなした［端野 2006］。なお，「北漢江類型」という名称は，地域名から付けたものであるが，今後の発掘調査の増加によって，空間的範囲が変更される可能性を考慮すると，他の類型と同様に，標識となる遺跡名をとって「泉田里類型」とする方が望ましいであろう。以下，そのように呼ぶこととする。

　なお以上の論考は，住居跡・土器・石器などの遺構・遺物の組み合わせをみて「類型」を設定し，「類型」相互の時空間的関係を検討したり，住居跡の型式を編年の主たる基準として用いて，そこから出土した土器や石器などの遺物型式の変遷を検討したりするといった方法を採っているが，そうではなく土器だけを対象として編年を試みた論考も提出されている。安在晧と千羨幸は，独自の属性分析的手法を用いて，前期無文土器の文様を編年した［安在晧・千羨幸 2004］。

この間，日本人による研究も推し進められた。後藤直は，中期無文土器を形態と文様にもとづいて，4期に細分した［後藤直2006］。庄田慎矢は，自身の研究を総括し，半島南部全域での編年案を提示した［庄田2009］。

最近では，さらに半島南部各地での資料の充実を背景に，編年研究が推し進められている。中部地域ではキム・コンチュン（김권중）[2013, 2016]，カン・ビョンハク（강병학）[2013]，パク・ヨング（박영구）[2013]，湖西地域ではナ・コンジュ（나건주）[2013, 2016]，コン・ミンギュ（공민규）[2013]，湖南地域ではヤン・ヨンジュ（양영주）[2013]，ホン・パルクム（홍밝음）[2013]，キム・キュジョン（김규정）[2016]，嶺南地域ではキム・ビョンソプ（김병섭）[2013, 2016]，ハ・ジンホ（하진호）[2013]，キム・ヒョンシク（김현식）[2013] といった研究があげられよう。そのほか，嶺南東部にあたる南江流域の編年に関わる論考として，チョン・ジソン（정지선）[2010]，ソン・ヨンジン（송영진）[2012] がある。各地における時期区分は，対象地域や研究者によって，細分時期の数や内容はやや異なるが，早期は2期，前期は2〜3期，中期は2〜3期，後期は2期に分けられることが多いようである。

こうした編年研究の進展と同時に，問題となるのは，時代の名称と範囲である。最近の韓国考古学会では，「青銅器時代」という名称がほぼ定着した感があり，「無文土器時代」を使用する研究者は皆無に等しい。日本でも，こうした状況に歩調をそろえる人が多く，「無文土器時代」を使用する人は筆者を含め，ごく一部に限られる。「青銅器時代」の始まりについては，突帯文土器の出現とする見解で一致しているものの，終わりは松菊里式期までとする見解，水石里式期までとする見解などに分かれている。たとえば，無文土器時代研究の代表的な研究者の一人である安在晧は，それまで「無文土器時代」という時代区分で用いてきた「早期」「前期」「中期」「後期」という4時期区分において，「後期」に相当する粘土帯土器文化期（水石里式期・勒島式期）を「三韓時代（原三国時代）」に編入し，「中期」（先松菊里式期・松菊里式期）を「後期」に変更した。これは，安在晧が従来，無文土器前期・中期と呼んできた時期に，石器・土器・玉などの製作の専門

家や都市の存在，社会の複雑化・階層化などを想定する研究が近年になって提出されていることを受けたことによるという［安在晧 2006］[1]。

（2）突帯文期～弥生時代前期土器の編年研究

　次に，半島南部と列島との併行関係をとらえるうえで定点となる，北部九州における突帯文期から弥生前期にかけての土器の編年研究を概観する。1980 年代初めごろまでは，最後の縄文土器が夜臼式土器で，最古の弥生土器が板付Ⅰ式土器と認識されていた。ところがその後，夜臼式期に本格的な水田が存在し，生産用具なども弥生時代のそれと変わるところがないことが明らかとなり，この時期を弥生時代の最古期と考える研究者が現れ始めた［佐原 1983］。今日は，この見解が主流をなしつつあるように思えるが，これが妥当かどうかは別に検討を要する。そこでここでは，夜臼式期をとりあえず「突帯文期」と呼んで，土器編年の学史を整理したい。

　さて，先述の「最後の縄文土器＝夜臼式土器，最古の弥生土器＝板付Ⅰ式土器」という認識は，1950 年，福岡県板付遺跡で二者の共存が確認されたことに始まる。すなわち，この調査によって，刻目突帯文甕・壺・浅鉢・高坏のセットをなし，縄文土器にみられる灰褐色を呈する土器（夜臼式土器）と，それ以前から最古の弥生土器と推定されていた土器（板付Ⅰ式土器）との共存関係が確認されたのである［森・岡崎 1961］。そして，当時の関心は，板付Ⅰ式土器に共伴する夜臼式土器よりもさらに古い刻目突帯文土器の追究へと向かい，より古相の刻目突帯文土器として山ノ寺式土器が設定された［森 1966］。

　その後，佐賀県宇木汲田貝塚の調査において，刻目突帯文土器が検出されたが，この土器がそれまでの夜臼式土器に近い特徴をもつこともあって，「夜臼式単純期」という概念が生じた。そして，それ以降は山ノ寺式→夜臼式単純→夜臼式＋板付Ⅰ式という編年序列で示されることとなった［九州大考古 1966］。

　この編年序列は，多くの研究者に受け入れられたかにみえたが，一時，板付Ⅰ式に先行する刻目突帯文土器（山ノ寺式・夜臼式）単純期の存在に疑問を投げかける見解も提示された。すなわち，山ノ寺式・夜臼式から板

付I式への編年序列を認めず，山ノ寺式・夜臼式と板付I式は，それぞれ別個の文化的伝統を担う集団（在来者と渡来者）の産物である可能性が示されたのである［春成 1973］。この疑問自体は，のちの板付遺跡をはじめとする層位的調査例の増加によって解消されたものの，これらの調査例は新たな編年案をもたらした。まず，板付遺跡の調査者である山崎純男は，調査時の層位的所見にもとづき，夜臼I式→夜臼IIa式→夜臼IIb式＋板付I式という序列を提示した。そして，山ノ寺式土器については，その特徴の一つである粗大な刻目をもつ土器が北部九州には分布しないとして，島原半島における夜臼I式・IIa式土器併行のローカルな土器とみなした［山崎 1980］。

　しかし，その後，佐賀県菜畑遺跡でも突帯文期の水田遺構が発見され，調査者の中島直幸は，その9〜12層出土土器を山ノ寺式と呼び，それ以降については夜臼式単純期→夜臼式＋板付I式という序列を示した［中島 1983］。この9〜12層出土土器は，かつて森貞次郎らによって設定された山ノ寺式土器の特徴をもっており，これらの土器の分布が島原半島に限られたものではないことが再確認された。また，福岡県石崎曲り田遺跡の調査者である橋口達也は，この遺跡から出土した土器を型式学的操作によって，「曲り田（古）式」と「曲り田（新）式」の2段階に区分し，「曲り田（古）」を菜畑遺跡13層出土土器に，「曲り田（新）式」を菜畑遺跡9〜12層出土土器および山崎純男による編年案の夜臼I式に対比させた［橋口 1985］。

　このように，板付I式土器成立以前の突帯文期については，1980年代に各研究者によって様々な編年案が提出されたが，主として刻目の形状や突帯の位置を論拠として2期に細分しうるとしている点においては共通している。しかし，これらの細分編年に対して，田中良之は疑問を呈した。すなわち田中は，確かに菜畑遺跡をはじめとする層位的調査例や一括資料をみると，刻目突帯文甕や浅鉢，粗製甕などに，古・新の傾向は指摘される［田中 1985］ものの，これらはあくまで漸移的に連続する傾向であり，属性の存否によって区切られることはないとした。そして，これまでの山ノ

寺式土器の特徴とされてきた粗大な刻目にしても，先行する黒川式期には
すでに大小の刻目が存在することから，粗大な刻目のみが古式であると保
証されているとはいえないとして，この時期を一括し「夜臼式期」として
扱った［田中 1986］。

一方，板付Ⅰ式期以降の土器編年については，福岡県今川遺跡Ⅴ字溝出
土土器にもとづいて，伊崎俊秋が板付Ⅰ式・突帯文共伴期の後に，「夜臼式
を含まぬ板付Ⅰ式」の時期を設定した［伊崎 1981］。これによって，夜臼式
＋板付Ⅰ式→板付Ⅰ式→板付Ⅱa式という序列が示されたといえる。なお，
この資料を板付Ⅱa式まで下げて考える見解［橋口 1985］に対して，田中
良之は，それまでに板付Ⅱa式とされてきた土器よりは明らかに古相を呈
することから，やはり板付Ⅰ式土器のカテゴリーに含められるべきであろ
うとした［田中 1986］。

以上，1980 年代中ごろまでの学史を概観した。これにつづく 1990 年代
以降の研究は，1980 年代に提示された編年序列をおおむねトレースするか
たちで，その細分や器種ごとの型式組列の体系的な整理を目指して行われ
てきた。藤尾慎一郎は，九州島のうち，北部九州と西部九州と含む範囲を
四地域に区分し，それぞれの地域での縄文晩期後葉から弥生前期に属する
突帯文土器を編年した［藤尾 1990］。田崎博之は，北部九州の資料を対象と
して，甕の型式組列にもとづき，縄文晩期後葉から弥生前期前葉の土器群
を七つの段階に編年した［田崎 1994］。吉留秀敏は，板付遺跡の周辺に位置
する遺跡などから得られた一括資料を用いて，土器組成と型式変化をもと
に，従来の夜臼式から板付Ⅱ式にあたる範囲の土器を，9 期に編年した［吉
留 1994］。また，今川遺跡Ⅴ字溝出土土器を指標とする時期を，「板付Ⅱa
式（古）」［菅波 2000a］，「板付Ⅰb式」［田畑 2000］というように，呼び名
の違いはあるが，福岡平野の資料（雀居遺跡 5 次 SK188 など）で設定する
研究も現れた。

2000 年代に入ると，北部九州・近畿間での土器編年の併行関係論に関
連して，それまで北部九州における最古の突帯文期とされてきた夜臼式期
よりもさかのぼる時期が編年の枠組みに組み込まれるようになった。列島

西部における突帯文土器分布圏の形成過程を検討した宮地聡一郎は，以前から見解が分かれていた九州と瀬戸内以東との併行関係について，浅鉢を基準として，江辻遺跡第 4 地点 SX1 出土土器を，長行遺跡出土土器と菜畑遺跡 9 〜 12 層出土土器との間を埋める基準資料として位置づけた［宮地 2004a, 2004b］。これは，浅鉢にもとづいて近畿の口酒井式期と九州の夜臼式期とを併行させた泉拓良の見解［泉 1990, 1996；泉・山崎 1989］にしたがうものである。また小南裕一も，泉拓良［1990］が提示した突帯文土器の大別の枠組みをふまえつつ，北部九州を四つの地域に区分して，各地域の土器を編年した。各地域の土器編年の流れは，先行研究を基本的に踏襲するものであるが，唐津地域の菜畑遺跡 9 〜 12 層，糸島・早良地域の橋本一丁田遺跡 9 〜 11 層，福岡平野の雀居遺跡 SD03 下層の土器群を，それまで「夜臼 I 式」と呼称されてきた土器群に比べ，古い要素をもつとみて，それより先行する時期に位置づけた。また，これらよりさらにさかのぼる土器群として，江辻遺跡第 4 地点 SX-1 出土土器を位置づけた［小南 2005］。

　近年，板付 I 式甕の成立過程を論じた宮本一夫は，板付遺跡出土土器を中心として，福岡平野における弥生開始期前後の土器を，突帯文甕の細分型式によって，5 段階に編年した［宮本 2011a］。そして，小南［2005］が夜臼 I 式にさかのぼる土器群として位置づけた福岡平野の資料を夜臼 I 式に含め，これを菜畑遺跡 9 〜 12 層に併行する時期の資料としてみなした。なお，夜臼 I 式より前の土器編年については，宮地［2004］と小南［2005］に依拠して，結論的には黒川式（中段階）→長行段階→江辻 SX-1 →夜臼 I 式→夜臼 II a 式→夜臼 II b 式→夜臼 II b 式＋板付 I 式→板付 I 式という編年序列を示した。先行研究が設定した時期の妥当性に疑問をもった筆者は，「一括資料の非直列的配列」［岩永 1989］によって，北部九州の縄文晩期後葉〜弥生前期末葉の土器を 7 期に編年した。その結果，一括資料群間に見出せた境界からみて，3 期に区分するのが主流となりつつある突帯文期は，2 期に細分するのが妥当とみた。また，突帯文土器が従来の板付 II a 式期まで残存することを認めた［端野 2016］。

（3）無文土器時代前半期と弥生時代前半期の併行関係

　弥生時代が朝鮮半島の無文土器時代，および三韓時代（原三国時代）に
ほぼ併行することは，1980年代までに知られていたが，両地域において細
分された編年の併行関係に関する本格的な研究の嚆矢は，武末純一［1987］
である。武末は，併行関係を検討するに先だって，交差年代の決定法と半
島の弥生土器系資料と列島での無文土器・三韓土器系資料の認定原則を示
した。そして，これらをふまえ，青銅器関係の資料も援用しつつ，無文土
器と弥生土器の併行関係を検討した。その結論だけを抽出すると，以下の
通りである。

　①無文土器前期の欣岩里式土器の上限は，黒川式併行期以前にある。

　②無文土器中期の松菊里式期は夜臼式期から板付Ⅰ式期と併行する可能
　　性がある。

　③板付Ⅱc式期と水石里式期とが併行関係にある。

　④板付Ⅱb式期と水石里式期も併行し，水石里式の上限は板付Ⅱb式期
　　以前である。

　⑤無文土器後期後半の勒島式土器は，須玖Ⅰ式期と併行することは確実
　　である。

　⑥勒島式の上限は，おおよそ城ノ越式併行期前後にある。

　その後，併行関係の研究に大きな動きがみられたのは，1990年代後半
になってからである。弥生時代開始論を展開した家根祥多は，半島南部の
無文土器を「欣岩里式」→「大坪里式」→「休岩里式」→「館山里式」→
「古南里式」→「松菊里式」→「校成里式」（円形粘土帯土器）という序列
で編年した。そして，壺・鉢・甕の形態比較によって，「休岩里式」と「館
山里式」とを北部九州の「山ノ寺式」に対応させた。また，この結果と，
列島出土の無文土器系土器の存在などにもとづいて，「欣岩里式」を黒川
式に，「古南里式」を夜臼式に，「松菊里式」を板付Ⅰ式から板付Ⅱa式に，
「校成里式」を弥生前期後半に対応させた［家根 1997］。

　2000年代になり，武末純一は，無文土器編年研究の新しい成果を取り込
み，マイナーチェンジを行った。すなわち，無文土器早期の渼沙里式（突

帯文土器）を縄文晩期前葉（広田式期）から晩期中葉（黒川式期）に併行させ，無文土器中期の松菊里式の前に先松菊里式を置き，突帯文期（山ノ寺式・夜臼式）に対応させた［武末 2002］。

　つづいて武末は，歴博 AMS 年代発表後，弥生時代の暦年代論が活発になっているのを受けて，弥生土器と無文土器との併行関係について，再検討した。そのなかで，交差年代法が適用される時期の上限は，弥生中期前半（須玖Ⅰ式期）と無文土器後期後半（勒島式）の段階までであることを指摘した。そのうえで，北部九州の水石里式系甕は，弥生前期末（板付Ⅱc式）にともなう例が多いが，福岡県石崎曲り田遺跡出土の水石里式系土器をあげ，水石里式の上限が板付Ⅰ～Ⅱa式までさかのぼる可能性について，今後の検討が必要であるとした［武末 2004］。

　庄田慎矢は，無文土器中期に属する先松菊里式・松菊里式土器をそれぞれ二つに細分し，北部九州での弥生土器との共伴例を検討した。その結果，夜臼Ⅰ式から板付Ⅰ式が先松菊里式Ｂ式に，板付Ⅱa式が松菊里Ａ・Ｂ式に，板付Ⅱb式が松菊里Ｂ式に，それぞれ年代の定点を共有するとみなした。また，この検討に先立って，武末［2004］が水石里式の上限が板付Ⅰ～Ⅱa式までさかのぼる可能性を指摘するためにあげた石崎曲り田遺跡例を，「包含層で出土」という理由で対象から除外した［深澤・庄田 2009］。

　これに対して筆者は，石崎曲り田遺跡出土の水石里式土器資料は，現場での確かな所見があることから，簡単に切り捨てることはできず，武末［2004］と同じく，この資料にもとづいて，水石里式期の上限が板付Ⅰ式期あるいは板付Ⅱa式期までさかのぼる可能性を残しておきたいとした［端野 2010］。その後，武末は福岡県葛川遺跡 SP39 で，水石里式系土器（円形粘土帯口縁鉢）が板付Ⅱa式土器に共伴していることをあげ，無文土器後期の上限は板付Ⅱa式併行期にまでさかのぼり，松菊里式期の下限はほぼ板付Ⅰ式～Ⅱa式併行期に収まるとした［武末 2011］。

　こうした研究に寄与する，近年の成果としては，韓国慶尚南道網谷里遺跡での突帯文系土器の発見があげられよう［慶南発展研 2009］。この土器は，無文土器人の手による在地製作品である可能性が高いが［端野 2010］，これ

によって，半島南部の無文土器中期と夜臼Ⅰ式期とがある一時期に併行していたことが，初めて確かめられた。

B　無文土器時代前半期と弥生時代前半期の暦年代に関する諸説

2003年，日本考古学協会第69回総会研究発表において，国立歴史民俗博物館（以下，歴博と略称する）の研究チームによって，AMS炭素14年代測定の結果，弥生時代開始年代が従来の年代観より500年さかのぼるという衝撃的な発表が行われた［春成ほか 2003］。これを契機として，歴博の主張の可否のみならず，それまでの年代観の妥当性や炭素14年代測定法の考古学における運用などをめぐって，様々な議論が巻き起った。暦年代は，本書で対象とする，水稲農耕開始前後における物質文化の動態と気候変動との関係を検討するうえでの基礎となるため，重要な検討項目である。ここでは，歴博による弥生時代年代観と，それに対する研究者の反応や批判点を整理する。なお，山ノ寺・夜臼式期については，これを「縄文時代晩期後葉」とみなす見解と「弥生時代早期」とみなす見解の二者がある。このうち後者は，本章第3節-1でも触れるように，使用にあたって制約や難点をともなうものである。しかし，ここでの議論は，山ノ寺・夜臼式期の始まりを弥生時代の開始とみる立場によるものであるので，学史を尊重して「弥生時代早期」あるいは「弥生早期」という用語をあえて用いておく。

（1）歴博AMS炭素14年代報告の概要

まず，歴博による AMS 年代論を総括した藤尾慎一郎 ［2009］ を取り上げ，その概要をまとめておきたい。年代決定のために歴博チームが採用した基本的な考え方を要約すると，以下の通りである。

①同じ土器型式に属する炭素14年代値をできるだけ多く測る（理想は一型式につき20点ほど）。

②試料は，土器の外面に付着したススや内面に付着したお焦げが望ましい（木炭だとそれ自体の考古年代は出土状況に頼らざるをえず，土器との厳密な同時性が保証できない）。

③土器型式ごとに炭素14年代の中心値を較正曲線上に並べていき，較正

曲線上における土器型式ごとの位置を決定する。

④海洋リザーバー効果や測定上のエラーを受けた測定値は，グラフ上で識別し，除外する。

⑤土器型式の較正年代の上限値と下限値は，型式ごとの炭素14年代の上限値と下限値の較正年代からではなく，隣接する型式の較正年代の境界から統計的に求める。

以上の考え方にしたがって，九州北部の弥生早期～中期までの各時期の炭素14年代および実年代を，**表1-1**のように表明した。

（2）歴博年代に対する反応と批判

さて2003年以降，報告されてきた歴博年代に対する研究者の反応は様々であるが，そのまま従う見解［広瀬2003］を除いて，ここでは大きく，九州の考古学者による批判，中国・朝鮮考古学者による反応・批判，炭素14年代法の運用そのものについての批判の三つに分けて概観したい。

九州の考古学者による批判

歴博の年代発表に真っ先に批判的な見解を表明したのは，かねてより弥生時代の年代論について，考古資料を通じて積極的に取り組んできた九州の考古学者らであった。

高倉洋彰は，歴博年代の場合だと不整合をきたす考古学的事実の例として，①墳丘をもつ墓の出現期，②墓群の継続年代，③銅鏡の年代の三つをあげ，歴博年代を批判した［高倉2003］。その後，高倉は②と③について，より詳細な議論を展開した。そして，歴博年代にとって大きな障害となる福岡県石崎曲り田遺跡出土の鉄器片を，混入物として排除する見解［春成2003］に対しては，この鉄器片の出土状況が現場で複数の埋蔵文化財担当者により検証されたものであり，報告書の不備は事実誤認を意味しないと反論した［高倉2011］。

橋口達也は，石崎曲り田遺跡出土の鉄器片，福岡県今川遺跡出土の銅鏃・銅鑿，北部九州の細形銅戈について，東北アジアの関連資料を概観しながら，その年代を検討した。その結果，弥生早期，弥生前期初頭，弥生前期と中期の境界の年代は，いずれも歴博年代ほどさかのぼりえないと結

表 1-1　歴博による北部九州弥生時代各時期の暦年代

時期	土器型式	炭素 14 年代	実年代（紀元前）
弥生早期前半	山ノ寺・夜臼 I 式	2700 年代	10 世紀後半～ 9 世紀中頃
弥生早期後半	夜臼 II a 式	2600 年代	9 世紀中頃～ 8 世紀初
弥生前期初頭	夜臼 II b・板付 I 式共伴期	2500 年代	8 世紀初～ 7 世紀初
弥生前期中頃	板付 II a 式	2400 ～ 2300 年代	7 世紀初～ 6 世紀
弥生前期後半	板付 II b 式	2400 ～ 2300 年代	6 世紀～ 4 世紀前葉
弥生前期末	板付 II c 式	2300 年代	4 世紀前葉～中頃
弥生中期初頭	城ノ越式	2300 ～ 2200 年代	4 世紀中頃～末
弥生中期前半	須玖 I 式	2300 ～ 2200 年代	3 世紀
弥生中期後半	須玖 II 式	2200 ～ 2100 年代	2 ～ 1 世紀末

論づけた［橋口 2003］。

　柳田康雄は，朝鮮半島の磨製石剣の祖型について，有樋有段柄式石剣は遼寧式銅剣，有節柄式石剣は中国式銅剣の有節柄式，無段柄式石剣は中国式銅剣の筒状柄式を想定し，この想定にもとづいて，有節柄式石剣の上限（欣岩里・玉石里），半島への遼寧式銅剣の上限を前 500 年ごろと考えた［柳田 2004・2009］。

　武末純一は，無文土器時代における土器・青銅器の編年と暦年代を検討し，その結果をふまえて，縄文晩期から弥生時代前半期の暦年代を検討した。その結論は以下の通りである［武末 2004］。

・縄文晩期後葉（黒川式期）は前 9 世紀までは存続する。
・弥生早期（山ノ寺・夜臼式期）の年代の一点は前 5 ～ 6 世紀にある。
・弥生前期前葉（板付 I 式期）は前 5 世紀が中心年代で前 4 世紀まで下る可能性がある。
・弥生前期中葉（板付 II a 式期）は前 4 世紀が上限年代である。
・弥生前期後葉（板付 II b 式）は前 3 世紀前半が中心年代である。
・弥生前期末～中期初頭は前 3 世紀後半が中心年代である。
・弥生中期前半（須玖 I 式期）は前 2 世紀代に相当する。

　その後，扇形銅斧の暦年代を検討した武末は，その結果にもとづいて，松菊里式期は前 6 世紀以前まで，さかのぼらせることは難しく，松菊里式

期に併行する弥生早期後半〜弥生前期前半も，前5世紀を中心とするとした。また，歴博チームの春成秀爾が，武末の「朝鮮南部青銅器第3期古段階後半」が弥生中期前半に併行するとして，AMS年代との整合性を図ったことに対し，半島・列島双方での土器・青銅器のセット関係からみて，妥当ではないと批判した［武末 2011］。

中国・朝鮮考古学者による反応

九州の考古学者に加えて，弥生時代年代論と関わりの深い中国・朝鮮考古学者によっても即座に反応があった。

歴博発表をうけた岡内三真は，中国東方地方での青銅器副葬墓の暦年代などの検討によって，列島で再加工品が出土した松菊里タイプの銅剣の年代を，前8世紀初めの春秋前期とみて，その列島への波及年代が従来の年代観よりさかのぼるとした。また，朝鮮半島における細形銅剣製作開始の上限は前400年代に収まり，下限は遅くとも前380年以前に比定できると結論づけた［岡内 2004a］。岡内はこの論考のすぐ後に再論し，やはり松菊里タイプの遼寧式銅剣の年代を前8世紀にさかのぼらせ，その列島への波及年代の上限を前8世紀とした。また，日本列島への細形銅剣・銅矛・銅戈の伝播の上限を前320年とした［岡内 2004b］。

岡内と同じく歴博発表を受けた宮本一夫は，それまでの年代観よりさかのぼる可能性を示した。宮本は，朝鮮半島で細形の銅剣・銅矛・銅戈がそろう年代の上限を前300年とみて，北部九州でこれらが出現する板付IIc式期も同じく前300年ごろとした。弥生早期の開始年代については，朝鮮半島で最古式の遼寧式銅剣の年代にもとづいて，前9世紀にさかのぼる可能性を示した［宮本 2004a］。このほか，韓国大田広域市比來洞遺跡出土銅剣の推定年代から，黒川式期〜山ノ寺式期を前800年ごろと考え，さらに古くなる可能性もあるとした［宮本 2004b］。

こうした研究者らが年代の論拠とする遼寧式銅剣の研究史を再検討した大貫静夫は，秋山信午［1968a, 1968b, 1969］のI・III式の「共存」，桜上墓における明刀銭・鉄器の「共伴」といった，暦年代を下げる事実を否定した［大貫 2004］。

これらの見解に対する反応は，歴博チームの一人である春成秀爾によって即座に提出された。それは，論拠とされる遼寧式銅剣・細形銅剣・細形銅戈の上限年代がさらにさかのぼる可能性を追究するものであった［春成 2004］。

　その後も，中国・朝鮮考古学者からの見解の表明は続いた。比來洞遺跡出土銅剣の考古学的時期と暦年代を検討した庄田慎矢は，弥生早期の始まりを前8世紀中葉と前7世紀中葉の間と推定した［庄田 2005］。

　それまでの議論を総括した大貫静夫は，考古学者がこれまで考えてきた年代観は新しすぎたとし，その一方で歴博の年代ほど古くさかのぼることも考えがたいとした［大貫 2005］。

　以上，2005年の時点までの中国・朝鮮考古学者らから提出された見解を概観した。こうした状況に対し，九州の考古学者からも反応が起きた。岩永省三は，これらの論考を歴博年代につられ，弥生年代の上限を無批判に引き上げたものとして，強く批判した。そして，いずれも未検証仮説を積み上げた極めて無理が多い議論であり，それまでの年代観で大枠では問題がないとした［岩永 2005］。

　この岩永論文が提出された後も，春成秀爾は2004年に引き続き，論拠となる遼寧式銅剣・細形銅戈の暦年代，磨製石剣の祖型を検討し，弥生時代の暦年代が遡上する可能性を論じた。福岡県石崎曲り田遺跡の鉄器片を論拠に，歴博の弥生早期年代を批判する見解［橋口 2003］に対しては，春成［2003・2004］をふまえ，弥生早期・前期に鉄器は存在しないとした［春成 2006］。

　宮本一夫は，岩永［2005］に対する反論などを含めつつ，遼寧式銅剣に関する検討などにもとづいて，弥生年代を再論した。その結果，山ノ寺式～板付Ⅰ式あるいは板付Ⅱa式の一部を前8世紀～前6世紀，板付Ⅱa式の一部～板付Ⅱc式の一部を前5世紀～前4世紀，板付Ⅱc式～須玖Ⅱ式を前3世紀～前1世紀に位置づけた［宮本 2008］。宮本［2004a, 2004b］では，弥生開始年代が前9世紀にさかのぼる可能性を示していたのに対して，この論考では前8世紀まで年代を下げた点は注意されよう。

大貫静夫は，一鋳式である中国遼寧省小黒石溝遺跡 M8501 出土銅剣を遼寧式銅剣の上限年代の論拠とすることに疑問を呈し，遼西にもこの時期にさかのぼる銅剣の発見がありうるとした。そして弥生開始年代は，庄田 [2004] のいうように，比來洞銅剣と松菊里銅剣の年代との間で押さえられるが，その幅が古い方にやや広がるとした [大貫 2007]。つづいて，双房 M 6 の編年と，双砣子 3 期文化，上馬石上層文化，C 類土器群の炭素 14 年代を検討した大貫は，双房 M 6 は前 11 世紀，あるいはさらに殷代をさかのぼって春成 [2006] が考える前 11 世紀から前 10 世紀に近づくとした [大貫 2008]。

　岩永省三は，2005 年以降に提出された論考 [近藤 2006；小林ほか 2007；後藤直 2007；岡内 2008；小林 2008；宮本 2008] を受けて再論し，弥生早期に併行する，朝鮮半島の休岩里式の上限年代は前 6 世紀以降に下らせるべきであり，朝鮮半島の松菊里式の年代と列島の弥生前期前半の年代は前 6 ～ 5 世紀をさかのぼらないとした。そして，細形銅剣の成立―水石里式の成立―板付 II 式の成立は前 300 年ごろ，半島における銅剣・銅矛・銅戈セットの成立はその次の段階，列島における銅剣・銅矛・銅戈の出現―弥生前期末は前 3 世紀後半以降，という岩永 [2005] の見解に変更はないとした [岩永 2011]。

　宮本一夫は，土器の編年，銅剣・石剣の編年，墓制の変遷の三つを組み合わせて，東北アジアの相対編年を検討したが，弥生開始期前後から弥生前期末・中期初頭の暦年代については特に変更はないようである [宮本 2011c]。

炭素 14 年代法の運用そのものについての批判

　以上の歴博年代に対する見解は，考古資料にもとづいて，何らかの反応や批判を示したものであった。つづいて，それらとは異なり，炭素 14 年代法の運用そのものに対する批判を概観する。この批判には測定試料に関する問題を指摘するもの，炭素 14 年代を暦年代に変換するにあたっての較正曲線の読み取りに関する問題を指摘するもの，考古学的時期の比定に関する問題を指摘するもの，の三つがある。

まず，測定試料に関する問題を指摘したものとしては，歴博発表後すぐに，土器付着炭化物は他の試料に比べ測定値が古く出た例があるという指摘があった［西田 2003, 2004］。この指摘に対しては，歴博がその測定例が海洋リザーバー効果による影響を受けたものであると応えたことによって［藤尾・今村 2004］，解消されたかのようにみえた。

　だが，本格的な議論の展開は，田中良之を中心とする九州大学チームによる批判を待たねばならなかった。九州大学チームは，オックスフォード大学との共同で，海洋リザーバー効果を考慮し，内陸部出土の弥生人骨・鹿骨 20 点を用いて AMS 年代測定を行った。その結果，得られた人骨の年代は，$\delta^{13}C$ 値からみて海洋リザーバー効果を受けたものとみられ，補正することによって，従来の年代観とより矛盾しない結果が得られた［田中ほか 2004］。そして同チームは，追加の AMS 年代測定を行ったうえで，土器外面に付着したススは燃料となる木材に由来するものであり，測定年代が実際の土器の年代よりどのくらい古いか分からないとした。また，佐賀県大友遺跡出土人骨の年代は，強い海洋リザーバー効果を受けたものと判断されるにもかかわらず，歴博の「スス年代」と近い値が出ていることから，ススにも何らかの「リザーバー効果」を疑うべきことを指摘した［田中ほか 2006］。さらに田中は，寒冷期を表す炭素 14 年代の較正曲線上の平坦部と，甲元眞之［2008］のいう砂丘形成期との関係にもとづいて，弥生早期の開始年代は前 700 年より古くはなりえず，人骨の年代測定結果と整合することを示した［田中 2009, 2011］。

　二つ目に，炭素 14 年代を暦年代に変換するための較正曲線に関する問題である。今日，過去の大気中の炭素 14 濃度が一定ではなかったということが分かっており，炭素 14 年代をそのまま暦年代とみなすことはできない。そこで，暦年代の判明した樹木などの試料の炭素 14 年代測定結果をデータベース化した較正曲線によって，炭素 14 年代を補正する作業が必要となる。しかし，この較正曲線の読み取りには注意を要する。この問題については，大槻瓏士［2004］や田中良之ほか［2006, 2009, 2011］，石川日出志［2006］によって，指摘された。すなわち，弥生早期と前・中期の炭素 14 年代は，較

正曲線の平らな部分や不安定な起伏に富んだ部分に関わることから，暦年代にいくつもの可能性が出てしまい，細かな時期区分と対比することには問題が多い。

　三つ目に，考古学的時期の比定に関する問題を指摘するものがある。宮地聡一郎は，歴博が弥生早期後半（夜臼Ⅱa式）に比定した土器のなかには，弥生早期前半（山ノ寺・夜臼Ⅰ式期）に比定すべき土器が多数含まれており，再整理した結果，弥生早期前半の炭素14年代は，2700 ¹⁴C BP台よりむしろ2600 ¹⁴C BP台に集中していることを指摘した［宮地 2009］。縄文晩期の黒川式土器についても，歴博が炭素14年代のみを論拠に土器を編年したという批判がある［水ノ江 2009］。これも宮地の指摘と同じく，試料採取土器の時期比定に関する批判といえる。

　なお，歴博年代に対する批判というかたちはとっていないものの，風成砂丘の形成という観点にもとづいて気候変動を復元した甲元眞之も，弥生年代に関する見解を提出した。甲元は，樹木の年輪から知られる地球規模での寒冷期の年代と，列島西部の沿岸地域での砂丘や砂堤の形成期とを対比させることによって，縄文晩期と弥生早期の境界を前8世紀末，弥生前期末と中期初頭の境界を前4世紀中葉，弥生後期後半と後期終末期の境界を2世紀末葉と推定した［甲元 2008］。

（4）無文土器時代研究と炭素14年代

　最後に，半島南部の無文土器時代研究における炭素14年代を用いた研究状況，歴博弥生年代に対する反応，韓国の炭素14年代データに対する歴博の評価を簡単にまとめておきたい。無文土器時代研究における炭素14年代測定の端緒は，京畿道水石里Ⅲ号住居跡の例（2230 ± 280 ¹⁴C BP, 2340 ± 120 ¹⁴C BP）［金元龍 1966］，京畿道玉石里住居跡の例（2509 ± 105 ¹⁴C BP）・忠清北道黄石里支石墓の例（2360 ± 370 ¹⁴C BP）［金載元・尹武炳 1967］である。日本考古学界においては，無文土器時代の炭素14年代測定例として，京畿道欣岩里遺跡第12号住居跡の例（韓国原子力研究所：3210 ± 70 ¹⁴C BP, 2620 ± 100 ¹⁴C BP, 学習院大学：2980 ± 70 ¹⁴C BP, 2920 ± 70 ¹⁴C BP）［ソウル大博 1978］と忠清南道松菊里遺跡の例（2665 ±

60 ¹⁴C BP，2565 ± 90 ¹⁴C BP）［国立中央博 1979］がとくに有名であろう。この 2 遺跡の炭素 14 年代は，岡崎敬によって佐賀県宇木汲田貝塚などの水稲農耕開始期の遺跡から出土した炭化米と朝鮮半島出土の炭化米との比較が行われた際にも，注視されている［岡崎 1982］[2]。

　2000 年以降は，緊急発掘によって無文土器時代の遺跡数が急増し，そこで採取した木炭などの試料に対する炭素 14 年代の測定データが飛躍的に蓄積されることとなった。そして，その炭素 14 年代をもとに，「文化類型」間の時期差を検討した論考も発表された。たとえば，駅三洞類型・可楽洞類型・欣岩里類型相互の時期差に対する検討［金壮錫 2001］，駅三洞類型・松菊里類型の時期差に対する検討［李眞旼 2004］，先松菊里類型・松菊里類型の時期差に対する検討［金壮錫 2003, 2006］があげられる。また，ベイズ統計を用いて炭素 14 年代測定結果の信頼度を向上させることによって，可楽洞類型をさらに細分した類型間の時間的な先後関係，細分類型の単位としての妥当性を問う検討もなされた［김명진ほか 2005］。

　ところで，先述の歴博による弥生開始年代についてはもちろん，韓国考古学会からも反応がある。崔盛洛は，日本考古学界における歴博年代に対する反応や批判，それに対する歴博側の反論を紹介したうえで，測定試料数が少なく測定値の信頼性に問題がある点，較正年代の中央値ではなく上限値を用いることで，過度に年代を引き上げようとする意図が感じられる点などを指摘した［최성락 2006］。また，李弘鍾も測定試料数が少ないことから測定値の信頼性が低い点を指摘した。そして，弥生早期に併行するかそれよりややさかのぼる松菊里類型の年代測定例は 120 例以上存在し，上限年代が 900 cal BC であることを示した。そのうえで，松菊里類型の年代が弥生早期のそれより新しくなることについて疑問を呈した［李弘鍾 2006］。

　一方，韓国の炭素 14 年代測定データに対する歴博・藤尾慎一郎の評価がある。藤尾は，自身が知りえた無文土器早期〜後期の炭素 14 年代値 86 点のうち，海洋リザーバー効果の影響が疑われる測定値を除いたうえ，土器型式ごとの炭素 14 年代の試料の種類と上限値・下限値を検討した。その結果をふまえ，無文土器時代の炭素 14 年代に大きなばらつきが出る理由とし

て，以下の三点をあげた。

① AMS 以前の β 法で測られている場合には，誤差が ± 120 もつくものがあるので，これだけ誤差がつくと炭素 14 年代値の中心値も 70 〜 80 年動く可能性がある。

② 木炭試料のほとんどが住居の柱材や構造材に起因するため，樹齢の大きな柱材であったり，古い住居の柱を再利用したりした場合は，100 年ぐらい古い年代は容易に出る可能性がある（古木効果）。

③ 真に共伴関係にないものの取り違え。

以上の理由により，無文土器時代の炭素 14 年代をそのまま型式ごとの測定値として使うことはできないとして，九州北部の土器との併行関係を利用して，炭素 14 年代値を絞り込んだ［藤尾 2008］。

そのほか，遺跡における層位や共伴遺物が明らかで，かつ海洋リザーバー効果の影響を受けない鹿骨や炭化米を用いて，より信頼性の高い無文土器時代の炭素 14 年代を得ようとする試みも行われた［李昌熙 2010；庄田 2011］。

2　弥生時代の開始と渡来人をめぐる諸説

古くから形質人類学や考古学の両学界において，日本列島への水稲農耕の伝来の背景に，大陸や朝鮮半島からの渡来人の存在と関与を想定する見解が提出されてきた。すでに，形質人類学者による学史の整理として，池田次郎［1982］，山口敏［1986］，中橋孝博［1990］が，考古学者によるものとして，春成秀爾［1990］，田中良之［1991］がある。幕末から戦前にかけての学史については，これらの優れた論考に譲り，ここでは戦後から今日にいたるまでの学史を中心に整理する。また，ここで扱う考古学者による弥生時代開始論は，本書の目的上，北部九州を対象としたものに限る。

A　金関丈夫の渡来説と埴原和郎の二重構造モデル

今日の弥生時代開始論に大きな影響を与えた，形質人類学の学説として，金関丈夫の渡来説と埴原和郎の二重構造モデルがある。

清野謙次の混血説［清野 1949］をふまえた金関丈夫は，佐賀県三津永田遺跡や山口県土井ヶ浜遺跡出土の弥生人が縄文人とは異なる高顔・高身長という特徴をもっていること，弥生人でも南九州の鹿児島県成川・広田遺跡弥生人と北部九州弥生人との間で，頭骨形態と身長に違いがあることから，以下の見解を示した［金関 1955, 1966］。

- ・縄文時代晩期において，北部九州・山口地方に朝鮮半島から新しい文化をたずさえた，高顔・高身長の人々が渡来した。
- ・そして，土着の人々と混血することによって，そのような体質を生み出した。
- ・しかし，その渡来は一時的であり，その数も在来の縄文人にくらべ，はるかに少数だったために，古墳時代には早くも身長や顔高に逆行現象が起きてしまった。
- ・ただし，この現象は，北部九州・山口地方のみに起こったことであって，朝鮮半島南部経由と思われる渡来要素は南九州までは達していない。
- ・しかし，東方へはかなり強い進出があったと思われ，特に近畿地方では弥生時代以降も引き続き大陸要素の渡来が持続したことを想像させる。

　こうした金関の渡来説に対して，形質人類学界からは鈴木尚，考古学界からは森貞次郎による批判と反応があった。鈴木は，弥生時代における形質の変化を渡来によるものではなく，米食の普及による食生活の改善が原因ではないかと批判した［鈴木 1963］。森は，金関説に対する反応というかたちを明確にとっているわけではないものの，弥生土器が縄文晩期土器を母胎として成立するものとみて，縄文土器から弥生土器への連続性を強調した。また，北部九州の支石墓は，下部構造と副葬品の点で朝鮮半島南部のそれとは大きく異なることから，「南鮮支石墓の墓制がわが縄文晩期終末の北部九州に伝播したものであって，南鮮より渡来した人のものではない」とした［森 1966］。

　鈴木の批判に対して，金関はまず，鈴木が対象とした南関東の弥生人と

北部九州・山口地方の弥生人とは形質が大きく異なることを指摘した。そのうえで、食生活の変化によって、現地で小進化を遂げた結果だとすれば、なぜ北部九州の周辺部に高顔・高身長ではない人の形質が取り残されているかを説明しなければならないとした。そして、渡来的な形質が広がらなかった地方では、鈴木の一系説（小進化説）で説明がつくが、広がった地方では混血は当然あったものとみなければならないとして退けた。森の見解に対しては、世界各地の初期移住者がそうであったように、渡来人が男性で構成され、土器製作者である女性は在来の縄文人であったために土器は縄文土器の系譜を引くとして、難を逃れた［金関 1971］。

　しかし、その後、金関の渡来説は広く学界の支持を得るところまではいかず、どちらかというと豊富な資料にもとづいて緻密で多彩な論を展開した鈴木の小進化説への賛同者が多かったらしい。金関説が再び注目され始めるのは 1970 年代の後半ごろからである。それは日本各地において、古人骨資料や現代人に関する情報が蓄積したことによって、人の形質の地域差が鮮明となってきたのと同時に、生化学的手法による様々な遺伝学的分析が進展したことが大きく寄与したという［中橋 1990］。

　こうした背景のなかから、埴原和郎の二重構造モデルは登場した。埴原は、アジア諸集団との比較によって、土井ヶ浜や三津の弥生人が北アジアの集団と近縁関係にあることから、渡来人の起源は北アジアにあるとした。また、韓国の礼安里遺跡人骨と土井ヶ浜遺跡人骨とが近い関係にあるという分析結果からみて、土井ヶ浜などの弥生人は、渡来人そのものであろうとした。渡来者の性構成は、男性だけと考えた［埴原 1984］。また、日本列島における人口増加率と世界の農耕民の年間人口増加率との対比によって、縄文晩期から 7 世紀までの 1000 年間に約 300 万人が日本列島に渡来したと推定した［Hanihara 1987］。その後、埴原はこうした分析結果をふまえて「二重構造モデル」を提唱した。すなわち、日本人は縄文人を基層とし、のちに渡来人がやってくることで二重構造となった。そして、両者の混血によって今日の日本人が形成されたが、列島の両端にある北海道と沖縄は、渡来人の遺伝的影響をあまり受けることがなく、その結果、縄文人

的な形質が残ったとした ［埴原 1993］。

B　金関説に対する考古学者の反応と弥生時代開始論

　以上，金関の渡来説，埴原の二重構造モデルについて概観した。今日，前者は考古学者，後者は形質人類学者に主として支持されているものと思われる。次に，金関の渡来説に対する考古学者の反応と，それをふまえた考古学者による弥生時代開始論を整理しよう。なお，埴原説に対する人類学者の反応についてフォローすることは筆者の力量を超え，かつここでの目的を大きくはずれてしまうので，扱わない。

　さて，金関による渡来説の発表以降，多くの考古学者がそれに関心を示した。その反応には，金関説を全面的・積極的に受け入れた坪井清足の発言［石田ほか 1968］や金関恕の論考［金関恕 1969］と，先述の森貞次郎のように，縄文土器と弥生土器の連続性，朝鮮半島南部由来の墓制にみられる変形にもとづいて文化の連続性を主張する論考［森 1966］の二つがあった。森の見解は，土器の焼成・製作技術の変化の要因に「大陸文化の影響」を想定してはいるものの，一方で北部九州の支石墓を渡来人のものではなく「伝播」によるものとしており，これらの文化的な影響や伝播現象を人の移動によるものとはみなしていない。ただし，岡崎敬のように，朝鮮半島からの渡来そのものを否定するわけではない研究者もいた。岡崎は，「大陸よりの渡来者が新しい生活様式をもたらしたことはみとめなければならないが，むしろ縄文晩期の人々が，あらたな農業と生活を受容して，土器も夜臼式より板付Ⅰ式土器へと変容し，弥生文化にきりかわっていった方が解釈しやすい」とした［岡崎 1968］。こうした森・岡崎の見解に対して整合性をもたせるために，金関は渡来人の性構成を土器製作者ではない男性に限ったわけである［金関 1971］。

　1970 年代に入り春成秀爾は，夜臼式土器が在来の縄文人の土器で，板付Ⅰ式土器が渡来人の土器であるとして，両者は同一集落内に共存していたものと考えた［春成 1973］。この説は，その後，調査の進展によって夜臼式土器と板付Ⅰ式土器に明らかな時期差があることが明らかとなり，成立し

なくなったが，文化変容と人の移動という課題に対して，より具体的な解釈を試みたものといえる。

　甲元眞之は弥生文化の諸要素のうち，大陸文化に由来するものには磨製石器など男性の仕事に関係するものが多いとして，渡来者の性構成が男性のみであったという金関の渡来説を支持した［甲元 1978］。しかし，先述のように金関のいう性構成は，もともと森ら考古学者の見解との整合性をもたせるために行った解釈であり，こうなるのはしごく当然である。ただ，この論考では金関の渡来説と当時の考古学者の知見との整合性が再び確かめられたとはいえよう。

　1980 年代になると，水稲農耕開始期の新たな遺跡が数多く調査され，そこから得られた事実をふまえ，橋口達也・田中良之・下條信行・藤尾慎一郎などの北部九州の研究者によって，渡来の時期・あり方についてより具体的な考察が行われた。

　橋口達也は，「（縄文時代）後期末頃から徐々に朝鮮からの先進文化の流入があり，それを在来的要素と融合させながら受容しつつ弥生文化へ漸次発展していったというのが実態に近く」，いくらかの人々の渡来もあったものの，「遺物からみて舶載されたものは極めて少なく，渡来人の量はそれほど多かったとは考えられない」とした。また，渡来的形質をもつと北部九州・山口弥生人と縄文的とされる西北九州・南九州弥生人との違いについては，「縄文晩期，弥生早・前期の間に形成された地域差」であろうと考えた。そして，「あくまでも弥生文化の成立については主体は内部的条件の発展であり，外来的要素を従であった」と主張した［橋口 1985］。

　田中良之は，金関説が成立したとしても，それは朝鮮半島からの渡来があったということを立証したにとどまり，渡来の時期やその性構成までもが認められたことにはならないこと，とくに性構成については，森らの実証的土器研究との整合性をもたせるために行った解釈にすぎないことを指摘した。そして，土器における渡来的要素が，夜臼式土器をさかのぼる黒川式土器のなかに認められ，しかもそれが折衷土器のなかのマイナーな要素として現れることから，この時期では渡来人は存在しつつも在来文化の

規制下にあったとし，次の夜臼式期になると，在来の土器様式の構造に変化が生じて，ついには弥生土器としての板付I式土器が成立する，という変化のプロセスを示した。さらに，「縄文土器から弥生土器への変化は，結果からみると狩猟・採集文化から農耕文化への移行という大きな脈絡にそって行われたとはいえ，それを主体的に担ったのはあくまでも縄文人とその文化伝統であった」とした [田中 1986]。

下條信行は，突帯文期の大陸系磨製石器を検討した結果，それらに列島的な変容が認められることを指摘し，さらに農耕文化と不可分な関係にある収穫具・工具・祭具は導入されているものの，縄文文化に打製石鏃や磨製石斧といった同一機能の石器が存在する場合はほとんど導入されていないとした。そして，このことから，「縄文側から言えば，自己の社会に欠落した石器のみを新石器として受容したともいえ，それだけに稲作受容期における縄文人の主体性には，根強いものが発揮された」とした。さらに，「いかに稲作文化が（中略）朝鮮半島より一方通行に伝えられたとしても，在地の縄文社会との癒合なくしては成立しえなかった」とし，「こうした石器を製作使用し，稲作経営に多くの労働力を提供したのは，縄文社会の系を引く人々であった」と考えた [下條 1986b]。

藤尾慎一郎は，板付I式土器の成立にあたって，朝鮮無文土器と縄文土器のどちらが主体的な役割を果たしたのかを問題視して，板付祖型甕から板付I式甕への型式学的検討を行った。その結果をふまえ，板付I式甕の成立過程において「口縁の外反化が，外的・内的な要因のいずれかにかかわっているにしても，水稲耕作の開始による生業システムの変化を反映したものであることは確実」としつつ，「その主体的役割を果たしたのは，外傾接合など不明な点はあるものの，あくまで縄文側であった」と述べた。[藤尾 1987]。

一方，近畿で縄文土器の研究を行ってきた家根祥多は，北部九州の研究者とは異なり，弥生土器の祖型を朝鮮無文土器に求めた。家根は，弥生土器の甕の生成に，外傾接合などの朝鮮無文土器の製作技術が深く関わっていることを指摘し，そうした製作技術が山ノ寺式から板付I式にかけて劣

勢から優勢となる過程を示した。そして，これをふまえ，「食物を煮沸する
という縄文土器の深鉢と共通の機能をもつ弥生土器の甕が，むしろ直接に
は朝鮮無文土器の系譜を引き，これが縄文の要素を吸収同化して成立する
事実は，日本における稲作の伝播と確立の過程，換言すれば弥生文化の系
譜と生成の過程をここに述べた弥生土器の系譜とその生成のプロセスがは
からずしも示している」と述べた [家根 1984]。

　北部九州の研究者による論考は大きくみて，朝鮮無文土器文化からの影
響と少数の渡来人の存在と関与は認めつつも，その受容にあたっては在来
の文化伝統が選択性として機能し，無文土器文化の全セットが導入された
わけではなく，文化要素が欠落・変容すること，その結果として縄文文化
でもなく無文土器文化でもない列島独自の弥生文化が成立したという大き
な枠組みを提示したものといえる。ただ同時にこれらの論考には，列島の
「内部的条件の発展」[橋口 1985]，「主体的に担ったのはあくまでも縄文人
とその文化伝統」[田中 1986]，「縄文人の主体性」[下條 1986b] という表現
もうかがえる。その一方で，家根 [1984] は，そのような北部九州の研究
者による見解とは反対に，より渡来的要素を強調しようとしたものといえ
る。これらの議論は後に「主体性論争」と呼ばれることになるが，それに
ついての批判とさらなる議論は次に取り上げる。

　ところで，この時期における形質人類学的研究の大きな成果として，福
岡県新町遺跡から出土した突帯文期から弥生前期前葉の人骨資料の調査報
告があげられる。この報告を行った中橋孝博と永井昌文は，頭蓋骨や四肢
骨の特徴，推定身長からみて，従来，縄文人や西北九州地方の弥生人で指
摘されていた特徴に合致する点が多いとし，近在する金隈弥生中期人とは
大きく異なった形質をもつ人骨であると結論づけた [中橋・永井 1987]。こ
れは，当時の考古学的事象からみて当然，予想された結果の一つではあっ
たが，のちに，弥生時代開始期に半島からの渡来が少数であっても，弥生
前期末以降に存在する渡来的形質をもった弥生人が成立しうるのかという
疑問を形質人類学者らに投げかけることとなった。

C 弥生時代開始論の展開と「主体性論争」批判

1990年代に入ると，80年代の研究成果をふまえ，渡来人の故地・数量・性構成，渡来の時期・あり方が考古学者の手によってより鮮明となっていった。それとともに，それまでの議論を振り返り，弥生時代の開始にあたって，渡来人と縄文人のいずれかに主体性があったのかという議論，いわゆる「主体性論争」自体の是非についての議論が巻き起こった。

それまでの弥生時代開始論を総合的に検討した春成秀爾は，縄文人の主体性を強調する論者を，藤間生大のナショナリズム的な説［藤間 1949］から直接影響をうけているか，知らないままに継承しているにすぎないと批判した。そして，金関説やそれを支持する今日の渡来説をあげつつ，水稲農耕開始にあたって渡来人の果たした役割を積極的に評価した。また，遠賀川式土器の伝播の背後に，九州から中国・近畿地方への移住があったことを認める一方で，在来集団の主体性を説くのは九州の場合だけに限られているという点を，縄文人の主体性を強調する立場の矛盾点として指摘した。そのうえで，「大陸の農耕文化が日本列島にもたらされ，定着・変容していく過程で，渡来人と在来人のどちら側に主体性があったか，ということをどうやって証明するのか，そしてその議論にどれだけの意味があるというのか」と疑問を投げかけた［春成 1990］。

この春成の見解に対して，田中良之は，「仮に春成のいうように，九州在住の考古学研究者が藤間と同様な心情を共有していたとしても，春成のいう中国・近畿地方への移住にあっては，出発地の九州においても移住地においても，その文化は遠賀川式土器を指標とする弥生文化であり，朝鮮半島から北部九州への移住にあっては，出発地では無文土器文化，移住地では弥生式土器を指標とする弥生文化であるという，重大な相違点があることは事実であり，（中略）「移住と文化変容」という考古学の一般的テーマとして，意味のない議論とはいえないだろう」と反論した。そして田中は，金関説をはじめ，それまでに提出された渡来説と考古学的事実とを検討することによって，自らの渡来説を展開した。まず，渡来人の故地は朝鮮半島，到着地は北部九州，渡来の時期は黒川式期〜夜臼式期とみた。文

化の受容のあり方は，システム外（朝鮮半島）から Gain を繰り返すことによって，情報を蓄積し，システムに動揺をきたし，ついにはシステムの閾値を超えて別のシステム（弥生文化）へと変容するというパターンを考えた。渡来は，平和裡に在来の社会に受容されるかたちで行われ，その数量は夜臼式期に増加したと可能性はあるものの，在来人の数に匹敵するような大規模ではなく，もともと人口が少なかった北部九州の縄文社会に渡来して，なお在来社会の規制を受ける程度のものだったとみた。渡来的とされる形質は，在来人との混血によって，黒川式期から板付Ⅰ式期までの間におおむね形成され，板付Ⅰ式期の後半期か板付Ⅱ式期のはじめに，移住を含むかたちで中国・近畿地方に向けて拡散したものと考えた。渡来人の性構成については，男性主体ではなく，男女からなるとみた［田中 1991］。

　また，1990 年代に入ってから，縄文時代から弥生時代への転換のなかで，弥生文化はどのようにして始まったのか，それはいかなるプロセスを経て伝播し，変容していったのか，そして列島各地での展開はどうであったのか，などの歴史的実態を鮮明にすることを目的として，日本各地の研究者が集まり，共同研究が行われた。その結果は，『弥生文化の成立』［金関・弥生博 1995］にまとめられた。この研究を総括した金関恕が掲げた新しいパラダイムとするもののうち，とくに本節の目的と直接関係する事柄は，以下の 2 点である。

　・水稲農耕文化は朝鮮半島南部から伝来したであろうが，そのころ北部九州との間には相当密接な交流があり，縄文の人々は新しい生活を始めるにあたって，必要な文化要素を選択的に採用した。
　・列島内における水稲農耕文化の広がりも，従来考えられていたような，新移住者による文化移植現象ではなく，むしろ在地の縄文人が主体的に受容したものである［金関 1995］。

　この書籍のサブタイトルには，商業誌ということもあってか，「大変革の主体は『縄紋人』だった」というようにやや過激なものがつけられているが，その由来は金関恕の総括に求められる。ちなみに，「討論」をみると，「朝鮮半島のどこからどのように伝わったのか」「縄紋人と弥生人の棲み分

けはあったか」「山口県西部への伝わり方」「水田稲作はなぜ東へと伝わったのか」「東日本への伝わり方」「北日本への伝わり方」「畿内へ直接伝わったかどうか」「伝播の契機」「どの程度の人々が移動してきたか」など，現在でも色あせない課題が取り上げられ，列島各地における研究の到達点と学界の雰囲気を知ることができる。

　家根祥多は，こうした学界の風潮に対し，渡来人，縄文人のいずれに主体性を認めるかという二項対立の図式に陥っているとみなし，自身の立場はそうしたものではなく，渡来人の主体性を評価するものではないということを明言した。そのうえで，家根 [1984] で示した弥生土器の系譜論を韓国での新資料を交えて補強し，自説を展開した。家根は自身が「無文土器」とみなした土器の比率によって，「山ノ寺式段階」（夜臼式期）において，石崎曲り田遺跡では 3 ～ 4 割，対馬・壱岐・糸島郡・松浦郡周辺の地域全体では約 2 割の渡来人の存在を見積もった。田中良之 [1991] が孔列土器の存在によって黒川式期から渡来の痕跡を認めたのに対し，これを認めず，無文土器の基本的製作技法と器種のセットがそろって存在することを論拠に，渡来の波は「山ノ寺式段階」を中心とした一回限りのものであることを強調した。そして，無文土器と縄文土器の共存段階をへて，渡来人がもたらした無文土器の製作伝統による規制が強く働いて遠賀川式土器が成立したと主張した [家根 1993]。

　中園聡も家根と同じく，縄文人，渡来人のいずれを積極的に評価するのかという「主体性論争」に対して難色を示しつつ，壺形土器を素材として論を展開した。まず，中園は縄文時代晩期以来の「形態生成構造」が，弥生時代開始期に朝鮮半島にはない大型壺を成立させたことを示した。続いて，北部九州の小型壺の頸部ミガキ方向の多くが，縄文晩期の精製器種のミガキ方向に一致することに注目し，それまで文化的に獲得され，共有されていた既存の「モーターハビット」によって土器製作が行われたと考えた。そして，「九州での壺の製作者の大半は，伝統的な縄文土器製作技術に連なる技術を習得していた者達であった」と結論づけた。家根 [1993] については，「粘土帯を外傾接合する土器は無文土器であり，その製作者は渡

来人もしくはその子孫であるとする見解を出している」とし，「土器作りを
どのような形で誰から習うのか，という問題と，渡来人と在地の縄文人が
如何なる関係を結んだのか，という問題が明らかでない以上，縄文人，あ
るいは遺伝的にその系譜を引く人々が外来の製作技術を習得した可能性は
否定できない」と批判した［中園 1994］。

家根祥多は，1996 年にも弥生文化の成立過程について論じた。ふたたび
弥生土器は朝鮮無文土器の系譜を引くという自論を唱え，煮沸用土器の構
成比率にもとづいて，「山ノ寺式期」の石崎曲り田遺跡においては「ムラの
住民のおよそ 3 人に 1 人が渡来人」という見解を示した。また，「山ノ寺式
期」に続く「夜臼 I 式期」以降の無文土器系甕の増加については，朝鮮半
島からの渡来が継続したということではなく，「続く世代が縄文土器ではな
く，無文土器を自分たちの土器として選んだことによる」とした。そして，
「土器の製作技術に働いた文化的選択の意志は，考古資料として残りにく
い親族構造，ムラを組織する社会原理，宗教・祭祀などを含む文化的伝統
に対しても，同じ経緯を経て働き，朝鮮半島南部の伝統を引く，弥生文化
の成立をもたらした」と考えた。さらに，大陸系磨製石器の受容において，
縄文人が自分たちの文化にはないものを積極的に取り入れたとする見解や
打製石鏃と用途の重複する半島系の磨製石鏃は実用品でなく，儀礼的な用
途に使われたとする見解（引用されていないが，［下條 1986b］のことであ
ろう）に対する批判的な見解を示した。すなわち，打製石鏃は磨製石鏃に
比べ，製作労力の少なさや鋭利さの点で実用にとって有利であるので，半
島南部の「人々が日本列島へ移住し，在地の縄文人との共業によってムラ
を営んだ場合にも，打製石鏃が継続して使用されたことは容易に理解でき
る」とした。また，「朝鮮半島系の磨製石鏃の多くは，一部の研究者が考え
るような儀礼的な用途に使われたものではなく，実用品であった」と述べ
た［家根 1996］。

家根祥多［1997］は，中園［1994］に対して，「主体性論争」に一定の批
判を加えているものの，その枠組みから抜け出せていないことを批判した
うえで，「主体性論争」の問い自体が誤っていると再び主張した。そして，

北部九州の研究者の多くが縄文文化から弥生文化への移行を，在地的発展ないし縄文人の主体性によるものとみなす背景に，ナショナリズムや民族意識などがあると痛烈に批判した。家根は，自身の朝鮮無文土器編年における「休岩里式」と「館山里式」の段階に，「山の寺式期」の朝鮮無文土器系土器に類似する土器がみられることから，移住がこの段階に行われたとした。また，石崎曲り田遺跡においては，「古南里式」から「松菊里式」の甕の可能性がある土器があることから，この主たる移住の後にも若干の移住が存在したと考えた。渡来人の故地については，土器の文様と住居の型式の分布からみて，全羅南道東端部から慶尚南道中部にかけての沿岸部のどこかと推定した。また中園聡［1994］による家根［1993］への批判については，これを誤読として退けた。

　以上，1990年代の考古学者による渡来説の展開を概観した。いずれの見解にも共通するのが，弥生時代開始にあたっての少数の渡来人の存在と関与である。考古学者の想定するような，少数の渡来人によって，高顔・高身長を特徴とする弥生中期人の形質が形成しうるのかという疑問が形質人類学者に湧き上がったのは，ごく当然の流れであったのであろう。こうした疑問をもった中橋孝博と飯塚勝は，人口学的・集団遺伝学的観点から統計学的シミュレーションを行い，少数の渡来であっても，高い人口増加率によって，「縄文人」と「弥生人」の人口比の逆転が起こりうることを示した［中橋・飯塚　1998；Iizuka and Nakahashi　2002］。

D　近年の研究状況――渡来説の洗練

　近年は，渡来人と縄文人とのいずれに主体性があったのかという「主体性論争」を乗り越え，これまでの研究蓄積をふまえたうえで，渡来説がより洗練された。

　田中良之は再び，渡来人をめぐる形質人類学的研究と考古学的研究の到達点を検討し，文化の連続性と渡来的弥生人の形成の双方を説明するモデルを提出した［田中・小沢　2001；田中　2003］。その要点は以下の通りである。

　・若年～成年層の男女からなる渡来人が，縄文人集落のなかに，それを

構成する婚姻可能な年齢層（若年〜成年層）とほぼ同数かやや上回る
規模でやってくる。
・そうすると，スムーズに渡来人が受け入れられ，婚姻していけば混血
効果は高い。
・渡来の初期段階にあっては，文化規範を取り仕切るのは縄文人の熟年・
老年層（長老）ということになり，まず在来文化の規範が優先される。
・こうした小規模の渡来が散発的に，いくつもの集落に何世代にもわ
たって行われると，次第に縄文的生業から渡来人がもたらした稲作へ
と主体が移っていき，付随する文化への傾斜も次第に高まって，結果
的に文化も変わる。
・遺伝子の方は着実に渡来遺伝子を再生産・蓄積して，結果的には在来
のそれを凌駕することになって，北方モンゴロイド的な渡来的弥生人
ができる。

　ここで示されたモデルは，渡来人と縄文人（在来人）との相対比率，渡
来人の性構成だけでなく，世代構成という新たな軸を加えて，組み立てた
点に大きな特徴があろう。
　以上の田中による渡来説の洗練に加え，近年は突帯文期から弥生前期に
かけての人骨資料がわずかながらも蓄積されつつある。福岡県雀居遺跡第
7・9次調査では，弥生前期中葉に属する2号土壙墓からは，高顔で眼窩
や鼻型も渡来的な特徴をもつ人骨資料が得られた。従来から渡来的形質を
もつことで知られる弥生中期人骨よりさかのぼる時期に，渡来的形質をも
つ人が福岡平野に居住していたことが明らかとなったのである［中橋 2000］。
また，佐賀県大友遺跡5次調査では，突帯文期に属する支石墓から人骨資
料が得られ，それらは低顔で，低眼窩や広鼻の縄文人的特徴をもつ人骨で
あった。これを報告した中橋孝博は，支石墓という朝鮮半島に起源する墓
制にもかかわらず，縄文的な形質をもつ人々が埋葬されたという事実は何
を意味するのか，と疑問を投げかけ，次の二つの可能性を考えた。すなわ
ち，①土着住人が半島の墓制だけを取り入れた可能性と，②半島の沿岸部
にも西北九州弥生人（縄文人的形質をもつ弥生人）のようなタイプの住人

が混在しており，支石墓の被葬者はそこから渡来した人々であった可能性，の二つである［中橋 2001, 2003］。

そのほか，90 年代末に引き続き，弥生時代前半期の人口増加率について，検討されている。片岡宏二と飯塚勝は，中橋・飯塚［1998］が古人骨に対して行った統計的シミュレーションの結果を，「渡来系弥生人」が居住したと仮定した住居跡の数を対象とした数理的解析によっても，後押ししようとした［片岡・飯塚 2006］。

しかし，これに対して田中良之は，かつて「渡来的弥生人」「縄文的弥生人」と呼ばれていた形質的特徴による区分を「排他的なエスニックグループであるかのように捉える研究」とし，「これなどは渡来人がやってきて縄文人を圧迫し，やがては列島を占有したという，幕末以来のスキームに戻ったケースであろう」と強く批判した［田中 2007］。

歴博の AMS 年代による弥生開始年代遡上論を受けた中橋孝博と飯塚勝は，再び「縄文系弥生人」と「渡来系弥生人」の人口増加について，中橋・飯塚［1998］では 200 ～ 300 年と想定した突帯文期から弥生前期末までの年代幅を，最大 800 年まで拡張して統計学的シミュレーションを行った。その結果，年代幅を長くとった場合でも，やはり弥生前期末までに「渡来系弥生人」が「縄文系弥生人」を圧倒するような人口比の逆転が起こりうるという結論を得た［中橋・飯塚 2008］。

土器研究においては，堅実な前進がみられる。北部九州における弥生時代開始前後の土器製作技法を検討した三阪一徳は，田中良之［1986］が示した土器の様式構造における製作技法の推移がおおむね妥当であることを明らかにした［三阪 2009］。

家根祥多のいう「無文土器系甕」と「縄文土器」の識別法を受け継いだ宮地聡一郎は，粗製大型壺の存在によって，唐津平野周辺にまず少数の渡来を認め，その後，無文土器系土器製作者が世代を重ねるごとに増加し，玄界灘沿岸地域に広がったと考えた［宮地 2009b］。

2012 年には，「（財）古代學協會共同研究還元事業 講演とシンポジウム 列島稲作開始期の担い手は誰か」が開催され，その成果は 1 冊の書籍にま

とめられた。研究代表者の下條信行は，列島水稲農耕開始期の伐採石斧を縄文系とみなし，その存在から，在来系男性の農耕開発への関与，農地開発に対する在来人の意識や目的を読み取った［下條 2014］。田中良之は，渡来説の成立過程を概観し，人類学と考古学の成果を統合することによって，弥生時代開始論を展開した。そして，弥生文化を担っていった主体は渡来人でも縄文人でもなく，「弥生人」であったと結論づけた［田中 2014］。裵眞晟は，弥生時代開始論の前提となる朝鮮半島南部の初期農耕文化の変遷を，石製工具の型式変化と組成を検討することで示した［裵眞晟 2014］。三阪一徳は，半島・列島双方の土器を検討し，弥生時代開始前後における製作技術の系譜と変遷過程を明らかにした［三阪 2014］。筆者は，住居跡，壺形土器，石庖丁，支石墓といった物質文化に関する検討結果を総括し，列島の初期農耕文化の起源地とその伝播のメカニズムを議論した［端野 2014］。

3　日本列島・朝鮮半島間の交流に関する諸説

従来から，水稲農耕開始前後における日本列島と朝鮮半島とに共通して分布する，様々な物質文化の検討にもとづいて，両地域間における交流ルート，そして人の移動や文化変化についての踏み込んだ議論がなされてきた。列島への水稲農耕伝播の導入に伴う半島系の物質文化としては，墓制である支石墓，住居様式である松菊里型住居，木製農耕具，それを製作するための石器，収穫するための石器，土器の新しい器種，製作技法など数多くが知られる。これらのなかでも，本書では墓制，住居，壺形土器，石庖丁の四つを対象として取り上げる。これらを対象として選んだ理由は，半島南部のなかでの地域性が比較的容易に看取されることから，半島・列島間の細かな交流ルートを議論するのにふさわしいものであること，半島・列島双方の地域において，分析に必要なサンプル量を十分に確保できること，所属時期の比定がある程度可能で，一定の考古学的時期における分布状況を検討可能なことなどがあげられる。とりわけ，墓制と住居の二者は考古学的には遺構として把握されるものであるが，製作された場と発掘調査時での出土地点とが必ずしも一致する保証のない遺物に比べ，遺構

は発掘調査での検出地点がまさに造られた場であるという強みがある。遺構がもつ，このような性質は，発見された地点の近辺に居住した人間集団の，物質文化の生成にかかわる情報と観念の存在形態や分布を調べるにはまさに打って付けのものといえる。ここでは，これら四つの物質文化のそれぞれに関わる学説を中心に取り上げることとする。また，これら以外の物質文化の検討によって，両地域間の交流を論じた論考もいくつか発表されている。ここでは，これらについてもあわせて取り上げることとする。

A　墓制に関する諸説

　森貞次郎によって定義された弥生文化成立に必要な諸要素のうち，特に墓制である支石墓はその保守的な性格上，これら水稲農耕と不可分な関係にある文化複合の起源地，すなわち弥生文化成立に関わったとされる渡来人の故地を推定するうえで重要な要素と位置づけられ，同時にその渡来のあり方，在来人との接触の問題についても考察されてきた［都出 1984］。とりわけ，九州北部への伝播・拡散については，戦後まもなく研究が本格化し，朝鮮半島南部に起源することが示されて［文化財保護委員会 1956；松尾 1957］以降，諸氏によって様々な見解が提示されている。まず，起源地については特に全羅南道にあたる西南部とする見解［西谷 1980；本間 1991］で一致しているが，経由地については済州島［本間 1991］と対馬・壱岐［西谷 1980］の二見解に分かれる。また，最初の到達地についても五島列島を含む長崎県の西北九州［沈奉謹 1979；西谷 1980；本間 1991；森田 1997］と玄界灘沿岸の北部九州［森 1969；甲元 1978；岩崎 1980］の二見解に分かれる。さらに，支石墓の下部施設は，玄界灘沿岸地域では土壙（木棺），長崎県では箱式石棺，佐賀平野では石蓋土壙，というように地域性が認められるが，これについては，一系統が伝播し地域的変容の結果とするのか［森 1969；甲元 1978；岩崎 1980；本間 1991；森田 1997］，多系統が時期差をもって波状伝播した結果とするのか［沈奉謹 1979；西谷 1980］の二見解がある。

　こうした支石墓の系譜・伝播論のほかに，これを系譜とする中国・四国

地方の墓制に関する議論もある。弥生時代の石を用いた墓を分類した藤田等は，縄文時代の配石墓や集石墓とこれらとを区別し，弥生時代になって出現する新来の墓制であることを示した［藤田 1966，1968，1987a，1987b］。その後，こうした「礫石使用墓」と，「副葬墓」，土器棺墓をあわせて検討した小林青樹は，これらの系譜を西北九州・北部九州の両地域に求め，外来文化受容に際しての，在来集団の積極的な適応化を認めた［小林 1999，2000］。墓の配置状態を検討した山田康弘は，朝鮮半島からの影響を受け，北部九州で成立した列状配置が，響灘沿岸から山陰地域にかけての沿岸部，瀬戸内沿岸部へと広がったものとみた［山田 2000］。中国地方に分布する石を多用する墓を検討した加藤光臣は，地上標識としての機能を有する配石と，木棺固定用とされる「裏込石」のルーツをそれぞれ，朝鮮半島南部の支石墓の墓域区画と石槨に求めた［加藤 2000］。

　しかし，これらの論考のうち，列島の支石墓に関する議論は，いずれも朝鮮半島南部地方，特に全羅南道・慶尚南道における発掘調査例が不十分な 60 ～ 70 年代の成果をもとに，各研究者が異なる祖型を仮定したうえで論じられた感があった。また，支石墓の下部施設として木棺・石棺が導入されたという大まかな枠組みは提示されているものの［橋口 1992］，その後，支石墓と他の墓制の系統関係を論じたものは少なかった。そこで筆者はまず，当時の半島南部での墓制研究の成果を受けつつ，半島・列島両地域の支石墓の特徴を比較した結果，半島南海岸部に分布する石槨を下部施設にもつ支石墓を，列島の支石墓の祖型とみた。そして，列島の支石墓の祖型とみられる半島南端部 [3] の支石墓の分布と，水稲農耕開始期の列島に出現する他の文化要素の分布との重なりをみることによって，半島南海岸部の南江流域がそれらの文化要素の起源地である可能性が高いと考えた。さらに，南江流域から出発した支石墓は，対馬・壱岐を介して玄界灘沿岸地域にまず到達し，周辺へ拡散するにつれ変形したものとみなした。そうしたなか玄界灘沿岸地域，とくに福岡平野では最古の弥生土器，板付 I 式の成立と時を同じくして，支石墓は弥生独自の木棺墓へと変容したものと考えた。また，遠賀川式土器の広がりのなかで中国・四国地方各地にみられる

弥生前期墓制と九州北部の墓制との類似度を比較した。その結果をもとに，日本海沿岸地域は瀬戸内海沿岸地域に比べ，九州北部からの墓制を含む情報がより濃密に伝わったものとみた［端野 2001］。

　ところが，この論考もまたそれまでの研究と同様，先験的に祖型を仮定したうえで，列島内での属性ごとの類似度を求め，特に石棺を下部施設とする支石墓の類似度を恣意的に下げているのではないかという誹りを免れなかった。こうした問題を解消するためには，列島内部での属性ごとの変化を追跡するだけではなく，半島南端部の支石墓を構成する属性を基準とした統計学的方法による検証が必要であった。

　そこで 2003 年に再び筆者は，半島南端部と九州北部の支石墓をはじめとする墓制を対象として，属性分析と統計学的方法を用いることによって，それらの系譜と伝播過程について検討した。その結果として，まず列島の支石墓の祖型は，石槨を埋葬施設とするもので，その内部は木棺が推定された。そして，列島の支石墓は，水稲農耕と結びついた他の文化要素とともに，朝鮮半島南端部の南江流域に起源すると考えた。また，支石墓が列島に伝播するにあたって，済州島を経由した可能性は低く，水稲農耕と結びついた他の文化要素とともに，玄界灘沿岸にまず到着し，その周辺へと拡散するとみなした。さらに，端野［2001］で提示した「支石墓変容モデル」について，その後の追加資料をふまえたうえで妥当性を主張した［端野 2003］。

　その後，中村大介は半島南部と列島西部における墓制の検討を行い，両地域の間での交流を議論した。まず中村は 2004 年に，弥生前期での，松菊里式土器や有茎式石剣に表される無文土器文化の流入を積極的に認めた。そのうえで，列島の方形周溝墓の起源を，当時，半島南部で類例が増加していた無文土器前期の周溝墓のなかに探りつつも，一方では埋葬施設の構築位置に注目して，全羅南道西部の地上式支石墓に求めようとした［中村 2004］。その後，中村は方形周溝墓の系譜とその背後にある社会を論じるなかで，「石材から土へ材質転換することにより，支石墓から周溝墓が成立する」と明言した［中村 2007a, p.106］[4]。そして 2006 年と 2009 年には，

松菊里式土器や磨製石鏃の分布，木棺型式の逆転現象，木棺の規模，墓域構成の変異，副葬品のセットにもとづいて，中国・四国地方への直接的な影響を想定し，さらに各地域において半島系文化要素の選択的受容が行われていたことを主張した［中村 2006, 2009］。また 2007 年には，半島南部において支石墓とは別に，石槨墓や木棺墓が存在したと仮定したうえで，墓域構成や墓壙の深さの類似性にもとづいて，西北九州の支石墓の系譜を全羅道地方に，北部九州の支石墓・石槨墓・木棺墓の系譜を慶尚道南部地方に求める見解も提出した［中村 2007b］。

　宮本一夫もまた，自身の弥生時代開始論との関わりのなかで墓制の伝播と受容を議論した。宮本はまず，半島に由来する墓制の伝播ルートを議論するうえで，それまでの研究が福岡平野以東の玄界灘沿岸東部にみられる上石のない石槨墓や木棺墓を，玄界灘沿岸西部の支石墓の下部構造と同列に議論していたことを問題視した。そして，上石をもつ支石墓と上石をもたない木棺墓の間には，副葬品構成において排他性が認められるとし，さらに朝鮮半島での磨製石剣型式の分布差が列島のそれにも表れているとみた。こうしたことを念頭においたうえで，縄文晩期後葉から弥生前期の九州北部の墓制と磨製石剣を検討した。その結果，夜臼Ⅰ式期には，支石墓を含む文化が，半島南部の湖南地域（全羅南道地域）から南江流域を含む洛東江下流域西岸地域を発信源とし，対馬の浅茅湾を介して，唐津・糸島平野の玄界灘沿岸西部に達した。そして，続く夜臼Ⅱa式期には，木棺墓を含む文化が，半島南部の洛東江下流から上流の嶺南地域を発信源とし，対馬北部を介して，玄界灘沿岸東部に達し，のちの板付式土器様式の成立に深く関与したものとみなした［宮本 2012］。

　さて，以上の葬送習俗についての見解はいずれも，半島南部の無文土器文化から列島への墓制の導入に焦点を当てたものであるが，縄文晩期中葉（黒川式期）の木棺墓についても，その系譜や所属時期の認定をめぐって議論が行われている。本書が対象とする地域では，山口県御堂遺跡の木棺墓群例が以前から知られる。この遺跡を調査した水島稔夫は，そこで検出された木棺墓 9 基を縄文晩期中葉（黒川式期）に位置づけ，突帯文期や弥生

前期の木棺とは系譜を異にするものとして，報告した［水島 1991］。その後，この木棺の評価をめぐっては，縄文系木棺とみなす見解［北原 2001］と，その時期を弥生前期まで下げて半島系木棺として理解しようとする見解［中村 2002］とに分かれていた。こうした状況をうけた澤下孝信は，御堂遺跡の木棺墓群について，あらためてその時期と系譜を検討した。澤下は，まず図面が公表されている例については，報告書に依拠しつつ再確認を行い，図面が未掲載の例についても報告書中の一覧表に記載された内容と原図にもとづいて整理を行った。また，この遺跡出土の土器と調査所見を再検討することによって，木棺墓・土壙墓群の所属時期を縄文晩期中葉と判断した。そして，御堂遺跡の木棺のなかに，突帯文期や弥生前期の木棺例とは明らかに異なる，複数の板杭で構成される例がいくつか存在することから，この遺跡の木棺を縄文系とみなした。さらに，縄文早期以前に属する丸太材で構築された木棺墓（福岡県柏原遺跡 SK-37）の存在にもとづいて，山本一郎［2004］による，板杭による構築→板材による構築という変化の想定をおおむね妥当なものとしてとらえ，また一枚の材を用いるものより複数の材を用いるものが相対的に古い可能性を指摘した［澤下 2009, 2010］。

B　住居形態に関する諸説

　松菊里型住居は，半島南部においての，はじめての本格的な水稲農耕文化である松菊里文化を特徴づける一要素とみなされてきた。そのため，韓国考古学界では，これまで半島南部の中での水稲農耕の広がり，そして日本考古学界では，列島への渡来人と渡来文化の導入を語るための素材の一つとして扱われてきた。

　半島南部の松菊里型住居を対象としたこれまでの研究は，①住居自体の起源と拡散を論じたもの，②無文土器文化の編年基準の一つとして，住居跡の型式分類のなかで扱われたもの，の二つに大きくわけることができる。実際，この両者は相互に結びついている論考も多く，単純に寸断できるものではないが，ここでは本書の目的に直接関係する①に論及したものと住

表 1-2　松菊里型住居に関する研究概略（1）

著者(発表年)	定義	分類とその基準
李健茂 （1992）	中央土坑がある。	二柱穴の位置・有無により，A型（中央土坑内に二柱穴）・B型（中央土坑外に二柱穴）・C型（二柱穴なし）に分類。さらに，それぞれを二柱穴以外の柱穴により，①四本柱穴なし・②四本柱穴あり，に細分。
安在晧 （1992）	床面中央に設けた土坑の両側に対称的に2個の柱穴を配置する円形住居址。	二柱穴の位置により，休岩里式（中央土坑内に二柱穴）・検丹里式（中央土坑外に二柱穴）に分類。
李弘鍾 （1996）	中央土坑がある。	平面形態により，I型（方形）・II型（円形）に分類。さらに，それぞれを中央土坑と柱穴の位置・有無によりa～gに細分。
李宗哲 （2000）	中央土坑がある。	二柱穴の位置・有無により，A型（中央土坑内に柱穴）・B型（中央土坑内外に2組の柱穴）・C型（中央土坑外に柱穴）・D型（中央土坑外に柱穴なし）に分類。さらに，それぞれを二柱穴以外の柱穴により，①四本柱穴なし・②四本柱穴ありに細分。
宋満栄 （2002）	中央土坑，あるいは二柱穴がある。	平面形態により，方形と円形に分類。
俞炳碌 （2002）	中央土坑，あるいは二柱穴がある。	平面形態により，I型（円形）・II型（方形）に分類。さらに，それぞれを二柱穴と中央土坑の特徴・有無により，A～E類に細分。
裴徳煥 （2005）	中央土坑，あるいは二柱穴がある。	中央土坑と柱穴の配置により，①～⑩類に分類。さらにそれぞれを平面形態により，休岩里型（方形）・松菊里型（円形）に細分。
金承玉 （2006）	中央土坑がある。	中央土坑と二柱穴の配置により，A～D類に分類。さらに平面形態，四本柱穴の有無により細分。

居型式間の系譜を考えるうえで学史的に重要と思われるものにしぼって整理したい[5]。表 1-2・1-3 は，各論考を松菊里型住居の定義，分類とその基準，型式の変遷あるいは起源・拡散の過程という四つの項目ごとに整理した結果を示したものである。これらの表により，現在の研究状況は以下のように整理される。

定義

　もともと内部の中央部に土坑（以下，中央土坑と呼ぶ）のあるものや，それに二つの柱穴（以下，二柱穴と呼ぶ）をともなうものを指していたが，その後は，大邱地域において中央土坑がなく，二柱穴のみのもの（東川洞型）

表 1-3　松菊里型住居に関する研究概略（2）

著者(発表年)	型式の変遷あるいは起源と拡散の過程
李健茂 (1992)	休岩里遺跡の A ①型が最も古く，その後，B 型と C 型が出現して，南部に拡散したとする。
安在晧 (1992)	休岩里式は休岩里遺跡で発生し西南部地域に拡散，検丹里式は検丹里遺跡で発生し，東南内陸地域に拡散。両方の型式がみられる東南内陸地域は中間地域。それぞれの起源を前期無文土器文化に求める。
李弘鍾 (1996)	寛倉里遺跡でみられる住居跡間の切り合い関係によって，方形が円形より古いとみる。
李宗哲 (2000)	中央土坑内に二柱穴をもつものが最も基本的で普遍的な型式とみて，他の型式はそれが変化したものとする。炭素年代測定値をもとに，松菊里型住居は錦江流域で紀元前 8 世紀までさかのぼり，紀元前 6 ～ 5 世紀に盛行，南部地域に行くほど新しくなるとみる。
宋満栄 (2002)	錦江流域で可楽洞類型から松菊里類型が発生。その周辺へと拡散しつつ，駅三洞類型文化との接触の結果，変容する。方形松菊里型住居を変容型とみる。その後，周辺地域では次第に松菊里文化の影響力が増し，円形松菊里型住居へと変化する。
俞炳碌 (2002)	大邱地域において，二柱穴のみのもの（ⅠD 類）を，「東川洞型」として設定。住居跡間の切り合い関係により，方形→円形という先後関係を認めるが，両者にはそれほど時間差がないとみる。
裴徳煥 (2005)	南江流域では，時期差はそれほどないが方形→隅丸方形→円形の順に変化。隅丸方形の場合，土坑内二柱穴が土坑外二柱穴より先行。沙月里遺跡で休岩里型が松菊里型を切る例も確認されているため，両者に同時併存の可能性があるとする。
金承玉 (2006)	円形松菊里型住居は外来起源。錦江中下流にまず到達し，周辺地域へと拡散しつつ，各地で変容する。周辺地域では漸進的に松菊里文化の要素を受容し，結果的に松菊里文化に同化する。

も発見されたことにより，これを加えたものを「松菊里型住居」と呼ぶようになっている。

型式分類

研究者間で大別分類基準・細別分類基準の違いはあるものの，基本的に平面形態，二柱穴の位置・有無，二柱穴以外の柱穴を基準に分類しており，その内容にはあまり違いはない。

型式間の時期差・地域差

住居跡間の重複関係や出土土器の検討により，平面形態方形→円形という先後関係を認めつつも，両者にそれほど時間差がないとみている。また，

方形が円形を切る例（慶尚南道沙月里遺跡東義大学校博物館調査区で 10 号住居跡が 19 号住居跡を切る）もあるため，両者が同時併存の可能性も指摘されている [6]。中央土坑にともなう二柱穴の位置は，時期差というより地域差ととらえる見解が多い。

起源と拡散

起源については，前期無文土器文化から発生したとする説と，外来系要素とみなす説の二つに大きく分けられる。拡散の過程は，中西部地域から南部へと拡散したとする説，錦江流域から周辺地域へと拡散したとする説，中西部地域で発生した中央土坑の内側に二柱穴をもつものが西南部に拡散する一方，東南海岸部で発生した中央土坑の外側に二柱穴をもつものが東南内陸部に拡散したとする説の三つに分けられる。

筆者は半島南部の松菊里型住居跡を類型化し，これらの地域別出現頻度をセリエーショングラフによって検討した。そして，この結果と北部九州の突帯文期〜弥生前期前半に属する松菊里系住居跡，あるいはその可能性のある住居跡に対する個別検討の結果とを突き合わせることによって，半島南部における拡散・変容のあり方，列島の松菊里系住居のルーツ，および半島南部例と北部九州例の差異化の過程を検討した。その結果，次の結論を導いた。①松菊里型住居は，半島南部の中西部地域に起源し，西海岸ラインと小白山脈越えラインという二つの太い情報伝達ラインに沿って拡散する。②中西部地域で発生した松菊里型住居そのものが半島南部の各地や列島で盛行したわけではなく，半島南部の各地において起源地のものとは似て非なる独自のものへと変容する。これは，松菊里型住居の受容にあたって，無文土器前期からの在来伝統と規制が健在で機能したことを物語っている。③列島の松菊里型住居のルーツは，南江流域と金海地域をあわせた範囲の地域の可能性が高い。④北部九州において，松菊里型住居は，弥生前期前葉になると半島南部，とくにその起源地の可能性の高い南江流域や金海地域とは異なる独自の形態へと変化し始める。これは独自の弥生土器の成立や支石墓から木棺墓への変容とも連動している。⑤松菊里型住居の伝播は，それ以前に形成されたコミュニケーション・システムを

媒介とした通常の情報伝達にくわえ，小規模の移住を背景としている［端野 2008］。

石崎曲り田遺跡住居群の系譜

石崎曲り田遺跡は，列島における水稲農耕開始期の代表的な集落遺跡の一つとして，日本考古学界によく知られている。調査者である橋口達也が，「弥生時代早期」という時期区分に位置づけたように［橋口 1985］，ここで得られた資料とそれにもとづいた研究が，その後の弥生時代開始論に与えた影響は極めて大きい。しかし，石崎曲り田住居群の系譜については，水稲農耕開始期における半島南部からの渡来人の到来や渡来文化の受容のあり方の評価に関係してくるにもかかわらず，報告書刊行後，研究書や論考において，いくつかの言及がなされたにとどまっている。これは近年にいたるまで，水稲農耕開始期よりさかのぼる縄文晩期の住居跡や，水稲農耕開始期に併行する半島南部の無文土器時代の住居跡の資料が多くはなかったことから，縄文文化・無文土器文化のいずれに系譜が求められるかという判別が困難であったことに起因するものと思われる。

さて，報告書の刊行後，10年以上の長きにわたって，この遺跡で検出された住居群の系譜については，見解が提出されていなかった。しかし，福岡県江辻遺跡のような他の弥生開始期の集落遺跡や半島南部や縄文後晩期の住居跡の事例に関する報告が徐々に増加するにしたがい，それらとの比較が可能となり，いくつかの見解が出されるようになった。以下，時期を追ってこれらの見解を概観しよう。

松本直子は，九州における縄文後晩期から弥生開始期にかけての住居跡と集落構造とを検討するなかで，弥生開始期の集落遺跡として江辻遺跡と石崎曲り田遺跡を取り上げている。江辻遺跡については，住居自体は半島系の松菊里住居でありながらも，縄文集落の特徴である円環状に分布し，その中心に大型建物が存在することから，縄文後晩期以来の社会構造と世界観が残存していることを指摘する。一方，石崎曲り田遺跡については，住居そのものの系譜については言及していないものの，比較的短時間に激しく切り合いをもつ住居跡群のあり方は，縄文後晩期の六地蔵遺跡や星野

小学校遺跡のあり方に似ており，弥生開始期の集落には縄文後晩期からの連続性が認められると述べている［松本 2000］。

高倉洋彰は，弥生時代における倭と韓との交流を論じるなかで，水稲農耕開始期の遺跡についても触れ，「忠清南道松菊里遺跡など韓国西部に特徴的な松菊里型円形住居からなる福岡県柏屋町江辻遺跡もあれば，福岡の対岸にあたる慶尚南道蔚山市の検丹里遺跡などに特徴的な方形住居のみの福岡県二丈町曲り田遺跡もあるように，倭と韓の交流にはいくつかのルートが認められる」としている［高倉 2001, pp.192-193］。これは，石崎曲り田遺跡の住居群の系譜を，半島東南部の検丹里遺跡の方形住居跡に求めた見解ととらえられる。

小澤佳典は，玄界灘沿岸地域における突帯文期～弥生前期の集落資料を集成し，集落を構成する要素の動態と変遷を検討した。そのなかで，当該期の住居を「円形系住居」と「方形系住居」とに分け，後者の「方形系」に属する突帯文期の例として，石崎曲り田遺跡例，江辻遺跡1地点1号住居跡，福岡県諸岡遺跡 F 地区 SC01 をあげた。江辻遺跡例は竪穴床面の中央に土坑があり，その外側に二つの柱穴を伴うことから半島系とみなし，一方，諸岡遺跡例のように主柱穴配置のはっきりしない方形住居は，縄文晩期の北部九州に事例が認められることから，在来系として評価したいとした。そして，後続する弥生前期前半～後半の「方形系住居」の多くは主柱穴が不明確であるのに対して，石崎曲り田遺跡例は，四本の主柱穴がみられる例もあることから，この石崎曲り田例は「特殊な事例としてとらえた方がよいかもしれない」としている［小澤 2006］。

筆者は，水稲農期開始期に玄界灘沿岸地域に到来したとされる渡来人をめぐる諸問題を整理するなかで，石崎曲り田住居群の平面形態が方形であることをみて，半島南部南江流域の松菊里型方形住居に求められる可能性を示唆したことがある［端野 2008a］。また，半島南部の松菊里型住居についての検討結果をふまえて，玄界灘沿岸地域における松菊里系住居のルーツを論じたときにも，やはり石崎曲り田住居群の系譜が半島南部に求められる可能性を考慮する必要性を説いた［端野 2008b］。その後，筆者は，竪

穴の規模・形態，柱穴の配置状態，竪穴四隅の形状に関わる計測値を用いて，石崎曲り田遺跡の住居跡を縄文晩期の住居跡例，半島南部の住居跡例と比較することによって，その系譜の検討を行った。その結果，縄文系の方形住居跡に系譜を求める見解の蓋然性が最も高いと結論づけた［端野 2011］。

C　壺形土器に関する諸説

半島南部の丹塗磨研土器[7]とは，器表に酸化鉄の水溶液を塗布し，ミガキを施した後，焼成を行った土器群を指す。また，日常用の無文土器とは異なり，器壁が薄く，胎土が精製であることから，儀礼用の土器と考えられてきた。このなかでも壺形土器は，水稲農耕の開始とともに日本列島に導入されるものであり，外来文化受容の実態を物語る好材料とされてきた。

半島南部の丹塗磨研土器は 1970 年代に出土遺跡の集成が行われ，分布状況からみて孔列土器とともに朝鮮半島東北部に起源し，南部へと伝播したという見解が，まず提示された［尹武炳 1974；安春培 1977；趙由典 1979］。これらは資料の蓄積が不十分ななかでの大まかな把握にとどまるものであったが，現在まで継続している東北部起源説の嚆矢であった。1980 年代に入って初めて，後藤直が型式学的検討を含む総合的な論考を発表し［後藤直 1980］，その後も型式分類・編年を中心とした論考が，崔鍾圭・安在晧［1982］，李健茂［1986］によって発表された。さらに河仁秀［1992］では，当時の無文土器編年に沿ったかたちで，丹塗磨研土器の編年案が提出された。すなわち，小型壺を基軸として，無文土器時代を前期と中期に大別し，さらにそれぞれを前半と後半に，中期前半・後半については前葉・後葉に細別した編年案である。この変化の方向性は，半島南部各地域の文化を編年するための一指標としても用いられてきた。しかしその後，安在晧は，河仁秀［1992］の中期後半に相当する，頸部と胴部に境界をもたない短頸壺が無文土器前期から存在することを指摘し，これが短脚の付いた鉢や，長脚の付いた壺，東北部の短頸壺を祖型とする見解を提示した［安在晧 2003］。これは，それまで曖昧であった丹塗磨研壺の祖型を明確にしよ

うとした試みであった。

　こうした半島南部の丹塗磨研壺と，列島の突帯文期に出現する壺との系譜関係を初めて明確にしたのは，沈奉謹［1979a］である。それ以前，突帯文期の壺は，縄文土器に系譜を求める見解［森1966］が強かったが，これが提出されたのは1970年代後半になり，半島南部の丹塗磨研土器との関係がしばしば問題にされていたなかでのことであった［杉原1977；橋口1979；後藤1980］。その後，器厚と胎土からみて，北部九州には，半島南部からの搬入品と断定しうる資料はないという見解が示された［小田1986］。1990年代以降は，頸部に施されたミガキの方向を題材に，九州での壺の製作者の技術系譜を論じる論考［中園1994］，半島からの渡来人が北部九州の集落で占める比率を論じる論考［家根1997］が提出された。また，半島の丹塗磨研壺によくみられる丸底は，技術的な問題から，九州北部では受容されなかったという見解［中村2003］も提出された。

　つづいて，先述した研究も含め，弥生時代開始論の脈絡で行われてきた，壺形土器の頸部ミガキ方向に関する議論について，詳細にみていこう。半島南部の丹塗磨研土器を総合的に検討した後藤直は，半島南部出土の横ミガキ例，北部九州出土の縦ミガキ例に注意を払いつつも，主として北部九州は横ミガキ，半島南部は縦ミガキ，という見解を提出した［後藤直1980］。しかしその後，沈奉謹が半島南部出土の横ミガキ例をたびたび報告し［沈奉謹1979a，1984，1987］，河仁秀もそれを受け，ミガキ技法にはある程度，地域性・時間性があること，列島にみられる横ミガキは半島南部の影響で出現したもので，列島独自のものではないという見解を示した［河仁秀1992］。

　ところが，こうした韓国の研究者の意に反して，その後も後藤直の提示した「半島南部は縦ミガキ，北部九州は横ミガキ」という認識は，日本の研究者の間で共有されることとなった。たとえば中園聡は，北部九州の小型壺の横ミガキと，縄文晩期以来の精製浅鉢にみられる横ミガキとの共通性に着目し，これにモーターハビット[8]の概念を適用して，「九州での壺の製作者の大半が伝統的な縄文土器製作技術に連なる技術を習得していた者

達」であった，と結論づけた［中園 1994］。また家根祥多は，ソウル大学校所蔵の渼沙里遺跡例をあげて，横ミガキが半島南部でも存在することを認めつつも，渡来人の九州への移住段階ではやはり大半が縦ミガキで，横ミガキは少数という見解を示した。そして，石崎曲り田遺跡出土の甕・壺・鉢で観察された外傾接合・ハケメ調整の比率から導いた「渡来人が集落構成員の約3分の1を占める」という仮説を支持する論拠として，縦・横ミガキの比率をあげた［家根 1997］。高木暢亮も「韓半島南部は縦ミガキ，北部九州は横ミガキ」という認識に従い，北部九州の縄文晩期後葉から弥生前期にかけてのミガキ方向にみられる地域性の発現過程について論じている［高木 2003］。

以上の学史を検討した結果をふまえ，筆者は，丹塗磨研壺の型式分類・編年，頸部のミガキ方向を検討した。その結果，次の結論を導いた。①一系列的な型式組列を想定する既存の編年案とは異なり，複数の器種を設定したうえで，それぞれの器種ごとに存続時間幅を明らかにした。②頸部のミガキの方向は，頸部のサイズや形態に規制される可能性が高く，文化的系統の違いを反映した属性とみなすことはできない。頸部のミガキは，土器製作者が施すにあたって，最も効率的な方向で行われたものと考えられた［端野 2003b］。

その後，資料の蓄積をふまえ筆者は，半島南部のうち，とくに丹塗磨研壺の分布が集中する慶尚道地方を対象として，その小地域ごとにこれを編年し，各地域における型式と研磨方向との関係を検討した。その結果，頸部ミガキの方向については，端野［2003b］で指摘したように，頸部の長さや形態によって影響を受けた可能性もあるし，今後，資料の増加によって，半島南部のなかでの地域性が鮮明となる可能性もあるとした［端野 2008a；Hashino 2011］。また，列島の壺形土器の起源地が南江流域であり，同時に，この地域の丹塗磨研壺もまた，松菊里文化の影響を受けつつも，独自に変化した土器群であったことを示した［Hashino 2011］。

最近では，壺が導入された当初であっても，在来の製作技術で作られたものが優勢であることを分析的に示した論考も提出されている［三阪 2014］。

D　石庖丁に関する諸説

　ここでは，朝鮮半島の石庖丁研究と，石庖丁を素材とした半島・列島間の交流論を整理し，その問題点を鮮明にしたい。半島の石庖丁研究は，1950 年代から東アジア全体を視野に入れた稲作農耕の起源と伝播ルートの解明を目的とするなかで始められた［安志敏 1955；崔淑卿 1960；石毛 1968a, 1968b；金元龍 1972］。これら草創期の研究にみられる，事実認定・方法・年代観に対する批判的検討は，1980 年代を待たねばならなかった。下條信行は，石器組成・擦切技法の検討に加え，石庖丁の計測値を検討することにより，遼東半島→朝鮮半島→日本列島という伝播ルートを明らかにした［下條 1980, 1987, 1988］。また安承模は，計測値を用いた精緻な型式認定をもとに，遼東半島から朝鮮半島にわたって分布する石庖丁の系統論・伝播論を展開した［安承模 1985］。全榮來も，朝鮮半島と九州島の磨製石器を比較検討するなかで，石庖丁の型式変遷と伝播を論じた［全榮來 1987］。その間にも，三角形交叉刃石庖丁の成立に関する研究［崔仁善 1985；金相冕 1985］，半島出土石庖丁の型式と分布に対する研究［西谷 1986］などが行われた。これらの研究成果をまとめると，次の通りである。すなわち，①朝鮮半島の石庖丁は遼東半島に起源する，②朝鮮半島へ導入された型式のうち，「魚形」と呼ばれるものは，南下しつつ背部が漸移的に直線化した結果，「舟形」となり，やがて列島の九州島へと至る，③朝鮮半島南部では松菊里文化の成立と時を同じくして，三角形交叉刃石庖丁が発生する，となる。その後，寺澤薫もこれらの論考とほぼ同様な見解を示している［寺澤 1996］。2000 年代に入り，計測値と属性分析を用いた型式設定・編年［董眞淑 2001］と，遺跡出土の新資料をふまえた型式設定と計測値による時間的変化の検討，使用痕分析も行われた［孫晙鎬 2001］。また，使用痕分析によりイネ科植物の穂摘具であることが確認された［高瀬・庄田 2004］。無文土器時代の石庖丁に対する使用痕分析はその後，孫晙鎬によって精力的に進められ［孫晙鎬 2006］，分析事例が増加しつつある。

　次に，石庖丁を通じた当該期の半島・列島間の交流論としては，下條信行［1986・1988］・小田富士雄［1986］・全榮來［1987］があげられる。下條は，

半島南部の無文土器時代の石庖丁には片刃が多いこと，北部九州の突帯文期（夜臼式期）に属する石庖丁には両刃が多いものの，片刃あるいは「偏刃両刃」も少数みられることから，列島石庖丁が半島南部に起源すること，列島への導入当初から変容がみられることを指摘した［下條 1986b］。また，半島南部と九州の石庖丁の計測値を比較した結果，列島石庖丁のルーツについて，半島西南部，半島東南部，そして両者の融合の三つの可能性を示した［下條 1988］。小田富士雄や全榮來は，九州出土例と慶尚南道大坪里遺跡出土例にみられる両刃と擦切穿孔の共通性を指摘した［小田 1986；全榮來 1987］。安在晧は，前期無文土器文化から松菊里文化の形成過程を検討する中で，石庖丁の型式の分布にもとづき，慶尚道にあたる東南地域と列島との関係を想定した［安在晧, 1992］。前田義人と武末純一は，福岡県貫川遺跡出土の縄文晩期後葉（黒川式期）に属する石庖丁を，半島南部の前期無文土器文化に由来し，列島における水稲農耕の試行錯誤を示すものととらえた［前田・武末 1991］。

　筆者は，半島南部と九州北部の石庖丁を対象とし，計測的・非計測的属性と型式の分析を通じて，その時間性と地域性，形態的特徴・技法の発現過程を検討した。その結果，次の結論が得られた。①無文土器中期になると，松菊里文化圏では，刃部平面形態では外湾形→三角形，刃部断面形態では片刃・両刃→交差刃という変化が起きる。これは，いわゆる三角形交差刃石庖丁の成立を示している。②一方，非松菊里文化圏では，中期になっても前期以来の石庖丁が継続する。しかし，松菊里文化圏と同様に全長・孔端の減少がみられ，全地域で背部が直線化する傾向にある。これは松菊里的石庖丁製作伝統が中心から周辺へとむかうにつれ，減少することを示している。③南江流域では松菊里文化圏の他地域においての変化のあり方とはやや異なり，サイズの小形化や形状の変化にともない，三角形の採用とともに，穿孔技法では一孔・擦切が盛行し，刃部断面形態では両刃もそれに連動した独自の動きをみせる。④半島南部の各地域のうち，南江流域は，九州北部例と共通する要素をもった例が最も多く，九州北部と共通する型式も他地域にくらべ多い。⑤しかし，同じ三角形両刃石庖丁でも，

穿孔技法が異なっており，双方は似て非なる型式と評価される［端野 2008］。

E　その他の学説

その他にも，水稲農耕開始前後において半島と列島とに共通して分布する様々な物質文化にもとづいて，渡来人の故地やその物質文化自体の起源地について論じた論考がいくつか提出されている。まず，日本人研究者による見解には，西谷正［1980］・下條信行［1988, 1995］・家根祥多［1997］・端野晋平［2003a, 2006, 2008a, 2008b］・中村大介［2004］がある。西谷正は，支石墓の分布の密集度にもとづいて，全羅南道にその起源地を求めた［西谷 1980］。下條信行は，弥生開始期の石庖丁の起源地を，計測値からみて，半島南部の全羅道か，慶尚道か，あるいは両方か，というように推測を巡らした［下條 1988］。また，列島出土のナスビ文土器・丹塗磨研土器・孔列土器・瘤状把手付甕のルーツを，半島南部における，これらの物質文化の分布から慶尚南道に求めた［下條 1995］。家根祥多は，土器文様と松菊里型住居の型式との重なりをみて，全羅南道東部から慶尚南道西部にかけての地域を，北部九州に到来した渡来人の故地とみた［家根 1997］。筆者は，支石墓の型式・上石の類似度，松菊里型住居の型式，石庖丁の型式，丹塗磨研壺（頸部横ミガキ）にもとづいて，これらの物質文化を列島にもたらした渡来人の故地を，半島南部の南江流域に求めた［端野 2003a］。さらに，丹塗磨研壺の型式組成によって，南江流域［端野 2006；Hashino 2010］，松菊里型住居の型式組成によって，南江流域から金海地域にかけての地域［端野 2008a］，石庖丁の属性組成によって，南江流域［端野 2008b］というように，個別の物質文化についての検討とそれにもとづいた見解を提出した。そのほか中村大介は，半島・列島間の交流について，地上式支石墓や磨製石剣の特定型式の分布によって全羅南道西部との交流，把手付甕の分布によって蔚山地域との交流を想定した［中村 2004］。韓国人研究者による見解には，安在晧［1992］，李弘鍾［2002］がある。安在晧は，黒川式期には孔列土器の分布と短斜線文土器の不在によって慶尚南道西部，夜臼式期には松菊里型住居と石庖丁の型式によって慶尚南道から，列島への人の移

動を想定している [安在晧 1992]。李弘鍾は，松菊里型住居の型式によって，慶尚南道から列島への人の移動を想定している [李弘鍾 2002]。

　また従来から，中国・四国地方や近畿地方の研究者のなかに，半島南部から中国・四国地方や畿内への直接的移住や伝播をとなえる人が存在したことは，武末純一 [2002] から知ることができる。こうした状況を察した武末は，「北部九州に比肩するほどの文化要素全体の再現性や北部九州とは異なる朝鮮系の文化要素の提示が必要である」と提言した。筆者は，水稲農耕開始前後の半島・列島地域を対象とした，こうした論説を「遠隔地直接渡来論」と呼ぶ。遠隔地直接渡来論は，対象とする時期によって，水稲農耕開始以後の板付Ⅰb～Ⅱa式併行期のものと，水稲農耕開始前の黒川式併行期以前のものとに分けられる。前者の例として，中村大介 [2006]，後者の例として，岡田憲一・千羨幸 [2006] や千羨幸 [2008] がある。中村大介は，弥生前期前葉～中葉（板付Ⅰb～Ⅱa式併行期）の中国・四国地方でみられる松菊里式土器や磨製石鏃の分布，木棺型式の分布の逆転現象にもとづき，半島南部から当該地域への直接的な文化的影響があったこと，さらに列島の各地域において半島系文化要素を選択的受容が行われたことを主張した。岡田憲一と千羨幸は，山陰地方の島根県三田谷Ⅰ遺跡や原田遺跡1区出土の「二重口縁土器」を半島南部に由来するものとみなした [岡田・千 2006]。さらに千羨幸は，列島西部出土孔列土器を検討し，山陰地方例と九州地方例とは系統が異なるとしたうえで，前者は半島東南部，後者は半島西南部に系譜が求められるとした。そして，九州地方では孔列土器は南部九州から周辺地域に拡散したと考えた [千羨幸 2008]。

4　水稲農耕伝播の要因・メカニズムに関する諸説

　日本列島への水稲農耕伝播の要因・メカニズムに関する学説は，水稲農耕を受け入れた列島側の要因を論じたものと，列島へ水稲農耕をもたらした中国大陸あるいは朝鮮半島側の要因を論じたものとに分けられる。そこでここでは，これらの議論をその二つに分けて概観したい。

A　列島側の要因に関する諸説

第二次世界大戦後，それ以前の皇国史観にもとづいて作られた日本民族起源論を乗り越え，かつ考古資料に対する実証的研究の蓄積をふまえて，列島に水稲農耕が導入された要因についての明確な見解が提出され始めた。戦後まもなくから 1960 年代にかけて提出された見解は，「列島西部縄文晩期社会ゆきづまり論」を提示したものといえる。すなわち，これは唯物史観の立場に立って，列島東部とは相対的に資源の乏しい列島西部の縄文晩期社会が生産手段の進歩にともない，増大する狩猟採集経済の矛盾を克服するために，畑作ないしは水稲農耕の導入を行ったという図式からなる。

藤間生大は，縄文時代の関東地方を含む列島西南部が，東北地方に比べて遺跡数や土器などの遺物数からみて，人口や集落の規模，その他一切の点において，貧弱であるとしつつも，その発展の仕方は共通しているとする。そして，関東地方を含む列島西南部においては，採集経済（一部には「原始農業」）にもとづいた縄文文化の停滞性を打破するための「生産力の発展」を図って，水稲農耕を導入したとみなしている［藤間 1951］。

近藤義郎は，列島東部に比べ「狩猟生産力」の相対的に劣勢な列島西部の縄文晩期社会においては，狩猟採集経済のゆきづまりを打開すべく一部で畑作や水稲農耕が導入されたと考えた［近藤 1962］。

岡本勇は，列島西部の縄文時代の遺跡数が列島東部のそれに比べ極端に少ないうえ，遺跡の規模は小さく，そこから出土する遺物の量・質も相対的に乏しいことを示した。そのうえで，それを人口や集落が希薄だったことの反映と見，さらに食料資源が乏しかったことに起因するものと考えた。そして，列島西部の縄文文化が列島東部のそれとも質的には差のない発展をたどってきたことを認めつつ，やがて資源の限界からいきづまった採集経済の矛盾を克服するための「原始農耕」（畑作）が導入され，それを進める過程で蓄積された経験と姿勢が水稲農耕を始める際の土台となったと考えた［岡本 1966］。

こうした「縄文晩期社会ゆきづまり論」が提出された背景には，縄文時代の食料資源は，シカ・イノシシ・サケ・マスなどの動物性食料が主流で，

堅果類・根茎類などの植物性食料は従という認識があり［小林 1951］，なおかつ列島西部に比べて豊かな列島東部の亀ヶ岡文化を支えた経済基盤として，サケ・マスの漁獲を考えた山内清男の「サケ・マス論」［山内 1964］が与えた影響も大きかったものと考えられる。

しかしその後，1970 年代に入ると，遺跡から得られた動・植物遺体の研究が進んだ結果，縄文時代の食料資源の主体は，動物や魚などの動物性食料ではなく，ドングリ類，クリ・クルミなどの堅果類，遺体として残りにくいウバユリ・ジネンジョなどの根茎類といった植物性食料であったことが明らかにされた［渡辺 1973, 1975；佐原 1975；鈴木 1979］。

こうした認識が定着してくると，当然のことながら植物が生育する環境そのものに注目が集まることとなる。1980 年代には，栄養が豊富な堅果類が多く生育する落葉樹林帯，それに比べて相対的に劣る照葉樹林帯という列島の植生区分と，列島東部と西部の縄文文化という考古学的な地理区分とがおおむね一致することが示され，それにもとづいて農耕の発展段階論が展開されるようになった。

民族学者の佐々木高明は，列島西部に広がる照葉樹林帯における農耕の発展段階を，1）原初的農耕（縄文前期・中期頃），2）初期的農耕（縄文後期・晩期頃），3）水田稲作農耕（縄文時代末あるいは弥生時代初頭以降），というように，考古学的な時期のうえに位置づけた。このうち，「原初的農耕」（incipient agriculture）は，採集（半栽培も含む）・狩猟・漁猟が主たる生業活動として営まれ，それらの活動によって支えられている社会において，ごく小規模に行われる農耕，「初期的農耕」（early agriculture）は，主食料の生産の大半を焼畑や原初的天水田などの農耕でまかなっているが，その生産の安定性が十分でないような農耕のことである。そして両方とも，水稲農耕に比べると，その生産の安定性が著しく低く，生業体系のなかで占める比重や役割が様々であったとした。そのうえで，列島西部の縄文後晩期に展開した「初期的農耕社会」は，列島東部のナラ林帯を舞台に発展した「成熟せる採集民社会」に比べ，人口密度が著しく低く，文化の統合度もかなり劣っていた可能性が少なくないとしつつ，こうした畑作農耕に

基礎をおく「初期的農耕社会」も，縄文時代末に大陸から伝来した水稲農耕を受け入れ，それが列島西部へ急速に展開するための「プレコンディション」をつくったことは間違いないとした。さらに，この列島西部の「初期的農耕社会」のなかに蓄積されていた照葉樹林文化の諸要素が，水稲農耕社会のなかにひきつがれ，そのなかで再生産されることによって，列島の基層文化のなかにひろく拡散していったと述べた［佐々木 1986, 1988］。

　安田喜憲は，佐々木［1986］の示した農耕発展段階論を，ナラ林帯と照葉樹林帯における縄文遺跡の花粉分析の結果を通じて，裏づけようとした［安田 1988］。

　この「照葉樹林文化論」と呼ばれる学説が示した水稲農耕に際しての列島側の要因も，実は「縄文晩期ゆきづまり論」での説明の仕方とさほどの違いはない。すなわち，列島西部が列島東部にくらべ資源が乏しく，それを補うために導入された「初期的農耕」が，のちの水稲農耕を受容しやすくする条件となるという図式は共通している。違いは，「ゆきづまり論」では，水稲農耕導入に先立つ畑作農耕が列島内で自生したとしているのに対し，「照葉樹林文化論」では，水稲農耕のみならず畑作も列島外から伝来したと考えている点である。

　1980 年代には，以上の見解とは異なり，列島東部と西部との間にある，生態系にもとづいた食料獲得システムの違いが，水稲農耕の受容のあり方に相違をもたらしたという見解も提出された。

　赤澤威は，まず食用植物の種類数とその季節変動パターンは，照葉樹林帯と落葉広葉樹帯との間で大きな違いがないことを指摘し，食料資源を多様化する方法をもって生業の季節的循環を維持する限りにおいては，列島西部縄文人と列島東部縄文人は同じ程度の条件にあったことを示した。そのうえで，縄文時代の生業の「季節的循環機構」として，春から夏にかけて食用植物と水産資源，ついで秋には食用植物のなかからそれぞれ特定種を選び，冬にはシカ・イノシシを選び集中的に収奪するという組み合わせからなるモデルを想定した。そして，これが，森林生態系とそれ以外の生態系とが機能的に組み合わさった複合生態系に維持されているとし，縄文

時代の遺跡に対するテリトリー分析の結果にもとづいて，縄文時代の列島に存在した複合生態系として，「森林・淡水複合」「森林・汽水複合」「森林・大陸棚複合」という三つを設定した。これらの検討結果をふまえ，列島西部においては弥生文化が急速に広がるのに対して，列島東部では必ずしもスムーズではなく，縄文以来の伝統を根強くとどめた弥生文化が成立するという事象の背景について，次のような見解を提出した。列島西部の縄文社会の多くが，「森林・淡水複合」生態系に適応していたが，この生態系は春から夏にかけての生産力が低く，しかもその間の集中的収奪に適する資源に恵まれていないし，それを行っていた証拠もない。水稲農耕の導入が既存の生業機構やそれを維持していた社会秩序などに大幅な改変を迫ることにはならなかった。少なくとも春から夏の労働をその導入に合わせて再編成することは比較的容易であった。それに対して，列島東部の縄文社会の多くでは，「森林・汽水複合」，「森林・大陸棚複合」に適応していたので，水稲農耕の導入は既存の生業循環機構との間に数々の摩擦が生じた。すなわち，春から夏にかけての水産資源の収奪行動は田植・除草活動へ，秋の食用植物の収穫は稲刈りとその貯蔵処理へと変更しなければならず，しかもそれまでの生業機構を維持するため，それに整合して発達していた技術体系，社会秩序，価値体系をも改変を迫ることとなったとした［Akazawa 1986；赤澤 1988］。

　なお，この研究よりもやや先に，西田正規も縄文時代の生業活動の種類と活動場所，季節性などを検討している。水稲農耕の導入について議論しているわけではないが，後の学史に関わるので，ここでみておく。西田は，福井県鳥浜貝塚の縄文前期堆積層から得られた動植物遺体の同定と定量分析を行った。そして，その結果と列島西部の縄文後期遺跡と近世アイヌのそれとを比較することによって，縄文時代における生業形態が，自然環境の違いに応じて異なるタイプに類型化しうることを示した。すなわち，鳥浜貝塚の位置する列島西部の縄文時代とアイヌは，春から秋の網漁によって効率的に食料を確保する点で共通するものの，秋から冬にかけて得られる保存食の違いによって，前者を「ナッツ型」，後者を「サケ・シカ型」に

類型化した。そして、列島東部の縄文時代についても「サケ・ナッツ型」を想定し、「ナッツ型」と「サケ・シカ型」との中間型に位置づけた［西田 1980］。

　考古学者では藤尾慎一郎が、列島西部の縄文社会が列島東部に比べ、水稲農耕をいち早く導入した理由を示した既存の学説の多くを「食料窮乏説」と評価し、①野生型植物性食料の分布と内容、②縄文時代の栽培型植物、③植物性食料獲得活動の定義づけ、④縄文時代の労働形態と弥生水稲農耕との関係、という4点について再検討した。その結果、縄文人の生活を支えた植生は、列島東部の落葉樹林帯、列島西部の照葉樹林帯といった単純な図式ではくくれないほど複雑であり、その図式は巨視的な観点からは意味があっても、各地における水稲農耕の受容を論じるにはあまり適切ではないとした。そして、水稲農耕をいち早く開始した地域は、内水面や汽水域に生息する安定した食料資源（タンパク質）を利用できなかった地域、すなわち西田［1980］の「ナッツ型」、赤澤［1986, 1988］の「森林・淡水複合」にほぼ一致するとし、この地域においては、水稲農耕を導入した場合、秋にナッツの採集とイネの収穫が完全に重なるため、獲得活動の季節性を分散できないが、田植・除草を行う夏先は、生態系を異にする他の地域よりも既存の労働組織との摩擦がもっとも少なくてすんだことが、水稲農耕をいち早く導入する原因になったと考えた［藤尾 1993］。その後、藤尾は紀元前1500年ごろにはじまる気候の冷涼化・多雨化によって打撃を受け、列島西部へと移動した列島東部の縄文人が、資源利用の特定化と限定性という水稲農耕に通じる論理をもつ「東日本型食料獲得機構」を伝えたこともあげた。また、玄界灘沿岸地域の突帯文期の集落遺跡を取り上げ、渡来人と在来人からなる集落との資源をめぐる競争に勝つために、在来人のみからなる集落の住民が、水稲農耕を開始したという見解や、在来人が威信財を入手するための交換財として、余剰米の蓄積するために水稲農耕を導入したという見解も付け加えた［藤尾 2003］。

　以上の見解のほかに、気候の寒冷・湿潤化による水田適地（低湿地）の形成を列島側の要因にあげる研究者もいる。考古地理学者の小野忠熙は、

列島に水稲農耕民が渡来した「誘因」として，気候の冷涼湿潤化にともなう海水準低下によって河畔・湖海岸に低い沖積段丘と若い沖積低湿地が形成されたことをあげた。なお，それに加え，列島西部の縄文晩期が採集経済で原始陸耕への傾斜が強かったため，新来の水稲農耕が受容しやすかったこともあげている［小野 1980］。

　風成砂丘の形成期によって気候変動を復元した甲元眞之は，縄文晩期の黒川式と突帯文期の夜臼式との間に砂丘の形成期の一つを求め，これを地球規模で起きた紀元前 1000 年紀初め頃の寒冷期を当てた。そして，この寒冷期が，西ヨーロッパと東アジアの沿岸地域では湿潤化するのに対して，中国大陸の西部と北部では乾燥化すること［Kristiansen 1998; Winkler and Wan 1993］をあげ，縄文晩期が湿潤な気候状況下にあったことが泥炭層の形成などに反映されているとした。甲元は，縄文晩期から突帯文期の間に，寒冷化の結果として形成された砂丘や砂堤の背後に，さらに形づくられた後背湿地は，初期のうちは塩分を含むため，植物の繁茂を妨げるが，脱塩されるにしたがってアシが生え，やがてガマが生育するようになると水稲農耕が可能な土地に転換するという。そして，この脱塩作用にとって，湿潤な気候条件であったことは，後背湿地の淡水化へ拍車をかけることとなり，水稲農耕民にとっては格好の条件を提供することになったとした［甲元 2008］。

B　大陸(半島)側の要因に関する諸説

　大陸（半島）側の要因についても，列島側の要因と同様，戦後になってまもなくしてから本格的な見解が提出され始めた。これらの多くは，列島に水稲農耕をもたらした移住者の故地の違いはあるものの，中国大陸における政治的動乱に求める見解と，あるいはその背後に気候の寒冷化（悪化）を想定する見解とおおむねみなせる。

　民族学者の岡正雄は，紀元前 5 ～ 4 世紀に起こった呉・越の動乱にともない，江南地方の非漢民族社会に大きな動揺が起こり，その影響を受けて江南地方の稲作文化が列島に渡来したと考えた［岡 1958］。弥生時代におけ

る細形銅剣の流入を論じた森貞次郎は，弥生文化の形成にあたって，遼東半島への燕の政治的進出にともなう民族移動の余波が遠く列島まで及んだものと考えた［森 1968］。列島への水稲農耕の伝来を論じた樋口隆康は，西周から戦国時代に併行する江南地方の湖熟文化を担った人々が，秦・漢帝国の南方伸張によって海上に押し出され，列島に移住してきたものと考えた［樋口 1971］。考古地理学者の小野忠熙は，列島に水稲農耕民が渡来した「動因」を，「遠因的動因」と「直接的動因」の二つに分けて論じている。「遠因的動因」としては，「文化落差に生ずる必然的なエクスパンション的文化流動」，「直接的動因」としては，「周末漢初の動乱の外延的波動」をあげた［小野 1980］。春成秀爾は，森［1968］をふまえつつ，東胡の一部が朝鮮半島西北部まで侵入してきた事件をきっかけとして，朝鮮半島の住民の間では緊張がいっそう高まり，武力闘争が頻発した。そして，そこの住民の一部が郷里の水田とこれまでの集団関係を放棄して九州に渡来してきたと考えた。また，突帯文期の始まりが紀元前 5 世紀から紀元前 4 世紀後半までの間に収まるとすれば，文献に参考となる記録は見いだせなくなるから，朝鮮半島内部での集団間の対立が時として戦乱状態にまで発展し，一部の住民をして北部九州への移住を強いたと漠然と考えるほかないとも述べた［春成 1990］。安田喜憲は，花粉分析の結果にもとづいて今から 3000 年〜 2300 年ほど前は現在よりも年平均気温が 2 度から 3 度も低い寒冷期であったとし，この時期を中国大陸での西周の滅亡と春秋・戦国時代の混乱期に当てた。そして，大陸での気候悪化に起因する民族移動と社会不安のなかで誕生した気候難民，ボートピープルが列島に水稲農耕をもたらしたと述べた［安田 1992］。藤尾慎一郎はそれまでの学説を検討した結果，水稲農耕導入の外的要因として，春秋・戦国時代に中国大陸各地で行った戦乱が，東北アジア各地に青銅器文化を拡大する契機となり，やがては朝鮮半島から日本列島へとその文化が伝わったことをあげた［藤尾 2003］。

　2000 年代後半以降は，気候変動をとらえるための年代尺度の分析精度の進歩を背景として，そこで得られたデータと考古学的情報の双方を検討することによって，中国大陸・朝鮮半島から日本列島にいたるまでの農耕伝

播のメカニズムについての学説が提出されている。

東アジアの広域にわたって考古学的調査・研究を精力的に続けてきた宮本一夫は，土器・石器・植物遺存体などの考古学的事実と，福井県水月湖の年縞堆積物の分析から知られる気候変動の復元結果［福澤 1995］などにもとづいて，「東北アジア農耕化4段階説」を提出した。この「東北アジア農耕化4段階説」は，アワ・キビの栽培化が行われた華北，イネの栽培化が行われた華中のような栽培穀物を自己開発した農耕社会ではなく，二次的に中国大陸から農耕が伝播した朝鮮半島や日本列島のような「二次的農耕社会地域」［宮本 2007］においての農耕化のプロセスを論じたものである。その要点は次のようなものである。まず第1段階は，アワ・キビ農耕が遼西・遼東などの中国東北部から朝鮮半島西北部を介して，中南部から東部海岸地域や南海岸地域に広がるとともに，ほぼ同じ段階に中国東北部からアワ・キビ農耕が沿海州南部からその海岸平野に広がる段階（前4000年紀後半）である。次の第2段階は，山東半島の黄海沿岸から山東半島東部の煙台地区を通り，またさらに遼東半島を経由して朝鮮半島中南部にイネが広がり，それまでに存在したアワ・キビにこれが加わる段階（前3000年紀後半）である。そして第3段階は，水田や畠，それにともなう農耕具，木器加工用の石器が山東半島から遼東半島を経て朝鮮半島に広がる段階である。灌漑農耕が広がっていく段階で，朝鮮半島では無文土器文化が生まれる。最後の第4段階は，朝鮮半島南部の無文土器文化，とりわけ無文土器時代中期前半の先松菊里段階の影響によって，北部九州に灌漑農耕をもった社会が出現していく段階である。宮本自身の，朝鮮半島の青銅器編年や年代観［宮本 2008］によれば，この段階は，紀元前8世紀ごろに相当するという。そして，年縞堆積物の分析による気候変動の年代［福澤 1995］を，風成砂丘形成の時期や年輪年代で確かめたうえで，東北アジア農耕化において重要となる四つの寒冷期を設定した。すわなち，寒冷a期（前3300年），寒冷b期（前2400年〜前2200年），寒冷c期（前1600年），寒冷d期（前1000年）の四つである。この四つの寒冷期を農耕化段階それぞれに，寒冷a期＝第1段階，寒冷b期＝第2段階，寒冷c期＝第

3段階，寒冷d期＝第4段階というように対応させ，各段階に起きた気候の寒冷化（悪化）に起因する人口圧の高まりが農耕民の移住を促し，結果として段階性をもって農耕が東北アジアに広がったものと考えた。なお甲元眞之が，福澤［1995］の気候復元について，前1万年のヤンガードリアス期の寒冷期までさかのぼるデータが得られていないことに疑義をもっていることに対して，年縞堆積物分析の前6300年以降の寒冷期については，風成砂丘形成や年輪年代などの年代とおおむね一致することを示すことによって，それを払拭しようとしている［宮本 2009］。

第2節　問題の所在

　本節では，前節で概観をした学説史に内在する諸問題を明らかにしたい。これにあたっても，前節に引き続き，物質文化の編年と暦年代に関する諸問題，弥生時代の開始と渡来人をめぐる諸問題，日本列島・朝鮮半島間交流論に関する諸問題，水稲農耕伝播の要因・メカニズムに関する諸問題の四つに分けて，論述することとする。

1　物質文化の編年と暦年代に関する諸問題

A　無文土器文化の編年と列島編年との併行関係に関する諸問題

　ここでは，物質文化の編年と暦年代に関する諸問題について論じよう。前節では，無文土器の編年研究を概観したが，今日，突帯文土器（渼沙里式）→二重口縁・孔列などの要素をもつ土器→外反口縁土器（松菊里式）→円形粘土帯土器（水石里式）→三角形粘土帯土器（勒島式）といった編年序列の大枠自体は，研究者間でおおむね一致しているとみてよいであろう。

　しかし細部をみると，その内容は実に多様である。たとえば，早期については，突帯文単純期→突帯文＋二重口縁共存期という序列を想定する見解の一方で，始めから突帯文と二重口縁とが共存するとみる見解もある。前期については，土器と住居跡の組み合わせから，いくつかの「類型」を

設定したうえで，各類型を細分し，それぞれが時間差をもちつつも併行するとみる見解もあれば，退化二重口縁・孔列文などが複合した文様，多様な文様要素の共存から，単一文様への変化を想定する見解もある。中期については，「先松菊里類型」を前期無文土器文化から「松菊里類型」への移行期に位置づける見解もあれば，「先松菊里類型」を「松菊里類型」が孔列土器の占有地域に波及する過程で，文化接触によって発生したものとみなす見解もある。

こうした見解の違いは，もちろん対象地域が異なる場合であれば，単純に資料の差異に起因することもありうるが，各研究者が用いた方法の違いや，資料自体に対する吟味の度合いなども大きく関与しているものと考えられる。本書では，列島・半島間における交流の実態とその背景を明らかにすることを目的とするが，そのための土台として，半島南部の各地の遺跡から出土した遺構・遺物の所属時期を正しく決定することが肝要となる。したがって，資料そのものに対する十分な吟味を行ったうえで，かつ適切な方法を用いて編年案を提示し，それにもとづいて個々の事象の時期を求める。

こうした編年とあわせて，時代名称も問題である。安在晧［2006］を例にあげたように近年，韓国考古学界では，時代名称については，「無文土器時代」ではなく「青銅器時代」を使うことが一般化しつつあり，時期区分についても，無文土器後期とされていた粘土帯土器期を三韓時代（原三国時代）に入れたり，「初期鉄器時代」と呼んだりする考え方が主流をなしている［姜賢淑ほか 2013］。しかし，西欧の時代概念である「青銅器時代（Bronze Age）」を朝鮮半島の歴史にあえて適用することの意義がどこにあるのか，そしてそれを認定するための個々の要件が，現状の考古学的事象を通じて想定が可能なのかなど，その意義と妥当性には疑問点も残る。そのため，本書では時代名称は「無文土器時代」を，時期区分は「早期」「前期」「中期」「後期」の四時期区分を用いることとする。

ところで，朴淳發［1999］が発表されて以降，韓国考古学界では「類型」を設定したうえでそれらの時空間的関係を検討する研究が多数提出されて

いるのは，先述の通りである。そして，その背後に特定の人間集団の存在を想定し，それにもとづいた集団論が活発に行われてきた。これに対して，李盛周は次のような批判を行った。すなわち，李盛周は現在の無文土器時代研究において，1）類型の背後にはその類型を採択し反復した人間集団が存在し，2）類型を何か有機体のようなものとみなし，その生成・拡張（成長）・消滅という過程で説明されうるという前提があることを指摘した。そして，このような前提を否定しつつ，「類型」はあくまで文化史的編年のための遺物複合体を認識するうえでの概念にとどめるべきであり，これを種族的な実体と関連づけてしまっては，物質文化の分布に関するそれ以上の議論の可能性を塞いでしまうとした［李盛周 2006］。庄田慎矢も，この見解を支持し，Stark［1998］の民族考古学的研究によって，物質文化の分布と人間・社会集団の分布が一対一で対応しないことを指摘した［庄田 2009］。

　これらの見解は正鵠を得ていると考えられる。本書では分析にあたって「類型」を使用したりはしないが，今日の韓国考古学界で広く用いられている，これをあくまで考古学的文化をとらえるための分析概念として理解しておく。

　次に，突帯文土器・弥生前期土器の編年研究については，1980 年代に夜臼式単純期→夜臼式＋板付Ⅰ式共伴期→板付Ⅰ式単純期→板付Ⅱa式期という編年序列が示され，それ以降はこの序列をおおむね追認する研究結果が得られてきたといえる。そして，無文土器時代前半期と弥生時代前半期の併行関係についての研究は，武末純一［1987］によって，大綱が示されて以降，韓国における無文土器編年の研究の成果や，家根祥多による研究［1997］をふまえ，型式の追加や併行関係についての若干の変更が行われつつ，研究が進展してきたといえる。近年にいたるまで，武末［2004］の指摘どおり，両地域の編年の併行関係を求めるにあたって，交差年代法が貫徹されているのは弥生中期前半（須玖Ⅰ式期）以降であったが，最近，網谷里遺跡環濠出土の突帯文系土器の発見によって，無文土器中期（先松菊里式期・松菊里式期）が突帯文期（山ノ寺・夜臼式期）に併行することが確実となった。ただし，現状においても交差年代法の適用はなおも不十分

で，無文土器中期と後期の境界が弥生土器編年のどの時期に対応するかについては，いまだに不鮮明な状況にあるといえる。

B　無文土器時代前半期と弥生時代前半期の暦年代に関する諸問題

　次に，無文土器時代前半期と弥生時代前半期の暦年代論に関する諸問題を論じよう。前節では近年，活発に議論が行われてきた歴博による AMS 炭素 14 年代を用いた弥生時代年代論と，それに対する批判や反応をとりあげ，これらを当該期の暦年代論に関する議論として概観した。そこでは，歴博年代に対する批判や反応を，九州の考古学者による批判，中国・朝鮮考古学者による反応，炭素 14 年代法の運用についての批判，の三つに分けて整理した。九州の考古学者による批判は，歴博年代の場合であると，不都合となる考古学的事実にもとづいて展開されたものという点で共通しており，結論としては，いずれも従来からの年代観をおおむね妥当とみなすものであった。一方，中国・朝鮮考古学者による反応は，歴博年代は古すぎるが考古学的手続きによって従来の弥生年代観よりさかのぼらせること，特に中国東北地方における春秋・戦国系遺物と遼寧・朝鮮系遺物との共伴関係にもとづいた立論は妥当とみなしたものといえる［岩永 2011］。これに対して，岩永省三［2005, 2011］がいずれもいくつかの未検証仮説にもとづいた極めて無理の多い議論であると批判したのは，しごく的を射たものとして評価できる。この岩永の論考は，歴博年代チームに対してというより，中国・朝鮮考古学者に対して向けられたものであるが，同時に，自然科学的方法から導かれた結果に対しては，ほとんど無批判・無条件に受け入れるという近年の日本考古学界にはびこる悪しき風潮に対して警鐘を鳴らしたものともいえる。事実，こうした中国・朝鮮考古学者は，歴博の主張する年代の是非を問うものではあっても，AMS 炭素 14 年代法の運用のあり方については一切触れていないことも特徴である。ちなみに岩永［2011］によれば，歴博年代が提出されたごく当初は，これを支持あるいは補強しようとする論者が続出したが，次第に歴博年代に対する批判が強まったせいか，自身の見解を先述のものへとスライドさせた論者が増えたという。

さて，本書の目的の一つは，物質文化の動態と気候変動との関係をみて，半島から列島への水稲農耕伝播のメカニズムに関するモデルを提出することであるが，そのためには炭素 14 年代を媒介して，考古学的時期と古気候データとを接続することが必要である。また，歴博年代の是非に関していえば，実年代の判明した考古学的事実からのアプローチだけではなく，やはり炭素 14 年代自体に対する検討が欠かせないであろう。そこで本書では，半島南部における無文土器前半期の炭素 14 年代を対象として，これらの課題へのアプローチを試みたい。前節でみてきた歴博の炭素 14 年代測定法の運用に対する批判などを参照としつつ，炭素 14 年代測定に関する問題点を整理すると，以下の四点にまとめられる。

一つ目は，試料の種類の違いによって，測定値に違いはないのか，という問題である。田中良之と九州大学チームは，歴博が試料として用いたススにも何らかの「リザーバー効果」を疑うべきことを指摘した［田中ほか 2006，田中 2009，2011］。そこで本書では，炭素 14 年代の測定値だけではなく，試料の種類も検討項目に入れることとする。

ところで先述のように，土器付着炭化物の測定値にくらべ，木炭から得られた測定値を古木効果や土器との共伴関係の点から質の良くないものとみなす見解がある［藤尾 2008］。しかし，この見解は的を射たものとはいえない。まず，古木効果についてであるが，木炭も土器に付着したススも木材に由来する試料であり，測定値が古木効果の影響を受ける可能性の点では大差のないものといえる。ススは薪燃料に由来するが，伐採後，相当な時間が経過した流木や住居の廃材などがそれに利用された可能性も含み込んでおく必要がある。また，土器との共伴関係については，なるほど土器に直接付着した炭化物の場合，住居跡出土の木炭にくらべると，土器との共伴関係は確かであろう。ところが，これによって木炭を土器付着炭化物にくらべ，質の劣る試料と単純にみなすことはできない。無文土器時代研究においては，土器だけではなく住居跡自体も時期決定の指標として用いることができる。そして，住居跡採取の木炭の多くは柱材とみなせることから，試料との共伴関係でいえば，木炭と住居との共伴関係にも一定の確

かさがあるといえる。

　以上のことから，木炭試料による測定値を単純に「質の良くない」ものとして切り捨てるのは早急であると考える。むしろ試料としての質の悪さでいえば，木炭も土器付着炭化物も大差はないのである。実際に，試料採取された遺構から土器が出土していない場合や土器が出土していても型式同定できないような破片の場合も数多く存在する。無文土器時代研究においては，土器だけではなく，磨製石鏃・石剣，丹塗磨研壺，住居跡なども時間差を反映することが知られる。これらを総合的に用いて試料の時期を決定する方がより建設的といえる。

　二つ目は，炭素14年代と考古学的な編年との対応関係は十分に検討されているのか，という問題である。無文土器時代に帰属するとされる炭素14年代測定報告において，住居跡から採取した木炭を試料とする測定例が多いことは事実である。そして，試料の考古学的な時期の決定は，時間差を反映する住居跡・土器・石器などの遺構・遺物の型式との共伴関係による。先述の通り韓国考古学界では，「類型」の時期差について炭素14年代を用いて検討した論考がみられる。しかし，試料の採取地点の検討，遺構・遺物との共伴関係の検討，そして試料の所属する「類型」の比定へといたるまでの一連の分析過程を明示したものはないように思われる。炭素14年代を利用する考古学者が，試料採取地点がよく分からない測定値を用いて立論することはあってはならないことであるし，この共伴関係の確かさを検討することこそが，考古学者が自身の研究で炭素14年代を用いるうえでの第一歩であると考える。したがって本書では，試料採取地点と遺構・遺物との共伴関係を可能な限り検討することによって，炭素14年代試料の考古学的時期の決定を行うこととする。

　三つ目は，個々の炭素14年代測定値の信頼性に関する問題である。ここではまず，AMS年代測定を行った研究事例として，著名な「トリノ聖骸布 (Shroud of Turin) の炭素年代測定」[Damon *et al.* 1989] をあげよう。トリノ聖骸布は，キリスト教でいう聖遺物の一つで，イエス・キリストが磔にされて死んだ後，その遺体を包んだとされる布として現代に伝わるものであ

る。聖骸布から採取された試料は，アリゾナ大学，オックスフォード大学，チューリッヒ中エネルギー研究所の三つの測定機関に送られ，各機関において さらに試料を分け，異なる清浄処理を行ったサブサンプルを用意した。そして，サブサンプルを燃焼し，還元してグラファイトを作った。これらに対して各機関が，AMS 年代測定を行った。その結果にもとづき，聖骸布の所属時期を 13 〜 14 世紀（中世）に属すると結論づけた。表 1-4 は，トリノ聖骸布とほか三つのサンプル（年代が既知の亜麻布，糸などの対照試料）の炭素 14 年代の測定結果を示したものである。これによると，同一サブサンプルでの測定間では最大で 170 ^{14}C BP 程度，前処理の違いでは最大で 200 ^{14}C BP 程度，測定機関の違いでは最大で 110 ^{14}C BP 程度の差があることがわかる。

　もう一つの事例として，無文土器時代の遺跡から得られた試料の測定結果をあげよう。**表 1-5** は，京畿道泉川里遺跡採取試料の炭素 14 年代を示したものである。これは，調査時に採取した個々の試料をさらに二つの試料に分け，測定を行った興味深い事例である[9]。先述の聖骸布の研究事例とは異なり，グラファイト化したものを複数回，測定しているのではない点は考慮しなければならないものの，採取時に「同一」であった試料の測定値間で，50 〜 130 ^{14}C BP の差が認められることは注意されよう。

　以上のように，炭素 14 年代の測定値に，考古学において運用するうえで決して無視できない程度のばらつきがあることは明らかである。したがって本書では，統計的に信頼性の高い測定値を導き出す作業を行うこととする。なお筆者は，測定値にばらつきが出ることをもって，炭素 14 年代測定法そのものを批判しているわけではない。現にトリノ聖骸布の論文では，様々な手続きをふんで行った測定の結果，得られた測定値の差を「顕著な違いはなかった」と判断しているのである。これは考古学者が求める年代幅の精度と，年代測定学者が求めるそれとの間には大きなギャップが存在することを物語っている[10]。もちろんこの論文が，当初の目的である「聖骸布はいつの時代のものか」ということを，少量の試料によって指し示したという点で，AMS 年代測定法の利点を有効に用いた研究事例であること

表 1-4　トリノ聖骸布とほかに三つの対照サンプルの炭素 14 年代（[Damon et al. 1989] の Table1 をもとに筆者作成）

機関	サンプル1(聖骸布) AA-3367	サンプル2 AA-3368	サンプル3 AA-3369	サンプル4 AA-3370	前処理・反復コード
アリゾナ大学	A1.1b 591 ± 30	A2.1b 922 ± 48	A3.1b 1838 ± 47	A4.1b 724 ± 42	a：方法 a
	A1.2b 690 ± 35	A2.2a 986 ± 56	A3.2a(1) 2041 ± 43	A4.2a 778 ± 88	b：方法 b
	A1.3a 606 ± 41	A2.3a(1) 829 ± 50	A3.3a 1960 ± 55	A4.3a(1) 764 ± 45	（ ）：同一サブサンプル
	A1.4a 701 ± 33	A2.4a(2) 996 ± 38	A3.4a(2) 1983 ± 37	A4.4a(2) 602 ± 38	
		A2.5b 894 ± 37	A3.5b 2137 ± 46	A4.5b 825 ± 44	
	平均値 ＊ 647	925	1992	739	
オックスフォード大学	2575	2574	2576	2589	
	O1.1u 795 ± 65	O2.1u 980 ± 55	O3.1u 1955 ± 70	O4.2u 785 ± 50	u：NaOCl 清浄なし
	O1.2b 730 ± 45	O2.1b 915 ± 55	O3.1b 1975 ± 55	O4.2b(1) 710 ± 40	b：NaOCl 清浄あり
	O1.1b 745 ± 55	O2.2b 925 ± 45	O3.2b 1990 ± 50	O4.2b(2) 790 ± 45	（ ）：同一前処理
	平均値 ＊ 757	940	1973	762	・試料の組み合わせ
チューリッヒ連邦工科大学 中エネルギー物理学研究所	ETH-3883	ETH-3884	ETH-3885	ETH-3882	
	Z1.1u 733 ± 61	Z2.1u 890 ± 59	Z3.1u 1984 ± 50	Z4.1u 739 ± 63	u：超音波洗浄のみ
	Z1.1w 722 ± 56	Z2.1w 1036 ± 63	Z3.2w 1886 ± 48	Z4.1w 676 ± 60	w：弱（HCl0.5%、NaOH0.25%、室温）
	Z1.1s 635 ± 57	Z2.1s 923 ± 47	Z3.2s 1954 ± 50	Z4.1s 760 ± 66	s：強（HCl5%、NaOH2.5%、80℃）
	Z1.2w 639 ± 45	Z2.2w 980 ± 50		Z4.2w 646 ± 49	
	Z1.2s 679 ± 51	Z2.2s 904 ± 46		Z4.2s 660 ± 46	
	平均値 ＊ 682	947	1941	696	

註）＊筆者による。

72

表 1-5　泉川里遺跡採取資料の炭素 14 年代（韓神大博［2006］をもとに筆者作成）

試料番号	採取遺構	採取地点	試料の種類	測定機関	C14 年代			測定法	大別時期	備考
HS-1	6 号住居跡	埋土	木炭	ソウル大学校	2800	±	40	AMS	前期	同一試料
HS-2	6 号住居跡	埋土	木炭	ソウル大学校	2890	±	40	AMS	前期	
HS-3	6 号住居跡	埋土	木炭	ソウル大学校	2900	±	40	AMS	前期	同一試料
HS-4	6 号住居跡	埋土	木炭	ソウル大学校	2980	±	60	AMS	前期	
HS-5	7 号住居跡	埋土	木炭	ソウル大学校	2900	±	60	AMS	前期	同一試料
HS-6	7 号住居跡	埋土	木炭	ソウル大学校	2770	±	40	AMS	前期	
HS-7	7 号住居跡	埋土	木炭	ソウル大学校	2850	±	60	AMS	前期	同一試料
HS-8	7 号住居跡	埋土	木炭	ソウル大学校	2800	±	60	AMS	前期	

註）採取地点，試料の種類は報告文をもとに筆者が判断。

はいうまでもない。要するに，クライアントである考古学者が炭素 14 年代測定法の有効性と限界を十分に理解したうえで，研究の目的を達成するために，測定値をどう使っていくかということに問題はかかっているように思われる。

　最後に，炭素 14 年代を暦年代に変換するための較正曲線に関する問題である。今日，過去の大気中の炭素 14 濃度が一定ではなかったということがわかっており，炭素 14 年代をそのまま暦年代とみなすことはできない。そこで，暦年代の判明した樹木などの試料の炭素 14 年代測定結果をデータベース化したもの，すなわち較正曲線によって個々の炭素 14 年代を実際の年代に対応させる作業が必要となる。しかし，この較正結果の読み取りには注意を要する。この問題については，歴博の主張に対する批判のなかで，大槻瓊士［2004］や田中良之ほか［2006］，田中良之［2009, 2011］，石川日出志［2006］によって，すでに指摘されている。すなわち，突帯文期（弥生早期）と弥生前・中期の炭素 14 年代は，較正曲線の平らな部分や不安定な起伏に富んだ部分に関わることから，暦年代にいくつもの可能性が出てしまい，細かな時期区分と対比することには問題が多いことが指摘されている。

　ここで較正年代の求める方法について，坂本稔［2004, pp.76-77］を参照して，以下のようにまとめておく。較正年代を求める方法には，試料の炭

素 14 年代が較正曲線と交差する年代を読み取る「交点法」，測定結果と較正曲線の各点の重なり具合をそれぞれの誤差を考慮しながら積算する「確率密度法」の二つがあり，現在は前者に取って代わって後者が主流となっている。炭素 14 年代は「中心値±誤差」のように示され，この表記には，「真の値は〜％の確率で中心値−誤差から中心値＋誤差の範囲に収まる」，「中心値を示す確率が最も高い」という意味が含まれている。自然現象や機器分析の測定結果などは，ガウス分布と呼ばれる左右対称の確率密度関数に近似されることが多いので，「中心値±誤差」と表記できる。誤差としては 1 σ（68％）ないし 2 σ（95％）が採用されるが，65％であれば 3 回に 2 回，95％であれば 20 回に 19 回は真の値がこの範囲に収まるという意味である。ただし，範囲内のどこにでも同じ確率で収まるのではなく，真の値は中心値をとる確率が最も高く，端の値をとる確率は低い。確率密度法では，炭素 14 年代が較正曲線と重なり合う確率が統計学的に計算され，その結果は確率密度分布としてグラフに導き出される。較正年代の確率密度はガウス分布にならず複雑な分布を示す。つまり「中心値±誤差」という表記は使えない。較正年代を数値で表す方法には検討の余地が残るものの，確率密度分布を図示することでその傾向を把握することはできる。較正曲線の勾配が急な箇所に重なる場合は実際の年代の分布が狭まり，一方なだらかな箇所では分布が広がる。それでも，ガウス分布と同じく，確率の最も高い年代は最も高い山で示され，逆に低い山の年代をとる確率は低い。

　以上，炭素 14 年代の較正年代を求める方法を概観したが，較正年代を評価するにあたって特に注意されるのは，較正曲線の勾配が急かなだらかかによって，較正年代の確率分布の範囲が左右されること，求められた年代範囲のなかの確からしさは確率分布の山の高低に表現されること，の 2 点である。ただ先述の指摘通り，確率の最も高い年代は最も高い山で表現されるとはいえ，実際，較正曲線が平らになったり，起伏に富んだりしている箇所に炭素 14 年代の確率分布がかかる場合，複数の較正年代確率分布の山が年代の候補として出現することとなる。また，確率分布の山が確率の最も高い年代を示すとはいっても，1 σ の場合だと 68％の確率のなかで

の，確率の高さを示している。そこで本書では，分布の山の年代をそのま
ま評価せず，確率分布の範囲を評価することとする。また，誤差として1
σ（68%）か2σ（95%）が採用されるが，より確度の高い2σを採用し，
その較正年代の範囲を評価することとする。

2　弥生時代の開始と渡来人をめぐる諸問題

　前節では，弥生時代の開始と渡来人をめぐる諸説を概観した。まず，そ
の今日における到達点と見解の相違，あるいは，そこに内在する問題点を，
「渡来人の故地」「渡来人の到着地」「渡来の時期」「渡来人の数量」「渡来の
あり方」「文化変化のあり方」「渡来人の性構成」「渡来人の世代構成」「渡
来の動機」の九つの項目ごとに整理しよう。すると，以下の通りである。

渡来人の故地

　朝鮮半島，とりわけ南部とすることでは一致している。そこからさらに
踏み込んで，半島南部の中でも，土器と住居跡の型式の分布にもとづい
て全羅南道東端部から慶尚南道中部にかけての沿岸部を推定する見解［家
根 1997］も提示されている。なお家根は，1993 年の論文の時点において，
北部九州（菜畑遺跡・石崎曲り田遺跡）では壺と鉢に刻目がなく，刻目を
もつ甕も僅少であることから，半島南部において，少数の甕のみが刻目を
もつ地域ないしは時期が存在することを予測している［家根 1993］。

　しかし，家根が検討を行った時点から 2000 年代以降にかけて，韓国にお
いての無文土器時代関係資料の蓄積は著しい。そのため，家根の土器編年
案にもとづいた物質文化の地域性の把握とそれによる渡来人の故地の推定
は再検討しなければならない。これには，渡来人が列島にもたらしたと考
えられる様々な物質文化の分布を総合的に検討することによって，渡来人
の故地としての蓋然性を高める必要がある。なお，水稲農耕開始期に列島
に導入された文化要素の，半島南部における起源地をめぐる諸見解につい
ては，次項「E　その他の学説に関する諸問題」において詳しく検討するこ
ととする。

渡来人の到着地

北部九州とする見解（金関ほか）と土井ヶ浜なども含める見解（埴原ほか）があるが，後者は土井ヶ浜遺跡の墓制や副葬品，時期幅からみて，この遺跡が渡来人のコロニーであったとはとうてい考えられないとして棄却されている［田中 1991］。また家根祥多は，「無文土器」とみなす甕の存在と比率にもとづいて，北部九州の中でも糸島郡，松浦郡周辺の地域を渡来の場所としてあげている。そして，明記はされていないものの，そこにいたるルート上に存在する対馬・壱岐も候補地としている［家根 1993］。近年，考古学界においては，北部九州以外の地域においても，渡来人と在来人との交流を認める見解がいくつか提出されている。これについても，次項「Eその他の学説に関する諸問題」で詳細に検討を行うこととする。

渡来の時期

円盤状土製品を紡錘車とみて御領式期から夜臼式期とする見解［橋口 1985］，土器にみられる孔列と外傾接合手法にもとづいて，黒川式期から夜臼式期にかけてとする見解［田中 1986，1991］，無文土器の基本的な製作技法（外傾接合手法，ハケメ）と器種のセット（壺・甕・鉢）の存在にもとづいて，「山ノ寺式期」（田中良之の夜臼式期）を中心とした1回限りとする見解［家根 1993］に分かれる。

まず，橋口達也［1985］が円盤状土製品を朝鮮半島との交流の証拠とすることに対しては，田中良之によってすでに疑問視されている［田中 1991］。これについては筆者も田中の批判に賛同する。また，田中良之［1991］が黒川式期から渡来を認めていることについては，家根祥多［1993］による批判がある。すなわち，「黒川式期の孔列をもつ土器はすべて縄文土器であり，半島の孔列土器の手法を表面的に借用したにすぎず，渡来を直接に示すものではない」と批判している。たしかに，黒川式期の土器に施される孔列要素は人の移住を直接的に示すものではなく，交易や婚姻を通じても模倣しうるものであろう。この点は田中も，外傾接合技法との対比において，「これら2要素（孔列と外傾接合手法），とりわけ外傾接合手法は外見には現われない内在的な部分であり，将来品の模倣というよりは，渡来者

の存在を暗示するものといえる」[田中 1986] としていることから，自覚していることがわかる。

　筆者は，夜臼式期における渡来（移住）の存在を示す証拠として，福岡県新町遺跡出土9号人骨（男性・熟年）に注目したい。これについては，すでに田中良之が「低上顔・低身長ではあるものの，眼窩においては必ずしも縄文人的ではなく，むしろ渡来人的」であり，「新町遺跡の集団が在来人のみによって構成されるのではなく，すでに混血によって渡来的形質をもっていた」ことを指摘している [田中 1991]。この指摘をさらに補足すると，9号人骨は時期的には板付I式期に属する資料であり，この人骨を渡来人と在来人との混血の証拠として認めるならば，板付I式期より先行する夜臼式期に渡来があったという可能性を指摘しうる。人の移住を直接的に証明するのは，土器などの物質文化よりも人そのものの遺伝的情報と考えられるので，この事実は大きい。したがって，現状の人骨資料からみて，夜臼式期に渡来が行われた蓋然性は高いといえる。しかし，それよりさかのぼる黒川式期については，人骨資料そのものが北部九州には皆無であること，新町遺跡や大友遺跡出土の夜臼式期に属する人骨資料には渡来的形質は認められないことから，現状では人の遺伝的情報から渡来を裏づけることはできない。とはいえ将来的に，黒川式期や夜臼式期に属する，渡来人そのものや，渡来人と在来人との混血がうかがえる人骨資料が発見される可能性は残しておく必要がある。

　半島南部の無文土器編年からみた渡来の時期については，家根による見解がある [家根 1997]。家根は，半島南部における編年を提示したうえで，そのなかでの「休岩里式」と「館山里式」の段階に，「山の寺式段階」の朝鮮無文土器系土器に類似する土器がみられることから，この段階に移住が行われたとしている。ただ，家根 [1993] とはやや異なり，石崎曲り田遺跡においては，「古南里式」や「松菊里式」の甕の可能性がある土器があることから，この主たる移住の後にも若干の移住が存在したともみている [家根 1997]。なお家根は，「渡来人の故地」で述べたように，1993年の論文の時点において，北部九州と関係する，少数の甕のみが刻目をもつ地域

ないしは時期が存在することを予測している［家根 1993］。

　しかし，「渡来人の故地」と同じく，近年の無文土器時代関係資料の蓄
積は著しいため，土器をはじめとする物質文化の編年を再検討したうえで，
列島において渡来の時期とされる黒川式期〜夜臼式期と半島南部の無文土
器文化の編年との併行関係をさらに検討する必要がある。

渡来人の数量

　在来人に対して少数の渡来人を想定することで一致しているが，集落
内における在来人と渡来人の具体的な比率を示したのは，田中良之と家
根祥多の二人である。田中は1991年の論文では，具体的な比率を示さ
ず，黒川式期から夜臼式期にかけての時期に少数で散発的な渡来を想定し
つつ，考古学的事象からみて，夜臼式期には増加した可能性を述べている
［田中 1991］。その後，2001年の論文では，集落内における渡来人の比率を
全体の30〜40％程度ととらえたモデルを提示している［田中・小沢 2001］。
一方，家根は，外傾接合の甕の比率と口縁端部刻目甕の比率にもとづい
て，夜臼式期の石崎曲り田遺跡集落における渡来人の比率を30〜40％程
度とし，さらに半島からの渡来人を直接受け入れた対馬，壱岐，糸島地
域，唐津地域周辺全体における渡来人の比率を全体の20％程度とした［家
根 1993］。田中が提示したのは，様々な考古学的事象にもとづく渡来人・
在来人共住モデルとしての比率であり，一方の家根は実際の土器の製作技
法の比率にもとづいた推定値である。こうした違いがあることは注意して
おく必要があるが，結果として，両者の集落における渡来人の比率は全体
の20〜40％程度に収まり，ほぼ同じものとなっている。

　ところで，渡来人の数量の推定に関連することとして，家根祥多［1993］
に対する中園聡［1994］の批判と，それに対する家根［1997］の反論をみて
みよう。中園は，家根［1993］について「粘土帯を外傾接合する土器は無
文土器であり，その製作者は渡来人もしくはその子孫であるとする見解を
出している」とし，「土器作りをどのような形で誰から習うのか，という問
題と，渡来人と在地の縄文人が如何なる関係を結んだのか，という問題が
明らかでない以上，縄文人，あるいは遺伝的にその系譜を引く人々が外来

の製作技術を習得した可能性は否定できない」と批判した［中薗 1994］。これに対して，家根は「これは甚だしい誤読である。（中略）筆者は移住第一世代の土器を弥生早期の土器と考えている。しかし，渡来人即ち朝鮮半島南部からの移住者が製作した土器は何かということに関しては，山の寺式段階の外傾接合による土器に限っており，次型式即ち夜臼Ⅰ式以降の外傾接合による土器はこれに含めていない。また，移住者と在地縄文人は曲り田遺跡という同じ集落に住み，共業によって水稲耕作を営むという関係を結んだのであり，そうした協調的状況下にあっては両者が互いに婚姻関係を結んだことも推測に難くない。従って，この様な集落に居住した次世代以降の人々に対して，遺伝的にどちらの系譜を引くかという中薗氏の問いは，それ自体意味をなさない」と反論した［家根 1997］。

　以上のやりとりをみて，まず双方の議論がかみ合っていないことを感じるが，中薗の批判をそのまま理解するならば，家根が外傾接合手法を用いた土器を「無文土器」とみなすという事実の認定法に対して向けられたものといえる。すなわち，渡来的要素を含みつつも在来的あるいは渡来的とは異なる要素も認められる土器について，その製作者を渡来人とみなすことに対する疑問を呈したものである。中薗がいうように，在来人が渡来人とともに同じ集落において共住するなかで，外来の製作技術を習得し，そうした土器を製作した可能性はやはり捨てきれないであろう。さらに，夜臼式期よりさかのぼる黒川式期から渡来が行われたことを考慮すると，渡来人と在来人との混血の結果として生まれた子孫が製作した可能性も排除できない。家根［1997］の反論は，中薗が「縄文人，あるいは遺伝的にその系譜を引く人々」とした可能性に対して，揚げ足を取るもののように思えなくもない。ともあれ，家根の渡来人の数量推定法については，問題があると言わざるをえない。

　さて，先述のように，いずれの考古学者にしても，少数の渡来を想定していることでは変わりはない。これに関連して，少数の渡来であっても，高上顔・高身長の渡来的形質をもった弥生人が形成しうるのか，という問題意識にもとづいて，中橋孝博・飯塚勝は統計学的シミュレーション

を行っている［中橋・飯塚 1998；Iizuka and Nakahashi 2002］。人口増加率の設定次第によっては，考古学的事象にもとづいて想定される突帯文期における少数の渡来と，弥生前期末以降，確実に存在する渡来的弥生人の形成の双方が成り立つということを示した点で，この研究は評価されよう。ただし，シミュレーションにあたって，「渡来系弥生人」と「縄文系弥生人」とがそれぞれ別々に集落を作っている状況を想定するモデル（単純増加モデル）と，「縄文系弥生人」からなる集落，「渡来系弥生人」と「縄文系弥生人」とが混合する集落とを想定するモデル（混血集落モデル）の二つ用いているが，このうち前者は今日までに得られた考古学的事実からは想定し得ないことは，十分に注意しておく必要がある。すなわち，後述するように，渡来人のみからなるコロニーが今日に至っても発見されておらず，渡来人と在来人とが別々に集落を営んだという考古学的事実はこれまで得られていないことから，モデルの設定自体に問題がある。

　片岡宏二・飯塚勝［2006］は，住居跡の数を用いて数理的解析を行うことによって，「渡来系弥生人」と「縄文系弥生人」の人口比の逆転がありうるというシミュレーションの結果［中橋・飯塚 1998］を後押ししようとした。しかし，田中良之がすでに批判しているように，「渡来系弥生人」「縄文系弥生人」それぞれが排他的な関係にある集団とみなしているという前提に問題がある。さらにいえば，「縄文系」「渡来系」という住居のタイプを「渡来系弥生人」「縄文系弥生人」という住人の形質的特徴にそのまま対応させるという仮定自体に大きな問題がある。住居のタイプとそこに住む人の形質が一対一の対応関係にある保証は全くないである。

　以上，渡来人の数量についての諸見解を，若干の批判を加えつつ検討したが，黒川式期と夜臼式期とでは，無文土器文化に由来する物質文化の種類や量からみて，後者においてやや増加した可能性があること，そして，この時期における渡来人の数量は少数であり，のちの渡来的弥生人の形成を考慮すると，具体的な数量よりもむしろ，もともと少ない縄文人のなかに，同じく少数の渡来人がやってきたということこそが，現在の研究の到達点として重要である。

渡来人の性構成

かつては弥生文化の諸要素のうち，大陸文化に由来するものには磨製石器など男性の仕事に関係するものが多いとし，渡来人は男性のみであったという金関の渡来説を支持する見解［甲元 1978］もあったが，現在は男性的要素である石器，女性的要素である土器，ともに渡来的要素が存在することから男女で構成されるという見解［田中 1991］に落ち着いている。

渡来のあり方

まず，渡来人のコロニーが発見されていないことから，同一集落に渡来人と縄文人とが共住したとする見解がある［春成 1990］。そして，それにもとづいて渡来集団は組織的に編成された移民ではないことが導かれ，また，朝鮮半島系の実用磨製石鏃が導入されていないこと［下條 1986b］から，在来の住民との間にさほどの緊張関係もなく，渡来は平和裡に，在来の社会に受容されるかたちで行われたとする見解［田中 1991］がある。さらに，この背景として，渡来人・在来人ともに双系的親族関係にあった可能性が高いことから，渡来人の受け入れと混血がスムーズに進行したという見解が提出されている［田中・小沢 2001］。

家根祥多は，北部九州においての，さらに具体的な渡来のあり方とその影響について踏み込んでいる。家根は，「無文土器」とみなした甕の，煮沸用土器全体における比率，遺跡の立地・開始時期にもとづいて，渡来人と縄文人とが水稲農耕を開始することで成立した集落（石崎曲り田遺跡）と，そのような集落の影響によって，旧来の縄文集落が水稲農耕を開始した集落（菜畑遺跡）とを区別した。そして，福岡平野については，「山の寺式」期にさかのぼる遺跡が判然としないとしつつも，「無文土器」とみなした甕の型式やそこから派生する型式が石崎曲り田遺跡と比べて，極めて少ないことや多くの遺跡が「夜臼Ⅰ式」期に始まるか，大きくなることから，「渡来人との共業を通じて最初に水稲耕作が成立した地域の中心ではなく，やや遅れてそれが西から波及したものと現時点ではとらえておきたい」とした［家根 1993］。

ちなみに，家根祥多［1996］が批判の対象としている「打製石鏃と用途

の重複する半島系の磨製石鏃は，実用品ではなく，儀礼的な用途に使われた」とする研究は，下條信行［1986］を指しているものと思われるが，内容の把握が正確ではない。下條は，半島において実用石鏃（短鋒・逆棘の有茎磨製石鏃）と儀礼用の石鏃（有茎柳葉形磨製石鏃）の両者の存在を認め，そのうち，北部九州においては縄文以来の打製石鏃と用途の重複しない後者の石鏃のみが伝わったと主張している。それに対して家根は，「朝鮮半島系の磨製石鏃の多くは，一部の研究者が考えるような儀礼的な用途に使われたものではなく，実用品であった」と述べているが，下條が論拠としている半島の石鏃においての実用・儀礼用という機能分化について，反証をあげたうえで批判しているわけではない。半島の石鏃においての機能分化を認める下條の見解と，多くは実用品であったとする家根の見解，いずれが正しいのかは現状の資料を通じて検討するほかはない。

　ともあれ，渡来のあり方を考えるにあたっては，渡来人のコロニーは現状においても発見されていないという事実が大きい。すなわち，この事実から同一集落に渡来人と縄文人とが共住していたこと，渡来集団は組織的に編成された移民ではないこと，渡来は平和裡に在来の社会に受容されるかたちで行われたこと，が導かれる。さらに，親族構造論的研究の成果をふまえると，この背景に渡来人・在来人ともに双系的親族関係であったことが明らかである。これらを研究の到達点としてとらえておきたい。

渡来人の世代構成

　移住にあたっての負担を考慮して，子供から老人までのすべての世代を含むのではなく，若年〜成年層を中心とした世代構成であった可能性が高いとする見解がある［田中・小沢 2001］。

文化変化のあり方

　これまでの研究成果をまとめると，大きくみて，半島南部の無文土器文化の受容にあたって，在来の文化伝統が選択性として機能した結果，無文土器文化の文化要素の全セットが導入されたわけではなく，要素が欠落したり変容したりすること，そして縄文文化でもなく無文土器文化でもない列島独自の弥生文化が成立するという枠組みを提示したものととらえられ

る。

　ところで，1980年代から90年代にかけて行われた，弥生時代の開始にあたって渡来人と縄文人のいずれに主体性があったのかという，いわゆる「主体性論争」についても触れておきたい。この論争における対立は，結論的にいえば，個々の渡来的要素に対する評価方法の違いにかかわる問題も確かに存在するものの，文化変化においての一連のプロセスを評価するのか，あるいは文化変化の結果を評価するのかの違いに起因するものと考えられる。すなわち，考古学的事象としてはほぼ同じものをとらえつつも，それにどう「味付け」をするかによって見解の対立が生まれたもののように思われるのである。以下，家根祥多［1993］による田中良之［1986，1991］への批判を例にあげ，それに対する評価を行うことによって，学史的に「縄文人主体説」「渡来人主体説」とみなされてきた論考の相違を明らかにしよう。

　家根はまず，これまでの研究は，弥生時代の開始にあたって「中心的役割を果たした人々を渡来人とみるか北部九州在地の縄文人とみるか，換言すれば移住によるものか在地的発展かという二項対立的図式に単純化し，どちらか一方のテーゼに従って演繹的に論を展開する方法が程度の差はあれ大勢を占めていたように思われる」と述べた。そして，「弥生土器の系譜に関する筆者の見解を基本的に認めながらもその歴史的評価については「マイナーなもの」と判断し，在地の縄文人の主体性のみを評価する」研究として田中［1986，1991］としてとらえ，自身の立場は二項対立的図式のもう一方側，すなわち渡来人の主体性を評価するものではないということを明言した。

　しかし，田中［1986］が示した土器の様式構造変化のモデルは，考古学的研究の成果から得られた事実（家根［1984］も含む）にもとづいて，文化変化のプロセスを示したものであり，「在地的発展」という前提のもとで演繹的に論を展開したものではない。また，「マイナーなもの」［田中1986］としたのは，外傾接合手法や孔列要素の，折衷土器としての受容のあり方を指してのことであって，「歴史的評価」のことではない。したがって，こ

れらの批判は的はずれであるといえよう。

　また田中［1986］が，土器にみられる外傾接合手法と孔列要素を「外来要素として渡来人の存在を暗示しつつも，その一方では在来伝統と規制の存在をも同時に物語っているもの」としている点についても，家根は，そうではなく「製作技法と器種構成の点から無文土器，縄文土器，遠賀川式弥生土器の三者を客観的に観察すれば，前二者の共伴段階を経て無文土器の製作技法と器種構成に向かう強い規制が働き，換言すれば渡来人のもたらした伝統による規制が強く働いて遠賀川式土器が成立した」と批判している。

　ところが，田中がこのように述べたのは，土器においては，無文土器そのものが北部九州へと導入されているわけではなく，その無文土器的要素の一部のみが認められ，そのほかは在来の要素からなるという事実をふまえたからである。一方の家根は，半島南部の無文土器にみられる外傾接合手法とミガキやナデなどの外面調整の点で深鉢（甕）を「無文土器」とみなしているが，家根［1984］ではこうした個体に対して無文土器とは異なる要素（プロポーション，口縁部のおさめ方）を指摘し，北部九州における在地化を認めている。すなわち，無文土器そのものとはいえないものをここでは無文土器の範疇に収まるとして「無文土器」と呼んでいるのである。この点において，家根［1993］は渡来的要素を過大評価しているといえる。また田中は，土器の様式構造論的観点にもとづいて，黒川式期においては在来文化が外来文化に対して優勢であったのが，夜臼式期にいたると両者の拮抗，あるいは外来文化が在来文化に対して優勢となるプロセスを示している。これは家根［1993］が「渡来人のもたらした伝統による規制が強く働いて」とした事象とほぼ同じものをとらえたものといえる。したがって，この批判もやはり的を射たものとはいえない。そればかりか家根も，この論文の冒頭において，自身の立場は二項対立的図式のもう一方側，すなわち渡来人の主体性を評価するものではないということを明言しつつも，「渡来人のもたらした伝統による規制が強く働いて遠賀川式土器が成立した」と述べており，渡来人の主体性を評価する側に立っていると思

わせるかのような表現をとっている。

　以上，家根による田中に対する批判を取り上げ，その妥当性を検討したが，その是非よりも重要なのは，両者が考古学的事象としてはほぼ同じものをとらえておきながら，なぜこうしたすれ違いが生じたのかということである。田中と家根はともに，外来文化と在来文化とが拮抗する段階から外来文化が在来文化に対して優勢となる過程を認めている。しかし，両者の主張の相違は，突き詰めれば，文化変化のプロセスを評価するのか，それとも文化が変化を遂げた結果を評価するのか，の違いに起因するものと思われる。すなわち，田中は外来文化が在来文化に一気に取って代わるのではなく，外来文化が在来文化に対してしだいに優勢となる過程の背後に，在来伝統と規制が健在であったことを読み取り，その存在を評価して，縄文土器から弥生土器への変化を「主体的に担ったのはあくまでも縄文人とその文化伝統であった」と述べている［田中 1986］。一方，家根は，外来文化が外来文化に対して優勢となった結果を評価して，「渡来人のもたらした伝統による規制が強く働いて遠賀川式土器が成立した」としている［家根 1993］。これは後の「弥生土器は縄文土器ではなく，朝鮮無文土器の系譜を引く」［家根 1996］という主張につながっていく。なお，この主張は，夜臼式期から板付Ⅰ式期にいたるまでの，「無文土器文化に由来する土器の製作技術（粘土帯接合技法，器面調整）」が優勢になる過程をとらえたものであるが，しかし結果として成立する弥生土器（遠賀川式土器）は，形態的にみて朝鮮無文土器ではないこともまた明らかである。この点では，在来伝統・規制が作用した結果がうかがえ，縄文土器の系譜を引くともいえるのである。また家根は，下城式土器や亀の甲式土器を外傾接合の点からみて「弥生土器」とみなしているが［家根 1993］，それらの土器の外観には縄文文化に由来する突帯も存在するのも事実であり，同一個体内に無文土器文化に由来する要素と縄文文化に由来する要素が共存するというのが，「弥生土器」としての正しい評価であろう。

　とはいえ，1980 年代後半以降に北部九州の研究者によって提出された論考に対して，春成［1990］や家根［1997］がナショナリズムに通じると

敏感に反応したように，これらには日本列島の「内部的条件の発展」[橋口 1985]，「主体的に担ったのはあくまでも縄文人とその文化伝統」[田中, 1986]，「縄文人の主体性」[下條 1986b] といった，ある種の誤解を招きかねない表現もうかがえるのも確かである。しかし後に，田中良之 [田中・小沢 2001] が正しく指摘するように，こうした主張が出された背景に，形質人類学界から提出された大量渡来説があったことを忘れてはならない。考古学界のみならず，形質人類学界の動向まで視野を広げてみないと，こうした見解が出された背景を正しく理解することはできない。なお田中は，「主体性論争」を振り返って，弥生時代には「縄文人」は存在するはずもないので，「縄文人主体説」は誤解を招きやすい表現であったとしつつ，「縄文人主体説」の趣旨は，渡来人を受け入れた，縄文人の末裔と渡来人との混血をも含む「在来の住人」たちの主体性を強調するものであったと述べている [田中・小沢 2001]。いま冷静に学史を概観すると，春成 [1990] や家根 [1997] の見解は，戦後まもなくの国民国家思想やナショナリズム的思想を背景として提出された見解と，北部九州の研究者によって考古学的事実にもとづいて提出された見解とを強引に結びつけるかような感情的なものではなかったのかと筆者には思えてならない。

　さて近年は，こうした「主体性議論」から抜け出す試みとして，文化の連続性と漸移的変化と渡来的弥生人の形質の形成の双方を説明しようとするモデルが，田中良之 [田中・小沢 2001] によって提出されている。これは，現在までの考古学・形質人類学双方の研究成果を総括することによって得られたモデルのなかでも，最も合理的なものとして高く評価されるものである。このモデルは，土器様式の構造変化 [田中 1986] と，他の文化要素における外来要素の導入・在来要素の衰退とが連動し，在来文化が外来文化に対して優勢（黒川式期）—両文化の拮抗—外来文化が在来文化に対して優勢（夜臼式期）というプロセスを経ているとみなせること [田中 1991]，渡来人はもともと規模の小さな縄文人（在来人）集落のなかに，散発的で小規模な移住を行ったとみなせること [田中・小沢 2001] をふまえて提出されたものである。しかし，とくに土器様式の構造変化と他の文化要素のあ

り方との関係については，大きな枠組みを提示するにとどまり，実際の資料を通じての検討はなされていない。したがって，他の文化要素について個別に，黒川式期から板付Ⅰ式にかけての様態を検討し，さらに，その結果と土器の様式構造変化とを対比することによって，文化構造の変動を鮮明にして，このモデルの妥当性を検証する必要がある。

渡来の動機

考古学者によるものとして，古くは，燕の東胡侵攻に伴う朝鮮半島内での民族移動の余波という見解［森 1968］が提出されている。しかしこの見解は，その後の東アジア全体を視野に入れた，青銅器の編年研究が進展したことによって，年代的に齟齬をきたしており，成立が困難となっている。朝鮮半島からの渡来の動機については，考古学以外に，他の研究領域からも様々な説が提出されている。次々項において詳細に検討したい。

3 日本列島・朝鮮半島間交流論に関する諸問題

A 墓制に関する諸問題

前節では，これまでの支石墓の伝播論を概観したが，そこでみられた見解の相違は，伝播現象に対する研究者間の理論的枠組みの違いと相まって，主として列島の初期支石墓 [11] の祖型とする型式，あるいは注目する属性の差異に起因するようである。たとえば，森貞次郎氏の見解［森 1969］を継承した岩崎二郎は，支石を時間的変化が表れる属性とはとらえず，北部九州における他文化要素との関係を重視し，土壙（木棺）を下部施設とするものを祖型として想定している［岩崎 1980］。それに対して，本間元樹は甲元眞之 [1973] の大鳳町型から谷安里型，すなわち支石のないものからあるものへの移行期にみられ石棺を下部施設とするものを祖型として想定している［本間 1991］。また，西谷正は朝鮮半島の支石墓を下部施設に注目して型式分類し，そのなかで，石棺型・土壙型がそれぞれ時期差をもって日本に伝播したと考えている［西谷 1980］。なお，先述のように甲元の見解 [1978] は大筋では森の見解 [1969] と同様だが，祖型については，金載元・尹武炳 [1967] の南方式Ⅲ類（支石のある支石墓）だけでなく，自ら

の型式分類［甲元 1973］でそれより古く位置づける支石のない支石墓（大鳳町型）が，長崎県風観岳支石墓群や原山遺跡でみられることを論拠に，支石をもたず下部施設が土壙（木棺）である支石墓が列島の支石墓の基盤になった可能性が高いとしており，若干ニュアンスが異なるものである。

　以上の見解の相違を背景として，筆者は半島南端部と九州北部，あるいは中国・四国地方の墓制を対象として，その系譜と伝播，受容を論じた［端野 2001，2003］。ところが，その後，発表された中村大介［2004，2006，2007a，2007b，2009］や宮本一夫［2012］は，筆者が分析に用いた資料とほぼ同じものを扱っておきながら，著しく異なる結論を下している。したがって，この問題について再論したうえで，これらの論考の論拠や論理を検討し，その問題点を明らかにする。

B　住居形態に関する諸問題

　まず，松菊里型住居の定義を明らかにする。これについては，中央土坑のあるものに加え，中央土坑がなくても二柱穴があれば，その範疇に含める見解があるが，筆者も後述するように系譜関係からみて，半島南部という空間的範囲に限定したうえで，これを松菊里型住居の範疇に含めておいて問題はないものと考えている。なお，もともと「松菊里型住居」は，中間研志が松菊里遺跡の円形住居と類似する，列島の住居例を呼んだものであった［中間 1987］。しかし，この名称は，最近の韓国考古学界では，半島南部例を指すものとして定着した観がある。そこで本書では，半島南部例については「松菊里型住居」，列島例については「松菊里系住居」と呼び分けることにする。また，「松菊里型住居」のなかの型式を指す場合は，○○式と呼び，型とは区別したい。

　次に，松菊里型住居跡の研究に関する問題点を指摘したい。一つ目は編年に関する問題である。これまでの研究においては，方形住居と円形住居の関係については，平面形態方形→円形という先後関係を認めつつも，両者にそれほど時期差がないという認識はあるようである。にもかかわらず，これを編年基準として無文土器文化の編年の細分を試みた研究が多数みら

れる。このような住居型式による無文土器中期の細分は，安在晧［1996］に始まったが，これらの研究に対し，編年に用いた方法論の点から，批判しておきたい。これらの研究が用いた方法を簡単に整理すると，以下の通りである。

①住居跡とそこからの出土遺物（土器・磨製石鏃・石剣など）を分類し，それぞれの型式組列を設定する。

②住居跡から得られた一括資料によって，住居型式と他の遺物型式の組み合わせを検討し，想定した住居型式の変化と他の遺物型式の変化とが連動していることを確認すれば，それぞれの型式組列は正しいとみなす。

③さらに，住居の型式組列の正しさを重複関係により検証する。

④住居型式を基準とし，時期を設定する。一つの住居型式が一時期に対応する。

もちろん，この方法は適切に用いさえすれば，各型式の組列の正しさを検証することはできる。しかし，時期の設定において問題がある。型式組列は型式の出現した順序を示しているが，各型式の存続時間幅を考えれば，住居という一つの物質文化を主軸とし，時期設定を行うのは危険である。というのも，物質文化Aにおいて型式の出現順がA1 → A2であっても，存続時間幅は重複があるとすれば，A1とセットとなる一括資料がA2とセットとなる一括資料より絶対古いとはいえなくなるからである。こうした方法に対する同種の批判は，すでに岩永省三によって弥生土器編年の方法に対して行われている［岩永 1987］。

では，どのように時期をとらえるべきだろうか。溝口孝司は，D. L. Clarke（クラーク）が概念化した文化の通時的変化とその構成要素のモデル［Clarke 1978］に示唆を受け，一括資料を型式学的に古新の傾向に沿って配列し，型式変化，形式の生成・消滅が同時に起きる画期を探し出すという土器の様式設定の方法を提示している［溝口 1987］。これをふまえて，たとえば，庄田慎矢［2004a］による半島南部嶺南地域の無文土器文化の編年をみてみよう。この論考では，先述のように住居型式を基準に時期設定が

行われている。そして，本書で扱う中期は，「方形」「隅丸方形」「円形」という住居跡の平面プランによって，三つの時期に細分されているが，住居型式の変化と連動した他の遺物型式の変化・生成・消滅はみられず，そこに画期を求めることはできない。

　なお，重複関係は，方形住居と円形住居のいずれが先出あるいは後出したかを決定する論拠とはなっても，それらの存続時間幅まで保証するものではない。たとえ方形住居が円形住居に先行したということが重複関係で確かめられたとしても，それぞれの存続時間幅は土器・石器などの出土遺物を通じて検討しなければならない。こうしたことから，本書では分析にあたって，住居跡の平面形態の違いにもとづいた時期設定は行わないこととする。

　二つ目に，起源と拡散についての議論をめぐる問題点を指摘しよう。まず，起源をめぐっては，**表 1-3** で整理した論考以外にも，外来起源説として李弘鍾 [2002, 2005]・李眞旻 [2004] などがあげられる。また，内部発生説は，さらに駅三洞類型起源説 [安在晧 1992；金壮錫 2003] と可楽洞類型起源説 [宋満榮 2002] の二つに分けられる。外来起源説については，論者の一人である金承玉 [2006] も自覚しているように，そもそも祖型にあたる住居跡の事例が，半島南部の周辺域で発見されていないことが最大の問題である。一方，内部発生説は近年，前期無文土器文化の住居から松菊里型住居への移行期を示すと考えられる事例が増えつつあり，注目される。羅建柱は忠清南道鳴岩里遺跡において検出された，床面中央に土坑を備えた小型長方形住居を，松菊里型住居の祖型と考え，牙山湾地域を松菊里文化の起源地と推定している [羅建柱 2005]。また，宮里修も集落構造を検討するなかで，これらの住居群を無文土器前期から中期（松菊里文化期）への移行期に属するものとしている [宮里 2005]。さらに李亨源は，京畿道盤松里遺跡において検出された，中央土坑が長軸線上からはずれる例を「盤松里型住居跡」と設定し，対称構造をもつ前期無文土器文化の住居から求心構造をもつ松菊里型住居への移行期にあるものとして位置づけた。また，遺跡の時期は，有茎式石剣・無段式石鏃などの石器，孔列や口唇刻目文が

施された土器からみて，中期でも早い段階としている［李亨源 2006］。

　これらのうち，とくに李亨源［2006］の見解は，前期無文土器文化の住居から松菊里型住居の発生を考えるうえで，説得力に富んでいる。もしこの見解が正しければ，この「盤松里型住居跡」こそが，真の「先松菊里型住居跡」と考える。外来起源説支持者は，とくに円形プランの住居が，半島南部に突如出現することへの違和感から外部の文化に祖型を求める傾向にあるようだが，半島南部において，形態的に変化の過程をたどれる事例が発見されている以上，拘泥する必要はないように思える。そこで本書では，李亨源［2006］にしたがい，牙山湾近辺を起点として，周辺への伝播の過程を検討していくこととする。

　なお，「先松菊里類型」の評価についても述べておく必要があろう。もともと「先松菊里類型」は，「松菊里類型」を規定する遺構・遺物の一部と，前期無文土器文化のそれとが共伴する遺跡あるいは一括資料を，前期無文土器文化から，「松菊里類型」への移行期のものとして位置づけられたものである。［安在晧 1992］。実際，このような「先松菊里類型」の遺跡の評価をめぐってはその後，意見が分かれたように，理論的には，移行期のあり方を示しているともいえるし，前期無文土器文化と松菊里類型との文化変容の結果を示しているともいえる。このような評価の違いは，編年を重視する志向性と伝播・文化変容を重視する志向性の違いに起因するものと思われるが，両者は不可分の関係にあって，本来は対立するものではない。筆者は，韓国人研究者が好んで用いる「駅三洞類型」「可楽洞類型」「松菊里類型」などの類型という枠組みをまず取り払ったうえで，個別の物質文化の起源と伝播をまず検討し，そのあとで個別物質文化に対する検討結果をあわせて文化総体として検討する必要があると考える。

　ところで，弥生開始期の代表的な集落遺跡の一つである石崎曲り田遺跡の系譜についての見解についても概観したが，それらは以下のように整理される。

　①縄文後晩期以来の方形住居に系譜を求める見解［小澤 2006；端野 2011］

　②半島南部の無文土器文化に属する住居に系譜を求める見解

(a) 半島東南部の検丹里遺跡方形住居に系譜を求める見解［高倉 2001］

(b) 南江流域の松菊里型方形住居に系譜を求める見解［端野 2008a, 2009b］

③特殊な事例とみなす見解［小澤 2006］

　小澤［2006］は，石崎曲り田遺跡例については，③にもあるように系譜の判別に迷っているようであるが，石崎曲り田遺跡にも主柱穴配置のはっきりしない方形住居が多く存在するため，諸岡遺跡例の場合と同様の理由で，在来系として評価しているものととらえられ，①にも分類しておいた。なお松本［2000］は，住居跡同士の切り合いをみて，縄文後晩期からの連続性を主張する見解であるが，住居の系譜自体には言及がないため，上記の分類には入れていない。

　さて，このような見解に違いが生じた理由は何であろうか。③を除いてすべての見解に共通するのは，平面形態が方形であるという事実のみにもとづいて，住居の系譜を判別しているという点である。これは比較対象とすべき縄文晩期に属する住居跡や突帯文期併行期に属する半島南部の住居跡の資料蓄積が不十分であったことや，石崎曲り田遺跡の住居跡自体が遺構間の切り合いが激しく，内部施設に関する情報が不鮮明であったことに起因しているものと思われる。その結果として，石崎曲り田住居群の系譜については，十分な検討を経ずして，平面形態の共通性だけをみて，異なる見解がいくつか提出されることとなったものと考えられる。

　今日，半島南部においては，開発に伴う緊急発掘が急増し，北部九州の突帯文期に併行する時期（無文土器中期）に属する住居跡の調査報告は，膨大な数に上っている。また九州においても，縄文晩期に属する住居跡の検出例が，以前から徐々にではあるが蓄積されつつある。このことから，単に「平面形態が方形」ということだけではなく，計測値を用いた詳細な検討が可能な状況となりつつある。したがって本書では，竪穴の規模・形態，柱穴の配置状態，竪穴四隅の形状に関わる計測値を用いて，石崎曲り田遺跡の住居跡を縄文晩期の住居跡例，半島南部の住居跡例と比較することによって，その系譜を検討することとしたい。

C 壺形土器に関する諸問題

丹塗磨研壺，あるいは壺形土器に関する学史を整理した結果，次の三つの問題点が指摘できる。一つ目は編年についての問題である。安在晧[2003]の指摘のように，河仁秀編年[1994]の「中期後半」にあたる，頸と胴部に境界をもたない短頸壺は前期から存在し，最も後出する型式として位置づけることはできない。河氏の編年では，口頸部形態が外傾するもの→直立するもの→内傾するもの，そして頸が退化して消滅するもの，という一系列の変化が想定されている。しかし，「中期後半」に属する型式の胴部・底部形態をみると，胴部最大径の位置が高くなったものが突然低くなったり，丸底化したものが再び平底になったりして，先行する型式からのスムーズな形態変化を想定できない。また，「中期後半」は「前期前半」から「中期前半」にくらべて，共伴遺物・出土遺構を根拠とする位置づけが弱い。たとえば，新村里Ⅱ区6号・Ⅲ区3号出土の「中期後半後葉」の型式と共伴関係にある，鏃身が短く，関部の角が鈍い有茎式石鏃を，日本列島の福岡県今川遺跡などの弥生前期遺跡でみられることを根拠として，柳葉形有茎式より新しい退化型式として位置づけている。これによって，「中期後半後葉」の小型壺が柳葉形有茎式と共伴する「中期後半前葉」の小型壺より後出する根拠としている。しかし，無文土器文化とは異なる弥生文化に属する石鏃の共伴事例をもって，時期的に後出する根拠とするのは，不適切である。というのも，北部九州の突帯文期〜弥生前期において，磨製石鏃をはじめとする物質文化は，半島南部のものそのものではなく導入当初から変容しているからである。また，出土遺構として，南方式支石墓（支石のある支石墓）・石棺墓をあげているが，昌原徳川里遺跡2号出土の小型壺が「中期前半」に属するものであり，隣接する南方式の1号はそれとほぼ同時期とみてよいこと，石棺墓は前期からすでに出現していることから，これらは時期的に後出する根拠とはならない。

実は河仁秀[1994]とほぼ同じ時点で，この編年案の型式組列と不整合な丹塗磨研壺の例が報告されていた。文化財研究所[1994]が報告した慶尚南道大坪里遺跡住居跡例（報告書図面2-①）がそれである。この例は河

仁秀の分類で「中期後半前葉」に属する，頸部と胴部との間に不明瞭な稜をもつ小型壺であるが，大型長方形住居跡から出土し，共伴している無文土器からみて，無文土器前期までさかのぼることは明らかである。さらに，最近にいたっても，この編年案が明らかに齟齬をきたしたことを証明する事例が報告されている。大邱広域市上洞遺跡Ⅰ-9号住居跡は，石囲炉跡が設置された長方形住居跡で，そこからは「前期後半」の大型壺と「中期後半前葉」の小型壺とが共伴して出土している［慶尚北道文化財研究院 2002］。第6章で検討するように，この事例は石囲炉付きと共伴する無文土器からみて，無文土器前期に属することは間違いない。これは丹塗磨研壺の各型式の編年的位置づけに誤りがあること，一系列の型式組列の設定に無理があることをよく示している。

　これらの問題は，口頸部形態の違いをすべて時間差とみなして一系列の型式組列を設定していること，地域性が考慮されておらず，半島南部の資料を一括して扱い，アプリオリに全域にわたって一律の変化が起こることを想定していること，他地域からの影響が考慮されていないことが原因と考えられる。したがって，型式組列を一系列ではなく，複数系列で整理したうえで，一括資料にもとづき地域ごとに編年を組み立てる必要がある。

　二つ目は，弥生時代の壺形土器のルーツをめぐる問題である。これまでの研究でも，これが朝鮮半島南部に起源することは明らかであるが，半島南部のなかでも，どの地域のものが弥生文化の壺形土器の祖型となっているのかという課題については，深められていない。しかも，その祖型となった壺形土器が，半島南部における，はじめての本格的な水稲農耕文化，松菊里文化との関わりにおいて，どのように形成されたかについても明らかとなっていない。したがって，半島南部各地域の例と列島の例とを比較することによってこの課題を解明する必要がある。

　三つ目は，頸部に施されたミガキ方向についての問題である。頸部のミガキ方向については，日本と韓国の研究者の間に認識の違いがみられる。すなわち，韓国の研究者は半島南部に横ミガキが少数存在することを根拠に，北部九州で主体をなす横ミガキは半島からの影響，というように伝播

94

主義的解釈を行っている。それに対して，日本の研究者は半島南部の少数の横ミガキは軽視し，なぜ半島南部では主体である縦ミガキが北部九州ではそれほど入らず，横ミガキが主体となるのか，という問いを発して，横ミガキを縄文以来の伝統として評価する傾向がある。

　ところが，このように日韓の研究者間で見解は異なるが，ミガキ方向に対する評価そのものに問題をはらんでいる。まず，日本の研究者は「半島南部は縦ミガキ，北部九州は横ミガキ」という認識のもとに，縄文時代から弥生時代への文化の連続性を主張しているが，そもそも頸部に施されたミガキ方向の違いが文化的な系統の違いを示すのかという物質文化にみられるパターンとその解釈との橋渡しをする領域，すなわち「ミドルレンジ」[阿子島1983]に対する検討がなされていない。

　また，半島南部の例には縦ミガキが多いという認識は，丹塗磨研壺の各器種・型式について検討したうえで導かれたものではなく，全器種・型式を通じてただ漠然と言われてきた感がある。したがって本書では，ミガキの方向性の差異が何に起因するか，製作過程を考慮して，器種・型式ごとに検討することにする。

　加えて，韓国の研究者が指摘するように，頸部に横ミガキをもつ壺形土器は北部九州のみならず，半島南部にも少数存在する。これを北部九州に多数存在する横ミガキをもつ壺形土器と関連させるならば，弥生時代になって出現する壺形土器の起源地を解明するための重要な一要素となりうる。したがって，本書においては，壺形土器の起源地を明らかにするための一属性として，頸部ミガキ方向も取り上げ，その時間性・地域性を検討することにする。

D　石庖丁に関する諸問題

　前節では，半島の石庖丁研究と，石庖丁を素材とした半島・列島間の交流論をまとめたが，これらの研究は大きくみて，二つの問題点を内包している。一つ目は，半島南部石庖丁の分析方法に関するものである。すなわち，半島全体を一括して扱い，先験的に全地域にわたって一律の変化が起

きることを想定しており，地域ごとの違いが考慮されていない。したがって，半島南部を小地域に分け，所属時期を明らかにしたうえで個々の地域ごとに細かな時間的変化を追跡する必要があろう。

　二つ目は，列島石庖丁のルーツに関するものである。半島南部から九州北部へと至るルートについては間違いないが，半島南部の小地域のうち，どの地域に起源するのかという課題については，研究者間に見解の違いがみられる。また，九州北部例と類似する要素をもつ半島南部例も指摘されているものの，それが発生するまでの過程が検討されたわけではない。したがって，刃部形態・穿孔技法という非計測的属性間の関係，非計測的属性と計測的属性の関係を検討することによって，この発生過程を明らかにする必要がある。

E　その他の学説に関する諸問題

　前節では，水稲農耕開始前後において半島と列島とに共通して分布する様々な物質文化にもとづいて，渡来人の故地やその物質文化自体の起源地について論じた論考についても概観した。これらの論考は，各研究者が対象とする物質文化が様々であるのに相まって，想定される起源地や渡来人の故地も異なったものとなっている。そして，これらの論考を整理すると，想定する起源地や故地の相違は，物質文化の種類の違いだけでなく，伝播現象に対する考え方の違いにも起因することが分かる。伝播現象に対する考え方にもとづけば，二つ以上の物質文化の重ね合わせによって故地を想定する「複数要素重視型」と，一つの物質文化のみに着目し，他の要素との関係を問わない「単一要素重視型」の二つに分類することができる（**表1-6**）。「複数要素重視型」の例として，安在晧［1992］・下條信行［1995］・家根祥多［1997］・筆者［2003, 2006, 2008a, 2008b］，「単一要素重視型」の例として，西谷正［1980］・李弘鍾［2002］・中村大介［2004］があげられる。

　この二つの違いと「単一要素重視型」の問題点は，東アジア全体を対象とした水稲農耕の起源論をあげるとより明確となる。すなわち，考古学の立場から，この議論にアプローチした森貞次郎［1966］，岡崎敬［1968］は，

表 1-6　物質文化の起源地あるいは渡来人の故地に関する諸説

著者（発表年）	考古学的論拠	物質文化の起源地／渡来人の故地	要素の扱い方
西谷正（1980）	支石墓の分布密度	全羅南道	単独
下條信行（1988）	石庖丁の計測値	全羅道？慶尚道？両者の融合？	–
下條信行（1995）*	ナスビ文土器＋丹塗磨研土器＋孔列土器＋瘤状把手付甕の分布	慶尚南道	複合
安在晧（1992）	黒川式期：孔列土器の分布＋短斜線文土器の不在	慶尚南道西部	複合
	夜臼式期：松菊里型住居の型式＋石庖丁の型式	慶尚南道	
家根祥多（1997）	土器文様＋松菊里型住居の型式	全羅南道東部から慶尚南道西部	複合
李弘鐘（2002）	松菊里型住居の型式	慶尚南道	単独
端野晋平（2003a）	支石墓の型式・上石の類似度＋松菊里型住居＋石庖丁＋丹塗磨研壺（頸部横研磨）	南江流域	複合
端野晋平（2006）Hashino(2010)	丹塗磨研壺の型式組成		
端野晋平（2008b）	石庖丁の属性の組成		
端野晋平（2008a）	松菊里型住居の型式組成	南江流域・金海地域	
中村大介（2004）	地上式支石墓→方形周溝墓	全羅南道西部	単独
	磨製石剣の型式	全羅南道西部	
	把手付甕	蔚山地域	

註）　*金関・弥生博［1995］のなかでの発言。

コメだけではなく，支石墓や磨製石器の組み合わせによって，朝鮮半島経由説を主張した。これは「複数要素重視型」に相当する。一方，「単一要素重視型」の例として，植物学の和佐野喜久生［1995］をあげる。和佐野はコメのタイプの違いによって，朝鮮半島と中国大陸の長江下流域の二つのルートを想定している。また自然人類学においては，人の形質にもとづいて，渡来人の故地をシベリアや中国に求める風潮がみられる。これも「単

一要素重視型」に相当しよう。これらの例の対比によって指摘できる「単一要素重視型」の問題点は，必然的により遠い故地を求めたり，多元論的になったりすることである。すなわち，「単一要素重視型」は，地域間の交流を評価するにあたって，一つでも類似した要素が存在すれば，それにもとづいて，とにかく地域間に交流があった可能性を主張する。これは結果として，地域間交流の度合いを平均化することにもつながっている。空間的尺度は大きく異なっているが，朝鮮半島南部における細かな故地を論じた学説の「単一要素重視型」についても同様の批判が当てはまる。一方筆者がこれまで用いた方法は，「複数要素重視型」にあたり，複数文化要素の重なりや文化要素の型式組成の類似度を検討することによって，伝播の蓋然性を高めることを意図したものであることを強調しておきたい。

　また前節では，半島南部から中国・四国地方や畿内への直接的影響や人の移動を想定する，近年の「遠隔地直接渡来論」を概観した。これらは，武末純一［2002］のいう「北部九州に比肩するほどの文化要素全体の再現性や北部九州とは異なる朝鮮系の文化要素の提示」が十分になされたうえで立論されたといえるのであろうか。確かに，北部九州以外の列島の諸地域でも「半島系」と思われる資料の蓄積は，近年目覚ましいものがある。しかし，量が増えてきたからといって，その背後に半島からの直接的影響や人の移動を安易に想定してよいのであろうか。議論の前提となる半島南部と列島西部との間の土器や文化の編年の併行関係は確かであるのか，また直接的影響を想定するのに十分な証拠を提示できているのか，再検討する必要がある。

4　水稲農耕伝播の要因・メカニズムに関する諸問題

　前節では，水稲農耕伝播の要因・メカニズムに関する諸説を，列島側の要因と大陸（半島）側の要因の二つに分けて概観をした。ここでも引き続き，列島側の要因に関する諸説と大陸（半島）側の要因に関する諸説とに分けて，それぞれの問題点を指摘したい。

A 列島側の要因に関する諸問題

水稲農耕の導入にあたっての列島側の要因に関する見解には，唯物史観にもとづいた「縄文晩期社会ゆきづまり論」，それに加え畑作農耕の存在が水稲農耕の受容が容易となる条件となったとする論，既存の生態系のなかでの食料獲得システムとの摩擦が少なかったため，水稲農耕の導入が容易かったとする論があった。また，気候の寒冷化・湿潤化によって水田適地である低湿地が形成され，水稲農耕民が渡来するための条件ができあがったとする見解も，列島側の要因に関する学説に入れてよかろう。

これらの見解のうち，赤澤威が提出した複合生態系にもとづいた「季節的循環機構」論 [Akazawa 1986；赤澤 1988] は，なぜ水稲農耕あるいは弥生文化が列島西部の多くの地域にいち早く広がり，一方，列島東部ではそうではなかったのかという問題についての回答として，今日の考古学的研究の蓄積からみてもおおむね首肯しうるものであり，研究の到達点の一つとして評価できよう。また，こうした生態系に根ざした食料獲得システムの観点から，水稲農耕の導入を説明づけるもののほかに，水稲農耕民が移住するにあたって好まれる水田適地の形成に焦点を当てた見解も見逃してはならない。ただし，後述の「大陸側の要因に関する諸問題」でも指摘するように，この見解を認めるには，気候の寒冷化・湿潤化の時期や期間，程度が問題となるため，考古学的編年とその暦年代に対する分析と，気候変動を捉えるための様々な研究成果の比較を通じて，再検討する必要がある。

B 大陸（半島）側の要因に関する諸問題

列島において水稲農耕が開始される契機となった外部からの影響や人の移住の要因については，中国大陸における政治的動乱に求める見解，さらにその背後に気候の寒冷化を想定する見解が提出されている。中国大陸における政治的動乱に要因を求める見解で，1950 年代から 1970 年代に出されたものには，紀元前 5 ～ 4 世紀に起こった呉・越の動乱 [岡 1958]，遼東半島への燕の政治的進出 [森 1968]，秦・漢帝国の南方伸張 [樋口 1971] があるが，これらは今日の考古学的事実からみて，成立が困難となってい

る。すなわち，岡［1958］や樋口［1971］は，列島に水稲農耕をもたらした渡来人の故地を江南地方とみたが，現在にいたるまで江南地方では，列島で最初に水稲農耕が開始された北部九州とを直接的に結びつける考古学的証拠は発見されていない。また森［1968］は，朝鮮半島や日本列島に分布する有柄式磨製石剣の祖型を細形銅剣とみた場合の弥生開始年代の推定にもとづいているが，これは現在の主流となっている，有柄式磨製石剣の祖型を遼寧式銅剣に求める見解からすると，受け入れがたい。1990年代以降は，東北アジアの青銅器研究などの成果をふまえ，弥生時代の開始時期を春秋・戦国時代に併行させる見解が定着し，この時代に中国大陸各地で起こった戦乱に端を発する青銅器文化の波及があげられるようになった［藤尾 2003］。なお，炭素14年代にもとづいて，列島の縄文晩期から弥生開始期にかけての時期を，中国大陸の西周の終わりごろから春秋・戦国時代にかけての混乱期に併行させて，それに起因した人の移動を想定する見解もある［安田 1992］。しかし，最近では弥生時代の開始年代を西周中期ごろに相当する紀元前10世紀まで遡上させる見解［春成ほか 2003］も提出されていることから，弥生時代の開始年代と大陸側の歴史的事実との関係については再検討を要する。

　さて上述の通り，従来から列島における水稲農耕開始の契機として，中国大陸における政治的動乱をあげる研究者は多いが，さらにその動乱の要因として，気候の寒冷化［安田 1992］も注目されてきた。このような学史的な流れのなかで近年，提出された宮本一夫の見解［2009］は，東北アジア全域を視野に入れつつ，現在までの考古学的研究の成果と年縞堆積物の分析結果などの気候変動データとを総合的にとらえ，各地域における段階的な農耕化あるいは農耕伝播を説明する点において，それまでの研究とは一線を画し，高く評価されるものである。本書では，宮本のいう「東北アジア農耕化4段階説」のうち，「第3段階」から「第4段階」にかけての時期の朝鮮半島南部から日本列島における農耕伝播の要因・メカニズムについて，さらなる解明を試みることとする。半島側の要因の解明にあたってもやはり気候変動に注目したいが，気候の寒冷化の時期や期間，程度が問

題となるため，考古学的時期とその暦年代に対する検討，考古学的時期と気候変動データの年代との対応関係に対する検討が必要となってくる。既存の学説では，朝鮮半島南部での気候変動データについて検討したうえで議論を展開したものはほとんどないことも問題といえる。

5　本書の課題

以上，物質文化の編年と暦年代，弥生時代の開始と渡来人，日本列島・朝鮮半島間における交流，水稲農耕伝播の要因・メカニズムといった四つの項目それぞれの議論についての諸問題を概観した。そこで確かめられた問題点は内容が極めて多岐にわたるため，ここでこれらの要点を整理することによって，本書で明らかにする課題を鮮明としたい。

物質文化の編年と暦年代

半島南部の無文土器時代前半期における物質文化の編年については，多くの異なる見解が提出されているが，方法論的な問題を抱えている。したがって，資料そのものに対する吟味を十分に行ったうえで，適切な方法を用いて妥当な編年観を導き出す必要がある。そして，無文土器時代前半期と弥生時代前半期の併行関係については，交差年代法の適用がなおも不十分で，特に無文土器中期と後期の境界が弥生土器編年のどの時期に対応するかは，いまだに不鮮明であることを留意せねばならない。また，当該期の土器などの編年の暦年代を考えるにあたって，炭素 14 年代が貢献するところは大きいが，これの運用にあたっての問題点がすでにいくつか指摘されている。すなわち，測定試料の種類の違いによって測定値に違いは生じないか，炭素 14 年代と考古学的な編年との対応関係は十分に検討されているのか，個々の炭素 14 年代測定値の信頼性は確保されているのか，炭素 14 年代を暦年代に変換するための較正曲線自体にともなう問題は考慮されているのか，などである。これらの問題点をふまえつつ，炭素 14 年代を有効に用いて，当該期における暦年代を求める必要がある。

弥生時代の開始と渡来人

これまでの弥生時代開始論や渡来人論においては，渡来人の故地・到着

地，渡来の時期，文化変化のあり方，渡来の動機についての問題点を指摘しうる。渡来人の故地については朝鮮半島，とくに南部とすることで見解が一致している。そこからさらに踏み込んで，半島南部のなかでも，全羅南道東端部から慶尚南道中部にかけての沿岸部を推定する見解も提示されている。また，渡来人の到着地については，北部九州とする見解が最も妥当性が高いと考えられるが，北部九州のなかでも，さらに細かくみて糸島地域，唐津地域周辺の地域をあげる見解や，半島南部からそこにいたるルート上に位置する対馬・壱岐も候補地とする見解がある。また近年は，北部九州以外の地域においても，渡来人と在来人との間の交流を認める見解がいくつか提出されている。さらに渡来の時期は，黒川式期から始まって夜臼式期まで継続するという見解と夜臼式期に限定する見解とに分かれる。このように，渡来人の故地・到着地，渡来の時期については，いくつかの見解が並立する状況にあるため，日本・韓国における近年の資料蓄積をふまえて，再検討する必要がある。

　文化変化については，土器様式の構造変動の観点から，在来要素が外来要素に対して優勢（黒川式期）—両要素の拮抗—外来要素が在来要素に対して優勢（夜臼式期）というプロセスが示されている。そして，このプロセスは文化構造の一側面をとらえたものとして，他の文化要素のあり方とも連動しているものとみなされている。しかし，他の文化要素の通時的な様態や，それらの相互の関係および土器様式構造との関係については，大きな枠組みを提示するにとどまり，実際の資料を通じての検討はなされていない。したがって，黒川式期から板付Ⅰ式にかけての他の文化要素の通時的な様態について，個別に検討し，さらにその結果得られた各要素の通時的な様態を相互に比較し，かつ土器の様式構造変化とも対比することによって，文化構造全体における動態を明らかにする必要がある。

　渡来の動機については，「水稲農耕伝播の要因・メカニズム」で述べる。

日本列島・朝鮮半島間における交流

　当該期における半島・列島間の交流を論じた墓制・住居・壺形土器・石庖丁に関する諸説については，以下のような個別の問題点を指摘しうる。

102

墓制，とくに支石墓の伝播論については，伝播現象に対する研究者間の理論的枠組みの違いと相まって，列島で弥生時代になってからみられる墓制の祖型となる型式，あるいは墓制を構成する属性のなかでも注目する属性の違いによって，多数の異なる見解が提出されており，一致をみない。したがって，半島・列島双方の墓制を対象として，その系譜関係について検討することによって，妥当な見解を導き出す必要がある。

　当該期において半島から列島に導入される住居様式として，松菊里型住居がある。この住居の起源と半島南部における拡散については，これまでも様々な見解が提出され，また列島への伝播と列島内における広がりについても議論されている。しかし，多くの異なる見解に分かれていることから，これについても近年，増加した資料をふまえて再検討する必要がある。また，弥生開始期の代表的な集落遺跡の一つである石崎曲り田遺跡の住居群の系譜についても，当該期においての半島系文化の受容の評価と関わってくるので，再検討が必要である。

　水稲農耕の開始にともなって，新たに出現する土器の器種として，壺形土器がある。これは，半島南部の丹塗磨研壺を祖型とすることは間違いないが，これまでに提出された編年案には事実や方法論上の問題がある。また，弥生時代開始の壺形土器の，半島南部における起源地については，これまでほとんど検討がなされていない。さらに，頸部のミガキ方向の共通性にもとづいて縄文時代から弥生時代への文化的連続性を唱える見解がある一方で，半島南部からの伝播現象の一端ととらえる見解も提出されてきた。これらの議論の妥当性については，近年急速に増加した半島南部の資料をふまえて検討する必要がある。

　水稲農耕とともに列島に導入される石庖丁が半島南部のどこに起源するのか，そしてその祖型となった石庖丁が半島南部のなかでどのように形成されたのか，については未だに不鮮明である。

　そのほか，以上の四つの物質文化以外にも，当該期において半島と列島とに共通して分布する様々な物質文化にもとづいて，両地域間の交流を論じた論考が多数発表されている。これらの論考は，物質文化の伝播現象に

対する考え方の違いによって，二つ以上の物質文化の重ね合わせにもとづいて故地を想定する「複数要素重視型」と，一つの物質文化のみ取り上げ，他の要素との関係を問わない「単一要素重視型」とに分けられる。このうちの「単一要素重視型」は，必然的により遠い故地を求めたり，多元論的になったりするといった問題点を有している。したがって，本書ではこの考え方を採用せず，「複数要素重視型」の考え方を採って，地域間においての伝播の蓋然性を高めるために，複数の文化要素を総合的に検討していくべきであると考える。また近年は，半島南部から南九州，中国・四国地方，畿内などへの直接的な影響や人の移動を想定する「遠隔地直接渡来論」がいくつか提出されている。これらについては，議論の前提となる半島南部と列島西部との間の土器や文化の編年の併行関係は確かであるのか，また直接的影響を想定しうるほど十分な考古学的論拠を提示できているのか，などを再検討する必要がある。

水稲農耕伝播の要因・メカニズム

　列島側の要因に関する諸説と大陸（半島）側の要因に関する諸説とに分けて，それぞれの問題点を指摘しうる。

　列島側の要因に関する見解のうち，列島西部においては生態系のなかでの食料獲得システムとの摩擦が少なかったため，水稲農耕の導入がたやすかったとする論は今日の研究の到達点として評価できる。また，気候の寒冷化・湿潤化によって，水稲農耕民が渡来するための好条件ができあがったとする見解も注目される。しかし，このうちの後者の見解の妥当性を確かめるためには，列島西部における気候の寒冷化・湿潤化の時期や期間が，考古学的時期のいずれに相当するのかを，考古学的編年と暦年代の関係についての検討と，気候変動をとらえるための様々な研究成果とを対比することによって，検討する必要がある。

　大陸（半島）側の要因については，従来から中国大陸における政治的動乱をあげる研究者が多く，さらにその要因として気候の寒冷化も注目されてきた。近年は東北アジア全体を視野に入れて，考古学的事象と気候変動データの双方とをみて，農耕化あるいは農耕伝播を段階的にとらえる見解

も提出されている。しかし，列島側の要因に関する諸説での問題点と同様に，気候変動データでの暦年代と考古学的時期との対応関係については，再検討する必要がある。これらの問題点を克服することによって，はじめて半島から列島への水稲農耕伝播の要因・メカニズムを語ることができよう。

第3節　本書で用いる資料と方法

本節では，前節までの検討結果，明らかとなった先行研究の問題点をふまえ，本書で用いる資料と方法を明らかにしたい。ここでは，物質文化の編年と暦年代の検討，日本列島・朝鮮半島間交流の検討，水稲農耕伝播の要因・メカニズムの検討，という三つの項目に分けて，それぞれの検討項目のための資料と方法を示すこととする。なお，資料が得られた遺跡の位置は，**図 1-1 ～ 1-8** の通りである。

1　物質文化の編年と暦年代の検討に用いる資料と方法

A　編年に用いる資料と方法

本書では，まず半島南部の無文土器時代に属する物質文化の編年を検討する。これにあたっては，半島南部のなかでも，十分な資料の蓄積が認められる嶺南東部（南江流域・洛東江下流域）を対象とする。

編年に用いた一括資料が得られた遺跡と文献は，以下の通りである。

大也里［東義大博 1988, 1989］，大清［釜山大博 2002a］，本村里［慶尚大博 2011］，芳芝里［慶南発展研 2005］，沙月里（東義大学校博物館地区）［東義大博 1999］，下村里 1 地区［慶南発展研 2011b］，新平［釜山大博 2000］，加虎洞［東西文物研 2011］，大坪里［文化財研 1994］，大坪里漁陰 2 地区［国立昌原文化財研 2001b］，大坪里玉房 5 地区［鮮文大博 2001］，大坪里玉房 4 地区［東義大博 2008］，大坪里玉房 1 地区［国立晋州大 2001］，大坪里玉房 1 地区［慶南考古学研 2002b］，大坪里玉房 8 地区［国立昌原文化財研 2003］，大坪里玉房 3 地区［慶尚大博 2001］，大坪里玉房 9 地区［慶南考古学研 2002b］，

上村里（漢陽大学校博物館地区）［漢陽大博 1999］，平居洞 3-1 地区［慶南発展研 2011a］，平居洞 4-1 地区［慶南発展研 2012］，盈倉里［慶南考古学研 2002a］。

　方法はまず，無文土器文化のなかでも，土器・石鏃・柱状片刃石斧・住居跡といった時間性を鋭敏に反映する物質文化を取り上げ，それぞれを有意な属性によって，分類する。次に，分類した物質文化を含む一括資料を，型式学的に古新の傾向に沿って配列する。そして，配列された一括資料の間に，型式変化，器種の生成・消滅が同時に起こる画期を探し出す。この結果にもとづいて，一群にまとめられた一括資料群からなる「期」を設定する。これは，溝口孝司［1987, 1988］が D.L. クラークが概念化した文化の通時的変化とその構成諸要素との関係図［Clarke 1978, p.235］に示唆を受け，提示した方法に由来する。この方法は，岩永省三［1989］のいう「一括資料の非直列的排列」にあたり，一時期に一器種において複数型式の併存を認めることを最大の特徴とする。

　以上の検討結果と，半島南部の他地域での編年研究の成果とを合わせることによって，半島南部全域での編年体系を提示する。半島南部編年と北部九州編年との併行関係については，交差年代法とその結果を重層的に連鎖させることによって得られた研究成果［武末 2004］に依拠する。

　なお，北部九州の土器編年については，突帯文期（山ノ寺・夜臼式期）を「縄文晩期後葉〜末葉」とみなす見解と「弥生早期」とみなす見解の二者が従来から存在し，鋭く対立している [12]。今日の学界では後者の方が優勢となった感があるが，水田の出現をもって弥生時代の開始とする場合，水田が発見された地域や遺跡にしか適用できないという難点も出てくる。本書では，突帯文期に水田が発見された地域・遺跡以外についても検討対象とするため，以後，当該期については，基本的に縄文晩期後葉〜末葉を用いて，文脈によっては両者を併記したい。

B　暦年代の検討に用いる資料と方法

　本書では，炭素 14 年代とその較正年代を検討することによって，半島南

部の無文土器前期・中期と北部九州の縄文・弥生移行期の暦年代を明らかにする。資料としては，半島南部の無文土器前期〜中期の遺溝（住居跡・墓）から得られた試料と，歴博が測定を依頼した土器付着炭化物による炭素14年代測定値を分析の対象とした[13]。試料採取遺構を住居跡と墓に限ったのは，これらの遺構から採取した試料が比較的短期間に埋没したと判断されることによる。

また，分析対象は，これまでの物質文化の編年研究の成果によって，試料の時期決定が容易かつ確実な「松菊里文化圏」内，すなわち湖西地方・湖南地方・嶺南西部地方の遺跡から得られた測定値に限定した。これは後述するように，「松菊里文化圏」の外の地域では，とくに土器や住居跡について，無文土器中期になっても，前期的な要素が残存する傾向がみられ，共伴する遺物・遺構によって試料の時期を決定するのが困難な場合が多々あるためである。

分析に先立って，1976年から2007年までに報告された無文土器前期〜中期の炭素14年代データを収集した結果，400例以上を収集しえたが，時期決定の問題から対象地域を絞ったこと，後述のように採取地点，考古学的時期を正確に決定しえたデータに絞ったこと，の二つの理由により，結果として31遺跡の135例が分析の対象となった。そのほか，データ収集段階において，試料量不足のため，測定不可のもの，明らかに後世の混じり込みによるもの（たとえば，新豊遺跡支石墓1号墓室内部採取試料80 ± 40 ^{14}C BP），採取遺構が記されていないものがあったが，これらは除外した。分析対象としたデータが得られた遺跡と文献は，以下の通りである（広域市・道別）。

〈忠清北道〉黄灘里［高麗大研 2001b］，〈大田広域市〉弓洞［忠南大博 2006a］，比來洞［성정용 1997］，新垈洞［성정용 1997］，上書洞［忠南大博 2006］，大井洞［高麗大埋文 2002c］，龍山洞［忠南大博 2002b］，〈忠清南道〉麻田里A地区［高麗大埋文 2002a］，麻田里C地区［高麗大埋文 2004b］，寛倉里［高麗大埋文 2001a］，舟橋里［高麗大埋文 2004a］，松菊里［国立中央博 1978］，月岐里［高麗大考古環境 2005］，道三里［高麗大考古環境 2005］，大

興里［忠南大博 1999］，雙龍洞［忠南大博 2002a］，〈全羅北道〉上坪洞［全北文化財研 2006］，長水洞［湖南文化財研 2007a］，農山［全北大博 2001b］，如意谷［全北大博 2001a］，〈全羅南道〉七星里［順天大博 2007］，永川里［湖南文化財研 2007b］，通亭［湖南文化財研 2006］，金坪［全南大博 1998］，東村里［国立光州博 2003b］，華東里［順天大博 2006］，長川里［木浦大博 1986］，新豊里［湖南文化財研 2005］，〈慶尚北道〉陳羅里［嶺南文化財研 2005］，〈大邱広域市〉東川洞［嶺南文化財研 2002b］，西邊洞［嶺南文化財研 2002c］。

　方法はまず，発掘調査報告書などの文献からデータを抽出・整理した。対象としたのは，遺跡，所在地（行政区域），採取遺構・遺物，採取地点，試料の種類，測定機関コード，炭素 14 年代，δ ^{13}C，測定法，大別時期，住居型式，土器型式，文献の 13 項目である。このうち，採取地点と試料の種類については，文献に記載がないものがしばしばあった。これらについては，遺構の図面と説明文とによって筆者が判断しえたものもある。たとえば，住居跡の図面と説明文から，木炭が床面から出土した状況が確認でき，かつほかに炭素 14 年代測定の試料となりうるものが出土してなければ，採取地点は「床面」，試料の種類は「木炭」，というように判断した。また，試料の考古学的時期の決定は，試料とそれを採取した遺構（住居跡），遺構から出土した遺物との共伴関係をまず検討した。そして，確かめられた共伴関係をもとに，既存の物質文化の編年研究で明らかになっている住居跡，甕形土器，壺形土器，丹塗磨研壺，磨製石鏃，磨製石剣の各型式の存続時間幅によって，試料の時期を決定した。試料と遺構・遺物との共伴関係の確定とそれによる試料の時期決定は，次のように行った。

　採取遺構が住居跡の場合，まず試料の採取地点が床面直上か埋土かを区別した。床面直上から採取された試料の場合，住居跡と床面直上出土の遺物との共伴関係をみとめ，それらの型式によって試料の時期を決定した。埋土から採取された試料の場合，同じく埋土から出土した遺物の型式が無文土器時代の大別時期である前期・中期いずれかの幅に収まるとみなせれば，その時期に属する試料と判断した。試料の採取地点が不明の場合でも，住居跡の埋土から遺物が出土しているときは，その遺物型式の時間幅に

よって，時期を決定した。一方，試料の採取地点が不明で，かつ遺物の出土地点が床面か埋土か不明な場合，時期を決定できなかった。これは，遺物が床面出土で，試料は埋土から採取された可能性を考慮すると，遺物と試料とは共伴関係にあるとはいえないからである。

採取遺構が墓（支石墓）の場合，埋葬主体部から採取した試料のみを分析の対象とし，同じく埋葬主体部から出土した遺物の型式によって，時期を決定した。埋葬主体部周辺の墓域と呼ばれる敷石から採取された試料に対する測定データは，埋葬主体部から出土した遺物との共伴関係が保証されないため，扱わなかった。また，墓は遺構自体で時期決定の根拠とはできないため，出土遺物がない例は時期決定が不可能であった。

なお，こうした測定データの取り扱いからすると例外的な処置とはなるが，大田広域市新垈洞遺跡［성정용 1997］の測定データも分析対象に含めた。この遺跡の測定データは，概略が報告されているだけで，測定試料の種類・採取地点，遺物の出土地点などの詳細は知ることができないものの，そこから把握できる住居型式，出土遺物の型式からみて，前期に収まることは確実であり，かつ前期のなかでも中期に近い段階の測定データをも含んでいる。分析対象としたのは，この重要性を考慮したことによる。

次に，以上の検討結果をふまえて，炭素14年代を検討した。検討にあたっては，統計的に信頼性の高い測定値を導き出すために，一つの階級を100 ^{14}C BP とするヒストグラムを作成し，度数分布のピークと最頻値を見出した。この100 ^{14}C BP という階級区分の設定は，前章で指摘したとおり，同一試料を測定した場合でも，炭素14年代に 100 ^{14}C BP 以上の差が出た例が報告されていることによる。そして，無文土器時代各大別時期の炭素14年代については，度数分布からみて極端にはずれた値を示す測定例は除去して，再度，ヒストグラムを作成し，それを各大別時期本来の度数分布として確定した。この方法を用いて，無文土器時代大別時期（前期・中期），試料の種類，細別時期の指標とされる住居跡・土器型式ごとに検討した。なお，ヒストグラムから度数分布のピークと最頻値を読み取るには，検討事項ごとの測定例に十分な数が必要となる。本書では，測定例数を 10

点以上確保できた場合，度数分布のピークと最頻値を評価することとした。

最後に，無文土器前期・中期の炭素 14 年代の較正年代を検討した。これにあたっては，ヒストグラムでピークを示した階級に属する測定データに対して，IntCal04［Reimer *et al.* 2004］を用いて，炭素 14 年代測定値ごとの較正年代を算出した。プログラムは Calib Rev.5.0（http://calib.qub.ac.uk/）を用いた。各時期の較正年代の評価にあたっては，特に測定誤差が ± 50 以下のデータの 2 σ の年代範囲をみて，上限・下限年代を把握した。

2　日本列島・朝鮮半島間交流の検討に用いる資料と方法

A　個々の物質文化の伝播現象を検討するための資料と方法

水稲農耕開始前後における日本列島と朝鮮半島に共通して分布する物質文化は数多くが知られるが，そのなかでも本書では，墓制，住居，壺形土器，石庖丁の四つを対象とする。これは先述のように，これらの物質文化については，半島南部のなかでの地域性が比較的容易に看取されることから，半島・列島間の細かな交流ルートを議論するのに適当であること，半島・列島双方の地域において分析に必要なサンプル量を十分に確保できること，所属時期の比定がある程度可能で，一定の考古学的時期における同時性を確保したうえで分布状況を検討可能なことなどによる。以下，それぞれの物質文化に関する資料と方法について詳述する。

墓制

半島側の資料は全羅南道と慶尚道における無文土器前期〜中期に属する支石墓で，上石の遺存した完全な状態，あるいはそれに近い状態で検出された例を抽出し，分析対象とした。これらが得られた遺跡と文献は以下の通りである（広域市・道別）。

〈光州広域市〉忠孝洞［全南大博 1979］，〈全羅南道〉永福里［国立光州博 1983］，長水里［国立光州博 1984］，拱北里［金載元・尹武炳 1967］，元月里［全南大博 1994］，馬山里［崔夢龍 1976b］，板付里［崔夢龍 1976b］，月厳里［木浦大博 1992］，徳崎里［尹徳香 1988］，鳳甲里［尹武炳 1988］，竹山里カ群［黄龍渾 1988］，竹山里ナ群［孫秉憲・李日容 1988b］，竹山里タ

群［宋正炫・李榮文 1988b］，誌川里カ群［崔茂蔵 1988］，誌川里ナ群［崔盛洛 1988］，東村里［殷和秀 2001］，德山里［池東植 1988］，新坪里［林炳泰・崔恩珠 1987］，新坪里［林炳泰・李鮮馥 1987］，梧峯里カ群［崔夢龍 1987］，梧峯里夕群［尹德香 1987］，梧峯里ラ群［池東植 1987］，牛山里曲川［李隆助ほか 1988a；李隆助ほか 1988c］，牛山里内牛［宋正炫・李榮文 1988a］，順天月山里バンウォル［金秉模・李鮮馥 1988］，順天月山里サビ［孫秉憲・李一容 1988a］，柳坪里［李清圭 1987b］，大光里［李清圭 1987a］，鳳渓洞［全南大博 1990］，五林洞［全南大博 1992］，月内洞［国立光州博 1992］，積良洞［全南大博 1993a］，平呂洞［全南大博 1993b］，長川里［木浦大博 1984］，青龍里［木浦大博 1984］，長山里［金載元・尹武炳 1967］，德在里［李浩官ほか 1976］，雙熊里［李浩官ほか 1976］，福橋里［鄭永鎬 1988］，泗洙里［李隆助ほか 1988b；韓国民俗村・忠北大考古 1990］，節山里［金秉模ほか 1988］，大草里［崔夢龍 1976b］，和順月山里［全南大博 1982］，獐鶴里［全南大博 1982］，〈慶尚北道〉知礼里［啓明大博 1989］，〈大邱広域市〉大鳳洞［慶北大博 1991］，〈慶尚南道〉坪村里［東義大博 1987］，大也里［東義大博 1987］，山浦里［東義大博 1987］，内洞［金廷鶴 1983；林孝沢・河仁秀 1991］，府院洞［東亜大博 1981］，大甘里［河仁秀 1989］，茂渓里［金元龍 1963］，南田里［沈奉謹 1984］，所谷里［壇国大博 1988］，江桜里［趙由典 1987］，石谷里［沈奉謹 1990］，貴谷洞［釜山広域市立博 1998］，内村里［東亜大博 1999］，大坪里漁陰 2 地区［東亜大博 1999；李柱憲 1999］，大坪里玉房 4 地区［東亜大博 1999］，大坪里玉房 5 地区［東亜大博 1999；李亨求 1999］，大坪里漁陰 1 地区［東亜大博 1999；李相吉 1999］，大坪里玉房 1 地区（慶南考古学研究所地区）［東亜大博 1999；李秀鴻 1999］，大坪里玉房 7 地区［東亜大博 1999；鄭義道 1999］，大坪里玉房 2 地区［東亜大博 1999；孔智賢 1999；慶尚大 1999］，大坪里玉房 8 地区［東亜大博 1999；李柱憲 1999］，上村里〈大田保健大学博物館地区〉［東亜大博 1999］，上村里（漢陽大学校博物館地区）［漢陽大博 1999］，幽里［金載元・尹武炳 1967］，鎮東里［沈奉謹 1980］，新村里［崔鐘圭・安在皓 1983］，谷安里［金載元・尹武炳 1967］，上南洞［昌原文財研究所 1999］，外洞里［有光 1959］，德川里［李相吉 1994］，道項里［昌原

文化財研 1996]，梧谷里 [昌原大博 1995]，嶧坪里 [東義大博 1987]，鳳渓里 [東亜大博 1986] 芋浦里 [釜山大博 1986]。

　一方，列島側の資料は，九州北部と中国・四国地方における縄文晩期後葉（夜臼式期）から弥生前期後葉（板付Ⅱb式期）に属する，土器棺を除いた墓全般である。中国・四国地方の分析対象には，参考までに弥生前期末葉〜中期初頭に属する墓も2遺跡含んでいる。これらが得られた遺跡と文献は以下の通りである（県別）。

　〈長崎県〉宇久松原77年度 [長崎県教委 1983]，宇久松原96年度 [宇久町教委 1998]，四反田 [佐世保市教委 1994]，小川内 [坂田 1978]，天久保2次 [長崎県教委 1994；九州大考古 1997]，原山79年度 [北有馬町教委 1981]，西鬼塚 [有家町教委 1997]，狸山 [森 1969]，大野台A地点 [小田 1975]，大野台C地点 [鹿町町教委 1983]，大野台E地点 [鹿町町教委 1983]，風観岳 [諫早市教委 1976；秀島 1999]，〈佐賀県〉久保泉丸山 [佐賀県教委 1986]，黒土原 [佐賀市教委 1986]，礫石A [佐賀県教委 1989a]，礫石B [佐賀県教委 1989a]，東山田一本杉 [佐賀県教委 1995]，香田 [佐賀県教委 1981]，寺浦瓦窯跡 [佐賀県教委 1989b]，戦場ヶ谷 [森田 1997]，森田66年度 [松岡 1979；伊藤・高倉 1982]，森田95年度 [九州大考古 1997]，瀬戸口 [渡辺 1982a]，菜畑 [唐津市教委 1982]，葉山尻 [渡辺 1982c]，五反田 [渡辺 1982b]，大友4次 [呼子町教委 1981]，大友5次 [九州大考古 2001]，〈福岡県〉木塚 [久留米市教委 1977]，下稗田第4次-Ⅰ地区 [下稗田遺跡調査指導委 1985]，石ヶ崎 [原田 1952]，三雲加賀石 [福岡県教委 1980]，新町1次 [志摩町教委 1987]，長野宮ノ前 [前原町教委 1989]，志登 [文化財保護委 1956]，石崎曲り田 [福岡県教委 1983 1984 1985]，久原 [宗像市教委 1999]，田久松ヶ浦 [宗像市教委 1999]，三国の鼻 [小郡市教委 1986]，白峯 [福岡県教委 1992b]，日ノ浦Ⅱ [大野城市教委 1994]，御陵前ノ橡 [大野城市教委 1997]，中・寺尾1次 [大野町教委 1971]，中・寺尾2次 [大野町教委 1971]，剣塚 [福岡県教委 1978a]，塔ノ原 [福岡県教委 1974]，道場山第2地点 [福岡県教委 1978b]，沼尻 [甘木市史編纂委 1984]，畑田 [福岡県教委 1998b]，楠田 [森田 1997]，飯倉C2次 [福岡市教委 1994；森 1968]，今

宿 5 次［福岡市教委 2000］，東入部 2 次［福岡市教委 1999］，蒲田［福岡市教委 1975］，天神森 3 次［福岡市教委 1996a］，那珂 31 次［福岡市教委 1992］，井手尾［北九州市教育文化 1987］，〈宮崎県〉檍［森 1961］，〈山口県〉梶栗浜 57 年度［金関恕 1965, 1987, 2000］，中ノ浜 2 〜 4 次［潮見 1984］，中ノ浜 5 〜 8 次［岩崎 1984］，中ノ浜 9 次［豊浦町教委 1985］，土井ヶ浜 1 〜 5 次［金関ほか 1961］，土井ヶ浜 13 次［豊北町教委 1995］，土井ヶ浜 16 次［土井ヶ浜遺跡・人類 1998］，〈島根県〉友田［松江市教委 1983］，古浦［藤田 1987］，堀部第 1［鹿島町歴史民俗資 1999；槙原・徳永 2000］，板屋Ⅲ［島根県教委 1998］，出雲原山［村上・川原 1979；大社町教委 1986］，鰐石［前島 1973；榊原 1996］，沖丈［牧田 1999, 2000］，〈鳥取県〉イキス［倉吉市教委 1989］，西大路土居［鳥取市教育福祉 1993］，長瀬高浜［鳥取県教育文化 1982］，後ろ谷［大栄町教委 1984］，別所新田［米子市教委 1982］，（広島県）高平［広島県教委 1971］，塚迫［広島県教委・広島県埋文 1982］，岡の段 C 地点［広島県埋文 1994］，貞付谷［広島県埋文 1992］，〈岡山県〉百間川沢田市道［岡山市教委 1992］，百間川沢田高縄手 A［岡山県教委 1985a］，百間川沢田横田［岡山県教委 1985b；岡山市教委 1992］，南方［岡山市教委 1971；岡山市教委 1981］，雄町［岡山県文化財保 1972；岡山市教委 1992］，〈愛媛県〉持田町 3 丁目［愛媛県教委 1995］，西野Ⅲ［長井 1978］，〈香川県〉佐古川窪田［佐藤ほか 1998；乗松 1999］，樋ノ口［片桐・信里 1998］，龍川五条［香川県埋文 1996］，〈徳島県〉庄・蔵本 6 次［徳島大埋文 1998, 2018］。

　方法としては，まず半島南端部における支石墓の各属性の変異を提示する。そして，同一遺構内共伴例にもとづいて，それら属性間の相関状況を求めることによって型式の設定を行い，結果として設定された型式の時間的関係・分布状況を把握する。次に，それらのなかから列島の支石墓の特徴との比較によって導いた祖型モデルを念頭に置きつつ，列島資料の構造的側面を属性レベルまで分解する[14]。そして，属性ごとにその変異の分布状況を検討し，その結果にもとづいて，九州北部各地における，半島南端部の祖型との類似度の高低差を検討するとともに，各属性の変化方向を想定することによって，伝播モデルを構築する。つづいて，先に属性ごと

に確認された変異の分布状況と，そこからうかがえた変化の方向性を，ここでは同一個体内における属性の組み合わせの状況をみて，これらの変化が連動したものであるのかどうかを検討する。これによって，これまで明らかにした現象把握の妥当性を高めたい。そして，その結果をもとづいて，地域ごとの時期的な変化の過程や，地域間における祖型との類似の度合いをより鮮明にする。これは従来，主として上部施設の一部である支石の有無や下部施設の一部の類似性のいずれか，あるいは双方で論じられてきた支石墓の伝播に対して，各属性についてレベル差を設けず，すべて同一レベルで比較を行うためであり，「支石墓」という枠組みにとらわれず，他の墓制との系統関係を分析する際にも有効な方法である。出土遺物についても，祖型と結びつきの強い渡来系遺物群と，先行する縄文文化に系譜が求められる縄文系遺物群の分布状況をみて，九州北部における半島南端部との関連性の濃淡を検討する。そして，以上の分析結果から導いた伝播モデルと祖型を，量的側面を考慮し，半島南端部の支石墓から抽出した属性変異を統一的な基準として，その出現頻度と数量化III類による属性の総合的な類似度にもとづいて，統計的に検証する。さらに，伝播ルートを考察する一助とするため，半島南端部の各地域と済州島，九州北部の上石の形態・規模について比較検討する。なおその際，用いる済州島の支石墓資料は『済州島考古学研究』［李清圭 1995］に依拠する。最後に，九州北部の例を対象として行った検討と同様に，中国・四国地方の例に対しても，属性ごとにその変異の分布状況の検討を行い，個々の属性における変化の方向性と，半島南端部の祖型との類似度の高低差を明らかにする。

住居跡

分析に用いた資料は，半島南部の無文土器時代に属する 77 遺跡から得られた松菊里型住居 699 基である。これらが得られた遺跡と文献は以下の通りである〈広域市・道別〉。

〈忠清北道〉鳳鳴洞［忠北大博 2004］，〈大田広域市〉九城洞［韓南大博 1997］，〈忠清南道〉貴山里［忠清埋文 2000］，山儀里［公州大博 1999］，長院里［忠清埋文 2001］，安永里［忠清埋文 1999a］，安永里セト・シンメ

［忠清埋文 2003］，長善里［忠南発展研 2003］，胎封洞［公州大博 2002］，水塘里［忠南大百済研 2002］，院北里［中央文化財研 2001b］，麻田里 A 地区［高麗大埋文 2002］，麻田里 C 地区［高麗大埋文 2004］，巣松里ナ［韓国文化財保 2000b］，寬倉里 B 区域［高麗大埋文 2001］，寬倉里 E 区域［大田保健大博 2002］，寬倉里 F 区域［亜州大博 1999］，館山里［高麗大埋文 1996］，羅福里［忠清南道歴史文 2004a］，合井里［国立扶余文化財研 2001］，甑山里［忠清南道歴史文 2004b］，松菊里 17・50・54・55 地区［国立中央博 1987；国立扶余博 2000］，休岩里［国立中央博 1990］，道三里［高麗大考古 2005a］，漢城里［国立扶余博 2000b］，烏石里［公州大博 1996］，堂丁里［国立扶余文化財研 1998］，南館里［公州大博 1995］，業成洞［公州大博 2000］，大興里［忠南大博・서울大考古 1999］，〈全羅北道〉石潭里［群山大博・益山地方国土管 2002］，富松洞［이신효 1993］，如意洞［全州大博 1990；全北大博 1992］，農山［全北大博 2001b］，如意谷［全北大博 2001a］〈光州広域市〉松岩洞［全南大博 1977］，〈全羅南道〉龍江里機頭［順天大博・全羅南道光陽教 2003］，新村里［国立文化財研 2001］，金坪［全南大博 1998］，東村里［国立光州博 2003b］，大谷里道弄・ハンシル（国立光州博物館地区）［徐聲勳・成洛俊 1989］，大谷里道弄（ソウル大学校地区）［崔夢龍ほか 1989］，長川里 I 地区［木浦大博 1986a］，長川里 II 地区［木浦大博 1986b］，福橋里［宋正炫ほか 1990］，〈慶尚北道〉松邑里 I 地区［慶尚北道文化財研 2005］，陳羅里［嶺南文化財研 2005］，〈大邱広域市〉辰泉洞［嶺南文化財研 2003d］，東川洞［嶺南文化財研 2002b］，東湖洞［嶺南文化財研 2003b］，西辺洞［嶺南文化財研 2002c］，上洞［慶尚北道文化財研 2000, 2002, 2004］，〈蔚山広域市〉検丹里［釜山大博 1995］，〈慶尚南道〉壬佛里［釜山大博 1987］，大也里［東義大博 1988, 1989］，梨琴洞［慶南考古学研 2003］，沙月里（東義大学校博物館地区）［東義大博 1999］，沙月里（釜慶大学校博物館地区）［釜慶大博 1998］，所土里［慶南考古学研 2005］，蕎池里新平［釜山大博 2000］，貴谷洞大村［釜山広域市立博 1998］，内村里［東亜大博 2001］，大坪里漁隠 2 地区［国立昌原文化財研 2001］，大坪里玉房 5 地区［鮮文大博 2001］，大坪里玉房 1 地区（国立晋州博物館地区）［国立晋州博 2001］，大坪里玉房 1 地区（慶南考古学研

究所地区）［慶南考古学研 2002］，大坪里玉房 8 地区［国立昌原文化財研 2003］，大坪里玉房 2 地区［慶尚大博 1999］，大坪里玉房 3 地区［慶尚大博 2001］，大坪里玉房 9 地区［慶南考古学研 2002］，上村里（大田保健大学博物館地区）［大田保健大博 2005］，上村里（漢陽大学校博物館地区）［漢陽大博 1999］，梧谷里［昌原大博 1995］。

　なお，先に示した定義に従い，中央土坑も二柱穴も存在しない円形住居跡は，分析対象から除外している。また，破壊が著しくどの型式に属するのか判定できない例も除外している。さらに，先述の盤松里遺跡で検出された例も分析対象に入れず，個別に検討したい。

　一方の列島の資料は，玄界灘沿岸地域における縄文晩期後葉（夜臼Ｉ式期）から弥生前期前葉（板付Ｉ式期）に属する 8 遺跡から得られた 21 基を対象とする。これらが得られた遺跡と文献は以下の通りである。

　六ノ坪・百田 2 次［古賀市教委 2000］，石崎曲り田 1 次［福岡県教委 1983］，上深江海老ノ峯［二丈町教委 2001, 2006］，片見鳥［久山町教委 2006］，江辻 1 地区［新宅 1996］，江辻 2 地区［新宅 1994］，江辻 5 地区［粕屋町教委 2002］，周船寺 1 次［福岡市教委 1980］，有田 78 次［福岡市教委 1997］，有田 180 次［福岡市教委 2001］，板付 60 次［福岡市教委 1995c］。

　方法は，半島南部を自然地形にもとづき，地域区分する。次に，半島南部の松菊里型住居の空間的様相を，セリエーショングラフを用いて検討する。そして，その結果をもとに拡散と変容の過程を鮮明にする。事例の少ない玄界灘沿岸地域については，個別に遺構を検討し，その結果と先のセリエーショングラフで得られた結果とを突き合わせることによって，列島の松菊里系住居のルーツと半島南部例と列島例とのあいだにおける差異の発生過程を明らかにする。

　石崎曲り田遺跡の住居群の系譜に関する検討には，石崎曲り田遺跡 1 次調査で検出された縄文晩期後葉（夜臼Ｉ式期）に属する方形住居跡 30 基［福岡県教委 1983］と，比較資料として，福岡県所在の遺跡で検出された縄文晩期（黒川式期）に属する方形住居跡 59 基 [15]，韓国・蔚山広域市に所在する検丹里遺跡の方形住居跡 92 基［釜山大博 1995］[16]，韓国・慶尚南道

晋州市に所在する大坪里遺跡漁隠2地区の松菊里型方形住居跡45基［国立昌原文化財研 2001b］を資料として用いた。松菊里型方形住居跡は半島南部に広く分布しているが，そのなかでも南江流域に位置する大坪里遺跡漁隠2地区を取り上げたのは，次の理由による。すなわち，玄界灘沿岸地域の松菊里系住居のルーツは，半島の南江流域と金海地域とを合わせた地域である可能性が高いこと［端野 2008b］，そして，とくに南江遺跡群のなかでも当該遺跡では松菊里型方形住居跡が数多く検出されていることによる。なお，検丹里遺跡と大坪里漁隠2地区の住居跡は，半島南部における土器・石器などの物質文化の編年からみて，縄文晩期後葉〜末葉併行期（無文土器中期）に属することは確実である。そのほか比較資料として，福岡県所在の縄文晩期後葉〜末葉（夜臼Ⅰ〜Ⅱ式期）に属する方形住居跡12基，慶尚南道大坪里遺跡玉房8地区の四つの主柱穴をもつ松菊里型方形住居跡［国立昌原文化財研 2003］，福岡県江辻遺跡1次調査の松菊里系方形住居［新宅 1996］も扱う。縄文晩期後葉〜末葉に属する資料の遺跡と文献は以下の通りである。

才田・下原［嘉穂町教委 2002］，山田西1次［那珂川町教委 1991］，高原［福岡県教委 1994］，柿原Ⅰ［福岡県教委 1995］，金場［福岡県教委 1999］，山ノ神［福岡県教委 1992a］，クリナラ［福岡県教委 1997］，大谷［福岡県教委 1996］，楠田［福岡県教委 1998a］，二十谷［福岡県教委 1998a］，片見鳥［久山町教委 2006］，江辻1地点［新宅 1996］，諸岡9次［福岡市教委 1980］。

分析にあたっては，石崎曲り田遺跡例と各比較資料との間で，竪穴の規模・形態，柱穴の配置状態，竪穴四隅の形状の三項目を比較する。これには，あらかじめ設定した計測位置から得られた値を，散布図とヒストグラムを用いて検討する。

壺形土器

筆者は2003年に，半島南部全体の丹塗磨研壺を対象として，その分類と編年を検討した［端野 2003b］。これは，属性分析［田中 1982］と一括資料の非直列的配列［岩永 1989］を用いたものであった。この結果は，今日の研究蓄積や第2章での編年からみても，おおむね妥当とみなせる。そこで，

端野［2003b］で得られた結果を，半島南部全体に対するものとして示すこととする。また，端野［2003b］では，各器種・型式と，頸部ミガキ方向との間の相関状況を検討し，施される部位の形態や範囲がミガキの方向性に対して及ぼす影響について議論した。この結果についても，2010 年に行ったミガキ道具の実験結果とあわせて示すこととする。

　以上の半島南部全域を対象とした検討に続いて，そのなかでも特に丹塗磨研壺の分布が集中する嶺南地方に焦点を当てて，さらに編年と頸部ミガキ方向について検討する。資料としては，半島南部の嶺南地方における無文土器前期から中期に属する 50 遺跡から出土した壺形丹塗磨研土器を対象とする。端野［2003b］と，嶺南地方を対象とした分析に用いた資料が得られた遺跡と文献は以下の通りである〈広域市・道別〉。

　〈京畿道〉欣岩里［서울大博 1974］，渼沙里（高麗大学校地区）［高麗大発掘・渼沙里先史遺跡発掘 1994］，渼沙里（崇実大学校地区）［崇実大博・渼沙里先史遺跡発掘 1994］，〈忠清北道〉黄石里［金載元・尹武炳 1967］，屛岩里［河仁秀 1995］，〈忠清南道〉巣松里ナ［韓国文化財保 2000b］，竹清里カ［韓国文化財保 2000b］，寛倉里［高麗大埋文 2001］，館山里［高麗大埋文 1996］，松菊里［国立中央博 1987］，白石洞［公州大博 1998］，〈全羅北道〉如意谷［全北大博 2001］，〈全羅南道〉雲坌里［国立光州博 2000］，梧峯里ラ群［池東植・朴鍾國 1987］，大光里シンギ［李清圭 1987］，顔子洞［国立全州博 2001］，〈慶尚北道〉三省里 665 番地［嶺南文化財研 2003c］，隍城洞［隍城洞遺跡発掘 1991］，隍城洞 950-1・7 番地［韓国文化財保 2005］，華洞［金英夏 1980；河仁秀 1992］，陳羅里［嶺南文化財研 2005］，〈大邱広域市〉東川洞［嶺南文化財研 2002b］，西辺洞［嶺南文化財研 2002c］，梅湖洞［嶺南大博 1999］，上洞［慶尚北道文化財研 2002］，時至洞［嶺南大博 1999］，大鳳洞［有光 1959；慶北大博 1991］，〈蔚山広域市〉新亭洞［蔚山文化財研 2003a］，新峴洞黄土田［蔚山文化財研 2003b］，蓮岩洞［蔚山大博 2001］，蓮岩洞山城［蔚山文化財研 2004b］，玉洞［蔚山文化財研 2005］，川上里［嶺南文化財研 2002a］，芳基里［釜山大博 2002b］，検丹里［釜山大博 1995］，校洞里 456［蔚山文化財研 2004a］，〈慶尚南道〉山浦［東義大博 1987］，壬佛里［河仁秀 1992］，大

也里［東義大博 1987］，東外洞［有光 1959］，内洞［金廷鶴 1983；林孝沢・河仁秀 1991］，礼安里［河仁秀 1992］，大成洞［慶星大博 2000］，会峴里［有光 1959；橿本 1980］，府院洞［東亜大博 1981］，茂渓里［李健茂 1986］，前沙浦里［李健茂 1986］，佳仁里［国立密陽大博・慶南考古学研 2002］，南田里［沈奉謹 1984］，梨琴洞［慶南考古学研 2003］，沙月里（東義大学校博物館地区）［東義大博 1999］，沙月里（釜慶大学校博物館地区）［釜慶大博 1998］，石谷里［沈奉謹 1990］，内村里［東亜大博 2001］，大坪里［趙由典 1979；河仁秀 1992 文化財研 1994］，大坪里漁隠 2 地区［国立昌原文化財研 2001b］，大坪里玉房 5 地区［鮮文大博 2001］，大坪里玉房 6 地区［東亜大博 1999］，大坪里玉房 1 地区（国立晋州博物館地区）［安在晧 2002；国立晋州博 2001］，大坪里玉房 1 地区（慶南考古学研究所地区）［慶南考古学研 2002］，大坪里玉房 7 地区［東亜大博 1999；鄭義道 1999］，大坪里玉房 2 地区［慶尚大博 1999］，大坪里玉房 8 地区［国立昌原文化財研 2003］，大坪里玉房 3 地区［慶尚大博 2001］，大坪里玉房 9 地区［慶南考古学研 2002］，上村里（大田保健大学博物館地区）［大田保健大博 2005］，上村里（漢陽大学校博物館地区）［漢陽大博 1999］，鎮東里［沈奉謹 1980］，新村里［崔鐘圭・安在晧 1983］，谷安里［金載元・尹武炳 1967］，上南里［国立昌原文化財研 1999］，外洞里［有光 1959］，徳川里［李相吉 1994］，道項里［国立昌原文化財研 1996］，礼谷里［河仁秀 1992］，梧谷里［昌原大博 1995］，嶧坪［東義大博 1987］，鳳渓里［東亜大博 1986］，芋浦里 E 地区［釜山大博 1987］，［伝］大坪里［韓永煕 1986］，［伝］山清［金英夏 1970］，〈済州特別自治道〉上慕里 A 地区［済州大博 1990］，〈出土地不明〉国立慶州博物館所蔵品［河仁秀 1992］，啓明大学校博物館所蔵品［河仁秀 1992］，釜山市立博物館所蔵品［河仁秀 1992］。

　分析の手順はまず，自然地形にもとづいて，対象とする嶺南地方をさらに細かな小地域へと区分した。次に，先に設定した各器種・型式を，それが出土した住居跡と共伴遺物の型式によって，小地域ごとに編年した。そして，地域性の分析の前に，頸部ミガキ方向と器種・型式との関係を検討することによって，ミガキ方向の違いが一体何を示すのかを検討した。最後に，無文土器中期における，器種・型式，底部形態，出土遺構の地域性

を検討し，その結果と，あらかじめ整理を行った嶺南地方を挟む半島の中西部地域と北部九州の二地域においての丹塗磨研壺（壺形土器）の様相とを対比することによって，当該期における地域間の関係性の濃淡を検討した。なお，これらの分析に用いたデータは，可能な限り，実見によって得られたものを基本とするが，報告書に掲載された図面，文字情報にもとづくものも含まれる。

石庖丁

　資料は，半島南部の無文土器前期〜中期に属する石庖丁のうち，列島の弥生時代開始期における石庖丁と関連が深いとされる一群，「魚形」「舟形」「三角形」［金元龍 1972；安承模 1985］，あるいは「弧背弧刃系」［下條 1988］と呼ばれる石庖丁 270 例を対象とした。これには少数ではあるが無文土器後期・原三国時代の例も含む。これらの資料が得られた遺跡と文献は以下の通りである〈広域市・道別〉。

　〈京畿道〉駕鶴洞［漢陽大博 1997］，仁倉洞［李白圭 1976］，古康洞［漢陽大博 1996, 1999, 2000］，桂壽洞［畿甸文化財研 2002］，仙府洞［明知大博 1991］，上紫浦里［文化公報部 1974］，両水里［文化公報部 1974］，欣岩里［崔夢龍 1986］，三巨里［京畿道博 2002］，交河里［金載元・尹武炳 1967］，堂下里［漢陽大文化人類・韓国先史文化研 1994］，芝村洞［世宗大博 2000］，渼沙里（高麗大学校地区）［高麗大発掘・渼沙里先史遺跡発掘 1994］，渼沙里（崇実大学校地区）［崇実大博・渼沙里先史遺跡発掘 1994］，古琴山［서울大博 2002］，〈江原道〉坊内里［江陵大博 1996］，松林里［翰林大博 2003a］，釜谷洞［白弘基 1982］，朝陽洞［江陵大博 2000］，浦月里［文化財研・江陵大博 1992］，池里［江陵大博 2001］，挙頭里［翰林大博 2004］，新梅大橋敷地［翰林大博 2003b］，中島［임세권 1980］，河中島［翰林大博 2002］，〈忠清北道〉黄石里［金載元・尹武炳 1967］，思陽里［中央文化財研 2001］，龍岩洞［韓国文化財保 2000］，早洞里［忠北大博 2001］，〈大田広域市〉官坪洞［中央文化財研 2002］，大井洞［高麗大埋文 2002］，山儀里［公州大博 1999］，〈忠清南道〉院北里［中央文化財研 2001］，麻田里［高麗大埋文 2002］，巣松里ナ［韓国文化財保 2000］，平羅里［忠北大博 1996］，竹清里カ［韓国文化財保 2000］，寛

倉里（高麗大学校地区）［高麗大埋文 2001］，寛倉里（亜洲大学校地区）［亜洲大博 1999］，舟橋里［高麗大埋文 2004］，館山里［高麗大埋文 1996］，蓮芝里［高麗大埋文 2002］，松菊里［国立中央博 1978, 1987］，休岩里［国立中央博 1990］，道三里［高麗大考古 2005］，烏石里［公州大博 1996］，鳴岩里［忠清文化財研 2003］，龍院里［忠清埋文 1999］，白石洞［公州大博 1998］，古南里［漢陽大博 1990］，八掛里［崔夢龍・秋淵植 1984］，〈全羅北道〉所山里［全羅北道博 1975］，盤橋里［国立全州博 1996］，永登洞［圓光大馬韓・百済文化研 2000］，佳井里［全羅北道博 1973］，顔子洞［国立全州博 2001］，如意谷［全北大博 2001］，〈全羅南道〉永福里［国立光州博 1983］，琵山里［崔夢龍 1976a］，雲垈里［国立光州博 2003a］，蓮盤里［全南大博 1997］，南平邑［崔夢龍 1975］，徳峙里［尹徳香 1988］，鳳甲里［尹武炳 1988］，竹山里夕群［宋正炫・李榮文 1988b；宋正炫ほか 1990］，洛水里［崔夢龍ほか 1989］，大谷里道弄［崔夢龍・權五榮ほか 1989］，大谷里ハンシル［徐聲勳・成洛俊 1989］，梧峰里ラ群［池東植・朴鍾國 1987］，牛山里内牛［宋正炫・李榮文 1988a］，牛山里［木浦大博 1993］，長川里（住居跡）［木浦大博 1986a］，長川里（支石墓）［木浦大博 1984］，青龍里［木浦大博 1984］，龍興里［崔夢龍 1973］，〈慶尚北道〉錫杖洞［東国大博 2002b］，隍城洞［慶北大博 2000］，「慶州」［金元龍 1972］，「慶州附近」［斎藤 1937］，〈大邱広域市〉松峴洞［東国大博 2002］，上洞［慶尚北道文化財研 2002］，〈蔚山広域市〉斗旺洞［中央文化財研 2004］，新峴洞黄土田［蔚山文化財研 2003b］，蓮岩洞［金榮珉 2000］，倉坪里［嶺南文化財研 2003a］，蔚州鳳渓里［嶺南大博 2000］，川上里［嶺南文化財研 2002a］，芳基里［釜山大博 2002b］，検丹里［釜山大博 1995］，茶雲洞マ区域［蔚山発展研 2003］，兵営洞［金元龍 1972］，薬泗洞［蔚山文化財研 2005a］，〈慶尚南道〉府院洞［東亜大博 1981］，梨琴洞［慶南考古学研 2003］，沙月里［東義大博 1999］，貴谷洞大村［釜山広域市立博 1998］，大坪里［文化財研 1994］，大坪里漁隠 2 地区［国立昌原文化財研 2001b］，大坪里玉房 5 地区［鮮文大博 2001］，大坪里玉房 1 地区［国立晋州博］［国立晋州博 2001］，大坪里玉房 7 地区［鄭義道 1999］，大坪里玉房 2 地区［慶尚大博 1999］，大坪里玉房 8 地区［国立昌原文化財研 2003］，大坪里玉房 3 地区［慶尚大博 2001］，上村里

（漢陽大学校博物館地区）［漢陽大博 1999］，外洞城山［文化公報部 1976］，上南洞［国立昌原文化財研 2001a］，道項里［昌原文化財研 1996］，梧谷里［昌原文化財研 1995］，陝川鳳渓里［東亜大博 1986］，（伝）泗川［小田・韓炳三 1991］。

　これらと比較するための列島の資料として，無文土器前期～中期にほぼ併行する時期にあたる縄文晩期中葉（黒川式期）・縄文晩期後葉（夜臼式期）～弥生前期前葉（板付Ⅰ式期）に属する，九州北部出土の 89 例を対象とした。これらの資料が得られた遺跡と文献（所蔵機関）は以下の通りである（県別）。

　〈長崎県〉原山（九州大学考古学研究室所蔵），〈佐賀県〉西原［佐賀県教委 1983］，大門西［佐賀県教委 1980］，宇木汲田 66 年度［小田ほか 1982］，宇木汲田 84 年度［下條 1986b］，菜畑［唐津市教委 1982］，〈福岡県〉石崎曲り田［福岡県教委 1983, 1984, 1985］，砂山［中村 1987］，室岡山ノ上［八女市教委 1982］，石丸・古川［住宅・都市 1982］，橋本一丁田［福岡市教委 1998］，鶴町［福岡市教委 1976］，有田［福岡市教委 1967］，有田七田前［福岡市教委 1983］，雀居 4 次［福岡市教委 1995a］，雀居 5 次［福岡市教委 1995b］，板付［下條 1980］，板付 51 ～ 54 年度［森・岡崎 1961］，板付 69 年度［福岡市教委 1970］，貫川［北九州市教育文 1989］，〈熊本県〉江津湖［西谷 1973］。

　石庖丁は，製作途中での失敗などの何らかの理由で廃棄された未成品と，実際に使用され，欠損などで使用に耐えられなくなり廃棄された使用品に大別される。分析にあたっては，主として使用品を対象とし，サンプル数の少ない九州北部については一部，未成品から得られたデータを用いた。使用品は度重なる使用のために何度も研ぎ直され，使用開始時の形態からは全長と幅を減じたものが多い。そのため，武末純一［1983］が提示した原則，すなわち孔と孔の中心を結ぶ線と左右両端を結ぶ線による原則にもとづき，再加工品・破損品も可能な限り復元してデータ化した。この原則が九州の例のみならず，半島南部の例においても適用可能なことは，製作最終段階の未成品の存在により明らかである。それでも復元が困難な場合

122

は分析対象から除外した。

分析にあたっては，まず対象とする半島南部を河川流域や山地などの自然地形にもとづき地域を区分した。そして，具体的な分析に入る前の予備的作業として，石庖丁に用いられた石材の構成比を求めることにより，半島南部と九州北部における製作者の石材選択のあり方を検討した。これをもとに石材の違いが時期・地域ごとのサイズ・形態・技法の違いに，影響を与えたかどうかを明らかにした。資料の所属時期の決定は，第2章での編年の結果を用いて，土器・石器などの共伴遺物と出土住居跡の型式により行った。これらの検討をふまえ，石庖丁の計測的属性・非計測的属性・型式それぞれについて，半島南部各地と九州北部における時間的・空間的様相を検討した。計測的属性とは量的データからなる属性，非計測的属性とは質的データからなる属性のことである。非計測的属性に対する分析の前に，共伴遺物・出土住居跡による時期決定と，計測的属性による分析結果をもとに，遊離資料の所属時期比定を行い，分析対象資料を増加させた。そのうえで，分析することによって，各地域においての属性ごとの変化の方向性を想定した。そして，属性ごとの類型の組成をもとに九州北部との類似度を検討した。最後に，型式を通じて，属性の変化の方向性を検証すると同時に，半島南部各地の例と九州北部例との類似点と相違点とを検討した。

なお，対象資料のうち，実測・実見を行った資料は以下の通りである。

〈実測〉半島出土例は，検丹里遺跡74号住居跡例，新峴洞黄土田遺跡10号住居跡例，同13号住居跡例，同15号住居跡例，同31号住居跡例，錫杖洞遺跡7号住居跡例，欣岩里遺跡第12号住居跡例，同第13号住居跡例，同第15号住居跡例，松峴洞遺跡2号住居跡例，沙月里遺跡第11号住居跡例，鳳渓里（陝川）遺跡住居跡周辺堆積土層例，府院洞遺跡A地区例。列島出土例は，西原遺跡例，菜畑遺跡C-Ⅱ-④地区9層例，原山支石墓群表土採集例，板付遺跡環溝例，貫川遺跡例。

〈実見〉半島出土例は，検丹里遺跡57号溝例，倉坪里6号住居跡例，倉坪里14号住居跡例，川上里28号住居跡例，川上里遺跡28号住居跡例，

川上里遺跡 11 号住居跡例，寛倉里遺跡（高麗大学校埋蔵文化財研究所地区）KC‑079 例，沙月里遺跡周辺採集例，沙月里第 11 号住居跡例，列島出土例は，菜畑遺跡 D‑Ⅱ‑1 地区 12 層例，菜畑遺跡 D‑Ⅱ‑①地区 8 下層例，菜畑遺跡 E‑Ⅱ‑①地区 8 下層例，菜畑遺跡 13 トレンチ D‑Ⅱ黒褐色植物層例，菜畑遺跡 F‑Ⅰ‑4 地区 7 下層例，菜畑遺跡 B‑Ⅰ‑3 地区 7 下層例，菜畑遺跡 F‑Ⅰ‑2 地区 7 下層例，菜畑遺跡 B‑Ⅰ‑2 地区 7 下層例，菜畑遺跡 E‑Ⅰ‑3 地区 7 下層例，菜畑遺跡 D‑Ⅱ‑①地区 7 下層例，菜畑遺跡 D‑Ⅱ‑3 地区 7 下層例，菜畑遺跡 C‑Ⅱ‑②地区 8 層例，菜畑遺跡 確認 3D‑1‑③地区 8 層例，菜畑遺跡 E‑Ⅰ‑1 地区 8 層例，菜畑遺跡 F‑Ⅰ‑①地区 8 層例，菜畑遺跡 E‑Ⅱ‑1 地区 8 層例，菜畑遺跡 D‑Ⅱ‑3 地区 8 層例。

　半島南部例については，このほかにも韓国の大学博物館・国立博物館の展示ケース越しでしか観察がかなわなかったものが多数ある。実見により報告書掲載の実測図の正しさを確認し，誤りがあれば，訂正したデータを用いた。実測が行えた例については，そのデータを用いた。実見を行っていない資料については，報告書から得た情報に基づいている。とくに刃部断面形態については，図面が不鮮明で何の記述もない例は無理に判定せず，分析には用いなかった。

B　物質文化の伝播現象とその背景を評価するための方法

　以上の個別の物質文化についての検討結果と，これまでのその他の物質文化や人の形質についての研究成果にもとづいて，朝鮮半島南部無文土器社会における情報伝達網の形成，半島・列島間における情報伝達の様態，北部九州の弥生開始期における渡来文化の受容，半島南部と半島・列島間交流における情報伝達の手段，「遠隔地直接渡来論」を検討する。

　前節で明らかにしたように，物質文化の起源地あるいは渡来人の故地を推定するための考え方には，「複数要素重視型」と，「単一要素重視型」の二者があるが，本書では「複数要素重視型」を採用して検討を進めることとする。これによって，個別の物質文化における分布上の資料の欠落を補

うと同時に，拡散の起点の蓋然性を高めることができる。

　まず，半島南部と列島西部とに共通して分布する物質文化が，半島南部で広がり，さらに列島に到着するまでの一連の過程を，諸物質文化間の関係を総合的にみて検討する。そして，その結果にもとづいて，当該期に半島南部あるいは半島と列島との間に広がっていた情報伝達網を復元する。また，北部九州においては，時系列に沿って，同時期における諸物質文化のあり方を総合的に検討することによって，文化構造全体における変動を明らかにする。さらに，情報伝達の具体的な手段についても，人の形質についての研究成果を援用することによって，考察を試みることとする。

3　水稲農耕開始前後における気候変動の検討に用いる資料と方法

　本書では，半島南部から列島西部への水稲農耕伝播の要因・メカニズムを説明するための材料の一つとして，人間集団を取り囲む外部環境の一つである気候変動に着目することとする。ここで対象とする資料は，半島南部と列島西部の二つの地域において，様々な方法によって得られた気候変動データである。両地域で得られたデータの種類には，花粉分析，海水準変動，湖沼の年縞堆積物分析，遺跡の堆積相分析といった様々な方法によるものがある。半島南部のデータとしては，花粉分析は安田喜憲ほか［1978］・曹華龍［1979］・尹順玉ほか［2005］，海水準変動データは，曹華龍［1987］・尹順玉［1998］・黄相一［2001］，遺跡堆積相分析は田崎博之［2008a, 2010］を用いる。列島西部の気候変動データとしては，花粉分析は阪口［1984, 1989］，海水準変動データは大田ほか［1982］，湖沼の年縞堆積物分析は福澤［1995, 1998］，遺跡堆積相分析は甲元眞之［2008］・田崎博之［2007, 2008b］を用いる。

　方法としてはまず，半島南部と列島西部の二地域それぞれにおいて，なるべく複数の気候変動データを通じて存在が確認しうる寒冷期の考古学的時期とその暦年代とを明らかにする。さらに，これらの検討結果をふまえ，半島南部と列島西部とで共通して認められる寒冷期を確認することによって，より確度が高く，かつ細かな考古学的時期と暦年代の特定が可能な寒

冷期を明らかにする。なお，ここで用いる暦年代観は，第 2 章での検討結果にもとづく。

註

1） このような韓国考古学界の動向について筆者は，安在晧［2006］『青銅器時代聚落研究』（釜山大学校大学院考古学科文学博士学位論文）の一部を翻訳し，安在晧［2008］として紹介したことがあるので，参照されたい。

2） 岡崎は，欣岩里遺跡第 12 号住居跡の炭素 14 試料を「炭化米の木炭」と表現しているが，報告書では，日本理化学研究所に送った木炭試料を，同研究所にて炭素 14 年代測定の前にプラント・オパール分析を行った結果，炭化米が混在していることが判明したという経緯が述べられている。そのため，このような表現となったのであろう。試料全体が炭化米なのか判断しかねるため，本書では本試料を「木炭」として扱う。また，岡崎は松菊里遺跡 54 地区 1 号住居跡の炭素 14 試料を「炭化米」としているが，報告書では遺構説明文のなかで「炭化米」総量 395g のうち，30g を「C14Dating 用として原子力研究所に送った」としつつも，「結語」では「原子力研究所で分析した木炭の年代測定結果」としているように，記述に混乱がみられる。岡崎は記述の詳細さなどからみて前者の記述に従ったのであろう。とりあえず筆者も本試料を「炭化米」として扱う。

3） ここでは，現在の韓国全羅南道・慶尚南道に相当する地理的範囲を朝鮮半島南端部と呼称する。

4） この論考では方形周溝墓の系譜とともに，それからなる墓地が表わす社会についても議論している。その中で，「田中の示したモデルが妥当」［中村 2007a,p.88］という表現がある。しかし中村が，ここで「妥当」という表現を採ったのは正しくない。というのも，中村は実際には田中の提示したモデルを，方形周溝墓からなる墓地の事例に適用しているのであって，モデル自体の妥当性を問うための検討を行っているわけではないからである。ちなみに，このモデルとは，キージングによる親族集団と居住のあり方の 4 類型［Keesing 1975］のうち，同一集落に複数の出自集団が居住するというもの（タイプ 3・4）で，田中はこれを，縄文時代中期末〜後期以降の社会に当てた。これは日本考古学界において，それまで主流をなしていた「ムラ出自」ではなく，欧米の考古学界で一般的で，実際の部族社会の実態に即した，親族集団としてのクランなどの出自集団を前提とするものである［田中 1998］。その後，田中は弥生時代中期の社会にもこのモデルを想定した［田中 2000］。

　ところで近年，岩永省三は，弥生時代後期・終末期における首長層の形成と大型墳丘墓の出現の様相とその歴史的意義の解明を試みた。そのなかで，墓地

類型を設定し，それぞれが表わす社会関係を提示した溝口孝司［1998・1999, 2001］について，田中による古人骨の歯冠計測値による親族関係分析での裏づけがなければ，従来の学説より有効なモデルたりえないと鋭く指摘している［岩永 2010］。中村の論もまた，親族関係分析による裏づけがない以上，従来のモデルとの優劣は示されていないといえる。

5) ここで取り上げた論考のほかにも，文献を入手できず，詳細を検討できなかった論考がいくつかあるが，学史のおおまかな流れは把握できているものと考える。2000 年代までの半島南部の松菊里型住居の研究史全般については，金承玉［2006］や金奎正［2006］，半島南部と列島の松菊里型住居の研究史全般については，柴尾俊介［2006］によって詳細な紹介・整理がすでに行われているので，参照されたい。

6) これに対し，事実誤認として退ける見解もある［金奎正 2006］。しかし，この事例を事実誤認とみなすかどうかはともかく，後述するように二つの型式の存続時間幅を考慮すべきではないかと思う。

7) 「丹」には鉱物的意味があり，この場合の赤色塗布はスリップ（化粧土）によるものではないため，「赤色磨研土器」という名称を用いるべきという意見［安在晧 2002］もある。『広辞苑第三版』［新村編 1989］で「丹」（に）を調べると，「①つち。②赤色の土。あかつち。あかに。③（赤土で染めた）赤色」，また，「丹」（たん）を調べると，「①赤土。硫黄と水銀との化合したもの。辰砂。丹砂。②あか。あか色。に。」とある。確かに実際に顔料として用いられているのは酸化鉄であり，安の指摘は的を射ていると思われるが，同時に赤色の意味もある。このため本書では，すでに日本考古学界に広く浸透している名称である「丹塗磨研土器」を用いる。

8) 中園の「ハビトゥス」や「モーターハビット」の概念運用に関する問題は，澤下孝信［1994, 1995］により二度にわたって指摘されているので，本書では深く論及しない。

9) 報告書の AMS 測定結果の報告では，6 号住居跡・7 号住居跡のそれぞれから得られた四つの試料の測定結果が示され，さらに二組のセット（4 セット）について，「同一試料」［p.305］と表記されている。しかし，「考察」の「泉川里集落の編年的位置および変遷」では「すなわち，1 段階である 6 号，7 号，11 号から採取した九つの試料の年代範囲は……」［p.181］という表現がされていることからみて，トリノ聖骸布の年代測定事例のようにグラファイト化された同一試料を複数測定した結果ではなく，発掘調査において採取時に四つの試料として取り上げられたものが，測定前に八つの試料に分けられ，測定されたものと判断される。そして，上記の「九つの試料」とは，二分された 6 号，7 号住居跡採取試料の数と 11 号住居跡採取試料の数とを合わせた総数を示してい

るものと考えられる。

10）　歴博の用いた「高精度」という言葉に対して，電気技術者の立場からの猛烈な批判・反発がある［大槻 2004］。実際に運用する考古学者の立場からみても，やはり誤解を招く不適切な表現であったように思う。

11）　岩崎二郎［1980］のいう「初期の支石墓」に相当し，弥生前期末葉以降の支石墓とは区別する。

12）　弥生早期論をめぐっては従来から多くの議論が行われてきたが，準備不足のため，本書では詳しく取り上げることはできなかった。今後の課題としたい。

13）　歴博が採取し，AMS年代測定を依頼した結果は，忠清南道麻田里遺跡報告書［高麗大埋文 2004］に掲載されたデータのみ扱った。同研究チームがその後行った測定結果については，藤尾［2008, 2009］において試料採取を行った遺跡名，各土器型式の炭素14年代の幅，試料の種類のみが示されるのみで，詳細な情報を得ることができなかったため，扱わなかった。

14）　既存の研究では，藤田等や加藤光臣が行った，弥生時代の墓制についての現象把握の仕方に近い［藤田 1966, 1968, 1987a, 1987b；加藤 2000］。

15）　九州縄文研究会［2008］によって，資料の収集を行った。縄文晩期後葉〜末葉例についてもこれによった。

16）　検丹里遺跡の所在する蔚山地域では，近年，平面形態が方形・長方形で炉跡と周壁溝をもち，竪穴外に排水溝をともなう点を特徴とする「蔚山式住居跡」が多数，検出されている［金賢植 2005］。検丹里遺跡の住居跡例は，排水溝が検出されていないものの，平面形態や炉や柱穴などの内部施設のあり方からみて，この範疇に含めてよいものを考える。

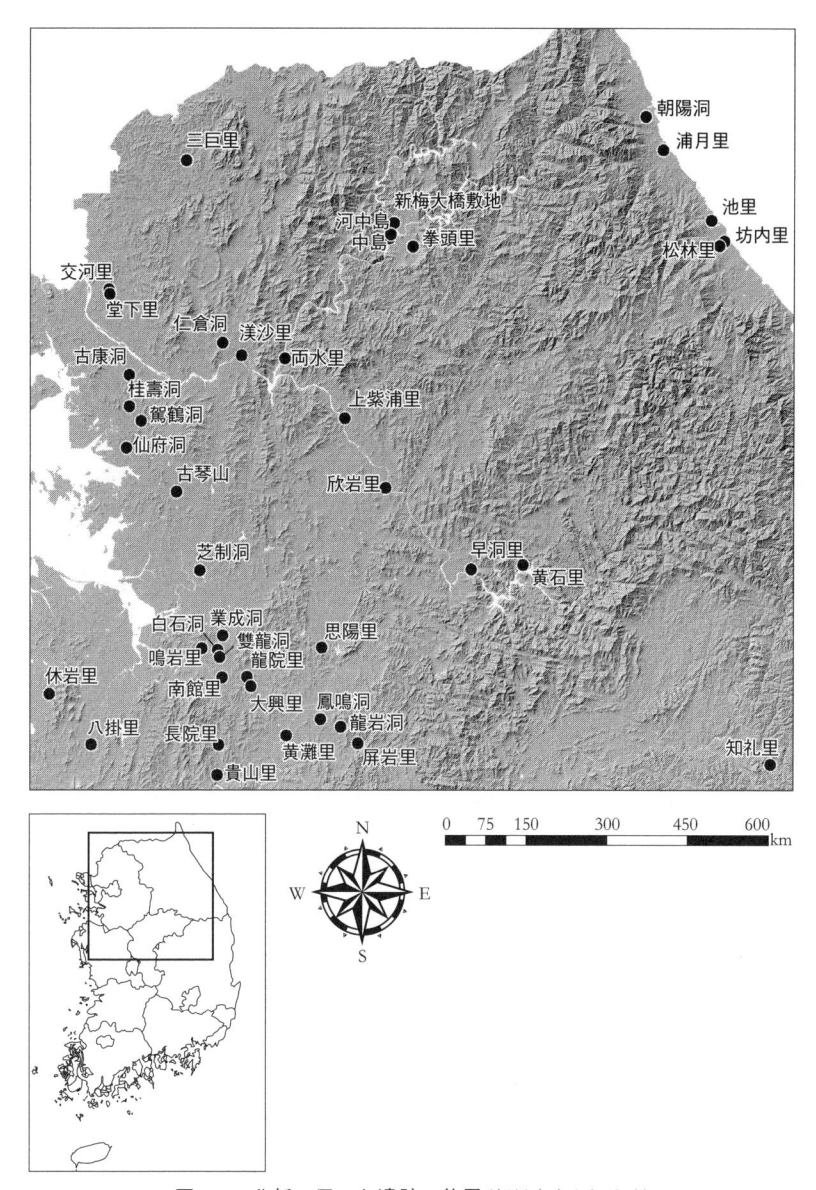

図1-1　分析に用いた遺跡の位置（朝鮮半島中部地域）

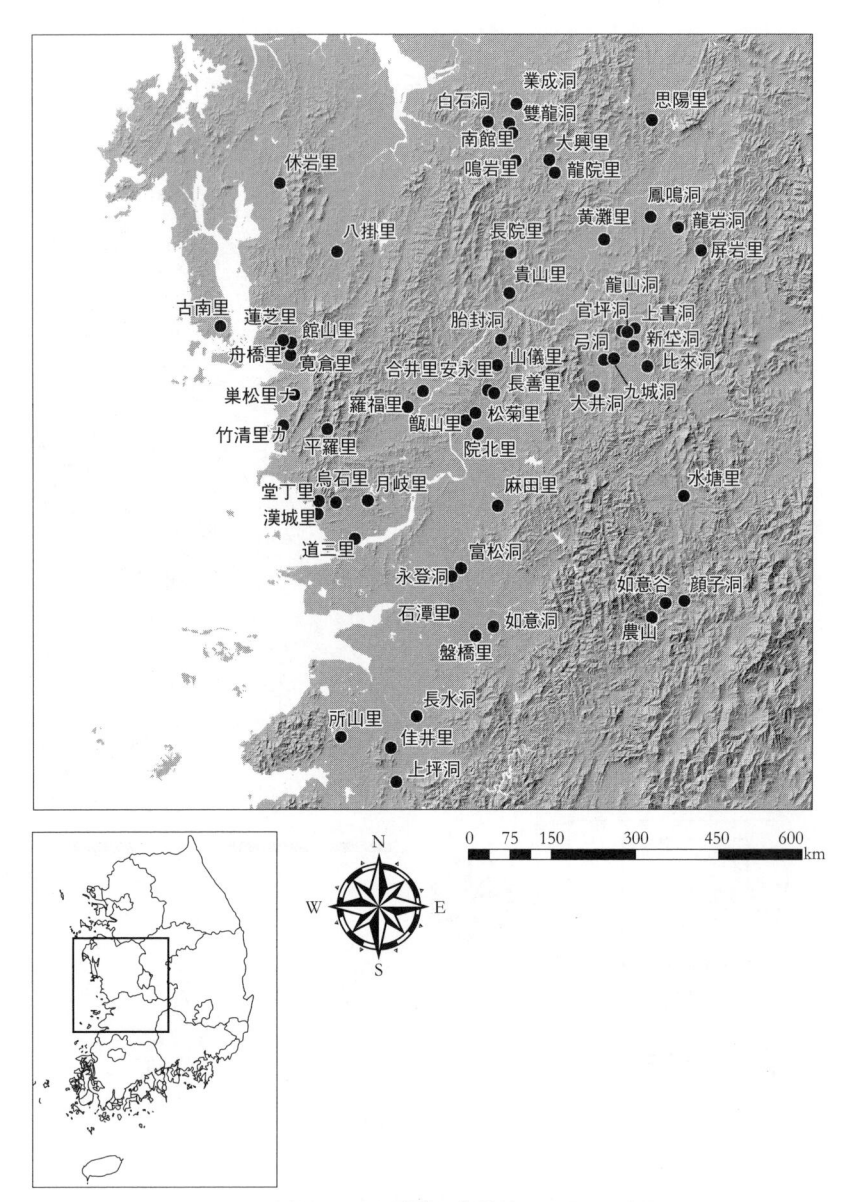

図1-2　分析に用いた遺跡の位置（朝鮮半島湖西地域）

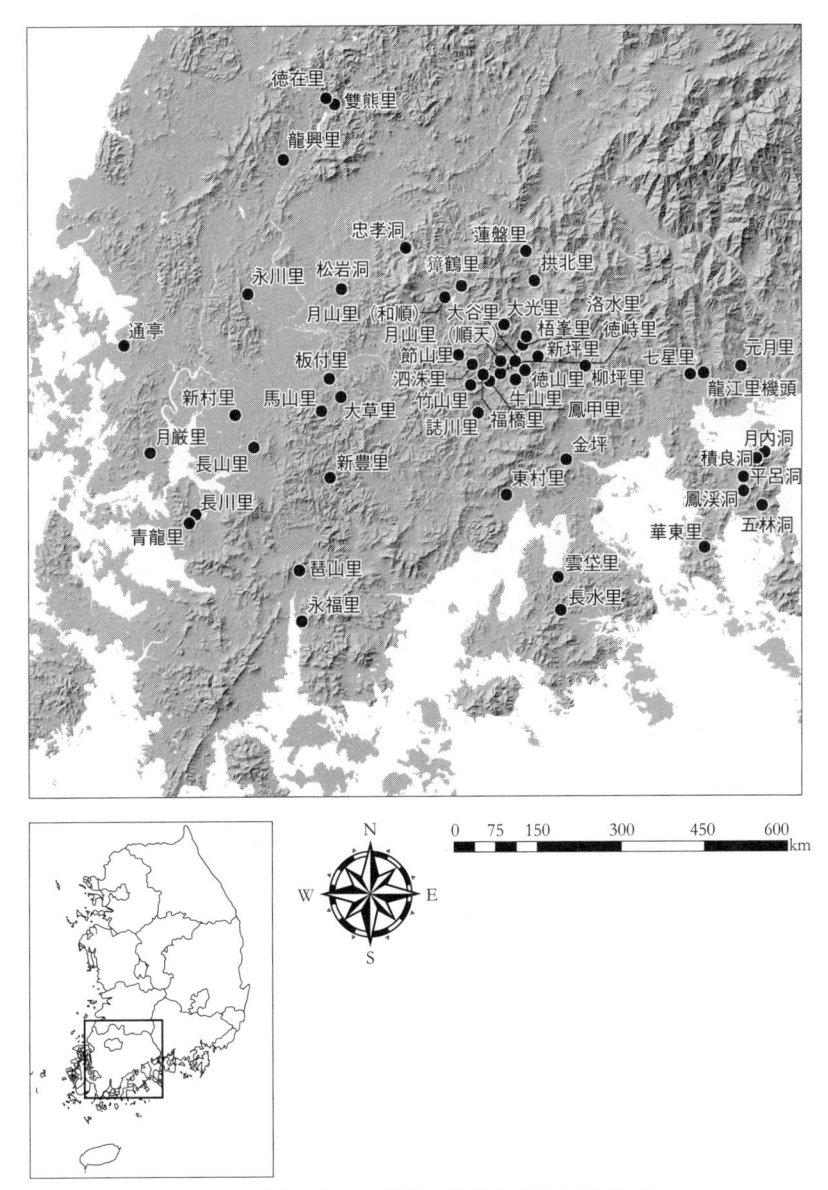

図1-3　分析に用いた遺跡の位置（朝鮮半島湖南地域）

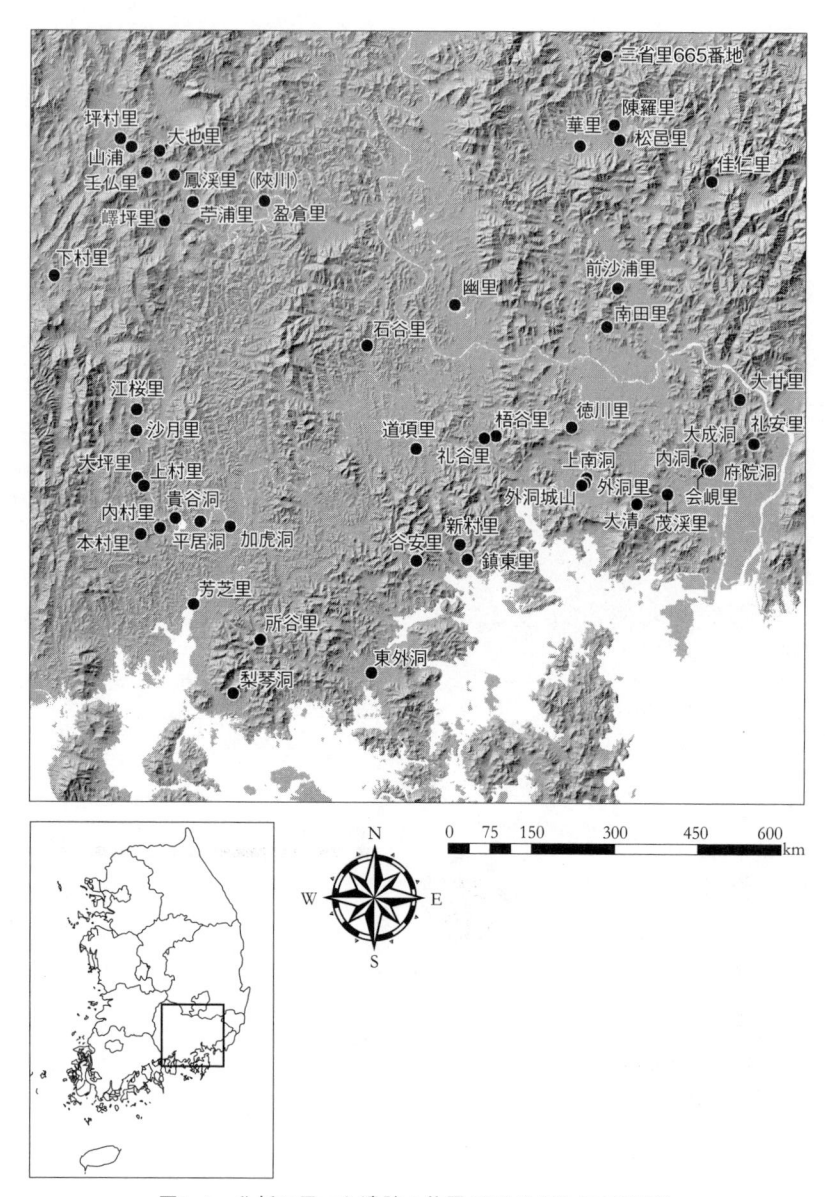

図1-4　分析に用いた遺跡の位置（朝鮮半島嶺南西部地域）

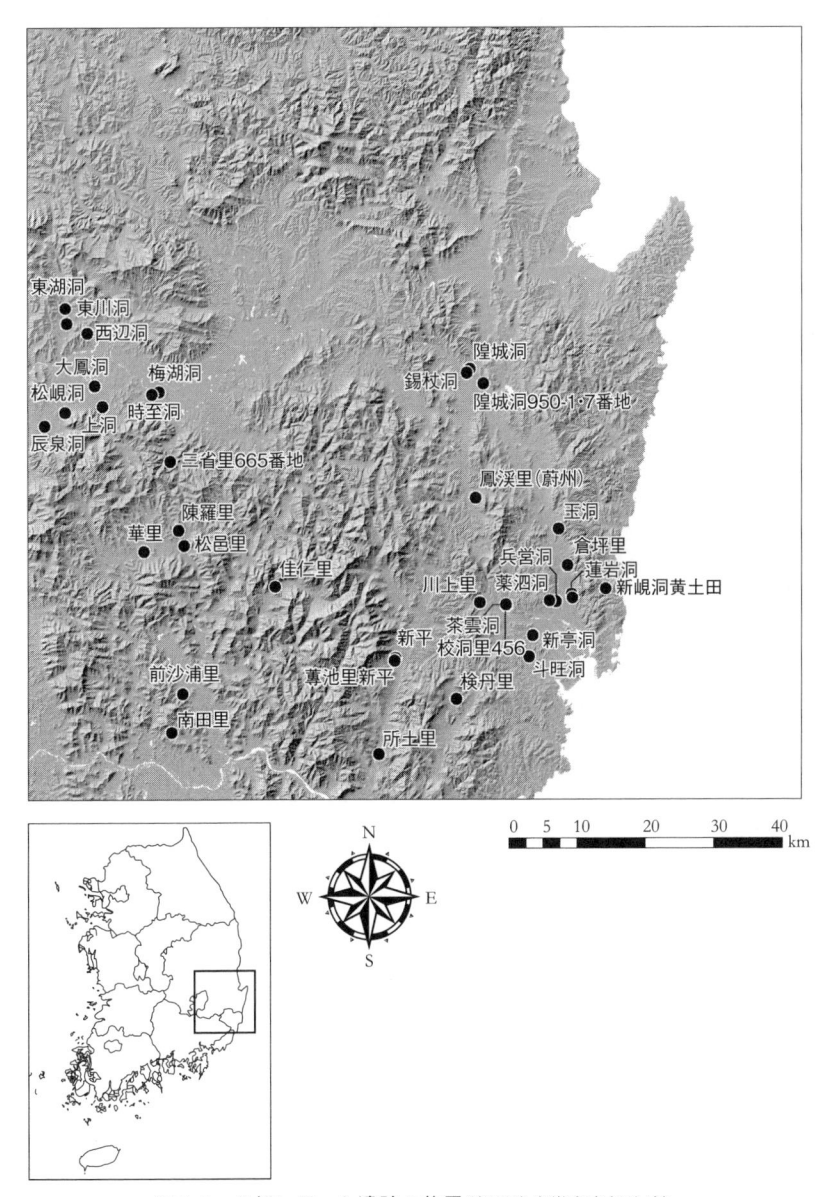

図1-5　分析に用いた遺跡の位置（朝鮮半島嶺南東部地域）

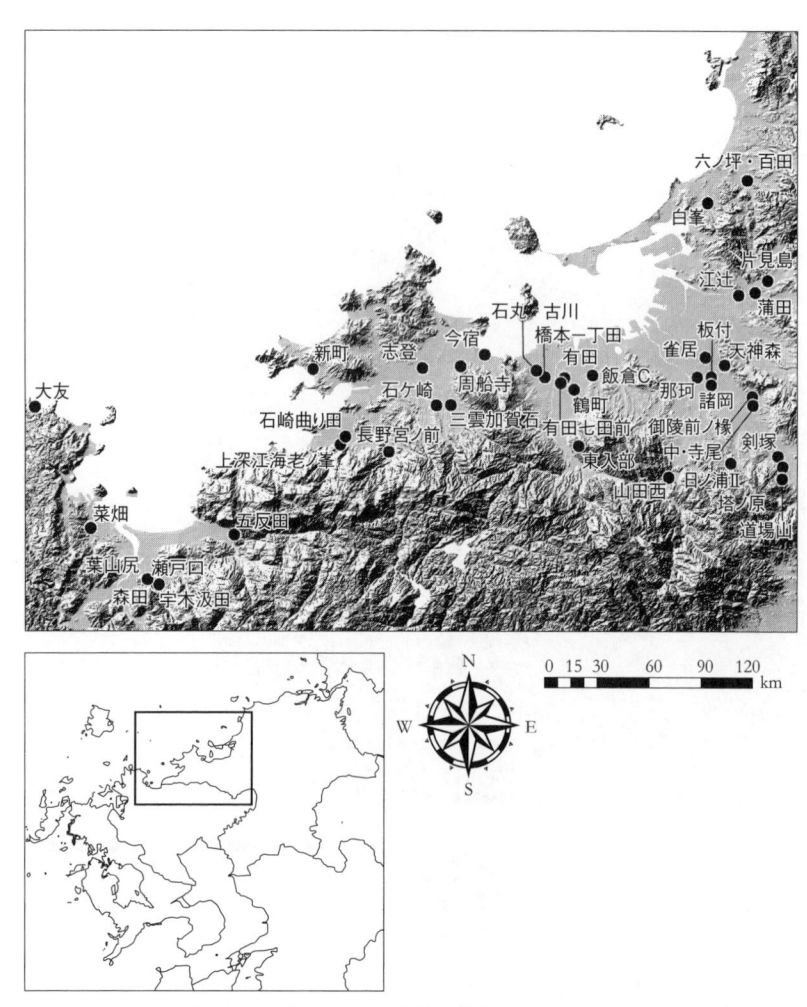

図1-6　分析に用いた遺跡の位置（玄界灘沿岸地域）

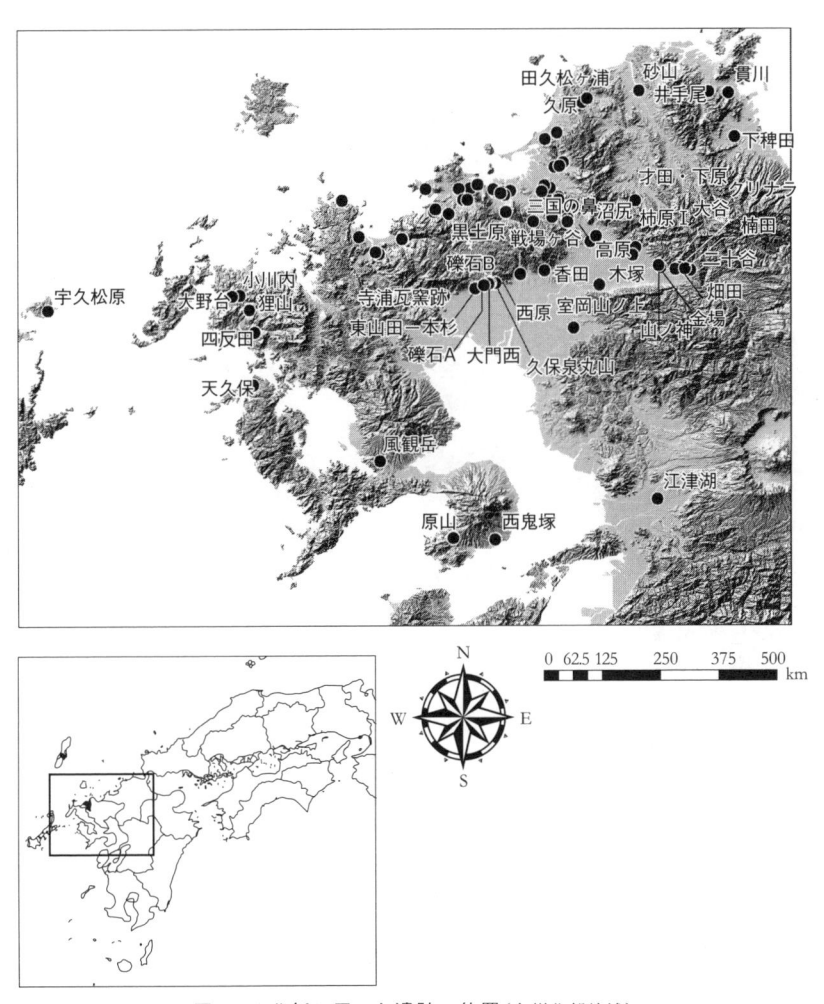

図1-7　分析に用いた遺跡の位置（九州北部地域）

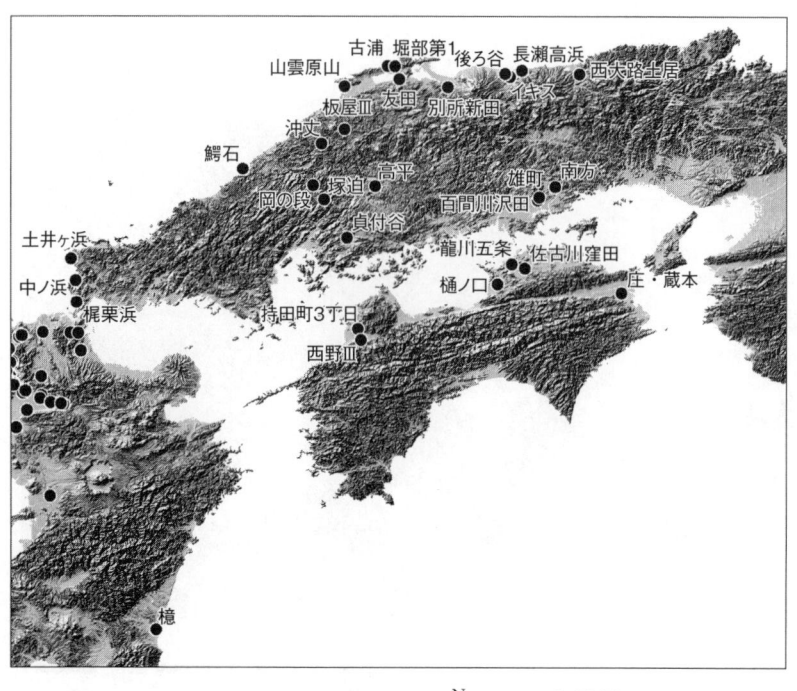

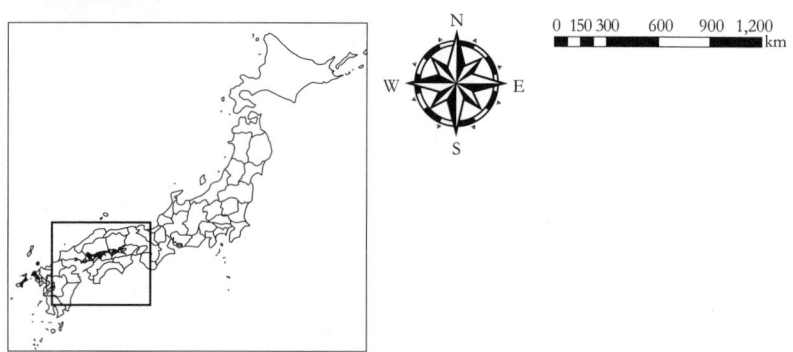

図1-8　分析に用いた遺跡の位置（中国・四国地域）

第2章　物質文化の編年と暦年代

　本章では，無文土器時代と縄文時代終末期・弥生時代前半期それぞれの土器（物質文化）編年と，両者の併行関係を検討する。まず，半島南部のなかでも資料が充実している嶺南東部における無文土器文化の編年を検討する。つづいて，これまでの研究成果をふまえ，半島南部全域の土器編年，列島の土器編年との併行関係を明らかにする。さらに，無文土器前期・中期の炭素14年代を検討することで，これらの実年代と縄文晩期後葉〜末葉（弥生早期）の実年代についても，考察する。こうして得られた結果は，後の章での列島・半島間交流や気候変動の時期を検討するための基礎となる。

第1節　無文土器と縄文・弥生土器の編年と併行関係の検討

1　嶺南東部における無文土器文化の編年

A　物質文化の分類

　ここで編年に用いる物質文化は，無文土器の甕・長胴壺・磨研壺・高坏・蓋，石鏃，柱状片刃石斧，住居跡である。このうち，無文土器の甕は文様と器形の二つに分けて分類する。また，後の分析で石剣も，共伴遺物の時期決定の指標となりうるので，ここで分類する[1]（図2-1 〜 2-4）。

甕の文様

　口縁端部から口縁部外面に施された文様にもとづき，以下のように分類する。

　1類：突帯文。節状突帯，全周突帯の両方を一括する。

　2類：二重口縁。短斜線を有するものも含む。

　3類：退化二重口縁。孔列，短斜線を有するものも含む。

4類：孔列。口唇刻目を有するものも含む。

5類：口唇刻目だけを施すもの。

6類：無文。

甕の器形

胴部上半から口縁部にかけての形態にもとづき，以下のように分類する。

1類：胴部上半がまっすぐに立ち上がり，口縁部が外反するもの。

2類：胴部上半が直立するもの。

3類：胴部上半が内湾するもの。

4類：胴部上半が内湾し，口縁部が外反するもの。

5類：口縁部外側に断面円形の粘土帯をめぐらすもの。

長胴壺

肩部から口頸部にかけての形態にもとづき，以下のように分類する。

1類：肩が張り，外傾する口頸部をもつもの。

2類：肩が張り，直立する口頸部をもつもの。

3類：なで肩で，直立する口頸部をもつもの。

4類：なで肩で，緩く外反する口縁部をもつもの。

5類：なで肩で，外傾する口頸部をもち，かつ胴部に組合牛角把手をもつもの。

磨研壺

頸部・胴部の境界，口頸部形態にもとづき，以下のように分類する[2]。

A類：頸部と胴部との間に明瞭な境界をもつもの。

　AⅠ類：口頸部が外反するもの。

　AⅡ類：口頸部が直立するもの。

　AⅢ類：口頸部が内傾するもの。

B類：口縁部から胴部にいたるまでスムーズに連続するもの。

C類：頸部と胴部との間に不明瞭な稜をもつもの。

D類：長い口頸部をもつもの。

高坏

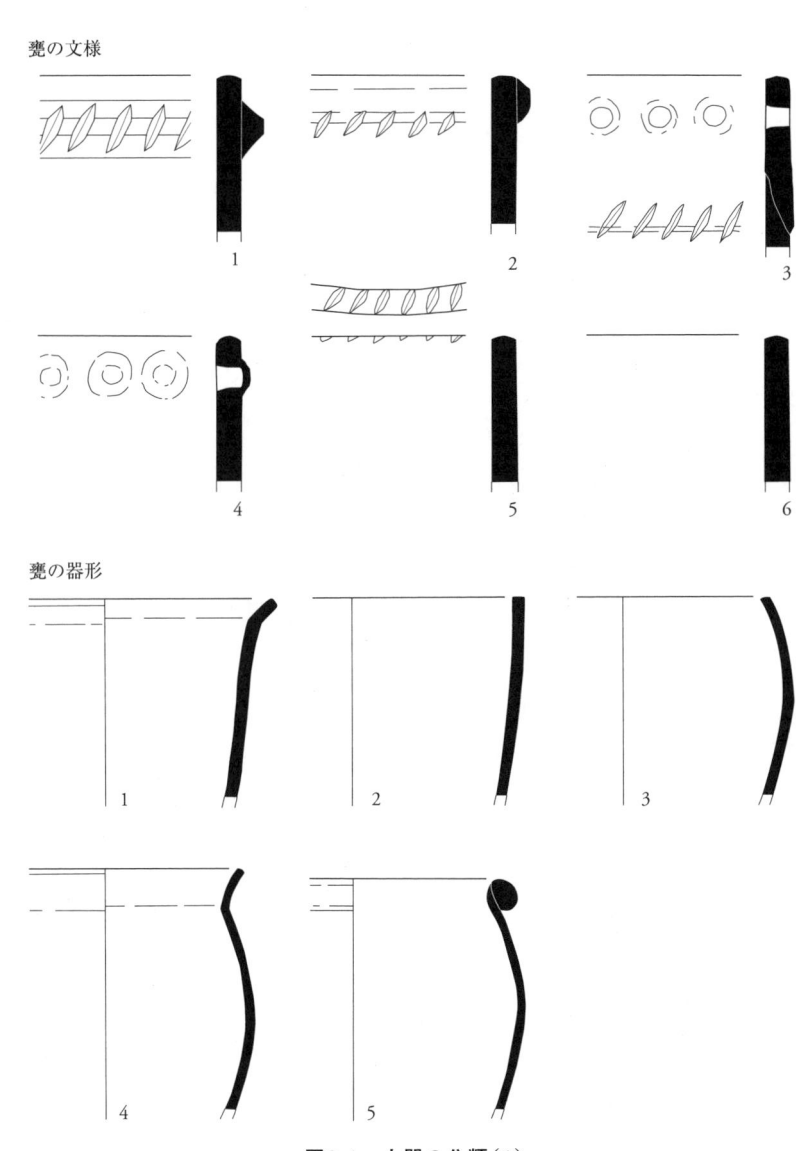

図2-1　土器の分類（1）

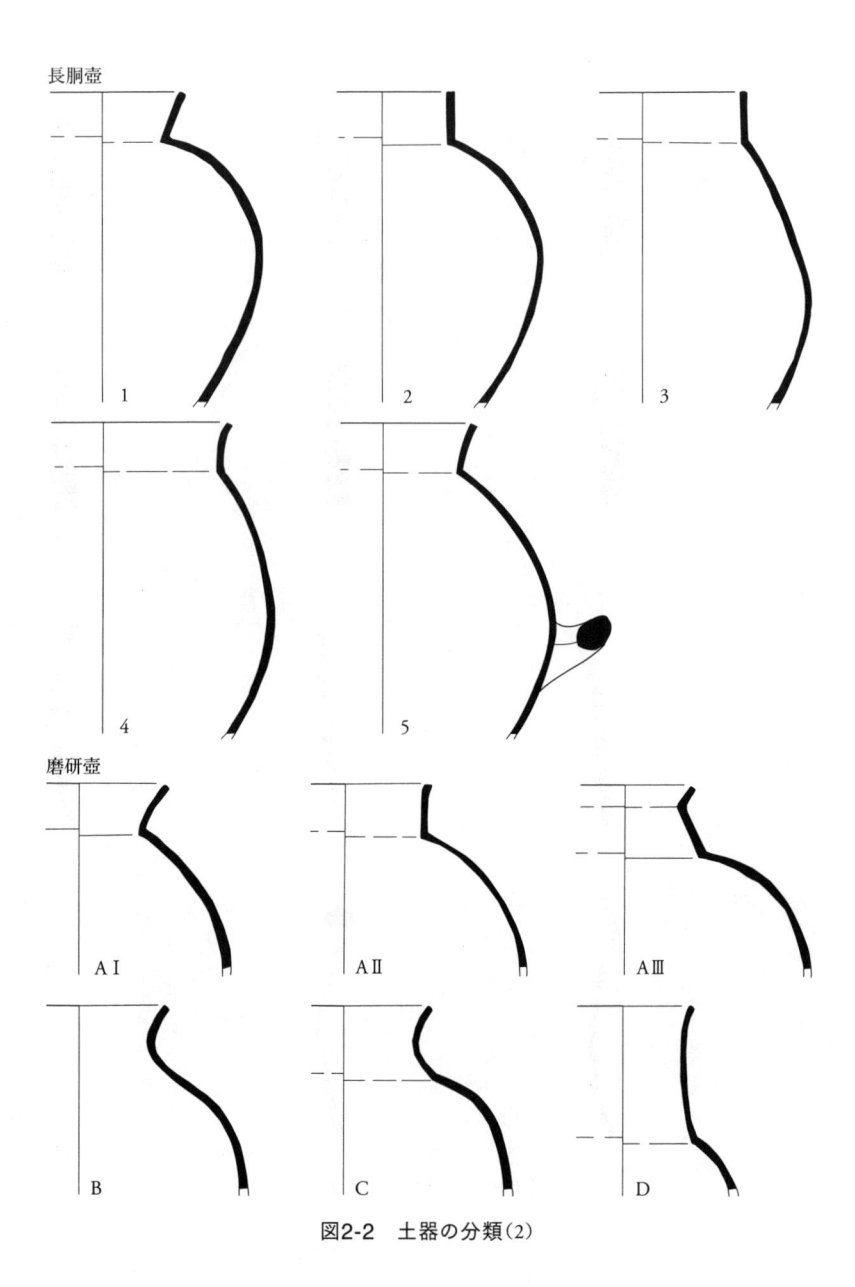

図2-2　土器の分類(2)

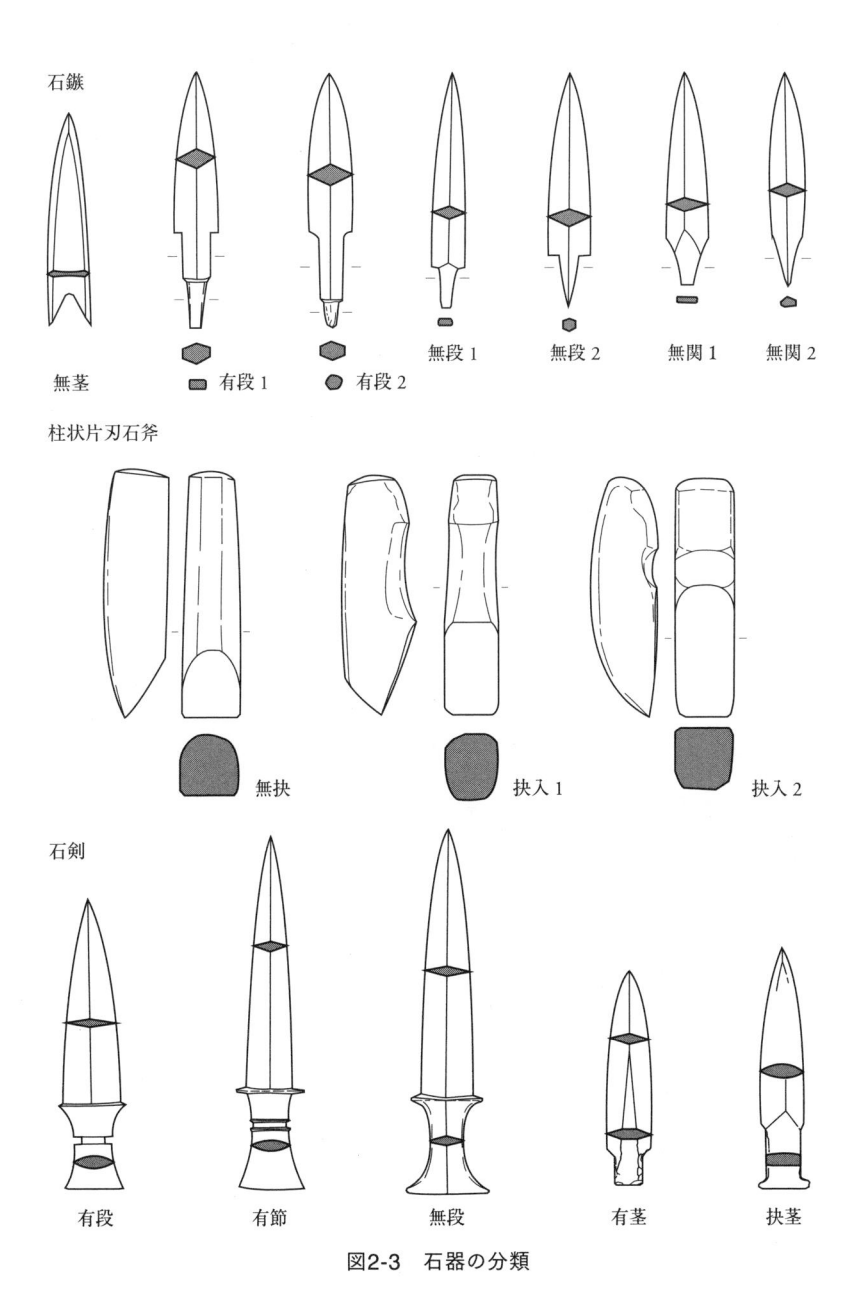

図2-3　石器の分類

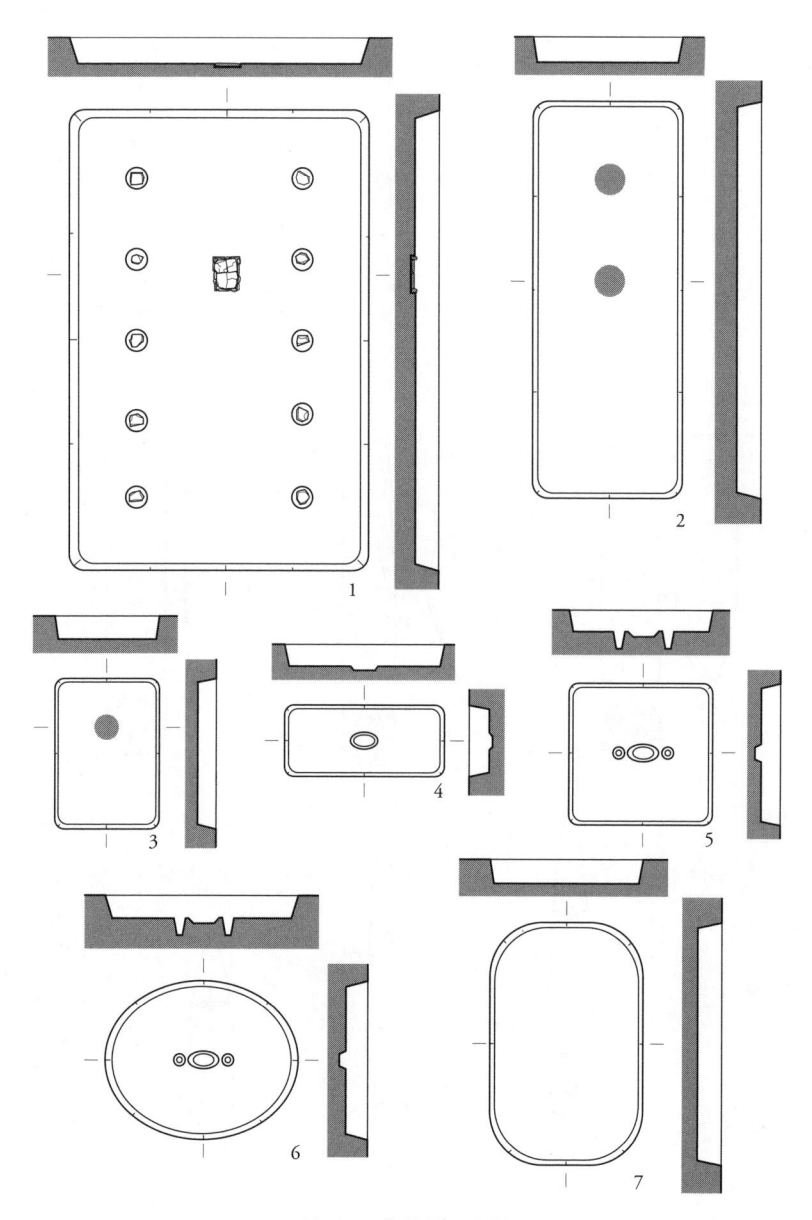

図2-4　住居跡の分類

長脚をもつものと，短脚をもつものとがあるが，両者を一括する。

蓋

甕の蓋。摘み部をもち，そこから直線的に端部へといたる。

石鏃

茎の有無・形態，関部の形態にもとづき，以下のように分類する。

無茎式：茎をもたず，基部に抉りがあり，基部末端から斜めに入るもの。

有段茎式：茎部に段を有するもの。

　有段茎1式：茎部断面が長方形のもの。

　有段茎2式：茎部断面が六角形あるいは多角形のもの。

無段茎式：茎部に段を有さず，関部が直角あるいはそれに近いもの。

　無段茎1式：茎部断面が長方形のもの。

　無段茎2式：茎部断面が六角形あるいは多角形のもの。

無関式：茎部に段を有さず，関部が鈍角をなすもの。

　無関1式：茎部断面が長方形のもの。

　無関2式：茎部断面が六角形あるいは多角形のもの。

柱状片刃石斧

背部の抉りの有無，腹部の形態にもとづき，以下のように分類する。

無抉入式：背部に抉りを有さないもの。

抉入1式：背部に抉りを有し，腹部から刃部に向かう途中に稜を有する
　もの。

抉入2式：背部に抉りを有し，腹部から刃部に緩やかにいたるもの。

石剣

柄部の形態・有無にもとづき，以下のように分類する。

有段柄式：柄をもち，その中間部に段を有するもの。

有節柄式：柄をもち，その中間部に節を有するもの。

無段柄式：段や節を有さない柄をもつもの。

有茎式：柄をもたず，茎を有するもの。

抉茎式：扁平な茎部をもち，その端部に突出部ないし抉りを有するもの。

住居跡

表 2-1　無文土器文化

期	基準一括資料		甕文様						甕器形					長胴壺					磨	
			1	2	3	4	5	6	1	2	3	4	5	1	2	3	4	5	AⅠ	AⅡ
Ⅰ期	本村里	ナ3住	○						○	○	○			○	○					
	加虎洞	2住	○	○			○		○	○	○				←○→					
	平居洞4-1	5住	○				○		○	○	○									
	平居洞3-1	4住	○	○					○	○					○					
	平居洞3-1	7住	○	○					○	○	○				○					
Ⅱ期	加虎洞	1住		○	○		○		○	○	○			○	○					
	本村里	ナ6住			○	○		○	○	○	○			○	○					
	玉房5	C4長住			○	○		○	○	○	○			○						○
	沙月里(東)	11住	○	○	○	○	○	○	○	○	○			○						○
	沙月里(東)	3住			○	○	○	○	○	○	○									
	漁隙2	2住			○				○											
Ⅲ期	大坪里(文)	玉房1住				○			○	○				○	○					○
	玉房3	20住				○			○	○										
	玉房5	C2長住				○			○	○										
	玉房8	15住				○			○	○										
	本村里	ナ8住				○	○		○	○				○						
	玉房4	11住				○		○	○	○				○						○
	玉房1(晋)	2住				○			○	○										
	新平	A2住					○		○											
	大清	25住					○		○						○					
Ⅳ期	下村里1	15住				○			○											
	玉房3	28住					○		○						○					
	玉房3	29住					○	○	○							○				
	上村里(漢)	7住				○			○	○										
	玉房1(晋)	3住				○			○											○
	玉房9	7住					○		○											○
	玉房9	1住					○		○											
	新平	A9住				○			○											
	玉房1(慶)	46住					○		○											
Ⅴ期	玉房1(晋)	6住					○		○	○					○		○			
	大也里	11住					○			○							○			
	大也里	3住					○			○							○			
Ⅵ期	大清	3住					○				○						○			
	盈倉里	A溝					○				○							○		
	芳芝里	56竪穴					○				○							○		
	盈倉里	E溝					○				○							○		
	芳芝里	17住					○				○									

註)　●は判定が不確実，＋は混入をさす。

平面形態・内部施設の特徴・数にもとづき，以下のように分類する。

1 類：石囲炉あるいは礎石をもつ長方形住居跡。

2 類：二つ以上の地床炉をもつ大型細長方形住居跡。

3 類：一つの地床炉をもつ小型方形・長方形住居跡。

4 類：中央土坑をもつ小型長方形住居跡。

5 類：中央土坑をもつ方形・長方形住居跡。

6 類：中央土坑をもつ楕円形・円形住居跡。

研壺			高坏	蓋	石鏃			柱状片刃石斧			住居跡						
A Ⅲ	B/C	D			茎有	無1	無2	無抉	抉1	抉2	1	2	3	4	5	6	7
							+	○			○						
					○						○						
											○						
											○						
					○						○						
					○						○						
													●				
												●					
						○						●					
					○							○					
					○							○					
												○					
						○						●					
												●					
												●					
						○						○					
														○			
														○			
							○										
														○			
								○						●			
														○			
															○		
															○		
	○						○		○						○		
															○		
															○		
																○	
○									○							○	
							○	←○→							←○→		○
																	○
			○							○							
	○		○	○													
	○		○	○													
			○														
				○													

7 類：隅丸長方形住居跡。

B　編年

　つづいて，無文土器文化を編年する。ここで用いる一括資料は，先に提示した物質文化を豊富に含み，かつそれらが短期間に埋没したと判断されるものが望ましい。そこで，本書ではこうした条件を満たす住居跡の床面直上，溝の床面直上，竪穴の出土資料を，編年の基準一括資料として選定

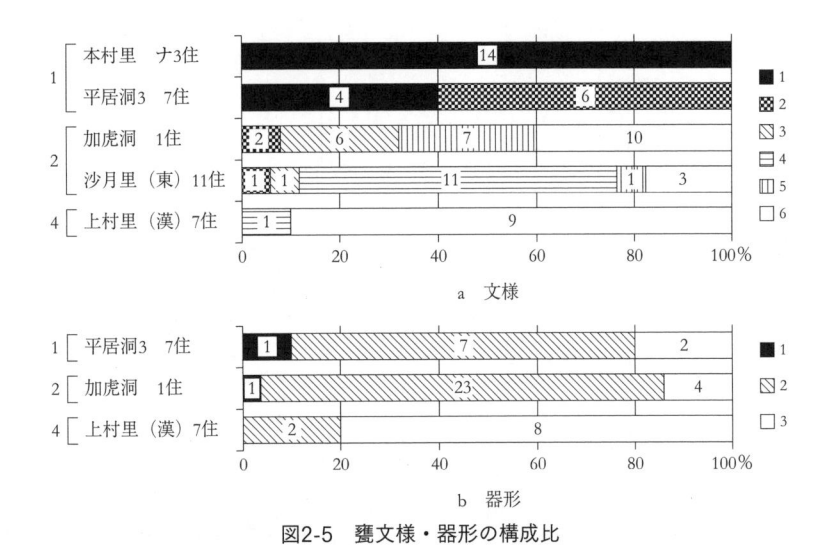

図2-5 甕文様・器形の構成比

した。

　一括資料の配列作業を行った結果，六つの分類単位を認めることができた（**表**2-1）。すなわち，第1・第2の単位間の境界は，甕文様1類の消滅，3・4類の出現，磨研壺AⅠ類の出現，石鏃有段式の出現，住居跡2・3類の出現に見出せる。第2・第3の単位間の境界は，甕文様3類の消滅，磨研壺C類の出現，住居跡4類の出現に見出せる。第3・第4の単位間の境界は，長胴壺3類の出現，磨研壺AⅡ・AⅢ類の出現，石鏃無段2式の出現，石斧無抉入式の消滅，抉入1式の出現，住居跡5・6類の出現に見出せる。第4・第5の単位間の境界は，甕文様4・5類の消滅，甕器形2類の消滅，4類の出現，長胴壺4類の出現，住居跡7類の出現に見出せる。第5・第6の単位間の境界は，甕器形5類の出現，長胴壺5類の出現，磨研壺D類の出現，高坏の出現，蓋の出現，石斧抉入2式の出現に見出せる。

　さらに，甕の文様と器形について，構成比を示すことで，単位間の不連続性を鮮明にしたい。ここでの検討は，10個体以上の資料数を確保しえた一括資料だけを取り上げた。その結果，文様は五つ，器形は三つの資料が対象となった（**図**2-5）。

146

甕の文様は，第1の単位では1類（突帯文），あるいはそれと2類（二重口縁）からなる。これに対し，第2の単位では1類は存在せず，2類も微量にとどまり，代わりに3類（退化二重口縁），あるいは4類（孔列）が多くを占める。第4の単位は，4類は少量であり，ほぼ6類（無文）で構成される。甕の器形は，第1の単位では1類（外反）・2類（直立）・3類（内湾）からなり，2類が多くを占める。第2の単位もまた，1・2・3類からなるが，第1の単位に比べ，2類の比率が高い。第4の単位では，1類は存在せず，3類が多くを占める。このように，対象となった単位は限られるが，甕の文様・器形の構成比においても，単位間で有意な差が認められた。

　以上，第1〜6の各単位のあいだに，有意な画期を見出せた。この結果にもとづき，「期」を設定するならば，各単位をそれぞれⅠ〜Ⅵ期と呼ぶことができる。読者の理解の助けとなるよう，既存の編年案との関係をいえば，Ⅰ期は早期（渼沙里式期），Ⅱ期は前期前半（可楽洞式期），Ⅲ期は前期後半（駅三洞式期），Ⅳ期は中期前半（休岩里式期），Ⅴ期は中期後半（松菊里式期），Ⅵ期は後期前半（水石里式期）にそれぞれ対応しよう（図2-6〜8）。

　なお，Ⅱ期に位置づけた加虎洞1号住居跡資料は，この時期の指標となる甕文様3類を含む一方で，Ⅰ期を特徴づける甕文様2類，住居跡1類をもつものである。これは，Ⅰ期・Ⅱ期両方の要素を備えた過渡的な資料とみなせるが，Ⅰ・Ⅱ期の基準一括資料との間に，単独の期を設定しうるほどの，要素の不連続性は見出せなかった。今後の資料の増加次第で，一つの期として独立させる可能性もあるが，ここでは，甕文様3類の存在を重視してⅡ期に含ませた。

　また，本書の住居跡4類を基準とする時期を「下村里期」と呼び，これを前期と中期の過渡期に位置づける見解［김병섭 2013］，中期初頭に位置づける見解［김병섭 2016］がある。しかし，筆者はこれを含む一括資料を，単独の期として独立しうる有意な単位とは認定しえなかった。前期と中期のいずれに所属させるべきかが問題となるが，住居での中央土坑の出現を重視して，これを従来の中期前半にあたるⅣ期に含めた。

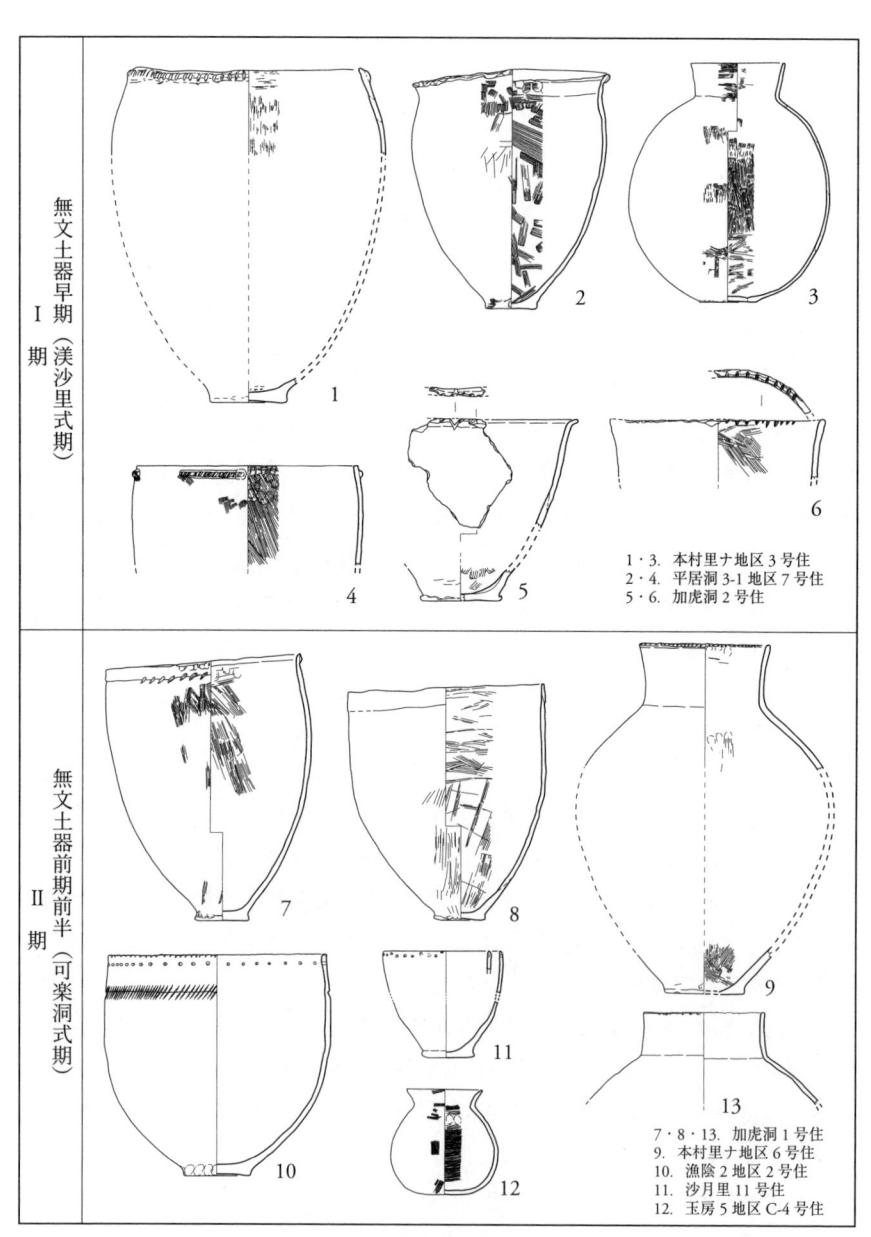

無文土器早期 Ⅰ 期（渼沙里式期）

無文土器前期前半 Ⅱ 期（可楽洞式期）

1・3. 本村里ナ地区 3 号住
2・4. 平居洞 3-1 地区 7 号住
5・6. 加虎洞 2 号住

7・8・13. 加虎洞 1 号住
9. 本村里ナ地区 6 号住
10. 漁隠 2 地区 2 号住
11. 沙月里 11 号住
12. 玉房 5 地区 C-4 号住

図2-6　無文土器編年図（1）

3は1/20, 12は1/8, それ以外は1 /12。

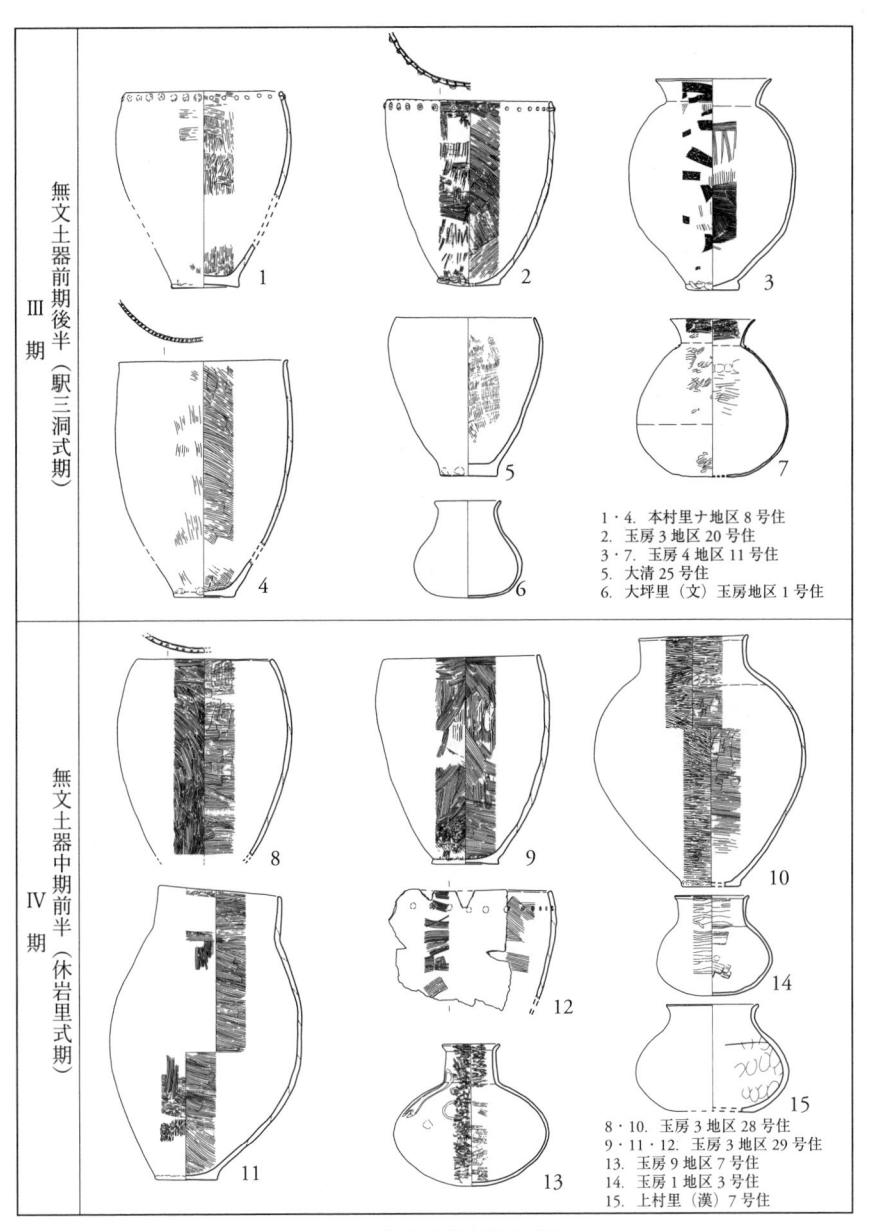

無文土器前期後半（駅三洞式期）Ⅲ期

1・4. 本村里ナ地区 8 号住
2. 玉房 3 地区 20 号住
3・7. 玉房 4 地区 11 号住
5. 大清 25 号住
6. 大坪里（文）玉房地区 1 号住

無文土器中期前半（休岩里式期）Ⅳ期

8・10. 玉房 3 地区 28 号住
9・11・12. 玉房 3 地区 29 号住
13. 玉房 9 地区 7 号住
14. 玉房 1 地区 3 号住
15. 上村里（漢）7 号住

図2-7　無文土器編年図（2）

6・7・14・15は1/8，それ以外は1 /12。

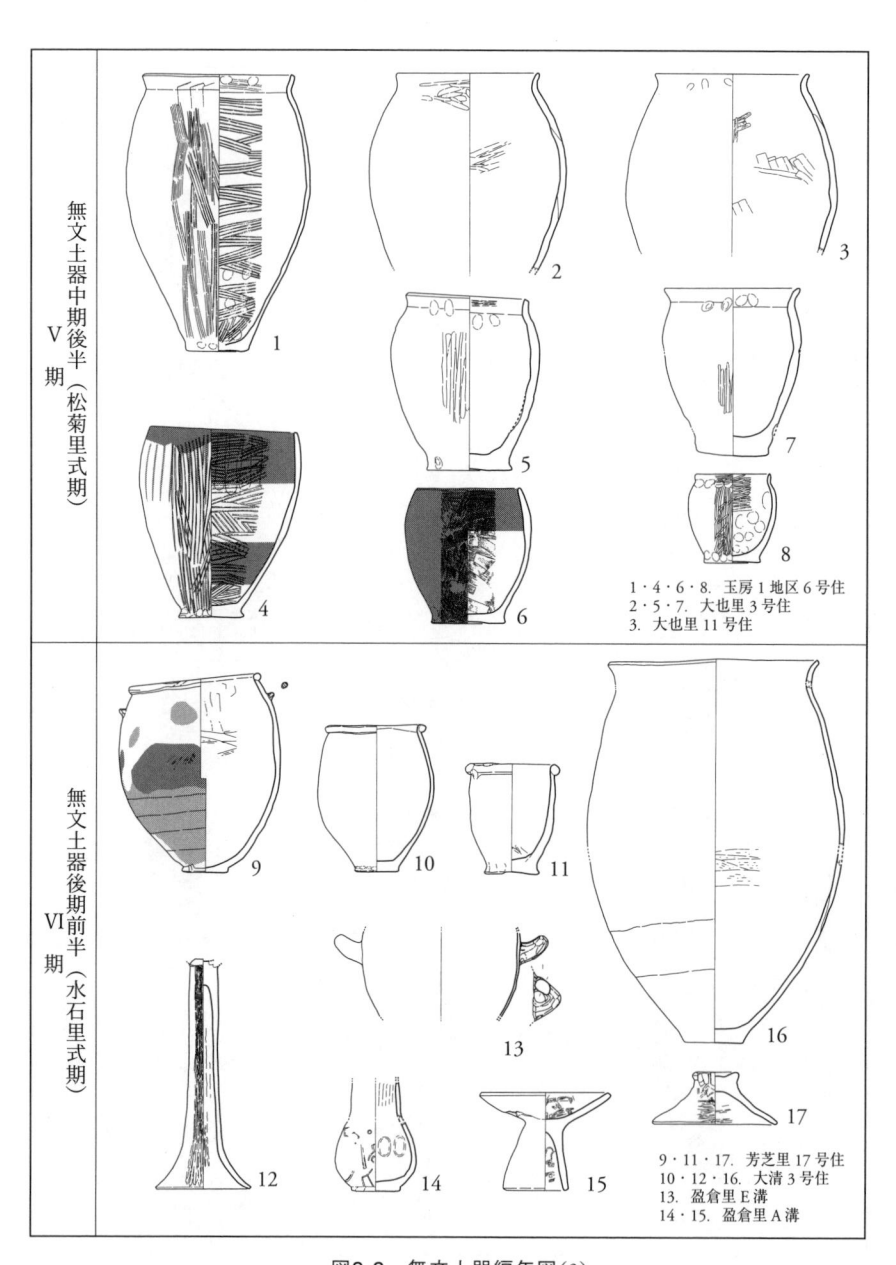

1・4・6・8. 玉房1地区6号住
2・5・7. 大也里3号住
3. 大也里11号住

9・11・17. 芳芝里17号住
10・12・16. 大清3号住
13. 盈倉里E溝
14・15. 盈倉里A溝

図2-8　無文土器編年図（3）

4〜8, 11・12・14・15・17は1/8, それ以外は1 /12。

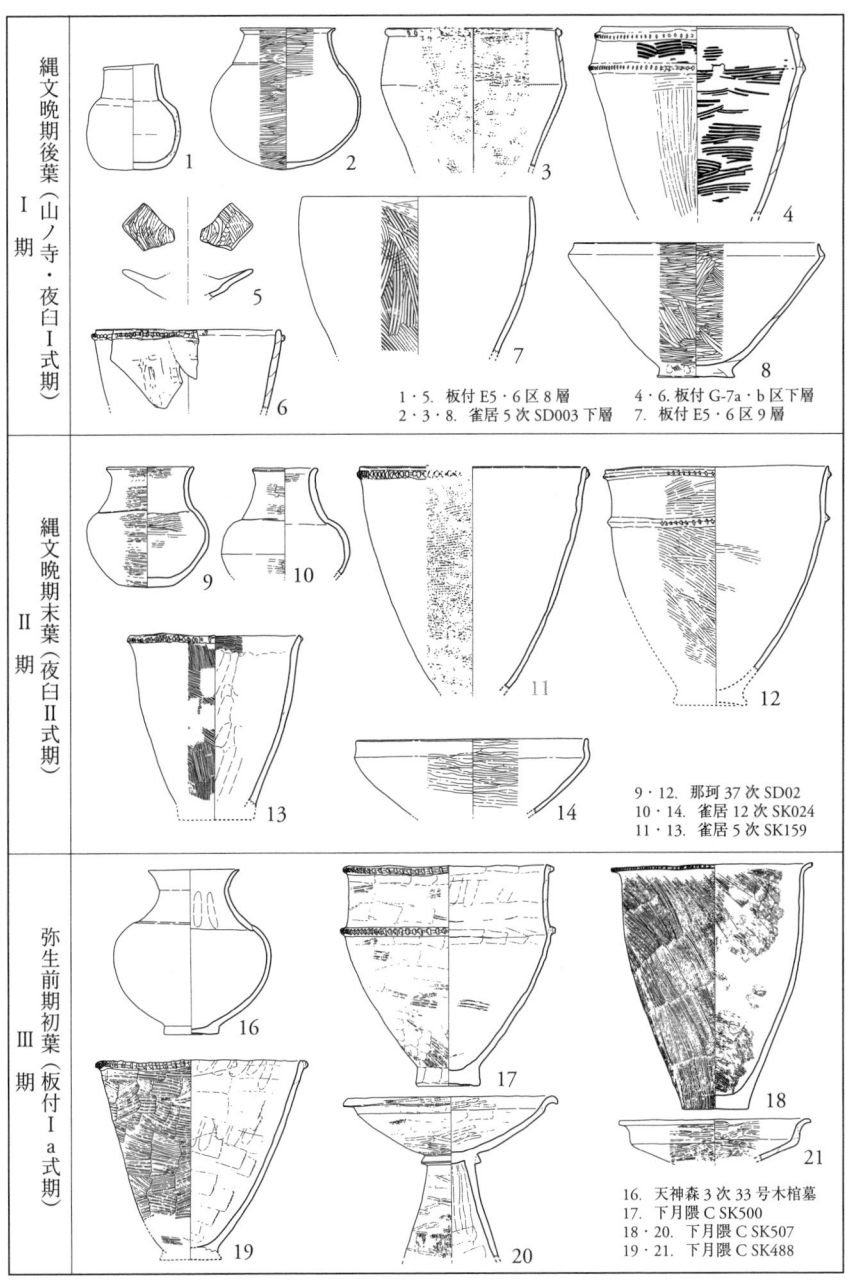

縄文晩期後葉（山ノ寺・夜臼Ⅰ式期） Ⅰ期

1・5．板付 E5・6区 8層
2・3・8．雀居 5次 SD003 下層
4・6．板付 G-7a・b区下層
7．板付 E5・6区 9層

縄文晩期末葉（夜臼Ⅱ式期） Ⅱ期

9・12．那珂 37次 SD02
10・14．雀居 12次 SK024
11・13．雀居 5次 SK159

弥生前期初葉（板付Ⅰa式期） Ⅲ期

16．天神森 3次 33号木棺墓
17．下月隈 C SK500
18・20．下月隈 C SK507
19・21．下月隈 C SK488

図2-9　縄文・弥生土器編年図（1）（1/8）　端野［2016c］より再構成。

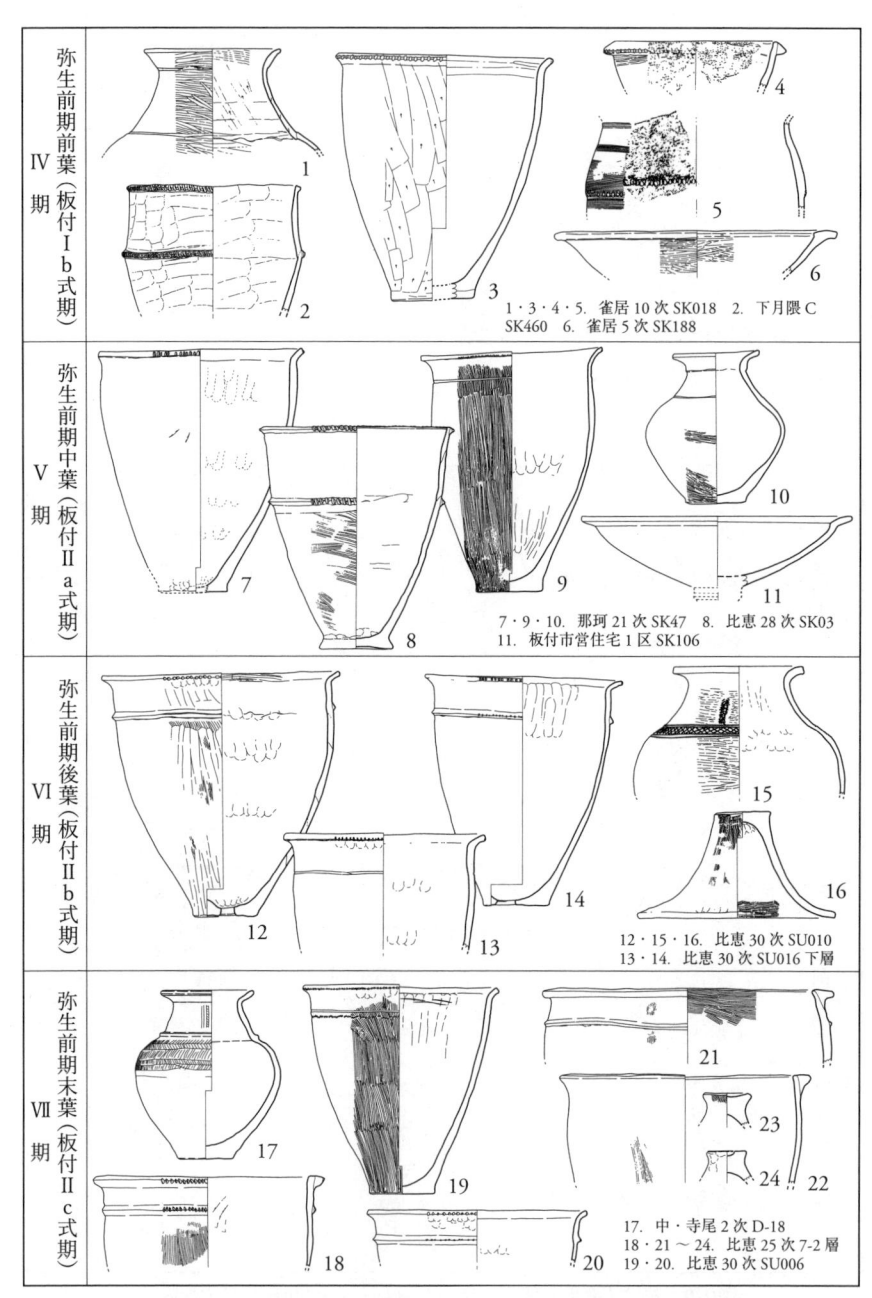

弥生前期前葉（板付Ⅰb式期）
Ⅳ期

1・3・4・5. 雀居 10 次 SK018　2. 下月隈 C
SK460　6. 雀居 5 次 SK188

弥生前期中葉（板付Ⅱa式期）
Ⅴ期

7・9・10. 那珂 21 次 SK47　8. 比恵 28 次 SK03
11. 板付市営住宅 1 区 SK106

弥生前期後葉（板付Ⅱb式期）
Ⅵ期

12・15・16. 比恵 30 次 SU010
13・14. 比恵 30 次 SU016 下層

弥生前期末葉（板付Ⅱc式期）
Ⅶ期

17. 中・寺尾 2 次 D-18
18・21 ～ 24. 比恵 25 次 7-2 層
19・20. 比恵 30 次 SU006

図2-10　縄文・弥生土器編年図（2）（1/8）　端野［2016c］より再構成。

2 半島・列島編年の併行関係

次に，半島南部の無文土器文化の編年と列島の縄文・弥生土器編年の併行関係を検討する。半島南部は，山地や河川などの自然地形にもとづくと，漢江流域・嶺東地域・湖西地域・湖南地域・嶺南東部地域・嶺南西部地域といった地域に大別される（**図2-11**）。最近の編年研究の成果を見渡すと，前項で得られた結果は，嶺南東部だけでなく，湖西地域・湖南地域といった広い地域に適用しても，大筋では間違いではないようである。また，こうした地域とは異なり，漢江流域・嶺東地域・嶺南東部では，中期になると，独自の文化が成立したり，あるいは前期的な文化が残存したりしたと理解しうる。

列島の土器について，筆者は福岡平野の縄文晩期後葉〜弥生前期の資料を対象に，前項で用いた方法と同じ「一括資料の非直列的配列」によって，編年を試みたことがある。その結果は，当該期の土器編年は七期に区分されるというものであった[3]［端野 2016c］（**図 2-9・10**）。

以上の半島南部，列島双方の編年研究の成果と，両地域間の併行関係に関する研究［武末 2004］とを統合すると，無文土器文化編年と縄文・弥生土器編年の関係は，**図 2-12** のように整理される。

第2節　無文土器時代前半期と縄文・弥生移行期の暦年代の検討

1　炭素14年代測定試料の考古学的時期の決定

前節で明らかにした編年と先行研究において，おおむね同意される，諸物質文化の所属時期，出現・消滅時期を整理すると，以下の通りである。
・石囲炉をもつ住居跡（1 類）から二重口縁単斜線甕形土器が出土する段階は，前期のなかでも早い段階に属する。
・松菊里型住居跡（5・6 類）は中期に出現する。
・細長方形住居（2 類），方形・長方形住居（3 類）は前期に属する。

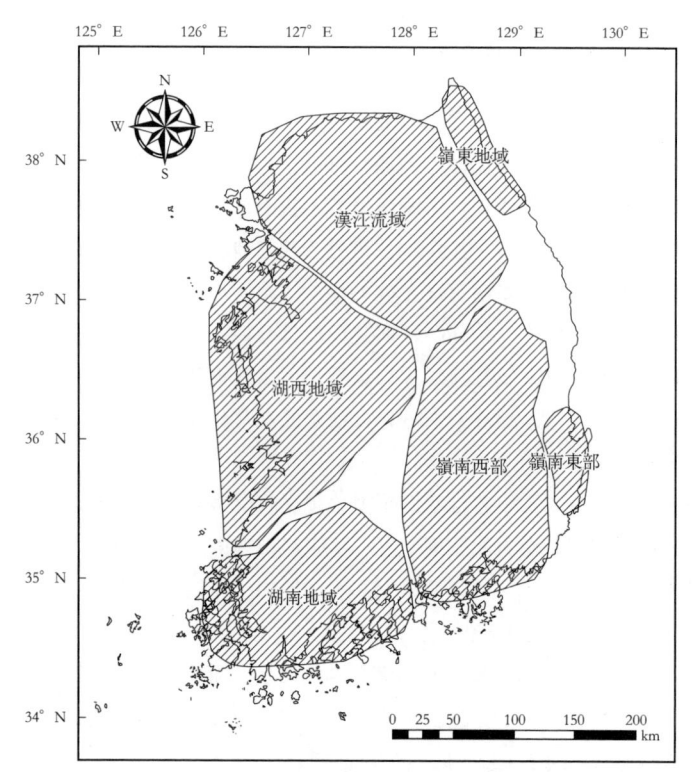

図2-11　朝鮮半島南部の地域区分

		朝鮮半島南部						日本列島			
地域区分		漢江流域	嶺東地域	湖西地域	湖南地域	嶺南西部	嶺南東部	九州北部			
無文土器時代	早期			渼沙里式				縄文時代	晩期		広田式
	前期			可楽里式							黒川式
				駅三洞式							
	中期	北漢江泉田里式			休岩里式		検丹里式				山ノ寺・夜臼Ⅰ式
											夜臼Ⅱ式
					松菊里式			弥生時代	前期		板付Ⅰ式　a
											b
	後期			水石里式							板付Ⅱ式　a
											b
											c
				勒島式					中期		城ノ越式

図2-12　無文土器編年と縄文・弥生土器編年の併行関係

表 2-2 無文土器前・中期の炭素 14 年代データ

No.	遺跡	所在地	採取遺構・遺物 [1]	採取地点	試料の種類 [2]	測定機関	コード [3]	炭素 14 年代	δ^{13}C	測定法	大別時期	住居型式	土器型式 [4]
1	月岐里	忠清南道	KC-005 号住居跡		木炭	SNU	03-919	2350 ± 40	−29.95	AMS	中期	6	松
2	月岐里	忠清南道	KC-007 号住居跡	埋土*	木炭	SNU	03-920	2770 ± 40	−20.14	AMS	中期	6	松
3	大興里	忠清南道	2 号住居跡	床面 (北側柱)	木炭			2546 ± 91		AMS	中期	3	松
4	道三里	忠清南道	KC-003 住居跡		木材	SNU	03-778	2600 ± 30	−22	AMS	中期	6	松
5	道三里	忠清南道	KC-007 住居跡	埋土*	木材	SNU	03-781	2380 ± 40	−39.4	AMS	中期	6	松
6	道三里	忠清南道	KC-010 住居跡		木材	SNU	03-782	2360 ± 60	−26.1	AMS	中期	6	松
7	寛倉里	忠清南道	KC-020 住居跡	埋土*	木炭*	BETA	86461	2420 ± 70	−26.8	AMS	中期	6	松
8	寛倉里	忠清南道	KC-038 住居跡	埋土*	木炭*	BETA	86462	2400 ± 90	−19.3	AMS	中期	6	松
9	寛倉里	忠清南道	KC-040 住居跡			BETA	86463	2810 ± 90	−21.7	AMS	中期	6	松
10	寛倉里	忠清南道	KC-042 住居跡			BETA	86464	2480 ± 50	−28.4	AMS	中期	6	松
11	寛倉里	忠清南道	KC-048 住居跡			BETA	86465	2630 ± 70	−26.8	AMS	中期	6	松
12	舟橋里	忠清南道	KC-001 号住居跡		木炭	SNU	00-176	2510 ± 90	−25.3	AMS	中期	5	
13	舟橋里	忠清南道	KC-008 号住居跡		木炭	SNU	00-181	2620 ± 40	−24.5	AMS	前期	2	
14	舟橋里	忠清南道	KC-018 号住居跡		木炭	SNU	00-180	2840 ± 40	−24.5	AMS	前期	2	
15	松菊里	忠清南道	54 地区 1 号住居跡	床面	炭化米			2665 ± 60		β 線	中期		
16	松菊里	忠清南道	54 地区 1 号住居跡	床面	炭化米			2565 ± 90		β 線			
17	麻田里 A 地区	忠清南道	KC-005 号住居跡		木炭	SNU	00-148	2350 ± 120	−29.2	AMS	中期	6	松
18	麻田里 C 地区	忠清南道	KC-001 号住居跡	埋土*	木炭	SNU	00-164	2560 ± 40	−22.5	AMS	中期	6	松
19	麻田里 C 地区	忠清南道	KO-002 出土蓋甕 (図面 54)	外面	土器付着炭化物	(歴博採取試料 FI-0489)		2540 ± 40		AMS	中期		
20	麻田里 C 地区	忠清南道	KO-002 出土甕棺 (図面 55)	外面	土器付着炭化物	(歴博採取試料 FI-0488)		2490 ± 40		AMS	中期		松

No.	遺跡	所在地	採取遺構・遺物	採取地点[1]	試料の種類[2]	測定機関コード[3]	炭素14年代	$\delta^{13}C$	測定法	大別時期	住居型式	土器型式[4]
21	麻田里C地区	忠清南道	水路出土土器（図面71-1）	内面	土器付着炭化物	（歴博採取試料 FJ-0483）	2480 ± 60		AMS	中期		松
22	麻田里C地区	忠清南道	水路出土土器（図面71-28）	内面	土器付着炭化物	（歴博採取試料 FJ-0484）	2450 ± 40		AMS	中期		
23	麻田里C地区	忠清南道	貯水場および貯水場出土土器（図面75-2）	外面	土器付着炭化物	（歴博採取試料 FJ-0482）	2480 ± 40		AMS	中期		松
24	麻田里C地区	忠清南道	貯水場および貯木場出土土器（図面76-54）	内面	土器付着炭化物	（歴博採取試料 FJ-0486）	2380 ± 40		AMS	中期		
25	麻田里C地区	忠清南道	貯水場および貯木場出土土器（図面78-81）	外面	土器付着炭化物	（歴博採取試料 FJ-0485a）	2480 ± 40		AMS	中期		
26	麻田里C地区	忠清南道	貯水場および貯木場出土土器（図面78-81）	内面	土器付着炭化物	（歴博採取試料 FJ-0485b）	2450 ± 40		AMS	中期		
27	雙龍洞	忠清南道	3地区1号住居跡	2号竪穴跡	木炭	BETA 92664	2620 ± 60	− 28.2	AMS	前期	2	
28	雙龍洞	忠清南道	3地区1号住居跡	木柱	木炭	BETA 92665	2730 ± 60	− 28	AMS	前期	2	
29	雙龍洞	忠清南道	3地区1号住居跡	木柱	木炭	BETA 92666	2760 ± 60	− 28.1	AMS	前期	2	
30	大井洞	大田広域市	1-2地区 KC-005号住居跡	床面*	木炭	SNU 02-062	2290 ± 40	− 29.5	AMS	中期	6	
31	大井洞	大田広域市	1-2地区 KC-005号住居跡	床面*	木炭	SNU 02-063	2540 ± 40	− 24.3	AMS	中期	6	
32	上僧洞	大田広域市	4号住居跡	南壁柱穴	木炭	BETA 125019	2300 ± 60		AMS	中期	6	松
33	上僧洞	大田広域市	5号住居跡	埋土か床面*	木炭	BETA 125027	2390 ± 70		AMS	中期	6	松
34	上僧洞	大田広域市	5号住居跡	埋土か床面*	木炭	BETA 125028	2560 ± 70		AMS	中期	6	松
35	上僧洞	大田広域市	5号住居跡	埋土か床面*	木炭	BETA 125029	2460 ± 70		AMS	中期	6	松

No.	遺跡	所在地	採取遺構・遺物	採取地点[1]	試料の種類[2]	測定機関コード[3]	炭素14年代	δ13C	測定法	大別時期	住居型式	土器型式[4]
36	上曹洞	大田広域市	5号住居跡	埋土か床面*	木炭	BETA	125030	2510 ± 60		AMS	中期	6	松
37	上曹洞	大田広域市	8号住居跡	床面*	木炭	BETA	125023	2830 ± 40		AMS	前期	1b	可
38	上曹洞	大田広域市	8号住居跡	床面*	木炭	BETA	125024	2900 ± 70		AMS	前期	1b	可
39	上曹洞	大田広域市	8号住居跡	床面*	木炭	BETA	125025	2690 ± 130		AMS	前期	1b	可
40	上曹洞	大田広域市	8号住居跡	床面*	木炭	BETA	125026	2890 ± 40		AMS	前期	1b	可
41	新垈洞	大田広域市	1号住居跡			BETA	108973	2760 ± 70		AMS	前期	1b	
42	新垈洞	大田広域市	1号住居跡			BETA	108974	2750 ± 70		AMS	前期	1b	
43	新垈洞	大田広域市	2号住居跡			BETA	108975	2750 ± 70		AMS	前期		
44	新垈洞	大田広域市	2号住居跡			BETA	108976	2590 ± 70		AMS	前期		
45	新垈洞	大田広域市	3号住居跡	炉跡		BETA	108977	3020 ± 120		AMS	前期	1b	
46	新垈洞	大田広域市	3号住居跡			BETA	108978	2720 ± 50		AMS	前期	1b	
47	新垈洞	大田広域市	4号住居跡			BETA	108979	2740 ± 80		AMS	前期		
48	新垈洞	大田広域市	4号住居跡			BETA	108980	2820 ± 60		AMS	前期		
49	新垈洞	大田広域市	5号住居跡			BETA	108981	2720 ± 70		AMS	前期		
50	新垈洞	大田広域市	6号住居跡			BETA	108982	2830 ± 50		AMS	前期		
51	新垈洞	大田広域市	7号住居跡			BETA	108983	2740 ± 100		AMS	前期		
52	新垈洞	大田広域市	7号住居跡	東辺炉跡		BETA	108984	2770 ± 50		AMS	前期		
53	新垈洞	大田広域市	7号住居跡	西辺炉跡		BETA	108985	2730 ± 50		AMS	前期		
54	新垈洞	大田広域市	7号住居跡			BETA	108986	2680 ± 50		AMS	前期		
55	新垈洞	大田広域市	8号住居跡			BETA	108987	2900 ± 90		AMS	前期		
56	新垈洞	大田広域市	9号住居跡	炉跡		BETA	108988	2580 ± 100		AMS	前期	1b	
57	東川洞	大邱広域市	住居跡 50 号	炉跡か床面*	木炭	SNU	00-266	2650 ± 200	−26.8	AMS	前期	3	
58	西辺洞	大邱広域市	住居跡 25 号	2次使用面*	木炭	KCP	495	2710 ± 80		AMS	前期	3	
59	西辺洞	大邱広域市	住居跡 27 号	1次使用用床面	木炭	SNU	00-268	2970 ± 50	−26.6	AMS	前期	2	駅

No.	遺跡	所在地	採取遺構・遺物	採取地点 [1]	試料の種類 [2]	測定機関コード [3]		炭素 14 年代		$\delta^{13}C$	測定法	大別時期	住居型式	土器型式 [4]
60	西辺洞	大邱広域市	住居跡 27 号	2 次使用床面	木炭	SNU	00-269	3010 ±	60	− 20.5	AMS	前期	2	口
61	西辺洞	大邱広域市	住居跡 32 号	床面*	木炭	SNU	00-270	2690 ±	40	− 33.8	AMS	中期	5	
62	比來洞	大田広域市	1 号支石墓	埋土		BETA	108989	2860 ±	50		AMS	前期		
63	弓洞	大田広域市	10 号住居跡	北側焼土部下柱穴	木炭	BETA	132467	2290 ±	60		AMS	中期		松
64	弓洞	大田広域市	10 号住居跡	北壁柱穴	木炭	BETA	132468	2430 ±	70		AMS	中期		松
65	弓洞	大田広域市	10 号住居跡	北壁柱穴	木炭	BETA	132469	2480 ±	70		AMS	中期		松
66	弓洞	大田広域市	13 号住居跡	土坑型炉跡 2	木炭	BETA	132470	2980 ±	80		AMS	前期		
67	弓洞	大田広域市	13 号住居跡	土坑型炉跡 1 東側	木炭	BETA	132471	2900 ±	50		AMS	前期		
68	弓洞	大田広域市	1 号住居跡	楕円形土坑内柱穴	木炭	BETA	132460	2500 ±	60		AMS	中期	6	
69	弓洞	大田広域市	1 号住居跡	北東壁柱穴	木炭	BETA	132461	2350 ±	60		AMS	中期	6	
70	弓洞	大田広域市	1 号住居跡	北東壁垂直柱穴	木炭	BETA	132462	2370 ±	60		AMS	中期	6	
71	弓洞	大田広域市	1 号住居跡	床面層	木炭	BETA	132463	3030 ±	70		AMS	中期	6	
72	弓洞	大田広域市	2 号住居跡	石囲式炉跡内	木炭	BETA	132464	3370 ±	130		AMS	前期	1a	
73	弓洞	大田広域市	8 号住居跡	床面層	木炭	BETA	132465	2330 ±	60		AMS	中期		
74	弓洞	大田広域市	8 号住居跡	南壁柱穴	木炭	BETA	132466	2330 ±	70		AMS	中期		
75	龍山洞	大田広域市	1 号住居跡	床面*	木炭*	BETA	116414	2820 ±	60	− 26.1	AMS	前期	1a	可
76	龍山洞	大田広域市	1 号住居跡	床面*	木炭*	BETA	116415	2860 ±	70	− 27	AMS	前期	1a	可
77	黄灘里	忠清北道	KC-003 号住居跡	床面*	木炭	SNU	00-183	2420 ±	30	− 24	AMS	中期	6	
78	上坪洞	全羅北道	1 号住居跡	北側壁	木炭	SNU	04-540	2560 ±	80	− 22.49	AMS	中期	6	松
79	上坪洞	全羅北道	1 号住居跡	北西側壁	木炭	SNU	04-541	2340 ±	80	− 25.51	AMS	中期	6	松
80	上坪洞	全羅北道	1 号住居跡	楕円形土坑北側	木炭	SNU	04-542	2760 ±	40	− 24.84	AMS	中期	6	松
81	上坪洞	全羅北道	1 号住居跡	楕円形土坑南側柱穴内	木炭	SNU	04-543	2280 ±	40	− 30.29	AMS	中期	6	松
82	上坪洞	全羅北道	2 号住居跡	北側柱穴内	木炭	SNU	04-544	2570 ±	60	− 27.53	AMS	中期		

No.	遺跡	所在地	採取遺構・遺物	採取地点 [1]	試料の種類 [2]	測定機関コード [3]	炭素14年代	$\delta^{13}C$	測定法	大別時期	住居型式	土器型式 [4]
83	上坪洞	全羅北道	2号住居跡	楕円形土坑	木炭	SNU	04-545	2650 ± 50	−26.01	AMS	中期		
84	上坪洞	全羅北道	4号住居跡	北側壁	木炭	SNU	04-546	2560 ± 60	−25.76	AMS	中期		松
85	上坪洞	全羅北道	4号住居跡	南側壁	木炭	SNU	04-547	2600 ± 80	−25.89	AMS	中期		松
86	長水洞	全羅北道	1号住居跡	内部北西側床面	木炭	SNU	05-406	2700 ± 50	−28.27	AMS	中期	6	
87	長水洞	全羅北道	1号住居跡	内部床面中央部分	木炭	SNU	05-407	2690 ± 50	−27.09	AMS	中期	6	
88	長水洞	全羅北道	1号住居跡	内部楕円形土坑内部	木炭	SNU	05-408	2700 ± 50	−28.75	AMS	中期	6	
89	長水洞	全羅北道	2号住居跡	内部床面中央部	木炭	SNU	05-409	2630 ± 50	−27.34	AMS	中期	6	
90	長水洞	全羅北道	5号住居跡	内部楕円形土坑周辺	木炭	SNU	05-410	2690 ± 50	−26.65	AMS	中期	6	松
91	如意谷	全羅北道	A-1号住居跡	内部長方形竪穴遺構*	木炭	SNU	00-420	2560 ± 50	−28.2	AMS	中期	6	
92	如意谷	全羅北道	B-1号住居跡	中央土坑埋土*	木炭	SNU	00-416	2330 ± 50	−26.5	AMS	中期	6	松
93	如意谷	全羅北道	B-1号住居跡	中央土坑埋土*	木炭	SNU	00-417	2510 ± 40	−26.5	AMS	中期	6	松
94	如意谷	全羅北道	B-3号住居跡	中央土坑内か床面焼土部*	木炭	SNU	00-418	2430 ± 40	−27	AMS	中期	6	
95	農山	全羅北道	6号住居跡	床面*	木炭	SNU	00-412	2420 ± 40	−27.4	AMS	中期	5	
96	農山	全羅北道	8号住居跡	中央土坑埋土*	木炭	SNU	00-413	2550 ± 40	−24.55	AMS	中期	6	松
97	永川里	全羅南道	6号住居跡	柱穴内部*	木炭	SNU	05-818	2450 ± 50	−25.82	AMS	中期	6	松
98	華東里	全羅南道	16-2号石槨	床面層下	木炭	SNU	02-623	2620 ± 80	−28.4	AMS	中期		
99	華東里	全羅南道	1号住居跡	床面か床穴内*	木炭	SNU	02-606	2600 ± 40	−27.2	AMS	中期	6	
100	華東里	全羅南道	26号石槨	床面層	木炭	SNU	02-626	2040 ± 50	−26.1	AMS	中期		
101	華東里	全羅南道	26号石槨	床面石下	木炭	SNU	02-627	2500 ± 70	−29	AMS	中期		
102	華東里	全羅南道	28号石槨	内部	木炭	SNU	02-628	2020 ± 40	−46.1	AMS	中期		
103	華東里	全羅南道	38号石槨	内部	木炭	SNU	02-629	2620 ± 40	−26.3	AMS	中期		
104	華東里	全羅南道	38号石槨	内部	木炭	SNU	02-630	2300 ± 70	−29.3	AMS	中期		
105	華東里	全羅南道	3号住居跡	作業孔内	木炭	SNU	02-607	2560 ± 40	−28.3	AMS	中期	5	

No.	遺跡	所在地	採取遺構・遺物	採取地点 [1]	試料の種類 [2]	測定機関	コード [3]	炭素14年代	$\delta^{13}C$	測定法	大別時期	住居型式	土器型式 [4]
106	華東里	全羅南道	3号住居跡	床面層	木炭	SNU	02-608	2510 ± 40	−24.9	AMS	中期	5	
107	華東里	全羅南道	3号住居跡	床面層（10cm上部）	木炭	SNU	02-609	2650 ± 40	−28.1	AMS	中期	5	
108	華東里	全羅南道	4号住居跡	作業孔内	木炭	SNU	02-612	2340 ± 40	−26.7	AMS	中期	6	
109	華東里	全羅南道	4号住居跡	作業孔内	木炭	SNU	02-613	2410 ± 40	−21.1	AMS	中期	6	
110	金坪	全羅南道	1号住居跡	柱穴内部*	木炭	KCP	30	2370 ± 100	−19.62		中期	6	
111	七星里	全羅南道	15-1号住居跡	楕円形土坑内	木炭	SNU	05-281	2520 ± 60	−46.87		中期	5	
112	七星里	全羅南道	32号住居跡	埋土	木炭	SNU	05-285	2550 ± 60	−40.99		中期	5	
113	七星里	全羅南道	33号住居跡	楕円形土坑内	木炭	SNU	05-286	2520 ± 80	−25.38		中期	5	
114	七星里	全羅南道	4-2号住居跡	楕円形土坑内	木炭	SNU	05-277	2640 ± 60			中期	5	松
115	新豊里	全羅南道	住居跡14号	住居跡内部堆土部	木炭	SNU	02-194	2410 ± 40	−23.6	AMS	中期	6	松
116	新豊里	全羅南道	住居跡14号	中央楕円形土坑内	木炭	SNU	02-195	2470 ± 40	−27.2	AMS	中期	6	松
117	新豊里	全羅南道	住居跡14号	住居跡内部床面	木炭	SNU	02-196	2420 ± 40	−25	AMS	中期	6	松
118	新豊里	全羅南道	住居跡1号	中央楕円形土坑内	木炭	SNU	02-188	2520 ± 60	−27.2	AMS	中期	6	松
119	新豊里	全羅南道	住居跡1号	住居跡内部床面	木炭	SNU	02-189	2520 ± 60	−25.5	AMS	中期	6	松
120	新豊里	全羅南道	住居跡21号	中央楕円形土坑内	木炭	SNU	02-197	2490 ± 60	−24.5	AMS	中期	6	松
121	新豊里	全羅南道	住居跡24号	中央楕円形土坑内	木炭	SNU	02-198	2460 ± 60	−23.7	AMS	中期	6	
122	新豊里	全羅南道	住居跡27号	中央楕円形土坑内	木炭	SNU	02-709	2530 ± 40	−27.7	AMS	中期	6	
123	新豊里	全羅南道	住居跡2号	住居跡内部床面	木炭	SNU	02-190	2450 ± 80	−23.8	AMS	中期	6	松
124	新豊里	全羅南道	住居跡3号	住居跡内部床面（1）	木炭	SNU	02-191	2560 ± 80	−26.4	AMS	中期	6	松
125	新豊里	全羅南道	住居跡3号	中央楕円形土坑内	木炭	SNU	02-192	2680 ± 80	−27	AMS	中期	6	松
126	新豊里	全羅南道	住居跡3号	住居跡内部床面（2）	木炭	SNU	02-193	2570 ± 80	−25.9	AMS	中期	6	松
127	新豊里	全羅南道	住居跡40号	中央楕円形土柱穴内	木炭	SNU	02-710	2560 ± 80	−25.2	AMS	中期	6	松
128	長川里	全羅南道	第2号住居跡	床面*	木炭	GAK	12998	4140 ± 120		β線	中期	6	松

No.	遺跡	所在地	採取遺構・遺物	採取地点[1]	試料の種類[2]	測定機関コード[3]	炭素14年代	δ13C	測定法	大別時期	住居型式	土器型式[4]
129	長川里	全羅南道	第7号住居跡	床面*	木炭	GAK	12999	3930 ± 120		β線	中期	6	
130	通亭	全羅南道	1号住居跡	床面	木炭	SNU	05-554	2530 ± 50	−23.63	AMS	中期	6	
131	東村里	全羅南道	1号支石墓	床面	木炭	SNU	03-439	2490 ± 40	−24.8	AMS	中期		
132	陜羅里	慶尚北道	住居跡19号	壁面*	木炭	SNU	04-763	2890 ± 60	−21.89	AMS	前期	2	
133	陜羅里	慶尚北道	住居跡3号	壁面沿いか床面*	木炭	SNU	04-760	2830 ± 40	−22.3	AMS	前期	2	ロ
134	陜羅里	慶尚北道	住居跡71号	壁溝*	木炭	SNU	04-765	2980 ± 60	−24.21	AMS	前期	2	
135	陜羅里	慶尚北道	住居跡8号	床面*	木炭	SNU	04-761	3000 ± 40	−20.83	AMS	前期	1a	欣

1) 2) *は文章・図により筆者が判断したものを示す。
3) SNU：韓国・ソウル大学校, BETA：米国・ベータアナリティック社, KCP：韓国・国立文化財研究所, GAK：日本・学習院大学
4) 松：松菊里式土器, 駅：駅三洞式土器, 可：可楽洞式土器, 欣：欣岩里式土器, ロ：ロ唇刻目土器

・長胴壺の 1 類は前期に，4 類（松菊里式土器）は中期に属する。

・磨研壺の AI 類は前期に，AIII 類は中期に属する。

・磨製石鏃の無茎式，有段茎 1・2 式は前期に，無段茎 2 式，無関 1・2 式は中期に属する。

・磨製石剣の有段柄式は前期に，無段柄式は中期に属する。

　以上の点にもとづいて，炭素 14 年代資料の大別時期を決定した。その結果は，**表 2-2** の通りである。なお，時期決定に用いた一括資料については，**表 2-3** を参照されたい。なお，ここでの物質文化の分類のうち，甕の文様については，前節とは異なり，以下の通りとする。

　二短：二重口縁短斜線文。

　口孔：口唇刻目文＋孔列文の複合文。

　短斜：短斜線文の単純文。

　短口：短斜線文＋口唇刻目文の複合文。

　短孔：短斜線文＋孔列文の複合文。

　二口：二重口縁短斜線文＋口唇刻目文の複合文。

　口刻：口唇刻目文の単純文。

　孔列：孔列文の単純文。

　無文：文様の施されないもの。

　また，住居跡 1 類については，炉の数によって，一つもつ 1a 類と二つもつ 1b 類とに細分する。

2　無文土器前期の炭素14年代

A　炭素 14 年代のヒストグラム

　図 2-13 は，前項で無文土器前期に属すると判断された測定例を対象に作成した炭素 14 年代のヒストグラムである。これによると，2801 〜 2900 ^{14}C BP 区間にピークがあり，それに次いで 2701 〜 2800 ^{14}C BP 区間も高い度数を示していることがわかる。最頻値は 2850 ^{14}C BP である。さらに，ヒストグラムをみると，3101 〜 3300 ^{14}C BP 区間に分布の空白があり，3301 〜 3400 ^{14}C BP 区間に 1 例のみ存在している。この例は，**表 2-2**

表 2-3　炭素 14 年代データの時期決定に用いた資料

No.	大別時期	1a	1b	2	3	5	6	7	二短	口孔	短斜	短口	短孔	二口	口刻	孔列	無文	1	2・3	4	AI	AII	B	無茎	有段2	無段1	無段2	無関1	無関2	有段	無段	抉茎
1	中期						○													△								△				
2	中期						○													○									△			
3	中期																○			○												○
4	中期						○															△					△	△			△	
5	中期						○													△												
6	中期						○													△												
7	中期						○													△												
8	中期						○													△					△	△			△		△	
9	中期						○													△						△	△	△	△			
10	中期						○													△							△	△	△			△
11	中期						○													△							△					
12	中期					○																					△					
13	前期			○					△		△		△			▲								△	△		△			△		
14	前期			○					▲													△	○	△								
15・16	中期							○												○												
17	中期						○													△												
18	中期						○													△												
21・22	中期																						○									
23-26	中期																			○												
27-29	前期			○														○														
30・31	中期						○													○												
32	中期						○													△												
33-36	中期																										△					
37-40	前期		○						○																							
41・42	前期		○																													
43・44	前期				●																											
45・46	前期			○																												
47・48	前期	○																														
49	前期				●																											
50	前期			○																												
51-54	前期		○																													
55	前期				○																											
56	前期																															

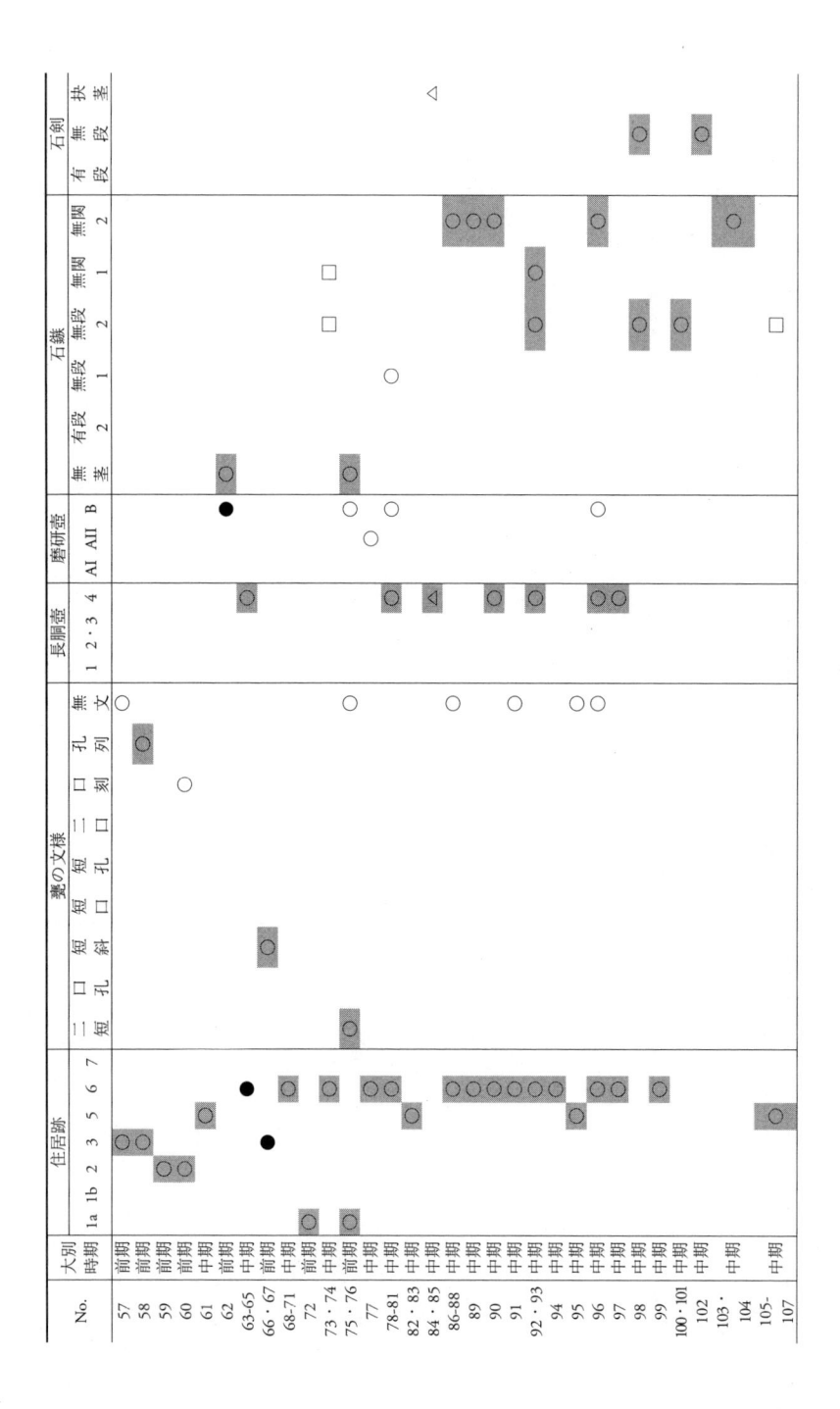

No.	大別時期	住居跡							甕の文様								長胴壺			磨研壺			石鏃						石剣		
		1a	1b	2	3	5	6	7	二短	口孔	短斜口	短口孔	短二口	口刻	孔列	無文	1	2・3	4	AI	AII	B	無茎	有段2	無段1	無段2	無関1	無関2	有段	無段	抉茎
108・109	中期						○									□															
110	中期						○								○	○										○					
111	中期				○																										
112	中期				○											△										△					
113	中期				○																										
114	中期				○											△												△			
115-117	中期						○									○	○									○					
118・119	中期						○									○	○									○					
120	中期						○																								
121	中期																														
122	中期						○									○															
123	中期						○									○	○									○		○			
124-126	中期						○									○	○									○					
127	中期						○																								
128	中期						○									○								●							
129	中期						○																								
130	中期						○																				○				
131	中期																										○				
132	前期			○												○				■											
133	前期			○							△			○	△	△	△			○			▲								
134	前期			○									○				○	○													
135	前期	○									○	○				○	○	○													

註）　1　No. は表 2-2 と対応。　○：床面直上出土　△：埋土出土　□：出土地点詳細不明　（墓についてはこれを適用しない）

　　　2　●・▲：型式同定あいまい　■■■ 時期決定の決め手となった物質文化

－No.72 の弓洞遺跡採取試料に対する測定結果にあたり，炭素 14 年代は
3370 ± 130 ¹⁴C BP という極端に古い値を示している。この例を除外して再
度，ヒストグラムを作成したものが，**図 2-14** である。

B 炭素14年代と試料の種類の関係

　前期とみなされた測定例の試料はすべて木炭である。したがって，炭素
14 年代と試料の種類の関係については，検討できなかった。

C 炭素14年代と住居・土器の型式の関係

　ここでは，先行研究において，無文土器前期の細分編年の根拠となって
いる住居と土器の型式ごとに，度数分布を検討する。まず，住居の型式と
炭素 14 年代の関係を検討しよう。先行研究においては，住居跡 1 類（石
囲炉をもつ大型長方形住居跡）→住居跡 2 類（大型細長形住居跡）→住
居跡 3 類（小型方形・長方形住居跡）への変化，あるいは住居跡 1a 類（石
囲炉を二つもつ大型長方形住居跡）→住居跡 1b 類（石囲炉を一つもつ長方
形・方形住居跡），住居跡 2 類→住居跡 3 類への変化が想定されている。実
際に測定例数 10 例以上を確保できたのは，住居跡 1 類と住居跡 2 類の二
者であった。**図 2-15** は，住居跡 1 類の炭素 14 年代のヒストグラムであ
る。これによると，2801 ～ 2900 ¹⁴C BP 区間にピークがあることがわかる。
最頻値は 2850 ¹⁴C BP である。**図 2-16** は，住居跡 2 類の炭素 14 年代のヒ
ストグラムである。これによると，2801 ～ 2900 ¹⁴C BP 区間にピークがあ
ることがわかる。最頻値は 1 類と同じく 2850 ¹⁴C BP である。したがって，
住居跡 1 類と 2 類との間には違いが認められなかった。その他の型式の炭
素 14 年代の幅は，以下の通りである。

　住居跡 1a 類（4 例）：2800 ¹⁴C BP 台～ 3300 ¹⁴C BP 台

　住居跡 1b 類（9 例）：2500 ¹⁴C BP 台～ 3000 ¹⁴C BP 台

　住居跡 3 類（2 例）：2600 ¹⁴C BP 台～ 2700 ¹⁴C BP 台

　次に，土器の型式と炭素 14 年代の関係を検討しよう。土器型式は，可楽
洞式＝二重口縁短斜線文土器，駅三洞式＝孔列文のみ施された土器，欣岩

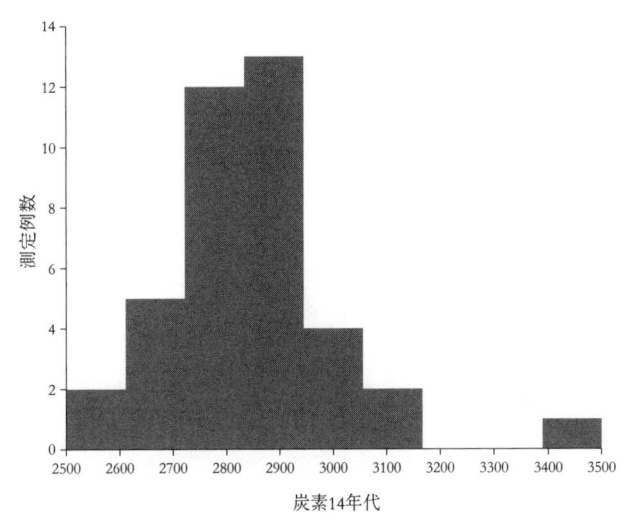

図2-13　無文土器前期の炭素14年代

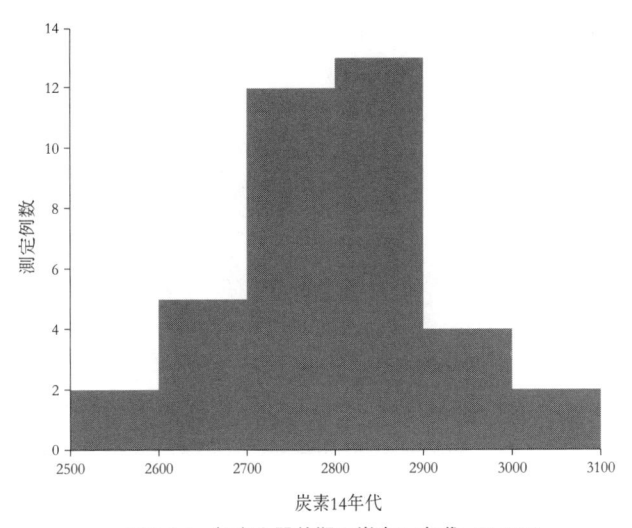

図2-14　無文土器前期の炭素14年代（除去後）

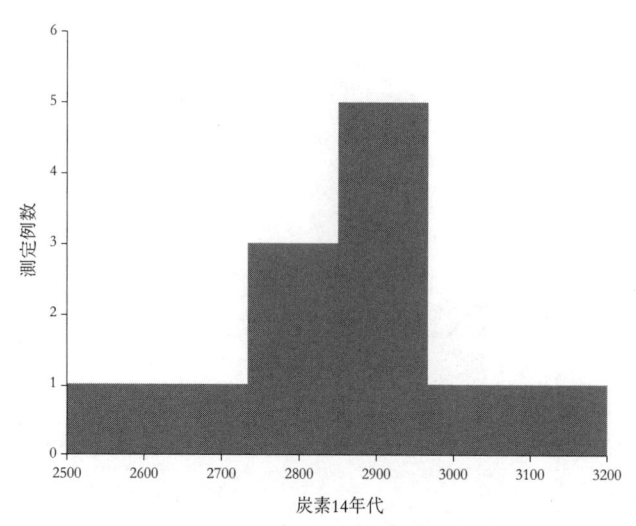

図2-15　住居跡1類の炭素14年代

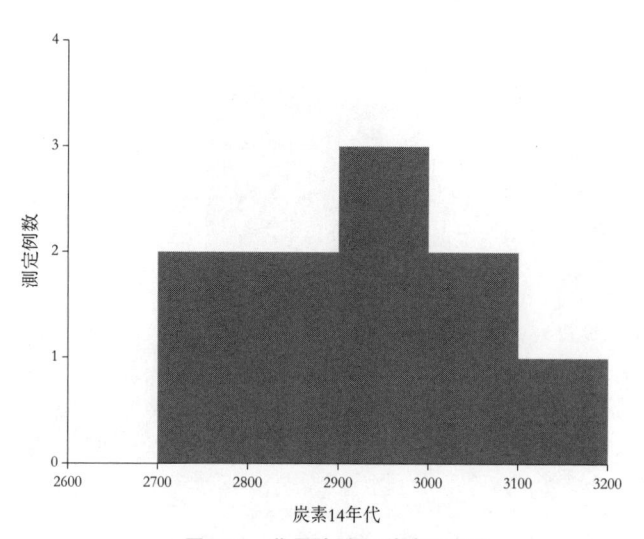

図2-16　住居跡2類の炭素14年代

里式＝二重口縁短斜線文＋孔列文の施された土器として検討しようとしたが，いずれの型式においても測定例数 10 例以上を確保することはできなかった。このため，土器型式間の炭素 14 年代の差を検討することはできなかった。土器型式ごとの炭素 14 年代の幅は以下の通りである。

可楽洞式（6 例）：2600 ^{14}C BP 台～ 2900 ^{14}C BP 台

駅三洞式（1 例）：2700 ^{14}C BP 台

欣岩里式（1 例）：3000 ^{14}C BP 台

蛇足ながら，歴博が列島の縄文晩期後葉（弥生早期）と併行する土器型式とする口唇刻目土器の炭素 14 年代も無文土器前期と判断された測定例のなかに含まれていたので，その年代幅も以下にあげておく [4]。

口唇刻目土器（2 例）：2800 ^{14}C BP 台～ 3000 ^{14}C BP 台

3　無文土器中期の炭素14年代

A　炭素 14 年代のヒストグラム

図 2-17 は，無文土器中期に属する炭素 14 年代のヒストグラムである。これによると，2501 ～ 2600 ^{14}C BP 区間にピークがあることがわかる。最頻値は 2550 ^{14}C BP である。さらに，ヒストグラムをみると，3101 ～ 3900 ^{14}C BP 区間に分布の空白があり，3901 ～ 4000 ^{14}C BP 区間と 4101 ～ 4200 ^{14}C BP 区間とに 1 例ずつ存在している。この 2 例は，表 2-2-No.128 の長川里遺跡例（4140 ± 120 ^{14}C BP），No.129 の同遺跡例（3930 ± 120 ^{14}C BP）である。この例を除外して再度，ヒストグラムを作成したものが，**図 2-18** である。

B　炭素14年代と試料の種類の関係

無文土器中期に属する測定例の試料は，木材・木炭 [5]，土器付着炭化物，炭化米の三種類が確認された。しかし，測定例数 10 例以上を確保できたのは，木材・木炭に対する測定例のみであり，試料の違いによる測定値の差を検討することはできなかった。**図 2-19** は，木材・木炭を試料とする測定例のヒストグラムである。これによると，2501 ～ 2600 ^{14}C BP 区間にピー

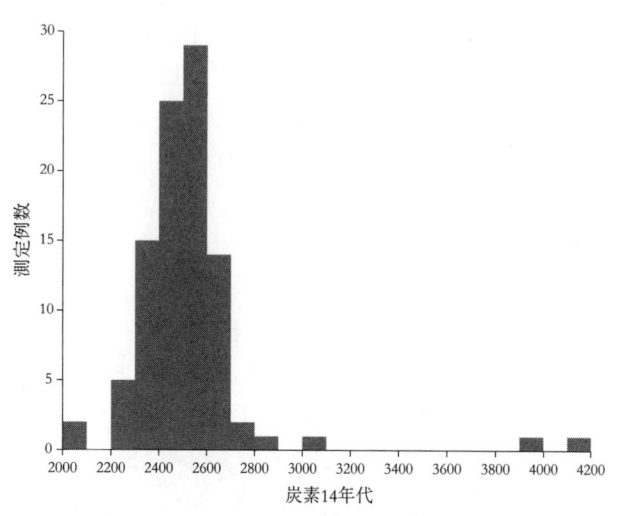

図2-17　無文土器中期の炭素14年代

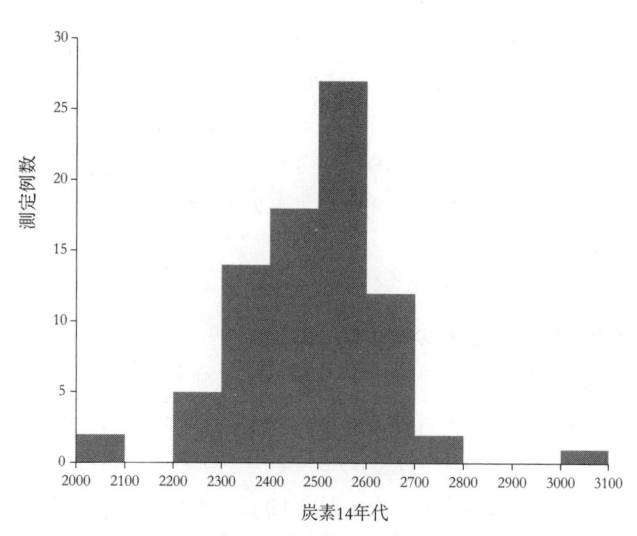

図2-18　無文土器中期の炭素14年代 （除去後）

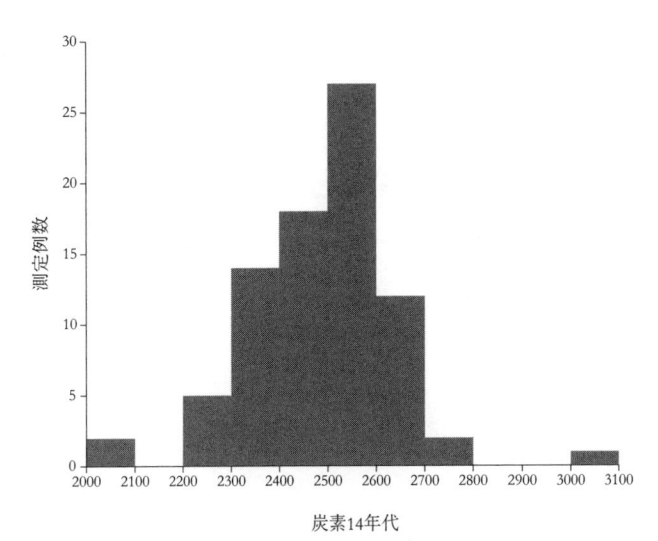

炭素14年代

図2-19　無文土器中期の炭素14年代（木材・木炭）

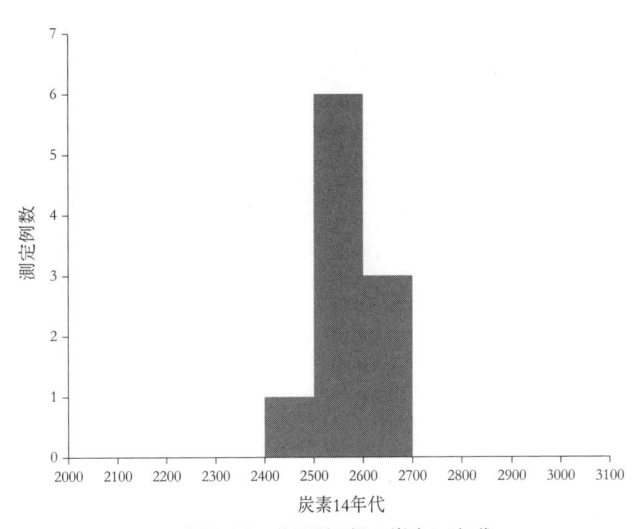

炭素14年代

図2-20　住居跡5類の炭素14年代

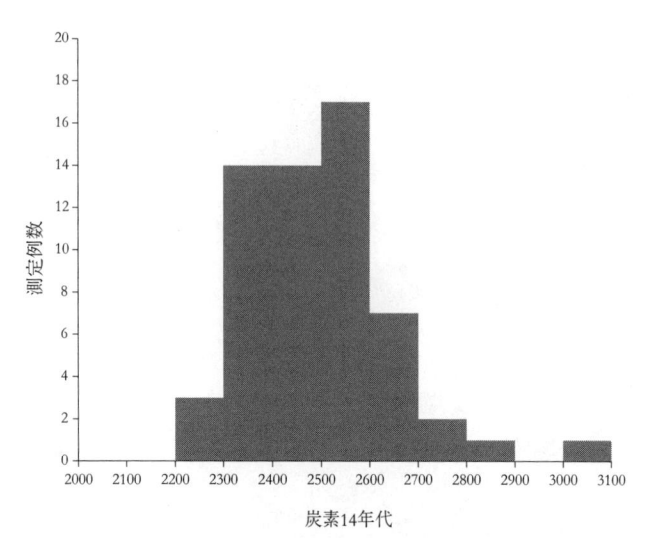

図2-21 住居跡6類の炭素14年代

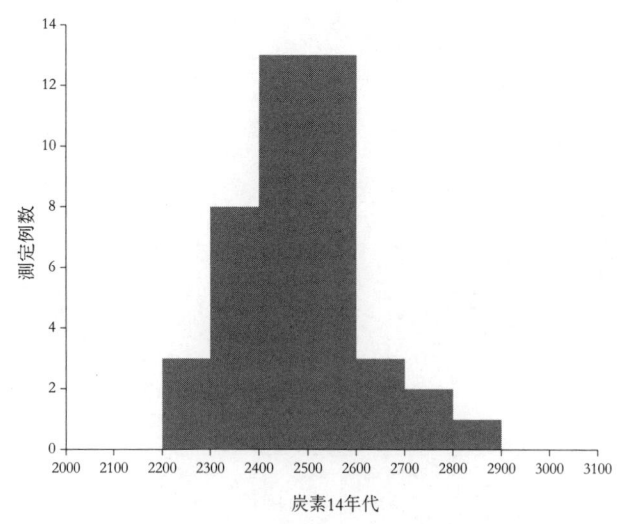

図2-22 外反口縁土器の炭素14年代

クがあることがわかる。最頻値は 2550 ^{14}C BP である。他の試料に対する測定例の炭素 14 年代の幅は以下の通りである。

　土器付着炭化物（8 例）：2400 ^{14}C BP 台〜 2500 ^{14}C BP 台

　炭化米（2 例）：2500 ^{14}C BP 台〜 2600 ^{14}C BP 台

C　炭素14年代と住居・土器の型式の関係

　ここでは，既存の研究において，無文土器中期の細分編年の根拠となっている住居と土器の型式ごとに，度数分布を検討する。まず，住居の型式と炭素 14 年代の関係を検討しよう。先行研究においては，住居跡 5 類（方形松菊里型住居跡）→住居跡 6 類（円形松菊里型住居跡）への変化が想定されている。**図 2-20** は，住居跡 5 類の炭素 14 年代のヒストグラムである。これによると，2501 〜 2600 ^{14}C BP 区間にピークがあることがわかる。最頻値は 2550 ^{14}C BP である。図 2-21 は，住居跡 6 類の炭素 14 年代のヒストグラムである。これによると，2501 〜 2600 ^{14}C BP 区間にピークがあることがわかる。最頻値は 2550 ^{14}C BP である。このように，住居型式間において炭素 14 年代の違いは認められなかった。

　次に，土器の炭素 14 年代について検討しよう。**図 2-22** は，外反口縁土器（松菊里式土器）の炭素 14 年代のヒストグラムである。これも 2401 〜 2600 ^{14}C BP 区間にピークをもち，最頻値 2500 ^{14}C BP となる。先に行った住居型式に対する検討とほぼ同様の結果が得られ，二つの住居型式と土器型式との間に違いはなかったといえる。

4　無文土器前期・中期炭素14年代の較正年代

A　無文土器前期炭素 14 年代の較正年代

　先に行った検討の結果，無文土器前期の炭素 14 年代の度数分布は，おおむね 2701 〜 2900 ^{14}C BP 区間にピークがあることがわかった。そこでここでは，同区間に属する測定例を対象として，Calib Rev.5.0 を用いて，較正年代を算出した。

　表 2-4 は，無文土器前期炭素 14 年代の較正年代（2 σ：確度 95.4％）

表 2-4　無文土器前期炭素 14 年代の較正年代

No.	測定機関コード	試料の種類	炭素 14 年代			$\delta^{13}C$	較正年代（2σ）															
							確率 1 位					確率 2 位					確率 3 位					
58	KCP-495	木炭	2710	±	80		1087	BC	-	762	BC	99.2%	1111	BC	-	1101	BC	0.4%	681	BC	-	672	BC	0.4%
46	BETA-108978		2720	±	50		977	BC	-	801	BC	100.0%										
49	BETA-108981		2720	±	70		1028	BC	-	787	BC	100.0%										
28	BETA-92665	木炭	2730	±	60	-28	1006	BC	-	799	BC	100.0%										
53	BETA-108985		2730	±	50		981	BC	-	804	BC	99.0%	994	BC	-	988	BC	1.0%				
47	BETA-108979		2740	±	80		1114	BC	-	790	BC	100.0%										
51	BETA-108983		2740	±	100		1214	BC	-	754	BC	98.7%	684	BC	-	668	BC	0.6%	1254	BC	-	1238	BC	0.5%
42	BETA-108974		2750	±	70		1057	BC	-	796	BC	98.8%	1078	BC	-	1066	BC	0.8%	1109	BC	-	1103	BC	0.4%
43	BETA-108975		2750	±	70		1057	BC	-	796	BC	98.8%	1078	BC	-	1066	BC	0.8%	1109	BC	-	1103	BC	0.4%
29	BETA-92666	木炭	2760	±	60	-28.1	1047	BC	-	805	BC	100.0%										
41	BETA-108973		2760	±	70		1058	BC	-	800	BC	97.4%	1085	BC	-	1061	BC	2.0%	1110	BC	-	1102	BC	0.7%
52	BETA-108984		2770	±	50		1028	BC	-	813	BC	100.0%										
48	BETA-108980		2820	±	60		1130	BC	-	829	BC	98.4%	1158	BC	-	1146	BC	0.9%	1189	BC	-	1179	BC	0.7%
75	BETA-116414	木炭	2820	±	60	-26.1	1130	BC	-	829	BC	98.4%	1158	BC	-	1146	BC	0.9%	1189	BC	-	1179	BC	0.7%
37	BETA-125023	木炭	2830	±	40		1121	BC	-	898	BC	100.0%										
50	BETA-108982		2830	±	50		1129	BC	-	843	BC	100.0%										
133	SNU-04-760	木炭	2830	±	40	-22.3	1121	BC	-	898	BC	100.0%										
14	SNU-00-180	木炭	2840	±	40	-24.5	1124	BC	-	903	BC	100.0%										
62	BETA-108989		2860	±	50		1207	BC	-	905	BC	100.0%										
76	BETA-116415	木炭	2860	±	70	-27	1222	BC	-	891	BC	93.9%	1260	BC	-	1226	BC	3.5%	878	BC	-	847	BC	2.6%
40	BETA-125026	木炭	2890	±	40		1212	BC	-	972	BC	96.3%	959	BC	-	937	BC	2.9%	1250	BC	-	1242	BC	0.8%
132	SNU-04-763	木炭	2890	±	60	-21.89	1263	BC	-	915	BC	100.0%										
38	BETA-125024	木炭	2900	±	70		1307	BC	-	908	BC	100.0%										
55	BETA-108987		2900	±	90		1321	BC	-	894	BC	95.9%	1377	BC	-	1337	BC	3.0%	871	BC	-	852	BC	1.1%
67	BETA-132471	木炭	2900	±	50		1260	BC	-	971	BC	96.9%	960	BC	-	936	BC	3.1%				

註）　1　No. は表 2-2 と対応。

　　　2　グレーの部分は炭素 14 年代測定誤差が±50 以下を示す。

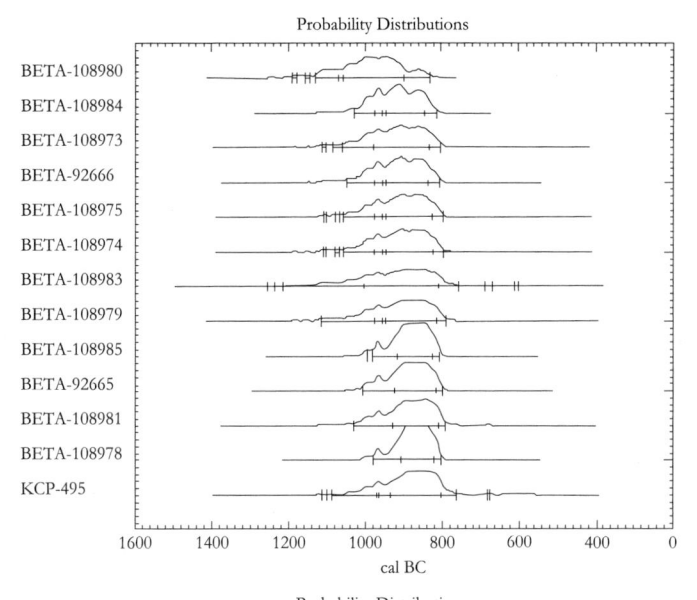

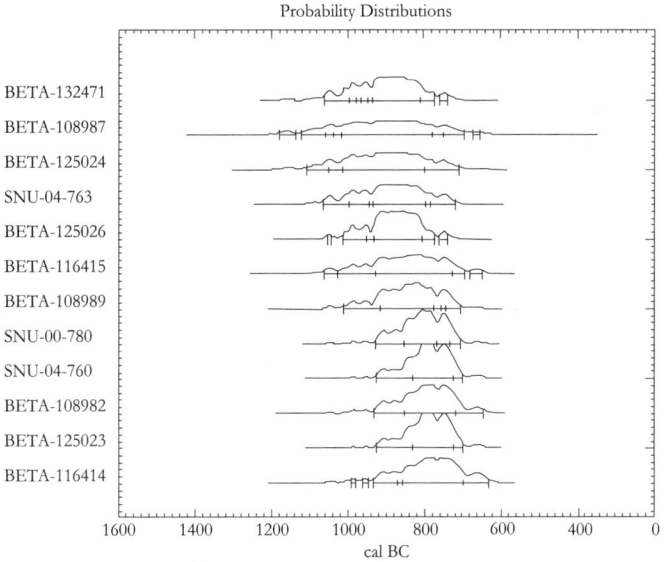

図2-23　無文土器前期炭素14年代の較正年代とその確率分布

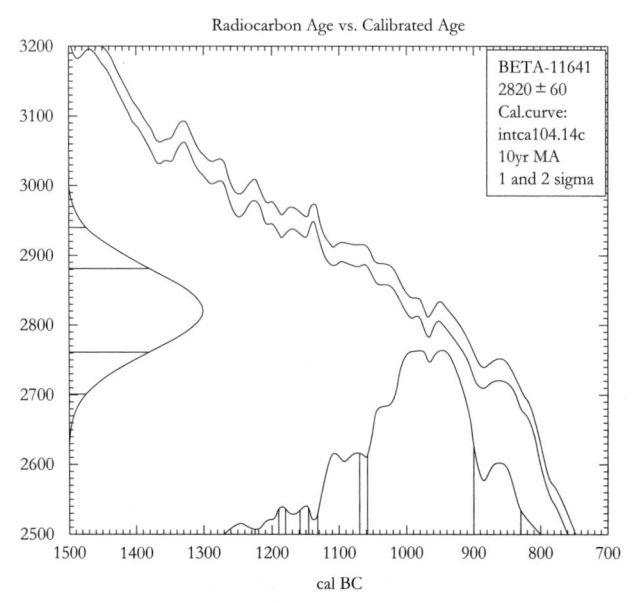

図2-24　無文土器前期較正年代の一例

の確率1位から3位までを示したものである。そして**図2-23**は，無文土器前期炭素14年代の較正年代とその確率分布を示したグラフである。まず，較正結果の全体をみると，上限は1377 cal BC，下限は668 cal BCであることがわかる。確率1位に限定してみると，上限は1321 cal BC，下限は754 cal BCとなる。ただし，この上限年代を示す測定例（No.55）と下限年代を示す測定例（No.51）は，炭素14年代の測定誤差がそれぞれ±90，±100と大きいことから，他の測定例にくらべ，較正年代の幅がかなり広めに出ているものと判断される。そこで，年代範囲をさらに狭めるために，炭素14年代の測定誤差が±50以下の測定例に対する較正結果のみをみてみる。すると，上限は1260 cal BC，下限は801 cal BCである。

　図2-24は，無文土器前期炭素14年代の較正結果の一例を示したグラフである。縦軸が炭素14年代，横軸が較正年代，そしてそれぞれに付随する山が炭素14年代の確率分布，較正年代の確率分布を示している。そして，左上から右下に走る二つの線が，較正曲線である。無文土器前期の炭素14

表 2-5　無文土器中期炭素 14 年代の較正年代

No.	測定機関コード	試料の種類	炭素 14 年代			δ¹³C	較正年代（2σ）確率 1 位		確率 2 位		確率 3 位	
109	SNU-02-613	木炭	2410	±	40	-21.1	592 BC - 396 BC	79.1%	750 BC - 687 BC	16.2%	666 BC - 640 BC	4.8%
115	SNU-02-194	木炭	2410	±	40	-23.6	592 BC - 396 BC	79.1%	750 BC - 687 BC	16.2%	666 BC - 640 BC	4.8%
7	BETA-86461	木炭	2420	±	70	-26.8	674 BC - 394 BC	78.3%	764 BC - 679 BC	21.7%		
77	SNU-00-183	木炭	2420	±	30	-24	557 BC - 401 BC	79.4%	747 BC - 688 BC	15.9%	665 BC - 644 BC	3.9%
95	SNU-00-412	木炭	2420	±	40	-27.4	595 BC - 399 BC	74.5%	751 BC - 686 BC	18.5%	667 BC - 636 BC	6.2%
117	SNU-02-196	木炭	2420	±	40	-25	595 BC - 399 BC	74.5%	751 BC - 686 BC	18.5%	667 BC - 636 BC	6.2%
64	BETA-132468	木炭	2430	±	70		675 BC - 397 BC	77.5%	764 BC - 679 BC	22.5%		
94	SNU-00-418	木炭	2430	±	40	-27	597 BC - 402 BC	69.5%	752 BC - 685 BC	20.6%	668 BC - 632 BC	8.0%
22	(FJ-0484)	土器炭化付着物	2450	±	40		602 BC - 409 BC	59.7%	755 BC - 684 BC	24.2%	669 BC - 606 BC	16.2%
26	(FJ-0485b)	土器炭化付着物	2450	±	40		602 BC - 409 BC	59.7%	755 BC - 684 BC	24.2%	669 BC - 606 BC	16.2%
97	SNU-05-818	木炭	2450	±	50	-25.82	671 BC - 408 BC	76.1%	759 BC - 682 BC	23.9%		
123	SNU-02-190	木炭	2450	±	80	-23.8	776 BC - 400 BC	100.0%				
35	BETA-125029	木炭	2460	±	70		769 BC - 406 BC	100.0%				
121	SNU-02-198	木炭	2460	±	60	-23.7	764 BC - 409 BC	100.0%				
116	SNU-02-195	木炭	2470	±	40	-27.2	674 BC - 479 BC	60.0%	764 BC - 679 BC	28.3%	471 BC - 415 BC	11.7%
10	BETA-86464	木炭	2480	±	50	-28.4	772 BC - 479 BC	89.1%	471 BC - 415 BC	10.9%		
21	(FJ-0483)	土器炭化付着物	2480	±	60		773 BC - 414 BC	100.0%				
23	(FJ-0482)	土器炭化付着物	2480	±	40		770 BC - 483 BC	92.0%	465 BC - 417 BC	8.0%		
25	(FJ-0485a)	土器炭化付着物	2480	±	40		770 BC - 483 BC	92.0%	465 BC - 417 BC	8.0%		
65	BETA-132469	木炭	2480	±	70		778 BC - 411 BC	100.0%				
20	(FJ-0488)	土器炭化付着物	2490	±	40		780 BC - 487 BC	95.1%	443 BC - 418 BC	3.3%	462 BC - 449 BC	1.6%

No.	測定機関コード	試料の種類	炭素14年代			δ^{13}C	較正年代（2σ） 確率1位		確率2位		確率3位	
120	SNU-02-197	木炭	2490	±	60	-24.5	785 BC - 480 BC	89.6%	470 BC - 415 BC	10.4%		
131	SNU-03-439	木炭	2490	±	40	-24.8	780 BC - 487 BC	95.1%	443 BC - 418 BC	3.3%	462 BC - 449 BC	1.6%
68	BETA-132460	木炭	2500	±	60		791 BC - 482 BC	91.6%	466 BC - 416 BC	8.4%		
101	SNU-02-627	木炭	2500	±	70	-29	792 BC - 479 BC	89.6%	471 BC - 415 BC	10.4%		
12	SNU-00-176	木炭	2510	±	90	-25.3	803 BC - 408 BC	100.0%				
36	BETA-125030	木炭	2510	±	60		796 BC - 486 BC	93.1%	464 BC - 417 BC	6.9%		
93	SNU-00-417	木炭	2510	±	40	-26.5	794 BC - 508 BC	98.8%	437 BC - 421 BC	1.2%		
106	SNU-02-608	木炭	2510	±	40	-24.9	794 BC - 508 BC	98.8%	437 BC - 421 BC	1.2%		
111	SNU-05-281	木炭	2520	±	60	-19.62	800 BC - 487 BC	94.7%	443 BC - 418 BC	3.2%	463 BC - 446 BC	2.1%
113	SNU-05-286	木炭	2520	±	80	-40.99	801 BC - 414 BC	100.0%				
118	SNU-02-188	木炭	2520	±	60	-27.2	800 BC - 487 BC	94.7%	443 BC - 418 BC	3.2%	463 BC - 446 BC	2.1%
119	SNU-02-189	木炭	2520	±	60	-25.5	800 BC - 487 BC	94.7%	443 BC - 418 BC	3.2%	463 BC - 446 BC	2.1%
122	SNU-02-709	木炭	2530	±	40	-27.7	798 BC - 535 BC	99.7%	529 BC - 526 BC	0.3%		
130	SNU-05-554	木炭	2530	±	50	-23.63	803 BC - 507 BC	98.5%	439 BC - 419 BC	1.5%		
19	(FJ-0489)	土器炭化付着物	2540	±	40		697 BC - 539 BC	61.5%	801 BC - 706 BC	38.5%		
31	SNU-02-063	木炭	2540	±	40	-24.3	697 BC - 539 BC	61.5%	801 BC - 706 BC	38.5%		
3		木炭	2546	±	91		836 BC - 407 BC	100.0%				
96	SNU-00-413	木炭	2550	±	40	-24.55	695 BC - 540 BC	56.7%	805 BC - 722 BC	43.3%		
112	SNU-05-285	木炭	2550	±	60	-46.87	817 BC - 503 BC	97.2%	442 BC - 418 BC	1.8%	461 BC - 450 BC	0.8%
18	SNU-00-164	木炭	2560	±	40	-22.5	809 BC - 729 BC	50.5%	653 BC - 543 BC	34.1%	692 BC - 659 BC	15.4%
34	BETA-125028	木炭	2560	±	70		831 BC - 486 BC	95.9%	464 BC - 417 BC	4.1%		
78	SNU-04-540	木炭	2560	±	80	-22.49	834 BC - 414 BC	100.0%				

No.	測定機関コード	試料の種類	炭素14年代		δ¹³C	較正年代 (2σ)					
						確率 1 位		確率 2 位		確率 3 位	
84	SNU-04-546	木炭	2560	± 60	-25.76	829 BC - 506 BC	98.3%	440 BC - 419 BC	1.3%	459 BC - 453 BC	0.3%
91	SNU-00-420	木炭	2560	± 50	-28.2	814 BC - 535 BC	99.4%	530 BC - 523 BC	0.6%		
105	SNU-02-607	木炭	2560	± 40	-28.3	809 BC - 729 BC	50.5%	653 BC - 543 BC	34.1%	692 BC - 659 BC	15.4%
124	SNU-02-191	木炭	2560	± 80	-26.4	834 BC - 414 BC	100.0%				
127	SNU-02-710	木炭	2560	± 80	-25.2	834 BC - 414 BC	100.0%				
16		炭化米	2565	± 90		847 BC - 410 BC	98.5%	893 BC - 875 BC	1.5%		
82	SNU-04-544	木炭	2570	± 60	-27.53	838 BC - 507 BC	99.0%	439 BC - 419 BC	1.0%		
126	SNU-02-193	木炭	2570	± 80	-25.9	844 BC - 476 BC	93.7%	473 BC - 414 BC	5.5%	890 BC - 880 BC	0.8%
4	SNU-03-778	木材	2600	± 30	-22	822 BC - 761 BC	97.7%	681 BC - 672 BC	2.3%		
85	SNU-04-547	木炭	2600	± 80	-25.89	916 BC - 502 BC	97.6%	442 BC - 418 BC	1.5%	462 BC - 450 BC	0.7%
99	SNU-02-606	木炭	2600	± 40	-27.2	837 BC - 748 BC	85.1%	688 BC - 665 BC	6.7%	642 BC - 589 BC	6.6%

註) 1 No.は表 2-2 と対応。
2 グレー部分は炭素 14 年代測定誤差が± 50 以下を示す。

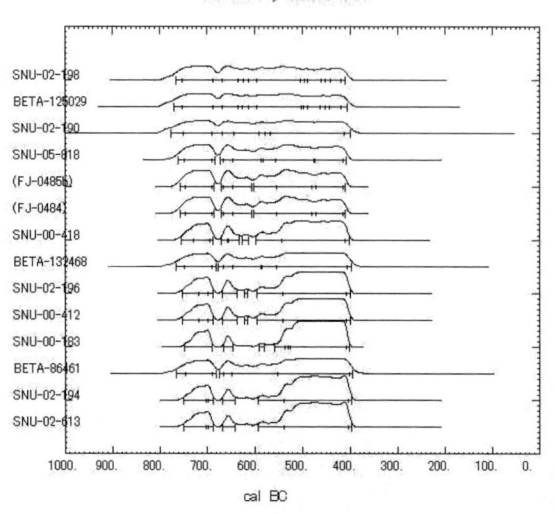

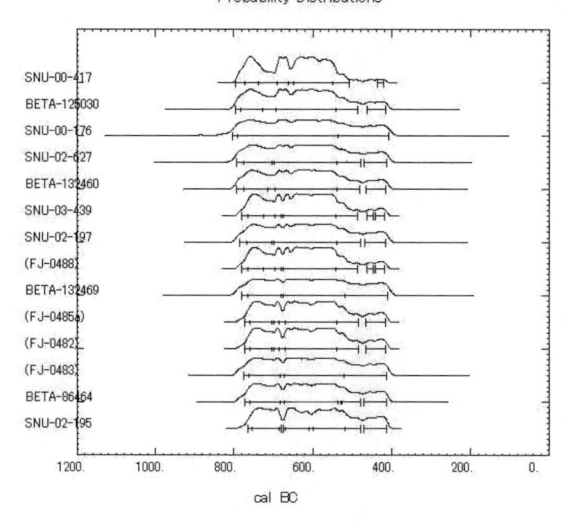

図2-25　無文土器中期炭素14年代の較正年代とその確率分布(1)

180

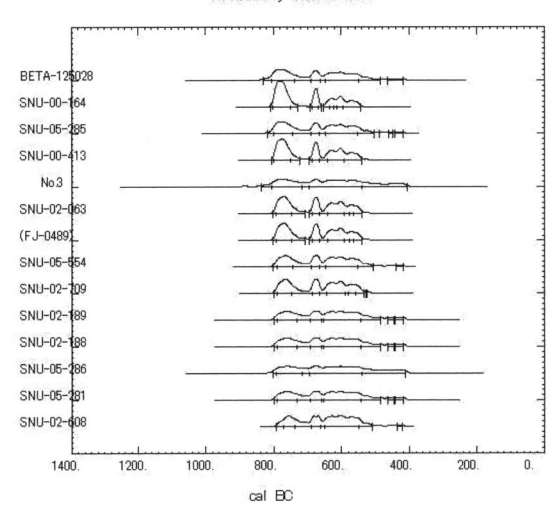

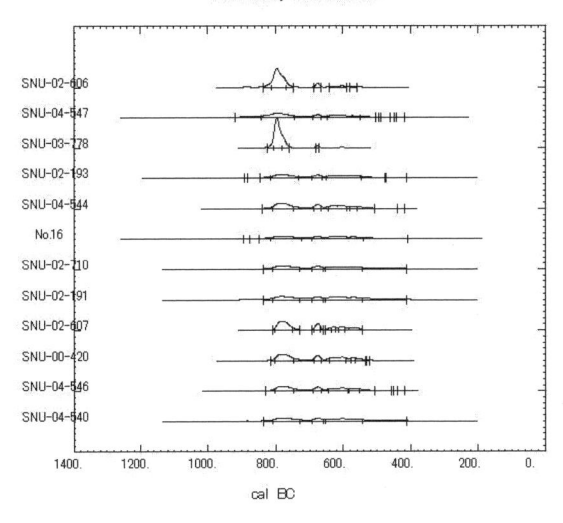

図2-26　無文土器中期炭素14年代の較正年代とその確率分布（2）

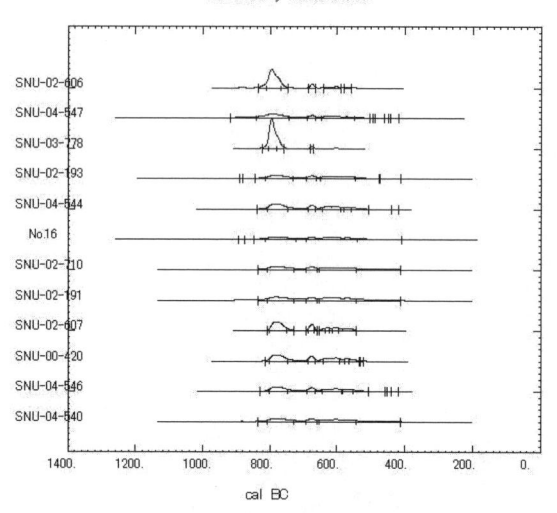

Probability Distributions

図2-27　無文土器中期較正年代の一例

年代のピークを示す2701 〜 2900 ^{14}C BP 区間では，較正曲線がいくぶん小刻みにジグザグになりつつも，おおむね傾斜している。この結果として，較正年代の確率分布は，一つのピークをもつ，比較的きれいな山形を呈している。

B　無文土器中期炭素14年代の較正年代

　先に行った検討の結果，無文土器中期の炭素 14 年代の度数分布は，2501 〜 2600 ^{14}C BP 区間に分布のピークをもつことが明らかとなった。そして，試料が「木材・木炭」と判明している測定例の度数分布や，住居型式ごとの測定例の度数分布は，2501 〜 2600 ^{14}C BP 区間，松菊里式土器の測定例の度数分布は，やや幅広く 2401 〜 2600 ^{14}C BP 区間にピークをもっていることも分かった。そこで，ここでは 2401 〜 2600 ^{14}C BP 区間に属する測定例に対して，年代較正を行うこととする。

　表 2-5 は，無文土器中期炭素 14 年代の較正結果（ 2 σ：確度 95.4％）

の確率1位から3位までを示したものである。そして図2-25・26は，無文土器中期炭素14年代の較正年代とその確率分布を示したグラフである。まず，較正結果の全体をみると，上限は916 cal BC，下限は394 cal BCであることがわかる。確率1位に限ってみても同様である。ただし，この上限を示す測定例（No.85）と下限年代を示す測定例（No.7）は，炭素14年代の測定誤差がそれぞれ±80，±70と大きいことから，他の測定例にくらべ，較正年代の幅がかなり広めに出ているものと判断される。そこで，年代範囲をさらに狭めるために，炭素14年代の測定誤差が±50以下の測定例に対する較正結果のみをみると，上限は837 cal BC，下限は396 cal BCであった。

　図2-27は，無文土器中期炭素14年代の較正結果の一例を示したグラフである。前期の場合とは異なり，炭素14年代2400〜2500 ¹⁴C BP辺りでは，較正曲線が平らになっている。その結果として，較正年代の確率分布は，いくつかの山をもつ，いびつなあり方を示している。これは，いわゆる「2400年問題」に直面しているといえる。

5　考　察

　以上，無文土器前期・中期の炭素14年代とその較正年代の検討を行った。その結果，まず，前期の炭素14年代と中期のそれの度数分布はピークを異にすること，前期は2700〜2900 ¹⁴C BP，中期は2400〜2600 ¹⁴C BPを中心年代としてとらえられることが明らかとなった[6]。これは，炭素14年代と考古学的編年との調和を示している。そして，それらの測定例を対象として年代較正を行った結果のうち，測定誤差が比較的小さい±30〜40の例に対する較正結果をみると，前期の上限は1212 cal BC，下限は817 cal BC，中期の上限は837 cal BC，下限は396 cal BCであった。また，前期の炭素14年代の中心年代は，較正曲線が傾斜している範囲にかかる一方，中期のそれは，較正曲線が平らになっている範囲にかかることがわかった。

　さて，この結果をふまえ，歴博弥生開始年代の問題に言及したい。本節で得られた較正年代のうち，測定誤差が比較的小さい例に対する較正結果

によれば，無文土器時代の前期の下限と中期の上限の境界は，800 cal BC ごろとなる。半島南部と九州北部においての考古学的編年の併行関係からみて，縄文晩期後葉（弥生早期）の開始年代はこの年代とほぼ同時期か新しくならないと整合しないことになる。歴博の主張するように，縄文晩期後葉（弥生早期）の開始を前 10 世紀後半とすると，無文土器前期と中期の境界の較正年代よりも 100 年以上，古くなることとなり，考古学的な編年の点でつじつまが合わなくなってしまう。歴博弥生開始年代は，韓国における炭素 14 年代データの蓄積を完全に無視した過剰に古い年代であるといわざるをえない。

　ところで，本節で得られた，この 800 cal BC という値にも注意が必要である。これをそのまま暦年代とするには問題がある。すでに指摘にあるように古木効果や，さらに大気中の炭素 14 濃度の地域差から生じるリザーバー効果［新井 2006］が，炭素 14 年代に対して与えた影響を考慮すれば，これより暦年代は確実に新しくなる。また，無文土器中期の炭素 14 年代の中心年代は，較正曲線の平らになる部分にかかることから，800 cal BC から 400 cal BC の間のどこかまで真の年代がくだると考えて間違いない。

　一方，縄文晩期後葉（弥生早期）の炭素 14 年代はどうであろうか。歴博弥生開始年代に対する批判を取り上げ，縄文晩期後葉（弥生早期）の炭素 14 年代の妥当な値を議論してみよう。まず，歴博による土器の時期比定にかかわる問題については，宮地聡一郎によって指摘されている［宮地 2009］[7]。すなわち，歴博が夜臼 II a 式に比定した土器のなかには，山ノ寺・夜臼 I 式に比定すべき土器が多数含まれており，再整理した結果，山ノ寺・夜臼 I 式期の炭素 14 年代は，2700 ^{14}C BP 台よりむしろ 2600 ^{14}C BP 台に集中しているという指摘である。そして，山ノ寺・夜臼 I 式期〜夜臼 II a 式期に属する佐賀県大友遺跡出土人骨の測定値が，強い海洋リザーバー効果が認められるのにもかかわらず，2500 ^{14}C BP 台後半〜 2600 ^{14}C BP 台前半であること［三原ほか 2003］，同じく山ノ寺・夜臼 I 式期〜夜臼 II a 式期に属する福岡県石崎曲り田遺跡出土鹿骨の測定値は 2488 ^{14}C BP を示すこと［田中ほか 2004］を考慮するならば，縄文晩期後葉（弥生早期）の炭素 14 年代

の中心年代は，2400 ^{14}C BP 台後半～2600 ^{14}C BP 台ということになる。これらの炭素 14 年代は，縄文晩期後葉（弥生早期）の炭素 14 年代は較正曲線が平らになっている範囲に相当するものと考えられる。

　先述のように，無文土器中期の炭素 14 年代の中心年代もまた，較正曲線が平らになっている範囲に相当するものである。これは，併行する縄文晩期後葉（弥生早期）の炭素 14 年代の中心年代もやはり「2400 年問題」に直面するものであることを物語っている。そして，この事象こそ考古学的方法によって導かれた無文土器中期と縄文晩期後葉（弥生早期）の併行関係の正しさを裏づけるものといえよう。

註

1) ここでの分類のうち，長胴壺・柱状片刃石斧・住居跡については庄田 [2004a] に，石鏃・石剣については大島 [2003] に倣いつつ，一部修正を加えた。

2) 第 6 章では，器高によって，大形と小形とに区分するが，ここでは一括する。

3) これ以降，単に「縄文晩期後葉」，「弥生前期前葉」とする場合はそれぞれ，この編年の「縄文晩期後葉」と「縄文晩期末葉」，「弥生前期初葉」と「弥生前期前葉」をひとまとめにした時期を意味するので，注意されたい。

4) 口唇刻目土器を縄文晩期後葉（弥生早期）に併行する「先松菊里式土器」とみる見解は，家根祥多 [1997] によるものと考えられるが，これは，半島南部の小地域ごとに存続時間幅の異なる土器である。そのため，半島南部各地でみられる口唇部刻目土器をいずれも縄文晩期後葉（弥生早期）に併行するとみなすには問題がある。

5) 木材と木炭は，両者ともに住居の建築材や薪燃料に由来するものであるので，分析にあたって，区別せず一括した。

6) 無文土器前期の炭素 14 年代のピークと中期のそれとの間には，炭素 14 年代で 100 年の空白がある。しかしながら，第 1 章第 2 節 1 で指摘したように，炭素 14 年代自体に大きなばらつきがあることから，このような空白に意味を求めること自体，有意味とは考えられない。

7) 縄文晩期中葉の黒川式土器については，歴博が炭素 14 年代のみを論拠に土器編年を行っているという批判がある [水ノ江 2009]。宮地の指摘と同じく，試料採取土器の時期比定に関する批判といえる。

第3章　朝鮮半島南部・日本列島西部における過去の気候変動

　今日，過去の気候変動を推定するための方法として，花粉分析，海水準変動の分析，湖沼年縞堆積物の分析などの古環境学や第四紀学の研究法が知られる。花粉分析は，湿原や湖底堆積物中に保存されている花粉・胞子を抽出して，その種類と量にもとづき，過去の植生を復元し，その変遷を解明しようとする方法で，これによって復元された植生の変遷にもとづいて，気候変動が推定される。また，第四紀学は第四紀に関する総合的な研究を行う自然科学の学問分野で，研究対象は地質・岩石・動植物・気候・土壌・地球物理・環境・氷河など広範に及ぶ。本書で対象とする朝鮮半島・日本列島の両地域においては，古地形や堆積物などの分析によって，過去のユースタティックな海水準の変動をとらえ，これにもとづいて気候変動の推定が行われている[1]。また最近では，考古学者によっても遺跡の発掘調査で得られた堆積相データからのアプローチがなされつつある。

　本章では，これらの複数の方法によって得られた結果を整理・検討することによって，半島・列島における過去の気候変動を明らかにする。

第1節　朝鮮半島における過去の気候変動データの検討

1　花粉分析による気候変動の研究状況

　半島南部での花粉分析の結果をふまえて，過去の気候変動に関する本格的な考察を行った嚆矢は，曺華龍である。曺華龍は，Pinus（マツ属）と Quercus（コナラ属）の増減によって，次のような花粉帯を設定した。すなわち，花粉帯 I = Quercus Stage（10000 〜 6000 年 BP），花粉帯 II = Pinus-Quercus Stage（6000 年 BP 〜現在）に大別したうえで，後者

をⅡa＝下部 Pinus Substage（6000 ～ 3000 ないし 4000 年 BP），Ⅱb＝
Pinus-Quercus Stage（3000 ないし 4000 ～ 2000 年 BP），Ⅱc＝上部 Pinus
Substage（2000 年 BP ～現在）に細分した。そして，Pinus（マツ属）のほ
とんどをアカマツととらえ，アカマツが乾燥しやすい環境に生育する特徴
をもつことから，花粉帯Ⅱa・Ⅱcをより乾燥した気候，花粉帯Ⅰ・Ⅱbを
より湿潤な気候と推定した [曺華龍 1979]。

　崔基龍は，10000 年 BP 以降に Quercus（コナラ属）が急増することと，
Fagus（ブナ属）や Cryptomeria（スギ属）がみられないことから，列島よ
りやや冷涼ではあるが，温暖・湿潤の気候に移行することを指摘した。ま
た，4000 ～ 3210 年 BP は一時的に Pinus（マツ属）花粉の出現率が減少す
る時期であることを報告した [崔基龍 2001]。その後，こうした Pinus（マ
ツ属）花粉の減少が，安田喜憲ら [1978] のいう，4500 年 BP を前後する
時期の Pinus（マツ属）の減少，落葉広葉樹の増加，温暖帯の重要な指標で
ある Cyclobalanopsis（アカガシ属），Castanopsis（シイ属）の低比率での出
現と一致することを指摘し，この時期に一時的に寒冷な気候に変化したこ
とを示しているとみなした [崔基龍 2002]。

　尹順玉らは，慶尚南道密陽市山外面琴川里一帯の沖積層から得られた土
壌試料に対する花粉分析および灼熱減量分析の結果と炭素 14 年代測定値
をもとに，完新世後期の植生環境を復元し，農耕活動を検討した。その結
果，花粉帯Ⅰ（2500 ～ 2300 年 BP）と花粉帯Ⅱ（2300 ～ 1700 年 BP）と
を設定した。花粉帯Ⅰは，ハンノキ（Alnus）中心の木本花粉（AP）優勢
期を示し，水深のある沼沢地環境が推定された。花粉帯Ⅱは，沼沢地が陸
化し，人間の影響が大きく反映する時期で，三つの亜分帯に細分した。亜
分帯Ⅱa・Ⅱbでは，氾濫原に繁茂していたハンノキ林が伐採され，胞子
類（Spore）と散形科（Umbelliferae），タデ属（Persicaria）など草本花粉
（NAP）の出現率が急増するとした。そして，花粉分析の結果と考古学の発
掘結果とを総合した結果，本格的な農耕活動の始まりは，2300 年 BP ごろ
かそれ以前にさかのぼると結論づけた [尹順玉ほか 2005]。

2 第四紀学による気候変動の研究状況

韓国の第四紀学界においては，海岸平野に発達する泥炭層の花粉分析や珪藻分析，泥炭の灼熱減量分析，堆積相解析などの方法を用いて，半島南部においての 6000 年 BP 以後の海水準の微変動が議論されてきた。

曺華龍は，半島南部の東海岸の海水準の微変動を検討した。すなわち，5000 ～ 6000 年 BP の間に海面は現在の水準に上昇，4000 年 BP ごろに下降，3000 年 BP ごろに再び上昇，2300 年 BP には再度下降，1800 年 BP にはまた上昇するという海水準の微変動曲線を復元した［曺華龍 1987］。

尹順玉は，曺華龍［1987］をふまえつつ，江原道江陵市の剡石川流域に発達する雲山沖積平野で，5000 ～ 6000 年 BP ごろの急激な海面上昇による内湾化→その後の北側を流れる南大川から供給される堆積物による湾口での浜堤列の形成と大規模な潟湖ないしは低湿地の形成→4000 年 BP ごろの海面の相対的低下と河川と海浜からの砂礫の供給による潟湖の縮小→ 3200 年 BP ごろの海面上昇による潟湖の再拡大→2300 年 BP ごろの海面低下に伴う低湿地の縮小→1800 年 BP ごろの海面上昇による，水深のある低湿地の形成という地形の変遷を推定した［尹順玉 1998］。

黄相一は，西海岸地域を対象として，5000 年 BP ごろに平均高潮位 5.5 m（平均海面では 0.8 m）に達する海水面の上昇→4000 年 BP ごろの一部の地点でみられる海面低下と上昇→2300 年 BP ごろの小幅の海面低下（平均高潮面 4.85 m）→その後の再上昇→1800 年 BP ごろの最高水準期（平均高潮位面 5.8 m，平均海面では約＋ 1.1 m）→以後の海水面の緩やかな低下という海水準の微変動曲線を復元した［黄相一 2001］。

3 遺跡堆積相による気候変動の研究状況

上述の花粉分析や海水準変動による気候変動の推定のほかに，最近では遺跡の発掘調査で得られた堆積相データによる気候変動の推定の試みが田崎博之によって行われた［田崎 2008a，2010］。田崎が採った方法は，遺構・遺物の埋積状況を遺跡の形成過程における堆積環境の変化を示すデータと

してとらえ，ここから海水準変動と関係する情報を抽出し整理することによって，その背景にある気候の変化を読みとろうとするものである。この方法の最大の利点は，花粉分析とは異なり，発掘調査によって得られた遺構・遺物の検討を通して，信頼性の高い時間軸で，かつ土器編年による比較的短いタイムスケールで，気候変動をとらえることができる点にあるという。

田崎は，半島南部の地形的特性や遺跡立地をふまえたうえで，この方法を用いて数遺跡の堆積環境の変遷を検討することによって，櫛目文土器時代から無文土器時代にかけての海水準変動と気候変動を復元した。その結果は以下の通りである。

・櫛目文土器中期の海水準の上昇，気候の温暖化。
・櫛目文土器後期の海水準の下降，気候の寒冷化。
・無文土器前期後半の海水準の下降，気候の寒冷化。
・無文土器前期末〜中期前半の海水準の上昇，気候の温暖化。
・無文土器中期後半の海水準の下降，気候の寒冷化。

この結果と花粉分析や第四紀学的研究による海水準変動との関係については，櫛目文土器中期の海水準上昇が，第四紀学的研究の指摘する 5000 年 BP ごろ，あるいは 5000 〜 6000 年 BP ごろの急激な海水準の上昇と対応し，櫛目文土器後期の海水準下降が，尹順玉 [1998] の推定する 5000 年 BP 以降の浜堤列の形成と大規模な潟湖や周辺の低湿地の発達する時期にあたるとした。そして，無文土器前期後半の海水準下降は，尹順玉 [1998] が指摘する 3200 年 BP ごろの海水準上昇による潟湖の拡大や，黄相一・尹順玉 [2000] が指摘する珪藻分帯Ⅲ（3090 ± 110 年 BP と 2910 ± 120 年 BP という炭素 14 年代が得られた）の小海進期と対応するとした。

4　朝鮮半島における確度の高い気候現象

以上，花粉分析・第四紀学的研究・遺跡堆積相分析による半島における気候変動の推定結果を概観した。この結果を整理することによって，ここでは半島における確度の高い気候現象を導きたい。先述の研究結果から導

かれる半島の海水準と気候の変動を一つの図にまとめると，**図3-1**の通りである。図には，海水準の変動から読み取れる気候現象も表示した。海水準の変動は，ユースタティックな氷河性海面変動であることを前提とすれば，海水準の変動にもとづき，気候の変動を読みとることが可能である。すなわち，海水準の上昇期と下降期はそれぞれ，気候の温暖期と寒冷期とみなすことができる。また，図中の花粉分析と第四紀学による気候推定の年代は，それぞれの研究で炭素14年代にもとづいて提示された年代を，OxCal 4.1（較正曲線 IntCal04）によって較正を行い，そこで得られた較正年代の上限値と下限値の和を2で割った値を代表値として示したものである。これは第3節で，本節での検討結果と列島における気候変動の推定結果との比較を行うために，年代基準をそろえる必要があることによる。なお，ここでの較正年代の算出にあたっては，炭素14年代の測定誤差は0を入力し，較正年代範囲は2 σ（確度95％）を採用した。第3節では，もともと複数の異なる方法から導かれた年代を用いてデータ間の比較を行うため，こうした大雑把な把握の仕方であっても差し支えないものと考える。

　通常，古気候データから得られた気候現象を歴史科学の分野で運用するにあたっては，複数の方法から得られたデータを通して，同一時期に認められる同様の気候現象を見つけ出すことによって，個々の気候現象が確かなものであるかどうかを検証することが肝要である。ここでは，時期がある程度限定でき，かつ二つ以上のデータにおいて共通して認められた気候現象を見出し，それをより確実な気候現象とみなすこととする。すると，以下の三つの時期における気候現象が指摘できる。

　温暖期Ⅰ：曺華龍 [1987]，尹順玉 [1998] の前4900 ～ 3800 年ごろの海水準上昇期，田﨑 [2008a, 2010] の櫛目文土器中期の温暖期。

　寒冷期Ⅰ：崔基龍 [2001] の前2500 ～ 1500 年の冷涼期，曺華龍 [1987] の前2500 ～ 1300 年の寒冷期，尹順玉 [1998] の前2500 ～ 1500 年の寒冷期，黄相一 [2001] の前2500 年からの寒冷期，田﨑 [2008a, 2010] の櫛目文土器後期の寒冷期。

　寒冷期Ⅱ：尹順玉ほか [2005] の前700 ～ 400 年と 300 年の間の寒冷期，

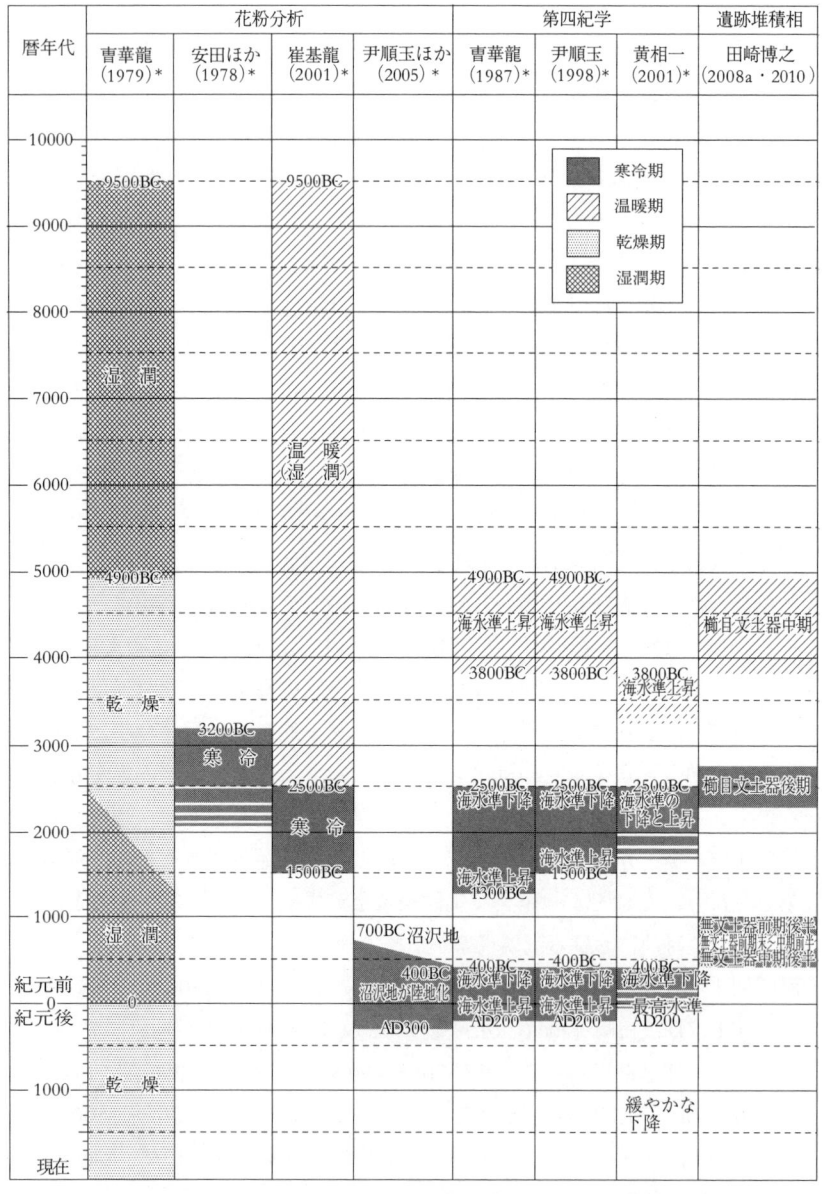

図3-1　朝朝半島南部における気候変動データの比較

*IntCal04による較正年代

曺華龍［1987］，尹順玉［1998］の前 400 〜 200 年の寒冷期，黄相一［2001］の前 400 年からの寒冷期。田崎［2008a，2010］の無文土器中期後半の寒冷期。

　ところで田崎［2008a，2010］は，遺跡の堆積相から導いた無文土器前期後半の海水準下降期の年代を，尹順玉［1998］のいう 3200 年 BP の海水準上昇期と，黄相一・尹順玉［2000］のいう 3090 ± 110 年 BP と 2910 ± 120 年 BP の小海進期に対応させ，これを遺跡堆積相分析と第四紀学的方法の間で，推定される気候現象が相反するとケースとみなした。しかし，この場合での両者の時期的な対応関係は，性質の異なる二つの年代によって求められた点で問題がある。すなわち，田崎が指摘する無文土器前期後半の海水準下降は，九鳳里・盧花里遺跡の盧花里地区第 1 耕作層にもとづいて推定されたものであるが，ここで得られた年代は 1290 〜 760 cal BC という「較正年代」である。一方，尹順玉［1998］が指摘する海水準上昇による潟湖の拡大の年代である 3200 年 BP，黄相一・尹順玉［2000］が指摘する珪藻分帯Ⅲの小海進期の年代である 3090 ± 110 年 BP と 2910 ± 120 年 BP は，較正されていない「炭素 14 年代」である。

　ここで「炭素 14 年代」と「較正年代」のそれぞれの意味と相互の関係を確認しておきたい。「炭素 14 年代」とは過去から現在にいたるまで大気中の炭素 14 濃度が変化しないという仮定のもとに算出した年代のことである。しかし，今日ではその仮定が正しくないことがすでに明らかにされており，炭素年代を暦年代にそのまま読み替えることはできない。そこで，年輪年代法などで暦年代の判明した試料の炭素 14 年代を測定することによって作成した較正曲線（IntCal98，IntCal04 など）を用いて，炭素年代を暦年代へと変換する作業が必要となる。この作業を通じて得られた年代が「較正年代」である。

　以上のことから，両者の時期的な関係をみるためには，尹順玉［1998］の海水準上昇期の炭素 14 年代（3200 年 BP），黄相一・尹順玉［2000］の小海進期の炭素 14 年代（3090 ± 110 年 BP，2910 ± 120 年 BP）を較正年代に変換したうえで，盧花里第 1 耕作層の較正年代（1290 〜 760 cal

BC) との比較を行う必要がある。まず，尹順玉［1998］の炭素14年代（3200年BP）をOxCal 4.1（較正曲線IntCal04）で較正すると，2σ（確度95%）で上限が1496 cal BC，下限が1441 cal BCであった。そして，黄相一・尹順玉［2000］の炭素14年代（3090 ± 110年BP，2910 ± 120年BP）も同様に較正すると，それぞれ1611 ～ 1041 cal BC，1404 ～ 842 cal BCという値が得られた。これらの較正年代と盧花里第1耕作層の較正年代とを比較すると，両者は重複しているものの，尹順玉［1998］や黄相一・尹順玉［2000］の年代の方が，盧花里第1耕作層の年代に比べて，確立分布の上限値と下限値が300 ～ 100年程度古く出ていることがわかる。したがって，尹順玉［1998］の海水準上昇期，黄相一・尹順玉［2000］の小海進期は，盧花里第1耕作層の相対年代である無文土器前期後半の寒冷期よりも早い時期の可能性があり，異なる方法により推定される気候現象が相反する事例とは必ずしもいえない。

第2節　日本列島における過去の気候変動データの検討

1　花粉分析による気候変動の研究状況

　日本において，花粉分析による過去の気候変動の研究を本格化させたのは，阪口豊である。阪口は，群馬県尾瀬ヶ原において泥炭柱の採取をおこない，そこで得られた土壌サンプルの花粉分析を通じて気候変動を検討した。その結果，縄文中期と後期の間（前2446 ～ 前2267年），縄文晩期と弥生時代の間（前866 ～ 前398年），古墳時代にあたる240 ～ 732年にそれぞれ寒冷期があったことを想定した。さらに，「古墳寒冷期」を390年の中休みによって2期に分け，前期では270年，後期では510年に気温が最も落ち込んだとし，とくに後者の落ち込みは著しいとした［Sakaguchi 1982, 1983；阪口 1984］。なお，ここでの年代は，阪口自らが年輪年代による補正値をもとに，炭素年代を較正したものであることを注意しておく必要がある[2]。その後，同じ分析結果を用い

194

て，寒冷期の時期については，縄文中期と後期の間を縄文中期（前 2587 〜前 2409 年），縄文晩期と弥生時代の間を縄文後期〜晩期（前 1056 〜前 580 年），古墳時代の寒冷期の開始を 240 年から 246 年に変更した［阪口 1989］。なお，この変更の理由については，明らかにしていない。

2 第四紀学による気候変動の研究状況

太田陽子らは，1960 年から 1981 年 2 月までに得られた列島の主な海面変化曲線，およびそれと関連する資料を整理したうえで，当該地域における完新世海面変化に関する研究の現状と問題を紹介した［太田ほか 1982］。これは太田らが前年に世界へ向けて公開した “Atlas of Holocene Sea level Records in Japan”［Ota *et al.* 1981］をもとにしたものである。太田らは，それまでの研究事例を整理したうえ，完新世において 10000 年 BP，5000 〜 4000 年 BP，3000 〜 2000 年 BP という三つの時期に，海水面の小低下を認めた。そして，この三つの時期のうち，5000 〜 4000 年 BP の海水面の小低下を「縄文中期の小海退」と呼んだ。

地理学者の海津正倫は，沖積平野の形成過程と気候変動とを関連させて，阪口豊［1984］のいう寒冷期を，縄文時代と弥生時代の間，弥生時代と古墳時代の間に求めた［海津 1994］。

近年，福澤仁之は，過去数万年にわたる気候・海水準を季節から 1 年という単位で記録したものとして，列島の汽水湖沼で発見された「年縞」（non-glacial verve）の分析を行い，気候変動を推定した。福澤は，福井県水月湖から得られた堆積物柱状試料の菱鉄鉱量と方解石量の変動をもとに，7000 〜 6800 年前，5500 〜 5000 年前，4400 年前，3600 年前，3000 年前，1800 年前の 6 時期に海水準が低下したことを指摘した［福澤 1995］。また，鳥取県東郷池から得られた堆積物柱状試料の菱鉄鉱量，全硫黄量の変動から，8200 〜 7800 年前，6800 〜 6000 年前，5800 〜 5200 年前，4500 〜 3600 年前，3000 〜 2800 年前，2000 〜 1900 年前，1300 年前，500 年前に海水準の低下を認めた。そして，とくに東郷池には 8800 年前から海水が本格的に流入して内湾環境になった後，8200 〜 7800 年前，4500 〜

3600 年前，2000 〜 1900 年前，1300 年前，500 年前の海水準の低下は顕著であるとした［福澤 1998］。

3　遺跡堆積相による気候変動の研究状況

以上の花粉分析や第四紀学的研究による気候変動の研究のほかに，考古学者によって，遺跡の発掘調査で得られた堆積相データにもとづいた気候変動の推定も行われている。

甲元眞之は，列島西部の沿岸遺跡にみられる風成砂丘の形成にもとづいて，先史時代における気候変動の推定を行い，一連の論考［甲元 2004a, 2004b, 2007, 2008］を発表した。これらの論考のうち，甲元［2008］は列島の先史時代に関する自身の研究成果ばかりではなく，中国大陸と世界の気候変動研究の成果をも総括したものとして，よくまとまっているので，ここで取り上げたい。

甲元が気候変動を推定するために用いた方法は，沿岸砂丘に形成された遺跡の層位関係と考古遺物とを対比することによって，寒冷化して砂丘が形成された時期と温暖化して砂丘上に人間が生活の拠点を求めた時期とを特定しようとするものである。これは，寒冷期には海水面が低下し，沿岸部の砂が風により陸地に運ばれて風成砂丘が形成され，反対に温暖期には海水面が上昇し，砂の供給が止まり，植物が繁茂することによってクロスナ層が形成されるという認識にもとづいている。甲元は，この方法を用いて，それまでの研究［阪口 1989；海津 1994；Yasuda *et al.* 2004；安田 2007］において「縄文中期寒冷期」「弥生寒冷期」「古墳寒冷期」と呼ばれてきた寒冷期の考古学的時期を再検討した。

まず，「縄文中期寒冷期」のより正確な時期については，列島西部において縄文前期末と中期初頭のクロスナ層に挟まれた期間に砂丘が形成されたことを認め，この時期に寒冷化に伴って海退現象が起こったものとみなした。暦年代については，縄文前期（曽畑式）の炭素 14 年代の較正年代が 2600 cal BC，縄文中期（船元式）の炭素 14 年代の較正年代が 2400 cal BC であり，この間の時期が中国大陸での廟底溝第二期文化段階の寒

196

冷化とサブ・ボレアル期の前半期に相当する世界的な寒冷化［Simmons and Michael 1981；Taylor 2001］とおおむね一致していることを指摘した。

　次に，研究者間で年代比定に微妙なズレがあった「弥生寒冷期」については，縄文晩期中葉の黒川式土器が使用された時期と縄文晩期後葉～末葉の夜臼式土器が使用された時期に挟まれた時期に，列島西部の沿岸地域に砂丘が形成されたものとみて，この時期に気候の寒冷化を遠因とする海退現象の発生は限定されると結論づけた。そして，この寒冷期が地球規模で起きた紀元前1000年紀前葉の寒冷・海退現象［安田 1994］と一致すると指摘した。また，この時期に列島では，川崎市沖合の海底調査［中井ほか 1988］や，沖積層の堆積過程の研究［有明海研究グループ 1965］でもこの時期の寒冷化を支持する結果が得られているとした。さらに，この時期の寒冷化を支持する事象として，中国北方地域では，寒冷化を背景として，農耕・牧畜業から牧畜業への生産活動の移行が行われたこと［田広金・史培軍 1997］や，イギリスでは，遺跡や遺跡周囲に泥炭層が形成されていること［Simmons and Michael 1981］をあげた。

　最後に「古墳時代寒冷期」については，列島西部において，弥生後期前半以降から弥生終末期以前の間の時期に，砂丘の形成があったことを指摘し，この時期に気候の寒冷化を遠因とする海退現象を生じたものとみなした。そして，これは中国の気候変遷の研究［竺可楨 1972］ともよく一致しているとした［甲元 2008］。

　田崎博之は，前節で述べた半島南部を対象とした気候変動の検討に先立ち，発掘調査によって得られた遺構・遺物の堆積状況を通じて，唐津湾沿岸地域における縄文時代から古墳時代にかけての海水準変動と気候変動を検討した［田崎 2007］。さらに田崎は，対象地域を糸島地域や福岡平野まで広げ，同様の検討を行うことによって，自説を補強・修正した［田崎 2008b］。その結果，導いた結論をまとめると，以下の通りである。

・縄文前期は，寒冷期にあたる。
・縄文中期前半は，温暖期にあたる。
・縄文中期後半は，寒冷期にあたる。「縄文中期の小海退」［大田ほか 1982］，

「縄文中期の寒冷期」［阪口 1984, 1989］に対応する。

- 縄文後期前半～後葉は，海水準の上昇，温暖化。
- 縄文晩期前半～後半の山ノ寺式段階は，寒冷期にあたる。
- 縄文晩期後半の夜臼式段階は，海水準の上昇。温暖化。
- 弥生前期初頭～前葉は，若干の海水準低下。冷涼化。
- 弥生前期中葉～末は，海水準の上昇。温暖化。
- 弥生中期初頭～中期中葉は，多雨化による冷涼化。
- 弥生中期後葉～後期中葉は，前時期からの雨が多い気候条件がつづく。しかし，湿潤・温暖な気候に転じる。
- 弥生後期中葉から後期後葉にかけて，湿潤・温暖な気候条件が乾燥・温暖なものへと変化。
- 古墳中期後葉～後期前半は，短期的な海水準の下降，冷涼化。阪口［1993］が指摘する「古墳の寒冷期」にあたる。

4　日本列島における確度の高い気候現象

　以上，花粉分析・第四紀学的方法・遺跡堆積相分析による列島における気候変動推定の研究を概観した。この結果を整理することによって，ここでは列島における確度の高い気候現象を導きたい。先述の研究結果から導かれる列島における気候変動を一つの図にまとめると，**図 3-2** の通りである。前節と同じく，異なる方法から導かれた個々の気候現象の妥当性を検証するためには，まず個々のデータの年代をなるべく暦年代に近い値にそろえる必要がある。阪口［1984, 1989］の年代は，阪口自身が炭素 14 年代を樹木年輪年代によって補正を行っているので，これをそのまま用いた。また福澤［1995, 1998］の年代は，湖底に 1 年ごとに堆積する層の数を計測することによって得られた年代であるので，理論的には暦年代に近いという。そこで，この値も図にそのまま用いた。大田ほか［1982］の年代は，炭素 14 年代であったため，これを OxCal 4.1（較正曲線 IntCal04）によって較正年代へと変換し，その上限値と下限値の和を割った値を代表値として示した。なお，ここでの較正年代の算出にあたっては，炭素 14 年代の測

定誤差は 0 を入力し，較正年代範囲は 2 σ（確度 95%）を採用した。また，甲元眞之 [2008] や田崎博之 [2008b] については，近年の AMS 炭素 14 年代の較正年代値を参考にして，土器編年の時期を配列した。これらの作業を経て作成した図から，前章で行った検討と同様，時期がある程度限定でき，かつ二つ以上のデータにおいて共通して認められた気候現象を見出し，それをより確実な気候現象とみなすこととする。すると，以下の五つの時期における寒冷期が指摘できる。

寒冷期 A：大田ほか [1982] の前 3800 ～ 2500 年の寒冷期，福澤 [1995] の前 3500 ～ 3000 年の寒冷期，福澤 [1998] の前 3800 ～ 3200 年の寒冷期。

寒冷期 B：阪口 [1984] の前 2446 ～前 2267 年の寒冷期，阪口 [1989] の前 2587 ～前 2409 年の寒冷期，福澤 [1995] の前 2400 年の寒冷期，甲元 [2008] の縄文前期末（曽畑式）と中期初頭（船元式）の間の寒冷期。

寒冷期 C：阪口 [1984] の前 866 ～前 398 年の寒冷期，阪口 [1989] の前 1056 ～前 580 年の寒冷期，福澤 [1995] の前 1000 年の寒冷期，福澤 [1998] の前 1000 ～前 800 年の寒冷期，甲元 [2008] の縄文晩期中葉（黒川式）と縄文晩期後葉（夜臼式）の間の寒冷期，田崎 [2008b] の縄文晩期前半～後半の山ノ寺式の寒冷期。

寒冷期 D：福澤 [1995] の 200 年の寒冷期，福澤 [1998] の 0 ～ 100 年の寒冷期，甲元 [2008] の弥生後期前半と弥生終末期の間の寒冷期。

寒冷期 E：阪口 [1984] の 240 ～ 732 年の寒冷期，阪口 [1989] の 246 ～ 732 年の寒冷期，福澤 [1998] の 700 年の寒冷期，田崎 [2008b] の古墳中期後葉～後期前半の寒冷期。

これらの寒冷期のうち，本書で問題となるのは，半島・列島の両地域においての水稲農耕開始前後の時期にあたる寒冷期 C である。ここで注意されるのは，考古学的時期の比定にあたって，甲元 [2008] と田崎 [2008b] との間には違いがあるということである。すなわち甲元 [2008] は，「縄文晩期の黒川式土器が使用された時期と弥生早期の夜臼式土器が使用された

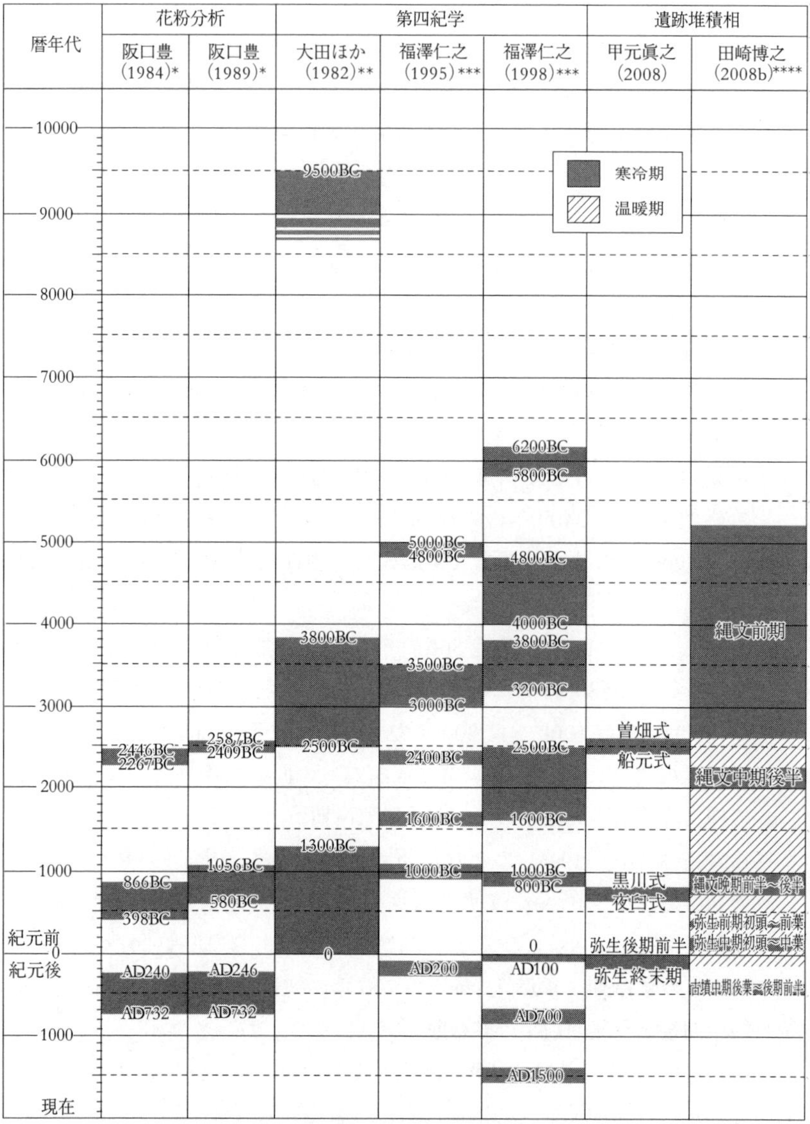

表の見出し／図のラベル：

暦年代	花粉分析		第四紀学			遺跡堆積相	
	阪口豊 (1984)*	阪口豊 (1989)*	大田ほか (1982)**	福澤仁之 (1995)***	福澤仁之 (1998)***	甲元眞之 (2008)	田崎博之 (2008b)****

凡例：■ 寒冷期　▨ 温暖期

大田ほか（1982）：9500BC、3800BC、2500BC、1300BC、0
福澤仁之（1995）：5000BC、4800BC、3500BC、3000BC、2400BC、1600BC、1000BC、AD200
福澤仁之（1998）：6200BC、5800BC、4800BC、4000BC、3800BC、3200BC、2500BC、1600BC、1000BC、800BC、0、AD100、AD700、AD1500
阪口豊（1984）：2446BC、2267BC、866BC、398BC、AD240、AD732
阪口豊（1989）：2587BC、2409BC、1056BC、580BC、AD246、AD732

甲元眞之（2008）：曽畑式、船元式、黒川式、夜臼式、弥生後期前半、弥生終末期
田崎博之（2008b）：縄文前期、縄文中期後半、縄文晩期前半〜後葉、弥生前期初頭〜前葉、弥生中期初頭〜中葉、古墳出現後葉〜後期前半

図3-2　日本列島西部における気候変動データの比較

*阪口による較正年代　**IntCal04による較正年代　***年縞年代
****縄文前期の暦年代は埋蔵文化財研究会 [1996] 掲載の炭素14年代をIntCal04によって較正した値を用いた。

時期に挟まれた時期」という表現をとり，一方の田崎 [2008b] は「縄文晩期前半〜後半の山ノ寺式の段階」を寒冷期としており，寒冷期とみなした考古学的時期の幅に若干の違いがみられる。そこで，両者の見解をもう少し詳しくみて，この寒冷期にあたる蓋然性の高い考古学的時期を導き出したい。

　甲元 [2008] は，寒冷期の上限を，縄文晩期の黒川式土器包含層の上部に認められる風成砂層の堆積の事例に求めた。また下限については，砂丘上に造られた墓地の造営開始時期，すなわち夜臼式土器の時期とみた。すなわち，甲元の見解は，縄文晩期の黒川式土器のなかでも終末期から弥生早期の突帯文単純期までを寒冷期とみたものといえる。一方，田崎 [2008b] は，寒冷期を「縄文晩期前半〜後半の山ノ寺式の段階」とみていることから，一般的な土器様式（型式）名でいえば，縄文晩期の広田式期から突帯文単純期のなかでも古い山ノ寺式の段階（夜臼 I 式期）までを指しているとみられる。

　以上のことから，甲元 [2008] と田崎 [2008b] との間では，時期の上限は異なるものの，黒川式期の終末期から夜臼 I 式期にかけての期間に寒冷期を認めるという点では共通しているといえる。したがって筆者は，寒冷期 C にあたる蓋然性の高い考古学的時期を，黒川式期終末から夜臼 I 式期にかけての時期と理解する。

第3節　朝鮮半島・日本列島の気候変動データに共通する寒冷期

　以上，半島・列島の双方における，花粉分析・第四紀学的方法・遺跡堆積相分析による気候変動の推定結果を検討した。これらの検討結果をふまえ，本節では半島・列島とで共通して認められる寒冷期を確認したい。これによって，より確度が高く，かつ考古学的時期と暦年代の特定が可能な気候現象を明らかにしよう。

　前節までに明らかとなった半島と列島の気候現象を，両地域間の考古学的時期の併行関係および暦年代を考慮しつつ比較してみると，半島寒冷期

Ⅰ＝列島寒冷期 B，半島寒冷期Ⅱ＝列島寒冷期 C・D が対応関係にあるのが分かる。このうち，前者の前 2500 年ごろの寒冷期は，半島・列島の両地域を横断し，かつ複数の方法によって存在が確認できる極めて蓋然性の高いものと評価できよう。また，後者の前 1000 〜 200 年ごろにかけての寒冷期をもう少し詳しくみてみると，半島・列島の間で寒冷期が重複するのは，前 700 〜前 400 年ごろと 0 〜 200 年ごろの期間であり，残りの前 1000 〜前 700 年ごろと前 400 〜 0 年ごろの期間は，列島あるいは半島のデータでのみ確認できるものである。ただ，アメリカの樹木年輪を通して知りうる，地球規模の寒冷期［甲元 2008］のうち，前 1000 〜 200 年の年代幅に含まれるものには，前 750 年，前 350 年，150 年の三つがあり，列島で確認できる前 1000 〜前 700 年ごろの寒冷期は前 750 年の寒冷期，半島で確認できる前 400 〜 0 年ごろの寒冷期は前 350 年の寒冷期にそれぞれ対応するものと考えられる。したがって，片一方の地域でしか確認されない寒冷期が，両地域で重複して確認される寒冷期に比べ，確実性において劣っているというわけではなく，ここで寒冷期としてとらえた前 1000 〜 200 年ごろまでの期間には，実際には最低でも三つのより短期間の寒冷期が含まれるものと考えられる。また，この期間に含まれる半島・列島の両地域に横断する気候現象として，田崎博之のいう無文土器前期後半の寒冷期［田崎 2008a, 2010］，縄文晩期前半〜後半の山ノ寺式段階の寒冷期［田崎 2008b］がある。このうち，列島の寒冷期については，他のデータによる裏づけがおおむね得られるものの，半島の寒冷期については，それがない。しかし，この半島の寒冷期も，先述の樹木年輪や次章で取り上げる較正曲線から知りうる地球規模での寒冷期と対応することから，同時期の列島での寒冷期とともに存在した可能性は極めて高い。

　さて，前 2500 年ごろの寒冷期（半島寒冷期Ⅰ＝列島寒冷期 B），前 1000 〜 200 年（半島寒冷期Ⅱ＝列島寒冷期 C・D）という二つのうち，後者の寒冷期，さらにそのなかでも列島で把握された前 1000 〜前 400 年ごろの寒冷期は，半島・列島両地域における水稲農耕の開始期にあたり，本研究で問題となる農耕伝播の背後にある要因・メカニズムに関係するものと考

えられるため，とくに重要である。しかし，水稲農耕やそれに伴う文化の伝播と気候変動との関係を議論するためには，考古学的時期と気候現象との関係をもう少しきめ細かく把握する必要がある。そこで第8章では，こうした問題を解決するのに最適である炭素14年代の較正曲線に注目しつつ，水稲農耕開始前後の時期にしぼって再び，考古学的時期と気候現象の関係を議論したい。

註
1)　そもそも花粉分析は第四紀学の研究領域のなかに含まれ，花粉分析を第四紀学から切り離すことは正しくない。しかし，本書では過去の気候変動へのアプローチ法の違いという観点を重視して，植生復元を目的とした花粉分析と，海水準変動の復元を目的とした第四紀学的研究とをあえて区別する。
2)　この研究を当時の日本考古学界に先立って，較正年代を活用した研究事例として，高く評価しようとする論考［設楽 2006］もある。

第4章　支石墓から木棺墓へ

　墓制である支石墓は，その保守的な性格上，弥生文化の成立に関与したとされる渡来人の故地と到達地を推定するうえでの重要な要素とみなされ，日本列島での受容のあり方についても活発な議論が繰り広げられてきた。本章では，朝鮮半島南端部と日本列島西部に分布する支石墓およびそれに系譜をたどれる墓制を対象として，その伝播と受容のあり方について検討する。なお，列島西部における縄文晩期後葉・弥生前期墓制の例については，**図 4-59 〜 4-65** を参照されたい。

第1節　分析結果

1　伝播モデルの構築

A　朝鮮半島南端部支石墓の再検討

　ここではまず半島南端部の支石墓にみられる属性変異とそれらからなる分類単位の妥当性を検討したい。これまで支石墓の型式分類は，属性の抽出方法・重み付けに研究者間で差異が認められ，その結果として様々な分類案が提示されてきた。このうち，列島に伝播したとされるいわゆる南方式（碁盤式）支石墓の属性としては，上石・支石・蓋石・埋葬施設・敷石（積石）・立地・墓壙等があげられる。ここでは，列島への伝播を論じたもの，あるいは祖型を設定する際に引用された論考，近年の発掘調査成果をもとに検討された論考に限って整理してみる。これにあたっては，分類階級において最も上位の単位をまとめる基準を 1 次属性，それに次ぐ下位の単位をまとめる基準を 2 次属性と呼ぶ。すると，金載元・尹武炳 [1967] と沈奉謹 [1979b] は支石の有無・蓋石の有無，甲元眞之 [1973] は支石

の有無・埋葬施設の違い，池健吉［1990］は埋葬施設の違い・敷石の有無，河仁秀［1994］は立地状態・墓壙の有無，千葉基次［2002］は支石の有無・敷石の有無／支石の配置形態をそれぞれ1次・2次属性として扱っていることが理解できる。なお，河仁秀［1994］は慶尚道の支石墓を南方式と蓋石式に大別し，さらに後者を地下形・地上形に細別している。そして，「南方式と蓋石式支石墓を区分する最も大きな特徴は支石の有無にあり，細部的には埋葬施設の形態と築造方法などで区分される」という。しかし，河仁秀が「蓋石式」とするもののなかにも支石をもつものがあり，実際は立地状態や墓地構成から大別型式を峻別しているようである。たとえば，甲元［1973］が支石のある支石墓の代表例とする昌原谷安里支石墓の支石について，「支石としては非常に小型であり，支石の役割は十分に果たしえない」としてその存在を認めていない。また，蓋石式の細別についても「埋葬施設を当時の文化層あるいは敷石設置面」よりも下位の地下に設置するものを地下形，同一レベルの地上に設置するものを地上形としているが，実際には精査したにもかかわらず全く墓壙が検出されなかったものや浅い墓壙しか確認されなかったものを地上形としているようである。したがって，筆者は河仁秀の型式分類の1次属性を立地状態，2次属性を墓壙の有無と理解する。ともあれ，先行研究のうち，現状では細かな属性変異を考慮して検討された河仁秀の分類［河仁秀 1994］が最も説得力のあるものと思われる。しかしながら，慶尚道地方の資料に限定したものであり，列島の支石墓の祖型・起源地を考えるうえでは全羅南道を含めた半島南端部全体の資料とを対象して，再検討する必要がある。

　以下，全羅南道の資料を含めて抽出した各属性の変異を提示する。取り上げる属性は墓地形態・墓壙・石槨施設・閉塞施設・埋葬容器・敷石・支石，以上7属性である（**図4-1**）。なお，これまで埋葬容器である石棺と埋葬容器を取り囲む施設である石槨は1属性内の変異として扱われてきたが，本書では厳密に区別し別属性として扱う。これは後述するように石槨内に石棺が設置された例があったり，何も検出されない場合であっても本来そこに木棺が存在した可能性があったりして，被葬者を収納する容器とそれ

と墓壙の媒体となる槨を区別する観点［都出 1986］が必要だからである。

墓地形態

個々の墓が配置された立地状態及び数量的側面に関する属性である。
Ⅰ・Ⅱ類に分類する。

　Ⅰ類：単独あるいは数基程度の群を成すもの。多くは丘陵の頂上部・斜
　　面に立地する。

　Ⅱ類：数十基で群集するもの。多くは河川間や平地に立地する。群集状
　　態には，上石・埋葬施設の長軸方向を揃え列状に配置されたものと長
　　軸方向を揃えず集塊状・環状に配置されたものの二つがあるが，分析
　　に使用したものの，有意な結果が得られなかったので一括する。

墓壙

地面を穿ち，遺体の埋置空間である墓壙を設けるか否かに関する属性で
ある。つまり，埋葬施設の築造面の位置が地下か地上かに関係する。A・B
類に分類する。

　A類：墓壙が確認されるもの。

　B類：墓壙が確認されないもの，あるいは確認されても浅い土壙にすぎ
　　ないもの。

石槨施設

墓壙の壁面・底面に川原石・割石・板石等を積み上げた墓壙と埋葬容器
の媒体となる施設の規模・形態・有無に関する属性である。槨とは中国で
用いられた用語で，棺を納め，それを囲む施設という意味である［大塚・戸
沢編 1996］。①〜④類に分類する。なお，石槨の分類は，内法（長さ・幅・
深さ）から容積を算出し，ヒストグラムを作成して，墓地形態Ⅰ・Ⅱ類と
の相関状況を観察した結果による。すなわち，1.1 〜 1.5m³ 間に不連続が
認められ，かつ 1.5m³ 以上とⅠ類との間に強い相関が看取されることから，
1.5m³ 以上・未満として区分する（**図4-2**）。

　①類：墓壙壁面に割石・板石・川原石を 4 〜 5 段以上積み上げ，精緻
　　な造りで大規模な石槨を成すもの。底面は礫を全面に敷き詰めたもの，
　　間隔を空け規則的に配置したもの，地面をそのまま用いたものがある。

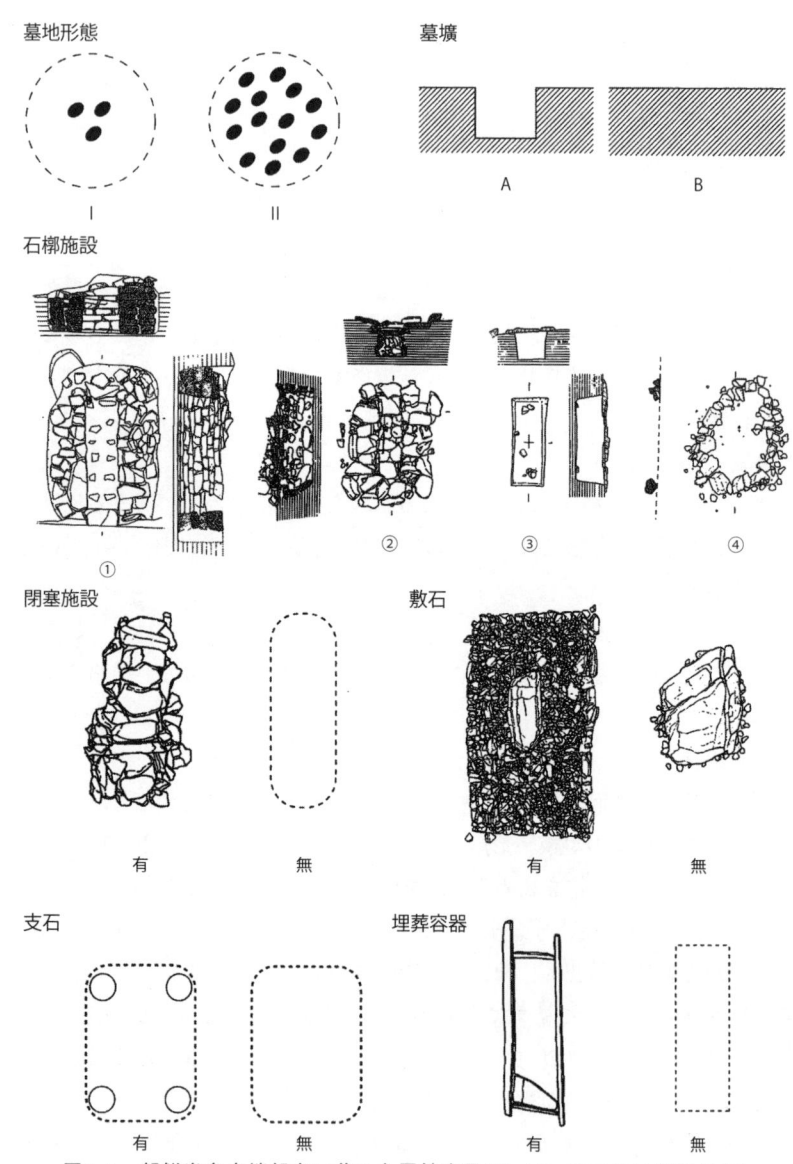

図4-1　朝鮮半島南端部支石墓の各属性変異（Hashino[2006]より引用・改変）

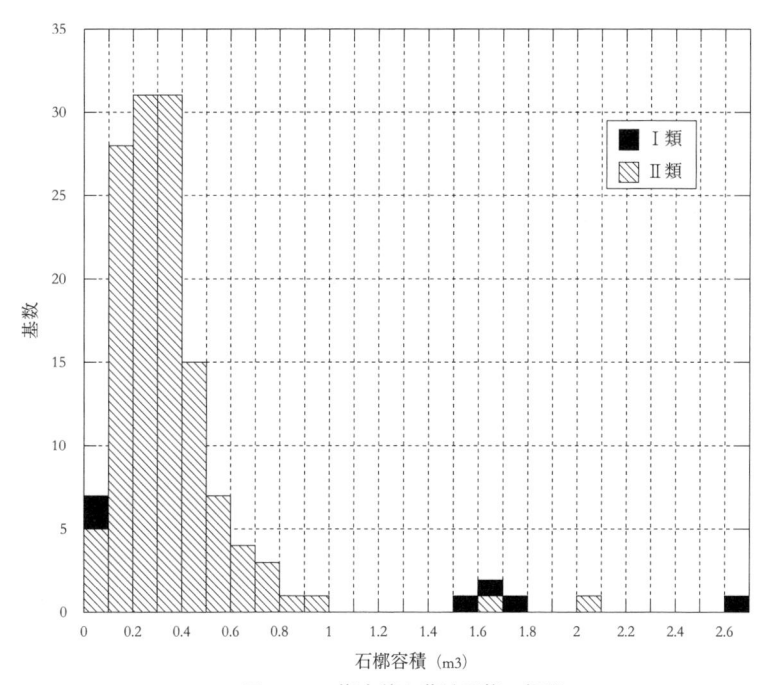

図4-2　石槨容積と墓地形態の相関

容積により②と区別され，1.5 m³ 以上のものを指す。

②類：墓壙壁面に川原石・割石・板石を４〜５段程度積み上げ，①に比べ，比較的粗い造りで石槨を成すもの。１〜３段程度しか積まず，不安定で粗雑な造りのもの，小口壁・側壁の一部に板石を用いるもの，一部簡略して石を用いないものもある。底面は，石を全面に敷き詰めたもの，間隔を空け規則的に配置したもの，不規則に配置したもの，地面をそのまま用いたものがある。容積により①と区別され，1.5 m³ 未満のものを指す。

③類：何ら石槨，または石槨状の施設をともなわないもの。

④類：川原石・割石を１〜２段積んで石槨状・石囲い状をなすもの。「類似石槨」・「囲石」と呼ばれるものである。

閉塞施設

遺体を埋置した後，石槨施設・埋葬容器を板石・割石・川原石などで閉塞する蓋石などの施設が存在するか否かに関する属性である。有無により二分する。

「有」：板石，板状割石などで埋葬施設を閉塞したもの。基本的には板石1枚のもの，板石数枚で不規則に重ねたもの，板石，板状割石を用いて6枚程度で横架けしたものがある。横架けしたものでも，1重のもの，2〜3重に重ねたもの，その上に小さな礫で補強したものなどがあるが，分析に用いたものの有意な結果が得られなかったので一括する。そのほか，木蓋の押さえ石と考えられるものもこれに含む。こうした蓋石の上に多量の石を詰め込んだ例もある。

「無」：何ら石を用いた蓋石などの施設をもたず，上石が直接埋葬施設を閉塞する役割を果たすもの。

敷石

上石下，支石周囲，時には蓋石上部に川原石・割石を敷いて被葬者の墓域施設とするもので，従来，積石・鋪石などとも呼ばれてきたものである。形態には円形・楕円形・方形・長方形・不定形のものがあり，またサイズにも大小があるが，これも分析で有意な結果が得られなかったので細別せず，有無により二分する。

支石

埋葬容器，石槨施設に遺体を埋葬し，閉塞施設を設けるまでの行程が終了後，上石を支えるための支石の有無に関する属性である。支石の配置状態には，石囲い状に隙間無く配置するもの，2〜4個程度で支えるものがあるが，これも有意な結果が得られなかったので細別せず，有無により二分する。

埋葬容器

遺体を収納する棺の有無に関する属性であり，「石棺」・「無」に分類する。石棺は，側板と小口板の組み合わせや板材固定用の墓壙掘込みの有無により細別できるが，ここでは一括する。また，「無」には慶尚南道徳川里遺跡

表 4-1　墓地形態×墓壙と各属性変異の相関状況 [a]

属性	石槨施設				密閉施設		敷石		支石		埋葬容器	
	①	②	③	④	有	無	有	無	有	無	石棺	無 [b]
ⅠA（N=6）	66.7	33.3	0	0	100	0	0	100	83.3	16.7	16.7	83.3
ⅡA（N=166）	0.6	90.4	9	0	68.7	31.3	62	38	50.6	49.4	4.2	95.8
ⅡB（N=140）	0.7	0	0.7	98.6	1.4	98.6	35	65	0	100	2.9	97.1

a　墓地形態×墓壙を基軸として％で示す。
b　ⅠA・ⅡAはそれぞれ1例ずつ木棺残片の検出例を含む。

のように木棺の残片が検出されている例も含まれ，多くは本来木棺を設置したものと推定される。

　さて，これらの属性のうち，そこにみられる変異群を比較的明確に整理できるものとして，先述の河仁秀の分類案で有効とされる1次属性「墓地形態」と2次属性「墓壙」があげられる。これら2属性は築造過程の初期段階で決定が下され［李相吉 1994a］，その後に付加される他の属性を規定するものとして重要である。そこで，それらの実際に存在する組み合わせⅠA・ⅡA・ⅡBを中心として他の属性との相関状況を，同一遺構内共伴例をみて検討し，安定した分類単位を設定する。

　表4-1は，墓地形態・墓壙の組み合わせⅠA・ⅡA・ⅡBとそれ以外の5属性にみられる変異群との相関状況を示したものである。この表から次の諸点が指摘できる。ⅰ）石槨施設については，ⅠAには①・②が認められる。ⅡAは②が主体で③は少数，①はわずかである。ⅡBは④が主体で①・③はわずかである。ⅱ）閉塞施設については，ⅠAには「有」が認められる。ⅡAには「有」・「無」の両方が認められるが「有」が優勢である。ⅡBは「無」が主体で「有」はわずかである。ⅲ）敷石については，ⅠAには「無」が認められる。ⅡAには「有」・「無」の両方が認められるが「有」が優勢である。ⅡBも両方認められるが「無」が優勢である。ⅳ）支石については，ⅠAには「有」・「無」，ⅡAには「有」・「無」，ⅡBには「無」が認められる。ⅴ）埋葬容器については，ⅠAには「石棺」・「無」が認められる。ⅡAは「無」が主体で「石棺」は少数である。ⅡBもⅡAと同様の傾向である。

以上の諸点のうち，特にi）からⅠA・ⅡA・ⅡBをそれぞれ一群にまとめることは妥当であろう。また，河仁秀の大別分類のうち，「蓋石地下形（以下，地下形）」・「蓋石地上形（以下，地上形）」は型式レベルでは前者から後者への漸移的移行が，属性レベルでは閉塞施設・敷石の有するものから無いものへの変化が，出土遺物の編年にもとづいて想定されている［河仁秀 1994］。本節の検討でも「地下形」・「地上形」に相当するⅡA・ⅡBを中心とする二群は，閉塞施設・敷石において「有」・「無」の両者が存在するものの，そのなかで量的に中心を占めるものがⅡAの場合は「有」，ⅡBの場合は「無」というように異なっており，その見解を支持する傾向を示している。また，上石の規模が増大し，形態も平べったいものから厚ぼったいものへの変化することもこのような変化と連動する属性と考えられる［河仁秀 1994］。支石については，ⅡA類では「有」・「無」の両者が同程度存在し，ⅡB類では「無」しか認められない。これは支石から石槨施設④とした「類似石槨」・「囲石」への変化を想定するうえでは当然の結果である。全羅北道高敞雅山地区・全羅南道長川里では，支石が柱状で高い例があり，いわゆる「囲石式」の出現との関連性が指摘されている［池健吉 1990］。したがって，基本的には河氏の大別分類「南方式」・「地下形」・「地上形」を有効なものと判断し，以下，墓地形態と墓壙の有無の組み合わせⅠA・ⅡA・ⅡBによって代表され，それらに対応する三群をそれぞれⅠ類・ⅡA類・ⅡB類と呼称する（**図4-3**）。河仁秀の場合，慶尚道地域における細かな変遷過程をとらえるため，上石・閉塞施設・埋葬施設・敷石などの微細な属性変異の組み合わせによりさらに細別しているが，本章では全羅南道地域の資料も同時に扱い，半島南端部全体の傾向をとらえるのが目的であるので，これ以上の細別は控えておく。ただし，閉塞施設については，九州北部支石墓の祖型と起源地を考察するうえで重要となるため，その有無によりⅡA1類（有）・ⅡA2類（無）に細別する。

　さて，次に各型式の存続時間幅と分布状況を検討しよう。河仁秀の丹塗磨研土器・磨製石剣編年［河仁秀 1992, 1994］に依拠すると，現状ではⅠ類は無文土器中期前半後葉の徳川里1号を上限とし，後半前葉の金海内洞2

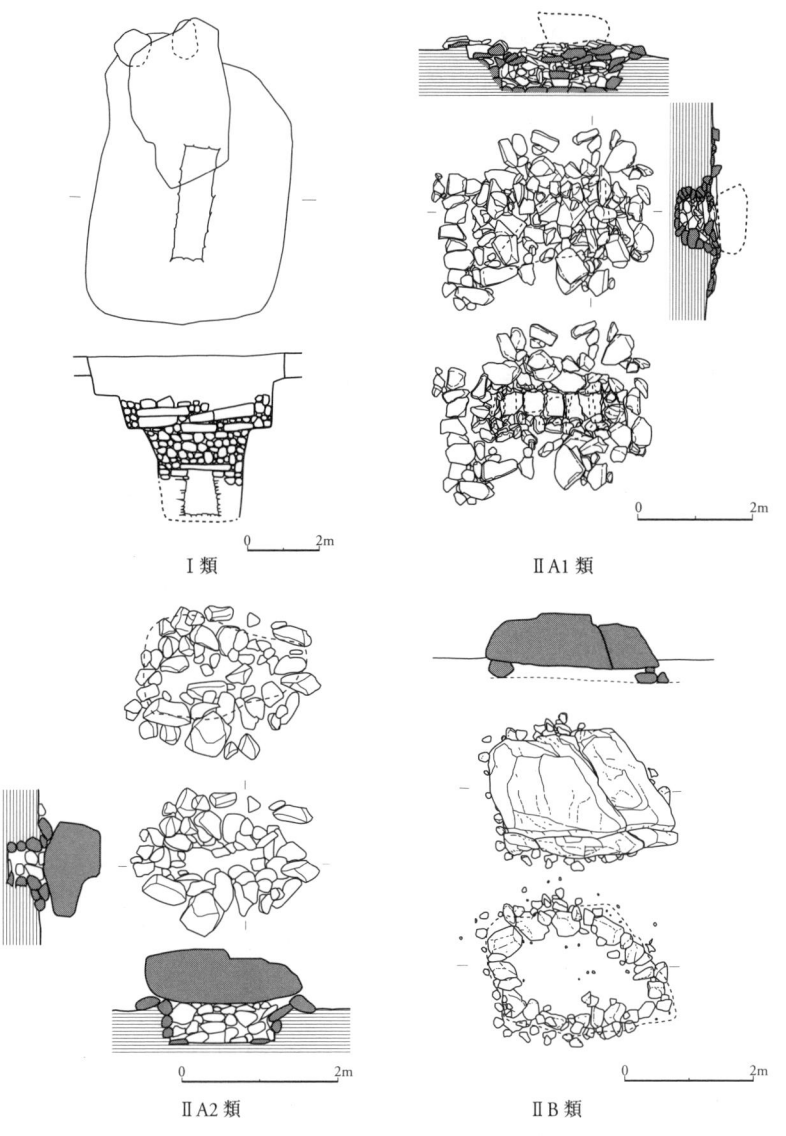

図4-3　朝鮮半島南端部支石墓の型式

1：徳川里1号　2：山浦8号　3：牛山里内牛7号　4：知礼里1号（各文献よりトレース・改変）

号を下限とする。ⅡA類は前期前半の芋浦里8号を上限とし，前期後半の晋陽大坪玉房2号，中期前半前葉の大鳳洞Ⅰ区2号に続き，中期後半後葉の新村里Ⅱ区6号を下限とする。ⅡB類は中期前半前葉の芋浦里5号を上限とし，中期後半後葉の安東知礼里14号を下限とする。ただし徳川里1号は時期を比定する物証に欠け，隣接する墓域に属する2号出土丹塗磨研土器による推定である[1]。本章で分析対象として含めた全羅南道の支石墓資料の出土遺物には，完形の丹塗り磨研壺が乏しく，この編年にもとづいての所属時期の決定は難しいが，磨製石剣や石鏃をみると，多くの支石墓例から無段柄式石剣，無段茎a式石鏃が出土しており，これらは無文土器中期に属するものと判断される。第2章で検討したように，九州北部支石墓の出現期である縄文晩期後葉は，無文土器中期におおむね併行していることから，縄文晩期後葉に半島南端部では，三つの型式がおおむね併存していたものとみなせる。

　これをふまえ，次に各型式の分布状況を検討しよう。図4-4は，半島南端部を栄山江流域，宝城江流域，南江流域，洛東江流域の四地域に区分し，それぞれの地域ごとの型式の構成比を示したものである。ここで対象とした支石墓のなかには，出土遺物がないため，時期が不明確なものも含まれ，結果として無文土器前期に属するものも若干含まれるものと思われる。しかし，多くが出土遺物にもとづいて中期に属すると判断できるので，おおよその傾向を把握することは可能である。これを整理すると，ⅰ）主に西南部（東限は南江流域）に偏って分布するⅡA2類，ⅱ）全域にわたって分布するⅠ類・ⅡA1類・ⅡB類，となる。旧稿［端野 2001］では，Ⅰ類は東南部にのみ分布するとしたが，その後，全羅南道東村里遺跡［殷和秀 2001］でも検出されていることを知った。この遺跡で検出された墓のうち，1号は河仁秀［2000］が「南方式」に分類する昌原徳川里1号と酷似する諸属性を持ち合わせているが，これには支石が確認されていない。先述のように河仁秀が大別分類の基準として述べている支石の有無をそのまま当てはめてしまうと「蓋石式」に分類されてしまう。このことからも墓地形態を主要な基準として使用することが妥当であると考えられる。

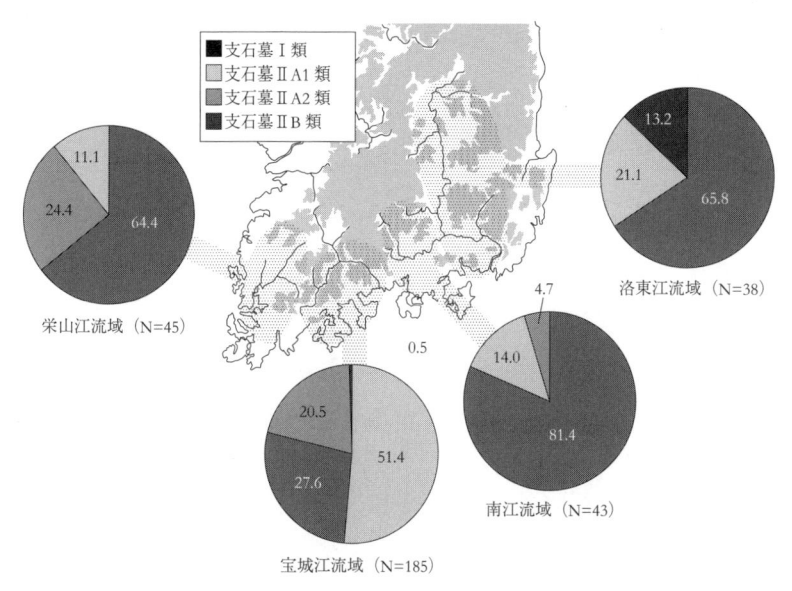

図4-4　朝鮮半島南端部支石墓型式の分布状況（Hashino［2006b］より引用・改変）

B　九州北部支石墓の祖型モデル

　ここでは各属性変異を抽出する前の作業として，先に設定した半島南端部支石墓の各型式のなかから，九州北部支石墓の祖型と考えられるものをモデル化する。半島南端部支石墓の諸特徴と比較すべき，縄文晩期後葉に出現する九州北部の初期支石墓に対するこれまでの主な認識をまとめると，ⅰ）10基前後から数十基が群集して墓地を形成すること［岩崎 1980］，ⅱ）明確な墓壙を設けること，があげられる。ただし，ⅱ）に反して，山口県中ノ浜遺跡9次調査では弥生前期中葉に属する墓壙を掘削しない「覆石墓」（ST905）が検出されている。しかし，墓壙を掘削しない例はわずかにすぎず，一般的に当該期の墓制が明確な墓壙を備えるという認識は動かない。まず，ⅰ）から単独で存在し，大規模な石槨施設を設けたⅠ類は候補から除外される。また，ⅱ）から明確な墓壙をもたず地上に埋葬空間を設けたⅡB類も除外される。したがって，群集する性格を帯び，地下に埋葬施設を造るⅡA類が祖型の可能性が高い（**図4-5**）。

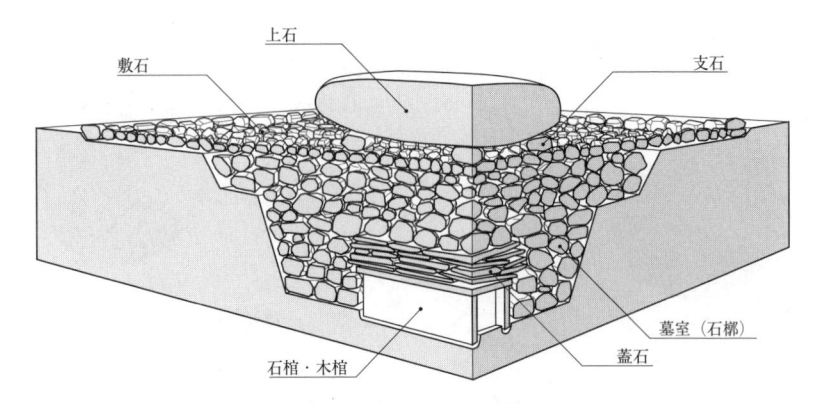

図4-5　祖型と考えられる支石墓の構造

　このⅡA類はⅠ類にくらべ，小規模で比較的粗い造りの石槨を備える
が，その内部には何ら埋葬容器が検出されない例が多くを占める一群であ
る。Ⅰ類には慶尚南道徳川里遺跡［李相吉 1994b］において木棺の残片が検
出されていることから，石槨内に木棺を想定しうるのに対して，ⅡA類で
は埋葬容器としては石棺が少数確認されるのみである。しかしながら，筆
者はⅡA類のような小規模で粗雑な石槨内にも木棺を想定すべきであると
考える。それは以下の二つの事実による。
　一つ目は，半島南部では石材と木材を併用して棺を造った墓の例が発見
されていることである。ここではその一例として大坪里遺跡玉房7地区カ
‐17号石棺墓をあげる。この墓は，同地区の調査主体であった慶南文化財
研究院が，そこから出土した人骨の調査を九州大学の田中良之教授に依頼
し，1999年6月，同教授とその指導のもとで，金宰賢（現・東亜大学校考
古美術史学科），舟橋京子（現・九州大学大学院比較社会文化研究院），筆者が調
査したものである。この墓は，側板・底板，人骨の足部側の小口板には板
石を用いているが，頭部側の小口には板石がなく，代わりに木材で小口板
をなした石材・木材併用棺墓と推定される（**図4-6・4-7**）。ちなみに田中は，
人骨と小口板が存在したと推定される位置との間の距離や人骨の残存部位
からみて，この被葬者には埋葬当初から頭蓋骨は存在しなかったものと判

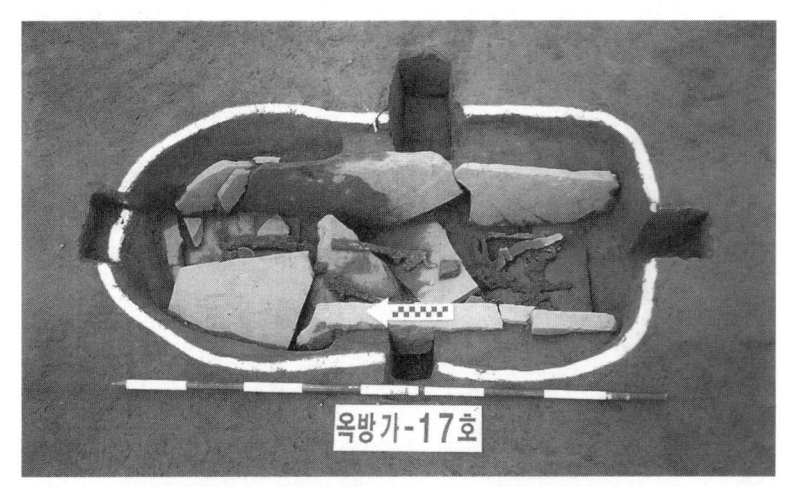

図4-6　大坪里玉房7地区カ-17号石棺墓［東亜校博 1999］

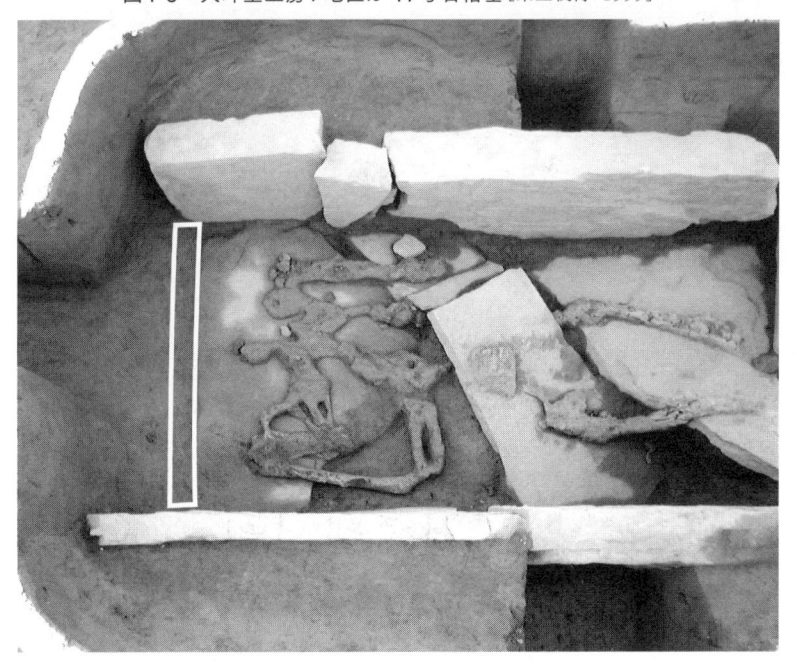

図4-7　大坪里玉房7地区カ-17号石棺墓小口部（田中良之氏提供）
白線は木製小口板の推定位置を示す。

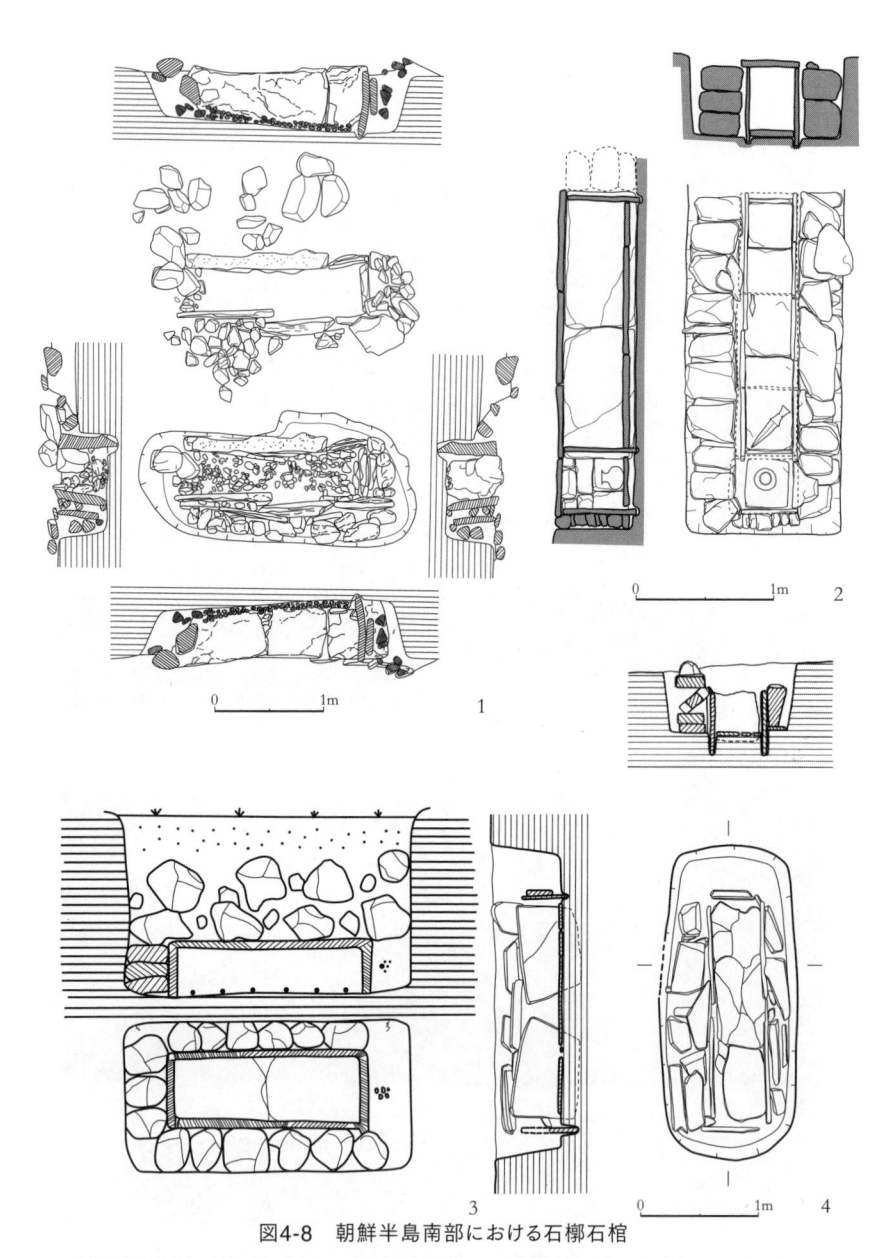

図4-8　朝鮮半島南部における石槨石棺

1：大鳳洞第4区支石墓A号石棺　2：南田里支石墓　3：鎮東里支石墓　4：大坪里玉房2地区26
号石棺墓　ただし，3は報告者による推定図（各文献より引用・改変）

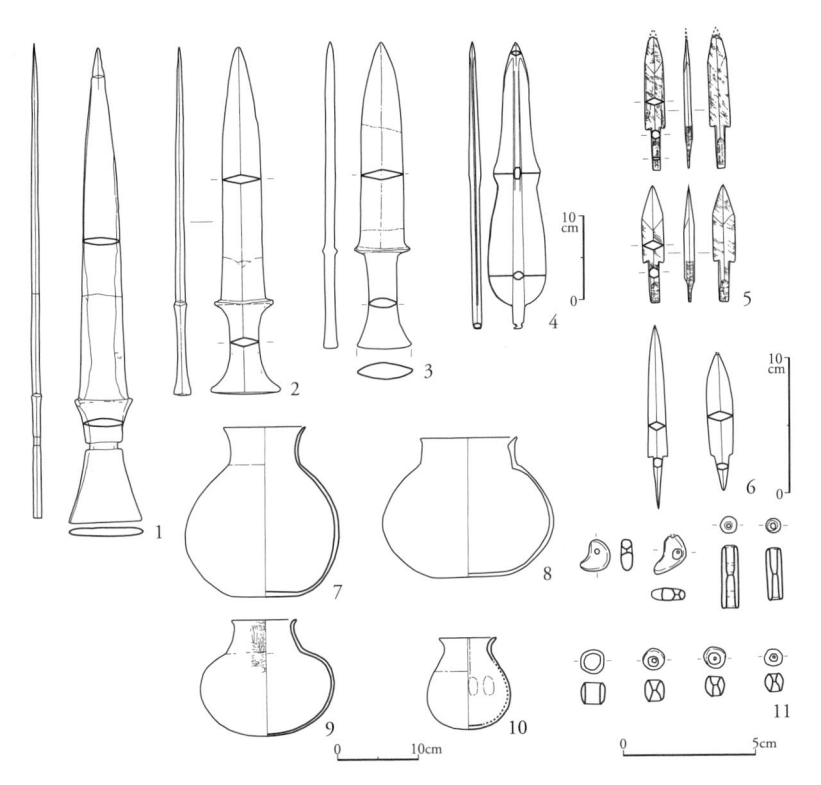

図4-9　朝鮮半島南端部の支石墓出土遺物

1～3：磨製石剣（1：石谷里3号，2：知礼里2号，3：柳坪里1号）　4：遼寧式銅剣（積良洞7号）
5・6：磨製石鏃（5：知礼里2号，6：苧浦里7号）　7～10：丹塗磨研壺（7：苧浦里8号，8：谷安里，
9：石谷里1号，10：新村里Ⅱ地区6号）　11：玉類（新村里Ⅵ地区1号）（各文献よりトレース・改変）

断した。そして，被葬者の性別が女性で，かつ通常の墓に埋葬されている
ことから，これを儀礼による断首行為とみた［田中 1999］。二つ目は，半
島南部の支石墓のなかには，割石や川原石で造った石槨内に，板石数枚か
らなる石棺を下部施設に備えたものがあることである。類例は多くはない
が，大邱大鳳洞遺跡［慶北大博 1991］，密陽南田里遺跡［沈奉謹 1984］，昌
原鎮東里遺跡［沈奉謹 1963］，晋州大坪里遺跡玉房 2 地区［慶尚大博 1999］
などでみられる（**図**4-8）。これらの事実のうち，まず一つ目の事実である

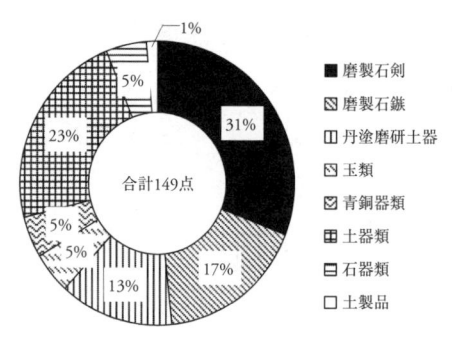

凡例:
- ■ 磨製石剣 31%
- ◩ 磨製石鏃 23%
- ▤ 丹塗磨研土器 17%
- ▨ 玉類 13%
- ⊠ 青銅器類 5%
- ⊞ 土器類 5%
- ⊟ 石器類 5%
- □ 土製品 1%

合計149点

図4-10　支石墓ⅡA類出土遺物の構成比

石材・木材併用棺の存在からみて，埋葬容器としての石棺と木棺は，相互に変換可能な要素としてとらえられる。そして，これをふまえ，二つ目の事実である石槨石棺墓の石棺を木棺に置き換えて考えてみると，発掘調査の過程において，石槨の内部から何も検出されなかった場合にも，本来は木棺が存在した可能性を想定できる。

　さらに墓の1属性として出土遺物の種類とその傾向についても把握しよう。**図4-9** に，半島南端部の支石墓から得られた遺物の例を示す。**図4-10** は，ⅡA類墓壙内出土遺物を，磨製石剣・磨製石鏃・丹塗磨研土器・玉類（管玉・勾玉等）・青銅器類（遼寧式銅剣・細形銅剣・銅鏃）・土器類（丹塗磨研土器以外の日常用土器）・石器類（石斧等）・土製品（紡錘車等）に大別し，構成比率（各遺構における各種の存在にもとづき算出。各種遺物の数量は問わない）を示したものである。これによると，特に副葬品とされる［李栄文 1990］ものでは磨製石剣が最も高い比率を占め，それに磨製石鏃・丹塗磨研土器・玉類・青銅器類の順に続く傾向が看取される。

C　九州北部における各属性の変化方向

　前項で祖型モデルとしたⅡA類との親縁性を考慮しつつ，上部施設・閉塞施設・石槨施設・埋葬容器，以上，四つの比較的明瞭に把握の可能な墓の構造的属性を抽出する（**図4-11**）。なお，各属性変異の一部は，加藤光臣の分類［加藤 2000］を参考にした。また，以上の4属性に加えて，半島南端部の支石墓で検討した属性には敷石があるが，九州北部においては福岡県長野宮ノ前38・39号，長崎県大野台C地点7号の3例のみなのでここ

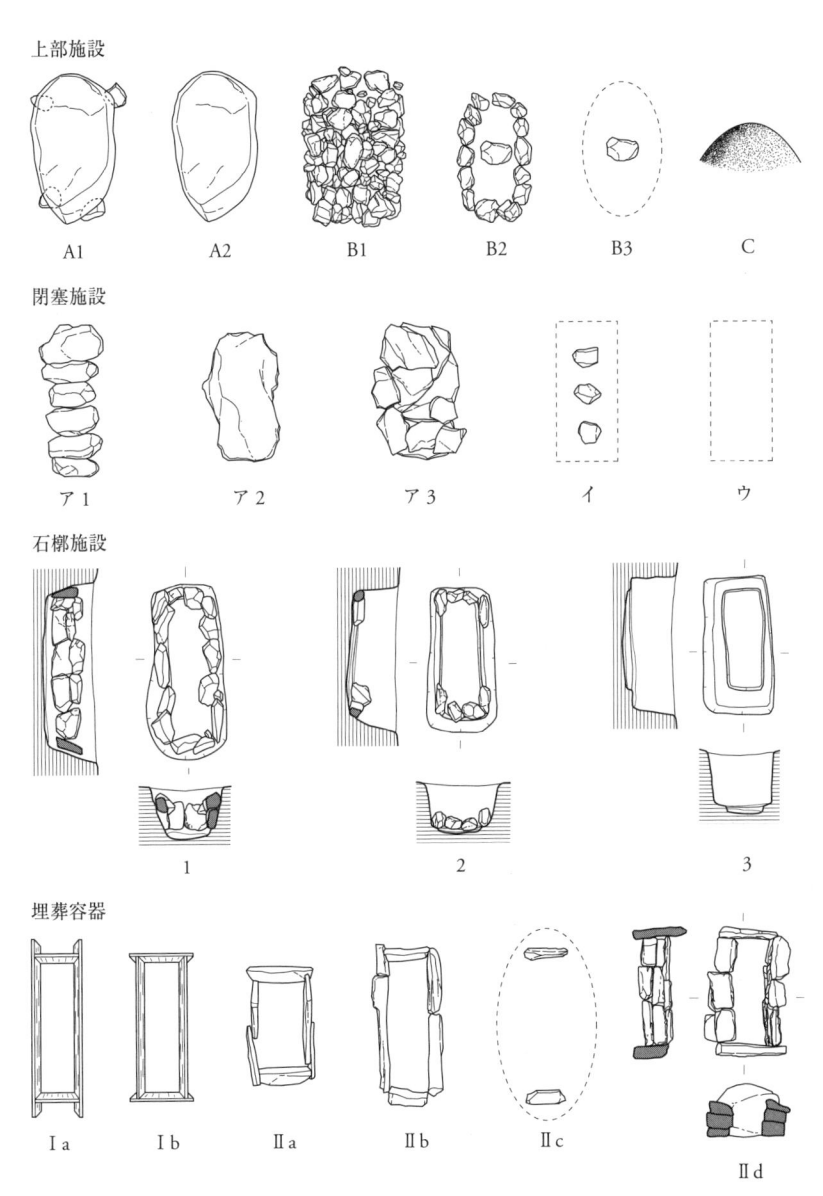

上部施設

A1　A2　B1　B2　B3　C

閉塞施設

ア1　ア2　ア3　イ　ウ

石槨施設

1　2　3

埋葬容器

Ⅰa　Ⅰb　Ⅱa　Ⅱb　Ⅱc　Ⅱd

図4-11　日本列島西部における墓制の属性変異

では扱わない。

上部施設

半島支石墓の上部施設である上石・支石に系譜が求められる属性で，石の配置状態・有無により，以下のA～C類に分類する。

A類：上石と支石からなり，支石の配置状態には，2～4個程度用いて墓壙の四隅に配置するものと多数用いて楕円状に配置するもの（A1類），上石のみ認められ，明確な支石をともなわないもの（A2類）がある。これまで「支石墓」として認識され，祖型と類似度の高いものである。

B類：A類の変容形として位置づけられるもので，墓壙上面に多量の石を幾重に敷き詰めて覆うもの（B1類），墓壙上面の外縁に石を配置したもの（B2類），墓壙上面の中心部に石を配置したもの（B3類）がある。

C類：特に石を用いた施設が確認されないもの。したがって，墓標として土饅頭の存在が想定される。

閉塞施設

半島支石墓の下部施設である石槨・石棺の蓋石に系譜が求められる属性で，石の形態・配置状態・有無から，以下のア～ウ類に分類する。

ア類：数枚の板石を横架けして蓋石とするもの，板石間の隙間を小さめの石で覆うものもある（ア1類）。他に1枚の板石を用いて蓋石とするもの（ア2類），数枚の板石を不規則に重ね蓋石とするもの（ア3類）がある。

イ類：木棺の木蓋上に1～数個の礫を配置したもの。木蓋の「押さえ石」と認識されてきたもので，ア類の簡略形として位置づけられる。

ウ類：特に石を用いた施設が確認されないもの。

石槨施設

半島支石墓の下部施設の石槨に系譜が求められる属性で，石の配置状態・有無から，以下の1～3類に分類する。

1類：墓壙壁に沿って礫を積み重ねて石槨あるいは石槨状をなすもの。

祖型との類似度の高いものである。

２類：墓壙内の埋葬容器と壙壁の間に礫を点在させて詰めるもの。木棺
　　の「裏込め石」と認識されてきたもので，１類の簡略形として位置づ
　　けられる。

３類：特に礫を用いた施設が確認されないもの。

埋葬容器

　半島支石墓の下部施設の一つとして系譜が求められる，遺体を収納した
棺に関する属性で，以下のように棺の材質からⅠ・Ⅱ類に大別し，さらに
形態的特徴で細別する。

Ⅰ類：墓壙底面の小口部，あるいは側辺部に設けられた溝状の掘込みか
　　ら木棺の痕跡として把握されるもの。棺材の組み合わせ形態より，小
　　口板を側板で挟み込むもの（Ⅰa類），側板を小口板で挟み込むもの
　　（Ⅰb類），に細別する。また，特に墓壙底面に溝状の掘込みをもたず，
　　閉塞施設・石槨施設の在り方，土層断面の観察から木棺が推定される
　　ものをⅠ′類とし，なかでも墓壙壁面の掘込みから組み合わせ形態が確
　　認できるものをⅠ類と同様にⅠ′a類（小口板を側板で挟み込むもの）・
　　Ⅰ′b類（側板を小口板で挟み込むもの）に細別する。このⅠ′類には
　　可能性としては上記の組み合わせ式木棺の他に刳抜き式木棺も含まれ
　　る。端野［2001］では，刳抜き式木棺の存在を過小評価し，組み合わ
　　せ式木棺のみを強調するような記述をしてしまった。しかし，福岡県
　　今宿遺跡5次調査ST129は土層断面から，愛媛県西野Ⅲ遺跡の「石積
　　式木棺土壙墓」は礫の配置状態から，刳抜き式が推定されているのに
　　加えて，最近では福岡県江辻遺跡第5地点において刳抜き式木棺の遺
　　存体が検出されており［新宅2001；粕屋町教委 2002］，当該期の木棺に
　　は組み合わせ式とともに刳抜き式も一定量使用されたようである。な
　　お，木棺として明確な根拠をもたない例は対象から除外する。

Ⅱ類：石棺を形態的特徴からa～d類に細別する。当該期・当該地域
　　における石棺の内法には埋葬姿勢の地域性が大きく作用する。平面
　　形態が方形に近く深さもある石棺をⅡa類，平面形態が長方形で長さ

と比較して幅・深さが小さい石棺をⅡb類とする。藤田等の分類［藤田 1987b］でいうと、これらは西北九州型、北部九州・山口型にそれぞれ対応するものである。また、墓壙の小口壁、あるいは側壁の一部に板石を立てるもので「妻石」・「立石」とされるもの、木材との折衷棺、「石囲い」とされるものを一括してⅡc類とする。なお、玄界灘沿岸において小児棺と思われる長さ80cm前後の例があるが、これらはⅡa類とはせず、対象から除外する。また、Ⅱb類と同様の構造的特徴をもちつつも、側壁は板石を平積みにするものをⅡd類とする。

　次に、1遺跡内（一部、複数遺跡）における属性ごとの各類型の存否にもとづき、各属性の変化の方向性を想定しよう。基本的に各属性は、受容される際、伝播の中心部から周辺部へと拡散し、地理的距離の増大に比例して祖型との類似度が低下することが予想される。これは文化要素が中心部から拡散する際、異なる地域環境への適応の結果として改変を受けるという原則［Childe 1956］にもとづくものである。なお、検討するにあたって便宜的に、玄界灘沿岸地域（東松浦半島、糸島半島、福岡平野から遠賀川以西、南は小郡市を包括する地域。属性によって唐津地区、糸島・早良地区、福岡地区に細別）・西北九州地域（五島列島、北松浦半島、西彼杵半島、長崎半島、島原半島を包括する地域）・佐賀・筑後地域（佐賀平野から東は朝倉郡までを包括する地域）の3地域を単位地域として設定する。

上部施設の分布状況（図4-12）

　祖型との類似度が高いA類が縄文晩期後葉に属する諸遺跡でみられ、玄界灘沿岸地域の唐津地区と糸島・早良地区、西北九州地域、佐賀・筑後地域に分布する。A1類は唐津地区の大友遺跡［呼子町教委 1981；九大考古研 2001, 2003］、糸島・早良地区の新町遺跡［志摩町教委 1987］、西北九州地域の原山遺跡［北有馬町教委 1981］、風観岳支石墓［諫早市教委 2006］、佐賀・筑後地域の久保泉丸山遺跡［佐賀県教委 1986］、A2類は西北九州地域の宇久松原遺跡［宇久町教委 1998］、風観岳支石墓などでみられる。すなわち、大別単位の3地域ともに類似度に高低差は認められない。しかしながら、玄界灘沿岸地域の細別単位でみると、弥生前期前葉以降の遺跡が主体

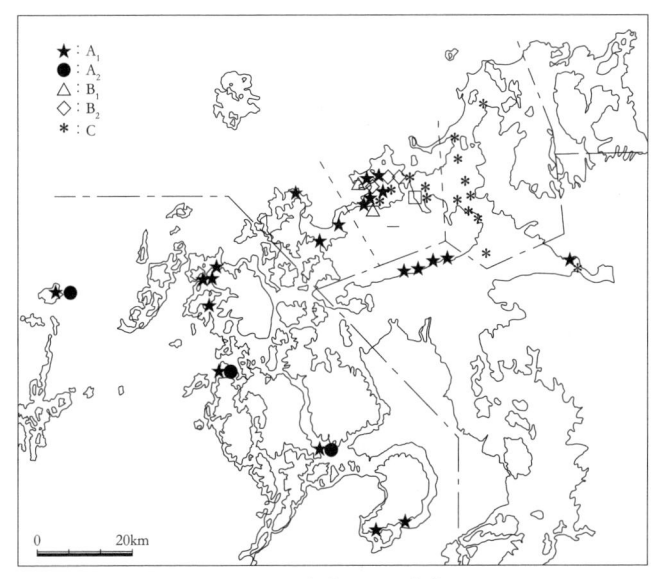

図4-12　上部施設の分布状況

となっている福岡地区ではこれらは確認されない。これについて森貞次郎は，「九州の北部海岸地方では，弥生時代初期の板付式土器の時期になって，はじめて韓国の伸展葬の影響を受けて，屈葬から屈肢葬に変化するとともに，福岡県伯玄遺跡にみられるような隅丸長方形土壙墓が，支石墓の下部構造としてあらわれたとみることができよう」［森 1969, p.990］と述べている。当初，福岡平野に支石墓が存在したことを想定したうえでの発言と受け取れる。そこで，その是非について若干，再検討してみよう。支石墓としてほぼ完全な状態で検出された事例をいくつか取り上げて，それらの墓壙の深さをあげると，**表4-2**のようになる。最小で長野宮ノ前遺跡 39 号墓（縄文晩期後葉）［前原町教委 1989］の 30cm，最大で大友遺跡 5 次調査 7 号墓の 84cm である。新町遺跡，大友遺跡の 2 遺跡の墓壙が深く掘られる傾向にあるのは砂丘に立地することに起因すると思われ，他の 2 遺跡の墓壙は 30 〜 46cm と浅めである。近年，福岡県下月隈天神森遺跡 3 次調査（弥生前期前葉）［福岡市教委 1996］において検出された木棺墓で，状態の良好なも

表 4-2 支石墓の墓壙深さ

遺跡	遺構	深さ (cm)
新町	9 号墓	60
新町	11 号墓	68
長野宮の前	39 号墓	30
畑田	1-1 号墓	35
畑田	1-2 号墓	46
大友 5 次	6 号墓	70
大友 5 次	7 号墓	84
大友 5 次	8 号墓	60

のの墓壙深さを抽出すると，45 ～ 73cmに収まり，先述した支石墓の墓壙深さと比較してもそう変わらない値であるし，むしろそれより深く掘られた例もある。また，中・寺尾遺跡 1 次調査（弥生前期前葉）［大野町教委 1971］では，7 ～ 9 号・11 号・29 号土壙墓（木棺墓）は切り合い関係にあり，支石墓ではないことは確かである。したがって，福岡地区には，A 類は当初から存在せず，石を用いた施設の存在しない C 類が基本的に分布していたものと考えたい。縄文晩期後葉から弥生前期前葉にかけては，糸島・早良地区では A 類のほかに，祖型から変容したものと考えられる B 類が少数ながらも分布する。B2 類は新町遺跡 1 次調査 43 号墓（縄文晩期後葉～弥生前期前葉），B3 類は新町遺跡 1 次調査 12 号墓（弥生前期前葉），長野宮ノ前遺跡（縄文晩期後葉），今宿遺跡 5 次調査 ST102（弥生前期前葉）［福岡市教委 2000］などでみられる。したがって，玄界灘沿岸地域では，縄文晩期後葉から弥生前期前葉にかけて，A 類→ B 類→ C 類という変化の方向性が想定される。なお，九州南部の例ではあるが，宮崎県檍遺跡覆石墓（弥生前期中葉）［森 1961］は B1 類に相当する。

閉塞施設の分布状況（図 4-13）

　祖型には蓋石の有るもの・無いもの両方が想定されるため，蓋石ア類と同様，何ら石を用いないウ類もただちに類似度の低いものとすることはできない。玄界灘沿岸地域ではウ類が主体で，そのなかでも糸島・早良地区ではイ類が，福岡地区ではア 1・イ類が少数分布する。ア 1 類は田久松ヶ浦遺跡 SK206・SK218（弥生前期前葉）[2] ［宗像市教委 1999］でみられる。イ類はア類の簡略形ととらえることができるもので，天神森遺跡 3 次調査 SK-3・SK-4（弥生前期前葉），塔ノ原遺跡 3 号土壙墓（弥生前期中葉）［福岡県教委 1974］などでみられる。西北九州地域ではア 2・ア 3・ウ類が主

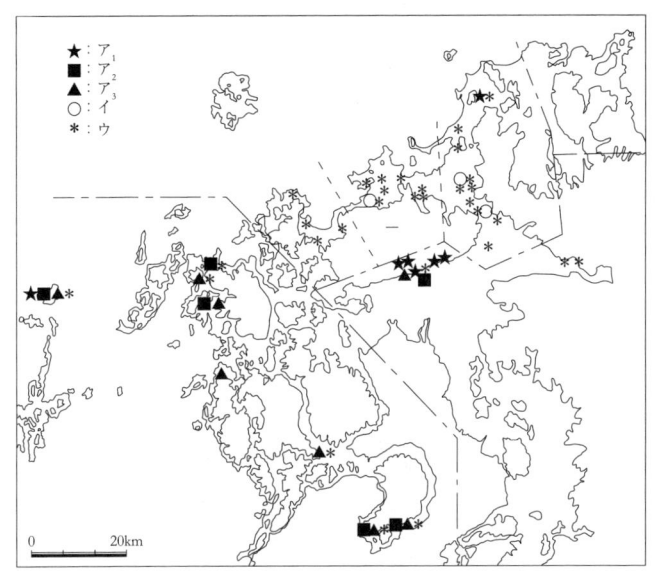

図4-13　閉塞施設の分布状況

体をなし，ア1類は僅少で，宇久松原遺跡77年調査2号（弥生前期中葉）
[長崎県教委 1983] でみられる。佐賀・筑後地域ではア1・ウ類が主体であ
り，ア2・ア3類は少数である。ア3類は東山田一本杉SC110（弥生前期
後葉）[佐賀県教委 1995] でみられる。なお，西北九州地域，佐賀・筑後地
域に分布するア類，特にア2・ア3類は，石蓋ではあるが後述の材質転換
を考慮すれば，埋葬容器を構成する一部である木蓋から石蓋への変化も当
然想定されることから，やはり祖型との類似度が高いと単純にとらえるわ
けにはいかない。ただし，玄界灘沿岸地域の細別単位である糸島・早良地
区，福岡地区では，縄文晩期後葉から弥生前期中葉にかけて，ア類の簡略
形であるイ類が少数ながらも分布し，石の不使用への変化の方向性が想定
される。

石槨施設の分布状況（**図4-14**）

　祖型との類似度が高い1類が，玄界灘沿岸地域と佐賀・筑後地域でわず
かに分布するが，西北九州地域では確認されない。1類は大友遺跡5次

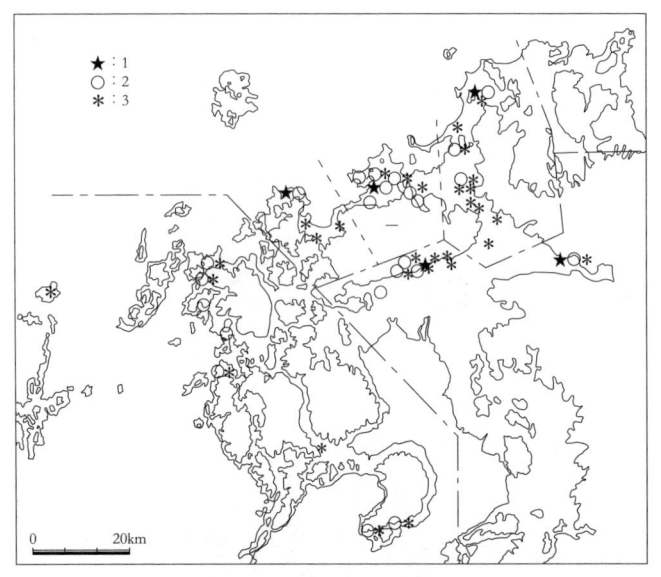

図4-14　石槨施設の分布状況

調査 6 号・7 号（縄文晩期後葉），大友遺跡 6 次調査 21 号（縄文晩期後葉），石ヶ崎遺跡支石墓（弥生前期）［原田 1952］，田久松ヶ浦遺跡 SK206・SK218（弥生前期前葉）などでみられる。このわずかに認められる 1 類が重要であり，祖型との類似度において，玄界灘沿岸地域と佐賀・筑後地域は，西北九州地域と比べて高いといえる。ほかに，これら 3 地域全域に 1 類の簡略形である 2 類，全く石を使用しない 3 類が分布するが，量的には 2 類は少数で 3 類が主体である。したがって，縄文晩期後葉から弥生前期にかけて，石の不使用への変化の方向性が想定される。2 類は唐津地区では大友遺跡（縄文晩期後葉），糸島・早良地区では新町遺跡（縄文晩期後葉〜弥生前期前葉），長野宮ノ前遺跡（縄文晩期後葉），東入部遺跡 2 次調査（縄文晩期後葉〜弥生前期前葉）［福岡市教委 1999］，今宿遺跡 5 次調査（弥生前期前葉），福岡地区では天神森遺跡（弥生前期前葉），塔ノ原遺跡（弥生前期中葉），蒲田遺跡（弥生前期）［福岡市教委 1975］，西北九州地域では小川内支石墓群（縄文晩期後葉）［坂田 1978］，原山支石墓群（縄文晩期

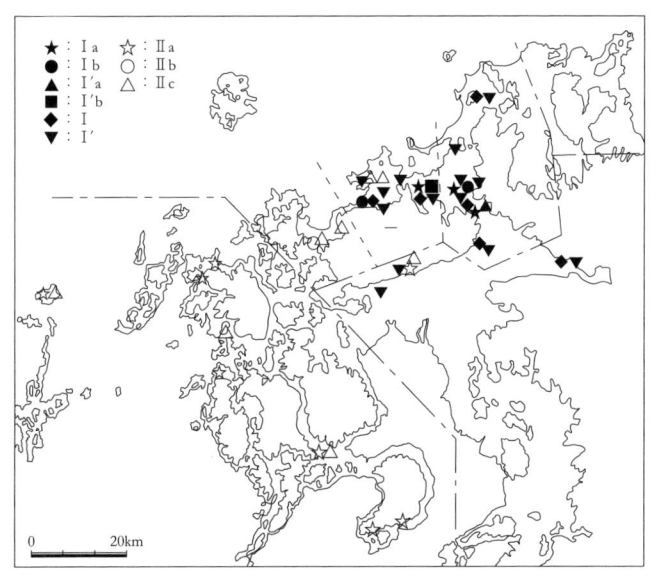

図4-15 埋葬容器の分布状況

後葉), 狸山支石墓群 (縄文晩期後葉), 大野台遺跡 (縄文晩期後葉) [鹿町町 1983; 小田 1975], 佐賀・筑後地域では久保泉丸山遺跡 (縄文晩期後葉〜弥生前期前葉), 畑田遺跡 (縄文晩期後葉〜弥生前期前葉) [福岡県教委 1998b], 黒土原遺跡 (縄文晩期後葉) [佐賀市教委 1986] などでみられる。なお, 玄界灘沿岸地域においては, 簡略形である 2 類は唐津地区, 糸島・早良地区, 福岡地区の全域に分布するが, 特に糸島・早良地区に多く認められる。

埋葬容器の分布状況 (図4-15)

　玄界灘沿岸地域では, 縄文晩期後葉から弥生前期後葉にかけて木棺であるⅠ・Ⅰ′類が主体であり, 組み合わせはa・b類両方が認められる。組み合わせ式として把握される例の所属時期は, いずれも弥生前期前葉以降で, Ⅰa類は剣塚遺跡 10 号 (弥生前期前葉) [福岡県教委 1978], 那珂遺跡 31 次調査 2 号 (弥生前期前葉) [福岡市教委 1992], 飯倉 C 遺跡 2 次調査 17 号 (弥生前期後葉) [福岡市教委 1994], Ⅰb類は中・寺尾遺跡 1 次Ⅱ区

8号・30号（弥生前期前葉），Ⅰ'a類は剣塚遺跡1号（弥生前期前葉），Ⅰ'b類は飯倉C遺跡2次調査11号（弥生前期後葉）でみられる。一方，石棺であるⅡb・c類は僅少である。Ⅱb類は瀬戸口支石墓群7号（縄文晩期後葉～弥生前期前葉）[渡辺 1982a]，Ⅱc類は新町遺跡1次調査55号（縄文晩期後葉～弥生前期前葉），志登支石墓群6号（縄文晩期後葉～弥生前期）[文化財保護委員会 1956]，森田支石墓群4号（縄文晩期後葉）[九大考古研 1997]，五反田支石墓群4号-1（縄文晩期後葉～弥生前期前葉）[渡辺 1982b]でみられる。西北九州地域では，Ⅱa類が主体をなし，Ⅱc類は少数である。Ⅱa類は小川内支石墓群（縄文晩期後葉），大野台遺跡（縄文晩期後葉），原山支石墓群（縄文晩期後葉），狸山支石墓群（縄文晩期後葉）などでみられる。Ⅱc類は四反田遺跡（縄文晩期後葉）[佐世保市教委 1994]，風観岳支石墓群（縄文晩期後葉）などでみられる。佐賀・筑後地域では，Ⅰ・Ⅰ'類が主体をなし，Ⅱa・c類は少数である。Ⅰ類は楠田遺跡103号（縄文晩期後葉）[福岡県教委 1998a]，Ⅰ'類は久保泉丸山遺跡（縄文晩期後葉～弥生前期前葉），礫石遺跡（縄文晩期後葉～弥生前期前葉）[佐賀県教委 1983]，畑田遺跡（縄文晩期後葉～弥生前期前葉）などでみられる。Ⅱa類は東山田一本杉遺跡（弥生前期後葉）の例で，西北九州地域より後出する。Ⅱc類は黒土原遺跡SA001（縄文晩期後葉～弥生前期），東山田一本杉遺跡（弥生前期後葉）でみられる。このように，顕著な地域性が認められるわけであるが，先述のように祖型の埋葬容器の主体は石棺ではなく木棺と推定されることから，祖型との類似度においては，玄界灘沿岸地域は西北九州地域に比べて高いといえる。また，森貞次郎や甲元眞之の指摘[森 1969；甲元 1978]のように，西北九州地域の支石墓の下部施設が石棺であるのは，玄界灘沿岸地域にみられる木棺を材質転換したものと考えられる。というのも，西北九州地域に位置する風観岳支石墓群では，内部に木棺を設置した可能性のある土壙を主体部とする支石墓と，石棺を主体部とする支石墓とが，縄文晩期後葉という時期幅のなかで共存しており，かつこの遺跡が上石や石棺の石材産地と推定される玄武岩の露頭に近接して立地していることは，この想定について示唆的だからである[3]。これと同

様の，土壙・石棺を主体部とする支石墓の共存関係は，原山支石墓群においてもみられる。したがってⅡa類は，木棺に系譜が求められ，木棺→石棺という変化の方向性が想定される。

D　各種出土遺物の分布状況

　一般的に墓壙底面直上出土のものは副葬品と判断されるが，埋土中に底面から浮いた状態で出土したものは木棺上に設置した場合と外部から混入した場合が考えられる。特に土器などが完形に近い状態で出土している場合，前者の可能性が高い。ところが，破片状態で出土した場合も，半島支石墓では葬送儀礼の過程で土器・石器等を破砕・放棄するパターンが想定されており［李相吉 1994a］，その可能性を考慮して外部からの混入物として特に排除しない。また，外部からの混入物といっても後世の所産ではなく，もともと墓壙外に設置，あるいは破砕・放棄したものが木棺の腐朽にともない墓壙内に落ち込んだ可能性もある。それらと木棺上のものとの区別は不明瞭であるため，とりあえず一括して取り扱う。このような墓壙埋土中・底面直上出土の遺物のほかに，上記の半島南部の例によると，支石墓上石直下の支石間・蓋石上出土遺物も墓に直接ともなう蓋然性が高く，さらに周辺出土の破片遺物についても墓造成後に行われた何らかの祭祀行為にともなう破砕・投棄の痕跡である可能性があるので，特に「墓壙外・周辺出土遺物」として取り扱う。これらをまとめて出土遺物として分類すると次のようになる（図4-16）。〈土器類〉器種には壺・甕・高坏・鉢・浅鉢・深鉢・椀などがある。なかでも，半島南部の支石墓の場合と同様，壺形で，丹塗りとミガキが施された土器が多い。出土状態には完形あるいはそれに近いもの，破片がある。〈大陸系磨製石器類〉磨製石剣・磨製石鏃・磨製石斧などの大陸系磨製石器を一括する。〈玉類〉管玉・勾玉等渡来系玉類を一括する。〈縄文系石器類〉打製石鏃を始めとして石斧・磨石・敲石・凹石等縄文系石器類を一括する。〈貝製装身具類〉貝輪等貝製装身具を一括する。〈その他〉土製円盤・鰹節型大珠・軽石・貝などがある。

　次に，分類した出土遺物群（その他を除く）の分布状況について検討し

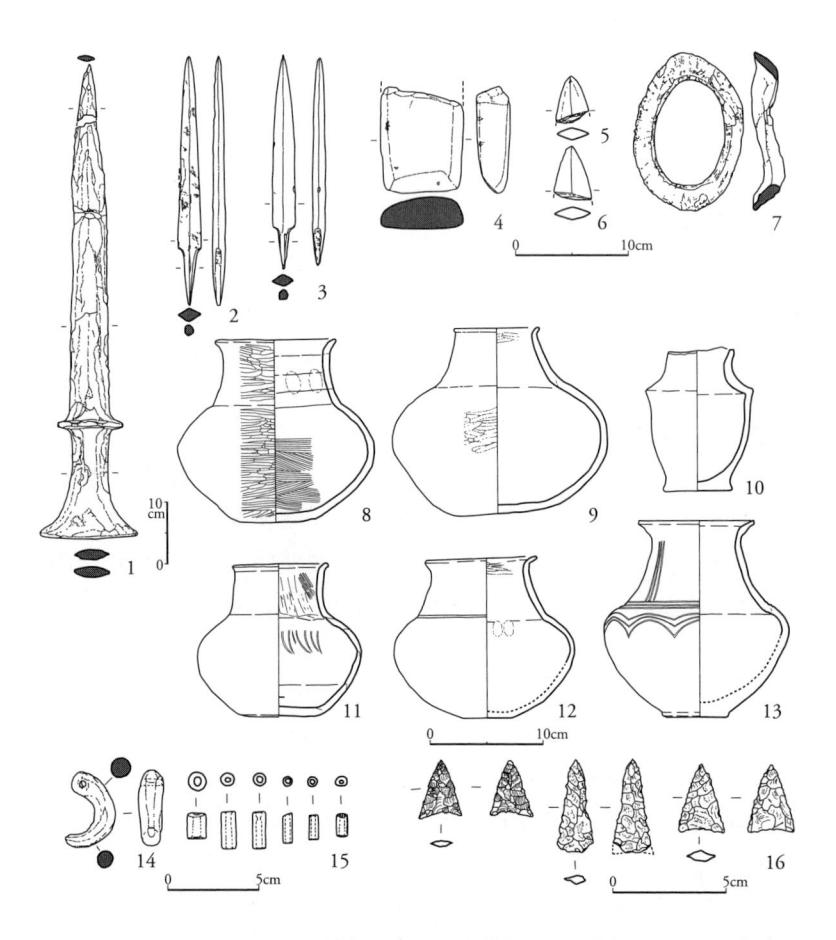

図4-16　北部九州における墓制の出土遺物

1：磨製石剣（田久松ヶ浦SK206）　2・3：磨製石鏃（田久松ヶ浦SK210）　4：磨製石斧（田久松ヶ浦SK208）　5・6：磨製石剣片（白峯17号）　7：貝輪（宇久松原1号土壙墓）　8・11：黒色磨研壺（8：大友5次6号　11：新町45号）　9・10・12・13：丹塗磨研壺（9：久保泉丸山SA026　10：原山2号　12：田久松ヶ浦SK218　13：久原Ⅱ-5）　14：勾玉（礫石A SP54）　15：管玉（礫石A SJ38・SP51）　16：打製石鏃（三国の鼻6号木棺墓）（8・10・12・13は筆者実測, ほかは各文献よりトレース・改変）

232

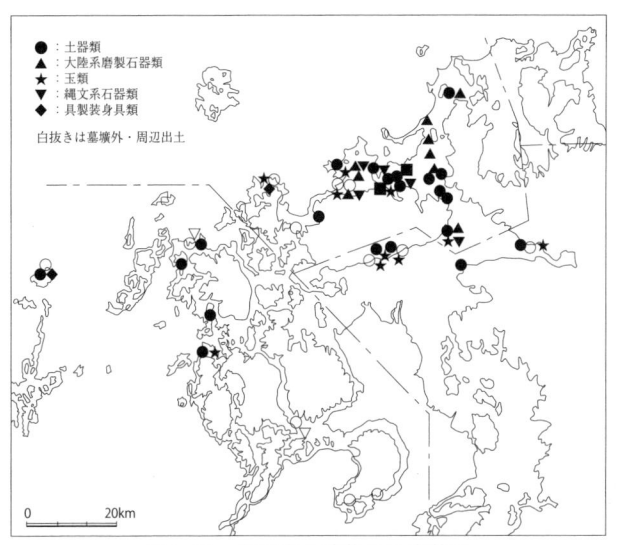

図4-17　各種出土遺物の分布状況

　よう。**図4-17**は先に構造的属性の分布状況を検討した時と同様，1遺跡（一部，複数遺跡）内の各類型の存在を記号で示したものである。玄界灘沿岸地域では，土器類・磨製石器類・青銅器類・玉類・貝製装身具類・縄文系石器類が認められる。墓壙外・周辺出土遺物には土器類がある。西北九州地域では，土器類・玉類・貝製装身具類・縄文系石器類が認められる。墓壙外・周辺出土遺物には土器類・縄文系石器類がある。佐賀・筑後地域では，土器類・玉類が認められ，墓壙外・周辺出土遺物には土器類がある。先に，祖型ⅡA類出土遺物で副葬品とされるものでは磨製石剣が最も高い比率を占め，それに磨製石鏃・丹塗磨研土器・玉類の順に続く傾向を示したが，特に玄界灘沿岸地域において，半島南端部の支石墓の副葬基本セットである磨製石器類・土器類・玉類が顕著に認められる。このように玄界灘沿岸地域で他の2地域に比べ，これらの遺物が集中することは，半島との最も密接な関連性とそこから周辺へと拡散したことを示唆するものである。

次に，同一個体内における属性の組み合わせの状況をみて，先に属性ごとに明らかにされた変化が連動したものであるのかどうかを検討する。これによって，これまで明らかにした現象把握の妥当性を高めたい。そして，その結果をもとづいて，地域ごとの時期的な変化の過程と，地域間における祖型との類似度の差をより鮮明にする。ここでは，先の分析で対象とした属性のうち，上部施設・石槨施設・閉塞施設の三つを取り上げる。これは先の分析で，これらの三属性の間において，「石の不使用」という共通した変化の方向性が看取されたことによる。

表4-3は，玄界灘沿岸地域における時期ごとの三属性の組み合わせを示したものである。これによれば，1）縄文晩期後葉に属する上部施設A類×石槨施設1類の組み合わせが存在すること，2）縄文晩期後葉と弥生前期前葉に属する上部施設C類×石槨施設3類の組み合わせが存在し，弥生前期前葉に属する例がより多く存在すること，3）縄文晩期後葉と弥生前期前葉に属する上部施設B類×石槨施設3類，上部施設C類×石槨施設2類の組み合わせが一定量存在することがわかる。これは，上部施設A類×石槨施設1類の組み合わせ→上部施設C類×石槨施設3類の組み合わせという大きな変化の流れを示しており，一定量存在する上部施設B類×石槨施設3類，上部施設C類×石槨施設2類といった組み合わせはその変化の過程で生じた変異とみなせよう。すなわち，これは先にもみてきたように，玄界灘沿岸地域においては，時期が下ると石を用いた施設が減少する傾向があることを物語っている。

表4-4は，西北九州地域における時期ごとの三属性の組み合わせを示したものである。これによれば，縄文晩期後葉に属する例では，上部施設A類×石槨施設2類，上部施設A類×石槨施設3類の組み合わせがみられ，そのうち後者が優勢であることがわかる。

表4-5は，佐賀・筑後地域における時期ごとの三属性の組み合わせを示したものである。これによれば，縄文晩期後葉に属する例では，上部施設A類×石槨施設3類，上部施設C類×石槨施設1類，上部施設C類×石槨

表4-3　玄界灘沿岸地域における三属性の組み合わせ

時期	上部施設			石槨施設			閉塞施設			数量
	A	B	C	1	2	3	ア	イ	ウ	
縄文晩期後葉	○			○					○	2
	○				○				○	2
	○					○			○	5
		○				○			○	1
			○		○			○		4
			○			○		○		8
			○			○			○	6
			○			○			○	8
弥生前期前葉	○					○				2
		○				○				2
			○	○			○			2
			○		○			○		1
			○			○				6
			○			○				1
			○			○			○	140
弥生前期中葉			○		○			○		1
			○			○			○	5
弥生前期後葉			○			○			○	33

表4-4　西北九州地域における三属性の組み合わせ

時期	上部施設			石槨施設			閉塞施設			数量
	A	B	C	1	2	3	ア	イ	ウ	
縄文晩期後葉	○				○		○			3
	○				○				○	1
	○					○	○			6
	○					○			○	7

表4-5　佐賀・筑後地域における三属性の組み合わせ

時期	上部施設			石槨施設			閉塞施設			数量
	A	B	C	1	2	3	ア	イ	ウ	
縄文晩期後葉	○					○	○			2
			○	○					○	2
			○			○			○	1
弥生前期前葉			○			○			○	1
弥生前期後葉			○			○			○	1

表4-6　唐津地区における三属性の組み合わせ

時期	上部施設			石槨施設			閉塞施設			数量
	A	B	C	1	2	3	ア	イ	ウ	
縄文晩期後葉	○			○					○	2
	○				○				○	1
	○					○			○	2

表4-7　糸島地区における三属性の組み合わせ

時期	上部施設			石槨施設			閉塞施設			数量
	A	B	C	1	2	3	ア	イ	ウ	
縄文晩期後葉	○				○				○	1
	○					○			○	3
		○				○			○	1
			○		○			○		4
			○		○				○	8
			○			○			○	6
			○			○			○	8
弥生前期前葉	○					○			○	2
		○				○			○	2
			○		○				○	1
			○			○			○	24
弥生前期後葉			○			○			○	13

表4-8　福岡地区における三属性の組み合わせ

時期	上部施設			石槨施設			閉塞施設			数量
	A	B	C	1	2	3	ア	イ	ウ	
弥生前期前葉			○	○			○			2
			○		○			○		1
			○		○				○	5
			○			○			○	117
弥生前期中葉			○		○			○		1
			○			○			○	5
弥生前期後葉			○			○			○	20

施設3類の組み合わせがみられる。これらの結果を祖型からの類似度という観点からみると，縄文晩期後葉では，玄界灘沿岸地域が他の二地域に比べ，類似度の高い例が存在することが指摘できよう。

　さらに，玄界灘沿岸地域の状況を，細分した地区ごとにみていくこととする。**表4-6 〜 8**は，唐津地区・糸島地区・福岡地区の三地区それぞれ

における時期ごとの属性の組み合わせを示したものである。唐津地区では，縄文晩期後葉に属する上部施設A類×石槨施設1類の組み合わせ（大友遺跡5次調査例）が存在する（**表4-6**）。糸島地区では，縄文晩期後葉と弥生前期前葉に属する上部施設B類×石槨施設3類の組み合わせ，上部施設C類×石槨施設2類の組み合わせが一定量存在する。また，縄文晩期後葉と弥生前期前葉に属する上部施設C類×石槨施設3類の組み合わせが存在し，弥生前期前葉に属する例がより多く存在する（**表4-7**）。福岡地区では，弥生前期前葉に属する上部施設C類×石槨施設1類，上部施設C類×石槨施設2類の組み合わせが一定量存在しつつ，弥生前期前葉に属する上部施設C類×石槨施設3類の組み合わせがより多く存在する（**表4-8**）。これらの結果を祖型からの類似度という観点でみると，玄界灘沿岸地域のなかでも，唐津・糸島・福岡という三つの地区の間で違いがあり，唐津→糸島→福岡という序列で，縄文晩期後葉から弥生前期前葉という時期的な違いとともに，類似度が高い→中間→低いという評価ができよう。

2　検　証

A　伝播モデルの構築

前項の分析により，九州北部において構造的属性では石槨施設・埋葬容器の2属性について地域的に類似度の高低差が看取された。すなわち，玄界灘沿岸地域から西北九州地域へと石槨施設では石槨の1類が簡略化された2類へ，埋葬容器では木棺が石棺へという変化の方向が想定された。また，出土遺物の分布状況もそれを支持する結果が得られた。ここではさらに統計的に検討すべき属性を選別するため，まずは冒頭で述べた従来の見解をふまえて，半島南部から九州北部への伝播・拡散のモデルを再確認しよう。すると，大きくみて次の三つのモデルに整理できる。すなわち，一つ目は半島南部の石棺・土壙（木棺）を埋葬容器とするもの，あるいは支石の無いもの・有るものを祖型とし，それらが西北九州，玄界灘沿岸へと時期差をもってそれぞれ伝播したとする西谷・沈奉謹説（モデルⅠ），二つ目は埋葬容器が石棺で支石「無」から「有」への移行期のものを祖型とし，

それが西北九州にまず到達し，そこから玄界灘沿岸・佐賀平野へと拡散したとする本間説（モデルⅡ），三つ目は土壙（木棺）を埋葬容器とするものを祖型とし，それが玄界灘沿岸にまず到達し，そこから西北九州・佐賀平野へと拡散したとする森・岩崎説（モデルⅢ），である。この三つのモデルの特に大きな違いは，モデルⅠ・ⅡとモデルⅢの間に求められ，それは埋葬容器の違いと支石の有無に起因する。すなわち，モデルⅠ・Ⅱは石棺と支石「無」を重視する一方，モデルⅢは土壙（木棺）を重視するが，支石の有無については重要な属性とはみなしていないである。したがって，石槨施設・埋葬容器に加えて，以下の分析では支石も含める必要がある。

　さて，文化要素の伝播と距離の関係については，すでにD・L・クラーク（Clarke）がモデル化している［Clarke 1968］。すなわち通常の状態では，文化要素の数量が拡散の中心から周辺へと距離の増大とともに，なだらかなカーブを描きながら減少していくというものである（図4-18）。そこで，これを念頭に置いたうえで，支石墓を構成する個々の属性の類型を文化要素数に置き換え，再び量的側面を考慮して，半島南端部から九州北部，そして九州北部内部における拡散を検討しよう。ここでは前項で提示した半島南端部支石墓の石槨施設・閉塞施設・埋葬容器・支石・敷石の5属性を，半島南端部と九州北部の統一的な属性として用いる。それにあたっては，九州北部の墓制属性の類型を半島南端部のそれに，すなわち石槨施設1・2類：3類→石槨施設②類：③類，閉塞施設ア・イ類：ウ類→閉塞施設「有」：「無」，埋葬容器Ⅱ類：Ⅰ類・Ⅰ′類・（その他の明確な木棺の根拠をもたない土壙）→「石棺」：「無」，上部施設 A1：A2 →支石「有」：「無」のように対応させて検討する。ここでは墓地形態・墓壙の有無は，半島南端部と九州北部とで判定困難な例が多いため用いない。また，以上の5属性全てに関する情報を確保するため，九州北部の資料は半島南端部の資料と同様，上石の遺存したほぼ完全な状態，あるいは上部施設の一部が遺存し，支石・敷石の判定が可能な例（墓地造営開始期が縄文晩期後葉）を対象とする。なお各地域間の距離は，便宜的に半島南端部は慶尚南道泗川，玄界灘沿岸は福岡県志摩町，西北九州は長崎県宇久町，佐賀・筑後は佐賀

市を代表させ算出した値を
用いる。

B 属性類型の出現頻度に もとづく地理勾配の検討

　ここでは前項で述べたよ
うに，九州北部内におけ
る類似度の指標としては適
さない閉塞施設と数量が極
端に少ない敷石は扱わない。
まず，モデルⅠは棄却され
る。なぜなら，かつての岩
崎二郎［1980］が指摘した
ように，現状でも出現期に
ついては，土器をみても両

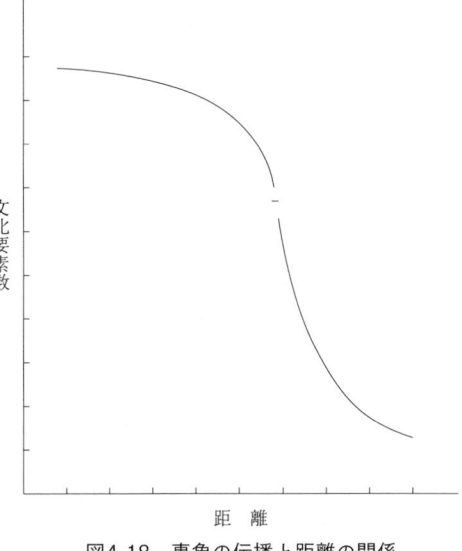

図4-18　事象の伝播と距離の関係

Clarke［1968］よりトレース・改変

地域に夜臼式単純期〜夜臼・板付Ⅰ式共伴期のものを含み，時期差は認め
られないからである。したがって，残りのモデルⅡ・Ⅲのいずれが妥当で
あるかが問題となろう。**図4-19** はモデルⅡ・Ⅲ，それぞれの場合を想定
し，石槨施設について半島南端部から九州北部各地域までの距離（横軸）
と各類型の出現頻度（縦軸）の関係を示したものである。まずモデルⅡで
は，②類の石槨が半島南端部から西北九州を介して佐賀・筑後へと下降す
るものの，玄界灘沿岸に至ると上昇してしまい，通常の伝播のあり方とし
ては妥当ではない。また，それに対応して③類の石槨をともなわないもの
も半島南端部から西北九州へと急激に上昇し，やはり妥当でないことを示
している。一方，モデルⅢでは，②類が半島南端部から玄界灘沿岸へと緩
く下降し，そこから佐賀・筑後，西北九州へ急激に下降する。これは通常
の伝播のあり方としての妥当性を示している。また，それに反して③類の
石槨をともなわないものが上昇しているのは，玄界灘沿岸から佐賀・筑後，
西北九州へ拡散するにつれ，石槨が欠落していく過程を支持するものであ

る。これは前項で行った想定と矛盾しない。**図 4-20** は，埋葬容器について
も同様に示したものである。まずモデルⅡでは，石棺が半島南端部から西
北九州へと上昇し，そこから玄界灘沿岸，佐賀・筑後へは急激に下降して
いる。それに対応して，「無（木棺）」は西北九州までは下降し，玄界灘沿
岸，佐賀・筑後へは急激に上昇する。これは通常の伝播のあり方として妥
当でないことを示している。一方，モデルⅢでは，「無（木棺）」は半島南
端部から玄界灘沿岸へと緩く下降し，佐賀・筑後へは上昇しているものの，
西北九州へは急激に下降している。それに対応して，石棺は半島南端部か
ら玄界灘沿岸へと緩く上昇し，佐賀・筑後へは下降しているものの，西北
九州へは急激に上昇している。これは半島南端部から玄界灘沿岸へ，そし
てそこを起点として西北九州へと木棺が拡散するとともに石棺へ材質転換
している過程を支持する結果である。これも前項で行った想定と矛盾しな
い。最後に**図 4-21** は，支石の有無についても同様に示したものである。ま
ずモデルⅡでは，「無」が半島南端部から西北九州を介して玄界灘沿岸，佐
賀・筑後へと下降している。それに対応して「有」が上昇している。これ
は支石が「無」から「有」への移行を想定するならば，通常の伝播のあり
方としての妥当性を示している。一方，モデルⅢでは，「無」は半島南端部
から玄界灘沿岸へは下降するものの，西北九州へ至るにつれ上昇する。そ
れに対応して「有」は半島南端部から玄界灘沿岸へは上昇し，西北九州へ
は下降する。これは通常の伝播のあり方としては妥当ではない。前項では
支石の有無は祖型との類似度の高低差を示さないとしたが，ここでは本間
[1991] のように，支石からみると西北九州から玄界灘沿岸，佐賀・筑後へ
の拡散も想定も可能であることがわかる。

　以上，石槨施設・埋葬容器・支石の 3 属性について，各地域における類
型の出現頻度に基づき地理勾配を検討し，石槨施設・埋葬容器については
モデルⅢを支持する結果が得られたが，支石についてはモデルⅡを支持す
る結果が得られた。このことはこれまで諸研究者が，どの属性を選択して
議論するかによって，異なる見解に分かれていたことを如実に示している。
ともあれ，ここでは下部施設に石槨をもち，その内部に木棺の存在が推定

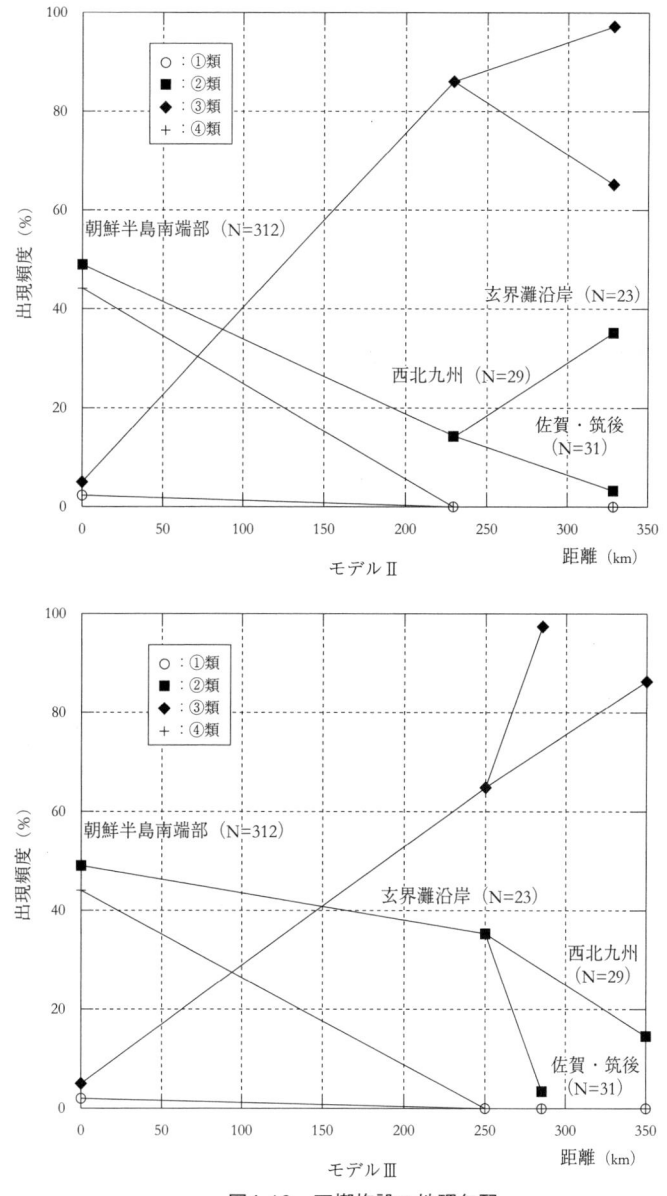

図4-19 石槨施設の地理勾配

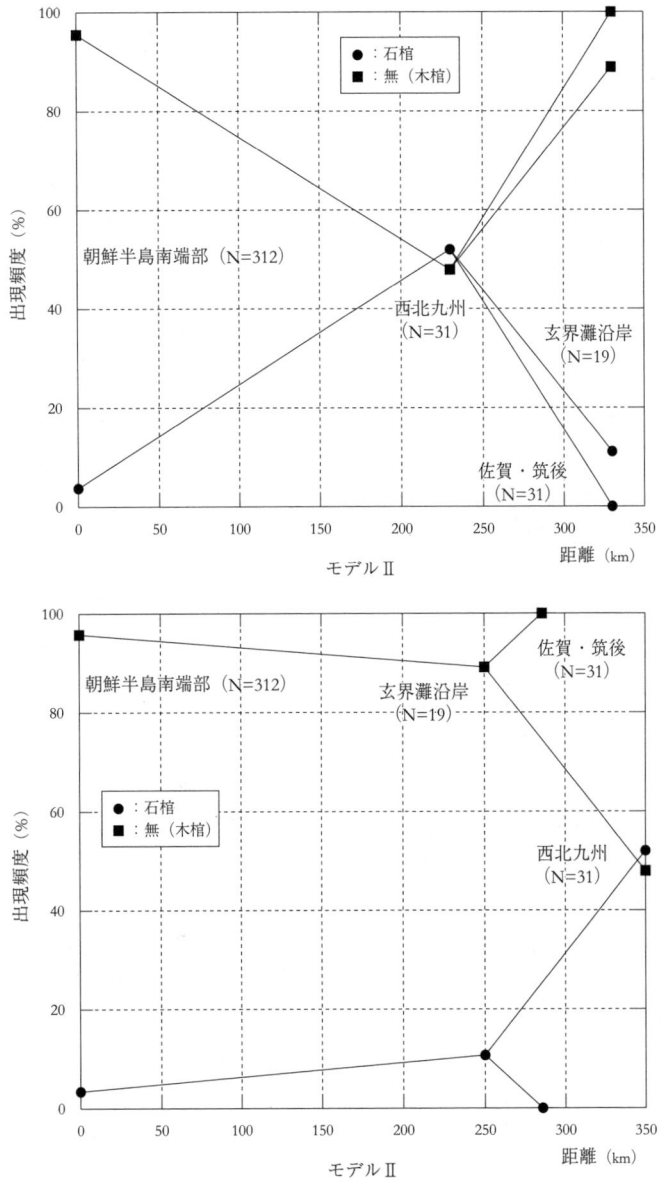

図4-20　埋葬容器の地理勾配

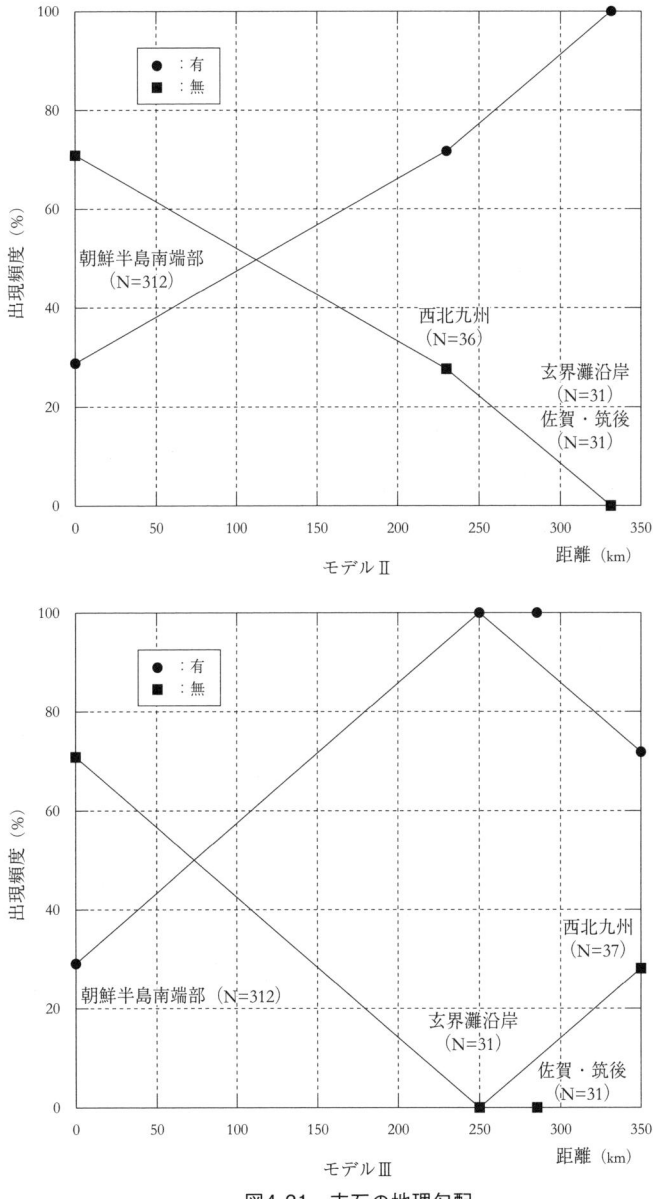

図4-21　支石の地理勾配

される一群に相当するⅡA類が，列島の支石墓の祖型として妥当であることを確認しておきたい。

C　数量化Ⅲ類を用いた類似度の総合的検討

　次に，多変量解析の一つである数量化Ⅲ類を用いて，各地域の墓制の類似度を総合的に比較し，さらにモデルⅡ・Ⅲそれぞれの妥当性を検証しよう。数量化Ⅲ類とは，変数相互の関連を調べることによって，いくつかの新しいファクターを発見し，そのファクターを指標として，カテゴリーあるいはサンプルの類似性や位置関係を明らかにする手法である[4]。ここでは，石槨施設・閉塞施設・埋葬容器・支石・敷石，以上5属性を扱う。数量化Ⅲ類は，こうした多数の属性を同時に処理し，各属性を別々に扱った先の分析では求められなかった総合的な類似度を導き出すのに最適な手法である。**表4-9**はその分析結果を示したものである。「軸」は変数相互の関連を調べることによって得られた新しいファクター，「固有値」と「相関係数」は各軸における変数相互の相関関係に強さを示す。「寄与率」は各軸の固有値が全体（固有値の総合計）に占める割合で，第1軸から第n軸までの寄与率の合計が「累積寄与率」である。軸の数の決め方には決定的な方法はないが，経験的に次の二点にもとづいて行われている［管 1993］。すなわち，ⅰ）相関係数が0.5以上の軸，ⅱ）現象の単純化という観点から，六種以上の軸は使用しない，という二点である。これによると，第1・2軸までが相関係数0.5以上であり，またこの軸の数は現象の単純化という条件を満たしていることから，この分析は妥当であると考えてよい。したがって，第1・2軸について，これまでの分析結果をふまえて解釈を行うこととする。カテゴリースコアをみると，まず第1軸では，半島南端部特有の石槨施設④類が－側で絶対値が大きく，西北九州に多い埋葬容器石棺，玄界灘沿岸と佐賀・筑後に偏在する支石「有」，九州北部全体で多い石槨施設③類が＋側で絶対値が大きいことがわかる。したがって第1軸は，スコアが大きいほど九州北部的特徴，小さいほど半島南端部的特徴を示すと解釈される。次に第2軸では，半島南端部で多い敷石「有」・石槨施設②類が

表 4-9　数量化Ⅲ類の分析結果

	第 1 軸	第 2 軸	第 3 軸
固有値	0.4117	0.3103	0.2079
寄与率	29.4%	22.2%	14.9%
累積寄与率	29.4%	51.6%	66.4%
相関係数	0.6416	0.5571	0.4560
カテゴリースコア			
石槨①類	0.030469288	-0.016330968	0.334425601
石槨②類	0.019569692	0.033329901	-0.009577391
石槨③類	0.032608996	-0.055837126	-0.015501751
石槨④類	-0.042918171	-0.007985429	0.005560513
蓋石有り	0.031261066	0.017415648	0.009184943
蓋石無し	-0.022131728	-0.012329663	-0.006502615
石棺	0.041850754	-0.036006577	0.087268893
無し（木棺）	-0.002898252	0.00249353	-0.006043552
支石有り	0.03295432	-0.014384066	-0.01575732
支石無し	-0.022112206	0.009651646	0.010573094
敷石有り	0.000252816	0.039268662	0.000645657
敷石無し	-0.000167818	-0.026066267	-0.000428583

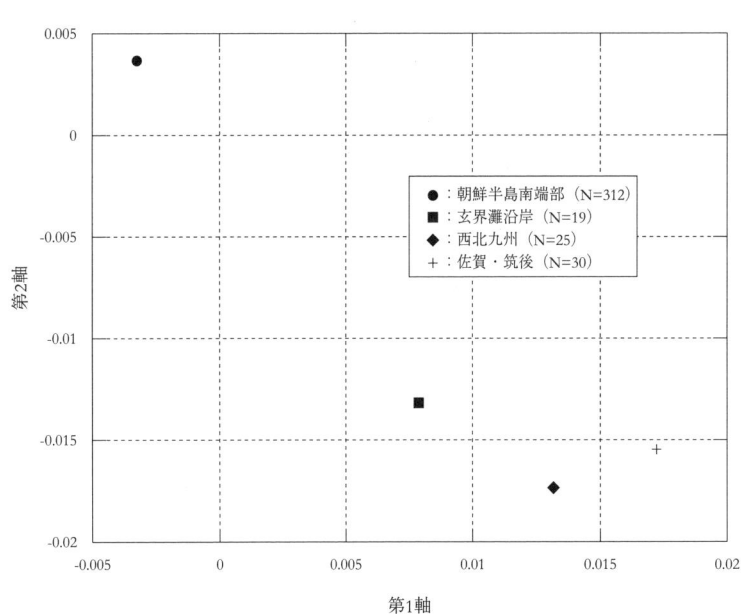

図4-22　サンプルスコアの地域別平均値

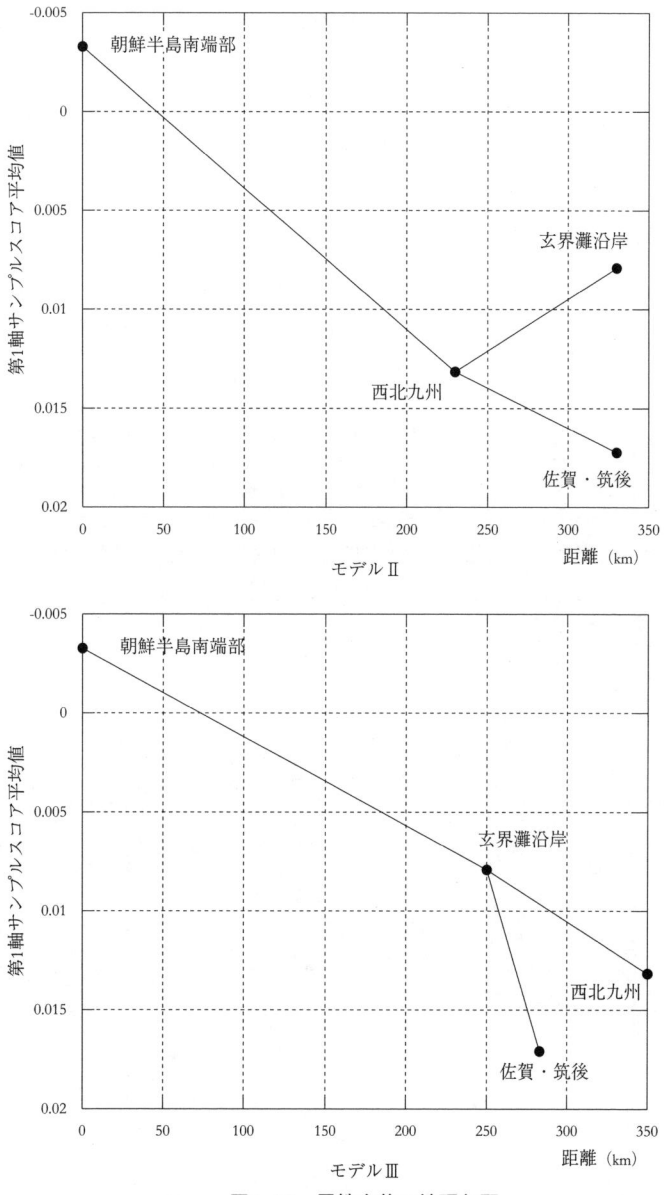

図4-23　属性全体の地理勾配

プラスで絶対値が大きく，九州北部で多い石槨施設③類が－側で絶対値が大きいことがわかる。したがって，第2軸はスコアが大きいほど半島南端部的特徴，小さいほど九州北部的特徴を示すと解釈される。さらに，サンプルスコアの地域別平均値を用いて，こうした解釈の妥当性を検討しよう。**図4-22**は，各地域の第1・2軸のサンプルスコアの平均値を求め，X軸に第1軸，Y軸に第2軸を取ってX–Y平面上にプロットしたものである。半島南端部は第2象限，九州北部の玄界灘沿岸，西北九州，佐賀・筑後は第4象限に分布し，この解釈が妥当であることを示している。

　そこで，第1軸サンプルスコアの平均値を，各地域における墓制の全体的な傾向を表現する指標として用いて，先の分析と同様，半島南端部から九州北部各地域までの距離と類似度の関係を検討しよう。**図4-23**は，各地域の第1軸サンプルスコアの平均値（縦軸）をモデルⅡ・Ⅲそれぞれの地理的距離（横軸）の関係を想定してプロットしたものである。まずモデルⅡでは，半島南端部から西北九州を介して佐賀・筑後へは下降するが，西北九州から玄界灘沿岸へは上昇してしまう。したがって，通常の伝播のあり方としては妥当ではない。一方，モデルⅢでは，半島南端部から玄界灘沿岸を介して西北九州，佐賀・筑後へと緩やかに下降する。したがって，通常の伝播のあり方として妥当である。すなわち，総合的な類似度からみるとモデルⅡは棄却され，モデルⅢ，すなわち半島南端部から玄界灘沿岸にまず到達し，そこを2次的な起点として西北九州・佐賀平野へと拡散したとする説が最も妥当性が高いことが判明した。

3　上石の形態・規模の比較

　上石の形態・規模に関する分析は，端野［2001］でも試みたが，筆者の用いた手法の不適切さと各地域の資料数の偏りのせいで地域間に明確な差異を見いだすには至らなかったので，ここで再検討する。上石の形態・規模は，支石墓の築造過程において上石の選定が単純に個人の任意によってではなく，集団のメンタル・テンプレイト（mental template）［Deetz 1967］により行われたことを考慮すると，半島南端部と九州北部の支石墓の親縁

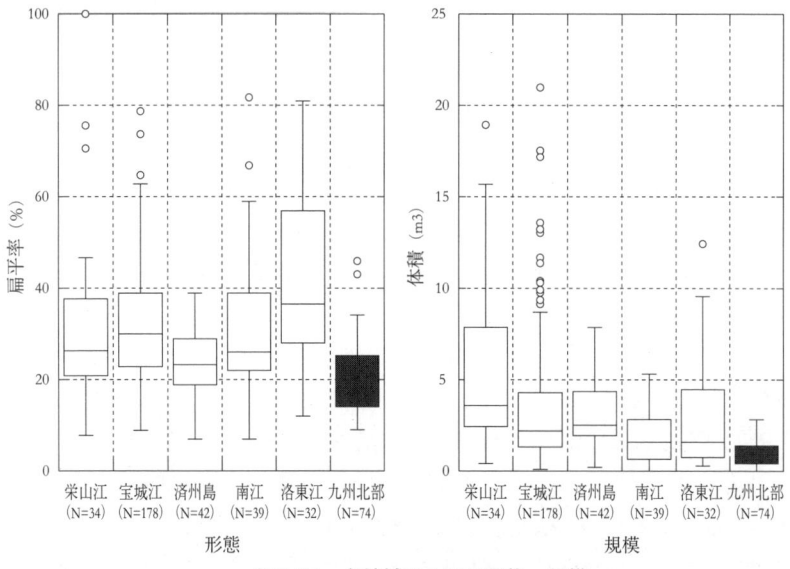

図4-24　各地域の上石の形態・規模

性を測り，伝播ルートを推定するうえで重要な属性である。上石に用いられる石材は，半島南端部・九州北部の両地域ともに，主として花崗岩・玄武岩・安山岩などの火成岩であり，各地域での差異は環境資源に起因する差異というよりは，むしろ支石墓の築造にあたった集団相互のメンタル・テンプレイトの差異を大きく反映するものと考えられる。ここでは半島南端部については，便宜的に河川流域単位に地域設定を行い，九州北部と比較を試みる。すなわち，栄山江流域（光州広域市，全羅南道長城・康津・霊岩・和順），宝城江流域（全羅南道高興・谷城・誌川・順天・麗水・宝城），南江流域（慶尚南道陜川・居昌・晋州），洛東江流域（大邱広域市，慶尚北道安東，慶尚南道咸安・宜寧・金海・昌原・昌寧）に区分する。なお，慶尚道地域の細分については，安在晧［1993］の石庖丁型式と土器文様にもとづいた地域設定に依拠する。これらの地域に加えて，ここでは経由地を考察するうえで必要な済州島も対象とする。また半島南端部の資料は，本来ならば先に祖型と仮定したⅡA類のみ抽出して対象とすべきであ

るが，各地域において統計的に十分な資料数を確保するため，全資料を対象とする。このため，ここで分析する地域差には結果的に時間的要因も含まれている。

　形態を表現する尺度としては，扁平率（厚さ／長さ）を用いる。これは値が高くなるほど側面形態が円形に近づき厚ぼったいもの，低くなるほど横幅の広い楕円形に近づき平べったいものを示す。規模については，便宜的に長さ×幅×厚さを体積として用いて指標とする。**図 4-30** は，各地域における上石の扁平率・体積データから箱ヒゲ図を作成したものである。箱の内部の線が中央値，箱の両端が 4 分位数，ヒゲは外れ値（○で表示）を除いた最小値と最大値を示す。扁平率において，栄山江・南江・洛東江の分布は，中央値が小さい値に偏る正の歪みをなしているため，地域間の比較は中央値で行う。すると，九州北部に最も近い値は済州島で，それに次いで栄山江流域と南江流域が同程度，宝城江流域，洛東江流域が続くのがわかる。体積も半島南端部全体で中央値が小さい値に偏る正の歪みをなしている。したがって，中央値をみると，南江流域と洛東江流域の値が九州北部に最も近く，それに宝城江流域，済州島，栄山江流域が続くのがわかる。以上の分析結果を統合すると，済州島を除いた半島南端部では，形態・規模の両方で南江流域が九州北部に最も類似していることがわかる。なお済州島は，形態では九州北部に最も類似するものの，体積では宝城江流域と栄山江流域の中間に位置することは注意される。

4　中国・四国地方における弥生前期墓制の検討

A　上部施設の分布状況（図 4-25）

　次に，これまで指摘されてきた弥生前期前葉以降の遠賀川式土器文化の広がりをふまえ，九州地方から中国・四国地方への展開を検討しよう。九州地方では A1・A2・C 類が主体をなすのに対して，東方の響灘沿岸地域では A1 類が 1 例のみで，B1・B2・B3・C 類が主体をなしている。A1 類は，中ノ浜遺跡 5 ～ 8 次調査（弥生前期中葉～後葉）［岩崎 1984］でみられる。B1 類は中ノ浜遺跡 5 ～ 8 次調査（弥生前期中葉～末葉），梶栗浜遺跡 57 年

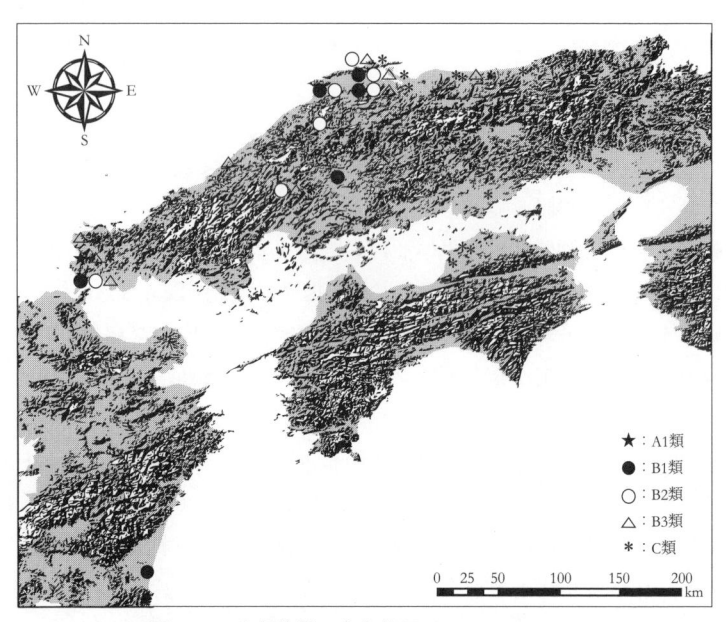

図4-25　上部施設の分布状況（中国・四国地方）

度調査（弥生前期末葉）[金関 1967, 1987, 2000]，B2 類は梶栗浜遺跡 57 年度調査（弥生前期末葉），B3 類は中ノ浜遺跡 2 ～ 4 次調査（弥生前期中葉～末葉）[潮見 1984]，中ノ浜遺跡 5 ～ 8 次調査（弥生前期中葉～末葉），中ノ浜遺跡 9 次調査（弥生前期前葉）[豊浦町教委 1985]，土井ヶ浜遺跡 16 次調査（弥生前期後葉）[土井ヶ浜遺跡・人類学ミュージアム 1998]，梶栗浜遺跡 57 年度調査（弥生前期末葉）でみられる。さらに，山陰地域の島根県では B1・B2・B3・C 類がみられるのに対して，東方の鳥取県では B3 類が 1 例認められるだけで C 類が主体をなしている。B1 類は堀部第 1 遺跡（弥生前期中葉）[鹿島町資 1999；檀原・徳永 2000]，出雲原山遺跡（弥生前期前葉～中葉）[村上・川原 1979；大社町教委 1986]，友田遺跡（弥生前期？）[松江市教委 1983]，B2 類は古浦遺跡（弥生前期中葉～中期）[藤田 1987c]，堀部第 1 遺跡（弥生前期中葉），出雲原山遺跡（弥生前期前葉～中葉），板屋 Ⅲ 遺跡（弥生前期後葉）[島根県教委 1998]，友田遺跡（弥生前期？），B3 類

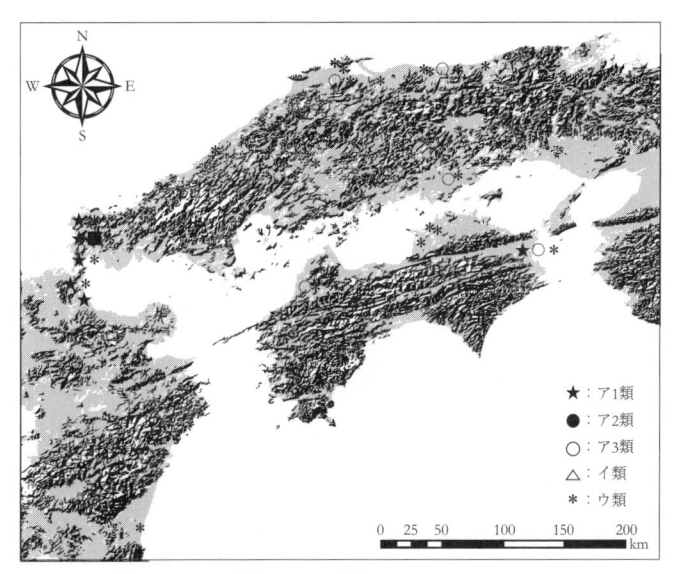

図4-26　閉塞施設の分布状況（中国・四国地方）

は古浦遺跡（弥生前期中葉〜中期），堀部第1遺跡（弥生前期中葉），鰐石遺跡（弥生前期後葉〜中期初頭）[前島 1973；榊原 1996]，沖丈遺跡（弥生前期中葉）[牧田 1999, 2000]，友田遺跡（弥生前期？），長瀬高浜遺跡（弥生前期後葉〜中期初頭）[鳥取県教育文化 1982] でみられる。また，西部瀬戸内地域の広島県では B1・B2・B3 類が確認されるのに対して，同地域の愛媛県とそれより東方の中部瀬戸内地域では確認されず，C 類が想定される。B1 類は高平遺跡（弥生前期後葉）[広島県教委 1971]，B2・B3 類は岡の段遺跡 C 地点（弥生前期後葉）[広島県埋文 1994] でみられる。徳島県の庄・蔵本遺跡 6 次調査（弥生前期中葉）[徳島大埋文 1998] では B2 類が1 例のみ確認され，突発的な様相を呈している。これらのことから，大きくみて A1・A2 類→ B1・B2・B3 類→ C 類という変化の方向性が想定されるが，山陰地域の島根県と中部瀬戸内地域は，九州地方からの空間的距離がさほど変わらないにもかかわらず，分布状況に顕著な違いが認められる。西部瀬戸内地域の広島県と愛媛県においても同様である。

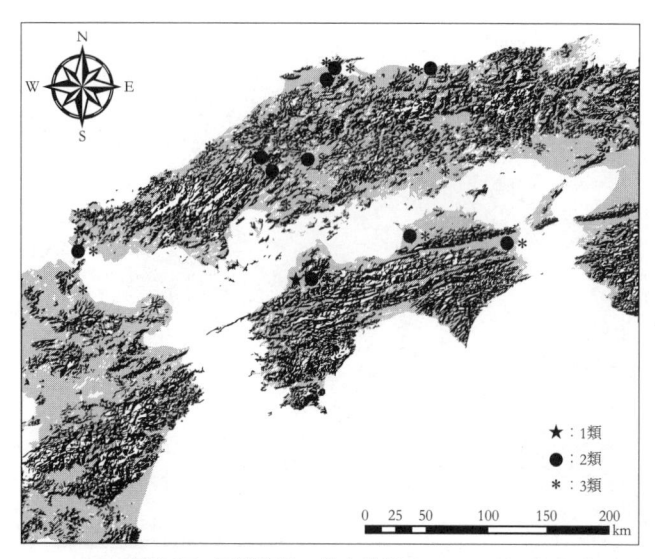

図4-27　石槨施設の分布状況（中国・四国地方）

B　閉塞施設の分布状況（図4-26）

　前項までに検討したように，九州地方において閉塞施設はア1・ア2・ア3・ウ類が主体であるが，ウ類は何ら石を用いた施設をもたないものであるので，これ以外のア1・ア2・ア3類についてみると，まず響灘・周防灘沿岸地域ではそれらのうち，ア3類が欠落する。ア1類は小倉城二の丸家老屋敷跡（弥生中期初頭）［北九州市教委 2012］，下稗田遺跡第4次-Ⅰ地区（弥生前期後葉～中期後葉）［下稗田遺跡調査 1985］，中ノ浜遺跡2～4次調査（弥生前期中葉～末葉），中ノ浜遺跡5～8次調査（弥生前期中葉～末葉），中ノ浜遺跡9次調査（弥生前期後葉），土井ヶ浜遺跡1～5次調査（弥生前期末葉）［金関ほか 1961］，梶栗浜遺跡57年度調査（弥生前期末葉）［金関 1967, 1987, 2000］，ア2類は中ノ浜遺跡5～8次調査（弥生前期中葉～末葉）でみられる。さらに東方の中国・四国地方ではア2類が欠落し，ア1・イ類が認められるが，ア1類は徳島県の庄・蔵本遺跡6次調査（弥生前期中葉～後葉）の1例のみであり，イ・ウ類が主体である。イ

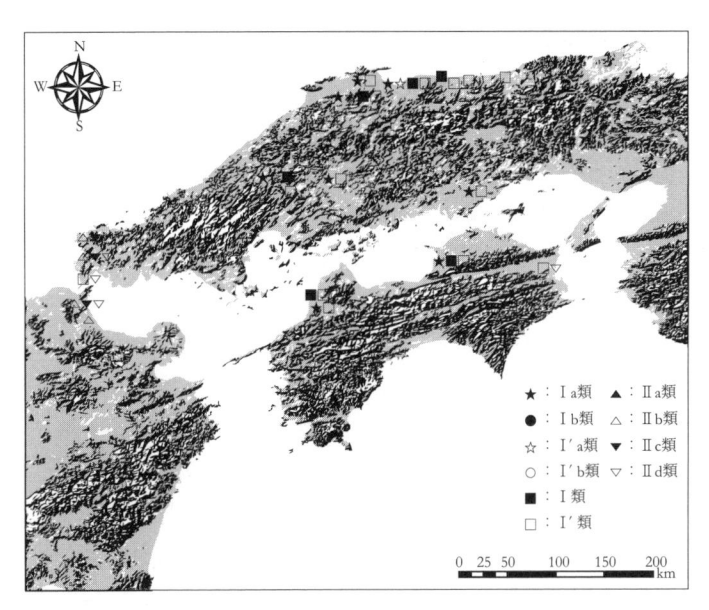

図4-28　埋葬容器の分布状況（中国・四国地方）

類は持田町3丁目遺跡（弥生前期中葉〜後葉）［愛媛県埋文 1995］，西野Ⅲ
遺跡（弥生前期中葉〜後葉）［長井 1978］，庄・蔵本遺跡6次調査（弥生前
期中葉），庄・蔵本遺跡98年度調査（弥生前期中葉）［徳島大埋文 2018］，友
田遺跡（弥生前期？），長瀬高浜遺跡（弥生前期後葉〜中期初頭），塚迫
遺跡（弥生前期後葉）［広島県教委・広島県埋文 1982］，岡の段C地点（弥
生前期後葉）でみられる。岡山県の雄町遺跡M-12号（弥生前期後葉）で
は「こぶし大前後の大きさの河原石が30数個西半部に固まって，浮いた状
態で検出され」，報告者は「意味はよく分からない」としている［岡山県教
委 1972］。この例を閉塞施設イ類に含めてみても，岡山県では現状で石を
用いた墓の例はこの1例のみである。

　以上のことから，東方へ伝播する際の基本的な変化としては，ア1・ア
2・ア3類→イ類→ウ類という方向性が想定される。ただし，徳島県の庄・
蔵本遺跡6次調査でみられたア1類の1例は，属性の基本的な変化の方向

性を考えると空間的に孤立しており，突発的な様相を呈している点は注意される。

C　石槨施設の分布状況（図4-27）

響灘・周防灘沿岸地域では，1類が確認されず，2類も少数で3類が主体をなす。2類は梶栗浜遺跡57年度調査（弥生前期末葉）でみられる。さらに他の中国・四国地方でも1・2・3類が分布するが，細かな地域性が認められる。山陰地域では，2類が少数で3類が主体であり，響灘・周防灘沿岸地域と同様な傾向にある。2類はイキス遺跡（弥生前期中葉～後葉）[倉吉市教委 1989]，堀部第1遺跡（弥生前期中葉），友田遺跡（弥生前期？），長瀬高浜遺跡（弥生前期後葉～中期初頭）でみられる。一方，西部瀬戸内地域では石を用いる傾向が強く，とくに愛媛県では1・2・3類が確認され，なかでも2類が主体をなす。1類は西野III遺跡（弥生前期中葉～後葉），2類は塚迫遺跡（弥生前期後葉），岡の段遺跡C地点（弥生前期後葉），高平遺跡（弥生前期後葉）[広島県教委 1971]，持田町遺跡3丁目（弥生前期中葉～後葉），西野III遺跡（弥生前期中葉～後葉）でみられる。また中部瀬戸内地域の岡山県では，3類しか確認されないのに対して，香川県の樋の口遺跡（弥生前期後葉）[片桐・信里 1998]，徳島県の庄・蔵本遺跡6次調査（弥生前期中葉～後葉）ではそれに加えて2類も確認される。

以上のことから，基本的には1類→2類→3類という変化の方向性が想定されるが，とくに愛媛県の1・2類の存在は通常の伝播のあり方からみて，突発的な様相を呈している。

D　埋葬容器の分布状況（図4-28）

響灘・周防灘沿岸地域では，I′類，IIb・IIc・IId類が分布する。このうちIId類は，側壁にみられる板石の平積みという特徴からみて，その系譜は石槨に求められる。詳細は後述するが，このIId類の石槨的な要素は，石槨から石棺への属性間を横断する変化を表す痕跡器官であるとともに，分布域をほぼ同じくし，形態的に類似するIIb類の系譜もまた石槨に

求められることを物語っている。またⅡc類は，これらのⅡb・Ⅱd類とする石棺の簡略形として派生したものと理解できる。なお，先に行った九州北部の墓制に関する検討を振り返ると，西北九州地域でⅡa類と分布をほぼ同じくするⅡc類は，Ⅱa類とする石棺に系譜が求められよう。Ⅱb類は中ノ浜遺跡2〜8次調査（弥生前期中葉〜末葉），中ノ浜遺跡9次調査（弥生前期末葉〜中期初頭），中ノ浜遺跡9次調査（弥生前期後葉），土井ヶ浜遺跡1〜5次調査（弥生前期末葉），梶栗浜遺跡57年度調査（弥生前期末葉），Ⅱc類は中ノ浜遺跡5〜8次調査（弥生前期中葉〜末葉），中ノ浜遺跡9次調査（弥生前期末葉〜中期初頭），土井ヶ浜遺跡1〜5次調査（弥生前期末葉），Ⅱd類は中ノ浜遺跡2〜4次調査（弥生前期末葉），中ノ浜遺跡5〜8次調査（弥生前期末葉），梶栗浜遺跡57年度調査（弥生前期末葉）でみられる。

　他の中国・四国地方をみると，山陰地域，西部瀬戸内地域，中部瀬戸内・東部四国地域のいずれにおいてもⅠa・Ⅰ'a類，Ⅰ・Ⅰ'類が確認される。島根県の堀部第1遺跡（弥生前期中葉）では，Ⅰa類の木材が遺存した状態で検出されている。このほかにⅠa類は，持田町3丁目遺跡（弥生前期中葉〜後葉），別所新田遺跡（弥生前期後葉）[米子市教委 1982]，友田遺跡（弥生前期?），雄町遺跡（弥生前期後葉），百間川沢田遺跡市道調査区（弥生前期中葉〜後葉）[岡山市教委 1992]，百間川沢田遺跡高縄手A調査区（弥生前期中葉〜後葉）[岡山県教委 1985a]，岡の段遺跡C地点（弥生前期後葉），高平遺跡（弥生前期後葉），樋の口遺跡（弥生前期後葉）でみられる。またⅠ類は，持田町3丁目遺跡（弥生前期中葉〜後葉），西野Ⅲ遺跡（弥生前期中葉〜後葉），イキス遺跡（弥生前期中葉〜後葉），別所新田遺跡（弥生前期後葉），友田遺跡（弥生前期?），雄町遺跡（弥生前期後葉），百間川沢田（市道）遺跡（弥生前期中葉〜後葉），百間川沢田遺跡横田調査区（弥生前期中葉〜後葉）[岡山県教委 1985b]，百間川沢田遺跡高縄手A調査区（弥生前期中葉〜後葉），岡の段遺跡C地点（弥生前期後葉），樋の口遺跡（弥生前期後葉）でみられる。また，Ⅱd類は徳島県の庄・蔵本遺跡6次調査（弥生前期中葉〜後葉），同遺跡98年度調査（弥生前期中葉〜後

葉）でそれぞれ1例ずつ確認され，閉塞施設での状況と同じく，突発的な様相を示すことが注意される。

E　各種出土遺物の分布状況（図4-29）

　まず，遺物の出土位置についてみると，響灘・周防灘沿岸地域，山陰地域の日本海沿岸において，墓壙外・周辺出土の土器類が共通してみられる。こうした墓壙外・周辺から土器類が出土するという類型は，中ノ浜遺跡2～4次調査（弥生前期中葉～末葉），中ノ浜遺跡9次調査（弥生前期前葉），土井ヶ浜遺跡16次調査（弥生前期後葉），梶栗浜遺跡57年度調査（弥生前期末葉），古浦遺跡（弥生前期中葉～中期），堀部第1遺跡（弥生前期中葉），出雲原山遺跡（弥生前期前葉），沖丈遺跡（弥生前期中葉），板屋Ⅲ遺跡（弥生前期後葉），友田遺跡（弥生前期？），長瀬高浜遺跡（弥生前期後葉～中期初頭）でみられる。そのほかに墓壙外・周辺出土の土器類は，瀬戸内海沿岸では徳島県庄・蔵本遺跡6次調査（弥生前期中葉～後葉）の事例のみであり，突発的な様相を示している。遺物の種類については，とくに響灘・周防灘沿岸地域，山陰地域において内容が多種にわたり，朝鮮半島に系譜が求められる土器類，磨製石器類，青銅器類，玉類の副葬・供献，それに加えて南西諸島で採れる南海巻き貝を用いた貝輪をはじめとする貝製品の遺体への装飾が認められる。

F　床面施設に関する検討

　以上，半島・列島の両地域に分布する墓制を構成する属性として，石槨施設・閉塞施設・石槨施設・埋葬容器の四つと，出土遺物について検討した。このほかに，当該時期・地域における墓制に特徴的な要素として，墓壙床面上に配置した「配石」や「棺台」と呼ばれる石がある。しかし，これらの機能や意味については，不明瞭な点も多い。そこで，ここではいくつか事例をあげつつ検討する。

　木棺を設置するための棺台とみなせる典型的な石の配置は，福岡県田久松ヶ浦遺跡SK218［宗像市教委 1999］でみられる。この例では，墓壙床面

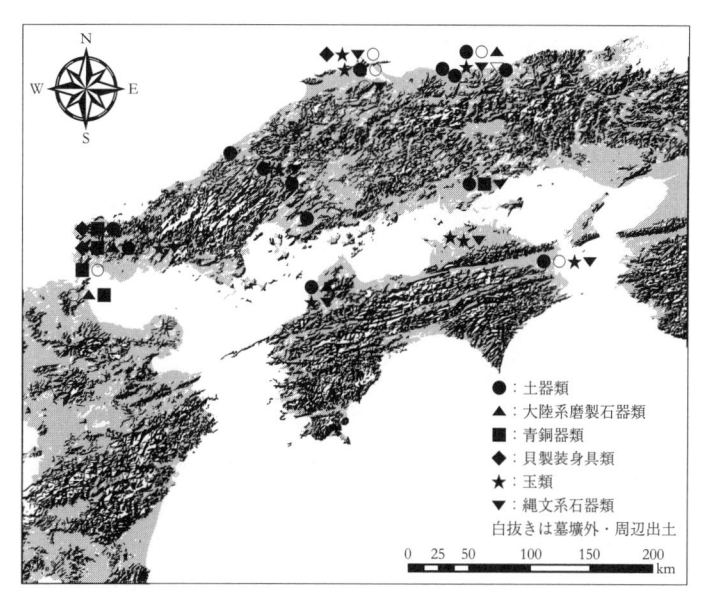

図4-29　各種出土遺物の分布状況（中国・四国地方）

凡例（地図内）：
●：土器類
▲：大陸系磨製石器類
■：青銅器類
◆：貝製装身具類
★：玉類
▼：縄文系石器類
白抜きは墓壙外・周辺出土

0　25　50　100　150　200 km

　の三箇所に平らな石を配していた（**図4-30-2**）。これは，半島南端部の支石墓の墓壙床面にみられる石の配置と共通するものである（**図4-30-1**）。これに類似した例は，福岡県天神森遺跡3次調査［福岡市教委 1996］，佐賀県礫石A遺跡［佐賀県教委 1983］でも確認できる。また中国・四国地方においても，愛媛県持田町3丁目遺跡［愛媛県教委 1995］や同県西野Ⅲ遺跡［長井 1978］で，墓壙内に木棺の存在が推定される例のなかに，墓壙底面に石が確認されるものがある。

　このほかに，墓壙床面に石を設置する例としてよく知られるもので，響灘沿岸地域の土井ヶ浜遺跡［金関ほか 1961；豊北町教委 1995］，中ノ浜遺跡［潮見 1984］でみられる「配石墓」がある（**図4-30-3**）。これは，石を遺体の外側の四隅に配置したり，頭部・足部の外側に1〜数個配置したりする墓制である。先述の田久松ヶ浦例と比べると，この配石墓は，遺体の外側の四隅にかなり大きな間隔を配石されており，その上に木棺を置いたと考えるには無理がある。したがって，物理的な機能ではなく，生と死の世界を

仕切るための結界石，あるいは死者の魂を鎮めるための鎮魂石などの呪的な機能が考えられよう。なお九州地方でも，玄界灘沿岸地域の福岡県新町遺跡［志摩町教委 1987］，佐賀・筑後地域の佐賀県久保泉丸山遺跡［佐賀県教委 1986］で，一見するとこれに類似する例（図4-30-4・5）がみられる。しかし，例示した新町遺跡 24 号墓は，板石 4 枚全てが遺体の下に潜り込んだような状態で検出されており，遺体と石との間の距離の点で，土井ヶ浜遺跡や中ノ浜遺跡の配石墓とは明らかに異なる。また，先述した木棺にともなう棺台とも異なるあり方を示している。したがって，石棺の簡略形としての石囲い（本書の埋葬容器Ⅱc類）とみなすのが妥当である。また久保泉丸山遺跡では，石槨施設 2 類とした石槨の簡略形と考えられるものが多数確認され，墓壙底面全面に敷石した例もみられることから，ここで例示した SA091 の墓壙底面の配石も，土井ヶ浜遺跡・中ノ浜遺跡の配石とは異なり，木棺の棺台の一種としてとらえられようか。

　以上，当該地域・時期における墓制の墓壙床面にみられる石の機能について検討した。その結果，木棺の棺台としての機能が推定されるもの，何らかの呪的な機能が推定されるものがあった。一見すると，棺台や配石というように墓壙床面上の施設として一括されてしまうものでも，その機能と由来には違いがあることをここで指摘しうる。これをふまえて，土井ヶ浜遺跡や中ノ浜遺跡の配石墓の系譜についても，次の「墓制における属性間を横断する系譜関係」のなかで検討したい。

G　属性間を横断する系譜関係

　これまで検討してきたように，響灘沿岸地域に分布する弥生前期の墓制は，北部九州の墓制を介して，さらに半島南部の墓制にまで系譜をたどりうるものである。しかし，半島南部からの導入後，北部九州を経由し，かつ相当な時間を経過したこともあって，これらのなかには単に属性内における変化だけでは説明がつかない例もいくつか存在する。そこで以下，これらの例に対して，属性ごとの変化の流れにとらわれず，他の属性との関係をも視野に入れて，その系譜に関する理解を深めたい。

1　　　　　　　　　　　　2

3　　　4　　　5

■ 石を用いた床面施設

0　　　　　　　　1m

図4-30　半島・列島における床面施設

1：竹山里夕群19号墓　2：田久松ヶ浦SK218　3：土井ヶ浜310号人骨　4：新町24号墓　5：久
保泉丸山SA091（各文献より引用・改変）

山口県梶栗浜遺跡 C 群石棺（弥生前期末葉）［金関 1967, 1987, 2000］は，上部施設 B2 類×閉塞施設ア 1 類×石槨施設 2 類×埋葬容器Ⅱd 類からなる墓である（**図 4-31-1**）。これらの属性のうち，上部施設 B2 類は，墓壙上面の縁辺部に石を配置・配列したものをまとめたものであるが，この例では，墓壙上面の縁辺部に石を配置し，さらにその内側に数個の石を墓壙の長軸方向に沿って配列する。墓壙上面の縁辺部にめぐらされた石は，上部施設 A1 類とする支石墓の支石の数を増し，楕円状に配置するようになったものと解せるが，その内側にみられる石の配置状態は，単に上部施設 A 類からの系統関係だけでは説明がつかない。むしろ，このような石の配置状態は，上部施設とは異なる属性である閉塞施設のア 1 類にみられる石の配置状態，すなわち板石を横掛けして蓋石とする状態と類似する。したがって，この例での上部施設 B2 類は，閉塞施設ア 1 類に系譜が求められよう。

山口県土井ヶ浜遺跡 16 次調査の ST1601（弥生前期後葉）［土井ヶ浜遺跡・人類学 1998］は，上部施設 B3 類×閉塞施設ウ類×石槨施設 3 類からなる墓である（**図 4-31-3**）。これらの属性のうち，上部施設 B3 類としたものは，墓壙上面の中心部に石を配置・配列したものであるが，この例では，五つの石を墓壙の長軸方向に沿って配置する。これも，先述の梶栗浜遺跡例と同じく，上部施設 A 類からの系統関係では説明がつかず，むしろ閉塞施設ア 1 類に類似する石の配置状態といえる。したがって，この例での上部施設 B3 類は，閉塞施設ア 1 類に系譜が求められよう。

山口県中ノ浜遺跡 2 ～ 4 次調査の E-1 箱式石棺（弥生前期末葉）［潮見 1984］は，上部施設 B3 類×閉塞施設ア 1 類×石槨施設 3 類×埋葬容器Ⅱd 類からなる墓である（**図 4-31-5**）。これらの属性のうち，埋葬容器Ⅱd 類は，小口壁は 1 枚の板石を立てて造っているのに対して，側壁は板石を数段平積みして造っている。この石棺の側壁の造り方と石槨施設 1 類，すなわち石を積み上げて石槨をなすものとの間に共通性を認めることができる。したがって，埋葬容器Ⅱd 類は石槨施設 1 類に系譜が求められる。このほかに，Ⅱd 類の事例として先述の梶栗浜遺跡 c 群石棺，そして弥生中

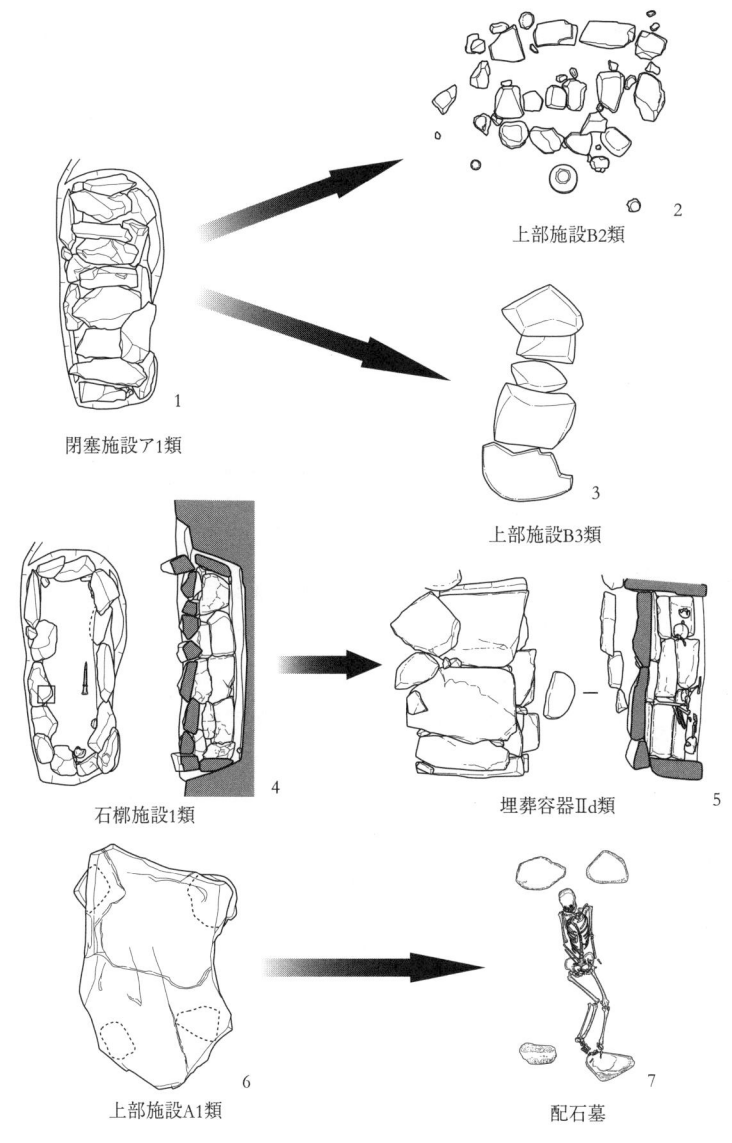

図4-31　属性間を横断する系譜関係

1・4：田久松ヶ浦SK206　2：梶栗浜c群石棺　3：土井ヶ浜16次ST1601　5：中ノ浜E-1箱式石棺
　6：新町11号墓　7：土井ヶ浜配石墓　（各文献より引用・改変）

期初頭に属するものではあるが，福岡県小倉城二の丸家老屋敷跡[5]の中細形銅剣が出土した石棺墓があげられる。

　ところで，このⅡd類がみられた中ノ浜遺跡［潮見 1984；岩崎 1984；豊浦町教委 1985］では，弥生前期中葉〜中期初頭という時間幅において，石棺については，Ⅱd類は少数にとどまり，Ⅱb類が多数を占める。Ⅱb類は響灘沿岸地域では，土井ヶ浜遺跡1〜5次調査［金関ほか 1961］でも弥生前期末葉に属する例が検出されており，これは同地域において主流となった石棺の型式とみなせる。そこで，先述したⅡd類の系譜関係をふまえて，Ⅱb類の系譜について考えてみよう。このⅡb類は平面形態が長方形で，長さに比べて幅・深さが小さいという特徴をもつが，これはⅡd類にも共通するものである。加えて，両者は分布と時期とをほぼ同じくする。したがって，Ⅱb類とⅡd類の間には一定の親縁性が存在するものと考えられる。そして，Ⅱd類の側壁にみられる板石の平積みを石槨の痕跡器官とみなすならば，Ⅱb類の系譜もまた石槨施設1類に求められよう。すなわち石槨施設1類→埋葬容器Ⅱb類という主流となる変化のなかにおいて，Ⅱd類を石槨的な要素が残存したものとみなすわけである。

　最後に，響灘沿岸地域の土井ヶ浜遺跡，中ノ浜遺跡にみられる配石墓の系譜について考えてみたい（**図4-31-7**）。これについては，加藤光臣によって支石墓の上部構造の変容過程で派生したとする見解が提出されている［加藤 2000］。この見解はおおむね妥当なものと考える。先に行った検討では，新町遺跡や久保泉丸山遺跡でみられる墓壙底面に配された石に系譜を求めるには無理があることが分かった。したがって，配石墓の配石も床面施設からではなく，他の属性に系譜を求めて考えた方がよい。配石墓の四隅への石の配置に類似する現象として，支石墓の上石を支える支石（本書の上部施設A1類）があげられる。支石墓の上石を取り去り，残された支石の配置位置を被葬者のレベルまで下げれば，配石墓の誕生となる[6]。支石の役割については，上石を支え，地下の埋葬主体部に与える重量負荷を分散するという物理的な機能を推定する見解もあるが，その数が四つという一定の規則性からみて，むしろ呪的な意味合いが強いように思われる。

というのも，現代建築学の観点から上石をしっかりと支持するには，支石の数は三つが望ましく[7]，上石を物理的に支えるうえで四つである必然性はないからである。先述した配石の結界石や鎮魂石などの呪的な機能は，支石墓を構成する一要素として，半島南部から北部九州へともたらされ，墓の形態は時間の経過とともに大きく変形しつつも，それにともなう観念だけが，響灘沿岸地域の配石墓にも引き継がれていったのであろう。

　以上，響灘沿岸地域の弥生前期墓制において，属性内の変化だけでは系譜の説明が困難な属性について，属性間を横断する系譜関係を考えてみた。このような属性間を横断する系譜関係は，半島南部から北部九州へと新来の墓制が導入され，そのあと相当な時間が経過し，響灘沿岸地域にもたらされるまでの過程で，墓制を構成する個々の属性の本来のあり方が忘却され，それに関する情報が著しく歪められたことを如実に物語っている。なお，これらの特徴的な墓制あるいはそれを構成する個々の属性の系譜が，これが造られた時期の半島南部の無文土器文化には求めえないものであることはいうまでもない。

第2節　考　察

1　日本列島の支石墓の祖型と起源地

　さて，以上の分析結果をふまえて，ここではまず，列島の支石墓の祖型を明らかにし，その結果を通じて列島の支石墓の，半島南端部においての起源地を明らかにしたい。本章では，半島南端部の支石墓をⅠ・ⅡA・ⅡB類を分類し，型式の設定を行い，そのうち九州北部の支石墓の諸属性の特徴から祖型をⅡA類とみて，さらに統計的にそれを検証した。すなわち，下部施設が石槨で内部に木棺の存在が推定される一群が列島の支石墓の祖型と考えられるのである。福岡県長野宮ノ前遺跡・江辻遺跡第5地点［新宅 2001；粕屋町教委 2002］の縄文晩期後葉に属する土壙墓内で木棺痕跡あるいは棺材の遺存体にともなって礫群が検出されており，これを石槨の簡

略形と考えると，石槨と木棺の組み合わせは当然，その祖型である半島南端部の支石墓に求められる。なお，西北九州の支石墓の祖型として石棺を埋葬施設とするものを想定する見解［沈奉謹 1979；西谷 1980；本間 1991］もあるが，前節で検討したように，半島南端部において，石棺を埋葬施設とする支石墓は量的にわずかである。石棺を備える支石墓は半島の南端部より北方地域に主として分布することが指摘されており［池健吉 1990］，九州北部との地理的距離からいっても現実的ではない。また，石槨をともなわない土壙（木棺）を埋葬施設とする支石墓も量的にわずかであり，これを祖型とする見解［岩崎 1980］も受け入れがたい。

　前節では，九州北部における墓制の属性の組み合わせを検討した結果，縄文晩期後葉では，玄界灘沿岸地域においては，九州北部の他の二地域に比べ，半島南端部の祖型（ⅡA類）との類似度が高い例が存在することが指摘できた。こうした例は，佐賀県大友遺跡 5 次調査［九州大考古 2001］，同遺跡 6 次調査［九州大考古 2003］，福岡県石ヶ崎支石墓［原田 1952］で認められる。例示した大友遺跡 5 次調査 6 号（**図 4-36**），石ヶ崎支石墓（**図 4-58-4**）は，九州北部の属性でいうと，上部施設 A1 類×閉塞施設ウ類×石槨施設 1 類×埋葬容器 I′類で構成される。これらは半島南端部の支石墓の型式でいえば，ⅡA類のなかでも，閉塞施設に蓋石などの石を用いないⅡA2 類に相当する。なお石ヶ崎支石墓は，弥生前期まで下る可能性のある例ではあるが，後述するように福岡地区においては，弥生前期前葉（板付 I 式期）に，各属性において石の不使用が進行していたのに対して，糸島・早良地区では初現的なものが残存したものとみなすことができる。半島南端部の支石墓型式のⅡA2 類は，半島南端部では洛東江の支流である南江流域を東限とし，主として西南部に偏って分布する型式である。ただし，九州北部支石墓の祖型をⅡA類の細別型式であるⅡA2 類に限定するには躊躇する。なぜなら，列島における墓制の閉塞施設の変異として取り上げたア類のうち，特にア 1 類はⅡA1 類の蓋石に高い類似性が認められるものだからである。この閉塞施設ア 1 類と，ⅡA1 類の石槨と類似度の高い石槨施設 1 類が共伴する例は，玄界灘沿岸地域の福岡県田久松ヶ浦遺

跡［宗像市教委 1999］で認められる（**図 4-58-6**）。この例は，上部施設である上石が欠落した様相を呈するものではあるが，この存在から Ⅱ A1 類も列島の支石墓の祖型候補に含め，その分布が半島南部の全域にわたっていることを考えると，Ⅱ A1 類と Ⅱ A2 類の共存が認められる南江流域以西地域が起源地として推定される。これまでの見解では単純に支石墓の密集度から全羅南道を範囲とする西南部が注目されてきた［西谷 1980；本間 1991］が，支石墓の型式からみると慶尚南道の南江流域もその候補地としてあげることが可能であろう［端野 2003a］。

さらに近年，栗下里遺跡［慶南発展研 2009a］（**図 4-65-1**）などの洛東下流域での調査成果は注目すべきものであり，他の物質文化の分布状況を加味すれば，この地域もまた，支石墓の起源地に含めるべきであろう。

2　伝播ルート

前項では，列島の支石墓の祖型と考えられる型式と，列島の支石墓の起源地について議論した。ここでは，それをふまえて九州北部への伝播ルートと九州北部内における拡散について考察しよう。まず，半島南端部から九州地方にいたるまでで，対馬・壱岐と済州島に見解が分かれる経由地の問題についてである。済州島の支石墓については，半島南端部の型式分類をそのまま適用して論じるのは困難である。済州島における考古学的研究を行った李清圭［1995］によると，大筋では半島南部と同様，「地下式」から「地上式」への移行し，最終的には数枚の板石を地上に立てそれを埋葬施設とするいわゆる「済州島式」へと独自の型式変化を遂げることが想定されている。それらは出土遺物が少なく不明な点が多いが，おおよそ無文土器時代終末から三国時代中期（郭支里式）にわたる時期に属するという。そして，数十，数百ｍの間隔を空けて多くが１基ずつ分布するとされており，この点は主に群集して墓地を形成する列島の初期支石墓とは異なる。また，前節で行った上石についての分析結果からは，形態については九州北部に類似するものの，規模については半島西南部の栄山江流域や宝城江流域に類似することがわかった。したがって，済州島の支石墓は列

島の支石墓とは異なり，半島西南部に起源する可能性が高く，列島への伝播ルートにおける経由地としての可能性は低いものと考えられる。ただし，現状では「地下式」の埋葬施設や各型式の時間的位置づけに不明な点が多いため，資料の蓄積をまってさらに検証する必要があろう。なお，西谷正[1980] は石棺を下部施設とする支石墓として長崎県原山遺跡C群3号支石墓と済州特別自治道吾羅洞A地区第10号支石墓（済州島式）の構造的類似性を指摘しているが，先述のように時期的に大きな隔たりがあり，初期支石墓の祖型とすることはできない。一方，対馬では支石墓ではないが，石棺の一部に縄文晩期とされる土器を利用した泉遺跡の石槨甕棺墓で磨製石剣・碧玉製管玉が出土したという［水野ほか 1953］。また，少数ながらも九州北部に由来する夜臼式土器とともに，半島南部に由来する孔列土器・丹塗磨研土器・瘤状把手付きの甕が峰町井手遺跡［下條 1996］から出土していることも交流の一端を示すものとしてあげられる。ただし，経由地とはいっても縄文晩期後葉には，後の弥生前期・中期に比べ，半島との交流を示す物証が希薄なことと稲作適地の少なさから，あくまで九州に到達するための中継地点としての性格が強いと思われる。

　では，五島列島を含む西北九州と玄界灘沿岸の北部九州といった二つの見解に分かれる九州北部内の到達地については，どうであろうか。前節ではまず，九州北部における墓制を構成する属性ごとに変化の方向性を明らかにし，それにもとづいて半島南端部から九州北部への伝播モデルを構築した。そして，属性類型の出現頻度，さらには数量化III類を用いた各地域の支石墓の総合的な類似度によって，モデルを検証した。その結果，半島南端部から玄界灘沿岸にまず到達し，そこを二次的な起点として西北九州・佐賀平野へと拡散したとする見解の妥当性が最も高いと判明した。また前節で検討したように，属性の組み合わせをみても，玄界灘沿岸地域では祖型IIA類との類似度が高い属性を共伴する初現的な例が少数ではあるが確認された。これに対して，西北九州地域では，上部施設については祖型と高い類似性を示すが，石槨施設・埋葬容器は在地化を遂げたものが確認されるにとどまり，相対的に祖型との類似度は低いといえる。長崎県原

266

山支石墓群 20 号［北有馬町教委 1981］の下部施設は，石槨施設 2 類×埋葬容器Ⅱa類で構成されるものであり，玄界灘沿岸の例に比べて類似度は低い（図 4-60-5）。なお，佐賀・筑後地域の支石墓についても，玄界灘沿岸地域に比べて祖型と類似度の高い例は確認されない。久保泉丸山遺跡 SA014［佐賀県教委 1986］は，上部施設 A1 類×閉塞施設ア 1 類×石槨施設 2 類×埋葬容器Ⅰ′類で構成されるが，やはり祖型との類似度からみて玄界灘沿岸地域例には及ばない（図 4-60-1）。出土遺物の分布状況をみても，玄界灘沿岸地域に支石墓の副葬品の基本セットが集中し，明らかに他の二地域を圧倒している。以上のことから，下部施設に石槨を備えた支石墓が，玄界灘沿岸地域を中心に伝播し，その周辺に拡散しつつ，変形したものと考えられる。

3 福岡平野における支石墓の変容

かつて筆者は，福岡平野においては，様式構造の変化，すなわち最古の弥生土器＝板付Ⅰ式土器の成立過程［田中 1986］と連動し，支石墓を構成する上石・蓋石・石槨などの石を用いた構造物が欠落し，埋葬容器である木棺だけが導入される過程を示した。そして，このような変容過程を，周辺地域に対する福岡平野の文化的自立性の高まりを表すものと考えた［端野 2001, 2003；Hashino 2006］。前節でも，属性ごとの分布状況と属性の組み合わせを検討することによって，その過程を裏づける次の二つの事実を明らかにした。

i）縄文晩期後葉（夜臼式期）から弥生前期前葉（板付Ⅰ式期）に至る過程で，玄界灘沿岸の唐津地区，糸島・早良地区では上部施設・閉塞施設・石槨施設の三属性について，石を多用するものから全く用いないものへの変化がうかがえた。

ii）弥生前期前葉（板付Ⅰ式期）以降の遺跡が主体となっている福岡地区では，閉塞施設イ類・石槨施設 2 類のような系譜をたどれる属性がわずかに看取されるものの，全く石を用いない木棺だけで構成されるものが主体である。

福岡地区における，こうした変化の過程を裏づける例として，天神森遺跡3次調査4号をあげる（**図4-58-5**）。これは閉塞施設イ類×石槨施設2類×埋葬容器Ⅰ′類で構成される例である。なお糸島地区の甕棺墓については，橋口達也がそこに配された石が弥生前期前葉には消滅する傾向があることを指摘している［橋口 1992］。本書が示したような石の不使用という変化の方向性をふまえて，宮本一夫は大友遺跡における墓域の拡大過程を推定している［宮本 2001］。また，「裏込石」「棺台」にもとづいて，木棺墓の分類を行った大庭孝夫［2002］も筆者の論考［端野 2001］とほぼ同様の結論に至っている。

　本来ならば，福岡平野内でこのような変容過程を追跡するべきであったが，端野［2001］作成時は，縄文晩期後葉（夜臼式期）に属する，石を用いた事例がなく，玄界灘沿岸地域全体における状況から推定したものであった。しかしその後，江辻遺跡第5地点で刳抜き式木棺の痕跡とともに石槨の簡略形ととらえられる，配石あるいは棺台をともなう支石墓的属性を備えた縄文晩期後葉に属する墓（**図4-32**）が発見され［新宅 2001；粕屋町教委 2002］，このモデルを補強することとなった[8]。これに対して，以前から半島南部から支石墓ではなく石槨墓が九州にそのまま伝播したとする見解［原 1999］がある。しかし，この見解は妥当ではない。原俊一は半島南部の石槨墓として，全羅南道大谷里遺跡や釜山広域市杜邱洞林石遺跡の例をあげたが，両者ともに出土遺物からみて，無文土器時代後期まで下り，例として適当ではない。また，無文土器中期に支石墓のみならず石槨墓の存在も認める立場［河仁秀 2000］もあるが，支石墓の下部施設と明確に区別する根拠は示されていない。

　以上のように，このモデルの妥当性は最近の資料においても高められたといえる[9]。そして，この現象は弥生前期前葉においての当該地域の文化的自立性の高まりを物語っている。一方，西北九州地域や佐賀・筑後地域，唐津地区や糸島地区においては，半島南端部の祖型となった支石墓からは変容が認められるものの，依然として「支石墓」であったり，石を用いた施設をともなったりしている。たとえば，糸島地区に所在する石崎矢風遺

跡第1次調査では，弥生前期前葉に属する支石墓が調査され，その主体部からは木棺の底板が発見された［埋文研 2000, pp.326-329］（**図4-33**）。これは，支石墓の埋葬主体部として木棺自体が発見された貴重な例で，先述した支石墓から木棺墓への変化過程を裏づける一つの証拠となる。加えて，糸島地域では福岡平野とは異なり，弥生前期前葉になっても依然として外来墓制である「支石墓」からの脱却が不徹底であることを物語っている。こうした福岡平野以外の九州

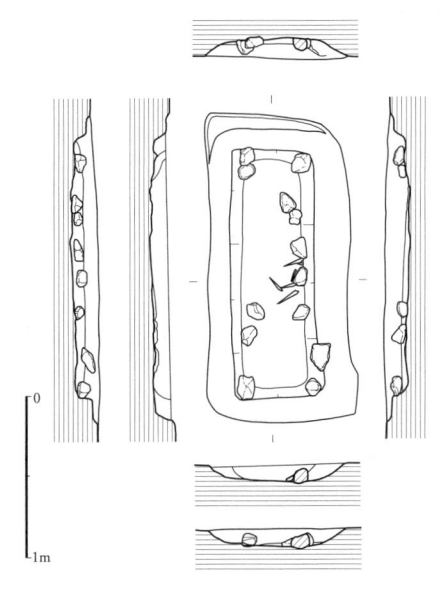

図4-32　江辻遺跡第5地点SK20（粕屋町教委 ［2002］よりトレース・改変）

北部の墓制のあり方は，渡来文化への傾倒を示すものといえるが，いち早く弥生化を成し遂げた福岡平野での墓制とは異なり，列島独自のものへとは昇華しきれていないものとも評価されよう。

　福岡平野からやや離れた宗像地域でも，やや時期が遅れつつも，福岡平野と同様の，石材の不使用化傾向が認められる。弥生前期前葉の田久松ヶ浦遺跡では，石槨施設1類，閉鎖施設ア類などにみられるように，石が多用されているが，弥生前期前葉〜中葉の久原遺跡では石は棺台として用いられるだけになる［宗像市教委 1999］。

　ところで前節では，九州北部の墓制についての検討結果をふまえ，中国・四国地方の弥生前期前葉〜中葉に属する墓制についても同様に，構造的属性と出土遺物を検討した。その結果のなかでも，特に注意すべきことは，日本海沿岸地域と瀬戸内海沿岸地域との間において，上部施設の祖型との類似度の高低差，および出土遺物の種類の多寡が認められたことであ

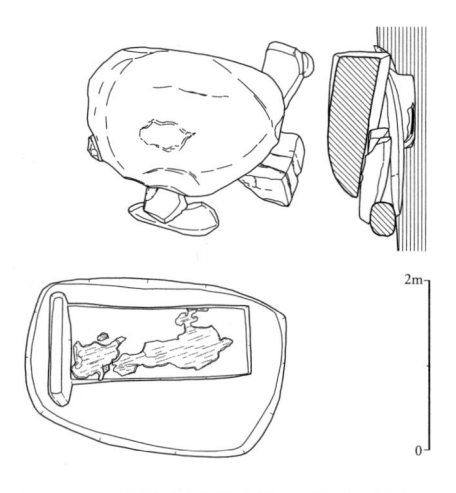

る。すなわち，日本海沿岸地域の墓制は瀬戸内海沿岸地域に比べ，上部施設において九州北部の墓制との類似度が高く，かつ出土遺物の種類が多いことがわかった。また，遺物の出土位置において，九州北部と日本海沿岸地域の間には，墓壙外・周辺出土という点で共通点がみられたことも注意されよう。さらに，瀬戸内海沿岸地域の状況を細かくみると，石槨施設の点で，西部瀬戸内地域の愛媛県では，

図4-33　石崎矢風遺跡第1次調査1号支石墓（埋文研［2000］よりトレース・改変）

石を用いる傾向が強く，反対に東部瀬戸内地域の岡山県では石を用いた例はほとんどみられなかった。本章では，現象の把握にとどめ，その背景については，第8章において，他の考古学的事象との関係をみて，議論を深めることとする。

4　近年の弥生時代開始期墓制論に対する検討

　筆者が，半島南端部と九州北部，あるいは中国・四国地方の墓制を対象として，その伝播と変容を論じた後に［端野 2001, 2003］，中村大介［2004, 2006, 2007a, 2007b, 2009］や宮本一夫［2012］によってもほぼ同じ資料を用いて，論考が発表されている。ところが，これらの主張は，筆者の見解とは相容れないということだけにとどまらず，事実の認定や分析，それから導かれた結論については，とうてい首肯することのできないものが数多く含まれている。以下，個々の論考ごとに詳細に問題点を述べておきたい。

A　各論に対する検討

（1）中村大介の論

中村の論は，いくつかの論考で発表され，その内容は相互に重複を含みつつも，多岐にわたって展開されている。論に内在する問題を浮き彫りにするためには，それを支える論拠をつぶさにみていく必要がある。そこで以下では，個々の論考ごとに（内容が重なるものはまとめつつ），検討する。

中村大介 [2004, 2007a]

埋葬施設の構築位置の共通性にもとづいて，半島の地上式支石墓から列島の方形周溝墓の成立を考えている（図4-34）。これについての批判は，中村自身も自覚しているように [中村 2004]，この変化を証明する考古学的な事実が存在しないということをあげておけば十分であろう。すなわち，地上式支石墓→方形周溝墓という変化を想定するのであれば，少なくともそれを裏づけるような両者の中間形の存在を提示する必要があるが，全くそれがなされていないのである。したがって，この見解は，考古学的論拠が不十分な立論といえ，首肯することはできない。そして，それ以上に問題なのは，次に詳述するように，半島と列島の土器編年の併行関係に関する問題である。すなわち，方形周溝墓が列島に出現した弥生前期後葉に，中村がその祖型とみる地上式支石墓は半島に存在していたのかは，甚だしく疑問である。

中村大介 [2006]

松菊里式土器や磨製石鏃の分布，木棺型式の逆転現象にもとづいて，中国・四国地方への直接的な影響を想定し，さらに各地域において半島系文化要素の選択的受容が行われたという主張について，筆者はいちど批判を行ったことがあるが [端野 2009]，ここで再論する。すなわち，列島の弥生前期中葉〜後葉に，半島南部に松菊里式土器やそれにともなう文化要素（先述の地上式支石墓も含む）が存在したのかという観点からの批判である。この批判の論拠となるのは，列島において，板付 I 式土器（弥生前期前葉），あるいは板付 II a 式土器（弥生前期中葉）と共伴する水石里式系土器である。端野 [2009] では，福岡県曲り田遺跡 W1 南半上層 [福岡県教

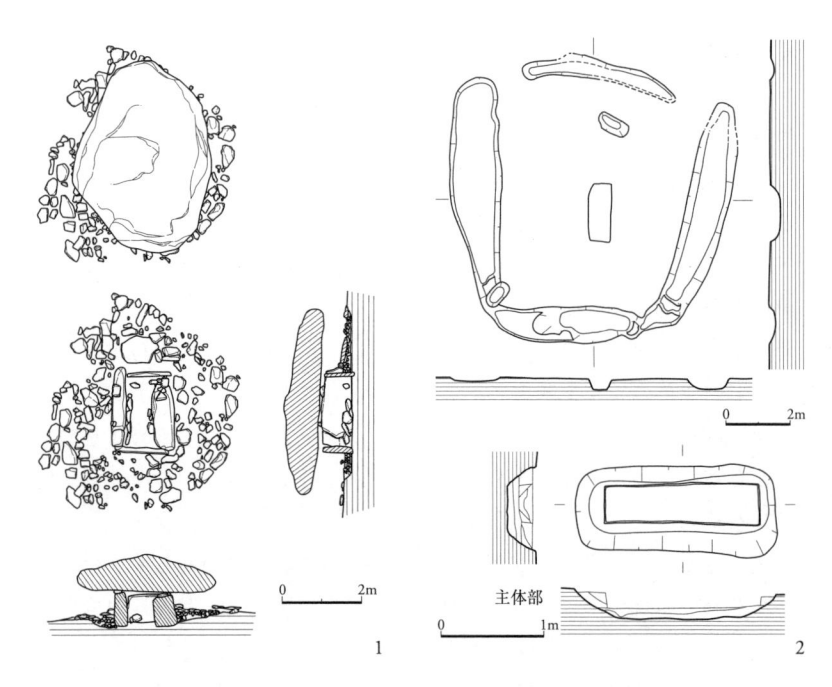

図4-34　半島の地上式支石墓と列島の方形周溝墓

1：城東里アンゴルナ群4号支石墓［木浦大博　1997］　2：東武庫2号墓［兵庫県教委　1995］　両者間には構造上の大きな違いがあるとともに，時期的に併行するかは疑問である。

委　1983］と福岡県横隈北田遺跡環濠下層［小郡市教委　1988］の例をあげたが，その後，武末純一が福岡県葛川遺跡 SP39［武末・上田　2006］で，水石里式系土器（円形粘土帯口縁鉢）が板付Ⅱa式土器に共伴した事実をあげた（**図4-35**）。そして，これによって無文土器後期前半（水石里式期）の上限は板付Ⅱa式併行期にまでさかのぼり，無文土器中期後半（松菊里式期）の下限はほぼ板付Ⅰ式〜Ⅱa式併行期に収まるとした［武末　2011］。これらの資料からみて，列島の弥生前期前葉あるいは前期中葉以前には，半島南部において水石里式土器が出現していたとみられる。水石里式土器は，半島南部の無文土器編年のなかで，松菊里式土器に後続する段階（無文土器

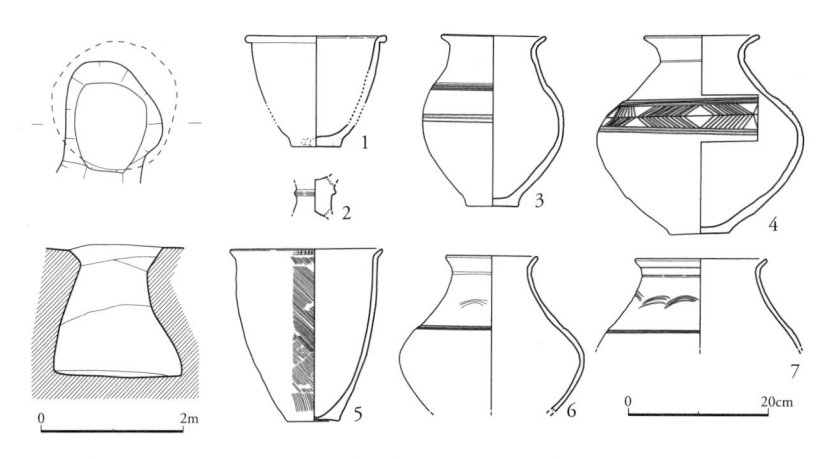

図4-35　葛川遺跡SP39と出土遺物

1：水石里式系土器［武末・上田 2006］　2〜7：板付Ⅱa式土器［苅田町教委 1984］

後期前半）に位置づけられる土器様式である。したがって，中村の論の根底に横たわっている「列島の弥生前期中葉〜後葉に，半島南部では松菊里式土器とそれにともなう文化要素が存在していた」という前提が成立するかどうかは極めて危ういものと考えられる。

　ここで考古学の基本原則に立ち返ってみると，こうした列島から出土した半島系遺物・遺構だけで併行関係を設定したうえでの立論には，やはり無理を感じざるをえない。すでに武末純一は，半島の布留式系甕を論じるなかで，異なる地域間の編年の併行関係を設定する際には，田中琢［1978］の言葉を借りつつ，「列島のⅠ期の型式の遺物が半島のB期の一括遺物に含まれ，半島のB期の型式の遺物も列島のⅠ期の一括遺物の中にあるといった関係」を成立させる必要があることを説いた[10]。現状で，列島においては，弥生前期中葉〜後葉の遺構・遺物にともない，半島の無文土器中期後半にみられる遺構・遺物に類似したものが発見されているが，一方の半島においては，無文土器中期後半の遺構・遺物にともなって，列島の弥生前期中葉〜後葉の遺構・遺物が発見された例は皆無である。

　筆者は2001年の論考で，中国・四国地方の弥生前期中葉〜後葉にみられ

る石を用いた墓制の広がりを，いわゆる遠賀川式土器の，北部九州からの広域拡散の流れのなかで理解しようとしたが［端野 2001］，松菊里式土器や有茎式石剣，磨製石鏃などの文化要素も，こうした北部九州からの文化伝播でとらえた方がはるかに理解しやすい。そして，列島の弥生前期中葉〜後葉での，無文土器文化由来の文化要素の存在は，起源地である半島南部で廃れていることをいったん認めれば，列島内での残存現象と素直に理解されよう。

　なお中村は，半島南部から列島の中国・四国地方への直接的な影響を想定するための論拠の一つとして，「棺型式の逆転」という現象をあげている。これについては，後年発表された，中村大介［2009］において，詳細に議論されているので，そちらで検討する。

中村大介［2007b］

　まず半島南部において，支石墓とは別に石槨墓が存在したと仮定したうえで，北部九州の石槨墓の系譜をそれに求めた点について，検討する。この見解を中村が初めて表明したのは 2006 年の論考であるが，それとは異なる他の見解との違いを明確化したのはこの論考である。ここでの異なる他の見解とは，列島の木棺墓や石槨墓の系譜を，半島南部の支石墓の下部構造に求めた橋口達也［1992］や端野晋平［2003a］のそれである。中村は，こうした異なる見解の存在をふまえ，自身の見解の難点を克服しようとした。その難点とは，半島南部で「石槨墓」として調査された例が，本来は支石墓であり，上石が消失した結果として，そのように調査された可能性はないのかということである。ここでは「墓域構成」と埋葬施設の検討を通じて，この問題の解決を試みている。この「墓域構成」とは，「支石墓が中心にある列状構成の墓域」が半島南部の南江流域やその南海岸に存在するとしたり，「石棺墓だけの墓域」が嶺南地方の南海岸に存在するとしたりしていることから，一つの墓域が「支石墓」「石槨墓」「石棺墓」とみなされる墓の組み合わせやそのいずれかだけで構成されるのか，ということや，あるいは墓域を構成する個々の墓の配置状況がどうであるか，ということを指していると考えられる。

ところが，ここで問題とすべきは，「石槨墓」「石棺墓」とされている墓の上部構造として，上石などの何らかの施設が存在したかどうかということであって，これらの墓制が現実に存在したと仮定したうえで「墓域構成」の検討を行ったところで，何の解決にもならない。これでは循環論である。もちろん，埋葬施設の検討についても然りである。この問題を解決するには，個別事例の調査所見を丹念に検討していくほかはないと考える。当然のことながら，この「墓域構成」を論拠として，半島南部の「南江流域とその南海岸地域」と北部九州の「糸島半島や前原平野」との関係，半島南部の慶尚南道地域と北部九州の福岡平野との関係を想定する見解にも問題があるといわざるをえない。

　次に，「墓域構成」にもとづいて，西北九州の支石墓の起源地を半島の全羅道地方，北部九州の支石墓・石槨墓・木棺墓の起源地を慶尚南道地域に求める見解も提出していることについても検討する。「墓域構成」については，先述の通り，事実認定そのものに問題があることから，これにもとづいて墓制の起源地を論じるには無理がある。さらに，この「墓域構成」には，列状か塊状か，さらに列状は縦列か横列か，密集しているかどうかなどによって，墓の配置状況を細かく類型化した要素も含まれるようであるが，この類型化がどれほど分析として有意味であるかについては疑問である。墓を既存の墓との関係をみてどのように造っていくかは，墓を造営する人あるいは人たちの意識だけではなく，それを造る場所，すなわち自然地形も相当に影響を与えるものと考えられる。現に中村も，三国丘陵に位置する三国の鼻遺跡や横隈上内畑遺跡の土壙墓（木棺墓）群について，丘陵稜線に沿って形成される「横列展開型」は，半島に類例が少なく，三国丘陵に限定されるといい，「地形に適用された独自の墓域構成」と評価して，自然地形が墓の配置に与える影響を認めているのである。したがって，墓の造営にあたっては，墓の造営者たちの意識だけでなく，それを造る地形からの影響も存在することを考慮すると，こうした配置形態の類型化と，それにもとづいた議論の展開には，やはり無理があるといわざるをえない。墓の配置形態について，ここで確かなことは，すでに山田康弘［2000］が

指摘するように，列状墓域は水稲農耕開始期に半島南部から列島に導入された渡来的な要素であるということである。

　また中村は，糸島半島などの支石墓（下部構造が木棺）から西北九州の支石墓（下部構造が石棺）への変化を想定する見解［甲元 1978；端野 2003a］について，糸島半島においては，支石墓の下部構造として，木棺が極めて少ないとみなして，可能性が低いものとする。これは，これまで北部九州の支石墓からは木棺が福岡県石崎矢風遺跡［糸島市教委 2010］（図4-33）で1例しか検出されていないことにもとづいている。

　しかし，当然のことながら，棺を構成する木材は有機物であり，埋没環境によってその残存状態が多分に左右され，発掘調査時には資料として得られない場合が多々想定されるものである。したがって，「木棺が極めて少ない」という傾向性を認めること自体に無理があり，筆者などの見解に対する批判としては，妥当ではない。

　また，中村のこうした認識は，佐賀県大友遺跡の支石墓の下部構造についての宮本一夫の見解［宮本 2001］に依拠するところが大きい。そこで，この宮本の見解を再検討してみよう。宮本は大友遺跡の調査を通して，福岡県新町遺跡で，墓壙底面の四隅に並べてある石を棺台とみて，木棺を想定した橋口達也の見解［志摩町教委 1987］に疑問をもち，大友支石墓の石槨をなす下部構造には，木棺が存在しなかったと結論づけた。これは以下の三つの論拠にもとづいている。

　①木棺が存在する可能性を考慮して注意深く調査を行ったにかかわらず，木棺の痕跡は全く認められなかった。

　②墓壙底面の石は，棺台にしては量が多く，高低差が激しい。

　③6・7号の副葬小壺は，もし墓壙内部に木棺が設置されていたならば，木棺の腐朽にともない墓壙内部に落ち込むはずだが，そうなっていない［宮本 2001］。

ところが，この三つの論拠すべてに問題があり，実はこの大友支石墓の下部構造に木棺が存在しなかったとはいいきれないのである。まず①については，通常，砂丘地での墓の調査においては，墓壙平面プランの検出や

土層断面での木棺痕跡の検出も困難な場合が多い。ここで問題としている大友遺跡も砂丘上に立地しており，調査所見では木棺の存在は確認されていないものの，積極的に存在しなかったと断定することもできないであろう。

　次に，②については，木棺の形態によっては，底面の石の量や高低差にかかわらず，木棺の設置は可能であり，これをもって木棺の存在を否定することは難しい。宮本はおそらく，板材で構成された組み合わせ式木棺を思い浮かべたのであろう。そのため，平らな底板をもつ木棺が，多量の石によって凹凸の激しい底面に設置することが難しいとみなしたものと考えられる。ところが，刳り抜き式木棺であれば，棺底自体が丸みを帯び，平坦ではないので，設置面に多少の凹凸があろうとも，設置が可能である。これは後述する福岡県江辻遺跡第5地点例をみれば明らかである。

　最後に，③については，これとは相反する事実があることから，木棺の存在を否定する論拠とすることはできない。すなわち，報告書掲載の図面をみると，6・7号ともに，上石を支える支石の一部が墓壙内部に落ち込んだ様相を呈している（**図4-36**）。これを墓壙内部に木棺もしくはそれに類する木製の構造物がもともと存在し，それが腐朽して内部にズレ落ちたとみることも可能であろう。副葬小壺と支石に用いた石とでは重量の点で，石の方がはるかに重いため，棺材の腐朽にともなう墓壙内部への落ち込み方に，違いが出たともとらえられるのである。なお，4・5号も木製の構造物の腐朽にともない，支石が墓壙内部に落ち込んだ状況ととらえることが可能である。

　なお宮本はその後，大友遺跡と同様に砂丘上に立地する新町遺跡の墓のうち，二段墓壙になっているものは，内部に木棺が存在した可能性があるとも述べた［宮本 2012］。筆者もこの考えには同意する。新町遺跡の二段墓壙の墓のなかには，14号墓・23号墓・34号墓のように下段の墓壙の上端に石を配した例もあり，こうした配石を筆者は，内側に木棺の存在が推定できる石槨の簡略形としてとらえた［端野 2003a］。確かに24号墓の墓壙内の配石のように，人骨との位置関係からみて，木棺の棺台や石槨の簡略形

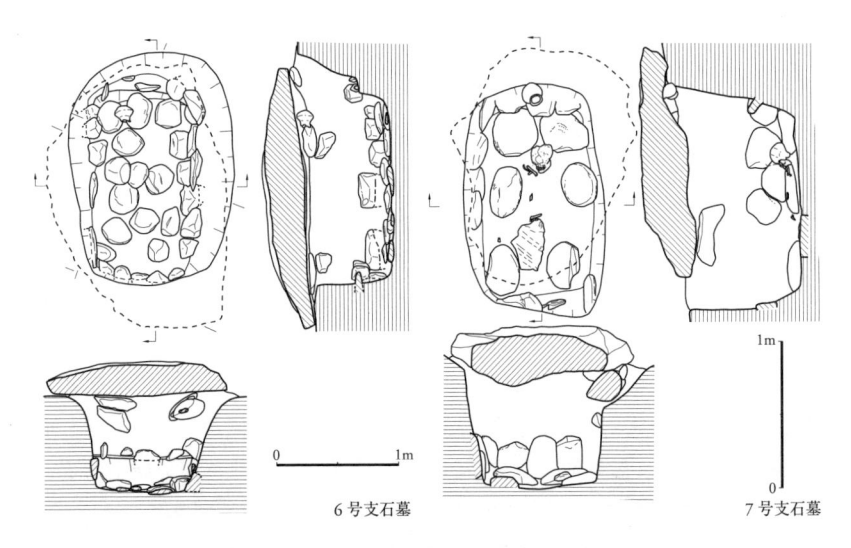

6号支石墓 7号支石墓

図4-36　大友遺跡第5次調査の支石墓［宮本 2001］

上石を支える支石の一部が墓壙内部に落ち込んでいることに注意。

ではなく，その上に直接遺体を置いたとみなせる例もあるが，同一遺跡内で内部に木棺が推定される例が存在するのも事実である。

　以上，宮本［2001］についての問題点を述べたが，ここで重要なのは，大友遺跡の例については，墓壙内部に木棺を想定できる，あるいはできないというようにいいきることではなく，考古学的事実からは，そのいずれが正しいのかを断定することはできないということである。

　さて，ここで話を中村大介［2007b］に戻そう。中村はこの大友支石墓の下部構造を，宮本［2001］に依拠して，内部に木棺が存在しなかったことを仮定して「割石積石石棺」[11] と呼ぶが，これが妥当ではないことは先述の通りである。そして，仮に大友支石墓の下部構造に木棺が存在しなかったとしても，この事例を北部九州の他の遺跡での墓壙内に石を用いた墓の例にまで，拡大して適用できるのかという疑問がある。たとえば，先述のように，江辻遺跡第5地点では，縄文晩期後葉〜弥生前期前葉にかけての剝り抜き木棺の痕跡とともに，石槨の簡略形としてとらえられる配石ある

278

いは棺台を備えた墓が検出されている［新宅 2001；粕屋町教委 2002］（図4-32）。この遺跡での事例は，墓壙内に木棺とともに石を用いたことを証明している。こうしたことから，新町遺跡で検出された二段墓壙に配石をともなう例も，内部に本来は木棺が存在した可能性が高い。

中村大介［2009］

中村は，この論文において，2006年の論文であげた「棺型式の逆転」について詳述し，棺型式の系譜論を展開している。これについてもう少し詳しくみてみよう。中村は，九州北部における夜臼Ⅰ式〜板付Ⅱa式までの墓地遺跡では，「Ⅰa型木棺」（墓壙底面に掘り込みがあり，かつ側板が小口板を挟む型式）はほとんどなく，「Ⅱ型木棺」（墓壙底面に掘り込みがない型式），あるいは刳り抜き木棺が過半数以上を占めるのに対して，中国地方における板付Ⅱa式〜Ⅱb式期の墓地遺跡では，「Ⅰa型木棺」が主体を占めることに注目する。そして，これを「棺型式の逆転」と呼び，「土器でみられるように福岡平野を起源とする影響の流れのみでは，このような主体となる棺型式の逆転は起こりえない」［中村 2009, p.281］とみなした。そのうえで，棺の型式の共通性にもとづいて，半島南部から北部九州への直接的な影響は認めつつも，それとは別に，半島南部から北部九州を介さない中国地方への直接的な影響が存在したことを強調した。すなわち中村は，構成比において「Ⅱ型木棺」もしくは刳り抜き式木棺が多いことから，半島南部と九州北部とを結びつけた。一方，材質は異なるが棺型式の共通性をみて，半島南部の嶺南地域の「Ⅰa型石棺」と列島の中国地方の「Ⅰa型木棺」とを結びつけた。そして，中国地方においては，半島南部からの直接的な影響を受けつつも，棺の材質を石材から木材へと転換させたものとみた。

しかし，この見解もやはり首肯できない。それは先述の通り，無文土器編年と弥生土器編年との併行関係にかかわる問題があるからである。すなわち，列島の弥生前期中葉（板付Ⅱa式併行期）に，半島南部において松菊里文化が存在していたのかは保証の限りではない。したがって，この見解は，両地域における石棺・木棺の事例が同時期に存在したという未検証

仮説のうえに，半島南部から中国地方へと直接的な影響があったという仮説を立てたものといえる。このような仮説に仮説を重ねた論理は，科学的とはいえない。

　では，この現象はどのようにとらえればよいのであろうか。結論的にいって，この「木棺型式の逆転現象」は，やはり遠賀川式土器（板付 I b 式）の広域伝播の脈絡のなかでとらえるのが最も合理的である。以前から，岡山県津島遺跡［藤田 1982］や島根県出雲原山遺跡［村上・川原 1979］をはじめとする山陰・中部瀬戸内地方などでは，福岡県今川遺跡 V 字溝出土土器や遠賀川流域の板付 I 式土器に類似する壺や甕が散見される。田中良之は，これらの土器を列島西部における弥生土器の母胎とみるとともに，その広域伝播がそれまでに形成・機能していたコミュニケーション・システムを背景にしていると考えた。そして，その背景に九州からの移住者を想定すべきかもしれないとした［田中 1986］。この見解は今日においても妥当であると考えられるが，その後の資料状況もふまえて，列島西部における遠賀川式土器の成立と展開についてまとめると，以下の通りである。

①玄界灘沿岸地域，とくに福岡平野を中心とする地域においては，夜臼式期から板付 I 式期にかけて，板付 I 式の壺・甕への形態的な変化をスムーズに追える。このことから，遠賀川式土器の起源地は，同地域であるといえる。

②今川遺跡 V 字溝出土土器群と同じく，刻目突帯文土器と共伴しない板付 I 式新段階に相当する福岡平野の資料として，福岡県雀居遺跡 5 次調査 SK-118 出土土器などが設定された［田畑 2000］。この発見によって，板付 I 式土器の成立と列島西部各地への伝播が始まる時期にいたるまでの資料が，福岡平野においてすべて出そろったといえる。

③出雲原山遺跡や津島遺跡の土器は，今川遺跡 V 字溝や雀居遺跡 SK-118 出土器などの北部九州の板付 I 式土器に極めて類似していることから，遠賀川式土器は，板付 I 式新段階（板付 I b 式期）に北部九州から中国地方へと伝えられ，それが各地域における弥生土器の母胎となったと考えられる。

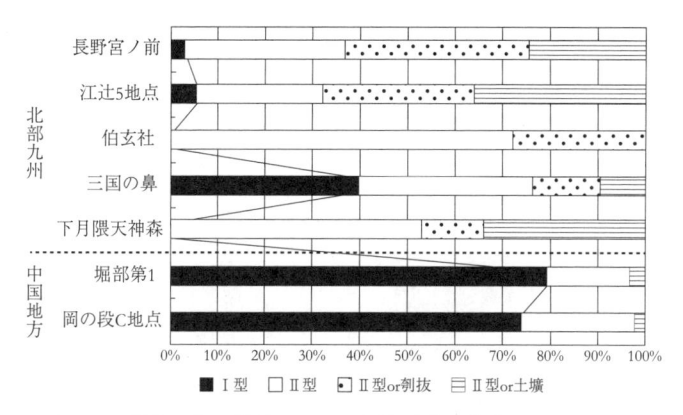

図4-37　列島西部の遺跡における木棺型式の構成比［中村 2006］
北部九州の遺跡でも「I型木棺」が少量,もしくは一定量存在することに注意。

④遠賀川式土器の分布と,それに先行する突帯文土器の分布とがほぼ重
なることから,遠賀川式土器は,突帯文土器期以前に列島西部におい
て形成され,機能していた「コミュニケーション・システム」(情報伝
達系) を背景として,広域に拡散したものと考えられる。

さて,以上の諸点をふまえ,中村［2006, 2009］のいう「木棺型式の逆
転現象」を再検討しよう。中村［2006］のグラフ (**図4-37**) をみると,北
部九州の夜臼式期から墓地の造営が開始される長野宮ノ前遺跡［前原町教
委 1989］や江辻遺跡5地点,板付I式期からⅡa式期に属する三国の鼻遺
跡［小郡市教委 1986］において,「Ⅱ型木棺」あるいは剝り抜き木棺だけで
はなく,「Ⅰa型木棺」も少量もしくは一定量,間違いなく存在しているこ
とがわかる。したがって,中国地方では主体となっている「Ⅰa型木棺」
の由来を,わざわざ半島南部の「Ⅰa型石棺」に求める必要はなく,北部
九州の「Ⅰa型木棺」に求めることが十分に可能である。そして中国地方
では,「Ⅰa型木棺」が主体ではあるものの,「Ⅱ型木棺」も存在している。
北部九州においても,ヴァリエーションとして「Ⅰa型」「Ⅱ型」両方の型
式の木棺が存在することから,中国地方の「Ⅰa型」「Ⅱ型」木棺のルーツ
は,北部九州の木棺に求めてよいものと考えられる。

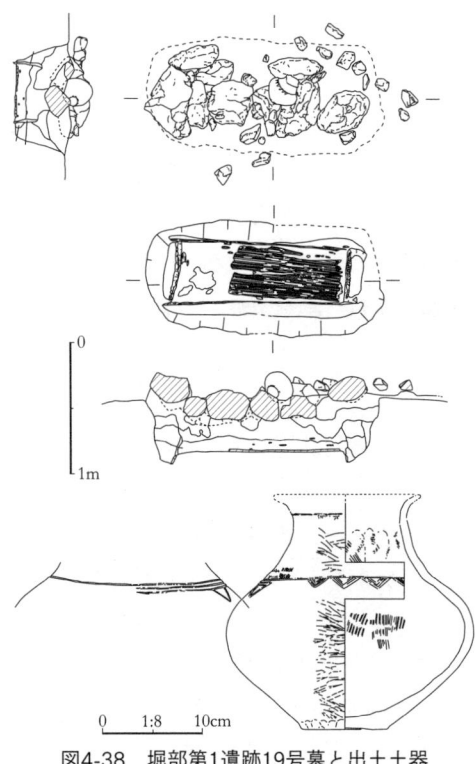

図4-38　堀部第1遺跡19号墓と出土土器
［鹿島町教委 2005］

では，中村が問題としている，北部九州と中国地方との間における「Ⅰa型」「Ⅱ型」木棺の比率の逆転は，どのように考えられるのであろうか。中村が，中国地方の例としてあげている堀部第1遺跡［鹿島町教委 2005］と岡の段遺跡C地点［広島県埋文 1994］の事例は，おおむね板付Ⅱa～Ⅱb式併行期のものとみられ，板付Ⅰb式期（今川遺跡V字溝出土土器の一部，雀居遺跡5次調査SK-177・178・SK-188出土土器を標識とする時期）より新しい段階に位置づけられる墓群である。特に堀部第1遺跡が所在する出雲平野の場合，出雲原山遺跡出土の土器から知られるように［村上・川原 1979］，板付Ⅰb式併行期には北部九州からの直接的な文化の流入が存在したものと考えられる[12]。そして，これに続く板付Ⅱa～Ⅱb式併行期（［松本 1992］の出雲・隠岐Ⅰ-2様式）に堀部第1遺跡では墓地が造営されたとみなせる。ここでの木棺に関する情報が板付Ⅰb式併行期あるいは板付Ⅱa式併行期のいずれの時期にもたらされたのかは不明瞭である[13]。とはいえ，いずれの時期の場合であっても，北部九州から「Ⅰa型」「Ⅱ型」木棺の両方に関する情報の流入があり，堀部第1遺跡ではそのうち「Ⅰa型」木棺がより強く志向され，採用されたとみることができる（**図4-38**）。そして，この現象

282

はまさに，北部九州からの土器や墓制などを含めた弥生文化の受容にあたっての，出雲平野における在来伝統による規制の存在とその作用を物語っている。このように考えていけば，「棺型式の逆転」現象の背後に，半島南部からの直接的な影響を想定する必要はどこにもない。

　ちなみに筆者は，半島南部の慶尚南道大坪里遺跡（玉房7地区カ‐17号石棺墓〔筆者補足〕）では，石材と木

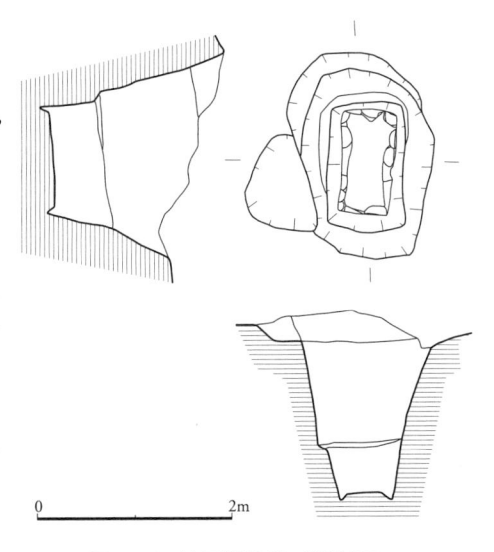

図4-39　柏原遺跡群E遺跡SK37
[福岡市教委 1987]

材を併用して棺をなす例が存在すること［東亜大博編 1999］，大邱広域市大鳳洞遺跡4区1号支石墓では石槨内に石棺を設置していることから［慶北大博 1991］，木棺と石棺とは相互に変換可能な要素であることを指摘している［端野 2001, p.33］。そして，これをふまえ，九州地方と中国・四国地方における弥生前期前葉～中葉に属する木棺は，側板が小口板を挟み込むタイプが主体をなしており，棺の材質は異なるものの，半島南部の無文土器時代に主体をなす石棺の組み合わせ法に共通することを指摘している［端野 2001, p.49］。

　また中村［2009］では，墓壙の深さにもとづいて，西北九州と全羅道地方の支石墓，玄界灘沿岸と慶尚南道地方のそれとを結びつけている。すなわち，西北九州の支石墓は墓壙が浅い点で全羅道地方から，玄界灘沿岸の支石墓は墓壙が深い点で慶尚南道地方から導入されたものとみなしている。

　しかし，この見解には，墓壙の深さを墓制における渡来的な要素とみなし，それによって半島南部の支石墓との近縁度を測った点に問題がある。

なぜなら，福岡平野では，縄文時代から墓壙を深く掘る墓の例が存在することから，墓壙の深さを半島南部から導入された渡来的要素と単純にみなすことはできないからである。福岡県柏原遺跡群 E 遺跡［福岡市教委 1987］では，縄文早期かそれ以前に属する，二段掘りの土壙墓（木棺墓）（SK37）が検出されている（図 4-39）。この墓壙の深さは 175 〜 180cmを測り，当該地域の縄文晩期後葉〜弥生前期前葉の土壙墓（木棺墓）の墓壙の深さと比べても，同じかそれ以上の深さといえる。ちなみに，この遺構の墓壙底面には，壁に沿って溝が存在し，かつ溝の内側には凹凸があることから，半裁した丸太材を立てて木棺をなしていたものと推測されている。

　また墓壙の深さは，それが掘削される土壌の性質に大きく左右される属性である。同じ糸島地域に所在し，かつ地理的に近くに位置する新町遺跡［志摩町教委 1987］と長野宮ノ前遺跡での支石墓の例をみても，砂丘に立地する新町遺跡では深く（9 号墓：60cm，11 号墓：68cm），「風化バイラン土層」「花崗岩円礫土層」「硬いローム層」からなる沖積地に立地する長野宮ノ前遺跡（39 号墓：33cm）では浅いというように，墓壙の深さに明確な違いが認められる（図 4-40）。こうした墓壙の深さと土壌の性質との相関性をふまえ，遺跡間でみられる墓壙の深さの違いについて，さらにいえば次の二つの原因が考えられよう。すなわち第一に，土壌の性質（硬さ）によって，墓壙を掘削しやすいかどうかという作業効率上の理由で，遺跡間での違いが生じた可能性が考えられる。第二に，埋葬終了後に遺体を獣などに掘り返される危険性を回避するために，それぞれの土壌の性質に応じて，十分と判断される深さで墓壙を掘削した結果が，遺跡間での違いを生んだのではないかと考えられる。以上のことから，墓壙の深さを単純に文化的な系譜を反映した属性とみなし，それに立脚して議論を展開するのは危険である。

　また，中村も認めているように，全羅道地方の支石墓の下部構造に，西北九州の支石墓の下部構造に類似するような板石石棺は少ない。全羅道地方，特にその西部から西北九州への導入を想定する説の最も大きなネックはここにある。

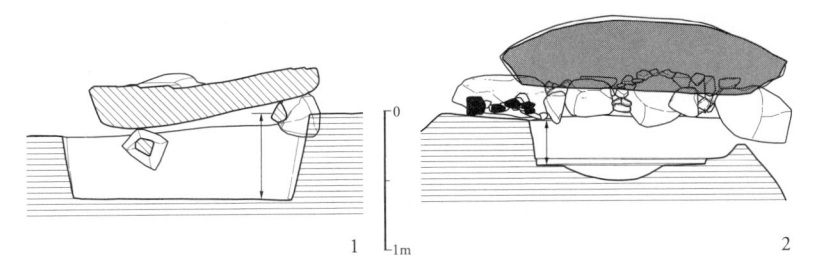

図4-40　糸島地域における墓壙の深さの遺跡間差異

1：新町9号墓［志摩町教委　1987］　2：長野宮の前39号墓［前原市教委　1989］　地理的に近接するにもかかわらず，両者に明確な差があることに注意。

一方，筆者［端野　2001, 2003a］や他の先行研究［森　1969；甲元　1978］は，半島南部から下部構造が木棺の支石墓がまず玄界灘沿岸へと到着し，その後，それが西北九州へと導入されるにあたって，石棺へと材質転換されたものとみた。端野［2003a］では，西北九州での木棺から石棺への材質転換を示唆する事例として，長崎県風観岳支石墓群をあげたが，その時点では概報［秀島　1999］からの限られた情報しか知りえなかったため，踏み込んだ検討を行うことができなかった。しかしその後，正式報告書［諫早市教委　2006］が刊行された。以下，それにもとづいて，再検討する。

　風観岳支石墓群では，6群に分かれて合計100基を超える支石墓が調査された。そして，そこでは土壙を主体部とする支石墓と石棺を主体部とする支石墓が同数程度確認された。これら二種類の支石墓は，そこから出土した突帯文土器や丹塗磨研壺からみて，ほぼ同時期に共存していたとみなせる。ここでの突帯文土器は，突帯上の刻み目の施文法に刺突を採用しており，報告者の秀島貞康は，これを藤尾慎一郎［1990］の突帯文土器編年のⅠ期に相当するとみた［秀島　2006］。これは北部九州の土器編年［山崎　1980］においては，夜臼Ⅰ式期にあたる。筆者もこれらの資料を実見したが，やはりその時期のものとみなせ，支石墓群はこの時期に造営されたものと考えられる。

　この遺跡での，木棺から石棺への材質転換を暗示する事実をあげよう。

まず一つ目は，主体部を閉塞する施設の材質に関するものである。土壙を主体部とする支石墓のうち，上石の下に蓋石を備えるものは1例（27号）のみで，その他は蓋石がなく，上石直下から多数の礫が検出されたものも数例（22号・26号）ある（**図**4-41）。このことからみて，土壙を主体部とする支石墓には，上石の下に木蓋が使用されたものと推定されており，墓の築造にあたって，少なくとも木材と石材との間に置換性が存在したことがわかる。

　二つ目は，棺材を獲得するための環境に関する事実である。この支石墓群の周囲では，上石や石棺の石材産地と推定される玄武岩の露頭も発見されており［諫早市教委 2006］，こうした環境を背景として，墓の築造が行われたと考えられる。この事実は，当地において石で墓を造るうえでの好条件であり，周囲に居住する人々にとって木棺よりも石棺を志向させる環境にあったといえる。

　なお端野［2003a］では，先述の支石墓の土壙内に，木棺を設置した可能性を認めたが，仮にそうでなかったとしても，以上の二つの理由により，木棺を主体部とする支石墓を祖型としつつ，在地の裁量で石棺に材質転換したうえで，支石墓を導入したものと十分にみなせよう。中村は中国地方の墓制については，木棺・石棺間の材質転換の容易さを考慮し，半島南部の石棺を祖型として，木棺への転換を行ったものとみているが，西北九州については棺の材質転換を認めない。なぜこのような論法をとるのか不思議である。

　ちなみに，九州北部の支石墓の地域性として，西北九州には浅い地下式のほかに，「半地上式」が存在するとしている。筆者も同じ資料を対象として検討を行ったが［端野 2001, 2003］，西北九州の支石墓で，「半地上式」の存在を証明するような調査所見は全く確認されなかった。なお西北九州ではなく，中国地方の事例ではあるが，山口県中ノ浜遺跡第9次調査［豊浦町教委 1985］では，弥生前期中葉に属する「覆石墓」（ST905）が検出されている（**図**4-42）。これは調査所見からみて，墓壙を掘削しなかった墓であることが確実である [14]。

また中村は，木棺の規模，「墓域構成」の変異，副葬品のセットにもとづいて，半島南部から中国・四国地方の各地への直接的な影響があったことを主張している。この見解についても，先述のように，無文土器時代と弥生時代の併行関係が問題となる。すなわち，中国・四国地方の弥生前期中葉が，半島南部の無文土器中期と併行関係にあったという保証はどこにもない。中国・四国地方の弥生前期中葉の遺跡でみられる列状墓域，副葬品のセットなどは，北部九州の縄文晩期後葉～弥生前期前

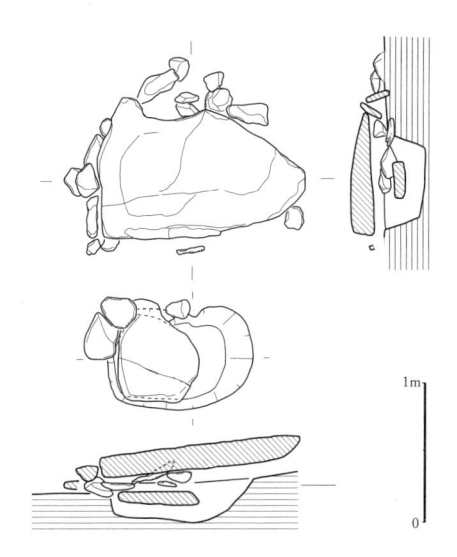

図4-41　風観岳27号支石墓
［諫早市教委　2006］
墓壙内で検出された蓋石に注意。

葉の遺跡にすべてそろっている。そのため，これらの現象の背景に，半島南部からの直接的な影響を想定する必要はなく，北部九州に起源する遠賀川式土器文化の拡散の脈絡でとらえるのがやはり妥当である。なお，中村のいう「墓域構成」が，事実の認定や類型の細分化の妥当性において問題があるのは，先述の通りである。

　蛇足ながら，木棺の規模にもとづいて，半島南部からの影響の強弱をみている点について，補足しておく。中村は，木棺規模の検討に先立って，半島の埋葬姿勢はすべてが伸展葬ではなく，膝のみ鋭角に曲げる事例（棺内法150cm未満）が存在することから，列島において屈肢葬や屈葬で葬られた人骨例を半島からの移住者ではないとみなす見解［福永 1990］を批判する。そのうえで，「ただし，150cm以上で，伸展葬である場合は，移住者やその子孫である可能性はまだ高く，この規模で区別する意味は完全には失われていない」［中村 2009 p.275］とする。しかし，墓の被葬者の出

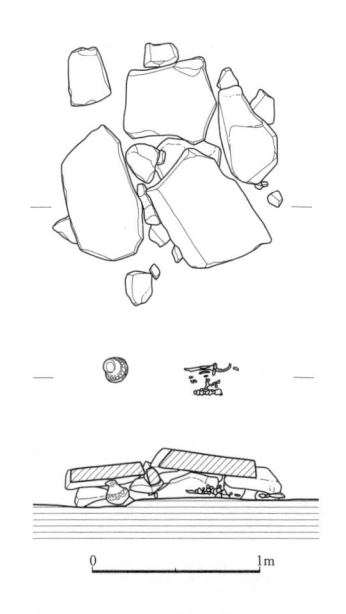

図4-42 中ノ浜遺跡第9次調査
ST905〔豊浦町教委 1985〕

自，すなわち在来者か，あるいは移住者やその子孫かを判別するための素材として，埋葬姿勢を用いていること自体がそもそも問題なのである。埋葬姿勢の文化的な系譜と，被葬者の出自とが一対一の対応関係にある保証はどこにもないのだから[15]。

（2）宮本一夫の論

宮本［2012］の骨子は，支石墓を含む文化と，木棺墓を含む文化とがそれぞれ時期差をもって，半島南部の異なる発信地から九州北部の異なる地域へと到達し，受容されたこと，そしてその受容は，九州北部各地の在来の文化伝統によって選択的なものであったということにある。

これについては，①支石墓と木棺墓の系譜上の区別，②磨製石剣の列島への波及，③木棺墓（土壙墓）の被葬者の埋葬姿勢といった三つの点において，問題点を指摘することができる。以下，それぞれについて詳述する。

①支石墓と木棺墓の系譜上の区別

分布の評価

支石墓と木棺墓の系譜上の区別は，九州北部において，両者の分布が，糸島半島で重なりがあるものの，明瞭に異なっていることによるという。ところが，糸島半島において両者の分布の重なりが認められることがむしろ重要なのである（**図4-43**）。この事実は，支石墓と木棺墓の間に排他性がなく，かつ系譜を同じくすることを物語っている。宮本の論は，「支石墓」や「木棺墓」といったカテゴリーを先験的に設定し，それぞれの系譜が異なることを前提にした立論であるといえる。そもそも端野［2003a］では，これに似た状況にあった，それまでの研究を問題視し，「支石墓」や

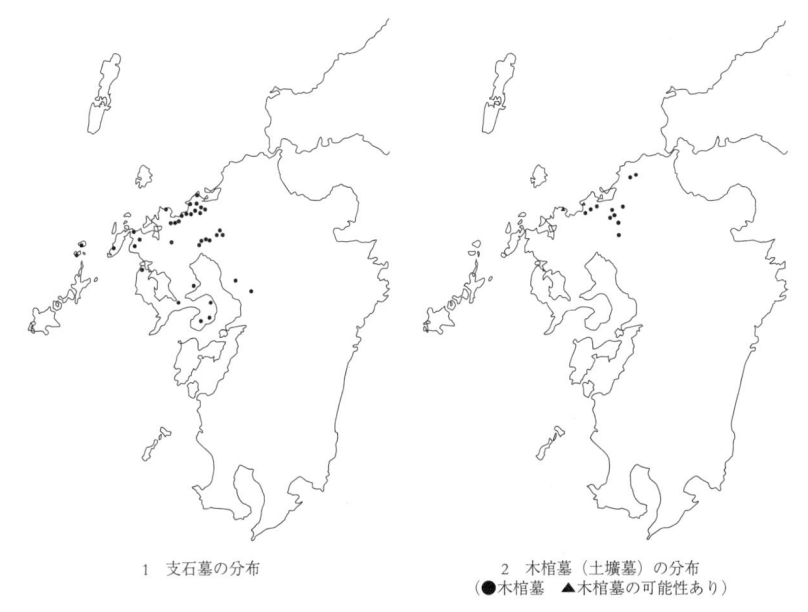

1　支石墓の分布　　　　2　木棺墓（土壙墓）の分布
（●木棺墓　▲木棺墓の可能性あり）

図4-43　支石墓と木棺墓（土壙墓）**の分布**［宮本 2012］
両者の分布が排他的ではなく，糸島半島において重なっていることに注意。

「木棺墓」といったカテゴリーを解体したうえで，墓制を検討した点に意義
があったのである。

下部構造の分類

　宮本は，支石墓は石棺を基本とするものであり，少なくとも「石槨状石
棺Ⅰ式」（墓壙壁に沿って石を1段程度に立て並べ，墓壙底には石が敷き並
べられるもの。大友遺跡6・7・21号墓などが該当）段階では木棺をとも
なわないとし，田久松ヶ浦遺跡SK206・216のような，内部に木棺を想定
しうる「石蓋石槨土壙墓」とは完全に系譜を異にするものとして，区別し
た。しかしながら，中村大介［2007b］に関するところで述べたように，大
友遺跡の例は木棺をともなわないと断定することができず，仮に木棺がな
かったとしても，石の配置状況から，田久松ヶ浦例のような墓との間に差
異を見出すのは困難である。現に宮本は，支石墓のような上石や支石が確

認されていない土壙墓（木棺墓）について，埋葬構造は支石墓の土壙系に近い傾向にあることを認め，それと同じ基準で分類している。これは「支石墓」と「土壙墓」とが，下部構造においては共通した要素を備えていることを認めたものといえる。支石墓と木棺墓とを先験的に別系統とみなしたうえでの分類が妥当ではないことを自ら認めているようなものである。

副葬品においての排他性

宮本は，九州北部における支石墓と木棺墓との間に，副葬品の点でも排他性があるとみた。ところが，半島南部の支石墓からは，磨製石剣・磨製石鏃・玉類が出土しており，磨製石剣は支石墓と排他的な関係にあるわけではない。九州北部においての，支石墓と木棺墓の間での副葬品の違いは，時期差や外来墓制の受容にあたって，各地域で選択的受容を行った結果として生じた差異と解釈できる。

②磨製石剣の列島への波及

半島での石剣型式間の分布差

宮本は，朴宣映［2009］による半島南部の磨製石剣の分類と変遷観，分布論によりながら，九州で主体を占める一段柄Ａ式と一段柄Ｂ式・有節式（二段柄Ⅴ・Ⅵ式）の間に，半島南部では明瞭な分布差があるとみた。これは，時期をやや異にして列島に到来した，支石墓系文化と木棺墓系文化という二つの異なる文化が，半島南部のどこから発信されたのかを主張するための論拠となっている。ところが，半島において，これらの間では，重複領域が相当な範囲（全羅南道東部から慶尚道にかけての地域）で存在するため，分布差が明瞭といえるかは疑問である（**図4-44**）。少なくとも排他性は見出せない。

九州での石剣型式間の時期差

また宮本は，九州で出土した一段柄Ａ式と一段柄Ｂ式・有節式の間に分布差が存在し，それは支石墓と土壙墓（木棺墓）の分布差にほぼ相当するとみた。そして，この分布差を時期差に読み替えた。しかしながら，九州出土の，これらの型式間では，共伴遺物において明確な時期差が認められず，一段柄Ａ式を一段柄Ｂ式・有節式より積極的に先行するものと位置づ

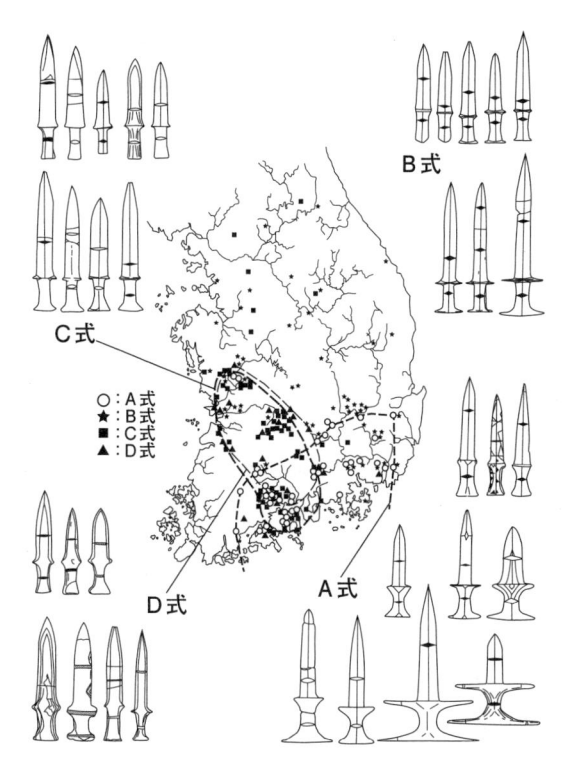

図4-44　一段柄式石剣の地域性［朴宣映 2009］
A式とB式の間の分布差が明瞭ではないことに注意。この図には示されていないが，
二段柄V・VI式の分布は一段柄B式のそれとよく重複している。

けることはできない。

石剣型式の認定

ところで，半島で無文土器前期に属するとされる一段柄A1式が九州で
も出土しているとするが，この認定は正しいのだろうか。たとえば，宮
本が福岡平野以西の木棺墓出土の磨製石剣より古い段階に属するA1式と
してあげた石剣のなかに糸島地域の伝稲富例（**図4-45**）がある。朴宣映
［2009］によれば，一段柄A式は剣身と柄が段をなしてつながるものであ
り，そのうちのA1式は鍔と柄頭の突出が弱く，剣身が鍔から緩く湾曲し

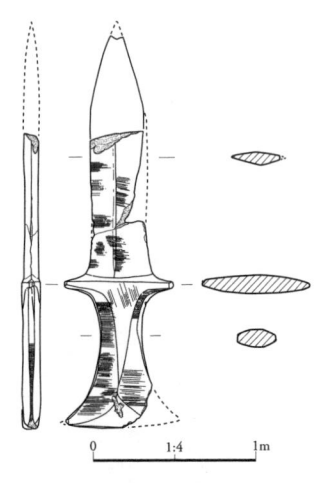

図4-45 伝稲富の無段柄式磨製
石剣[前原町教委 1989]

て切っ先までつながるものである。ところが，伝稲富例は，鍔と柄頭の突出の強さからみて，A1式ではなく，それよりも後出するA3式とみなすのが妥当である。宮本は朴宣映［2009］の分類を誤解しているのであろう。

さらに宮本は，糸島地域の稲富例に加え，唐津地域の松浦川川底例 16) を一段柄A1式とみなした。しかし，松浦川川底例もA1式ではなく，A3式に相当する。したがって，こうした糸島地域や唐津地域出土の磨製石剣を，福岡平野以西の土壙墓（木棺墓）出土の磨製石剣よりも古く位置づけることはできない。なお，宮本が一段柄A1式とみなすそのほかの例も，実際はA2式あるいはA3式に相当し，列島でA1式と確実にみなしうる例は現状では確認できない。

石剣型式との関係からみた墓制系譜論

宮本はまた，磨製石剣の列島への波及を論じるなかで，一段柄A式が分布する全羅南道から南江を含む洛東江流域以西の地域を，北部九州の支石墓との系譜関係がたどれる地域とみなした。しかし，すでに九州では支石墓と磨製石剣は組み合わないことをあげ，それを木棺墓との系譜の違いを強調するための論拠としたはずである。それなのに，ここでは半島においての支石墓と磨製石剣の分布上の共通性をあげている。これは論理的に不整合である。

夜臼Ⅱa式期以降の無文土器文化との接触

宮本は先に，夜臼Ⅰ式段階に無文土器文化との一定の接触がみられた北部九州のなかでも，福岡平野だけは夜臼Ⅱa式段階以降も無文土器文化との接触が継続し，結果としてこの地で板付Ⅰ式土器様式が成立したとする見解を発表している［宮本 2011］。この見解のなかで，福岡県雑餉隈遺

292

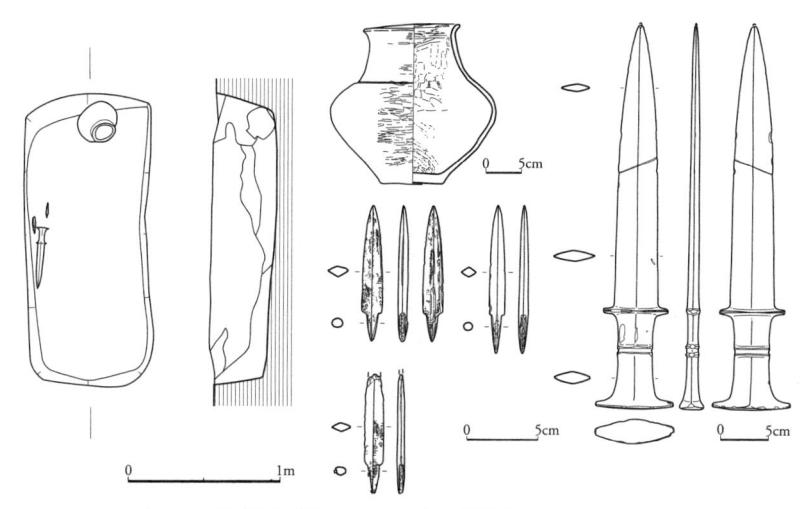

図4-46　雑餉隈遺跡SR003と出土遺物［福岡市教委 2005］

跡［福岡市教委 2005］の木棺墓や一段柄 B 式・有節式磨製石剣（**図 4-46**）を，福岡平野では夜臼Ⅱ a 式段階以降も無文土器文化との接触があったとみるための証拠とみる。ところが，これらの石剣を夜臼Ⅱ a 式期以降に無文土器文化の影響が存在したことを示す証拠とみるには問題がある。というのも，こうした現象の背景に半島からの影響を想定せずとも，石剣が搬入品の場合と在地製作品の場合とで，以下の二つの可能性を想定しうるからである [17]。

一つ目は，夜臼Ⅱ a 式期より前に半島から搬入された当該型式の石剣がこの時期には埋没せず伝世し，夜臼Ⅱ a 式期以降，墓に副葬された可能性である。物質文化には，それが作られた年代と埋没した年代があり，この両者の間に使用された期間があるが，宮本の論は石剣が製作されてから，墓に副葬されるまでのラグを考慮したものではない。磨製石剣は無文土器文化の石器のなかでも精製品の部類に入り，墓から副葬品として出土する例が多いことから，当時の社会でのある種の貴重品とみて間違いない。したがって，作られてから一定期間温存され，副葬されるまでに長期間を要

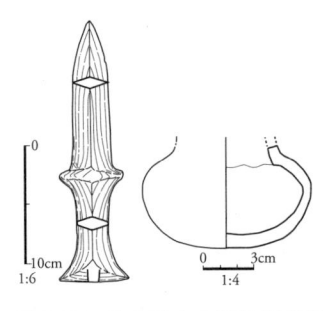

図4-47 永吉出土の無段柄式磨製石剣と丹塗磨研壺［小田 1959］

した可能性は十分にあろう。

　二つ目は，夜臼Ⅱa式期より前に半島から列島へと導入された当該型式の石剣の製作伝統が，夜臼Ⅱa式期以降まで残存した可能性である。物質文化の個々の型式には，固有の存続時間幅がある。もちろん，ここであげた石剣の型式にもそれぞれの存続時間幅があり，雑餉隈遺跡例が示す夜臼Ⅱa式期という時期が，そのまま出現時期になるとはかぎらない。夜臼Ⅱa式期よりも前に，列島での製作が開始した可能性を考慮すべきである。

　それでは，一段柄B式・有節式（Ⅴ・Ⅵ式）石剣の列島での出現時期はいつになるのであろうか。これには，共伴遺物を通じた個々の事例の時期決定が必要である。列島出土の磨製石剣は単独出土例が多く，時期決定には困難がともなうが，土器などの他の遺物との共伴例もないわけではない。

　無段柄（一段柄）式石剣で時期が最もさかのぼる例としては，佐賀県永吉出土例［小田 1959］が以前より知られる［武末 1982］。これは朴宣映［2009］の分類でいえば，一段柄B式に相当し，土壙墓と思われる遺構から，丹塗磨研壺とともに出土したという（**図4-47**）。この壺について，武末純一は小田富士雄の教示を受けつつ，「厚手のつくりで朝鮮製とは思われず，縄文時代晩期」［武末 1982, p.392］に位置づけているが，より正確な土器様式名でいえば，丸底を呈することからみて，夜臼Ⅰ式期までさかのぼる可能性がある。こうした特徴をもつ壺形土器は，菜畑遺跡9〜12層出土土器［唐津市教委 1982］，雀居遺跡SD03下層出土土器［福岡市教委 1995］のなかにもみられる。したがって，これに共伴する石剣の埋没年代の上限は夜臼Ⅰ式期であり，一段柄B式の列島での出現時期は夜臼Ⅰ式期までさかのぼる可能性がある。

　もう一つの有節式石剣についてはどうであろうか。列島出土の有節式石

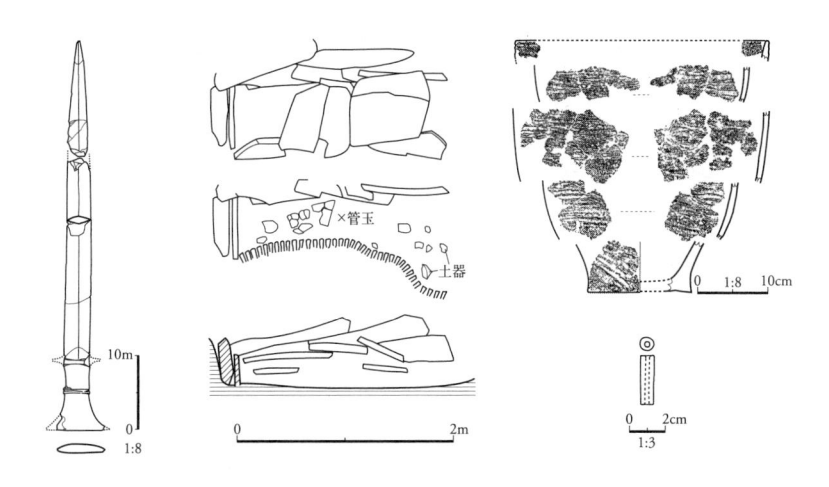

図4-48　泉遺跡の有節式磨製石剣, 石棺と出土遺物［岡崎 1953］

剣のなかで, かねてから最も古くさかのぼる可能性が指摘されてきたものとして, 長崎県対馬市泉遺跡出土例［岡崎 1953］がある（**図4-48**）。これは, 明治末年に石棺から出土した石剣2本のうちの一つであるが（もう一つの石剣は所在不明）, 共伴遺物がはっきりしない[18]。しかし, 遺構では共伴していないが, この石剣が出土した石棺に隣接する別の石棺（石槨）からは縄文時代晩期の土器が出土しており[19], これと同時期となる余地は残されている［武末 1982］。

　こうしたことから, 一段柄B式・有節式（V・Ⅵ式）の列島での出現時期については, 必ずしも夜臼Ⅱa式期とはいえず, 埋没時代が夜臼Ⅱa式期と判断される, 雑餉隈遺跡例などの石剣によって, 無文土器文化の影響が存在したとみるには問題がある。今後も, こうした石剣の, 列島での出現時期については, 注視しておく必要がある。

　ところで, 夜臼Ⅱa式期は他の物質文化において, 半島からの影響を積極的に示す証拠に乏しいのも, こうした疑問を一層強くする。土器の器種組成と製作技術の変遷を検討した三阪一徳［2014］によれば, 夜臼Ⅰ式期には無文土器と形態的に極めて類似するものが器種組成に含まれ, かつ無

文土器系の製作技術が一定量を占めていた。ところが，夜臼Ⅱa式期から板付Ⅰ式期になると，無文土器との形態上の類似度は低下するという。これは，夜臼Ⅱa式期には半島からの影響力が薄まったことを示しており，上述した宮本の磨製石剣論に対する反証となろう。

③木棺墓（土壙墓）の被葬者の埋葬姿勢

埋葬姿勢と墓の構造・規模に関する評価

宮本は玄界灘沿岸東部では，埋葬姿勢においては縄文的な在地の伝統を守っているものの，墓の構造や大きさにおいては半島の墓制の忠実な模倣がみられると考えた。しかし実際には，天神森遺跡例［福岡市教委 1996］，江辻遺跡例［粕屋町教委 2002］，田久松ヶ浦遺跡例［宗像市教委 1999］のような仰臥伸展葬が想定しうる木棺墓と，雀居遺跡 7 次調査例［福岡市教委 2000］のような仰臥屈肢葬の人骨が検出された土壙墓といった異なる特徴を備えた埋葬姿勢や墓が，当該地域において一定の時間幅のなかで混在しており（**図 4-49**），この評価は正しくない。

天神森・江辻・田久松ヶ浦の 3 遺跡の木棺墓よりも新しい弥生前期中葉（板付Ⅱa式期）に属する雀居遺跡 7 次調査 2 号土壙墓は，墓壙の平面形からみて，その内部に木棺は存在しなかった可能性が高く，墓自体は縄文的であり，決して半島墓制の忠実な模倣ではない。また仰臥屈肢葬にしても，宮本は縄文以来の伝統が継続したとみなしているが，必ずしもそうとはいえない。というのも，半島南部の無文土器文化の墓でも，これに極めて類似する仰臥屈肢葬の人骨が検出されているからである。近年，半島南部の無文土器時代の人骨資料は大幅に増加し，2014 年 5 月時点で，26 遺跡 60 例を数えるという［平郡 2014］。そのなかには，大邱広域市坪村里遺跡 20 号墓例［慶尚北道文化財研 2010］のように，下肢を曲げる例も確実に含まれている（**図 4-50**）。それゆえ，弥生時代の仰臥屈肢葬の系譜は，縄文文化ではなく，半島南部の無文土器文化に求めることも可能である。従来から，九州地方においての弥生時代の仰臥屈肢葬については，縄文後晩期の伝統を引くものとみる見解［坂本 1997］があるが，再検討が必要であろう。

なお，弥生時代の埋葬姿勢の系譜をめぐる問題は，すでに田中良之が正

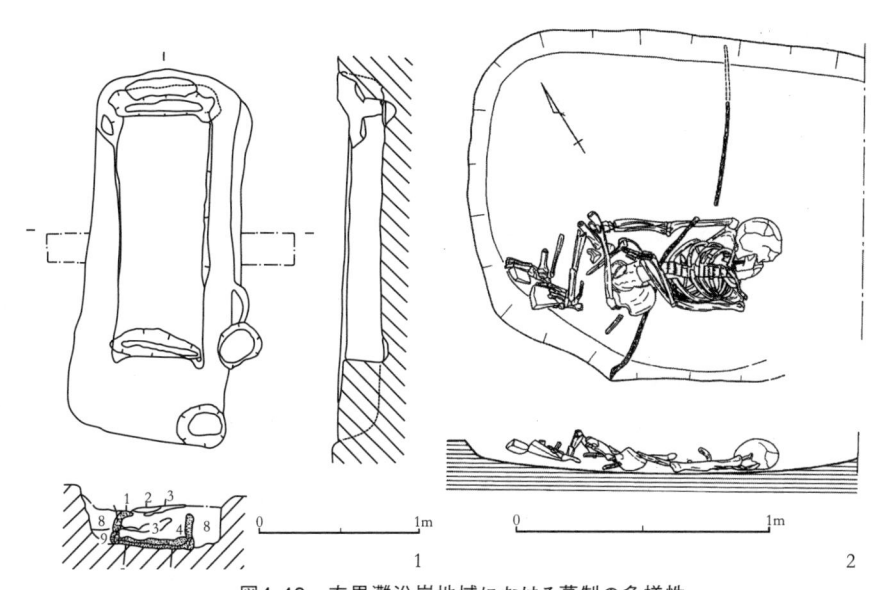

図4-49　玄界灘沿岸地域における墓制の多様性
1：江辻第5地点SK15〔粕屋町教委 2002〕　　2：雀居7次調査2号墓〔福岡市教委 2000〕

しく指摘するところである。すなわち田中は，縄文時代にも伸展葬が存在することをあげ，伸展葬を渡来系の埋葬姿勢とみなすことに対して，警鐘を鳴らした。そして，弥生時代の下肢を曲げる屈肢葬についても，北部九州の甕棺墓は形状からして下肢が曲がるのは避けられないため，縄文系と言いきれるのかと疑問を呈した。結果として，埋葬空間からの影響を受けにくい上肢に着目し，上肢を曲げ，棒状の何かを死者にもたせる姿勢が半島南部から列島へと伝わったと考えた〔田中 2001〕。

　埋葬姿勢の遺跡差・地域差

　宮本は，玄界灘沿岸東部を基点とし，そこから外側にいくにつれ，半島由来の墓制の構成要素が欠落していき，縄文的な埋葬姿勢が採用されるようになると考えた。これは，遺跡ごとの木棺の平均的な長さの差によるものだという。すなわち，天神森・江辻・田久松ヶ浦の3遺跡の木棺の長さは，「平均的に見るならば1.5〜1.7 mの大きさの中」にあり，仰臥伸展

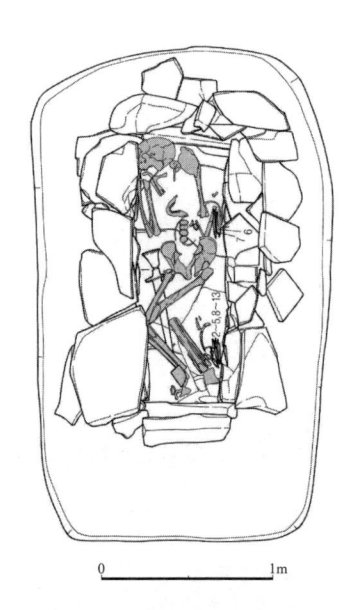

0 _____ 1m

**図4-50　坪村里遺跡20号墓人骨の
埋葬姿勢**［慶尚北道文化財研　2010］
下肢を曲げた仰臥屈肢葬であることに注意。

葬とみている。そして，筑後平野に位置する寺福童遺跡の木棺の長さは，「1.1 〜 1.3 m前後とかなり小さいもの」であり，仰臥屈肢葬に相当するとする。さらに，糸島平野に位置する長野宮の前遺跡の木棺墓（土壙墓）は，さらに墓壙が小さい傾向を示すという。

　ところが，この主張は次の二つの観点から妥当ではない。一つ目は，傾向把握の方法に関する問題である。宮本は木棺の長さによって，被葬者の埋葬姿勢の推定と遺跡間においての違いを主張しているが[20]，これには再検討の余地がある。というのも，木棺の長さは埋葬姿勢（下肢の屈曲度）だけでなく，被葬者の身長とも相関することが推定されるからである。身長差の背景には当然のことながら，性別や年齢の違いがある。長さのほかに，幅という計測的属性があるが，こちらは被葬者の肩幅と強く相関し，下肢の屈曲度との相関は弱いものと考えられる。当然のことながら，木棺の中に収められた被葬者の埋葬姿勢を推定するには，こうした身長や肩幅といった身体のサイズから影響を受ける属性を用いない方がよい。そこで本書では以下，一遺跡の木棺墓群においての長さと幅の関係を表す変数を用いて，この問題にアプローチしたい。

　図 4-51 は，宮本が取り上げた 5 遺跡の木棺の長さと幅の関係を表した散布図である。同図には，各遺跡の木棺例の分布ごとに，近似曲線（線形近似）とその数式を示している。この近似曲線の傾きは，木棺の平面形のあり方を示しており，傾きが緩いほど長方形に近づき，反対に傾きが急に

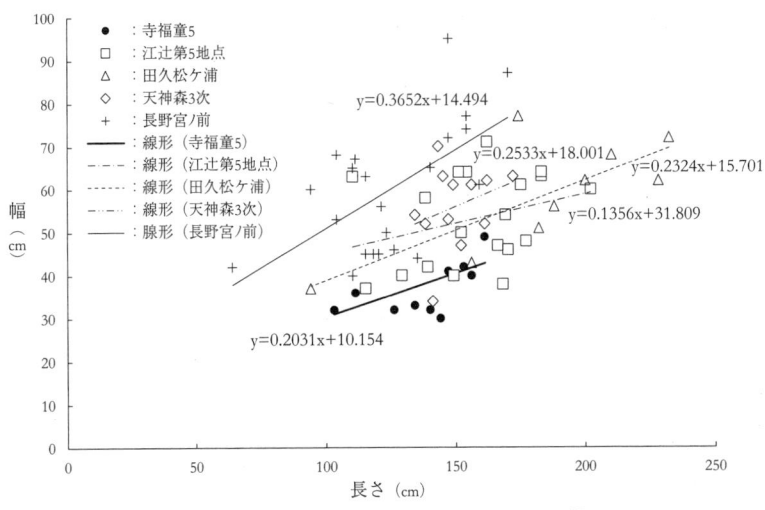

図4-51　北部九州5遺跡における木棺の規模

　なるほど方形に近づく。これは，規模の絶対値ではなく，形態そのものを評価できる点で，身体サイズからの影響も予想される長さだけを指標にするよりは，埋葬姿勢の実態に近づけるものと考える。この散布図から知られる，各遺跡例の近似曲線の傾きをみると，長野宮の前例を除いた，寺福童・江辻・田久松ヶ浦・天神森の諸遺跡例がよく似た傾向にあることがわかる。すなわち，これらの４遺跡例間では平面形が類似し，おおむね相似形に近いといえる。なお，長野宮の前例はその他の遺跡例よりも傾きが急なことから，下肢の屈曲度が強い埋葬姿勢が推定される。しかし，これを埋葬姿勢の地域差を示す事例とみることには問題がある。この問題については後述する。

　ところで，寺福童，江辻，田久松ヶ浦，天神森の諸遺跡例間では，このように平面形が相似形に近いながらも，近似曲線の位置に高低差があり，木棺の規模に大小の差はあることがわかる。これをどのように理解すればよいのであろうか。

　第一に考えられるのは，被葬者の身体サイズの差から，こうした木棺の

規模に違いが生じた可能性である。この考えを補強するために，次に別の考古学的証拠を示したい。**図** 4-52 は，寺福童遺跡 5 の木棺の長さ・幅と，寺福童遺跡 5 と地理的に近接し，同じ小郡市域に所在する三国の鼻遺跡の木棺の長さ・幅を示した散布図である。この図でも，各遺跡の木棺例の分布ごとに，近似曲線（線形近似）とその数式を示している。これによれば，まず近似曲線の傾きから，両遺跡例間で平面形が類似していることがわかる。したがって，埋葬姿勢において両遺跡例は類似しているといえる。そして，三国の鼻例のなかで規模（特に幅）の小さい例が，寺福童例の分布に重なって分布していることが注意される。三国の鼻遺跡全体のなかで，こうした規模の小さな木棺墓例の被葬者は，身体サイズの小さな女性や若年層である可能性が考えられるが，寺福童遺跡の木棺墓の被葬者もそのようにみなしうる。

図 4-53 は，三国の鼻例と，玄界灘沿岸東部に所在する 4 遺跡例の木棺の長さと幅の関係を表した散布図である。これによれば，小郡市域に所在する三国の鼻例が，平面形については 4 遺跡例と類似し，規模については 4 遺跡例よりもやや大きいことがわかる。したがって，三国の鼻遺跡例の埋葬姿勢が，玄界灘沿岸東部の 4 遺跡例のそれに比べて，縄文的色彩が強い（下肢の屈曲度が強い）とはいえない。そして，このことは三国の鼻例と埋葬姿勢を同じくすると推定される寺福童例にもそのまま当てはまる。

蛇足ではあるが，宮本が木棺の長さの点で，玄海灘沿岸東部に位置する天神森・江辻・田久松ヶ浦の諸遺跡例と，筑後平野に位置する寺福童例との間に差異を求め，天神森・江辻・田久松ヶ浦の 3 遺跡例を「ほぼ同じ大きさ」として一まとめにしている点についても検討しておこう。結論からいって，これは正しくない。筆者は，寺福童例と，江辻・田久松ヶ浦・天神森の各遺跡例間の，木棺長の平均値の差が統計的に有意かどうかを確かめるために，有意水準 5 ％で両側検定の t 検定を行った（**表** 4-10）。その結果，寺福童例と江辻例との間，寺福童例と田久松ヶ浦例との間，それぞれで有意差がみられた（$p<0.05$）。ところが，寺福童例と天神森例との間では，

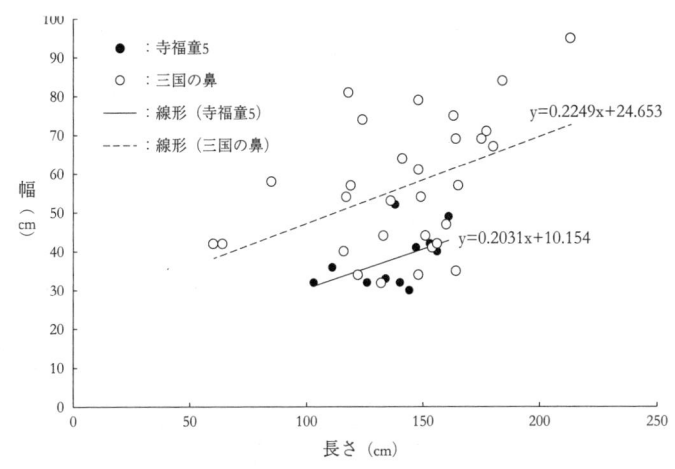

図4-52　寺福童遺跡と三国の鼻遺跡における木棺の規模

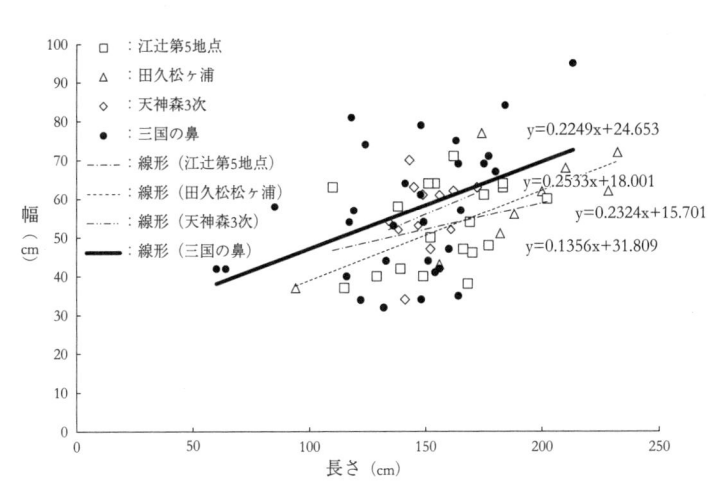

図4-53　三国の鼻遺跡と玄界灘沿岸東部３遺跡における木棺の規模

表 4-10　寺福童遺跡・玄界灘沿岸東部 3 遺跡間の木棺の長さの差に対する t 検定の結果

遺跡名	寺福童	天神森 *	江辻 *	田久松ヶ浦 **
平均（cm）	137.55	150.00	157.47	184.89
分散	331.07	123.09	567.37	1771.11
観測数	11	12	19	9
自由度	-	21	28	10
t 値	-	-2.00	-2.39	-3.14
p 値（両側）	-	0.06	0.02	0.01

註）F 検定の結果，＊は等分散と仮定，＊＊は分散が等しくないと仮定したうえで検定した。

有意差はみられなかった（$p>0.05$）。このように，玄界灘沿岸東部に包括される遺跡のなかでも，確かに江辻，田久松ヶ浦の 2 遺跡例は，寺福童例に比べて長いといえるが，天神森例が寺福童例より長いかといえば，そうとは言いきれず，再検討の余地がある。

　二つ目は，遺跡間の時期に関する問題である。宮本は，糸島平野に位置する長野宮の前遺跡例の墓壙の小ささを取り上げ，玄界灘沿岸東部から離れるにつれ，縄文的な埋葬姿勢が採用されていたものとみなした。先の散布図を用いた分析でも，長野宮の前例はその他の遺跡例よりも傾きが急なことから，下肢の屈曲度が強い埋葬姿勢（これを縄文的とみなせるかどうかはともかくとして）が推定される。しかし，この遺跡例の所属時期は，出土した土器からみて，おおむね夜臼Ⅰ式期〜夜臼Ⅱa 式期であり（**図4-54**），宮本が比較対象としてあげた玄界灘沿岸東部の 3 遺跡例（江辻例は夜臼Ⅱ式期〜板付Ⅰ式期，田久松ヶ浦は板付Ⅰ式期，天神森例は板付Ⅰ式期〜Ⅱa 式期）や寺福童例（板付Ⅰ式期〜Ⅱa 式期）に比べ，時期的に古いものが多い。したがって，埋葬姿勢の違いは，地域差ではなく時期差とみなせる。

　以上，宮本論文について，①支石墓と木棺墓の系譜上の区別，②磨製石剣の列島への波及，③木棺墓（土壙墓）の被葬者の埋葬姿勢といった 3 つの点において，問題点を指摘しえた [21]。

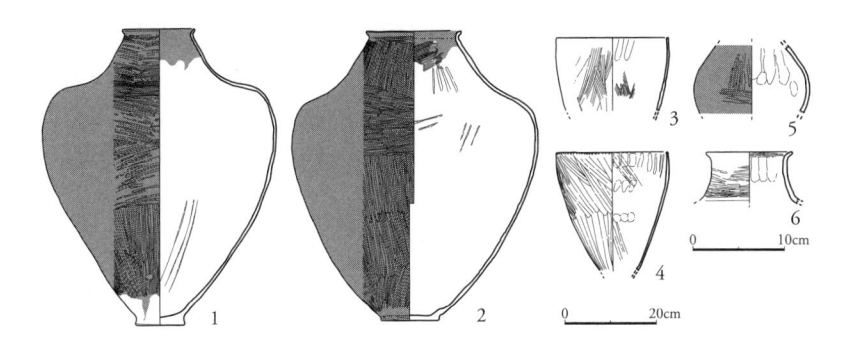

図4-54　長野宮の前遺跡出土の土器［前原町教委 1989］
1・3・4：1号墓　2・6：39号墓　5：38号墓

5　まとめにかえて―旧稿の補足―

　以上，近年の弥生時代開始期の墓制論を検討し，その問題点を指摘した。今，その結果を振り返ると，筆者がかつて示した見解［端野 2003a］の根幹を変更する必要はないものと考える。ただ，論文を発表してから 10 年以上が経過していることもあり，本書で検討した結果と近年の資料状況をもふまえて，若干，補足しておく。

　一つ目は，列島の支石墓の祖型として，半島南部の石槨を下部構造とする支石墓を想定した点についてである。石槨というからには，当然，その内部に木棺の存在を推定したわけだが，これに対する反対意見［宮本 2012］が提出されたのは，先にみた通りである。その意見の引き金となった大友支石墓の下部構造には，木棺あるいはそれに類する構造物が設置された可能性は依然として残るが，筆者はそうした構造物が存在しなかった可能性も認めないというわけではない。しかし，そうした場合でも，石槨を下部構造にもつ支石墓が祖型となったという理解に変更はない。というのも，大友支石墓は石槨構造から木棺が欠落したものと理解しうるからである。

　二つ目は，福岡平野には支石墓が存在しないとみた点についてである。これに対して，将来，この地域で支石墓が発見されたら，筆者の「支石墓

変容モデル」が成立しえなくなるのではという意見を時おり耳にしたことがある。もちろん，「A類（支石墓）は当初から存在せず，石を用いた施設の存在しないC類（墓標として土饅頭が推定される）が基本的に分布していたものと考えたい」（カッコ内は筆者補足）［端野 2003a, p.10］という決めつけにもとれる表現をとったことは，反省しなければならない。しかし，こうした批判が当たっているかといえば，そうではない。仮に支石墓が福岡平野で発見されたとしても，筆者は支石墓がその構成要素である石を欠落させ，結果として木棺墓が成立するとみているわけであるから，その発見例はむしろ筆者の見解にとって好都合の証拠とみなせる。外来文化をもとに新たな文化の創出が行われた地域において，支石墓が原初的なかたちを留めながら築造されていたとしても何ら不思議ではないのである。

三つ目は，2004年に熊本市教育委員会によって行われた熊本県江津湖遺跡群第9次調査の成果についてである。ここでは，夜臼Ⅱa式期から板付Ⅰ式併行期にかけての甕棺墓6基，土坑100基以上が検出され，土坑はそのほとんどが土壙墓あるいは木棺墓と考えられている［熊本市教委 2005］。木棺墓とされる土坑は，棺材が残存した例はないものの，遺構の埋没状況からみて，内部に木棺を設置した可能性を想定しうる。これらはまず，土坑底面の検出状況から，墓壙底に掘り込みをもつ組み合わせ式木棺（筆者の埋葬容器Ⅰ類）ではないことがわかる。残りの可能性は，掘り込みをもたない組み合わせ式木棺と刳り抜き式木棺（いずれも筆者の埋葬容器Ⅰ′類に含まれる）である。これらの土坑のなかには，長軸・短軸の土層断面に逆台形もしくはU字形を呈する埋土がみられる例（25号・35号・51号）が確認されることから，後者の存在を推定可能である。このほか，棺材の一部，あるいは石槨の退化形態ととらえうる板石が検出された例（31号）や，支石墓の上石の退化形態ととらえうる板石が検出された例（32号）もみられる（**図4-55**）。こうした事象は，半島南部から玄界灘沿岸にまず到着した支石墓が周辺へと広がるにつれ，変化した結果とみなせ，端野［2003a］で導いた結論との矛盾はない。

四つ目は，2005年に長崎県教育委員会によって行われた長崎県門前遺跡

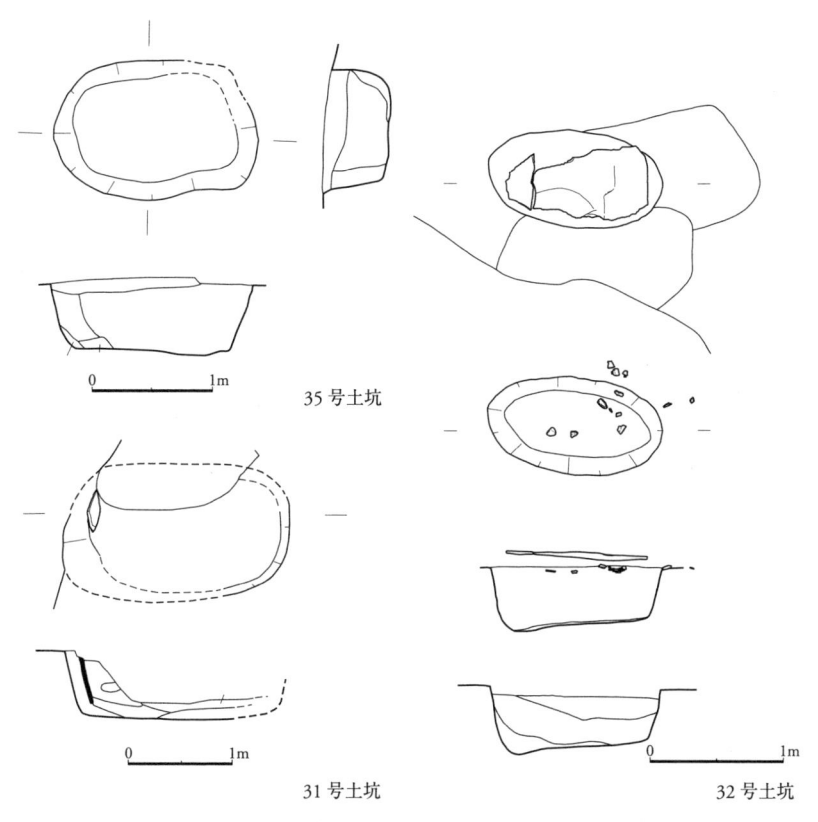

35号土坑

31号土坑 32号土坑

図4-55 江津湖遺跡の土壙墓［熊本市教委 2005］

の調査成果についてである。ここでは、「弥生時代早期〜前期頃」に属する
とされる木棺墓5基が確認された［長崎県教委 2006］（**図4-56**）。従来、石棺
を下部構造にもつ支石墓の分布圏とみなされてきた地域での発見というこ
ともあり、当初は筆者も、西北九州地域の支石墓の系譜と受容の解明に大
きく貢献する資料として期待した。ところが残念なことに、これらの木棺
墓の所属時期は、以下に示す通り、縄文晩期後葉（弥生早期）〜弥生前期で
はなく、弥生中期前葉である蓋然性が最も高く、支石墓の系譜問題に直接、
関わる資料ではないと考えられる。

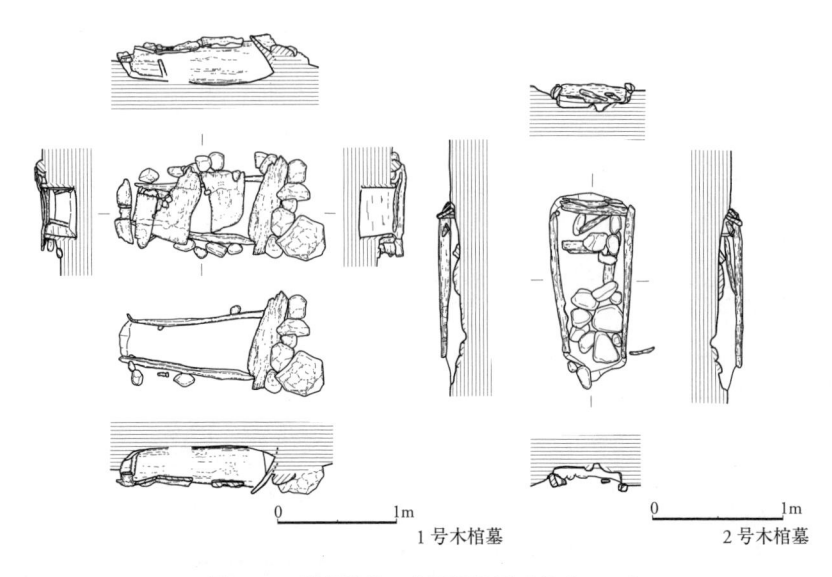

0 _____ 1m
1号木棺墓

0 _____ 1m
2号木棺墓

図4-56　門前遺跡の木棺墓[長崎県教委 2006]

　報告者が縄文晩期後葉（弥生早期）～弥生前期の年代とみなしたのは，1号木棺墓の蓋材の AMS 炭素 14 年代（2270 ± 40 ^{14}C BP）の較正年代（2σで 400 ～ 205 cal BC）を，弥生早期（夜臼式期）を紀元前 5 ～ 4 世紀，前期（板付 I 式期）を 4 ～ 3 世紀とみる年代観 [岡崎 1971] によって解釈したからであろう。しかし，この炭素 14 年代は，現在のデータの蓄積からみて，弥生中期前葉（須玖 I 式期）に相当する可能性が高い。国立歴史民俗博物館研究チームの AMS 年代測定結果のうち，九州北部において海洋リザーバー効果や古木効果といった年代遡上効果を受けない漆や種実を試料とし [22]，かつ炭素 14 年代が 2200 年代を示す測定結果は以下の三つである。

　大分県日田市大肥条里遺跡 FJ-0147（漆）：2200 ± 35

　大分県日田市大肥条里遺跡 FJ-148（漆）：2210 ± 35

　熊本県八ノ坪遺跡 FJ-0584（種実）：2260 ± 40

　これらの測定試料の所属時期は，いずれも須玖 I 式期に相当する［西本

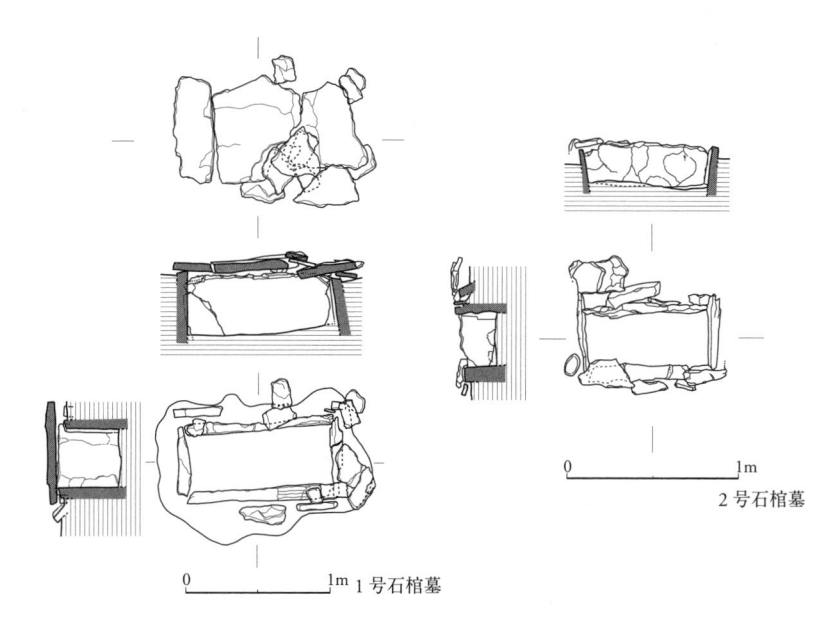

図4-57　滑川遺跡の石棺墓［諫早市教委 2007］

編 2006］。この蓋材の年代は，材木を伐採した年代ということなので，墓が造られた年代は須玖Ⅰ式期以降ということになる。

　木棺の構造と規模をみても，こうした時期に比定することに対しての矛盾はない。門前遺跡の木棺の構造には，①小口板が側板を挟んで，かつその側板より外に突出するもの，②側板も小口板も突出せず箱形になるもの，③側板と小口板が規則的に組み合わされず井桁状を呈するもの，の三つがある［長崎県教委 2006］。さらに，底板を有さないのも特徴である。こうした特徴は，西北九州の支石墓の下部構造である石棺に共通するだけでなく，同地域の滑川遺跡［川瀬 2007］における弥生時代中期前葉（須玖Ⅰ式期）[23] の石棺にもみられる（図 4-57）。さらに，棺の規模をみると，支石墓下部構造の石棺よりむしろ同地域の弥生中期前葉以降の石棺に近い。西北九州において，支石墓下部構造の石棺は長軸が100cmに満たないものがほとんどであるが，弥生中期前葉になると，100 ～ 120cmの群と70cm前後以下の群

に分かれ，この傾向はその後も継続する［秀島 2006］[24]。門前遺跡の木棺の長さは，1 号木棺墓が 115cm，2 号木棺墓が 107cm，3 号木棺墓が 115cm，4 号木棺墓が 150cm であるので，いずれも弥生中期前葉以降の二つの群のうちの大きい方の群に含まれる。こうした棺の構造と規模からみて，門前遺跡の木棺墓の所属時期が弥生中期前葉（須玖 I 式期）である蓋然性はより高まる[25]。

　ただ，先述の漆や種実などの試料から得られた炭素 14 年代の較正年代でさえ，そのまま弥生中期前葉の暦年代とみてよいかは疑問である。というのも，日本列島のような島嶼部では，海から蒸発した海水中の二酸化炭素が大気中により濃厚に含まれることによって，陸上植物もまた海洋リザーバー効果の影響を受ける可能性があるからである［新井 2006］。したがって，弥生中期前葉の暦年代はこれより新しくなるものと考えられる。

註
1) 筆者の丹塗磨研壺編年［端野 2003b，2006；Hashino 2011］によっても，個々の支石墓型式の時間的位置づけについての変更はない。
2) SK218 出土壺形土器は，報告書では板付 I 式の範疇に含められているが（原 1999），丸底に近い底部からみて，夜臼 II 式期までさかのぼる可能性がある。
3) 風観岳支石墓群の報告書［諫早市教委 2006］では，出土遺物からみて土壙と石棺の間に明確な時期差を認められないとしつつも，原山支石墓群［北有馬町教委 1981］の第 100 号墓と第 112 号墓での重複関係の例をあげ，石棺が土壙に先行するとみなされた。しかし，ここであげられた原山支石墓群の例のうち，石棺をもつ支石墓とされた第 100 号墓の下部構造は未堀のため詳細は不明であり，これらを石棺が土壙に先行する論拠とするのは適切ではない。
4) 理論の詳細は，管民郎［1993］を参照されたい。
5) 2000 年 6 月，発掘現場を見学した。この遺跡では，北九州市教育委員会によって，弥生前期後半（板付 II b 式）から古墳前期（布留式）にかけての土壙墓，甕棺墓，石棺墓が調査された。このうち，中細形銅剣が出土した石棺は，小口壁は板石を立てて造っているのに対して，側壁の一部は板石を平積みして造っているのが観察された。また，この墓の周囲には，墓域表示と考えられる配石が確認された［北九州市教委 2012］。
6) 土井ヶ浜遺跡の埋葬例を総括した乗安和二三は，こうした四隅配石を支石墓の下部構造の変容形とみたが［乗安 2014］，これは支石墓の上部構造に系譜を

求める筆者の見解とは異なる。

7) 1996 年 3 月 23 日開催の支石墓研究会（研究代表者：西谷正）における山本輝雄（当時・九州大学工学部建築学科）の「国内の支石墓に関する工学的構造上の問題」という報告文による。

8) 江辻遺跡第 5 地点で検出された土壙墓・木棺墓・甕棺墓からなる墓群は，その分布状態からみて，東側の A 群（16 基）と西側の B 群（24 基）とに分けられる［粕屋町教委 2002］。A 群は，これに属する甕棺墓に用いた甕棺，木棺墓の副葬小壺の所属時期からみて，おおむね板付 I 式期に形成されたものとみなせる。一方の B 群は，墓から出土した遺物は極めて少ないものの，SK-20 からは所属時期が夜臼式期にまでさかのぼりうる柳葉形磨製石鏃が出土している。また，A 群に比べて墓壙の長さが短い例を多く含み，これを古い要素とみなすならば，B 群は A 群よりも古い時期である夜臼式期につくられたものと判断しうる。これらのことからみて，A 群と B 群は時期差を反映する可能性が高く，墓域が B 群→A 群という順序で展開したものと考えられる。ここで例示した SK-20 は B 群に属することから，縄文晩期後葉（夜臼式期）の所産と判断した。

9) そのほか，ここでふれられなかった資料として，福岡県雑餉隈遺跡 15 次調査［福岡市教委 2005］で検出された木棺墓 4 基がある。これらの墓は，そこから出土した壺形土器からみて，夜臼 II 式期に属することは間違いない。副葬品としては，壺形土器に加え，有節柄式石剣，無段柄式石剣，有茎式柳葉形石鏃も出土している。また，遺構の平面プランや二段掘りの墓壙，墓壙の土層断面からみて，墓壙内に木棺（特に刳り抜き木棺）の存在が推定できる。なお，墓壙内からは石を用いた構造物は検出されていない。また，福岡県板付遺跡 60 次調査［福岡市教委 1995c］でも，夜臼 II 式期に属するとみられる土壙墓 11 基が検出されている。これらは形状からみて，木棺墓の可能性があるが，墓壙内で石は確認されていない。

　本書では，福岡平野においては夜臼式期から板付 I 式期にかけて，支石墓から木棺墓へと変容するという結論を下したが，これらの例はそれにとっての障壁とみる意見もあるかもしれない。しかし，この意見は当たらない。筆者が，板付 I 式期において弥生独自の木棺墓が成立するとしたのは，墓制における弥生化が完了する時期が板付 I 式期であるという意味合いで述べたものである。板付 I 式期より前の，弥生化への移行期に当たる夜臼 II 式期に，石を用いない木棺墓が出現していても，何ら問題はない。むしろ，雑餉隈遺跡例の評価にあたっては，まず福岡平野におけるこれよりさらに古い時期（夜臼 I 式期）の墓制がどのようなものであったのかを知る必要がある。しかし，この時期に属する墓は発見されておらず，実態は不明といわざるをえない。現時点では，その

墓が支石墓であったのか，それとも支石墓から相当な変容を遂げた墓であったのか，両方の可能性が考えられよう。

　さらには，半島南部から支石墓ではなく，全く石を用いない木棺墓が直接入ってきたとする考え方も起こりうる。忠清南道南山里遺跡［尹武炳 1987］では，無文土器前期～中期に属する土壙墓 19 基，石棺墓 2 基，石蓋土壙墓 3 基，甕棺墓 3 基が検出されている。土壙墓のうち，二段掘り墓壙の例は，平面プランをみても長方形や隅丸長方形を呈しており，内部に木棺を設置した可能性が高いものである。さらに，このなかの A 区墓群 13 号，同群 14 号からは無段柄式石剣が出土している。これらの石剣は柄頭の平面形態がやや湾曲している点で，雑餉隈遺跡 SR011 出土の無段柄式石剣と類似しているという。（武末純一氏からのご教示）

　忠清南道松菊里遺跡 52 地区［金吉植 1998］では，石棺墓 2 基，石蓋土壙墓 2 基，甕棺墓 2 基などが調査された。このうち石蓋土壙墓（積石木棺墓とすべきか）とされる 2 号・3 号は，二段掘り墓壙であることから内部には木棺（刳り抜き木棺）の存在が推定される。これらの所属時期は，同一の墓域に属する 5 号墓（石棺墓）では二重口縁短斜線文土器，口唇刻目文土器，口唇刻目二重口縁短斜線文土器が出土していること，1 号墓から遼寧式銅剣や無段柄式石剣，有茎式柳葉形石鏃が出土していることからみて，休岩里式期～松菊里式期の幅に収まるものと判断される。

　しかし筆者は，雑餉隈遺跡の木棺墓のルーツを半島の中西部地域の木棺墓に直接的に求める見解が成り立つ可能性は低いものと考える。というのも，他の章で検討するように，文化要素の親縁性からみて，北部九州は半島南部のなかでも南江流域や金海地域との関係が深く，かつ二段掘り墓壙自体はこうした地域でも確認されているからである。

10）　ただし，こうした交差年代法の原則を成立させたとしても，列島の I 期と半島の B 期がある一時期に併行していたことを証明するにとどまり，これだけでは列島の I 期や半島の B 期の上限・下限を限定することはできない。これには細分された各時期について，交差年代法の原則を成立させ，それらを重層的に連鎖させていくしかない［武末 1988］。

　ところで庄田慎矢は，無文土器中期に属する先松菊里式・松菊里式土器をそれぞれ二つに細分し，北部九州での縄文・弥生土器との共伴例について検討している［深澤・庄田 2009］。しかし，これは列島で出土した半島系土器とその共伴土器だけによるアプローチであり，この結果から半島・列島各時期のある一点が併行していたとはみなせない。

11）　大友遺跡の支石墓［九州大考古 2001］の場合，筆者も発掘調査に参加したが，下部構造には割石ではなく，川原石を使用していた。したがって，この名

称は不適切である。

12) これに対して近年，山陰地方での遠賀川系土器の広がりを，北部九州から日本海沿岸を伝って東方へと徐々に伝播した結果［坂本 2010］とみなす見解も提出されている。しかしながら，出雲原山遺跡出土土器には，北部九州の板付Ⅰb式期の土器に極めて類似する資料が確実に含まれていることから，やはり北部九州からの直接的な流入を想定しうる。

13) 北部九州での板付Ⅰb式期に相当する土器が出土した出雲原山遺跡でも墓と考えられる石組み遺構が検出されている［村上・川原 1979；大社町教委 1986］。しかし，墓にともなって出土した土器は，板付Ⅱa～Ⅱb式併行期（松本［1992］の出雲・隠岐Ⅰ-2様式）のものであり，墓の下部構造は調査されていないため，不明である。

14) 田中良之氏からのご教示。

15) 近年，人の移動を考古学的に証明するための方法として，ICP-MS あるいは LA-ICP-MS を用いた人骨の歯牙のストロンチウム安定同位体比（87Sr/86Sr）分析が注目されている。ストロンチウム同位体比は地質によって異なり，その違いは水に反映されて飲食物を通して人体に同化される。そして，歯牙エナメル質は代謝されないため，形成された年齢のストロンチウム同位体比をそのまま保存する。これによって，幼児期の生育環境を知ることができ，その相違にもとづいて婚姻による移動，集団移住などを知ることができる［Bentley *et al.* 2002 ほか］。日本でもすでに分析が行われつつあり，ICP-MS を用いた破壊分析の例として，Kusaka *et al.* ［2009］，LA-ICP-MS を用いた準非破壊分析の例として，田中ほか［2010］があげられる。人骨考古学において，歯牙の形態的な情報（計測値）は，墓の被葬者間の血縁関係の推定［土肥ほか 1986；田中 1995］に用いることができるため，後者の準非破壊分析がより望ましい。ともあれ，このような学界の動向は，人の移動を科学的に証明するには，人そのものに直接的にアプローチする方法が最も有効であることを物語っている。

16) 本例を「近年になって朝鮮から持込まれた可能性が強」いとして，分析対象から除外した論考［武末 1982］もある。

17) 宮本は，雑餉隈遺跡の磨製石剣の存在にもとづいて，無文土器文化の影響を唱えるが，この例が半島からの搬入品であるのか，あるいは列島での製作品であるのかについては言及がない。

18) 付近からは「赤焼土器」が出土したというが［岡崎 1953］，詳細な記録がないため，これがいかなる土器であったのか，今となっては確かめようもない。

19) ここから出土した縄文土器は破片で，石棺の蓋石も数枚欠損していることから，上部からの流れ込みの可能性も否定できないとする見解［高野 1996］もある。これは，対馬島で箱式石棺は，弥生中期から後期に属する例が一般的で

あるという認識に立ったものである。しかし，そのように一般化しうるほど多くの事実があったとしても，そこから導かれた法則性を個別の事例にそのまま当てはめることはできず，この石棺の所属時期が縄文晩期である可能性を消し去ることはできないであろう。

20) 宮本論文の散布図［宮本 2012, p.169］では，なぜか墓壙長と墓壙幅の値が用いられており，そこから木棺の長さに関する傾向性は直接，読み取ることはできない。

21) 同論文では，墓制論以外にも問題のある記述が目立つ。たとえば，石崎曲り田遺跡に松菊里型住居が存在するものとみているが［宮本 2012, p.172］，そのような事実はない。また，端野［2008］を引用しながら，江辻遺跡の円形松菊里型住居の系譜を半島南部の「東川洞式」松菊里型住居に求めているが，江辻例は「東川洞式」には類似しておらず，筆者の論考に対する誤読と思われる。

22) 歴博研究チームの AMS 年代発表［春成ほか 2003］以降，海洋リザーバー効果や古木効果といった測定試料に関する問題が指摘されている［西田 2003, 2004；田中ほか 2006；田中 2011］。

23) 報告では石棺墓 2 基の構築年代を，そこから出土した壺形土器にもとづいて弥生中期初頭とみなしている［川瀬 2007］。しかし，これらの土器には城ノ越式の要素がみられる一方で，須玖Ⅰ式的な要素も確実に存在することから，北部九州の土器編年でいう弥生中期前葉（須玖Ⅰ式期）に相当するものとみるのが正しい。これは，北部九州の周辺地域では須玖Ⅰ式土器の出現以降も，城ノ越式的要素が残存することを示しているという（石田智子氏からのご教示）。

24) 秀島貞康はこうした石棺規模の二極化傾向の開始時期を「中期前後の頃」あるいは「中期の初頭前後」と表現している［秀島 2006］。これは，長崎県化屋大島遺跡例［多良見町教委 1974］の所属時期を弥生前期末葉～中期初頭とみたことによると考えられる。しかし，この遺跡の石棺から出土した土器を再検討してみると，弥生時代前期末葉あるいは中期初頭というよりは，滑川遺跡例と同じく，中期前葉（須玖Ⅰ式期）まで下る特徴を有している。したがって筆者は，二極化傾向の開始時期を弥生中期前葉と理解し，秀島の見解をこの点だけ変更している。

25) 長崎県門前遺跡では本文で検討した平成 15 年度調査のほかに，平成 17 年度調査［長崎県教委 2008］でも，木棺墓の可能性がある「木組遺構」が検出されている。総数にして 44 基となる，この「木組遺構」の用途は，木棺墓と水さらし場遺構の二つの可能性が考えられ，いずれが真実かは現時点で決め手を欠き，今後，類例の蓄積を待って再検討する必要があるという［副島 2008］。ただ，構造と規模において，平成 15 年度調査の木棺墓と酷似する例がこれに多数含まれているのは間違いない。「木組遺構」6 基については，AMS 炭素年代

測定が行われ，そのうち，1基（33号）は2530±40という炭素年代測定値が得られたとされる。この値は，おおむね弥生前期前葉（板付 I 式期）ごろのものとみられる［宮地 2009］。もしこれが木棺墓であれば，西北九州地域で最も古い例といえる。

〔補記〕

第2節4は，端野［2015］を骨子とする。端野［2015］に対して，中村大介からの反論［中村 2016］があるが，筆者の批判に応えるものとはなっていない［端野 2017］。

近年の半島での重要な発掘調査成果としては，慶尚南道虎灘洞遺跡［東亜細亜文化財 2012］でのものがあげられる。ここでは，積石からなる墓室の内部から，組み合わせ式石棺のほか，組み合わせ式木棺の痕跡が確認された例や，土層断面より刳り抜き木棺が推定される例が報告されている（図4-71-2 ～ 4）。この例の存在によって，筆者の支石墓祖型論に対する疑念はほぼ解消された［端野 2017］。

最近，幸運にも筆者は，徳島県庄・蔵本遺跡の弥生前期墓域調査地点を報告する機会を得た［徳島大埋文 2018］。その成果にもとづいて，徳島平野における弥生前期墓制の系譜と当時の社会について議論した。詳細は端野［2018］を参照されたい。

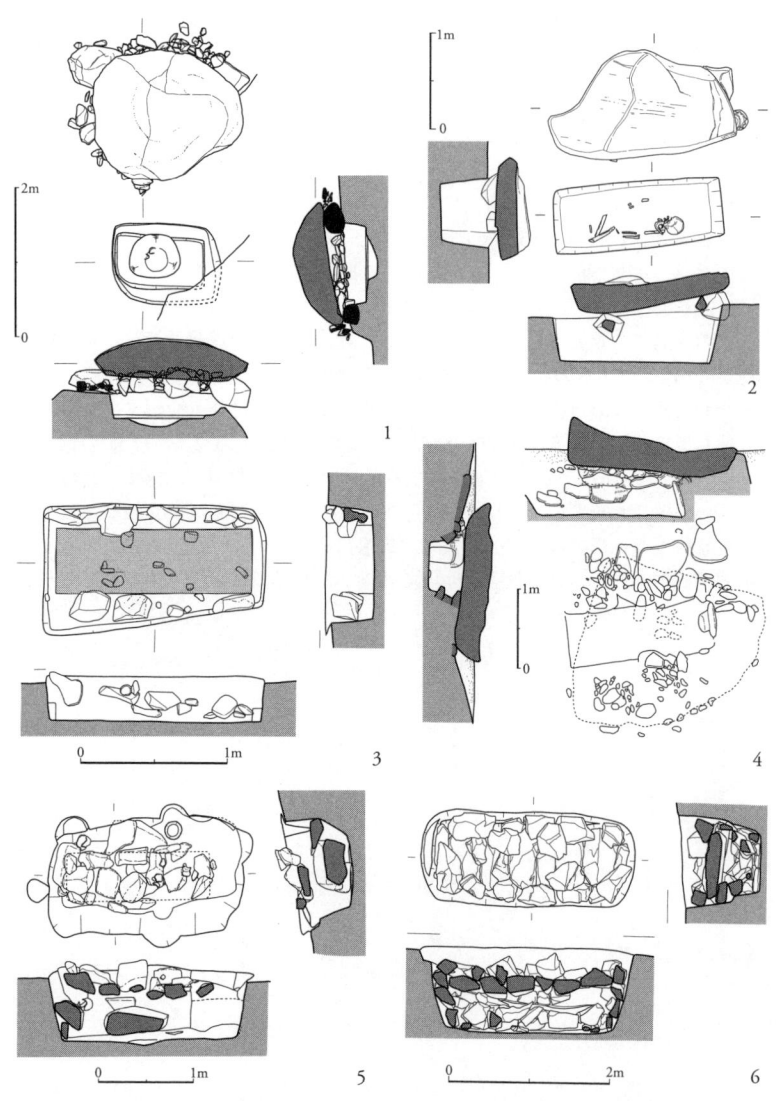

図4-58　玄界灘沿岸地域における縄文晩期後葉・弥生前期の墓制

1：長野宮ノ前39号墓　2：新町9号墓　3：長野宮ノ前10号墓　4：石ヶ崎支石墓　5：天神森SK4
6：田久松ヶ浦SK218　（各文献よりトレース・改変）

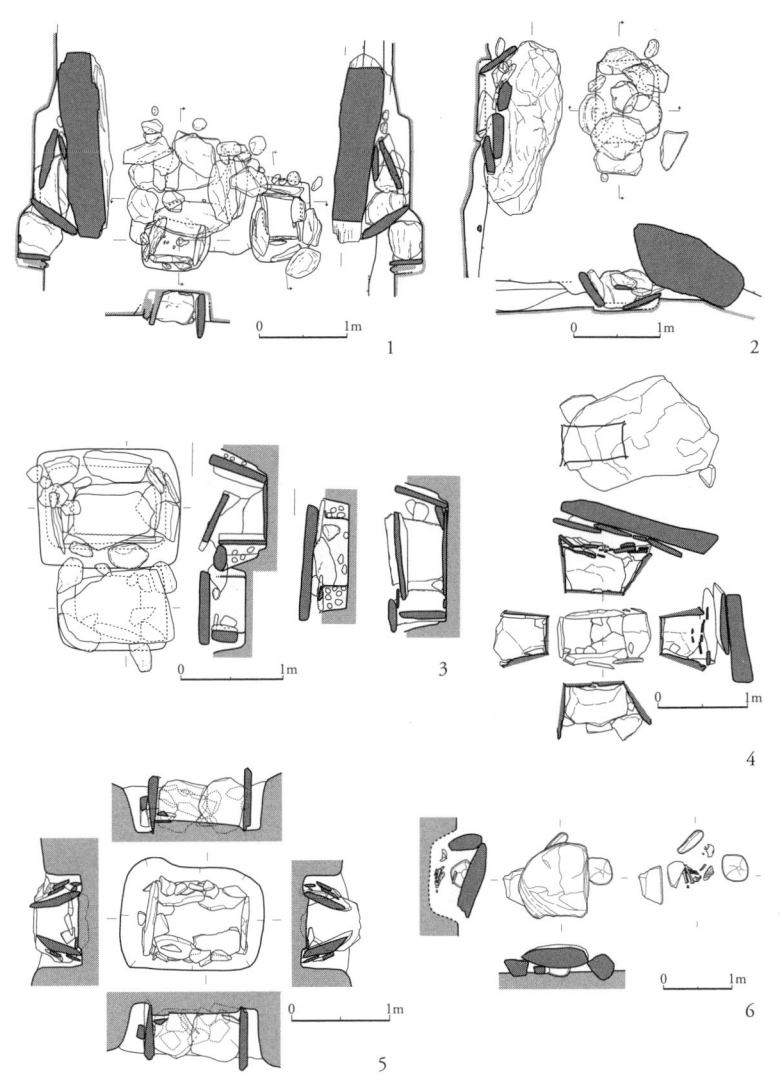

図4-59　西北九州地域における縄文晩期後葉の墓制

1：天久保2号墓　2：天久保3号墓　3：小川内6号墓　4：風観岳97年度SA1　5：原山20号墓
6：宇久松原4号墓　（各文献よりトレース・改変）

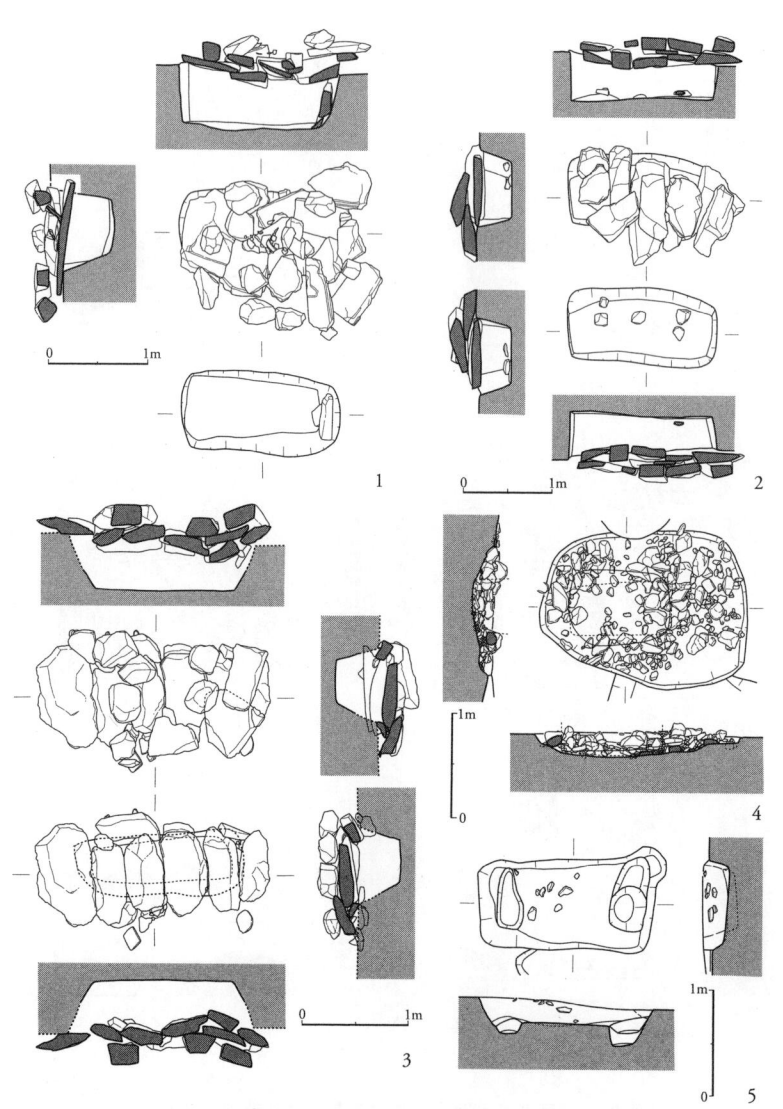

図4-60　佐賀・筑後地域における縄文晩期後葉の墓制

1：久保泉丸山SA014　2：久保泉丸山SA050　3：礫石B SA31　4：楠田101号墓　5：楠田103号墓　（各文献よりトレース・改変）

316

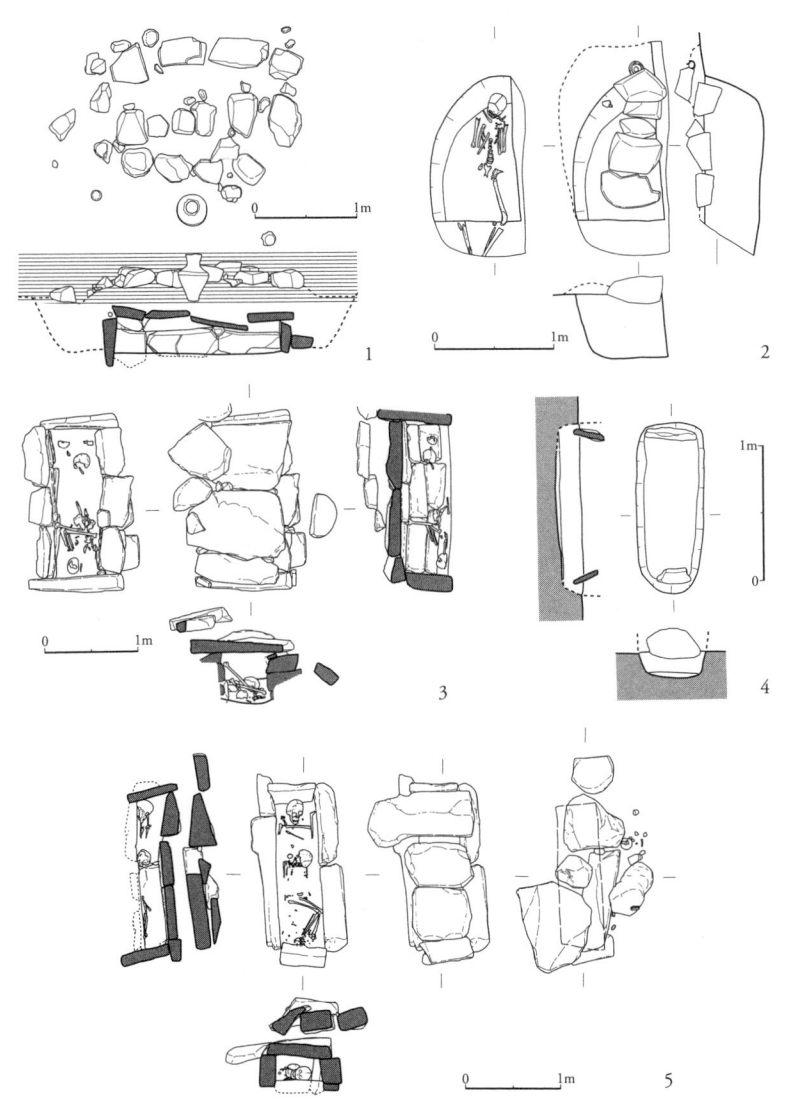

図4-61　響灘・周防灘沿岸地域における弥生前期の墓制

1：梶栗浜c群石棺　2：土井ヶ浜ST1601　3：中ノ浜E-1　4：中ノ浜ST902　5：中ノ浜E-2　（各文献よりトレース・改変）

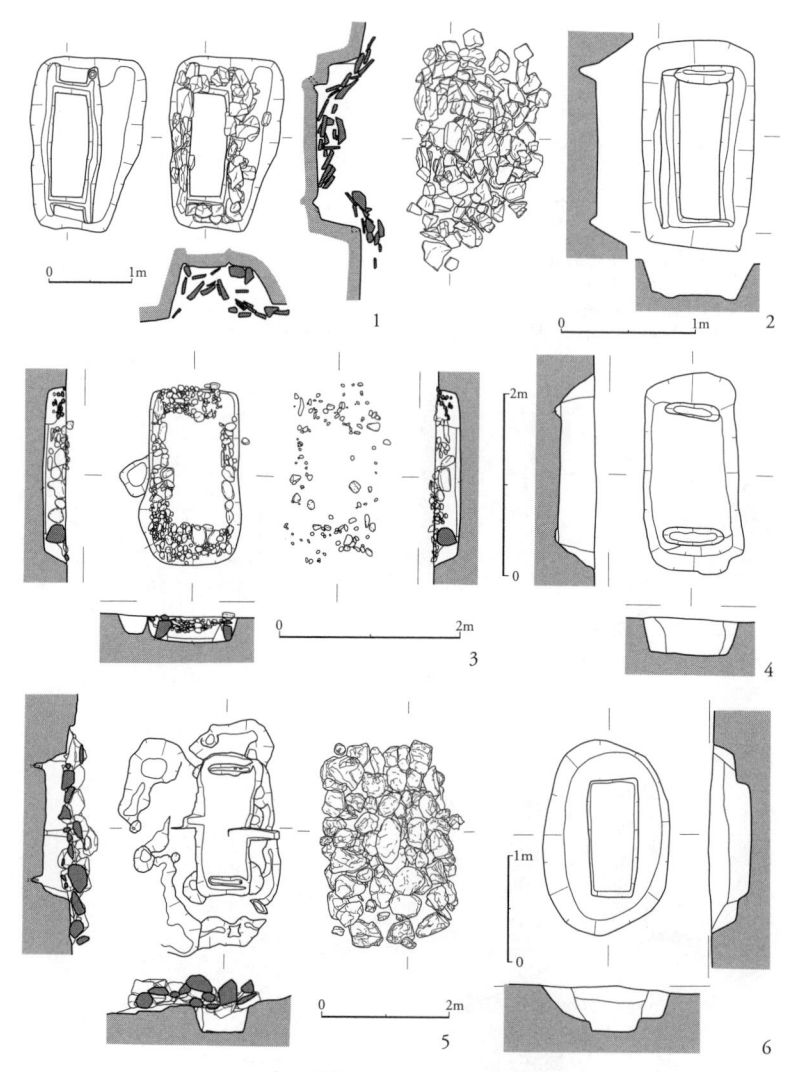

図4-62　山陰地域における弥生前期の墓制

1：友田SK04　2：堀部第16号墓　3：イキス6号墓　4：イキス4号墓　5：別所新田SK11　6：長瀬高浜SXY42　（各文献よりトレース・改変）

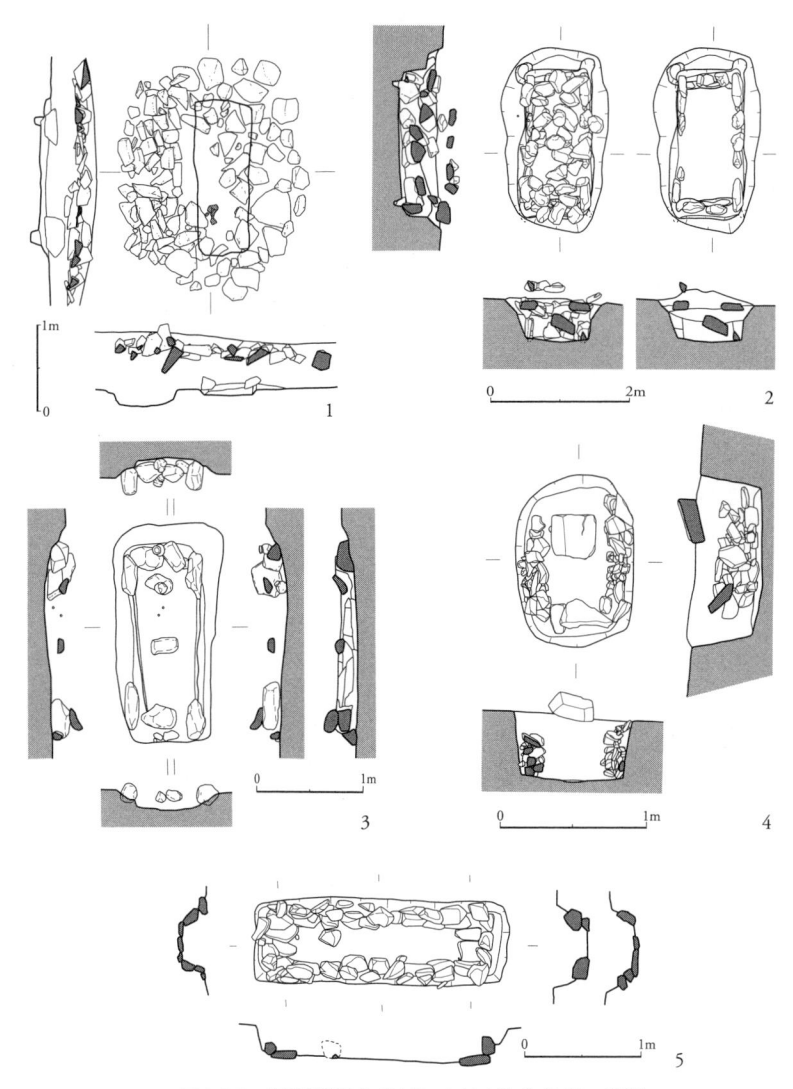

図4-63　西部瀬戸内地域における弥生前期の墓制

1：高平A号墓　2：岡ノ段C SK47　3：持田3丁目SK02　4：塚迫D7号墓　5：西野Ⅲ28号墓
（各文献よりトレース・改変）

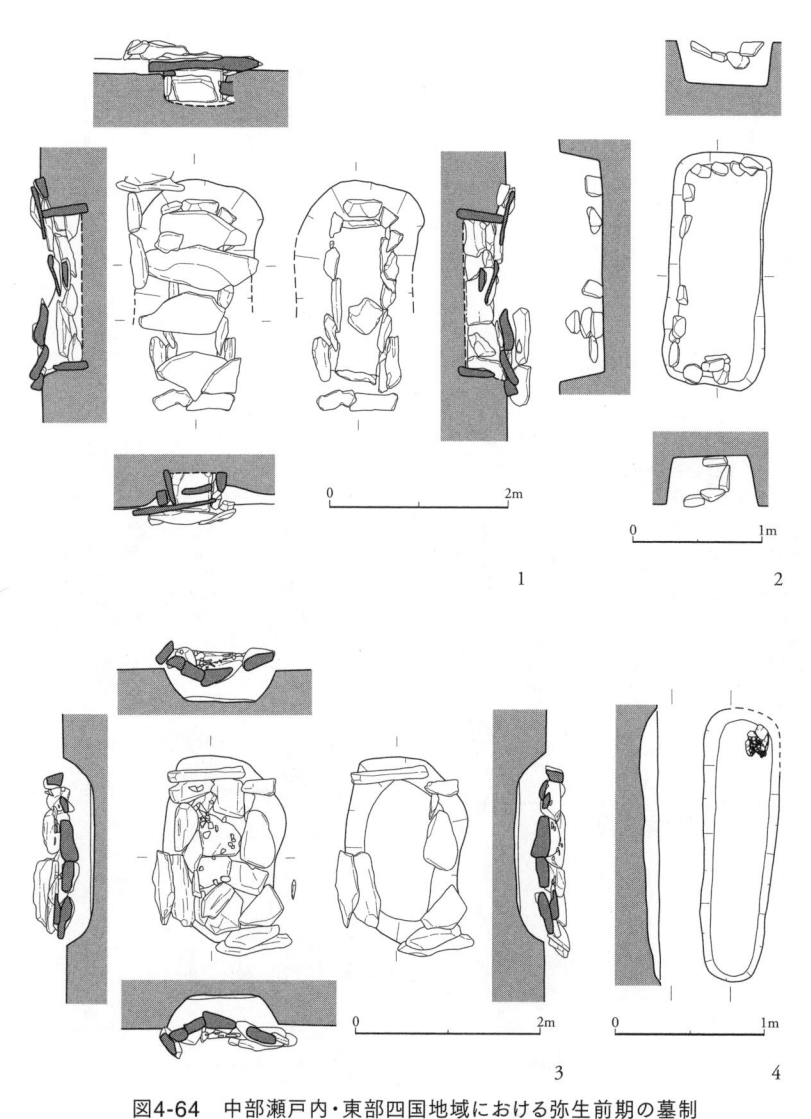

図4-64　中部瀬戸内・東部四国地域における弥生前期の墓制

1：庄・蔵本1号墓　2：樋の口ST18　3：庄・蔵本2号墓　4：百間川沢田P52　（各文献よりトレース・改変）

320

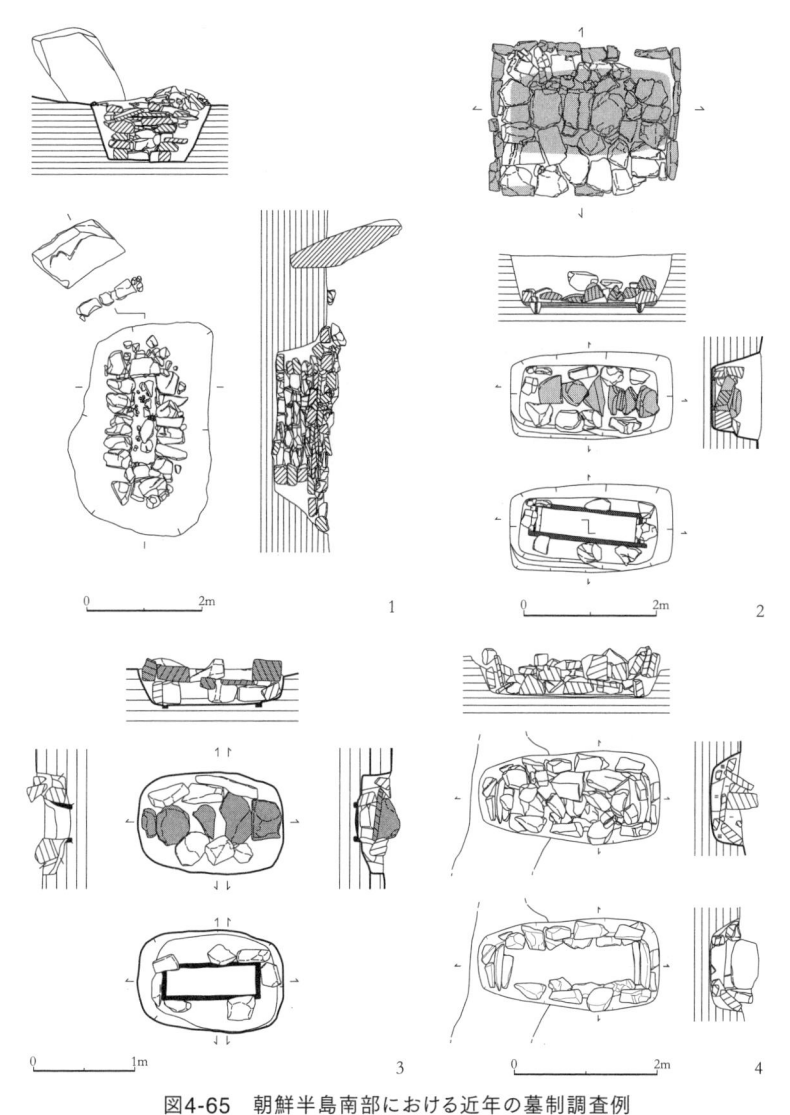

図4-65　朝鮮半島南部における近年の墓制調査例

1：栗下里A1-1号墓　2：虎灘洞ナ-17号墓　3：虎灘洞ナ-10号墓　4：虎灘洞ナ-20号墓
（各文献より引用・改変）

第5章　松菊里型住居と渡来文化の軌跡

　松菊里型住居は，朝鮮半島南部の無文土器時代においての，はじめての本格的な水稲農耕文化とされる松菊里文化を構成する一要素であることから，これまで半島南部のなかでの水稲農耕の広がり，そして日本列島への渡来人と渡来文化を語るための素材として扱われてきた。本章では，半島南部と北部九州における松菊里型住居の空間的様相を検討することによって，その伝播と変容のあり方，その背景を明らかにする。

第1節　分析結果

1　分析に用いた地域区分

　ここでは，分析に際して，自然地形にもとづいて，半島南部を以下の11地域に区分する（**図5-1**）。

　漢江流域：京畿道安山・華城・河南・光明・始興・富川・楊州・漣川・坡州・驪州一帯の地域。

　嶺東地域：江原道江陵・束草・東海・襄陽一帯の地域。

　中西部地域：京畿道華城・平澤，忠清南道牙山・洪

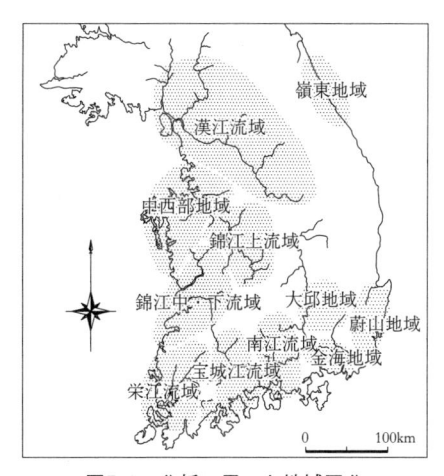

図5-1　分析に用いた地域区分

城・瑞山・泰安・天安・保寧一帯の地域。

錦江上流域：大田広域市，忠清北道清州・清原，忠清南道公州・錦山，全羅北道鎮安一帯の地域。

錦江中・下流域：忠清南道公州・扶余・論山・舒川，全羅北道郡山・益山・裡里・金堤・全州・扶安・高敞一帯の地域。

栄山江流域：光州広域市，全羅南道潭陽・霊光・羅州・咸平・務安・霊岩・長興・和順一帯の地域。

宝城江流域：全羅南道谷城・昇州・順天・宝城・光陽一帯の地域。

南江流域：慶尚南道山清・泗川・昌原・晋州・陝川一帯の地域。

金海地域：慶尚南道金海・馬山・咸安・梁山一帯の地域。

大邱地域：大邱広域市一帯の地域。

蔚山地域：蔚山広域市，慶尚北道慶州一帯の地域。

本章で対象とする，無文土器中期に属する松菊里型住居跡は，現状でこれらの地域のうち，中西部地域・錦江流域・栄山江流域・宝城江流域・南江流域・大邱地域・金海地域・蔚山地域に分布する。なお近年，松菊里型住居跡は江原道松峴里遺跡や済州道三陽洞遺跡でも発見されているが，無文土器後期前半（水石里式期）に属する例と判断されるため，本章では扱わない。

2　松菊里型住居の分類

本項では，中央土坑とそれにともなう二柱穴の有無・位置（以下，松菊里ピットと呼称する），平面形態，二柱穴以外の柱穴の特徴・有無という三つの属性にもとづき，松菊里型住居を類型化する。三つの属性は以下のようにそれぞれ分類される。

〈松菊里ピット〉

二柱穴（内）：二柱穴が中央土坑の内側から検出されたもの。

二柱穴（外）：二柱穴が中央土坑の外側に検出されたもの。

中央土坑のみ：二柱穴がなく，中央土坑のみ検出されたもの。

二柱穴のみ：中央土坑がなく，二柱穴のみ検出されたもの。

〈平面形態〉

方形：平面形態が方形を呈するもの。

円形：平面形態が円形を呈するもの。

〈その他の柱穴〉

四柱：床面に 4 本の柱穴が一定間隔で検出されたもの。

壁際：竪穴の壁際や竪穴のすぐ外に小穴が一定間隔で検出されたもの。

無柱：床面および壁際付近に柱穴が全く検出されなかったもの。

　以上の三属性にもとづき，対象とする資料の類型化を行うと，**図 5-2** で示した 20 類型が設定される。端野ほか［2006a］でいちど類型化を試みたが，ここで変更点を記しておく。旧稿では，列島を対象地域とする発表者側の要望もあって，「その他の柱穴」という属性に「多主柱」という類型を設定していた［端野ほか 2006a］。しかし，本書ではそれを削除している。というのも，再検討の結果，列島の弥生時代にみられるような定型化した多主柱式の住居として確実な事例はみられないことが判明したからである。たとえば，慶尚南道梨琴洞遺跡 10 号住居跡は，一見，中央土坑と二柱穴の周囲を複数の柱穴が取り囲むようなあり方をしているが，柱穴同士が切り合うものもあること，柱穴と中央土坑との距離が短いことの 2 点からみて，中央土坑にともなう二柱を複数回にわたって建て直した結果であると判断される。仮に複数の柱が同時に存在していたとしても，生活空間が制限されるという問題が生じるため，この想定はやはり妥当ではない。ちなみに，この事例は，北部九州において，弥生前期末葉に定型化する 6 本以上の主柱穴をもつ類型［小澤 2006］とは，柱穴配置の規則性が弱く，位置が中央土坑近くに寄っている点で区別される。多主柱をもつ松菊里系住居は，半島南部にはなく，列島独自に変容したものと評価されよう。

　なお，平面形態には，たとえば忠清南道休岩里遺跡 2 号住居跡や蔚山広域市検丹里遺跡 27 号住居跡のように，「方形」か「円形」かの判定が難しいものがある。この場合，四隅が丸みを帯びつつ，四辺が直線的で，隅丸方形形態を呈するものは「方形」，四辺が曲線的であるものは「円形」と判定した[1]。この判定基準でみると，この両者は，「円形」に相当する。また，

二柱穴が中央土坑の輪郭線上に位置する例や，二柱穴の一つは中央土坑の内側で，もう一つは外側の例がある。これらの例は二柱穴（外）に含めた。さらに，床面に3本や5〜7本の柱穴が一定間隔で検出された例がまれにある。これらは「その他の柱穴」の「四柱」に含めた。

3　松菊里型住居の空間的様相

次に，前項で設定した類型の地域別出現頻度を検討することによって，半島南部における松菊里型住居の空間的様相を明らかにしよう。ここでは地域ごとの出現頻度のあり方を表現する方法として，セリエーショングラフを採用する。これは長さが頻度の大きさに比例して大きくなるバーを，その中心点にそろえて配列したもので，ここで目的とする物質文化の拡散と変容のあり方を検討する手段として有効な方法といえる。なお，この分析で対象とする地域は，先述の地域のうち，無文土器中期の時期幅に収まる松菊里型住居の分布する，中西部地域，錦江上流域，錦江中・下流域，栄山江流域，宝城江流域，南江流域，大邱地域，金海地域の八地域である。サンプル数が1例のみの蔚山地域についてはグラフに示さず，個別に検討を行う。また，これには，データとして忠清南道休岩里遺跡例のような，出土土器の様相からみて，中期でもやや早い段階に属するものも一部含んでいるが，大局的な傾向を把握するためには有効であるものと考える。

図5-2は，各類型の地域別出現頻度をセリエーショングラフで示したものである。また，全地域を通した各類型の出現頻度を最下段に示した。なお，個々の遺跡における類型の数は**表5-1**を参照されたい。このセリエーショングラフに対する観察によって，以下の諸点を指摘できる。なお，三属性の組み合わせからなる各類型は，○○（松菊里ピット）×□□（平面形態）×△△（その他の柱穴）というように表現する。

（ⅰ）　「二柱穴以外の柱穴」についてみれば，全地域を通して「無柱」が主体をなし，「四柱」「壁際」は極めて少ない。ただ，中西部地域，錦江中・下流域の西海岸に位置する地域では，「二柱穴（内）」×「円形」

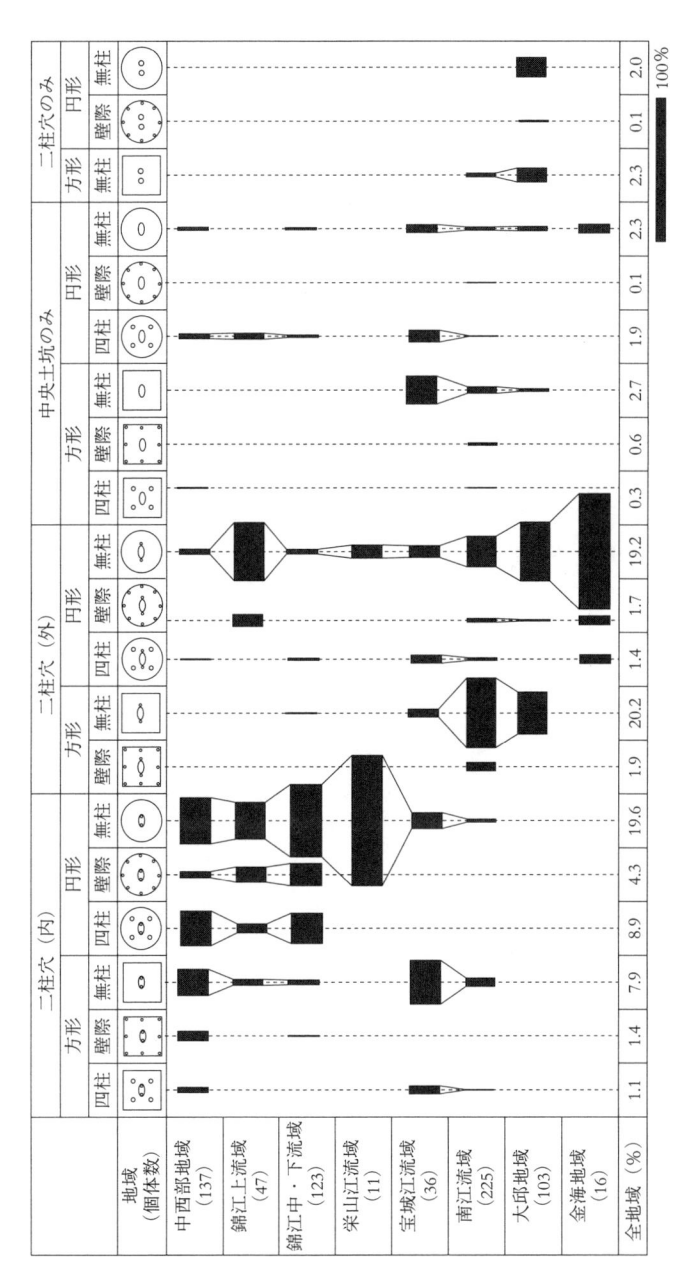

図5-2　松菊里型住居の諸類型と空間的セリエーション

表 5-1　分析に用いた松菊里型住居のデータ一覧

地域	遺跡	二柱穴（内）						二柱穴（外）					中央土坑のみ						二柱穴のみ			計
		方形			円形			方形		円形			方形			円形			方形	円形		
		四柱	壁際	無柱	四柱	壁際	無柱	壁際	無柱	四柱	壁際	無柱	四柱	壁際	無柱	四柱	壁際	無柱	無柱	壁際	無柱	
中西	館山里						1															1
中西	休岩里	1	7		1																	9
中西	薬成洞											1										1
中西	巣松里						1															1
中西	大興里											1										1
中西	寛倉里Ｂ区域	3	2	17	24	6	27					2	1			5		1				88
中西	寛倉里Ｅ区域				2		4											1				7
中西	寛倉里Ｆ地区			6	7		11	1				1						1				27
中西	南館里	1			1																	2
錦江上	九城洞				1		3					3										7
錦江上	鳳鳴洞		1		2		4					6										13
錦江上	貴山里				2		1					1	1									5
錦江上	水塘里				2		4					2	1									9
錦江上	長院里											2										2
錦江上	如意谷Ａ地区											3										3
錦江上	如意谷Ｂ地区									4		1										5
錦江上	農山		1		1							1										3
錦江中・下	麻田里Ａ地区				1															1		2
錦江中・下	麻田里Ｃ地区					1																1
錦江中・下	石潭里							1														1
錦江中・下	院北里				1																	1
錦江中・下	烏石里			1	1		6	1														9

地域	遺跡	二柱穴（内）						二柱穴（外）						中央土坑のみ						二柱穴のみ			計
		方形			円形			方形			円形			方形			円形			方形	円形		
		四柱	壁際	無柱	四柱	壁際	無柱	四柱	壁際	無柱	四柱	壁際	無柱	四柱	壁際	無柱	四柱	壁際	無柱	無柱	壁際	無柱	
錦江中・下	漢城里				3						1												4
錦江中・下	合井里						2																2
錦江中・下	甑山里						9												1				10
錦江中・下	山儀里				2		3																5
錦江中・下	洞胎封						3																3
錦江中・下	長善里				1		2																3
錦江中・下	道三里		1		9	1	10						3										24
錦江中・下	堂丁里		1				12																13
錦江中・下	富松洞				1		2																3
錦江中・下	如意洞																1						1
錦江中・下	松菊里 17 地区					1																	1
錦江中・下	松菊里 50 地区					3											1						4
錦江中・下	松菊里 54 地区				1	1	2																4
錦江中・下	松菊里 55 地区				1	5																	6
錦江中・下	安永里				4		4																8
錦江中・下	安永里セト・シンメ						3						1										4
錦江中・下	羅福里		2		3	5	4																14
栄山江	新村里						2																2
栄山江	長川里Ⅰ地区						2												1				3
栄山江	長川里Ⅱ地区						4																4
栄山江	福鵂里						1																1
栄山江	松岩洞						1																1

地域	遺跡	二柱穴（内）						二柱穴（外）					中央土坑のみ						二柱穴のみ			計
		方形			円形			方形		円形			方形			円形			方形	円形		
		四柱	壁際	無柱	四柱	壁際	無柱	壁際	無柱	四柱	壁際	無柱	四柱	壁際	無柱	四柱	壁際	無柱	無柱	壁際	無柱	
宝城江	大谷里道弄・ハンシル（光州博）		2				2			1		1			2	2		2				12
宝城江	大谷里道弄（ソウル大）									1					5	1						7
宝城江	金坪						1															1
宝城江	東村里						1															1
宝城江	龍江里機頭	2	9						2			2										15
南江	沙月里（釜慶大）		1																			1
南江	沙月里（東義大）		1									5										6
南江	大坪里玉房1地区（1次調査）		1					1	7	1					1							11
南江	大坪里玉房1地区（2・3次調査）									1		5			1			3				10
南江	大坪里玉房2地区	1						2	7			1										11
南江	大坪里玉房3地区		1						3	1	2								1			8
南江	大坪里玉房5地区		8					3	29						1				5			46
南江	大坪里玉房8地区								6			4	1			1	1					13
南江	大坪里玉房9地区		2					1	6			1										10
南江	大坪里漁隠2地区		1						37			1		1	2							42
南江	内村里B							1														1
南江	上村里C							2	1													3
南江	上村里E							1	13					2	5							21
南江	貴谷洞大村							3		2		2										7
南江	大也里						3				2	6			1			2				14

地域	遺跡	二柱穴（内）						二柱穴（外）						中央土坑のみ						二柱穴のみ			計
		方形			円形			方形			円形			方形			円形			方形	円形		
		四柱	壁際	無柱	四柱	壁際	無柱	四柱	壁際	無柱	四柱	壁際	無柱	四柱	壁際	無柱	四柱	壁際	無柱	無柱	壁際	無柱	
南江	王仏里									2													2
南江	梨琴洞									18		1											19
大邱	上洞			1																1			2
大邱	辰泉洞			1																			1
大邱	陳羅里			21						20						2				5		4	52
大邱	西辺洞			2																4			6
大邱	東川洞			2					1	21									3		1	10	38
大邱	東湖洞			1																			1
大邱	松邑里Ⅰ地区			3																			3
金海	梧谷里									3									1				4
金海	莱池里新平									1													1
金海	所土里										1	1	9										11
蔚山	検丹里												1										1
	合計	8	10	55	62	30	137		13	141	10	12	135	2	4	19	13	1	16	16	1	14	699

の「四柱」「壁際」が一定量みられることは注意される。

（ii）「二柱穴（内）」×「円形」×「無柱」は，大邱地域を除いた全地域で
みられるが，中西部地域，錦江上流域，錦江中・下流域，栄山江流域
の西海岸地域で頻度が高い（ただし，栄山江流域では，サンプル数が
少ないため，頻度が高く出すぎている可能性はある）。

（iii）「二柱穴（内）」×「方形」×「無柱」は，栄山江流域と大邱地域を除
いた全地域でみられるが，中西部地域と宝城江流域で頻度が高い。隣
接しない二つの地域において，二つのピークがみられることは注意さ
れる。

（iv）「二柱穴（外）」×「円形」×「無柱」は，全地域を通してみられるが，
金海地域で最も頻度が高く，それに次いで錦江上流域と大邱地域で頻
度が高い。

（v）「二柱穴（外）」×「方形」×「無柱」は，錦江中・下流域，宝城江流
域，南江流域，大邱地域の四地域でみられるが，そのうち，南江流域
で頻度が高い。

（vi）「二柱穴のみ」×「円形」×「無柱」は，大邱地域のみみられる。

（vii）「二柱穴のみ」×「方形」×「無柱」は，南江流域と大邱地域の二地
域でみられるが，そのうち大邱地域で頻度が最も高い。

（ix）「中央土坑のみ」×「方形」×「無柱」は，宝城江流域，南江流域，
大邱地域の三地域でみられるが，そのうち宝城江流域で頻度が最も高
い。

次に，これらの諸点をふまえ，とくに中央土坑と二柱穴の配置・有無と
平面形態という二つの属性に着目して，松菊里型住居の発生と拡散の過程
を検討しよう。なお適宜，特定地域に特徴的な類型に，型式名を与えるこ
ととする[2]。まず，起源については先述のように，李亨源［2006］の見解に
従い，盤松里式住居[3]（**図 5-3-1**）を前期無文土器文化の長方形住居から松
菊里型住居への移行期を示すものととらえるならば，松菊里型住居は中西
部地域に起源するものと考えられる。

つづいて，中西部地域では中期の初めごろ，盤松里式から，忠清南道休

岩里遺跡の例（**図**5-3-2）を標識とする平面形態が方形で，中央土坑内に二柱穴を備えたもの（休岩里式と呼称する）へと変化する。（ⅲ）で指摘したように，この休岩里式にあたる「二柱穴（内）」×「方形」×「無柱」が，中西部地域に一つのピークをもち，錦江上流域，中・下流域へと向かうにつれ減少傾向にあることは，もっとも古い松菊里型住居である休岩里式が中西部地域で発生したことをよく示している。同時に，盤松里式が前期無文土器文化から中期無文土器文化への転換を表した，真の「先松菊里型住居」である可能性を物語っている。

さらに，中西部地域では，さほど時をおかずして，休岩里式は，平面形態が円形で二柱穴が中央土坑内側にあるもの（寛倉里式と呼称する）へと変化する（**図**5-3-3）。この先後関係は，すでに多くの先学が指摘するように，休岩里遺跡や忠清南道寛倉里遺跡で円形住居が方形住居を切る例がみられることから裏づけられる。また，（ⅱ）で指摘したように，中西部地域，錦江上流域，錦江中・下流域，栄山江流域では，寛倉里式にあたる「二柱穴（内）」×「円形」×「無柱」の頻度が高い。そして，「二柱穴（内）」×「方形」×「無柱」が中西部地域に一つのピークをもち，錦江上流域や中・下流域，栄山江流域へと向かうにつれ減少傾向にあることと対応するものと考えられる。そして，中西部地域で発生した寛倉里式が西海岸に沿って錦江中・下流域，栄山江流域へと拡散していったことをよく示している。なお，（ⅰ）で指摘したように，中西部地域，錦江中・下流域の西海岸に位置する地域では，「二柱穴（内）」×「円形」の「四柱」「壁際」が一定量みられる。このうち，とくに「四柱」のものは，より安定的に存在する「無柱」の寛倉里式から派生した類型で，中西部地域，錦江中・下流域などの西海岸地域に特徴的なものとしてとらえることができる。

このように，中西部地域において発生した休岩里式と寛倉里式は，宝城江流域にも達する。ただ注意すべきは，この地域における松菊里型住居の受容のあり方は，先に西海岸地域でみたそれとは大きく異なる点である。宝城江流域では，「無柱」の寛倉里式が減少する一方で，「無柱」の休岩里式が増加しているが，この休岩里式の増加は，先述の中西部地域，錦江上

流域，中・下流域のあり方からすると，極めて不自然である。（iii）で指摘したように，「無柱」の休岩里式は，中西部地域に一つのピークをもち，錦江上流域，中・下流域にむかうにつれ減少傾向にあるにもかかわらず，宝城江流域にいたると突然その比率が高まり，二つ目のピークを形成しているのである。このような現象に対して，宋満栄［2002］や金承玉［2006］は，円形松菊里型住居（本書の寛倉里式）と前期無文土器文化の長方形住居との融合・変容の結果を想定しているが，筆者はこれらの見解とはやや異なり，休岩里式と寛倉里式の両方にかかわる文化的情報がほぼ同時期に宝城江流域に達し，同地域の社会における在来の文化伝統（この場合，住居建築にかかわる伝統で，方形住居を建築し，そこに居住する伝統）による選択性が作用した結果，寛倉里式よりも休岩里式がより多く採用されたという可能性を指摘しておきたい。また，西海岸地域に特徴的な二柱穴（内）が多くを占めることからみて，中西部地域—錦江中・下流域—栄山江流域—宝城江流域のラインに，より濃密な情報伝達があったことが想定できる。なお，（ix）で指摘したように，「中央土坑のみ」×「方形」×「無柱」は，宝城江流域，南江流域，大邱地域の三地域でみられるが，そのうち宝城江流域で頻度が最も高い。このことから，「中央土坑のみ」の多さも同地域の文化的特徴とみることができる（**図 5-3-4**）。

　次に，南江流域や大邱地域における松菊里型住居の受容を検討するには，まず起源地である中西部地域と南江流域との間にある錦江上流域における類型のあり方をみなければならない。（vi）で指摘したように，「二柱穴（外）」×「円形」×「無柱」は，錦江上流域にピークの一つがある。これは二柱穴の位置が中央土坑の内側か外側か判定するにあたって，中間的な例を二柱穴（外）と判定したことに起因し頻度がやや高めに出た可能性はあるものの，この二柱穴（外）の存在は，後述する南江流域と大邱地域と共通するあり方を示しており，注意されよう（**図 5-4-1**）。

　さて，これをふまえ，南江流域における受容のあり方をみてみよう。（v）で指摘したように，「二柱穴（外）」×「方形」×「無柱」は，錦江中・下流域，宝城江流域，南江流域，大邱地域の四地域でみられるが，そのう

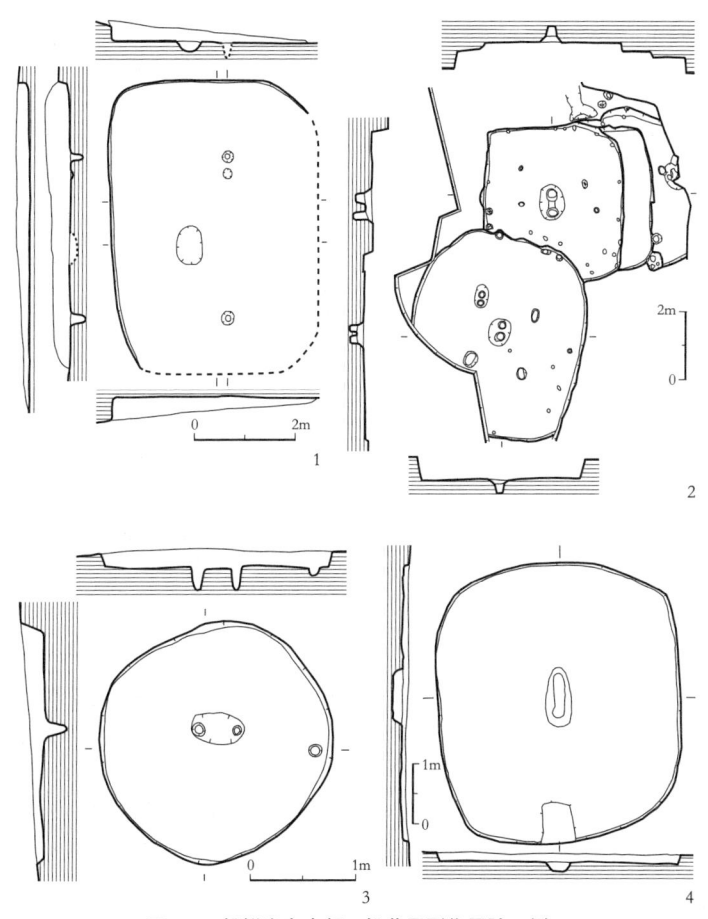

図5-3　朝鮮半島南部の松菊里型住居跡の例1

1：盤松里14号住居跡　2：休岩里1・2号住居跡　3：寛倉里E地区3号住居跡
4：大谷里道弄・ハンシル26号住居跡　（各文献よりトレース・改変）

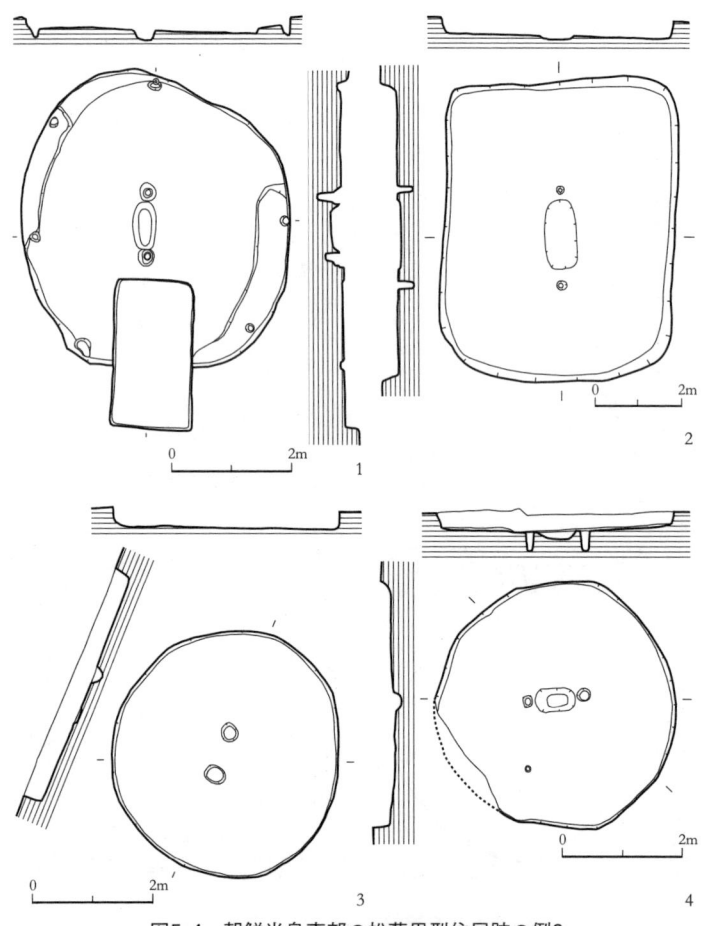

図5-4　朝鮮半島南部の松菊里型住居跡の例2

1：如意谷B地区1号住居跡　2：大坪里玉房2地区16号住居跡　3：東川洞25号住居跡
4：所土里13号住居跡　（各文献よりトレース・改変）

ち，南江流域で頻度が高い。この南江流域に特徴的な，中央土坑の外側に二柱穴をもち，平面形態が方形を呈する住居を大坪里式と呼称する[4]（図5-4-2）。二柱穴の位置の点では，錦江上流域との共通性がみられるが，これは中西部地域—錦江上流域—南江流域をむすぶライン（小白山脈越えライン）に，より濃密な情報伝達があったことを示している。また，平面形態の点では錦江上流域とは異なっている。こうした現象を筆者は，南江流域の社会における在来の文化伝統による選択性が作用した結果，この地域に特徴的な大坪里式が発生したものとみる。すなわち，この地域では松菊里型住居の受容に際し，平面形態は円形よりも方形が，二柱の配置は土坑の外側が強く志向され，他地域との差異化が図られたものと考えられる。

大邱地域においては，（vi）（vii）で指摘したように，少数ながらも平面形態「円形」「方形」両方において「二柱穴のみ」がみられることが注意される。この「二柱穴のみ」の類型は，大邱地域に特徴的なもので，東川洞式［兪炳琭 2002］と呼ぶ。そして，「二柱穴（外）」×「円形」×「無柱」が主体をなしつつ，「二柱穴（外）」×「方形」×「無柱」がそれに次いで一定量みられる。このことは，この両者を祖型とし，「二柱穴のみ」＝東川洞式（図5-4-3）が発生したことを示している。大邱広域市東川洞遺跡では，中央土坑が二柱穴に対して小型化し，消滅する一方で，二柱穴が大型化していく過程を追うことができる住居群がそろっている［兪炳琭 2002］。この地域も宝城江流域や南江流域と同様に，松菊里型住居を受容しつつも，似て非なるものへと変容している。受容に際しての既存の文化伝統が外来の文化伝統と融合した結果，新たなものを創出したものと考えられる。また，「二柱穴（外）」の頻度の高さから，南江流域と同様に，中西部地域—錦江上流域—大邱地域をむすぶ小白山脈越えラインに，より濃密な情報伝達があったことも指摘できよう。

金海地域においては，（iv）で指摘したように，「二柱穴（外）」×「円形」×「無柱」の頻度が高い（図5-4-4）。松菊里ピットをみると，隣接する南江流域や大邱地域との共通性が高く，情報伝達もこれらの地域間で濃密であったと想定される。一方，平面形態をみると，「円形」のみが卓越してい

る点は注意される。これは，現時点で断定はできないが，前期無文土器文化の遺跡の分布自体が薄いことと関連し，同地域の伝統が希薄であったことに起因するのではないかと思われる。

　最後に，現在，確認されている松菊里型住居跡が1例のみで，グラフには表さなかった蔚山地域における状況について，触れておく。この1例は蔚山広域市検丹里遺跡で確認されたもので，本書の類型でいえば，「二柱穴（外）」×「円形」×「無柱」にあたる。安在晧は，検丹里遺跡において，地床炉をもつ長方形住居→地床炉とその外側に二柱穴をもつ長方形住居→中央土坑とその外側に二柱穴をもつ円形住居という変化の過程を想定した。そして，この円形住居を標識とする「検丹里式」を設定し，ここから東南内陸地域（おおむね本書の南江流域にあたる）に拡散したと考えた［安在晧 1992］。これに対し，大貫静夫は中央土坑の外側に二柱穴をもつ住居が蔚山地域で発生したのではなく，南江流域にあたる地域からの流入を考えている［大貫 2001］。筆者もこの見解に賛同する。そして，安在晧が中央土坑と二柱穴の発生を示すために用いた「地床炉とその外側に二柱穴をもつ長方形住居」についてさらにいえば，中央土坑の外側に二柱穴をもつ大興里式あるいは大坪里式と，蔚山地域で特徴的な蔚山式住居［金賢植 2005］との折衷型と理解している。なお，どの地域で特徴的かという観点からみれば，「蔚山式」という型式名も適切ではない。本当ならば，蔚山式住居を「検丹里式住居」と呼ぶべきだろうと思う。以上の系統発生と地域間関係の濃淡をやや単純化して模式的に表現すると，**図 5-5** の通りである。

4　玄界灘沿岸地域における松菊里系住居の検討

　近年，玄界灘沿岸地域については，小澤佳憲が縄文晩期後葉〜弥生中期後半までの松菊里系住居を分類し，系統を整理しているが［小澤 2006］，半島南部の松菊里型住居との比較にあたっては不十分な点もあるため，ここで縄文晩期後葉〜弥生前期前半の事例を再検討する。**表 5-2** は，玄界灘沿岸地域における松菊里系住居の時期と平面形態，松菊里ピット，その他の柱穴の各属性を示したものである。また，事例をいくつか**図 5-6** に示した。

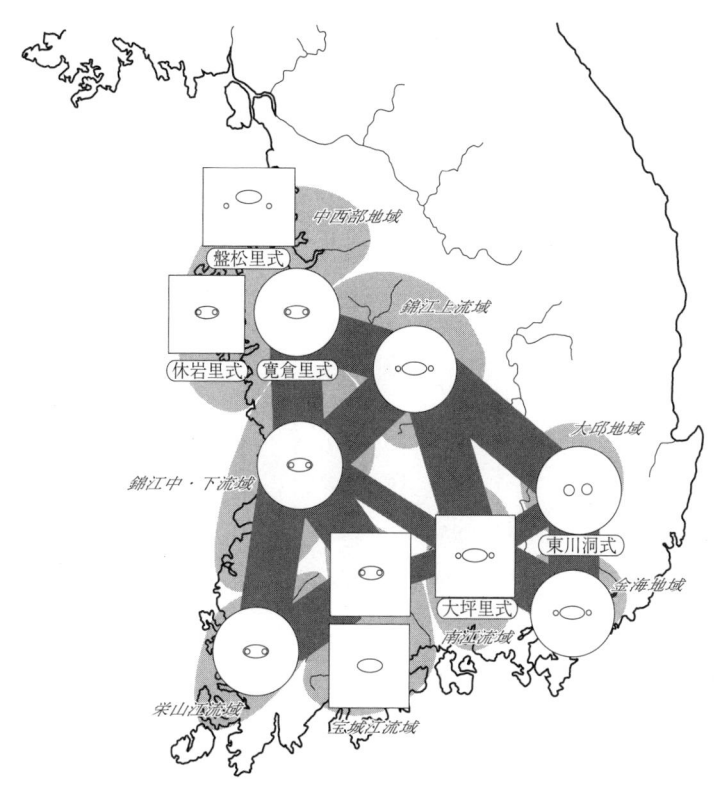

図5-5　松菊里型住居跡からみた地域間ネットワーク

住居の模式図は各地域に特徴的な類型，太い線はとくに関係の深い地域間関係を示すことに注意。

以下，これらを個別にみていこう。

　まず，縄文晩期後葉（夜臼式期）に属する事例として，福岡県江辻遺跡・周船寺遺跡1次調査・有田遺跡180次調査・板付遺跡60次調査の住居例があげられる。福岡県江辻遺跡は，縄文晩期後葉の集落遺跡として知られ，松菊里系住居跡が第1地点・第2地点・第5地点で，合計14基が検出されている。そのうち，表で示した報告例をみると，平面形態をみると円形が多くを占めるが，方形も1基のみ確認されている（**図5-6-1・2**）。松菊里ピットをみると，すべてが中央土坑の外側に二柱穴が位置するもので

表 5-2　玄界灘沿岸地域における松菊里系住居跡

地域	遺跡	調査次数	調査地区	遺構	時期	平面形態	中央土坑	二柱穴	柱穴（本）		
									主柱穴	壁際	住居外
表粕屋	江辻		2	1号住居跡	夜臼式期	円形	+	外			
表粕屋	江辻		2	3号住居跡	夜臼式期	円形	+	外		8+	
表粕屋	江辻		2	5号住居跡	夜臼式期	円形	+	外			
表粕屋	江辻		2	7号住居跡	夜臼式期	円形	+	外			
表粕屋	江辻		2	10号住居跡	夜臼式期	円形	+	外			
表粕屋	江辻		1	1号住居跡	夜臼式期	方形	+	外			
表粕屋	江辻		1	2号住居跡	夜臼式期	円形	+	外			
表粕屋	江辻		5	SC-1	夜臼式期	円形	+	外			
糸島	周船寺	1		住居址	夜臼式期	円形	+	外	4	4+	
早良	有田	180		SC11	夜臼式期	円形		+		13	
福岡	板付	60		SC01	夜臼式期	円形					8+
糸島	上深江海老ノ峯			1号住居跡	板付Ⅰ式期	円形	+	内	4		
糸島	上深江海老ノ峯			2号住居跡	板付Ⅰ式期	円形	+	内？	5？		
裏粕屋	六ノ坪・百田	2		第2号住居	板付Ⅰ式期	円形	+	外	5？		
裏粕屋	片見鳥			第1号住居	板付Ⅰ式期？	円形	+	外	4		
早良	有田	78		SC02	板付Ⅰ式期？	円形	+	外	4		

註）＋は存在すること，「外」は二柱穴が中央土坑の外側，「内」は二柱穴が中央土坑の内側であることを示す。

ある。竪穴の壁際にピットをもつものもある。武末純一は，本遺跡の松菊里系住居の中央土坑を検討し，中央土坑が細長いA型，円形の中央土坑に二柱穴が近接するB型，二柱穴が中央土坑と離れるC型の三つに分類し，A型→B型→C型という変化を想定している。そして，これを半島南部の松菊里型住居から逸脱していく過程とみなしている［武末 1998］。周船寺遺跡1次調査の住居跡は，平面形態が円形で，中央土坑の外側に二柱穴をもつものである。床面には主柱穴と考えられる柱穴が四つ検出されている。壁溝近くに四つ以上のピットが並ぶが，間隔が不規則で，本住居にともなうものかは確実ではない。有田遺跡180次調査SC11は削平によって竪穴の大半が失われているが，平面形態は円形で，中央に二つのピットがあることから，松菊里系住居の可能性がある。板付遺跡60次調査SC01は，遺構全体の半分ほどしか検出されていないが，平面形態が円形であることは

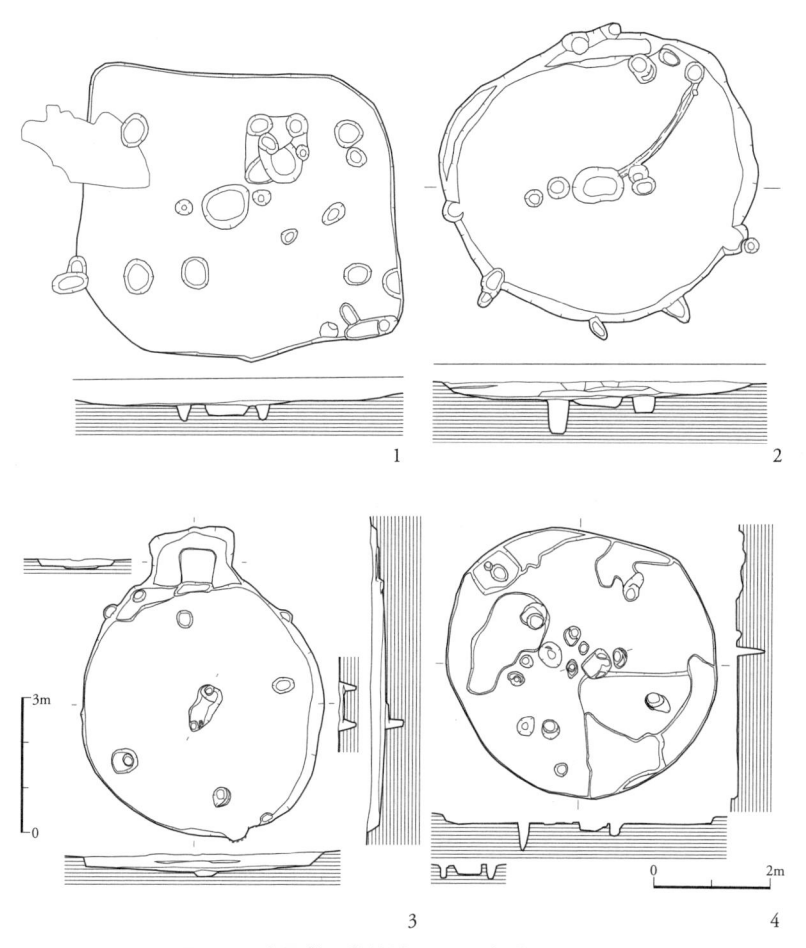

図5-6　玄界灘沿岸地域における松菊里系住居跡

1：江辻1地区1号住居跡　2：江辻2地区3号住居跡　3：海老ノ峯1号住居跡　4：片見鳥1号住居跡　（各文献よりトレース・改変，1・2は縮尺不明）

明らかであり，松菊里系住居の可能性がある。竪穴外に一定間隔で八つ以上の小ピットがめぐる。縄文晩期後葉に属する松菊里系住居の全体的な傾向としては，平面形態は円形が主体で，ただし方形も存在することが注意される。松菊里ピットをみると，すべて中央土坑の外側に二柱穴が位置するものである。また，壁際や竪穴外にピットをもつもの，明確な四本の主柱穴をもつものも少なく，床面に柱穴のないものが主体をなしているといえる。

　次に，弥生前期前葉（板付 I 式期）の事例をみていこう。この時期は，先述の通り，半島南部ではすでに松菊里型住居が衰退している時期の可能性があり，この時期に半島南部から入ってきたというより，玄界灘沿岸地域において縄文晩期後葉から存続したものとみた方がよいが，時期幅をやや広めにとって検討しておく。前期前葉の事例として，上深江海老ノ峰遺跡，六ノ坪・百田遺跡 2 次調査，片見鳥遺跡，有田遺跡 78 次調査の住居例があげられる。上深江海老ノ峰遺跡 1 号住居跡は，平面形態が円形で，松菊里ピットが検出され，中央土坑の内側に二柱穴が位置する。床面からは，主柱穴と思われる柱穴が四つ検出されている（図 5-6-3）。同遺跡 2 号住居跡も，松菊里ピットをもち，不明確ではあるが中央土坑の内側に二柱穴が位置するものと思われる。床面からは主柱穴が五つほど検出されている。六ノ坪・百田遺跡 2 次調査第 2 号住居は，平面形態が円形で，松菊里ピットが検出され，中央土坑の外側に二柱穴が位置する。床面からは主柱穴が五つほど検出されている。前期前葉までさかのぼる可能性のある事例として，片見鳥遺跡第 1 号住居（図 5-6-4）と有田遺跡 78 次調査 SC02 があげられる。これらは両方とも，平面形態が円形，中央土坑の外側に二柱穴をもち，床面から四本主柱穴が検出されている。これらの事例を全体的にみると，平面形態は円形のみで，松菊里ピットは二柱穴が中央土坑の内側・外側に位置するもの両方があり，4 ～ 5 本の主柱穴をもつという特徴があることがわかる。松菊里ピットをみると，縄文晩期後葉で確認した二柱穴が中央土坑の外側に位置するものに加え，中央土坑の内側に位置するものも 2 例のみ認められることは注意される。また，すべての事例で 4 ～ 5 本の主柱穴

が確認されているが，これはその後，弥生前期末葉に成立する円形多主柱の定形化した型式へとつながるあり方を示している［小澤 2006］。

以上の検討をふまえ，玄界灘沿岸地域における縄文晩期後葉の松菊里系住居の特徴を属性ごとにまとめると，以下の通りである。

平面形態：方形と円形の両方があるが，円形が優勢である。

松菊里ピット：基本的には中央土坑の外側に二柱穴が位置する。ただし，前期前半の事例をふまえるならば，中央土坑の内側に二柱穴が位置するものも一定量入ってきた可能性もある。

その他の柱穴：二柱穴以外の柱穴がないものが主体をなし，それ以外に床面や壁際・竪穴の外に柱穴をもつものは少数である。

この整理をふまえ，先述の半島南部における松菊里型住居類型のセリエーショングラフをみてみると，類型の組成の点で，南江流域・金海地域と玄界灘沿岸地域とが類似していることがわかる。すなわち，南江流域においては，「二柱穴（外）」×「方形」×「無柱」が主体をなし，それに次いで「二柱穴（外）」×「円形」×「無柱」が一定量を存在する点，また，同地域では「二柱穴（内）」のものも少数みられる点，金海地域においては，「二柱穴（外）」×「円形」×「無柱」が主体をなし，「二柱穴（外）」×「円形」×「四柱」，「二柱穴（外）」×「円形」×「壁際」が少数存在する点は，玄界灘沿岸地域の松菊里系住居のあり方と類似する。したがって，玄界灘沿岸地域において縄文晩期後葉にみられる松菊里系住居のルーツは，半島南部の南江流域と金海地域をあわせた範囲の地域である可能性が高いといえよう。その一方で，弥生時代前期前葉において玄界灘沿岸地域でみられる四本柱は，南江流域・金海地域ではそれほど発達しないことは注意しておく必要がある。

5 石崎曲り田住居群の系譜に関する検討

ここでは，縄文晩期後葉の代表的な集落遺跡の一つとして知られる石崎曲り田遺跡の住居群の系譜が，縄文文化・無文土器文化のいずれに求められるかについて検討する。

A　石崎曲り田遺跡の調査概要

　まず，石崎曲り田遺跡の調査概要を確認しておきたい。石崎曲り田遺跡は，福岡県糸島市二丈石崎に所在し，背振山系から派生した南北に走る独立低丘陵上に立地するが，遺跡が形成された当時は海浜に面し，後背地に低湿地をひかえた水稲農耕受容期における集落形成の最適地であったとされている（図5-7）。この遺跡は，一般国道202号線今宿バイパスの建設を契機として，1980年に福岡県教育委員会によって発掘調査が行われた。調査の結果，縄文前期から平安時代までの遺構・遺物が検出されたが，縄文晩期後葉に属する遺構としては，住居跡30基，支石墓1基などが検出され，そこから土器や石器などの遺物が多数出土している。縄文晩期後葉に属する住居跡群は，調査区の中央部付近に集中的に分布する（図5-8）。検出された住居跡はすべて平面形態が方形ないしは隅丸方形であった。住居跡間の切り合い激しく，内部施設の把握が容易ではなかったものの，竪穴の床面に四つの主柱穴が確認されたものも2例（8号・18号），確認されている。8号住居跡のように焼土や灰が検出された例もあるが，掘り込みなどの明確な炉の痕跡が確認されたものはない［福岡県教委 1983］（図5-9）。これらの住居跡から出土した土器（図5-10）は，包含層出土土器とともに，報告者の橋口達也によって，編年的な位置について検討されている。橋口は，出土土器を分類したうえで，縄文晩期黒川式の直後に接続する古い要素をもった土器群を「曲り田（古）式」，それ以外の主体を占める土器群を「曲り田（新）式」として，自身の編年案を提出した。そして，「曲り田（古）式」を佐賀県菜畑遺跡13層出土土器，「曲り田（新）式」を同遺跡9〜12層出土土器と山崎純男編年の夜臼Ⅰ式［山崎 1980］に対応させた。また，菜畑遺跡9〜12層出土土器のなかでも，古い要素をもつものを「曲り田（古）式」に対応させてもよいとした［橋口 1985］。この土器の検討にもとづけば，これらの30基の住居跡は，縄文晩期後葉，すなわち突帯文土器単純期のなかでもより古い時期に造られたものとみなしうる。

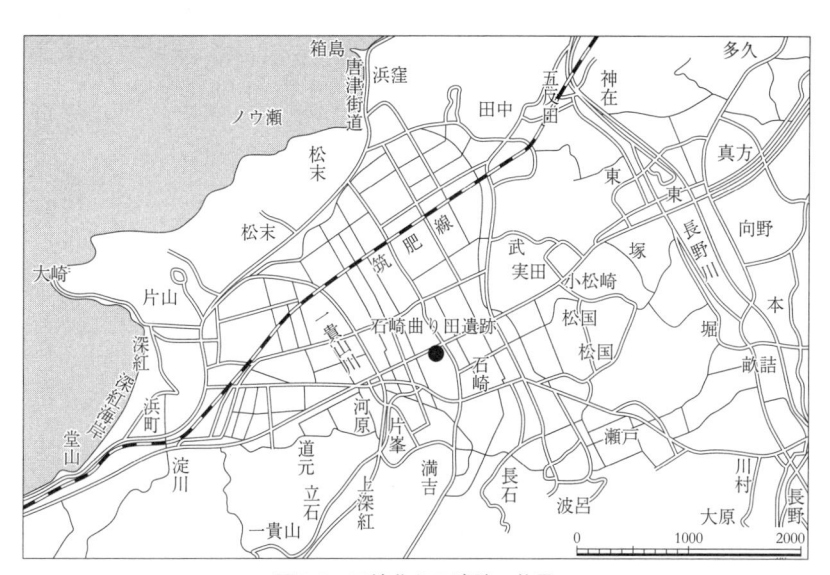

図5-7 石崎曲り田遺跡の位置
（国土地理院発行5万分の1地形図・〔前原〕より引用・改変）

B 分析に用いた計測位置

　分析に用いた計測位置は，**図5-11** の通りである。これらの計測位置から得られた値を用いて，竪穴の規模・形態，柱穴の配置状態，竪穴四隅の形状の3点について，石崎曲り田遺跡例と各比較資料とのあいだで比較を行った。竪穴の規模・形態は，竪穴の「長さ」と「幅」の値を用いて，散布図と各資料群の近似曲線を作成し，それを通じて検討を行った。柱穴の配置状態の検討には，「柱穴偏在率」という指数を用いた。「柱穴偏在率」とは，「柱間長さ」を「長さ」で割った値で，竪穴内における柱穴配置のあり方の指数としたものである。この指数は値が大きいほど柱穴が壁寄りに位置し，小さいほど柱穴が竪穴の中央寄りに位置することを表す。また，竪穴四隅の形状の検討には，「最大隅湾曲率」という指数を用いた。その算出には，調査報告書掲載の個別遺構図を観察して，まず竪穴平面の一辺から隅の頂点に伸びるまでの間に存在する変換点（$P1$）と，同じ隅を共有

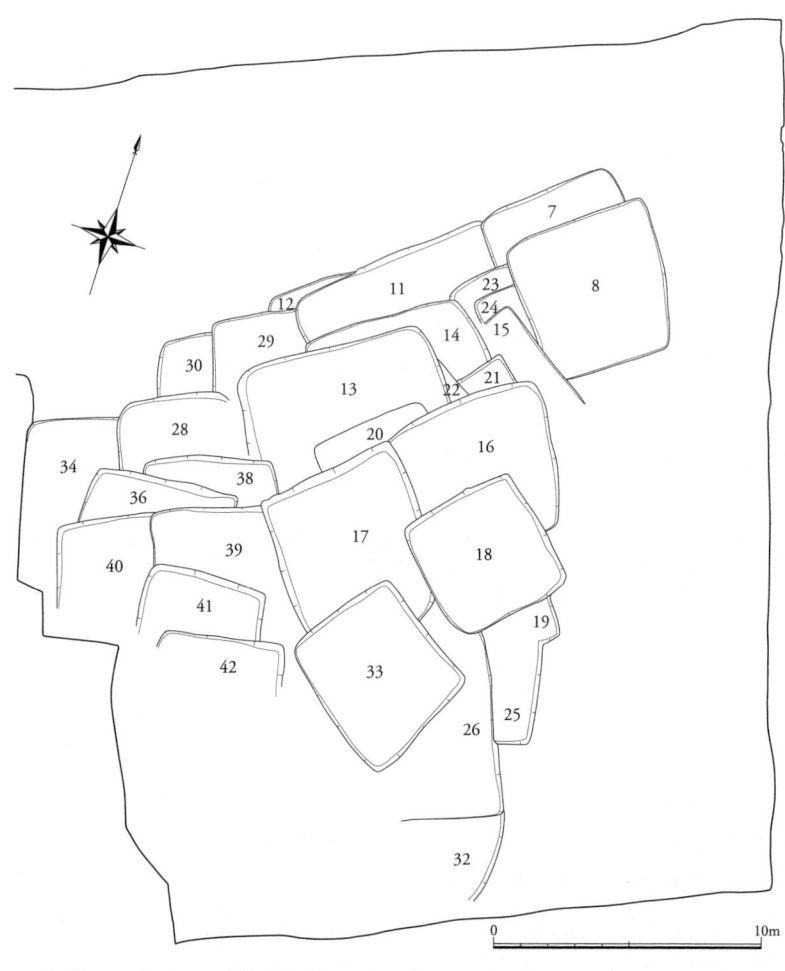

図5-8　石崎曲り田遺跡住居跡群の分布状況（福岡県教委［1983］よりトレース・改変）

0　　　　　　　　　　　　10m

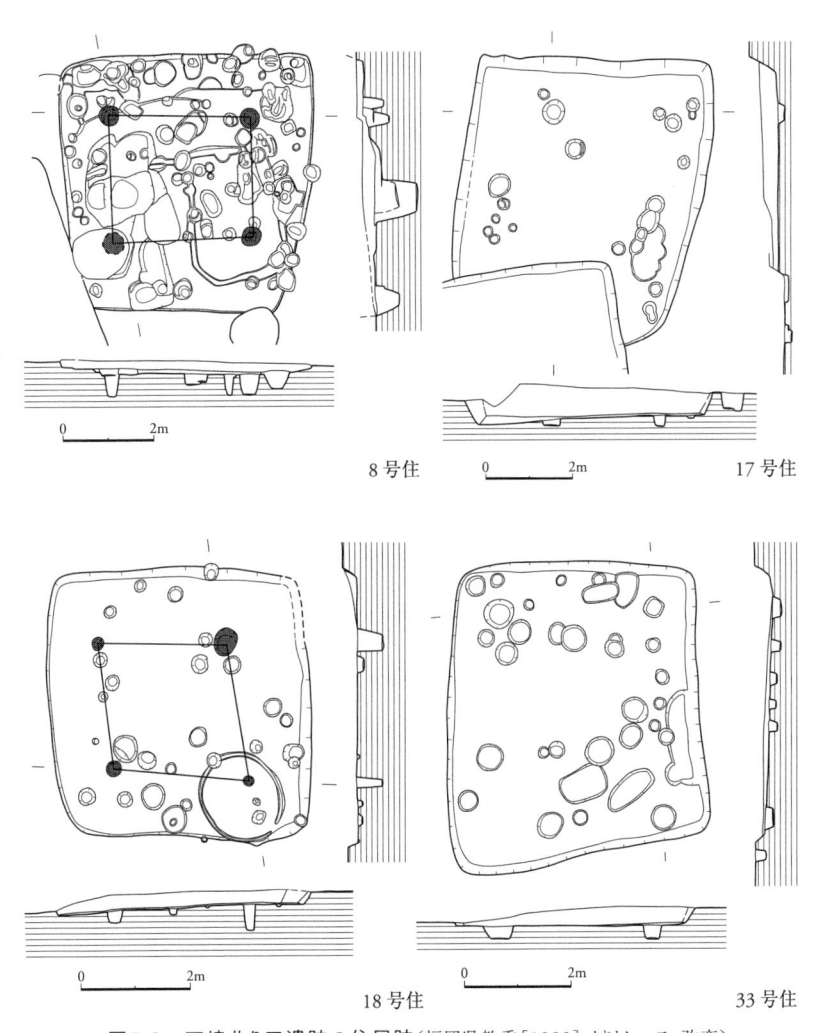

8 号住　　　0　　2m　　17 号住

18 号住　　　0　　2m　　33 号住

図5-9　石崎曲り田遺跡の住居跡（福岡県教委［1983］よりトレース・改変）

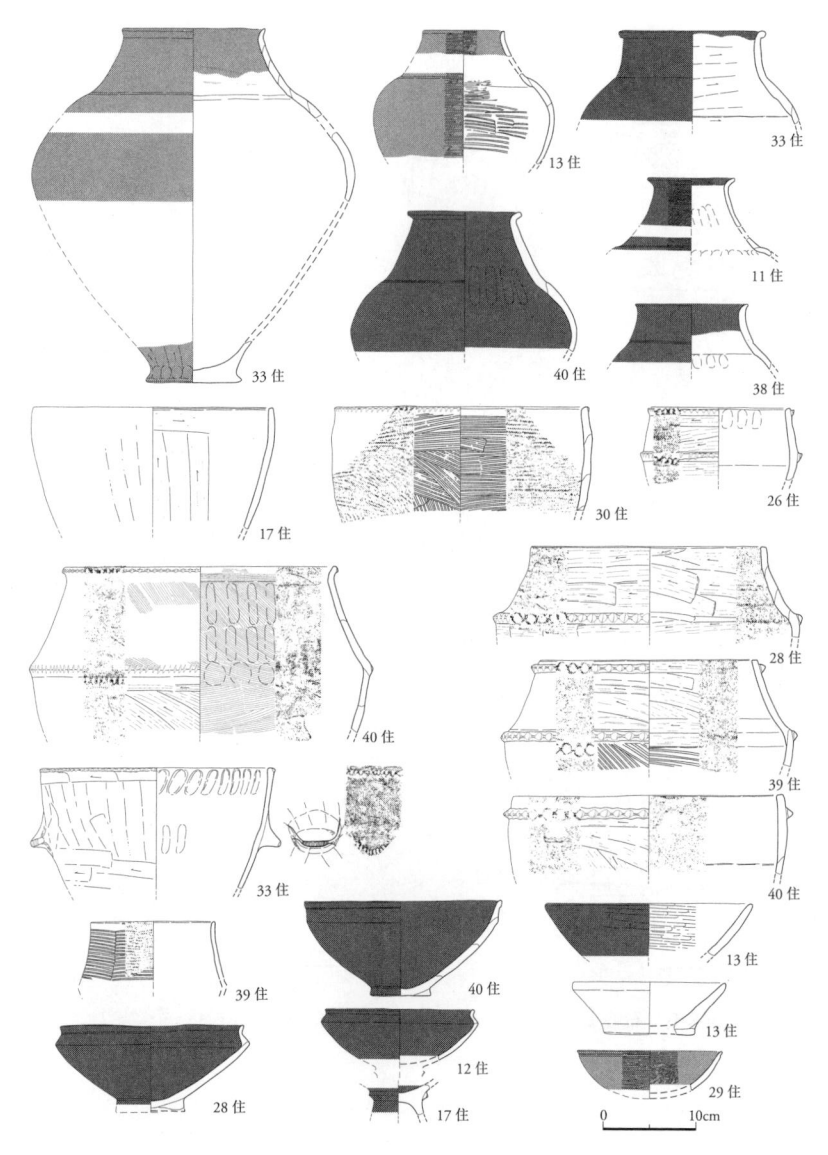

図5-10 石崎曲り田遺跡住居跡出土の土器（福岡県教委［1983］よりトレース・改変）

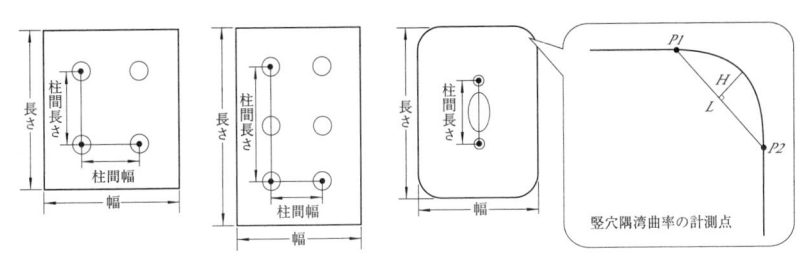

図5-11　分析に用いた住居跡の計測位置

するもう一辺から隅との間に存在する変換点（$P2$）を定めた。そして，この二点を結んだ直線の長さ（L），およびこの直線から隅の頂点まで直角に延ばした直線の長さ（H）を計測した。この比（H/L）を各住居跡資料の竪穴四隅のそれぞれについて算出し，そのうち最も値の大きなものを「最大隅湾曲率」とした。この指数は値が大きいほど竪穴の四隅が角張っており，小さいほど丸みを帯びていることを表す。柱穴偏在率，最大隅湾曲率ともに，ヒストグラムを作成し，それを通じて検討した。なお，比較資料として用いた縄文晩期中葉（黒川式期），検丹里遺跡，大坪里遺跡漁隠2地区，縄文晩期後葉（夜臼式期），大坪里遺跡玉房8地区，江辻遺跡1次調査の各事例については，**図 5-17 ～ 5-19** を，分析に用いた各住居跡資料の計測値などの詳細なデータについては，**表 5-3 ～ 5-6** を参照されたい。

C　竪穴の規模・形態

　ここでは，石崎曲り田遺跡例と各比較資料の竪穴の規模・形態について，散布図を用いて比較を行う。散布図は，横軸に「長さ」（m），縦軸に「幅」（m）をとって，比較資料ごとにプロットしたものである。なお，石崎曲り田遺跡例には，住居跡間の切り合いが激しく，平面プランの一方のサイズしか把握できない例が多数存在するため，これらの欠損値について，値を推定した。石崎曲り田遺跡では，8・16・17・18・33号の合計5基が「長さ」「幅」ともに把握可能な例であり，これらの「長さ」と「幅」の値を散布図にプロットし，その分布にもとづいて近似曲線（線形近似）の作成と

その数式の算出を行った。そこで算出された数式（y=0.6223x+1.7125）の x に，欠損例の既知の「長さ」を代入することによって，「幅」（y）を算出し，散布図にプロットした。

　図 5-12 は，石崎曲り田遺跡例と縄文晩期中葉（黒川式期）例の規模を示した散布図である。参考までに，石崎曲り田遺跡例以外の縄文晩期後葉（夜臼式期）例もプロットしている。これをみると，縄文晩期中葉例の分布は幅 2.3 〜 2.9m の間に不連続が認められ，大小二つの群（大きい方を A 群，小さい方を B 群と呼称する）を形成し，右上がりの正の相関を示していることがわかる。このうち B 群に属する住居跡群は規模が小さく，竪穴内部から炉跡や柱穴が確認されていないため，住居跡ではない可能性がある。したがって，竪穴四隅の形状については，これらの例を対象から除外したうえで，検討を進めることとした。なお，この B 群の範囲には縄文晩期後葉の 2 例も含まれるが，これらも同様の理由で除外した。一方の A 群は，石崎曲り田遺跡例のなかでも小規模な例と近接し，そのうち最大の規模である金場遺跡 1 号住居跡例は石崎曲り田遺跡例と近在し，かつそれらの近似曲線上に乗って分布している。この群においても，近似曲線（線形近似）の作成と数式の算出を行ったが，その近似曲線（y=0.7855x+0.5164）の傾きは，石崎曲り田遺跡例のそれと比べてやや急であり，「長さ」の値が大きくなるにつれ，石崎曲り田遺跡例の分布に近づくことがわかる。なお，石崎曲り田遺跡例以外の縄文晩期後葉例は，縄文晩期中葉例の A 群の分布範囲に含まれ，かつその近似曲線に近接して分布している。ちなみに，縄文晩期中葉例の B 群についても，近似曲線を作成したが，その傾き（y=0.4309x+0.9301）は A 群のそれに比べ緩く，より長方形傾向の強い群であることを示している。

　図 5-13 は，石崎曲り田遺跡例と検丹里遺跡例の規模を示した散布図である。これをみると，検丹里遺跡例の分布は，やや右上がりの正の相関を示し，大きな一群を形成していることがわかる。その分布は，石崎曲り田遺跡例のそれとは大きく傾向を異にしており，分布範囲の重複はない。この群の近似曲線（y=0.3127x+1.8666）の傾きは，石崎曲り田遺跡例のそれと

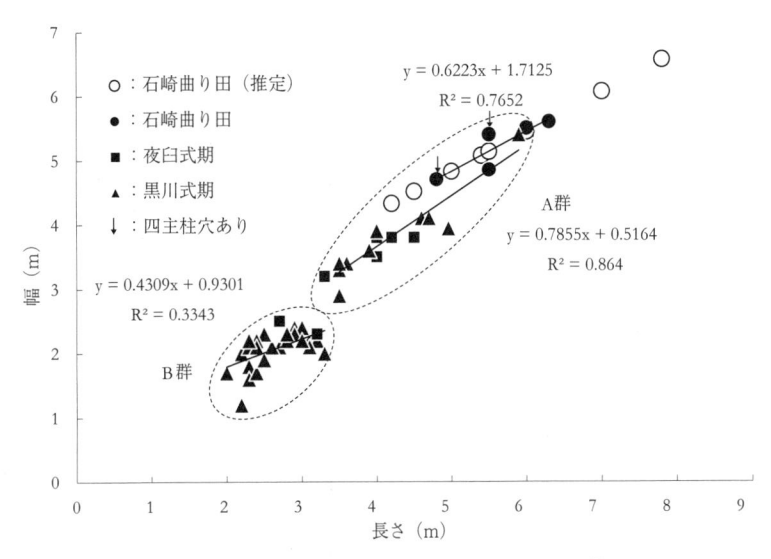

図5-12　石崎曲り田遺跡例と縄文晩期例の規模

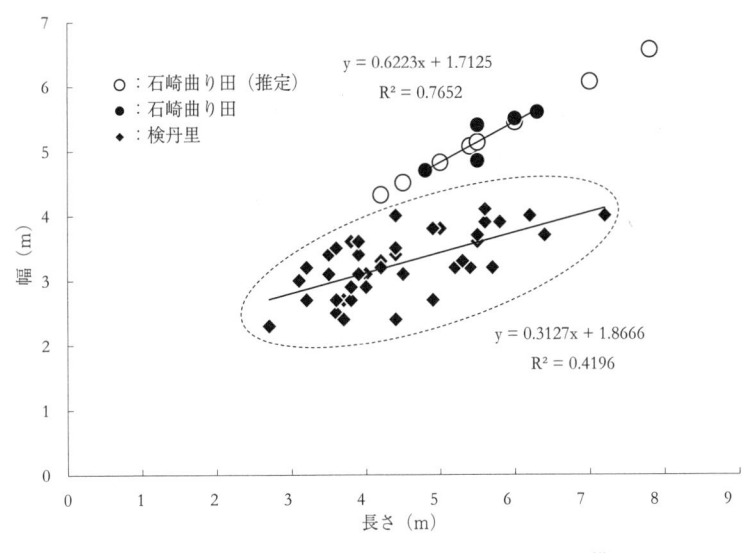

図5-13　石崎曲り田遺跡例と検丹里遺跡例の規模

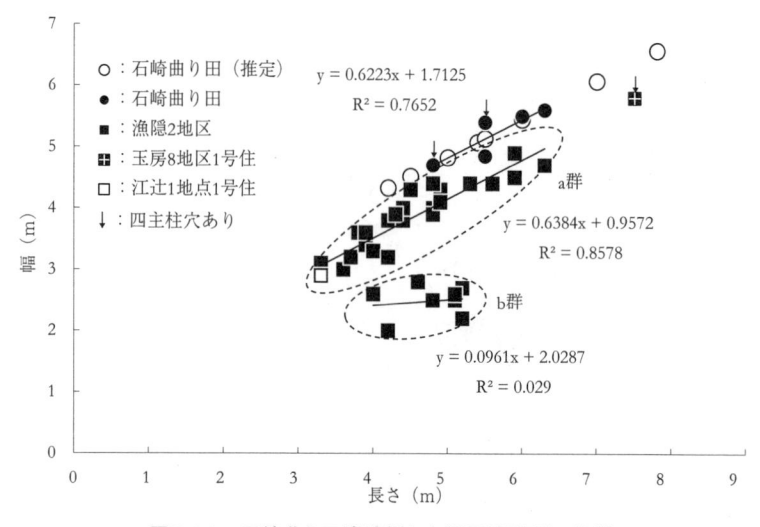

図5-14　石崎曲り田遺跡例と大坪里遺跡例の規模

比べて緩い。これは検丹里遺跡例の平面形態がより長方形傾向の強いこと
を示している。

　図5-14は，石崎曲り田遺跡例と漁隠2地区例の規模を示した散布図であ
る。参考までに，玉房8地区1号例，江辻遺跡1地点1号例もプロットし
ている。これをみると，漁隠2地区例の分布は，右上がりの正の相関を示
す大きな群（a群）と，それから外れて下に位置する無相関の小さな群（b
群）の二つが存在することがわかる。前者は平面形態が正方形に近い例か
らなる群で，後者は細長い例からなる群ということになる。このうち，a群
の分布範囲は，石崎曲り田遺跡例の小規模な例と近接している。この群の
近似曲線（y=0.6384x+0.9572）は，石崎曲り田遺跡例のそれの下側に位置
しつつ，それとほぼ併行している。これは，この群に属する例の平面形態
が石崎曲り田遺跡例に比べ，やや長方形傾向にあることを示している。四
つの主柱穴をもち，大型の玉房8地区1号住居跡がこの群の近似曲線の延
長線上にちょうど位置することは，この群全体の傾向とも矛盾しない。な
お，江辻遺跡1地点1号例は，漁隠2地区例のa群の分布範囲に含まれて

いる。

D　柱穴の配置状態

　次に，石崎曲り田遺跡例と各住居跡資料との間において，柱穴の配置状態を比較する。各住居跡資料間の比較にあたっては，縦軸に頻度，横軸に柱穴偏在率の階級（一区間 0.05）をとるヒストグラムを用いた。対象資料のうち，分析に最低限必要なサンプル数を 10 例以上とみた場合，結果として十分なサンプル数が得られたのは，検丹里遺跡例のみであった。ここで問題としている石崎曲り田遺跡例で，柱穴偏在率が算出可能であったのは 5 例のみであり，統計的な分布傾向の検討に耐えうるものではないので，その分布幅をみて，他の住居跡例との比較を行うこととした。比較資料の縄文晩期中葉例で，柱穴偏在率が算出可能であったのは，高原遺跡 60 号住居跡の 1 例のみであったが，今後の資料の増加に期待しつつ，現時点の資料での結果を示しておくこともあながち無意味とは思えないと考え，分析対象に含めておいた。大坪里遺跡のうち，漁隠 2 地区例では四つ以上の主柱穴をもつ例が確認されていないことから，代わりに中央土坑にともなう二つの柱穴の間の距離を用いて，柱穴偏在率を算出して分析の対象とした。また，大坪里遺跡内での四つの主柱穴をもつものとして，玉房 8 地区 1 号住居跡も含めた。

　図 5-15 は，石崎曲り田遺跡例と各比較資料それぞれの柱穴偏在率のヒストグラムである。まず，石崎曲り田遺跡例のヒストグラムをみると，0.45 〜 0.55 区間と 0.65 〜 0.7 区間とに分布し，そのうち 0.5 〜 0.55 区間に分布が集まっていることがわかる。これを念頭において，次に各比較資料のヒストグラムをみてみよう。縄文晩期中葉に属する高原遺跡 60 号住居跡は，0.6 〜 0.65 区間に分布する。これは，石崎曲り田遺跡例の分布範囲である 0.5 〜 0.7 区間の幅のなかに収まる。検丹里遺跡例は，0.4 〜 0.95 の幅に分布し，0.65 〜 0.75 区間に分布のピークをもつ。最頻値は 0.7 である。分布の範囲をみると，石崎曲り田遺跡例と重複しているものの，分布のピークはより値の大きい方に偏っている。これは検丹里遺跡例の主柱穴が，より

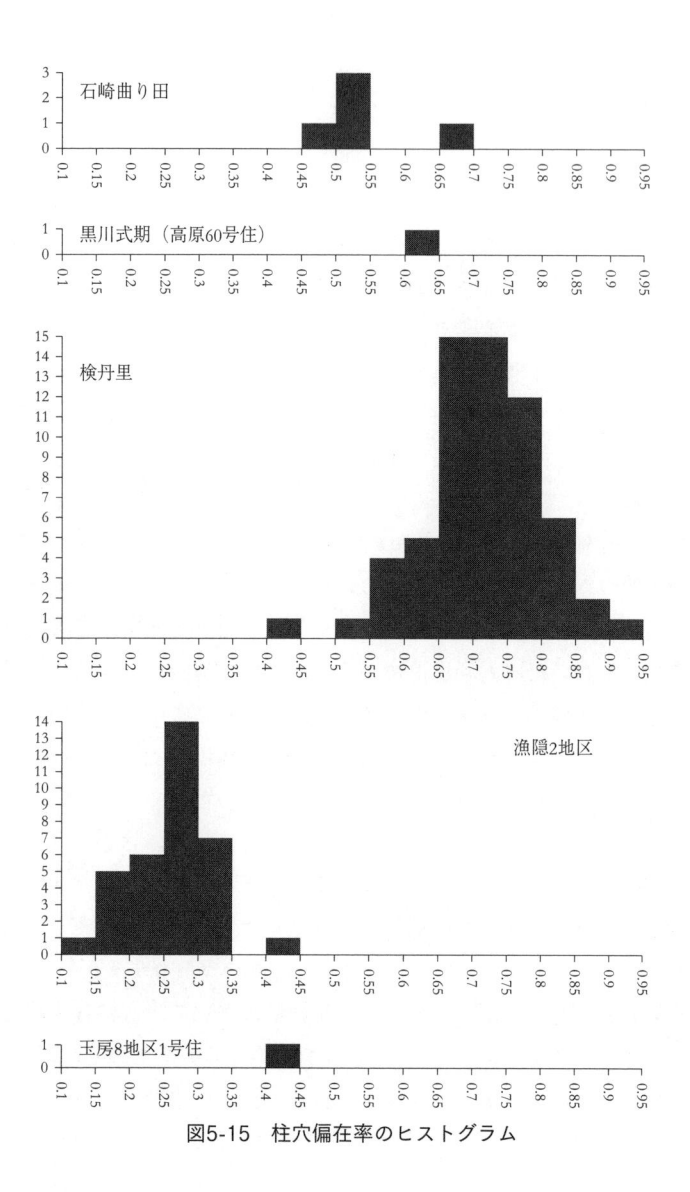

図5-15　柱穴偏在率のヒストグラム

壁際近くに配置される傾向が強い住居跡群であることを示している。

　ところで，比較資料の一つとしてあげた漁隠2地区では，石崎曲り田遺跡でみられるような四つの主柱穴をもつ例が確認されていない。これは，この遺跡に限ったことではなく，四つの主柱をもつ構造があまり発達しないという南江流域全体の傾向に通じる現象である［端野 2008b］。石崎曲り田遺跡例とは明らかに異なり，漁隠2地区例では，松菊里型住居に特徴的な中央土坑にともなう二つの柱穴に本来存在したはずの柱が主柱として上屋構造を支えたものと考えられる。ただ念のため，上屋構造を支える主柱の配置の傾向性についての検討として，この例に限っては，二つの柱穴間の距離を用いて柱穴偏在率を算出し，それと石崎曲り田遺跡例との比較を行う。すると漁隠2地区例は，0.1 ～ 0.45 区間に分布し，0.25 ～ 0.3 区間に分布のピークをもつことがわかる。最頻値は 0.275 である。石崎曲り田遺跡例との分布範囲の重複はなく，主柱が中央よりに配置される傾向が強い住居跡群であることを示している。参考までに，南江流域に位置する遺跡のなかでは稀な四主柱穴をもつ方形松菊里型住居跡の例として，玉房8地区1号住居跡例の柱穴偏在率もグラフに示している。これは 0.4 ～ 0.45 区間に分布しており，漁隠2地区例の分布範囲に収まり，かつその範囲のなかで最も大きな階級に属している。これは，この四主柱をもつ住居構造が松菊里型住居に特徴的な二主柱構造から派生したものであることを物語っている。当然のことながら，この例は石崎曲り田遺跡例の分布範囲から外れている。

E　竪穴四隅の形状

　最後に，石崎曲り田遺跡例と各住居跡資料との間において，竪穴四隅の形状を比較する。各住居跡資料間の比較にあたっては，縦軸に頻度，横軸に最大隅湾曲率の階級（一区間 0.05）をとるヒストグラムを用いた。比較資料の縄文晩期中葉例と漁隠2地区例については，住居規模を検討した結果，二つの群に分かれたが，そのうち石崎曲り田遺跡例により近い群（縄文晩期中葉A群，漁隠2地区a群）に属する例を対象としてヒストグラム

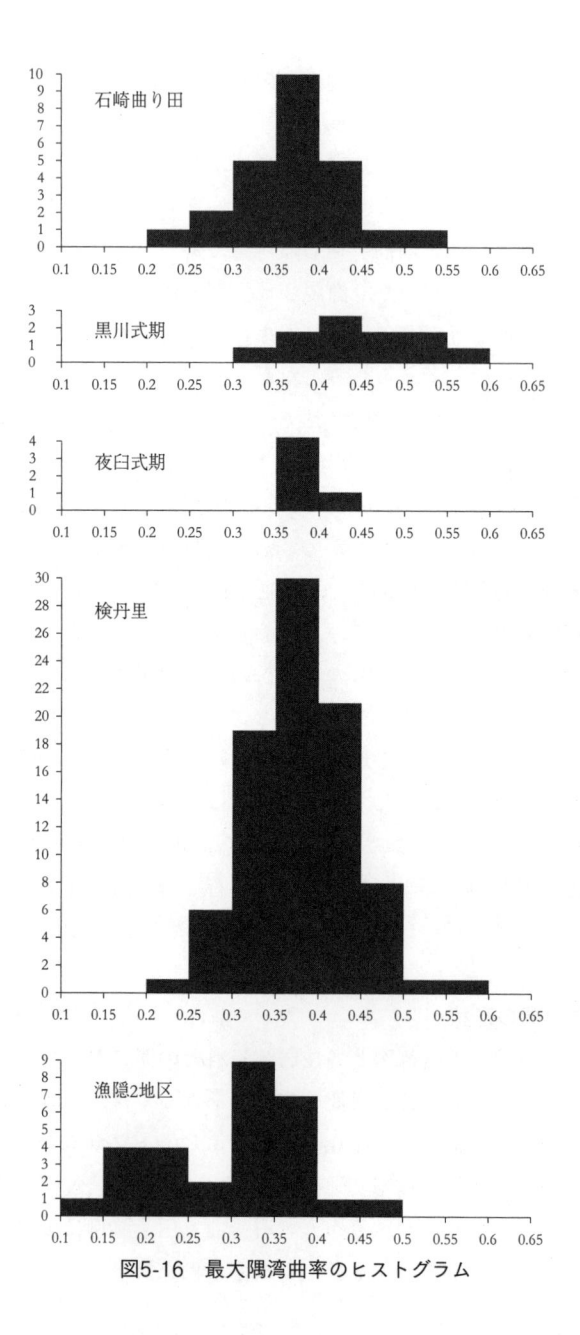

図5-16　最大隅湾曲率のヒストグラム

356

を作成した。柱穴偏在率の検討と同様に，分析に最低限必要なサンプル数を 10 例以上とみた場合，石崎曲り田遺跡例と比較資料である縄文晩期中葉例，検丹里遺跡例，漁隠 2 地区例のすべてがこの条件を満たしていた。したがって，度数分布のピークと最頻値によって，石崎曲り田遺跡例と各比較資料との間における類似度の評価を行うこととする。なお，分析に必要なサンプル数を満たしているとはいえないが，縄文晩期後葉例も参考までに分析対象に加えておいた。

　図 5-16 は，石崎曲り田遺跡例と各比較資料それぞれの最大隅湾曲率のヒストグラムである。まず石崎曲り田遺跡例をみると，0.2 ～ 0.55 区間に分布し，そのうち 0.35 ～ 0.4 区間に分布のピークをもつことがわかる。最頻値は 0.375 である。これを念頭において，次に各比較資料のヒストグラムをみてみよう。縄文晩期中葉例は，0.3 ～ 0.6 区間に分布し，0.4 ～ 0.45 区間にピークがある。石崎曲り田遺跡例に比べると，分布範囲で重複するところが多いものの，分布のピークはやや大きい方に偏っている。すなわち，石崎曲り田遺跡例に比べ，平面形態の四隅がやや角張った傾向があるといえる。参考としてあげた縄文晩期後葉例は，0.35 ～ 0.45 区間の間に分布し，そのうち 0.35 ～ 0.4 区間に分布が集中している。これはサンプル数が少なく信頼性は低いものの，石崎曲り田遺跡例のヒストグラムからうかがえる傾向と一致している。検丹里遺跡例は，0.2 ～ 0.6 区間に分布し，0.35 ～ 0.4 区間に分布のピークをもつ。最頻値は 0.375 で，石崎曲り田遺跡例のそれと同じである。漁隠 2 地区例は，0.1 ～ 0.5 区間にわたって広く分布し，0.3 ～ 0.35 区間に最も大きな分布のピークをもつ。最頻値は 0.325 で，石崎曲り田遺跡例に比べ，平面形態の隅がやや丸みを帯びる傾向があるといえる。また，0.15 ～ 0.25 区間にも小さなピークがある。これは，0.3 ～ 0.35 区間にピークをもつ一群とは別に，さらに角が丸みを帯びて円形に近い平面形態の一群が形成されていることを示している。

第2節　考　察

1　松菊里型住居の伝播とその背景

前節では，半島南部における松菊里型住居を類型化し，セリエーショングラフを通じて，各類型の空間的様相を検討した。そして，これをふまえ，玄界灘沿岸地域における縄文晩期後葉〜弥生前期前葉の松菊里系住居の事例を取り上げ，これらのルーツについても検討した。その結果，中西部地域で発生した松菊里型住居の南方地域への拡散にあたっては，大きくみて情報伝達の二つの太いパイプがあったことは明らかとなった。すなわち，中西部地域—錦江中・下流域—栄山江流域—宝城江流域をむすぶ西海岸ラインと，中西部地域—錦江上流域—南江流域あるいは中西部地域—錦江上流域—大邱地域をむすぶ山越えライン，という二つの濃密な情報伝達のラインが想定された。そして，おおむねこのラインに沿って，松菊里型住居は，中西部地域から各地域へと拡散していき，さらには，南江流域や金海地域から列島の玄界灘沿岸地域にまで広がっていったものと考えられた。

ただし，ここで注意すべきは，中西部地域で発生した松菊里型住居そのものが半島南部の各地や列島で盛行したわけではないという点である。すなわち，中西部地域で発生した松菊里型住居は，各地（半島南部でいえば，とくに宝城江流域・南江流域・大邱地域）に広まるやいなや，起源地のものとは似て非なる独自のものへと変容している。これは，松菊里型住居の受容にあたって，半島南部各地の社会において，無文土器前期からの在来伝統と規制が健在で機能したことを物語っている。そして，このような複雑な経緯をたどり変容に変容を重ねた，いわば「なれの果て」が列島の玄界灘沿岸地域にまで及んだものと考えられる。

さらに玄界灘沿岸地域では，松菊里型住居は弥生前期前葉（板付Ⅰ式期）になると，半島南部，とくにその起源地の可能性の高い南江流域や金海地域とは異なる列島独自の形態，すなわち四本主柱の発達が顕著となり始め

る。これは，当該地域の縄文晩期後葉から弥生前期前葉にかけて，在来伝統と規制が健在であったことが，無文土器文化の受容にあたっての選択性として機能し，かつ文化的自立性を高めつつあった過程を如実に示しているといえよう。

2　石崎曲り田住居群の系譜

前節では，石崎曲り田遺跡例と縄文晩期中葉例，検丹里遺跡例，漁隠2地区例の三つの住居跡資料とを，竪穴の規模・形態，柱穴の配置状態，竪穴四隅の形状の3点において，比較した。また参考として，縄文晩期後葉例，江辻遺跡1地点1号例，玉房8地区1号例を取り上げ，それらとの比較も行った。その結果をふまえると，以下の諸点が指摘できる。

- ・竪穴規模は，縄文晩期中葉例の値が石崎曲り田遺跡例のそれと最も近似している。それに次いで漁隠2地区例が類似するが，石崎曲り田遺跡例に比べ，平面形態がやや長方形傾向にある。検丹里遺跡例は石崎曲り田遺跡例とは全く傾向を異にしており，平面形態がより長方形傾向の強い住居跡群である。
- ・柱穴の配置状態は，縄文晩期中葉例は石崎曲り田遺跡例の範疇に収まる。検丹里遺跡例と漁隠2地区例は，石崎曲り田遺跡例に比べると，前者は壁際に柱を配置する傾向が強く，後者は中央に柱を配置する傾向が強い。
- ・竪穴四隅の形状は，検丹里遺跡例が石崎曲り田遺跡例のそれと最も類似している。縄文晩期中葉例と漁隠2地区例は，石崎曲り田遺跡例に比べると，前者は平面形態がやや角張った傾向にあり，後者はやや丸みを帯びた傾向にある。
- ・石崎曲り田遺跡例以外の縄文晩期後葉例は，竪穴の規模・形態，柱穴の配置状態の2点において，縄文晩期中葉例と類似するか，その範疇に収まる。
- ・江辻遺跡1地点1号例の竪穴規模は，漁隠2地区例の範疇に収まる。

さて，以上の諸点をふまえ，石崎曲り田住居群の系譜について考えてみ

よう。まず，縄文後晩期以来の方形住居に系譜を求める見解［小澤 2006；端野 2009］について検討しよう。本書の分析では，竪穴の規模・形態と柱穴の配置状態の 2 点において，この見解に肯定的な結果が得られた。竪穴四隅の形状についても，縄文晩期中葉例は石崎曲り田遺跡例に比べ，やや角張った傾向にあることがわかったが，これは実際の住居跡の調査精度を考慮するならば，明確に隅丸化傾向が把握されない限り，この見解にとってそれほど否定的な材料とはならないであろう。

次に，半島南部の検丹里方形住居に系譜を求める見解［高倉 2001］はどうであろうか。検丹里遺跡例は，竪穴四隅の形状こそ，石崎曲り田遺跡例と類似しているものの，竪穴の規模・形態と柱穴の配置状態の 2 点では傾向を異にしていた。すなわち，石崎曲り田遺跡例に比べ，長方形傾向が強く，小型であり，主柱穴がより壁際に配置される傾向が強い。こうした竪穴の規模・形態，柱穴の配置状態の相違は，この見解に対する否定的な材料といえる。

さらに，半島南部の松菊里型方形住居に系譜を求める見解［端野 2008a］についてみてみよう。松菊里型方形住居跡として漁隠 2 地区例を代表させたが，竪穴規模・形態の傾向は石崎曲り田遺跡例のそれと近似する部分もあるものの，やや長方形傾向にあるという差異を見出せた。また，柱穴の配置状態は中央土坑に寄った傾向を示し，石崎曲り田遺跡例の四主柱穴の配置のあり方とは全く異なっていた。参考までに比較資料に加えた玉房 8 地区 1 号例は，松菊里型方形住居跡で四主柱穴をもつ例であるが，石崎曲り田遺跡例の四主柱穴のあり方とは異なり，竪穴中央に寄ったものであった。また，竪穴四隅の形状は，石崎曲り田遺跡例よりも，やや丸みを帯びた傾向にあることが看取された。

以上の議論をふまえると，まず検丹里方形住居に系譜を求める見解は可能性が低いものとみなしうる。そして，石崎曲り田遺跡例の内部施設が不鮮明であることを考慮しても，松菊里型方形住居に系譜を求める見解よりは，縄文時代後晩期の方形住居に系譜を求める見解の方がより蓋然性が高いといえる。

最後に，端野［2008b］の内容の一部について，安在晧［2009］から批判が行われているので，それに対しての反論を述べておきたい。筆者は，梨琴洞遺跡でみられる，中央土坑の周りから二つの柱穴のみならず複数の柱穴が検出された松菊里型住居跡を，中央土坑にともなう二本の柱を数回にわたって立て直した結果とみて，これを半島南部の松菊里型住居の一つの類型とはみなさなかった。そして，北部九州の弥生前期末葉に定型化する六つ以上の主柱穴をもつ類型［小澤 2006］[5]とは，柱穴配置の規則性が弱く，柱穴の位置が中央土坑近くに寄っている点で区別され，多くの主柱をもつ松菊里型住居は半島南部の南江流域や金海地域では定着せず，北部九州で独自に変容したものとみなした［端野 2008b］。これに対して，安在晧は，慶尚南道梨琴洞遺跡の住居跡を分類するなかで，中央土坑の周りに松菊里型住居に特徴的な二つの柱穴以外に複数の柱穴をもつ例を「梨琴洞型」として型式の設定を行い，これを出土遺物からみて遺跡のなかで最も遅い時期に属するものであり，列島の「発展松菊里型住居」［中間 1987］とは差違がみられても，その祖型であるか，あるいは関係のあるものとみた［安在晧 2009］。しかし，このような中央土坑の周りに複数の柱穴をもつ例を独立した一つの型式としてみなすのは，やはり妥当ではないと考える。というのも，梨琴洞遺跡の住居跡で，安在晧が「梨琴洞型」や「不整型」とするものには，柱穴間で切り合っている事例がいくつかあったり，柱穴の多くが中央土坑を挟んで二つの柱穴が一対をなす対称配置をとったりしており，これは 2 本の柱を数回にわたって立て直した結果とみる筆者の見解に対して有利な証拠といえるからである。また，「梨琴洞型」とする例から遺跡のなかで比較的新しい時期の遺物が出土していることも，この住居が数回にわたって柱の建て直しが行われながら，長期間にわたって遅い時期まで使用されたということを傍証するものといえる。

　また最近，石崎曲り田遺跡の住居の系譜を取り上げた論考が宮本一夫と溝口孝司の二人によって発表されたので，ここで触れておく。弥生時代開始期の半島系墓制の受容を論じた宮本は，列島への情報の発信源を論じるなかで，石崎曲り田遺跡に松菊里系住居跡が存在するものとみた

[宮本 2012, p.172]。また，列島での水稲農耕導入期から国家成立までの過程を論じた溝口は，北部九州の沿岸部に初めて出現した「大坪里タイプ」の松菊里系住居跡の例として，石崎曲り田遺跡例をあげた [Mizoguchi 2013, p.82]。しかしながら，本書での分析結果はこれらの見解を積極的に支持するものではないことを書き添えておきたい。

註

1) すでに隅丸方形プランの住居を一つの類型として設定し，編年の指標とする研究がある [庄田 2004a, 2004b ほか]。しかし，この中間的な形態は，後述するように，時間差を示す可能性と変容の結果である可能性の二者が考えられるため，検討を要する。

2) 端野ほか [2006a] で行った型式設定とは，名称・内容ともに若干，変更したところがあるので注意されたい [端野 2008b]。

3) 端野ほか [2006a] では，羅建柱 [2005] が指摘した忠清南道牙山市鳴岩里遺跡の例をあげ，鳴岩里式と呼称したが，盤松里遺跡の例の方が，前期無文土器時代の住居から松菊里型住居の発生を想定するうえで，説得力に富んだ資料といえる。そのため，盤松里式という名称に変更する。

4) ここでの型式設定は，端野 [2008b] で行ったものであり，その内容は端野ほか [2006a] とは異なる。なお，兪炳琭 [2010] は，同様の型式の設定を最初に行った論考として，自身の 2009 年論文を引用したが，これは誤りである。「大坪里式」設定のプライオリティは，端野 [2008b] にある。

5) 小澤佳憲は，中間研志 [1987] が「発展松菊里型住居」と呼んだ中央土坑両端の二つの主柱穴以外に四つ以上の主柱穴をもつ例を，四つの主柱穴をもつものと六つ以上の主柱穴をもつものとに区別している。中間の「発展松菊里型住居」は，この六つ以上の主柱穴をもつ類型を含むものであっても，同義ではないことは注意を要する。

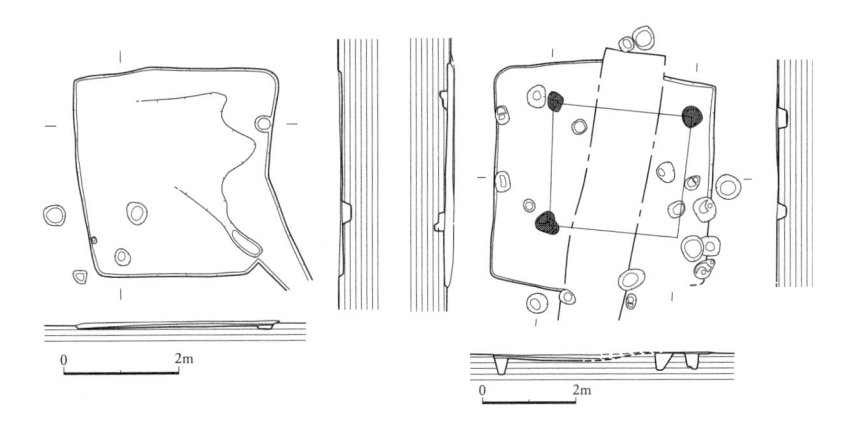

高原 56 号住　　　　　　　　　　　　　　　高原 60 号住

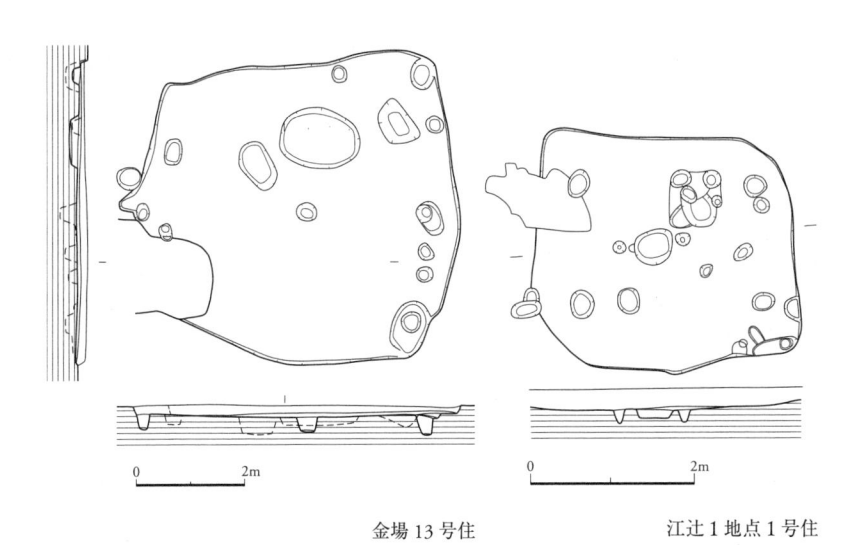

金場 13 号住　　　　　　　　　　　江辻 1 地点 1 号住

図5-17　縄文晩期の住居跡（各文献よりトレース・改変）

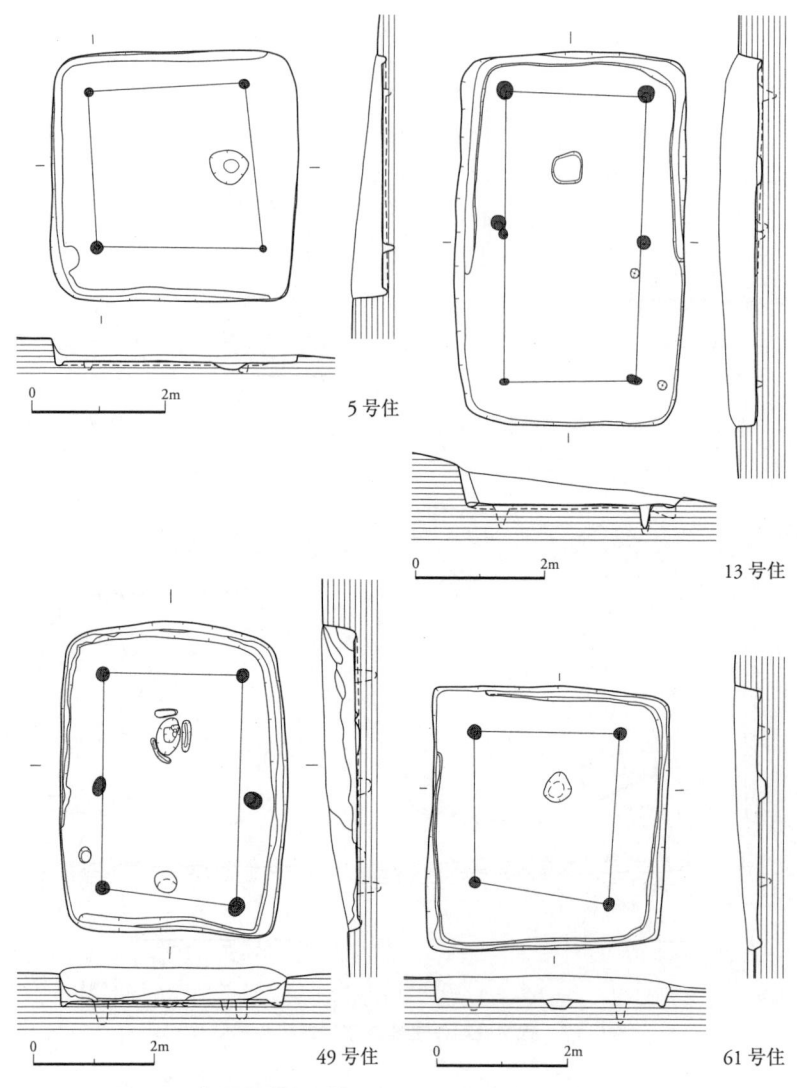

5 号住

13 号住

49 号住

61 号住

0　　　　　2m

図5-18　検丹里遺跡の住居跡（釜山大博［1995］よりトレース・改変）

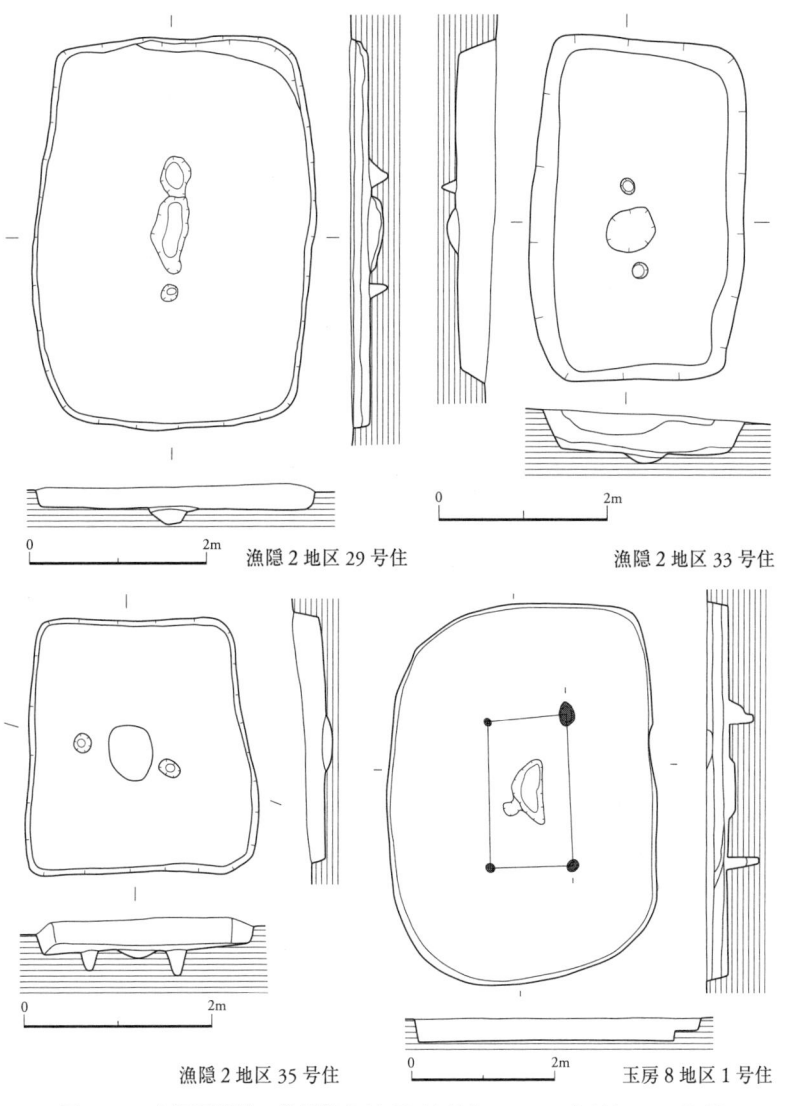

漁隠2地区29号住 漁隠2地区33号住

漁隠2地区35号住 玉房8地区1号住

図5-19 大坪里遺跡の住居跡（国立昌原文研［2001, 2003］よりトレース・改変）

表 5-3　石崎曲り田遺跡の住居跡データ

No.	遺構	時期	平面形態	最大隅湾曲率	長さ	幅	主柱穴	柱間長さ	柱間幅	柱穴偏在	備考
1	7 号住居跡	夜臼式期	隅丸方形	0.39	5.4	5.1	4 ?	2.55	?	0.47	
2	8 号住居跡	夜臼式期	隅丸方形	0.43	5.5	5.4	4	3	2.5	0.55	焼土・灰検出
3	11 号住居跡	夜臼式期	隅丸方形	0.35	7.8	6.6	4 ?	4	?	0.51	
4	12 号住居跡	夜臼式期	隅丸方形	-	?	?	?	?	?	-	
5	13 号住居跡	夜臼式期	隅丸方形	0.37	7.8	6.6	?	?	?	-	
6	14 号住居跡	夜臼式期	隅丸方形	0.29	6.0	5.4	?	?	?	-	
7	15 号住居跡	夜臼式期	方形	0.44	6.0	5.4	?	?	?	-	
8	16 号住居跡	夜臼式期	隅丸方形	0.40	6.0	5.5	?	?	?	-	鉄片出土
9	17 号住居跡	夜臼式期	方形	0.42	6.3	5.6	?	?	?	-	
10	18 号住居跡	夜臼式期	隅丸方形	0.37	4.8	4.7	4	2.5	2.4	0.52	
11	19 号住居跡	夜臼式期	隅丸方形	0.35	?	?	?	?	?	-	
12	20 号住居跡	夜臼式期	隅丸方形	0.38	4.5	4.5	?	?	?	-	未掘
13	21 号住居跡	夜臼式期	方形	0.53	?	?	?	?	?	-	
14	22 号住居跡	夜臼式期	?	-	?	?	?	?	?	-	未掘
15	23 号住居跡	夜臼式期	隅丸方形	-	?	?	?	?	?	-	
16	24 号住居跡	夜臼式期	方形	0.29	?	?	?	?	?	-	
17	25 号住居跡	夜臼式期	方形	0.34	?	?	?	?	?	-	
18	26 号住居跡	夜臼式期	方形	0.47	7.0	6.1	?	?	?	-	
19	28 号住居跡	夜臼式期	隅丸方形	0.33	4.2	4.3	?	?	?	-	
20	29 号住居跡	夜臼式期	隅丸方形	0.37	?	?	?	?	?	-	
21	30 号住居跡	夜臼式期	隅丸方形	0.33	?	?	?	?	?	-	
22	32 号住居跡	夜臼式期	方形	-	?	?	?	?	?	-	
23	33 号住居跡	夜臼式期	隅丸方形	0.43	5.5	4.9	?	?	?	-	
24	34 号住居跡	夜臼式期	隅丸方形	-	?	?	?	?	?	-	
25	36 号住居跡	夜臼式期	隅丸方形	0.38	5.5	5.1	?	?	?	-	
26	38 号住居跡	夜臼式期	方形	0.42	?	?	?	?	?	-	
27	39 号住居跡	夜臼式期	隅丸方形	0.25	?	?	?	?	?	-	
28	40 号住居跡	夜臼式期	隅丸方形	0.37	?	?	?	?	?	-	
29	41 号住居跡	夜臼式期	隅丸方形	0.40	?	?	?	?	?	-	
30	42 号住居跡	夜臼式期	隅丸方形	0.38	5.0	4.8	4 ?	3.4	?	0.68	

註）▨推定値

表 5-4　縄文晩期の住居跡データ

No.	遺跡	調査次数	調査地区	遺構	時期	平面形態	最大隅湾曲率	長さ	幅	主柱穴	柱間長さ	柱間幅	柱穴偏在	壁際柱穴	炉
1	山田西	1	-	1号住居跡	黒川式期	隅丸方形	0.32	3.8	?	?	?	?	-	?	?
2	山田西	1	-	2号住居跡	黒川式期	長方形	0.39	4.0	?	?	?	?	-	?	?
3	山田西	1	-	3号住居跡	黒川式期	楕円形	0.26	4.0	?	?	?	?	-	?	?
4	山田西	1	-	4号住居跡	黒川式期	方形	0.34	4.9	?	?	?	?	-	?	?
5	山田西	1	-	5号住居跡	黒川式期	方形	0.56	3.5	3.4	?	?	?	-	?	?
6	山田西	1	-	6号住居跡	黒川式期	方形	0.43	2.3	2.2	?	?	?	-	?	?
7	山田西	1	-	8号住居跡	黒川式期	隅丸方形	0.28	2.9	?	?	?	?	-	?	?
8	高原	-	-	56号住居跡	黒川式期	方形	0.50	3.5	3.3	?	?	?	-	?	?
9	高原	-	-	60号住居跡	黒川式期	方形	0.41	4.7	4.1	4	3	2.5	0.64	?	?
10	柿原Ⅰ	-	-	1号住居跡	黒川式期	長方形	0.35	4.4+	3.0	?	?	?	-	?	?
11	柿原Ⅰ	-	-	2号住居跡	黒川式期	方形？	-	?	?	?	?	?	-	?	?
12	柿原Ⅰ	-	-	3号住居跡	黒川式期	方形？	-	?	?	?	?	?	-	?	?
13	柿原Ⅰ	-	-	4号住居跡	黒川式期	方形？	-	5.0	?	?	?	?	-	?	+
14	山ノ神	-	-	1号竪穴	黒川式期	長方形	0.46	2.8	2.3	?	?	?	-	?	?
15	山ノ神	-	-	2号竪穴	黒川式期	長方形	0.43	2.5	1.9	?	?	?	-	?	?
16	金場	-	-	13号住居跡	黒川式期	不整方形	0.41	5.9	5.4	?	?	?	-	11	-
17	クリナラ	-	-	3号住居跡	黒川式期	方形	0.40	4.0	3.9	?	?	?	-	12	+?
18	クリナラ	-	-	4号住居跡	黒川式期	長方形	0.52	3.5	2.9	?	?	?	-	8	?
19	クリナラ	-	-	5号住居跡	黒川式期	隅丸方形	0.43	4.6	4.1	?	?	?	-	8	+
20	クリナラ	-	-	6号住居跡	黒川式期	不整方形	0.32	4.0	3.9	?	?	?	-	9	?
21	クリナラ	-	-	7号住居跡	黒川式期	方形？	0.37	3.6	2.3+	?	?	?	-	+？	?
22	クリナラ	-	-	8号住居跡	黒川式期	方形	0.50	3.6	3.4	?	?	?	-	+？	+？
23	クリナラ	-	-	9号住居跡	黒川式期	方形	0.52	3.9	3.6	?	?	?	-	?	?
24	二十谷	-	-	1号住居跡	黒川式期	不整方形	0.39	2.3+	1.5	?	?	?	-	?	?
25	二十谷	-	-	2号住居跡	黒川式期	長方形	0.44	2.9	2.3	?	?	?	-	?	?
26	二十谷	-	-	3号住居跡	黒川式期	不整方形	0.36	2.4	1.7	?	?	?	-	?	?
27	二十谷	-	-	4号住居跡	黒川式期	方形	0.41	2.9	2.3+	?	?	?	-	?	?
28	二十谷	-	-	5号住居跡	黒川式期	長方形	0.45	3.1	2.1	?	?	?	-	?	?
29	二十谷	-	-	6号住居跡	黒川式期	正方形	0.39	2.3	2.2	?	?	?	-	?	?
30	二十谷	-	-	7号住居跡	黒川式期	長方形	0.42	2.8	2.2	?	?	?	-	?	+？
31	二十谷	-	-	8号住居跡	黒川式期	不整方形	0.46	2.4	2.1	?	?	?	-	?	?
32	二十谷	-	-	9号住居跡	黒川式期	長方形	0.40	3.0	2.2	?	?	?	-	?	?
33	二十谷	-	-	10号住居跡	黒川式期	長方形	0.39	2.8	2.2	?	?	?	-	?	?
34	二十谷	-	-	11号住居跡	黒川式期	長方形	0.41	3.1	2.2	?	?	?	-	?	?
35	二十谷	-	-	12号住居跡	黒川式期	長方形	0.43	2.7	2.1	?	?	?	-	+？	+？
36	二十谷	-	-	13号住居跡	黒川式期	不整方形	0.47	2.7	2.1	?	?	?	-	+？	?
37	二十谷	-	-	14号住居跡	黒川式期	方形	0.40	2.9	2.3+	?	?	?	-	?	?
38	二十谷	-	-	15号住居跡	黒川式期	方形	0.41	2.9	2.4	?	?	?	-	?	?
39	二十谷	-	-	16号住居跡	黒川式期	長方形	0.45	3.0	2.4	?	?	?	-	?	?
40	二十谷	-	-	17号住居跡	黒川式期	長方形	0.42	2.6	2.1	?	?	?	-	?	?
41	二十谷	-	-	18号住居跡	黒川式期	方形	0.44	2.5	2.3	?	?	?	-	?	+？
42	二十谷	-	-	19号住居跡	黒川式期	長方形	0.30	2.2+	1.7	?	?	?	-	?	?
43	二十谷	-	-	20号住居跡	黒川式期	不整方形	0.36	2.4	2.2	?	?	?	-	?	?
44	二十谷	-	-	21号住居跡	黒川式期	長方形	0.38	3.2	2.2	?	?	?	-	?	?
45	二十谷	-	-	22号住居跡	黒川式期	長方形	0.37	3.3	2.0	?	?	?	-	?	?
46	二十谷	-	-	23号住居跡	黒川式期	正方形	0.38	2.2	2.0	?	?	?	-	?	?
47	二十谷	-	-	24号住居跡	黒川式期	不整方形	0.39	2.0	1.7	?	?	?	-	?	?
48	二十谷	-	-	25号住居跡	黒川式期	長方形	0.41	2.4+	2.3	?	?	?	-	?	?
49	二十谷	-	-	26号住居跡	黒川式期	長方形	0.43	1.5	1.4+	?	?	?	-	?	?

No.	遺跡	調査次数	調査地区	遺構	時期	平面形態	最大隅湾曲率	長さ	幅	主柱穴	柱間長さ	柱間幅	柱穴偏在	壁際柱穴	炉
50	二十谷	-	-	27号住居跡	黒川式期	長方形	0.46	2.3	1.8	?	?	?	-	?	?
51	二十谷	-	-	28号住居跡	黒川式期	方形?	0.56	2.8	1.8+	?	?	?	-	?	?
52	二十谷	-	-	29号住居跡	黒川式期	不整方形	-	2.3	2.1	?	?	?	-	?	?
53	二十谷	-	-	30号住居跡	黒川式期	正方形	0.43	3.0	?	?	?	?	-	?	?
54	二十谷	-	-	31号住居跡	黒川式期	不整方形	0.47	2.2	1.2	?	?	?	-	?	?
55	二十谷	-	-	32号住居跡	黒川式期	正方形	0.44	2.0	1.7	?	?	?	-	?	?
56	二十谷	-	-	33号住居跡	黒川式期	不整方形	0.61	2.3	1.6	?	?	?	-	?	?
57	片見鳥	-	-	20号住居跡	黒川式期	方形	0.43	3.5	1.0+	?	?	?	-	?	?
58	才田・下原	-	-	2号住居跡	黒川式期	方形	0.38	5.0	3.9	4?	?	?	-	?	?
59	才田・下原	-	-	堅穴状遺構	黒川式期	方形	0.42	4.3+	3.4+	?	?	?	-	?	?
60	諸岡	9	G	-	夜臼式期	方形	0.32	3.0	2.1+	?	?	?	-	7+	+
61	江辻	-	1	1号住居跡	夜臼式期	隅丸方形	0.47	3.3	2.9	?	?	?	-	?	-
62	大谷	-	-	SX-1	夜臼式期	方形	0.44	2.7	2.5	?	?	?	-	?	?
63	大谷	-	-	SX-2	夜臼式期	長方形	0.47	3.2	2.3	?	?	?	-	?	?
64	大谷	-	-	SX-3・4	夜臼式期	方形	0.37	4.0	3.8	?	?	?	-	?	?
65	楠田	-	-	1号住居跡	夜臼式期	長方形	0.44	4.5	3.8	?	?	?	-	?	+
66	楠田	-	-	2号住居跡	夜臼式期	長方形	0.38	4+	3.5+	?	?	?	-	?	?
67	楠田	-	-	3号住居跡	夜臼式期	長方形	0.28	?	?	?	?	?	-	?	?
68	楠田	-	-	4号住居跡	夜臼式期	長方形	0.39	4.2	3.8	?	?	?	-	?	?
69	楠田	-	-	1号堅穴	夜臼式期	方形	0.35	3.8	?	?	?	?	-	?	?
70	楠田	-	-	2号堅穴	夜臼式期	方形	0.38	3.1	?	?	?	?	-	?	?
71	楠田	-	-	3号堅穴	夜臼式期	方形	0.47	3.3	3.2	?	?	?	-	?	?

表5-5　検丹里遺跡の住居跡データ

No.	遺構	平面形態	最大角湾曲率	長さ	幅	炉跡	主柱穴	柱間長さ	柱間幅	柱穴偏在	中央土坑	二柱穴	補助柱穴	周溝	周溝柱穴
1	1号住居跡	隅丸長方形	0.43	6.2	4.0	+	6	4.4	2.5	0.72	-	-	-	+	-
2	2号住居跡	隅丸長方形?	0.40	4.2	3.8+	?	+	?	?	-	-	-	-	+	-
3	3号住居跡	隅丸長方形?	0.30	3.7	2.7	-	4	3.1	1.9	0.83	-	-	-	+	-
4	4号住居跡	隅丸長方形	0.38	4.9+	3.8	?	6?	3.3	3.1	-	-	-	-	?	?
5	5号住居跡	隅丸方形	0.34	3.8	3.6	+	4	2.5	2.5	0.66	-	-	-	+	-
6	6号住居跡	隅丸長方形?	0.39	3.9	1.4+	?	2+	2.6	?	0.68	?	?	-	?	-
7	8号住居跡	隅丸長方形	0.45	3.8	2.7	+	1+	?	?	-	-	-	-	-	-
8	9号住居跡	隅丸長方形	0.45	5.5	3.6	-	6	4.3	2.4	0.79	-	-	-	+	-
9	10号住居跡	隅丸長方形?	0.27	5.1+	1+	?	?	?	?	-	?	?	-	?	?
10	11号住居跡	隅丸方形	0.35	4.1	3+	+	?	?	?	-	-	-	-	+	-
11	12号住居跡	隅丸方形?	0.42	3.4	1.9+	?	2+	2.7	?	0.79	?	?	-	+	-
12	13号住居跡	隅丸方形	0.40	5.7	3.2	+	6	4.4	2.2	0.77	-	-	-	+	-
13	14号住居跡	隅丸方形?	0.35	4.4	3.4	+	4?	2.9	2.5	0.67	-	-	-	+	-
14	15号住居跡	隅丸方形?	0.33	3.9	2+	?	4?	2.6	2.0	0.68	-	-	-	+	-
15	16号住居跡	隅丸方形?	0.36	4.0	1.5+	+	4?	2.6	1.7	0.65	-	-	-	+	-
16	17号住居跡	隅丸長方形?	0.42	6.2	2.5+	+	6?	4.5	2.5	0.73	-	-	-	+	-
17	18号住居跡	隅丸方形?	0.35	3.1	1.8+	+	?	?	?	-	-	-	-	+	5
18	19号住居跡	隅丸長方形	0.33	5.4	3.2	+	4+	4.5	2.5	0.83	-	-	-	+	-
19	20号住居跡	隅丸長方形?	0.35	5.6	3.1+	+	6?	2.5	2.3	0.45	-	-	-	+	-
20	21号住居跡	隅丸方形?	0.59	4.4	4.0	+	4	2.8	2.7	0.64	-	-	-	+	-
21	22号住居跡	隅丸長方形?	0.42	3.5	2.3+	+	4+	3.1	?	0.87	-	外	-	+	-
22	23号住居跡	隅丸長方形?	0.35	6.3	1.8+	?	6?	?	?	-	?	?	-	+	7
23	24号住居跡	隅丸方形?	0.30	4.8	3.2+	?	4	3.3	2.0	0.69	?	?	-	+	-
24	25号住居跡	隅丸方形?	0.30	3.5	2.2+	?	7	?	?	-	?	?	-	+	-
25	26号住居跡	隅丸方形?	0.33	3.6	2.2+	?	3+	?	?	-	?	?	-	+	-
26	28号住居跡	隅丸方形?	0.43	3.4	2.1+	?	2+	2.5	?	0.74	?	?	-	?	?
27	29号住居跡	隅丸長方形	0.31	5.5	3.7	+	4	5.1	2.8	0.93	-	-	-	+	-
28	30号住居跡	隅丸方形	0.36	3.9	3.4	+	4?	2.6	2.0	0.66	-	-	-	+	-
29	31号住居跡	隅丸長方形	0.35	5.6	3.9	+	6	4.3	3.1	0.76	-	-	2	+	-
30	34号住居跡	隅丸長方形	0.35	3.6	2.5	+	3+	2.5	1.3	0.70	-	-	-	+	-
31	34号住居跡?	隅丸方形?	0.38	3.1	1.7+	+	6	1.7	2.1	0.56	-	-	-	+	-
32	35号住居跡	長方形	0.41	3.7	2.4	+	?	?	?	-	-	-	-	+	-
33	36号住居跡	方形	0.37	3.1	3.0	+	4	1.7	1.3	0.54	-	-	-	+	-
34	37号住居跡	方形?	0.42	3.1+	2.2+	+	2+	?	?	-	-	-	-	+	2
35	38号住居跡	長方形?	0.43	4.1	0.5+	?	?	?	?	-	?	?	-	+	9
36	39号住居跡	隅丸方形	0.50	3.5	3.1	+	6	2.8	1.9	0.79	-	-	-	+	3
37	41号住居跡	隅丸長方形	0.45	5.2	3.2	+	6	4.0	2.3	0.77	-	-	4	+	1
38	42号住居跡	方形	0.35	3.2	3.2	-	4	2.3	1.9	0.73	-	-	-	+	-
39	43号住居跡	隅丸方形	0.33	4.0	3.1	?	4	3.4	2.2	0.86	?	?	-	+	-
40	44号住居跡	隅丸方形	0.33	4.2	3.3	+	4	3.1	2.0	0.74	-	-	-	+	-
41	45号住居跡	隅丸方形	0.28	4.5	2.1+	+	4?	2.9	?	0.64	-	-	-	+	-
42	46号住居跡	方形	0.41	3.9	3.1	+	4	2.9	2.1	0.75	-	-	-	+	-
43	47号住居跡	隅丸方形?	0.22	?	?	?	?	?	?	-	?	?	-	?	?
44	48号住居跡	隅丸方形?	0.29	4.0	1.0+	?	?	2.4	?	0.60	?	?	-	?	?
45	49号住居跡	隅丸長方形	0.43	5.0	3.8	+	6	3.7	2.5	0.74	-	-	1	+	1
46	50号住居跡	隅丸長方形	0.40	5.8	3.9	+	6?	4.7	3.2	0.82	-	-	-	+	-
47	51号住居跡	隅丸長方形	0.37	5.6	4.1	+	6	4.1	2.6	0.73	-	外	-	+	-

No.	遺構	平面形態	最大角湾曲率	長さ	幅	炉跡	主柱穴	柱間長さ	柱間幅	柱穴偏在	中央土坑	二柱穴	補助柱穴	周溝	周溝柱穴
48	52 号住居跡	隅丸長方形	0.32	5.0	2.0+	?	6+	3.5	?	0.70	?	?	-	+	-
49	53 号住居跡	隅丸方形	0.44	3.5	3.4	+	4	2.3	2.5	0.65	-	-	-	+	-
50	54 号住居跡	隅丸方形	0.32	2.7	2.3	+	4	2.0	1.3	0.73	?	?	-	+	-
51	55 号住居跡	隅丸方形	0.50	3.8	2.3+	+	4 ?	2.8	?	0.74	-	-	-	+	1
52	56 号住居跡	方形	0.54	3.6	1.9+	+	4	2.8	1.9	0.78	-	-	2	+	-
53	58 号住居跡	方形 ?	0.48	3.6	3.5	-	4	2.6	2.5	0.72	-	-	-	+	-
54	59 号住居跡	隅丸長方形	0.39	3.6	2.7	+	4	2.8	1.6	0.78	-	-	-	+	-
55	60 号住居跡	隅丸長方形	0.39	6.4	3.7	+	6	4.8	2.3	0.75	-	-	-	+	-
56	61 号住居跡	方形	0.50	3.9	3.6	+	4	2.5	2.2	0.65	-	-	-	+	-
57	63 号住居跡	方形	0.39	4.4	3.5	-	4	2.8	2.5	0.64	-	-	-	+	10
58	64 号住居跡	?	-	1.3+	0.7	?	1 ?	?	?	-	?	?	2 ?	+	-
59	65 号住居跡	隅丸長方形 ?	0.45	6.2	1.0+	?	4+ ?	5.0	?	0.80	?	?	-	+	-
60	67 号住居跡	隅丸方形 ?	0.31	2.1+	2.7	?	4 ?	?	1.9	-	?	?	-	+	-
61	68 号住居跡	?	-	3.6+	0.3+	?	?	?	?	-	?	?	1 ?	+	-
62	69 号住居跡	隅丸長方形	0.40	7.2	4.0	+	8 ?	4.7	3.1	0.66	-	外	-	+	-
63	70 号住居跡	隅丸長方形	0.41	2.8+	2.1	+	?	?	?	-	-	-	-	?	?
64	71 号住居跡	?	0.28	0.8	1.9+	?	3+	?	?	-	-	-	-	+	-
65	72 号住居跡	隅丸長方形	0.37	4.9	3.8	?	6	3.8	2.8	0.77	?	?	-	+	-
66	73 号住居跡	隅丸長方形 ?	-	5.1+	1.9+	?	3+	-	-	-	?	?	4+	+	6+
67	74 号住居跡	隅丸長方形	0.38	4.0	2.9	-	4 ?	2.8	?	0.69	-	-	-	?	?
68	77 号住居跡	長方形	0.40	3.8	2.9	-	4	2.6	2.1	0.68	-	-	-	+	-
69	78 号住居跡	隅丸長方形 ?	0.40	3.0+	3.8	+	1+	?	?	-	-	-	-	+	-
70	79 号住居跡	長方形	0.40	5.3	3.3	+	6	4.3	2.4	0.80	-	-	-	?	?
71	80 号住居跡	隅丸方形	0.38	3.8	1.9+	+	4 ?	2.8	1.7	0.73	-	-	-	+	-
72	81 号住居跡	長方形	0.45	4.9	2.7	?	6	3.6	2.5	0.73	?	?	-	+	-
73	82 号住居跡	隅丸長方形	0.38	4.2	3.2	+	4	2.9	1.7	0.69	-	-	-	+	-
74	83 号住居跡	長方形	0.43	4.5	3.1	+	4	3.0	1.6	0.67	-	-	-	+	-
75	84 号住居跡	隅丸方形	0.33	3.7+	3.8	+	4	2.8	2.4	-	-	-	-	+	-
76	87 号住居跡	長方形	0.39	3.7+	2.7+	?	1+	?	?	-	-	-	-	+	1
77	89 号住居跡	方形	0.39	4.2	3.2	+	4	3.0	2.6	0.71	-	-	-	+	-
78	90-1 号住居跡	隅丸長方形 ?	0.36	4.4	2.4	+	6	3.1	2.9	0.7	-	-	-	?	?
79	90-2 号住居跡	?	-	?	?	?	5+	4.1	2.9	-	?	?	-	?	?
80	92 号住居跡	隅丸方形	0.37	3.8	1.8+	+	4	2.2	1.8	0.57	-	-	-	?	?
81	93 号住居跡	?	-	1.8+	0.6+	?	?	?	?	-	?	?	-	?	?
82	95 号住居跡	隅丸方形 ?	0.42	2.6	1.5+	?	?	?	?	-	?	?	-	?	?
83	98 号住居跡	方形	0.47	4.0	1.7+	+	3+	3.4	1.9	0.84	-	-	-	+	-
84	100 号住居跡	方形 ?	0.50	4.3	2.9+	-	3+	2.5	2.5	0.59	-	-	-	+	-
85	101 号住居跡	?	0.40	3.7+	2.0+	?	?	?	?	-	?	?	-	+	-
86	102 号住居跡	方形	0.45	4.6	2.9+	+	7	3.5	2.6	0.77	-	-	-	+	-
87	103 号住居跡	方形	0.39	3.2	2.7	?	3+	2.3	1.8	0.71	?	?	-	+	-
88	104 号住居跡	長方形	0.45	4.2+	3.5	+	4+	?	2.8	-	-	-	-	?	?
89	105 号住居跡	隅丸方形 ?	0.38	3.1	1.5+	+	?	?	?	-	?	?	2	?	?
90	106 号住居跡	隅丸方形 ?	0.43	3.4	1.5+	?	?	?	?	-	?	?	2	+	-
91	107 号住居跡	隅丸長方形 ?	0.42	2.9+	3.2	+	3+	?	2.0	-	-	-	-	?	?
92	108 号住居跡	隅丸方形	0.40	4.0	1.6+	+	4	3.1	2.3	0.78	-	-	-	?	?

註）▨ 推定値

370

表 5-6　大坪里遺跡の住居跡データ

No.	調査地区	遺構	平面形態	最大角湾曲率	長さ	幅	炉跡	主柱穴	柱間長さ	柱間幅	柱穴偏在	中央土坑	二柱穴	二柱距離	補助柱穴
1	漁隠2	1号住居跡	隅丸方形	0.31	3.8	3.6	+	-	-	-	-	+	-	-	-
2	漁隠2	4号住居跡	長方形	0.33	4.8	2.5	-	-	-	-	0.14	+	外	0.7	
3	漁隠2	5号住居跡	不整方形	0.32	3.3	3.1	-	-	-	-	0.27	+	外	0.9	-
4	漁隠2	7号住居跡	隅丸方形	0.25	4.0	3.3	-	-	-	-	0.35	+	外	1.4	-
5	漁隠2	8号住居跡	隅丸方形	0.14	4.2	3.2	-	-	-	-	0.26	+	外	1.1	-
6	漁隠2	9号住居跡	隅丸方形	0.17	3.3	2.9	-	-	-	-	0.25	+	内	0.8	-
7	漁隠2	10号住居跡	?	-	?	?	-	-	-	-	-	+	外	0.4	-
8	漁隠2	12号住居跡	隅丸方形	0.25	4.9	4.3	-	-	-	-	0.32	+	外	1.6	-
9	漁隠2	13号住居跡	隅丸方形	0.19	4.2	3.8	-	-	-	-	0.30	+	外	1.3	-
10	漁隠2	14号住居跡	隅丸方形	0.21	4.8	3.9	-	-	-	-	-	+	外	-	-
11	漁隠2	15号住居跡	長方形	0.29	5.1	2.5	-	-	-	-	-	+	-	-	-
12	漁隠2	16号住居跡	隅丸方形	0.28	4.8	4.4	-	-	-	-	0.19	+	外	0.8	-
13	漁隠2	17号住居跡	隅丸方形	0.40	4.5	4.3	-	-	-	-	0.22	+	外	1	-
14	漁隠2	18号住居跡	隅丸方形	0.26	3.6+	3.8	-	-	-	-	-	+	外	1.3	-
15	漁隠2	19号住居跡	隅丸方形	0.31	4.0	3.3	?	?	?	?	-	?	?	?	?
16	漁隠2	20号住居跡	隅丸方形	0.23	4.0	3.0+	-	-	-	-	0.17	+	内・外	0.7	-
17	漁隠2	21号住居跡	隅丸方形	0.38	2.9	1.0+	?	?	?	?	-	?	?	-	?
18	漁隠2	22号住居跡	隅丸方形	0.28	3.5	3.3+	-	-	-	-	0.34	+	外	1.2	-
19	漁隠2	23号住居跡	隅丸方形	0.35	3.3	3.0	-	-	-	-	0.29	+	外	1	-
20	漁隠2	24号住居跡	隅丸方形	0.33	4.9	4.1	-	-	-	-	0.24	+	外	1.2	-
21	漁隠2	25号住居跡	隅丸方形	0.23	4.8	4.0	-	-	-	-	0.28	+	外	1.3	-
22	漁隠2	26号住居跡	隅丸方形	0.33	5.6	4.4	-	-	-	-	0.30	+	外	1.7	-
23	漁隠2	27号住居跡	隅丸方形	0.20	3.6	3.0	-	-	-	-	0.31	+	外	1.1	-
24	漁隠2	28号住居跡	方形	0.45	3.7	3.2	-	-	-	-	-	+	外	-	-
25	漁隠2	29号住居跡	隅丸長方形	0.34	6.3	4.7	-	-	-	-	0.30	+	外	1.9	-
26	漁隠2	30号住居跡	長方形	0.40	5.2	2.7	-	-	-	-	0.32	+	外	1.7	-
27	漁隠2	31号住居跡	隅丸方形	0.19	5.9	4.9	-	-	-	-	0.33	+	外	1.9	-
28	漁隠2	32号住居跡	隅丸長方形	0.25	5.2	2.7	-	-	-	-	0.27	+	外	1.4	-
29	漁隠2	33号住居跡	隅丸長方形	0.31	4.0	2.6	-	-	-	-	0.24	+	外	1	-
30	漁隠2	34号住居跡	隅丸方形	0.23	2.5+	3.3	-	-	-	-	-	+	-	-	-
31	漁隠2	35号住居跡	隅丸方形	0.43	3.9	3.5	-	-	-	-	0.43	+	外	1.5	-
32	漁隠2	36号住居跡	隅丸長方形	0.30	5.1	2.6	-	-	-	-	-	+	-	-	3
33	漁隠2	37号住居跡	隅丸方形	0.28	4.4	3.8	-	-	-	-	0.16	+	内・外	0.7	-
34	漁隠2	38号住居跡	隅丸方形	0.39	4.8	3.9	-	-	-	-	0.26	+	外	1.3	-
35	漁隠2	39号住居跡	隅丸方形	0.34	4.9	4.1	-	-	-	-	0.18	+	外	0.9	-
36	漁隠2	40号住居跡	隅丸方形	0.38	3.9	3.4	-	-	-	-	0.26	+	外	1	-
37	漁隠2	41号住居跡	隅丸方形	0.32	4.4	4.0	-	-	-	-	0.22	+	外	1	-
38	漁隠2	43号住居跡	隅丸方形	0.33	5.3	4.4	-	-	-	-	0.28	+	外	1.5	-
39	漁隠2	44号住居跡	隅丸方形	0.40	5.9	4.5	-	-	-	-	0.32	+	外	1.9	-
40	漁隠2	45号住居跡	隅丸方形	0.40	3.9	3.6	-	-	-	-	0.28	+	外	1.1	-
41	漁隠2	46号住居跡	隅丸方形	0.36	4.3	3.9	-	-	-	-	0.20	+	内・外	0.8	-
42	漁隠2	47号住居跡	隅丸長方形	-	2.9+	2.0	-	?	?	?	-	+	-	-	?
43	漁隠2	48号住居跡	隅丸方形	0.40	5.1	3.4+	-	-	-	-	0.21	+	外	1.1	-
44	漁隠2	49号住居跡	隅丸長方形	0.35	4.6	2.8	-	-	-	-	0.26	+	外	1.2	-
45	漁隠2	50号住居跡	隅丸長方形	0.41	4.2	2.0	-	-	-	-	0.21	+	外	0.9	-
46	玉房8	1号住居跡	隅丸長方形	0.40	7.5	5.8	-	4	3.2	1.8	0.43	+	-	-	-

第6章　丹塗磨研壺にみる地域間の文化的距離

　日本列島においては，水稲農耕の開始とともに，無文土器の精製器種である壺が在来の土器様式に組み込まれる。これは，生業システムや文化構造の変化とも連動しており，土器様式上の一大画期とみなしうる。そればかりか，半島・列島例間の形態差や頸部ミガキの方向差にもとづき，渡来人と在来人との接触や文化変化をも議論されてきた。本章では，丹塗磨研壺を検討することで，半島南部の各地域と北部九州との間における文化的な距離を測る。あわせて，頸部ミガキの方向を用いた議論の妥当性を検証する。

第1節　分析結果

1　半島南部における丹塗磨研壺の検討

A　型式分類・編年

器種分類

　型式の設定を行う前に，器種分類を行う。器種はまず，器高にもとづき大別する。**図6-1**は器高のヒストグラムを示したものである。12〜13cm区間に最頻値をもつ群と，21〜22cm区間に最頻値をもつ群の二つの単位，そして17〜19cm区間に不連続が看取される。この観察結果にもとづき，19cm未満を小形，19cm以上を大形に分類する。さらに，頸部と胴部の接合状態にもとづき，大形・小形のそれぞれを以下のように細別する。

　A系列（ラッパ形系列）

　　頸部と胴部に明瞭な境界をもつもの。

　B系列（タマネギ形系列）

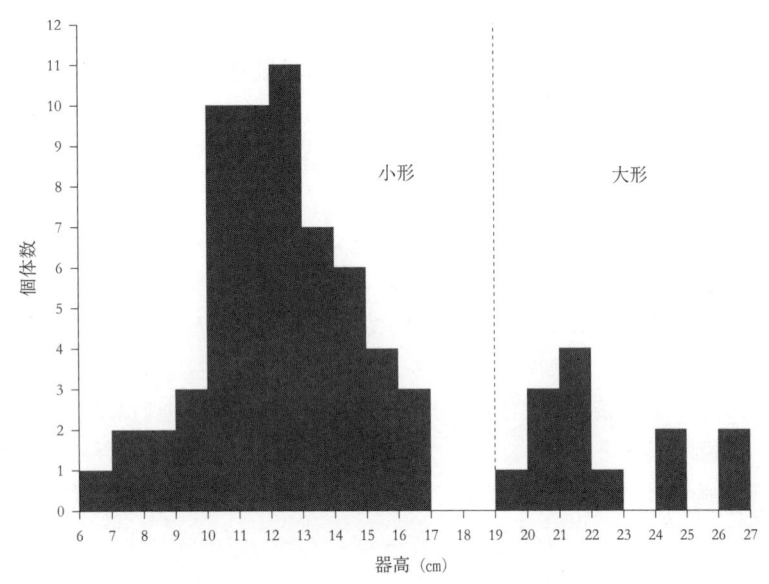

図6-1　大別器種の分類

口縁部から胴部に至るまでスムーズに連続するもの。

C系列（中間系列）

　　頸部と胴部に不明瞭な稜をもつもの。

型式分類

先に分類した器種ごとに型式を設定する。

〈小形 A 系列〉

頸部と胴部に明瞭な境界をもつ器種。口頸部形態・胴部形態・底部形態の三属性の変異を抽出する（**図6-2**）。口頸部形態は以下のように分類される。

　A1 類：頸部が強く外傾するもの。

　A2 類：頸部が弱く外傾するもの。

　A3 類：頸部が弱く外傾するもので，かつ口縁部が外傾し，頸部との境界に稜をもつもの。

　B1 類：頸部が直立するもので，かつ口縁部がやや外反するもの。

374

B2 類：頸部が直立する
　　　もので，かつ口縁部
　　　が外傾し，頸部との
　　　境界に稜をもつもの。
C1 類：頸部が内傾する
　　　もので，かつ口縁部
　　　がやや外反するもの。
C2 類：頸部が内傾する
　　　もので，かつ口縁部
　　　が外傾し，頸部との
　　　境界に稜をもつもの。
　以上の七類は，A1 類
を祖型として口縁部と頸
部との境界に稜をもたな
い A2 類と，稜をもつ A3
類に分岐し，そして稜を
もたない A2 類 ⇔ B1 類

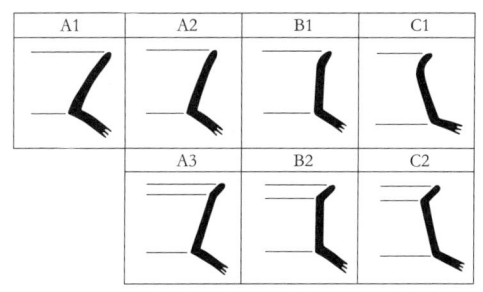

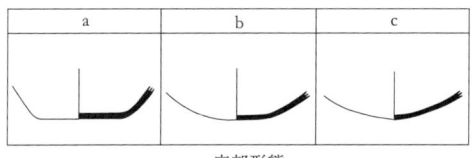

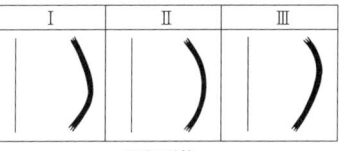

図6-2　小型A系列の各属性変異

⇔ C1 類，稜をもつ A3 類⇔ B2 類⇔ C2 類，という二系列の変化の方向を
想定すれば型式学的に理解しやすい。また，A2 類と A3 類，B1 類と B2 類，
C1 類と C2 類は，頸部の傾きの外傾・直立・内傾という共通性に基づくと，
型式学的親縁関係が想定される。以上の系統関係を模式化すると，以下の
ようになる。

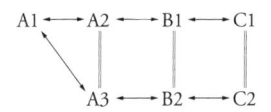

底部形態は以下のように分類される。

a 類：隅丸平底。

b 類：不安定な平底。

c 類：丸底。

		口頸部形態						
		A1	A2	A3	B1	B2	C1	C2
底部形態	a	3	1	1	1	1		2
	b		1	1	2	1	1	
	c	1		1		1	1	5

a　口頸部形態×底部形態

		口頸部形態						
		A1	A2	A3	B1	B2	C1	C2
胴部形態	Ⅰ	5	2	3	1			1
	Ⅱ		1			3	2	4
	Ⅲ					1	1	5

b　口頸部形態×胴部形態

		底部形態		
		a	b	c
胴部形態	Ⅰ	7	3	3
	Ⅱ		3	3
	Ⅲ	3		3

c　底部形態×胴部形態

		口頸部形態						
		A1	A2	A3	B1	B2	C1	C2
胴部形態×底部形態	Ⅰa	3	1	1	1			
	Ⅰb			1	2			
	Ⅰc	1		1				1
	Ⅱb		1			1	1	
	Ⅱc					1		1
	Ⅲa					1		2
	Ⅲc						1	2

d　口頸部形態×（胴部形態×底部形態）

図6-3　属性間の相関図

以上の三類は，a類⇔b類⇔c類という変化の方向が想定される。

胴部形態は以下のように分類される。

Ⅰ類：胴部最大径の位置が低く，下膨れ状のもの。

Ⅱ類：胴部最大径の位置が中位で，球状をなすもの。

Ⅲ類：胴部最大径の位置が高く，肩が張るもの。

以上の三類は，Ⅰ類⇔Ⅱ類⇔Ⅲ類という変化の方向が想定される。

次に，分類を行った三属性の同一個体内における相関状況を検討しよう。まず，口頸部形態と底部形態との相関（図6-3-a）をみると，若干の乱れはあるものの，それぞれの属性で想定した変化の方向への共変動が看取される。次に，口頸部形態と胴部形態との相関（図6-3-b）をみると，より良好にそれぞれの属性で想定した変化の方向への共変動が看取される。さらに，底部形態と胴部形態との相関（図6-3-c）をみると，個体数の少なさ

もあってか，それぞれの属性で想定した変化の方向を検証する結果は得られていない。最後に，それぞれ独自に相関をみてきた三属性間の相関をさらに検討することにより，型式を設定する。図 6-3-d は口頸部形態と，胴部形態×底部形態の組み合わせ（口頸部形態との変化の共変動が比較的良好に看取された胴部形態を優先して配列）の相関を示したものである。これを頸部の傾きでまとめて傾向を観察しよう。これは厳密には田中良之 [1982] の方法に従うものではなく，あらかじめ数個の属性変異ごとにまとめておくという一種の重み付けである。田中の方法は，各属性について想定した変化の方向を，同一個体内の属性間の相関状況をみることによって検証するのみならず，有意な型式を構成する各属性の変異幅を決定することに意味がある。にもかかわらず，ここでこのような方法をとるのは，分析の対象たりうる土器の個体数がいまだ少なく，各変異をすべて対等に扱うと相関図に共伴が示されない変異のうち，その存在が当然予想されるものまでが共伴しなかったことになってしまう危険があることによる。方法論的にはサンプル数の増加によって解消される問題であると考える。まず，外傾する頸部の A1・A2・A3 類は I a・I b・I c・II b 類と相関するが，そのうち，I a 類との相関がやや強い。次に，直立する頸部の B1・B2 類は I a・I b・II b・II c・III a 類と幅広く相関する。最後に，内傾する頸部の C1・C2 類は I c・II b・II c・III a・III c 類と相関するが，そのうち，III a・III b 類との相関がやや強い。以上の相関状況に基づき，口頸部形態 A1・A2・A3 類，B1・B2 類，C1・C2 類を指標とする型式を設定し，それぞれを小形 A I・A II・A III 類と呼称する。

〈小形 B 系列〉

口縁部から胴部に至るまでスムーズに連続する器種。この器種は全体的に単純な形態であり，頸部のしまり具合・胴部最大径の位置・底部形態の三属性相互の相関関係を検討したが，有意な相関を見出すには至らなかった。そのため，これ以上，分類しない。

〈小形 C 系列〉

頸部と胴部に不明瞭な稜をもつ器種。個体数が少ないため，これ以上，

分類しない。

〈大形Ａ・Ｂ・Ｃ系列〉

　器高が 19cm 以上の器種群。これも個体数が少ないため，詳しく検討しない。小形の口頸部形態に準拠し，大形ＡⅠ・ＡⅡ・ＡⅢ・Ｂ・Ｃ類に分類する。

編年

　ここでは，端野［2003b］での結果に，順序は逆になるが，次項での検討結果をも加味して，半島南部全体での丹塗磨研壺の編年案を提示する（図6-4）。大形Ａ系列は，前期から中期前半にかけて，Ⅰ類からⅡ・Ⅲ類へと変化する。大形Ｂ・Ｃ系列は，大形ＡⅡ・Ⅲ類から分岐して中期前半に出現し，中期後半まで存続するものとみれば，型式学的に理解しやすい。小形Ａ系列は，前期から中期前半にかけてⅠ類からⅡ類へと変化する。中期前半には，Ⅲ類が出現し，中期後半までⅡ類とともに存続する。小形Ｂ・Ｃ系列は，前期から中期後半まで存続する。

　ところで，筆者は 2002 年 12 月，慶南文化財研究院所蔵の大坪里遺跡玉房 7 地区出土丹塗磨研壺を調査した。この調査で得られた成果の一部は，端野［2003b］や Hashino［2011］で分析に用いたが，詳細については公表していなかった。同研究院の調査報告にも掲載されていないので，本書で分析に用いた分だけでも，ここで示しておく（図6-5）。残りの未公表資料については，別稿で報告したい。

Ｂ　頸部ミガキ方向の検討

土器製作におけるミガキ技法

　次に，先に設定した器種・型式をふまえて，これまで盛んに議論されてきた頸部にみられるミガキ方向について検討する。まず，それに先だって，丹塗磨研土器にみられるミガキとはどのような技法かを確認しておきたい。ミガキがスリップをかけた上に施されることは民族例で一般的である［佐原 1986］が，後藤明［1997，2001］の民族考古学的調査によるマルク諸島のマレ島の土器作りを参考にして，さらに具体的にミガキの施されるタイミ

ングとその目的について考えてみよう。

マレ島の土器作りは、粘土の採取に始まり、焼成して完成するまでにいくつかの細かな段階を経て成されるが、ミガキに前後する段階のみを単純化してまとめると、①器形の形成→②スリップの塗布→③乾燥→④施文・ミガキ→⑤乾燥→⑥焼成、の順になる。この場合の④は、スリップが上塗りされた器表を固い石で擦り、模様やつや出しを施すものである。ただ、小林正史 [1993] の調査したフィリピン・ルソン島北部のカリンガ族の土器作りでは、口縁部内面に赤色顔料を塗った後、その上に石でミガキ調整を施すことが一般的だが、逆の順序の場合もあり、注意を要する。しかし、丹塗磨研土器のミガキは、赤色塗料が塗られた部位全面、すなわち口縁部の内・外面から外面全体にかけて観察されるのが一般的であり、マレ島の例のように、つや出し効果を目的とするものであるならば、赤色塗料を塗った後に施したものと考えるのが自然であろう。またかつて、洗浄時に赤色顔料が落ちるものを焼成後に塗布したものとする見解 [安 1977] が提示されたこともあった。しかし、後藤直 [1980] が根拠のないものとして退けたように、赤色塗料は基本的には焼成前に施されたものと考えてよい。なぜなら焼成前に赤色顔料を塗布しないと、そのつや出し効果を狙ったミガキを施す意味もなくなってしまうからである。

では、丹塗磨研土器のミガキに用いた道具はいったい何だったのだろうか。先述のマレ島やカリンガ族の例を朝鮮半島南部の丹塗磨研土器にそのまま当てはめることは危険であるが、石なのかもしれない。この問題を解決するには、横山浩一 [1978] がハケメに関して試みたような実験考古学的研究が不可欠である。そこで、ミガキに用いた道具の特定を目的として実験を行ったので、次にその結果を報告する。

ミガキ道具の実験結果

2010 年 9 月 18 日、筆者と村野正景（当時・九州大学、現・京都文化博物館）・石田智子（当時・九州大学、現・鹿児島大学）の 3 名は、九州大学伊都地区比較社会文化・言語文化研究教育棟 515 マクロ分析室において、土器のミガキに用いた道具の特定を目的として、実験を行った。

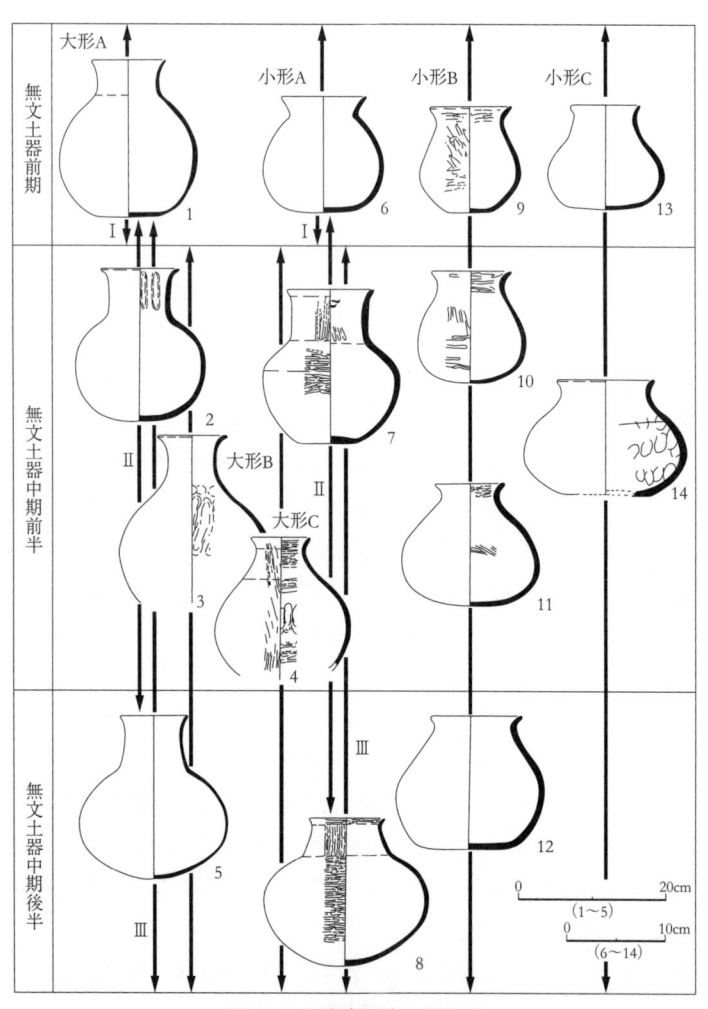

図6-4　丹塗磨研壺の編年図

1：苧浦里　2：隍城洞　3・10・11：玉房2地区　4：任仏里　5：大鳳洞
6：玉房5地区　9：渼沙里　7：検丹里　8：道項里　12：松菊里　13：玉房
14：上村里（端野［2003b］より再構成）

380

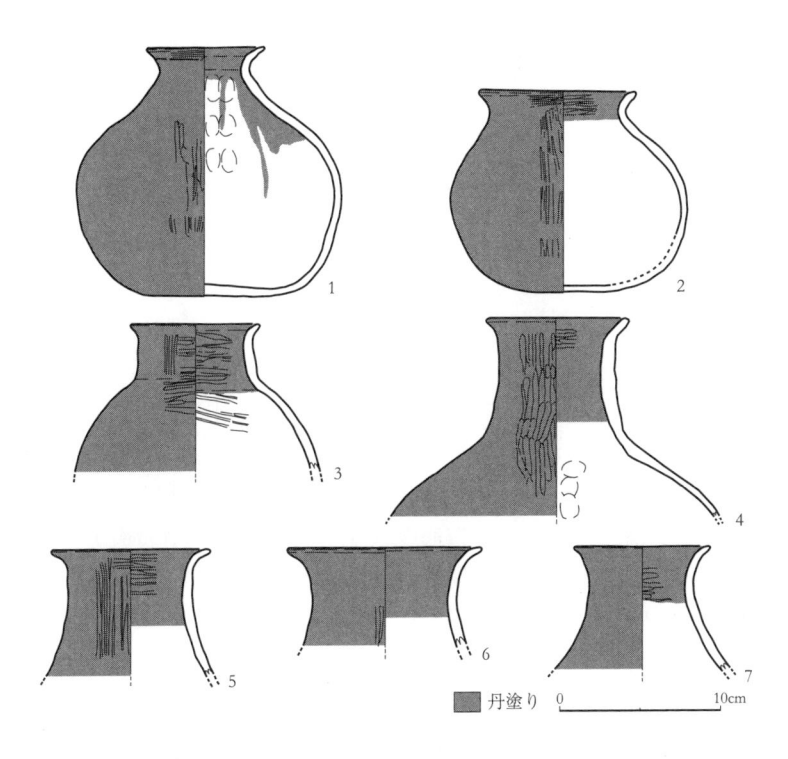

No.	遺構	遺物番号	型式	頸部ミガキ方向	口径	胴部最大径	底径	器高	色調（外／内）	胎土
1	ナ 29 号	259	小形 B	横	7.4	16.5	7.4	14.9	赤褐色／赤褐色～淡茶褐色	金雲母多量，長石少量含む
2	カ 17 号石棺	95	小形 B	縦	9.7	14.7	4.5	12.2	淡赤褐色／淡赤褐色～淡黄褐色	金雲母，長石，角閃石含む
3	ナ 89 号	566	小形 A Ⅱ	横＋縦	8.1	−	−	−	暗茶褐色～赤褐色／暗茶褐色～淡黄褐色	金雲母，長石極少量含む
4	ナ B 環濠内部	765	大形 B	縦	8.9	−	−	−	赤褐色／赤褐色～淡黄褐色	金雲母，長石含む
5	ナ 64 号	370	大形 B	縦	10.0	−	−	−	赤褐色／赤褐色～淡黄褐色	金雲母，長石少量含む
6	ナ 68 号	403	大形 B	縦	12.0	−	−	−	赤褐色／赤褐色～黄褐色	金雲母，石英，長石含む
7	ナ 98 号	636	大形 B	縦	8.4	6.0	5.4	？	淡赤褐色／淡赤褐色～淡黄褐色	金雲母，長石少量含む

註）　計測値の単位は cm。

図6-5　大坪里玉房7地区の丹塗磨研壺

実験にあたってはまず，市販の陶芸用粘土（信楽赤荒目土）を，長さ10 cm×幅5cm×厚さ1cmの粘土板に切り分けた。その後，粘土板を天日で乾燥させることによって，ミガキに適したコンディションにしてから作業を開始した。なお，これらの前作業とミガキ作業は，陶芸家の福田啓人（鹿児島県立武岡台養護学校・教諭）にお願いした。実験に用いた道具は，石（表面が粗い。以下，「粗」と略する）・石（表面が滑らか。以下，「滑」と略する）・小石（滑）・竹ベラ・木ベラ・鹿角ベラ・貝殻・ペットボトルキャップの八種である（図6-6）。ミガキ作業にあたっての道具の使い方は，用いた道具すべてについて，それぞれが備えた平坦な箇所を粘土板に併行するように当てて，一方向で擦過するというものである。このとき，作業方向が一方向だけであるのは，土器表面に平滑面（光沢面）を形成しやすいことによる。両方向で行った場合，一方向の擦過で平滑に整えられた面がその逆方向の擦過によって荒らされてしまうので，この方法はとらなかった。

　さて実験の結果，これら八種の道具それぞれによって，粘土板に残された痕跡を実体顕微鏡（オリンパス社製SZX12）によって観察したものが図6-7である。これによると，石（滑）と小石（滑）による痕跡が，朝鮮半島の丹塗磨研壺や，縄文晩期後葉の壺形土器で観察されるミガキに最も類似することがわかった。考古遺物で実際にミガキと認定しうる痕跡と同様の平滑面（光沢面）が溝状に形成されている。その他の道具によるものは，無数の細かな線状痕がみられ，厳密にはミガキとはみなせないものである。これは，道具の作業面（粘土に直接当たる面）の表面に細かな凹凸が存在することによるものと考えられる。貝殻によるものは，一見，石（滑）や小石（滑）による痕跡と似ているが，やはり線状根をもつ点で異なっている。ミガキ作業が完了するまでの時間も計測したが，石（滑）と小石（滑）の作業完了時間は，それぞれ30秒程度，1分12秒というように，他の道具と比べて早かった。石（粗）は3分26秒，木ベラは1分45秒，貝殻は3分5秒で，ある程度の平滑面が形成されたとみて，作業を停止した。鹿角や竹ベラ，ペットボトルキャップは結局，ミガキと呼べるほどの光沢面は形成されず，3分50秒経過して作業を止めた。このように，表面の滑

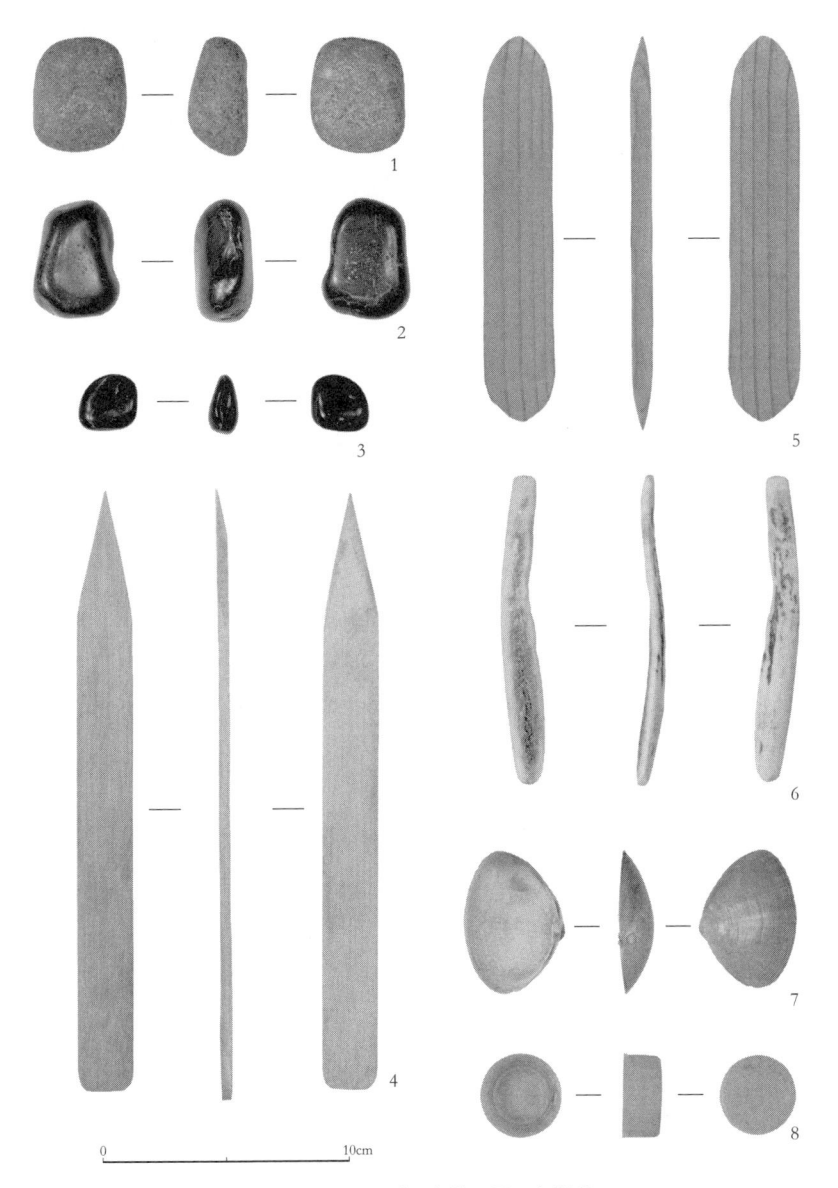

図6-6　土器のミガキ実験に用いた道具

1：石（粗）　2：石（滑）　3：小石（滑）　4：竹ベラ　5：木ベラ　6：鹿角ベラ　7：貝殻　8：ペットボトルキャップ

らかな石とは異なり，他の道具ではミガキが形成されにくい，もしくは形成されなかった。これには，①道具の作業面がミガキ作業を貫徹できるほど平滑ではないこと，②道具自体の硬度が低いため，粘土との擦過によって作業面の平滑性が失われ，結果として道具の作業面が①と同じような状態になること，という二つの原因が考えられる。道具の作業面の平滑さと硬度からみて，石（粗）や貝殻の場合は原因①，竹ベラ・木ベラ・鹿角ベラ・ペットボトルキャップの場合は原因②にそれぞれ相当しよう。試みとして実験道具の一つに加えた樹脂製のペットボトルキャップは，硬度が低いため，作業面が早々に荒れてしまい，結局，ミガキを形成することはできなかった。実験に用いた道具のうち，作業面に残された擦過によるダメージが最も大きかったのはペットボトルキャップであり，これはこの事例が原因②に相当することを顕著に物語っている。

　以上の実験結果にもとづけば，無文土器文化の丹塗磨研壺や縄文晩期後葉の壺形土器にみられるミガキの道具は，表面の滑らかな石であった可能性が高いものと考えられる。石は自然界に豊富に存在し入手が容易であるので，道具素材の入手の観点からみても，この考えは納得のいくところであろう。蛇足ながら，ミガキ作業を行った福田によれば，石（滑）よりも小石（滑）の方が力を入れやすく，作業がしやすかったという。土器製作者が自然界に存在する大小様々なサイズの石のなかから，作業にふさわしいサイズのものを選択・使用したものと考慮すると，手（指）に収まりの良い比較的小ぶりの石が使用されたのではないかと考えられる。

　なお，土器表面に残されたミガキ痕は，複数回にわたる作業を経た後の最終痕跡として把握されるものであることから，ミガキの方向性を検討すること自体が全く無意味であると思う人もいるかもしれない。実際，丹塗磨研壺には，口縁部と頸部，頸部と胴部の境界などに，ミガキ痕跡の切り合い関係を観察できる場合が多々あり，決して同一箇所が一度のミガキだけで終了しているわけではないことがわかる。しかし，この見解は妥当ではない。というのもミガキは，土器表面に平滑面（光沢面）を形成することを目的として施されるもので，先述の通り，これを達成するには一方向

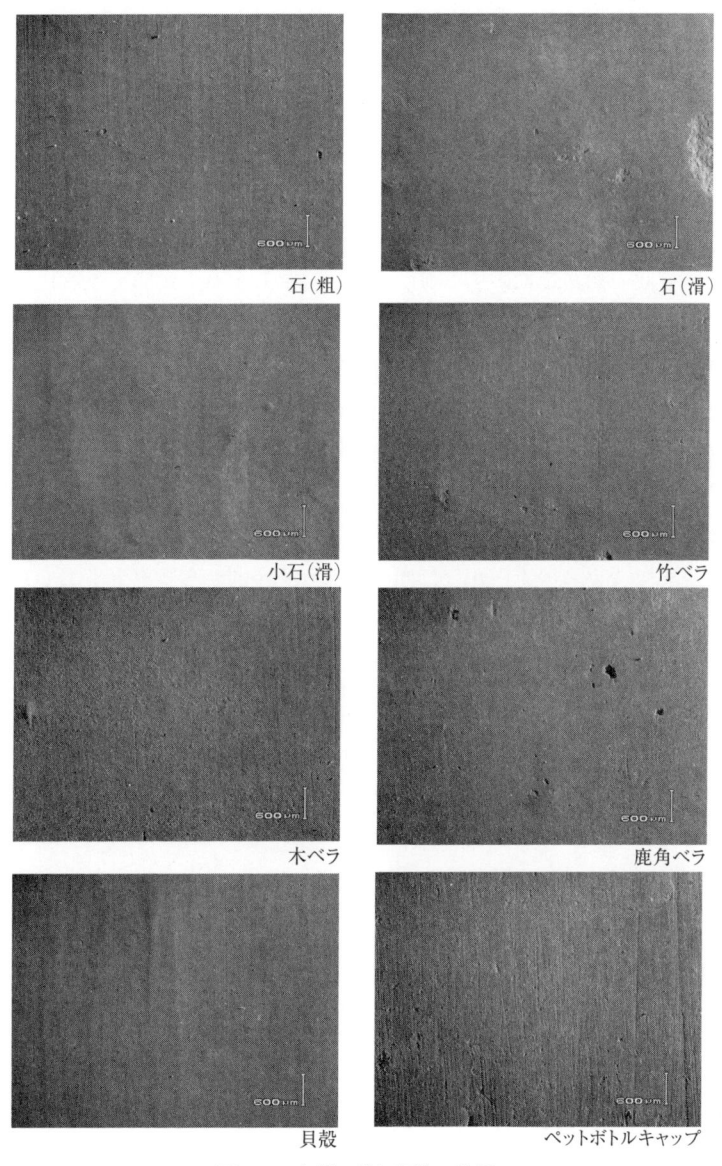

石(粗)　　　　　　　石(滑)

小石(滑)　　　　　　竹ベラ

木ベラ　　　　　　鹿角ベラ

貝殻　　　　　ペットボトルキャップ

図6-7　土器ミガキ実験の結果

で擦過するのが適切であり，双方向あるいは異なる方向へとミガキを施しても平滑面が形成されないからである。したがって，ミガキは基本的には同一箇所に対してほぼ同一方向の反復動作で施したものであり，最終痕跡ではあっても一定の傾向を看取しうるものであると考える。

　頸部ミガキ方向の変異

　さて，本題である頸部のミガキ方向の変異について検討しよう。まず，ミガキ方向の変異を抽出する前に，観察対象とする「頸部」とされる部位を明確にしなければならない。図6-8にいくつか事例を示す。これをみて明らかなように，ミガキの施される単位は，器種によって異なる。すなわち，頸部と胴部に明瞭な境界をもつA系列では，頸部と胴部とでミガキの方向が明らかに異なる例（図6-4-7・8，図6-8-4）がみられ，頸部・胴部それぞれがミガキを施す単位となっているようだ。それに対して，口縁部から胴部に至るまでスムーズに連続するB系列では，胴部の上半部から頸部に至るまでミガキの方向がほぼ同一であり，頸部から胴部上半までを一つの単位としてとらえられる（図6-4-9，図6-5-4，図6-8-7・13）。したがって，ここでの頸部のミガキ方向の検討は，便宜的に，頸部と胴部に明瞭な境界がみられるA系列については「頸部」，頸部と胴部の境界が不明瞭なB・C系列については「頸部から胴部上半」に至るまでを対象とする。

　以上の部位設定をふまえて，全器種を通してみると，これまで議論されてきた「縦」（図6-4-5・7・8・11，図6-8-3・4・7・11・13）・「横」（図6-4-6，図6-8-1・2・6・12）に加えて，「斜」（図6-4-9）や二方向のミガキを複合する「横＋斜」（図6-8-9）・「斜＋縦」（図6-8-10）・「横＋縦」（図6-8-5・8）が確認される。これらをミガキ方向の類型として，次に，各器種・型式との相関を検討することにする。なお，「横＋斜」・「横＋縦」などの二方向のミガキを複合する例については，随時，それらをまとめて，「複合ミガキ」と呼ぶことにする。

　ちなみに家根祥多［1997］が，朝鮮半島にもみられる頸部横ミガキの例として指摘した，ソウル大学校所蔵の渼沙里遺跡出土例（図6-4-9）は，本書の区分でみると口縁部が「横」，頸部から胴部上半にかけては「縦」また

は「斜」となり，頸部横ミガキの例としてあげるのは不適切である。ミガキ方向を論じる前に，その部位を明確に区分して把握しなければならないことは先述の通りである。

　なお，口縁部のミガキは内・外面ともにほぼすべて横方向である。これは口縁部という部位が器の先端部に当たり，短くかつ小範囲であることを考慮すると，物理的な制約上，土器製作者がミガキを施すに際しての自然な結果と考えられる。

各器種・型式とミガキ方向の相関

　以上のミガキ方向の類型と各器種・型式との相関を検討しよう。**図 6-9**は，頸部と胴部の境界が明瞭な器種，大形・小形A系列の型式とミガキ方向との相関を示したものである。これをみると，小形A系列には各型式を通じて，「横」が一定量，「横＋斜」・「斜」・「斜＋縦」・「横＋縦」がまばらに存在することがわかる。Ⅱ・Ⅲ類は「縦」が主体であり，これは頸部の形態変化にともない，「横」→「縦」への変化を示しているのかもしれないが，Ⅰ類についてはミガキ方向を確認したサンプル数が少ないため，今後，調査を行ったうえで再検討が必要である。大形A系列は観察可能な例が少ないが，認められるのは「縦」のみである。このように小形には一定量の「横」・「斜」・複合ミガキが含まれるのに対して，大形にはそれらが認められないということは注意される。どうやらミガキの方向性は施される部位の長さと相関があるようだ。そこで，さらに小形A系列について，口頸部の長さとミガキ方向との相関をみてみよう。**図 6-10**は，口頸部長と，「縦」・「横」・「複合」にまとめたミガキ方向との相関をヒストグラムで示したものである。口頸部長が2.5〜3cm区間に「横」，4〜4.5cm区間に「縦」，それらの中間の3.5〜4cm区間に「複合」がそれぞれ最頻値を取って分布することがわかる。したがって，ミガキの方向性とそれが施される頸部の長さは相関し，頸部が長いほど縦ミガキ，短いほど横ミガキが施される傾向があると考えられる。

　図 6-11は，頸部と胴部の境界が不明瞭な器種，大形・小形B・C系列の型式と頸部から胴部上半にかけてのミガキ方向の相関を示したものである。

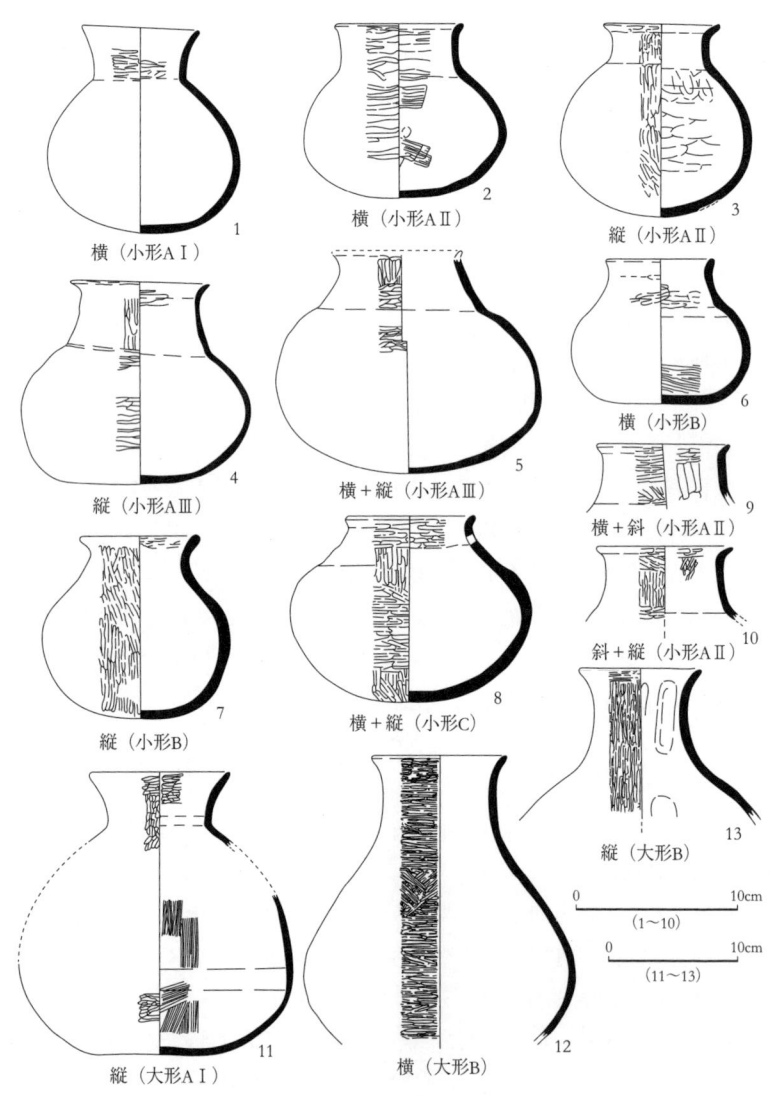

図6-8　頸部ミガキ方向の変異

1：屏岩里　2：玉房1地区　3：礼谷里　4：府院洞　5・9・10：梧谷里　6・7：玉房2地区　8：道項里　11：白石洞　12：巣松里　13：玉房3地区（4は筆者実測，ほかは各文献より抽出・改変）

		頸部ミガキ方向						合計
		横	横+斜	斜	斜+縦	横+縦	縦	
小形	AⅠ	2		1			1	4
	AⅡ	3	1		1	1	6	12
	AⅢ	2				2	12	16
大形	AⅠ						1	1
	AⅡ						2	2
	AⅢ							0

図6-9　A系列とミガキ方向の相関

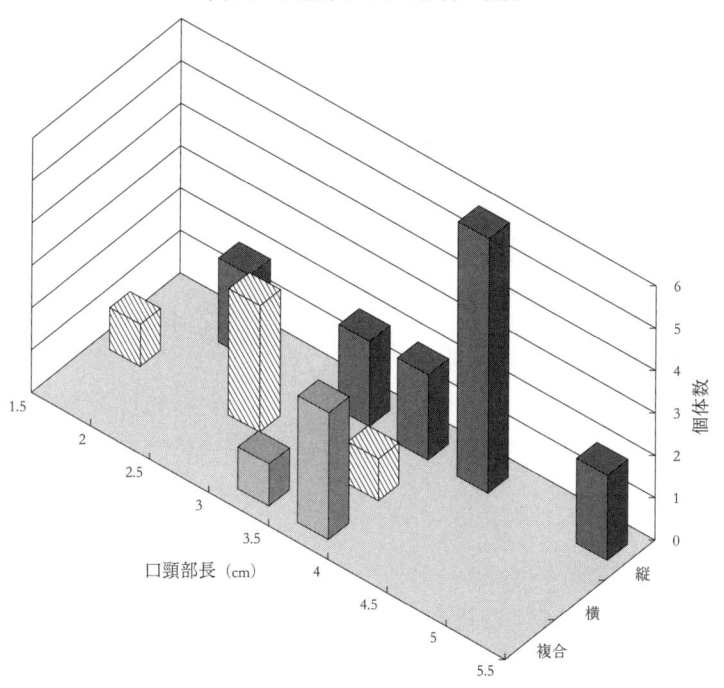

図6-10　小形A系列の口頸部長とミガキ方向の相関

		頸部〜胴部上半ミガキ方向					合計
		横	横+斜	斜	横+縦	縦	
小形	B	3		1		14	18
	C			1	1	7	9
大形	B	1	1			7	9
	C	1				1	2

図6-11　B・C系列とミガキ方向の相関

これによれば，サンプル数をある程度，確保しえた小形B・C系列，大形B系列では，「縦」が多くを占めることがわかる。こうした傾向の背後には，頸部と胴部の境界が不明瞭で滑らかにつながっていることがあるようである。器形に沿って，胴部から頸部にかけての部位を一気に縦ミガキしたと思われる例（**図6-8-7**）が多い。小形B系列に一定量みられる「横」については，サンプル数が少なく，断定はできないが，小形A系列と同様，やはり頸部の短い例（**図6-8-6**）である。これは，器形とミガキ方向との間の関係性を示している可能性がある。

2　嶺南地方における丹塗磨研壺の検討

A　地域区分

嶺南地方における丹塗磨研壺のさらに細かな地域性の検討にあたっては，自然地形にもとづいて，嶺南地方を南江流域・固城—金海・大邱—密陽・蔚山—慶州の四地域に区分したうえで行う（**図6-12**）。

B　編年

個々の丹塗磨研壺の時期決定に用いた資料とその結果は，**表6-1**と**図6-13**の通りである[1]。検討の結果より導いた，半島南部の各地域における各器種・型式の存続時間幅をみていこう。大形AⅠ類は前期前半〜後半

に南江流域でのみみられる。大
形ＡⅡ類は，前期前半〜後半に
は大邱—密陽地域でのみみられ
る。中期前半には南江流域と蔚
山—慶州地域でみられ，中期後
半になると蔚山—慶州地域での
みみられる。大形ＡⅢ類は，前
期前半に大邱—密陽地域で出現
する。前期後半の例は欠落して
いる。中期前半から中期後半に
かけても大邱—密陽地域に存続
する。大形Ｂ・Ｃ類は，中期後
半に南江流域にでのみみられる。
小形ＡⅠ類は，前期前半に南江
流域でのみみられ，前期後半に
なると，これに大邱—密陽地域・

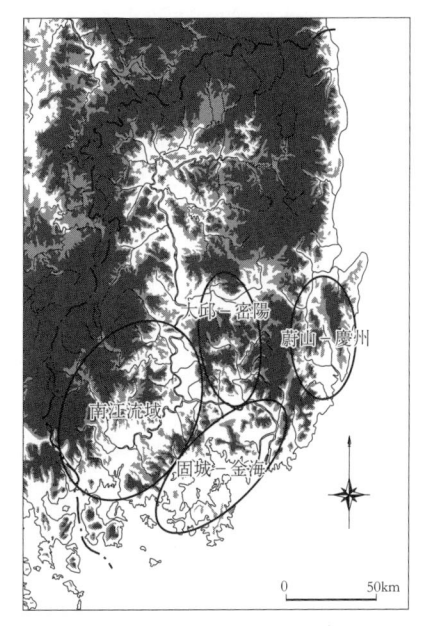

図6-12　嶺南地方における地域区分

蔚山—慶州地域の二地域が加わる。中期前半から中期後半にはみられない。
小形ＡⅡ類は，前期後半に大邱—慶州地域でのみみられる。中期前半にな
ると，大邱—密陽地域に加え，南江流域・蔚山—慶州地域の二地域でもみ
られるようになる。中期後半では，南江流域・蔚山—慶州地域の二地域で
みられる。小形ＡⅢ類は，中期前半に固城—金海地域・大邱—密陽地域の
二地域において出現し，これらの地域では中期後半まで存続する。小形Ｂ
類は，前期後半に大邱—密陽地域でのみみられ，中期前半には南江流域と
蔚山—慶州地域でみられる。中期後半の例が確認されたのは南江流域だけ
である。小形Ｃ類は前期前半に大邱—密陽地域で確認され，前期後半には
これに南江流域が加わる。中期前半〜後半の例は蔚山—慶州地域でのみ確
認できる。

　以上の結果は，半島南部全域を対象とした編年の結果［端野 2003b］，す
なわち，各系列が時間的に相当併存する状況を想定する見解を追試すると

表 6-1　丹塗磨研壺の時期決定に用いた資料（嶺南地方）

地域	遺跡	遺構	遺物番号	丹塗磨研壺 器種	型式	時期	甕文様 1	2	3	4	5	6	米	甕器形 1	2	3	4	5	磨製石鏃 無茎	有1	有2	無1	無2	無関	磨製石剣 有段	有節	無段	有茎	住居跡 1	2	3	5	6	検
南江	沙月里（東）	第11号住	挿図35	大形	AI	前前	○	○	○	○	○			○	○														●					
南江	苧浦里E地区	8号支石	図面150-1	大形	AI	前期													○						○									
南江	玉房9地区	7号住	図面204-2	大形	AII	中前			○																							○			
南江	玉房1地区（晋）	153号竪穴	1474	大形	B	中後			○						○	○																		
南江	玉房1地区（晋）	13号住	354	大形	C	中後			○						○	○											○							○
南江	玉房5地区	C-4号住	図面263-③	小形	AI	前前	○	○	○					○	○														●					
南江	梨琴洞	51号墓	図面217-1	小形	AI	前期													○	○								○			○			
南江	玉房1地区	3号住	図面7-100	小形	AI	前前		○	○					○	○																○			
南江	梨琴洞	A-10号墓	図面121-2	小形	AII	中期																				○								
南江	梨琴洞	A-10号墓	図面121-3	小形	AII	中期																				○								
南江	玉房8地区	5号住	図面34-160	小形	B	中前																												
南江	玉房1地区（慶）	21号住	図面108-13	小形	B	中前																				○								
南江	梨琴洞	C-5号墓	図面164-2	小形	B	中期																				○								
南江	玉房2地区	10号石棺	図面141-833	小形	B	中期																					○							
南江	玉房1地区（晋）	96号竪穴	1028	小形	B	中前			○		○			○	○																			
南江	大坪里（文）	王房1号住	図面5-8	小形	C			○							○	○														○				
大邱	上洞	I-9号住	図面17-②	大形	AII	前前	○								○														○					
大邱	時至洞	試掘3号住	図面56-1	大形	AII	前後			○						○														●					
大邱	上洞	I-5号住	図面12-①	大形	AIII	前前	○								○														○					
大邱	時至洞	I-3号支石	図面34-1	大形	AIII	中期															○				○									
大邱	時至洞	I-3号支石	図面34-2	大形	AIII	中期															○				○									
大邱	時至洞	I-15号石槨	図面45-12	大形	AIII	中期															○				○									
大邱	大鳳洞	1区2号支石	図版第34-3	大形	AIII	中期															○													
大邱	東川洞	住26号	図面51-1	大形	AIII	中期			○						○																		○	
大邱	陳羅里	住19号	図面58-1	小形	AI	前後			○						○															○				
大邱	西辺洞	住47号	図面157-1	小形	AI	前後			○						○																○			
大邱	陳羅里	住64号	図面111-1	小形	AI	前後			○						○																○			
大邱	三省里665番地	1号住	図面5-3	小形	AII	前後			○						○														○					
大邱	上洞	I-12号	住図面27-②	小形	AII	前後		○	○						○																○			
大邱	上洞	I-12号	住図面27-③	小形	AII	前後		○	○						○																○			
大邱	上洞	I-12号	住図面27-④	小形	AII	前後		○	○						○																○			
大邱	西辺洞	住3号	図面30-3	小形	AII	前後			○						○														●					
大邱	時至洞	試掘3号住	図面56-2	小形	AII	前後			○						○															●				

地域	遺構	遺物番号	丹塗磨研壺 器種	丹塗磨研壺 型式	時期
大邱 陜羅里	住3号	図面10-1	小形	AⅡ	前後
大邱 陜羅里	住83号	図面135-1	小形	AⅡ	前後
大邱 上洞	Ⅱ-2号住	図面155-①	小形	AⅡ	前後
大邱 陜羅里	住22号	図面63-4	小形	AⅡ	中前
大邱 住仁里	3号墓	図面159-1	小形	AⅢ	中期
大邱	10号石槨	図面19	小形	AⅢ	中期
大邱 上洞	Ⅰ-1号住	図面4-⑤	小形	B	前後
大邱 上洞	Ⅰ-9号住	図面17-①	小形	C	前後
大邱 上洞	Ⅰ-12号住	図面27-①	小形	C	前後
大邱 上洞	Ⅱ-3号住	図面156-②	小形	C	前期
金海 外洞里	支石墓	図版34-1	小形	AⅢ	中期
金海 会幌里	5号石槨	図面34-2	小形	AⅢ	中期
蔚山 検丹里	61号住	図面92-2	大形	AⅡ	中後
蔚山 検丹里	62号溝	図面93-1	大形	AⅡ	中前
蔚山 検丹里	6号住	図面12-2	大形	AⅡ	中前
蔚山 検丹里	74号住	図面107-5	大形	AⅡ	中前
蔚山 校洞里456	12号住	図面26-107	大形	AⅡ	中後
蔚山 蓮岩洞	2号住	図面11-5	大形	AⅠ	中前
蔚山 方菜里	1号住	図面5-3	小形	AⅠ	前後
蔚山 校洞里456	4号住	図面12-21	小形	AⅡ	中期
蔚山 校洞里456	11号住	図面25-88	小形	AⅡ	中前
蔚山 川上里	12号住	図面26-1	小形	AⅡ	中前
蔚山 検丹里	36号住	図面60-2	小形	AⅡ	中前
蔚山 新卒洞	12号住	図面16-17	小形	AⅡ	中前
蔚山 新峴洞黄土田	2号住	図面6-2	小形	AⅡ	中前
蔚山 陰城洞950-1·7	住1号	図面13-21	小形	B	中前
蔚山 校洞里456	13号住	図面33-141	小形	B	中前
蔚山 校洞里456	10号住	図面20-54	小形	B	中前
蔚山 校洞里456	4号住	図面12-23	小形	C	中前
蔚山 校洞里456	10号住	図面20-55	小形	C	中前

その他の属性列：甕文様（1・2・3・4・5・6・米）、甕器形（1・2・3・4・5）、磨製石鏃（無茎・有1・有2・無1・無2・無関）、磨製石剣（有段・有節・無段・有茎）、住居跡（1・2・3・4・5・6・検）

註）
1 時期の「前前」は前期前半、「前後」は前期後半。「中前」は中期前半、「中後」は中期後半。
2 甕文様の「米」は米粒文、住居跡の「検」は検丹里式住居跡を示す。他の物質文化の分類は、第2章と同じ。
3 ●は判定が不確実なものを示す。

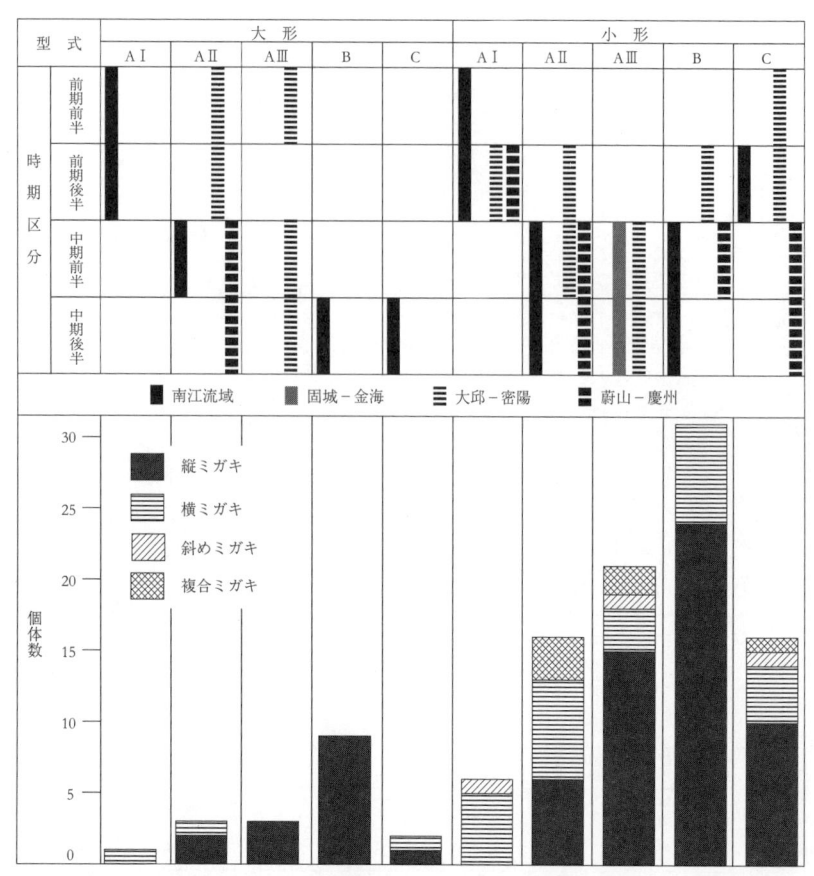

図6-13　嶺南地方における丹塗磨研壺の各型式の存続時間幅とミガキ方向
（Hashino［2011］より引用・改変）

ともに，嶺南地方の小地域間における各型式の併行関係を明らかにしたものと考えられる。

C　無文土器中期における嶺南地域以外の地域の様相

さて，無文土器中期の嶺南地域における丹塗磨研壺の地域性を検討する前に，嶺南地域を取り囲む半島南部の湖西地域・湖南地域と，海を隔てた

394

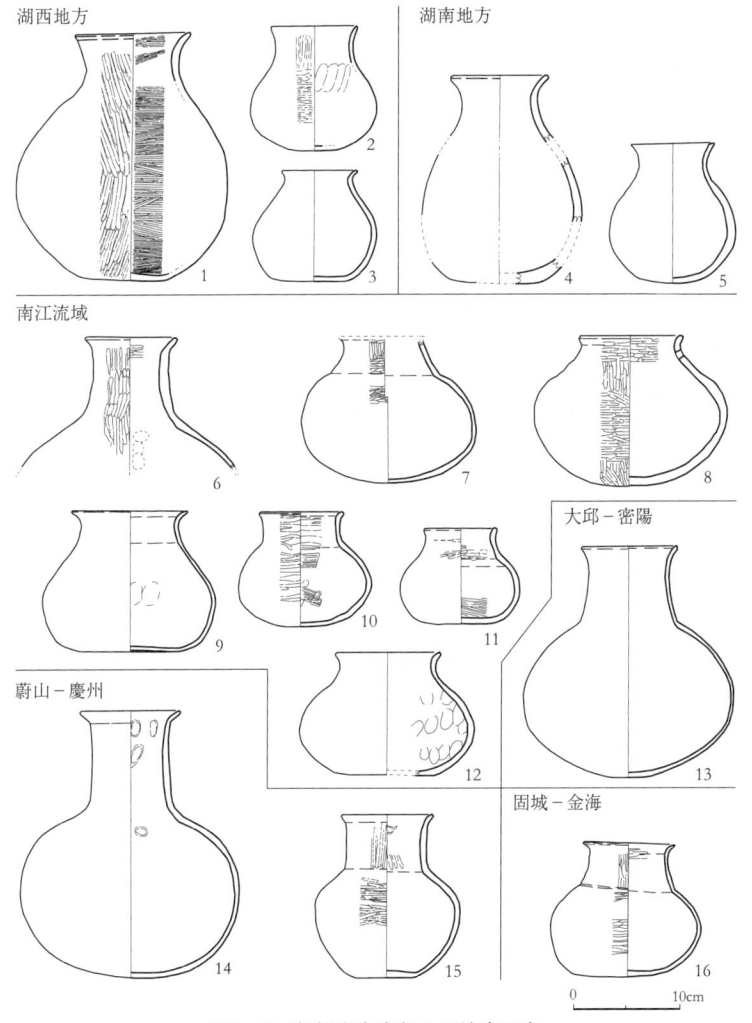

図6-14　朝鮮半島南部の丹塗磨研壺

1：竹山里カ1号積石遺構　2：黄石里破壊支石墓　3：松菊里54-5号住居跡　4：大光里シンギ3号
支石墓　5：梧峯里ラ群8号支石墓　6：大坪里玉房7地区ナB環濠　7：梧谷里30号石槨墓　8：道
項里サ号　9：内村里1-5号石棺墓　10：大坪里玉房1地区3号住居跡　11：大坪里玉房1地区60号
竪穴　12：上村里（漢）7号住居跡　13：大鳳洞1区2号支石墓　14：検丹里61号住居跡　15：検
丹里36号住居跡　16：府院洞土壙墓（6・9・16は筆者実測，ほかは各文献よりトレース・改変）

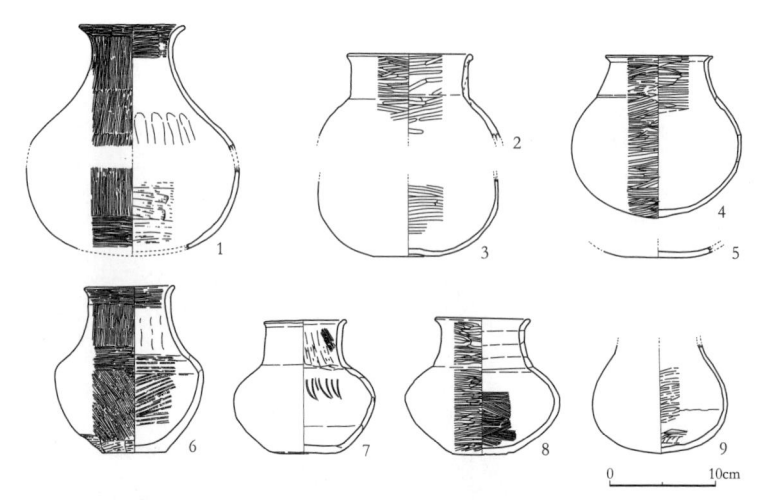

図6-15　北部九州の丹塗磨研壺

1：石崎曲り田W-4　2：菜畑9〜12層　3：宇木汲田84年度X層　4：雀居4・5層SD-003下層　5：石崎曲り田W-3　6：新町24号墓　7：新町45号墓　8：大友5次6号支石墓　9：宇木木汲田G-7〜10区（8は筆者実測，ほかは各文献よりトレース・改変）

列島の九州北部における丹塗磨研壺の様相を整理しよう。すると，各地域の丹塗磨研壺の形態的特徴は，次のように整理される。まず湖西地域では，大形・小形B類といった口縁部と胴部とがスムーズに連続する型式が主体である。底部形態は平底が主体であるが，丸底も若干存在している（図6-14-1〜3）。湖南地域では，丹塗磨研壺自体が少ないが，小形B類と底部形態は平底と丸底が存在する（図6-14-4・5）。九州北部においては，無文土器中期と併行する縄文晩期後葉に属する壺形土器のうち，半島南部からの搬入土器，ないしそれに近いと考えられる例を抽出すると，型式は大形B類，小形AⅡ・Ⅲ・B・C類がある。すなわち，口頸部と胴部の境界がはっきりしたものとそうでないもの両方がある。底部は，丸底と平底の両方がある（図6-15）。以上のことをふまえて，次に無文土器中期における嶺南地域の丹塗磨研壺の地域性を，型式・底部形態・出土遺構の構成比の点から明らかにしよう。

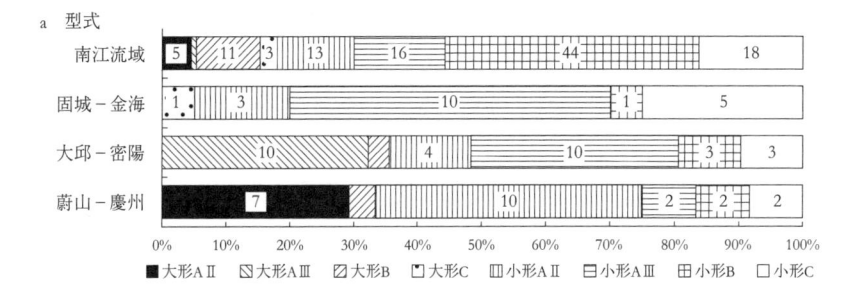

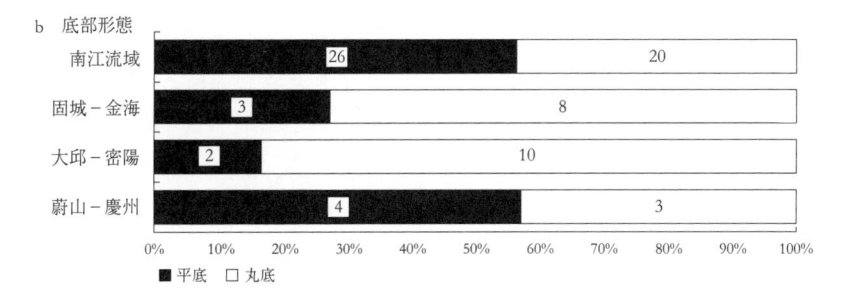

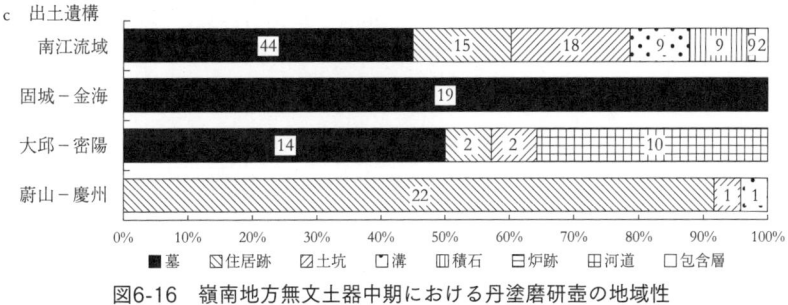

図6-16 嶺南地方無文土器中期における丹塗磨研壺の地域性

（Hashino［2011］より引用・改変）

D 無文土器中期における丹塗磨研壺の地域性

　ここでは，嶺南地方の資料のうち，存続時間幅が前期に収まる大形・小形AⅠ類と，共伴遺物・遺構により前期に属することが確実な例を除外したものを，中期に属する資料として分析する。これらの資料には，潜在的に前期にさかのぼりうるものも一部含んでいるが，地域ごとの大きな傾向

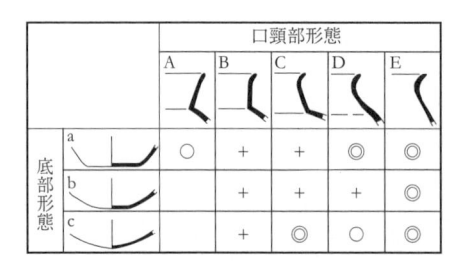

図 6-17　嶺南地方における丹塗磨研壺の口頸部・底部間の関係（Hashino［2011］より引用・改変）
＋：1～2例　○：3～4例　◎：5例以上

性を把握する目的においては, さほど問題にならないものと考える。なお, 各地域の例は図 6-14-6 ～ 16 の通りである。

型式の構成比

まず, 型式の構成比を検討しよう。図 6-16-a は, 地域ごとの型式の構成比を示したものである。これによれば, 対象とする四地域のそれぞれで, 主体となる型式が異なることがわかる。すなわち, 南江流域は小形 B 類, 固城—金海地域は小形 A Ⅲ 類, 大邱—密陽地域は大形 A Ⅲ 類, 蔚山—慶州地域は大形 A Ⅱ 類と小形 A Ⅱ 類が主体となっている。南江流域は, 口縁部と胴部とが連続する型式（大形・小形 B 類）が多いことから, 湖西地方との関係の強さがうかがえる。また組成をみると, 主体をなす小形 B 類のほかに, 大形 B 類・小形 A Ⅱ・A Ⅲ・C 類も一定量含まれ, 九州北部と最も近いことがわかる。

底部形態の構成比

次に, 底部形態の構成比を検討しよう。図 6-16-b は, 地域ごとの底部形態の構成比を示したものである。これによれば, 南江流域と蔚山—慶州地域は平底が優勢, 固城—金海地域と大邱—密陽地域は丸底が優勢であることがわかる。これらの地域のうち, 蔚山—慶州地域はサンプル数が少ないため, 判断が難しいが, 他の三地域は湖西地域との関連性の強弱を示していると考えられる。すなわち, 平底が多いことから, 南江流域が湖西地域との関係が最も強いものと判断される。

出土遺構の構成比

最後に, 出土遺構の構成比を検討しよう。図 6-16-c は, 地域ごとの出土遺構の構成比を示したものである。これによれば, 南江流域と大邱—密陽地域は墓が多く, そのあとに住居跡, 竪穴などが続く傾向にあることがわ

かる。固城―金海地域は墓出土例がすべてで，住居跡出土例はない。逆に，蔚山―慶州地域は住居跡出土例が大部分を占める。九州北部では墓出土例が多くを占めるが，住居跡出土例もみられることを考えると，南江流域と大邱―密陽地域のあり方が近いといえる。ただし，固城―金海地域と蔚山―慶州地域の二地域の構成比は，前者は居住域に当たる遺跡，後者は墓域に当たる遺跡に対する調査例が，現状では極めて少ないことを直接的に反映している可能性が高く，この分析結果にもとづいて，嶺南地域の小地域とその他の地域との関係を議論するのには問題がある。

E　嶺南地域における丹塗磨研壺の変容過程

　以上の分析によって，無文土器中期の嶺南地域の各地域のなかで，南江流域の丹塗磨研壺の組成が，湖西地域と九州北部の両地域と最も強い類縁性をもっていることが明らかとなった。これをふまえ次に，無文土器前期〜中期の南江流域おける丹塗磨研壺の形態変化を検討することによって，他の地域からの影響を明らかにしよう。**図6-17**は，嶺南地域における丹塗磨研壺の口頸部形態と底部形態の相関状況を示したものである。これによれば，口頸部形態A・B・Cと底部形態a・b・cとの間には一定の相関関係にあることがわかる。すなわち，口頸部形態Aと底部形態aだけと相関し，口頸部形態Bは底部形態a・b・cのいずれとも一定の相関が認められる。口頸部形態Cは底部形態a・b・cのいずれとも相関が認められるが，なかでもcと強く相関している。これは，先に行った編年の検討結果をふまえると，口頸部形態はAが，底部形態はaがそれぞれ最も古いことが明らかであるので，口頸部形態がA→B→Cというように変化するにつれ，底部形態もa→b→cといった方向で変化したことを示している。一方，口頸部形態A・B・Cと底部形態a・b・cとが共変動しているのとは無関係に，口頸部形態DとEは底部形態aと多くの相関例が認められる。これは，口頸部の内傾化と底部の丸底化に加えて，湖西地域において主体をなしている口頸部に境界をもたない例や平底の例が存在していることを示している。すなわち，この事象は，嶺南地域における独自の形態変化と，湖西地域か

表 6-2　嶺南地方各地における型式とミガキ方向

型式	南江流域				固城-金海				大邱-密陽				蔚山-慶州				合計
	縦	横	斜	複	縦	横	斜	複	縦	横	斜	複	縦	横	斜	複	
大形 A1		1															1
大形 A2	2	1															3
大形 A3									3								3
大形 B	9																9
大形 C	1																1
小形 A1		4	1											1			6
小形 A2	5	4		3	2	1					2		1	1			19
小形 A3	10	1	1	2					3	1							18
小形 B	20	6								1							27
小形 C	8	2		1						2							13
合計	55	19	2	6	2	1			6	6			1	2			100

註）「縦」は縦ミガキ，「横」は横ミガキ，「斜」は斜めミガキ，「複」は複合ミガキを示す。

らの影響という二つの側面を物語っているといえよう。

F　頸部ミガキ方向は何を示しているのか

　これまで嶺南地域における丹塗磨研壺の地域性について検討してきたが，最後に頸部ミガキ方向についても，再び検討する。先に提示した**図 6-13** の下段に，器種・型式ごとの頸部ミガキ方向の類型の数量を示している。まず，大形をみると，サンプル数の少ないＡⅠ・ＡⅡ・Ｃ類を除いて，縦方向が優勢かあるいはすべての例が縦方向であることがわかる。小形をみると，ＡⅠ類は横方向が優勢，ＡⅡ類は横方向と縦方向が同程度，ＡⅢ・Ｂ・Ｃ類は縦方向が優勢であることがわかる。これらのことから，先に行った半島南部全域の丹塗磨研壺の検討結果と同じく，ミガキの方向性と型式，すなわち口頸部の形態との間には，何らかの関係があるという予測が立つ。

　次に，ミガキ方向の分布について検討しよう。従来から「北部九州は横ミガキが主体」であるのに対して，「半島南部は縦ミガキが主体」という認識にもとづいて議論が展開されてきたが，この認識自体が現状の資料をみた場合，妥当と言えるのであろうか。**表 6-2** は，嶺南地域の各地域における丹塗磨研壺の器種・型式とミガキ方向の関係を示したものである。このうち，北部九州の壺形土器の祖型の一部となったととらえられる小形A2

類（口頸部が直立する型式）をみると，南江流域，固城―金海地域，蔚山―慶州地域では，「縦」と「横」が同数程度，大邱―密陽地域では「横」のみがみられる。全地域を通じてサンプル数が極めて少ないため，傾向性といえるものではないが，少なくともここでいえるのは，壺形土器の祖型となったと考えられる型式を抽出し，半島南部を小地域に分けてミガキ方向をみた場合，北部九州との対比で「縦ミガキが主体」とはいえないということである。

第2節　考　察

1　本編年案の相対化

　前節の分析で導いた編年案と，河仁秀の編年案 ［1992］ とを比較し，改めて筆者の見解を明確にしよう。まず，河仁秀は小形壺の型式を基準として，中期を前半と後半に細分しているが，これは妥当ではない。中期後半に位置づけられた型式群，すなわち頸部と胴部に不明瞭な稜をもつものや口縁部から胴部に至るまでスムーズに連続するものは，本書の分析結果からみて，前期前半から出現し，中期または前期後半まで存続するものである。そして，一系列の変化から発生するものではなく，複数系列を想定したうえで，特に頸部と胴部に明瞭な境界をもつ系列（小形A系列）と，口縁部から胴部に至るまでスムーズに連続する系列（小形B系列）・頸部と胴部に不明瞭な稜をもつ系列（小形C系列）が同時併存して存続したものと理解した方がよい。また，先述のように土器編年の方法の違いに起因することであるが，中期のとらえ方についても河仁秀と筆者の見解は異なる。すなわち，河の場合，小形壺の型式を基準として中期前半を前葉と後葉に細分しているが，筆者は他の文化要素との関係からみて，中期には頸部が直立する小形II類が残存し，新たに出現する内傾頸部をもつIII類と共存するものと考えている。複数要素の同時変化・生成・消滅を基に画期を求める筆者の立場からは，頸部の直立から内傾への変化については，共変動を

示す他の文化要素は現状では見あたらず，これを細分の指標とすることは
できない。したがって，大きく中期（休岩里式期〜松菊里式期）にまとめ
て把握している。ただ，頸部と胴部に明瞭な境界をもつ系列については，
大形・小形両方で，河仁秀［1992］の想定した型式組列，すなわち頸部が
外傾→直立→内傾という変化の方向を追認する結果となった。

さて，本編年案の中期の小形A系列には，口頸部が直立するⅡ類と内傾
するⅢ類が共存しており，北部九州の縄文晩期後葉にもこのような形態の
例がみられる。したがって，中期が北部九州の縄文晩期後葉にほぼ併行す
るものと考えられる。また，このことは，中期に属する型式群の底部に平
底とともに丸底化傾向にあるものや丸底がいくらか見受けられ，縄文晩期
後葉の壺の底部には平底と丸底両方がみられることからも支持される。な
お，丹塗磨研土器は無文土器前期には主として住居跡から出土するが，時
期が下ると墓出土例が増加する［後藤 1980］。このことは北部九州の縄文晩
期後葉において，丹塗磨研壺が副葬品として支石墓と結合して導入されて
いる事実と矛盾しない。

ところで，以上の編年案にもとづくならば，半島・列島の壺形土器にみ
られる形態変化の差異化が問題となろう。これまで，北部九州において縄
文晩期後葉に出現する壺は，無文土器文化の壺と類似し，その後，弥生前
期前葉（板付Ⅰ式期）に至ると，もはや無文土器とは呼べない，北部九州
独自の土器へと形態変化を遂げる［田中 1986］とされてきた。こうした見
解に対応して，河仁秀［1992］では，弥生前期併行期には，先述のように
頸部と胴部に不明瞭な稜をもつ型式や口縁部から胴部に至るまでスムーズ
に連続する型式が位置づけられており，半島南部と北部九州との形態変化
の差異化をフォローすることができた。ところが，本書の編年案では，縄
文晩期後葉〜弥生前期前葉にほぼ併行すると考えられる中期を細分せず，
一つにまとめており，この時期の形態変化については認めていない。しか
し，半島南部と北部九州とで，必ずしも形態変化の差異が同調して発現す
る過程を想定する必要はなく，両地域間で形態変化の速度に違いがあって
もよいわけである。すなわち，半島南部では形態変化の速度が極めて緩慢

でほとんど形態変化しない無文土器中期，縄文晩期後葉から弥生前期前葉の時期において，北部九州では急速に独自の形態変化を遂げたものと考えられるのである。

また本編年案では，複数系列の同時併存を想定しているが，北部九州の縄文晩期後葉には小形A系列のような頸部と胴部に明瞭な境界をもつ器種が多く，小形B系列のような口縁部から胴部に至るまでスムーズに連続する器種は少ない。縄文晩期後葉の土器には，口縁部・胴部・頸部といったパーツを選択し，組み合わせることで複数の器種を作り出すという，縄文後晩期以来の製作技法が存続しており［松本 2000］，意識的に胴部と頸部とを段階を置いて作り上げる小形A系列は，こうした土器製作システムに組み込まれやすい器種であったとみなせる。すなわち筆者は，土器製作に関する在来の文化規範にとって抵抗の少なかった器種（小形A系列）は受容され，その後，板付I式壺につながるのに対し，そうでない器種（小形B系列）は情報を知りつつも，北部九州での製作は少数にとどまり，その後，器種として定着しなかったものと考えている。

2　列島壺形土器の祖型とその形成過程

さて，半島南部のなかでも，どの地域の丹塗磨研壺が，縄文晩期後葉に列島へ導入される壺形土器の祖型となっているのであろうか。前節での分析結果によると，無文土器中期の南江流域における丹塗磨研壺の型式の構成比は，半島南部の諸地域のなかで，半島南部の湖西地域と列島の北部九州の両地域と最も類似していることがわかった。すなわち，これは湖西地域—南江流域—北部九州という濃密な情報伝達ラインを物語っている。このように，南江流域と北部九州との間に最も密接な関係を認めたのは，型式組成の類似性を評価するからであるが，個別の型式に着目すると，その範囲は南江流域より東側の固城—金海地域まで広がるものと考えられる。従来から，列島の縄文晩期後葉（夜臼式期）の遺跡から出土した壺形土器（丹塗磨研壺）のなかには，器壁が薄く頸部が内傾し丸底のものがあり（たとえば，菜畑遺跡 9 ～ 12 層例），これが半島南部の丹塗磨研壺と器形のう

えで極めて類似することが知られていた［沈奉謹 1979：小田 1986］。この頸部内傾壺は，本書での小形AⅢ類に相当するが，これを重視して前節での分析結果を見直すと，南江流域ばかりか固城―金海地域にもこの型式が存在し，さらにはこの地域では主体をなしていることが注意される。また，固城―金海地域の丹塗磨研壺は組成をみても，北部九州に存在する型式のうち，大形B類は欠くものの，残りの小形AⅡ・AⅢ・B・C類は認められる。したがって，列島へ導入された壺形土器の祖型は，半島南部の南江流域と固城―金海地域とを合わせた地域の丹塗磨研壺に求められる[2]。

　それでは，こうした壺形土器の祖型は，半島南部において，どのように形成されたのであろうか。前節において，嶺南地域における丹塗磨研小形壺の口頸部形態と底部形態の相関状況を検討した結果，嶺南地域における独自の形態変化と，湖西地域という外部からの影響という二つの側面が看取された。すなわち，嶺南地域独自の形態変化とみなせる小形A系列における型式変化と，湖西地域からの影響とみなせる小形B・C類の存在が把握された。こうした二系列の丹塗磨研小形壺の併存する状況は，列島の壺形土器の祖型となった南江流域や固城―金海地域の丹塗磨研壺が，湖西地域からの影響も受けつつ，同時に独自の変化を遂げたことを物語っている。さらに，こうした事象は後述するように，半島南部における松菊里文化の拡散と同調しており，松菊里文化が湖西地域で発生・拡散し，いったん南江流域や固城―金海地域で変容したものが，列島の北部九州に到達したことを示しているといえる。

　なお近年，密陽・大邱地域に中心に分布する丹塗磨研長頸壺や咸安地域に中心に分布する口頸部の内傾する丹塗磨研壺を口頸部と胴部を別に作って接合する系統，松菊里遺跡のフラスコ形壺や南江流域の短頸壺に代表される，胴部から口縁部まで一度に成形する系統とに分け，相互に異なる系譜をもつ土器とみなす研究も提出された［金美嘆 2011］。これは筆者が，端野［2006a］や Hashino［2006a, 2011］ですでに示していた丹塗磨研壺の各器種・型式の分布傾向とほぼ同じものを指摘したものと考える。ただし，注意すべきなのは前節の分析でも示した通り，この二つの系統の土器群は，

地域ごとに比率のうえで異なる系統が主体となるということであって，決して排他的に分布するというわけではないという点である。

3　頸部ミガキ方向の差異が示すものと地域性

本章では，半島南部の丹塗磨研壺の各器種・型式とミガキ方向の相関状況を検討した結果，ミガキの方向性とそれが施される頸部の長さや形態とは相関関係にあることがわかった。ここで再び，後藤明の民族考古学的研究［1997, 2001］を例に出すと，マレ島の土器作りでは，文様の構成と施文順序は，施文方法，施文道具の材質（石），器の重さと大きさ，さらに身体的特性（人間の手の動きと筋力）にかなり制約を受けるという。この例はミガキではないが，傾聴するに値する。これを参考にするならば，前節の分析結果は，土器製作者が頸部にミガキを施すに際して，その長さや形態によって，最も効率的な方向で行ったという可能性を示している。ミガキの方向を「縄文的要素」「渡来的要素」といった文化の違いを示す属性としてとらえてきた先行研究［中園 1994：家根 1997］は，物質文化にみられるパターンとその解釈との橋渡しをする領域，すなわちミドルレンジ［阿子島 1983］に関わる検討が不十分であったといえよう。

ところで，こうした「ミガキ方向と口頸部の長さや形態との間の相関関係」は，北部九州の事例にも当てはまるのであろうか。これまで日本の研究者によって，縄文晩期後葉の壺形土器の頸部に施されたミガキについては，縦方向＝渡来的要素，横方向＝縄文的要素，というように，その方向性に文化的な違いを認め，縄文土器製作技法からの連続性［中園 1994］や渡来人の規模［家根 1997］が議論されてきた。しかし，半島南部の事例でみられたように，ミガキ方向と口頸部の長さ・形態との間に相関関係が認められるとすれば，この議論が拠り所としていた前提条件そのものが崩れることとなる。そこで，詳細な検討をまだ行っていないが，いくつか事例をあげて，今後の研究の見通しを示したい。**図 6-15-1** は，本書分類の大形B類に相当する石崎曲り田遺跡出土例であるが，頸部が長く縦ミガキである。ただ，これは報告書では搬入品の可能性も指摘されており［福岡県教委

1985]，ただちに在地での製作とすることはできない例である。**図6-15-6**は，新町遺跡出土の小形壺である。肩部や底部の形態に縄文土器的要素がみられ，本書の分類を単純に当てはめるのは難しい。しかし，あえて口頸部形態で判定するならば小形ＡⅢ類となろうか。頸部が長めで縦方向である。**図6-15-8**は，小形ＡⅢ類に相当する大友遺跡出土例で，頸部は**図6-15-6**に比べて短く横ミガキである。このように，北部九州例をいくつかみても，頸部の長さとミガキの方向には何らかの関係がありそうである。なお，縄文晩期の浅鉢の頸部にみられるミガキが横方向であるのは，施す部位である頸部が極めて短いことからみて，そのような方向で磨くのは極めて自然な結果と考えられる。

　さて本章では，半島南部のなかでも資料数の豊富な嶺南地域における丹塗磨研壺のミガキ方向の分布についても検討した。その結果，縄文晩期後葉の壺形土器の祖型となったととらえられる型式を抽出し，半島南部をいくつかの小地域に分けてミガキ方向の分布をみた場合，北部九州の事例との対比によって，「半島南部は縦ミガキが主体」とは必ずしもいえないということが明らかとなった。したがって先行研究では，半島南部の丹塗磨研壺の型式差を考慮せず，かつ半島南部を一括して扱うといった前提自体に問題があったといえる。ただし現状で，嶺南地域の各地域における丹塗磨研壺の資料数は，ミガキ方向の地域性を鮮明とするほど十分ではないことも付け加えておこう。今後の資料の蓄積によって，半島南部のなかでのミガキ方向の地域性が鮮明となる可能性もある。ミガキ方向の地域性が鮮明となれば，当該期における半島・列島間交流を解明するための重要な手がかりの一つとなろう。

註
1)　第2章での無文土器文化編年の成果をふまえ，Hashino［2011］での結果を修正した。
2)　北部九州の資料をふまえた詳細な議論は，端野［2016］を参照されたい。

第7章　石庖丁製作伝統の拡散と変容

　石庖丁は，イネ科植物に対する穂摘具とみなせ，農耕の起源や伝播，受容を論じるための材料とされてきた。日本列島の石庖丁のルーツは，水稲農耕の起源地である朝鮮半島に求められるが，半島でのそれは一様ではない。半島のなかでの細かな違いを見出すことで，海峡を隔てた交流像をより豊かに描き出すことが可能となる。本章では，半島南部と九州北部の石庖丁を対象とし，計測的・非計測的属性と型式の分析を通じて，その時間性と地域性，形態的特徴・技法の発現過程を明らかにし，当該期における半島・列島間交流論を提示することを目的とする。なお，各地域・時期における石庖丁の事例は**図 7-13 〜 15** を参照されたい。

第1節　分析結果

1　分析に用いた地域区分

　対象とする半島南部を自然地形にもとづき，次の九つの地域に区分する（**図 7-1**）。すなわち，漢江流域（京畿道安山市・華城市・河南市・光明市・始興市・富川市・楊州郡・漣川郡・坡州市・驪州郡一帯の地域），嶺東地域（江原道江陵市・束草市・東海市・襄陽郡一帯の地域），中西部地域（京畿道平澤市，忠清南道牙山市・洪城郡・瑞山市・泰安郡・天安市・保寧市一帯の地域），錦江流域（大田広域市，忠清北道清州市・鎮川郡，忠清南道公州市・扶余郡・論山市・舒川郡一帯の地域），西南部地域（全羅北道鎮安郡，全羅南道康津郡・順天市・昇州郡・長城郡・寶城郡・羅州市・霊岩郡・谷城郡一帯の地域），南江流域（慶尚南道山清郡・泗川市・昌原市・晋州市・陜川市一帯の地域），金海地域（慶尚南道金海市・馬山市・咸安郡一帯の地

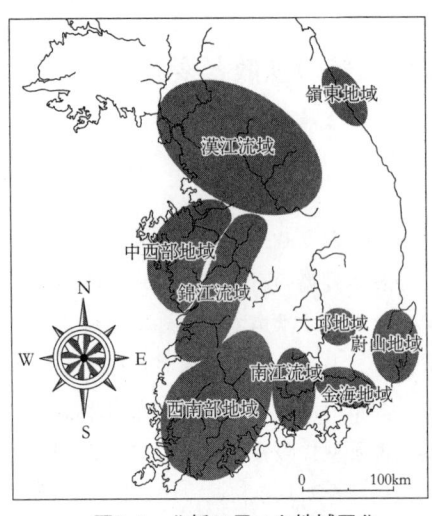

図7-1 分析に用いた地域区分

域），大邱地域（大邱広域市一帯の地域），蔚山地域（蔚山広域市，慶尚北道慶州市一帯の地域）の九地域である。

なお，分析にあたっては便宜的に，中西部地域・錦江流域・西南部地域・南江流域・金海地域・大邱地域をまとめて松菊里文化圏，残りの漢江流域・嶺東地域・蔚山地域をまとめて非松菊里文化圏と呼ぶことにする。これは，松菊里式住居・土器がそろって分布する範囲を「松菊里文化圏」と定義することによる。このほか，一般的に松菊里文化を定義づける文化内容として，三角形石庖丁・抉入柱状片刃石斧を含める場合があるが，本書では含めない。なぜなら三角形石庖丁は，本書では石庖丁を直接の分析対象としているため，それ自体を入れると循環論的になるからである。また裵眞成［2001］によれば，抉入柱状片刃石斧（有溝石斧）は，分布密度は異なるものの，半島全域に分布し，松菊里式住居・土器の分布範囲を大きく越えている。第1章第1節1で述べたように，北漢江流域では「泉田里類型」，蔚山地域では「検丹里類型」という文化類型が設定されていることから，これらの文化類型と松菊里類型とを区別するための指標として，抉入柱状片刃石斧は適さない。なお，このようにして設定される松菊里文化の範囲は，今後の発掘調査の進展により多少調整する必要が生じるかもしれないが，大きな変動はないものと考える。

2　分析に用いた計測的属性・非計測的属性

計測的属性は，武末純一［1983, 1988］・安承模［1985］・下條信行［1988］の提示した計測項目をあわせて用いた。すなわち，全長・幅・孔間・内

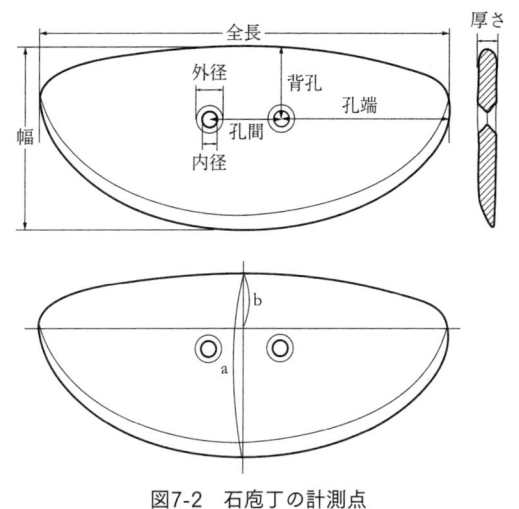

図7-2 石庖丁の計測点

長幅比は幅/全長を％で示したもの。弧背度はb/aを％で示したものである。

径・外径・背孔・孔端・長幅比・弧背度に，厚さを加えた10項目である（**図7-2**）。長幅比は数値が小さいほど横長を示し，弧背度は数値が0に近づくほど背部が直線状を呈することを示す。なお穿孔技法には二孔をドリルで穿つもの，一孔をドリルで穿つもの，擦切で穿つものがあるが[1]，孔間と孔端は二孔についてのみ計測した。

　非計測的属性は，刃部平面形態・刃部断面形態・穿孔技法の三属性を取り上げ，それぞれ以下のように分類する（**図7-3**）。あわせて事例もいくつか示す。

〈刃部平面形態〉

外湾形：弧状をなすもの。京畿道渼沙里遺跡（崇実大）A 5 号住居跡例（**図7-13-1**）・京畿道三巨里 8 号住居跡例（**図7-13-2**）をはじめ，多数みられる。

三角形：刃部が直線的な二辺からなるもの。忠清南道松菊里遺跡 19 号長方形住居跡例（**図7-14-2**）・全羅南道永坪里例（**図7-14-7**）をはじめ，多数みられる。

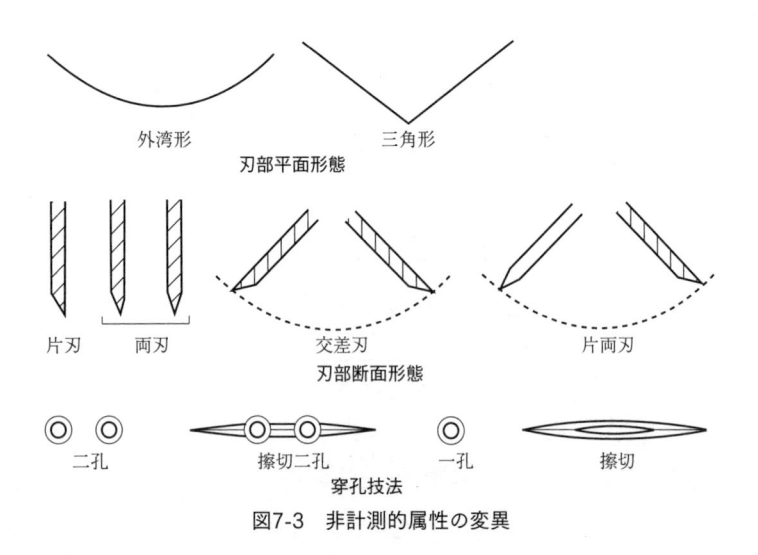

図7-3　非計測的属性の変異

〈刃部断面形態〉

片刃：忠清南道舟橋里遺跡 KC‐013 例（**図 7-13-9**）・慶尚南道大坪里漁隠
　　2 地区 2 号住居跡例（**図 7-14-10**）をはじめ，多数みられる。

両刃：（伝）慶尚南道泗川採集例（**図 7-14-13**）・慶尚南道梨琴洞 2 号住居
　　跡例（**図 7-14-15**）があげられる。両刃ではあるが両面の刃付けが非対
　　称のもの（偏刃両刃）もこれに含む。これには，慶尚南道沙月里遺跡
　　周辺採集資料（**図 7-14-11**），蔚山広域市検丹里遺跡 74 号住居跡例（**図
　　7-14-21**）があげられる [2]。

交差刃：両辺に表裏違えて片刃を形成するもの。忠清南道寛倉里遺跡
　　（高麗大）KC‐086 例（**図 7-13-10**）をはじめ，多数みられる。

片両刃：一辺に片刃，もう一辺に両刃を形成するもの。たとえば，忠清
　　南道松菊里遺跡 55‐6 号住居跡（Ⅰ層）例（**図 7-14-4**），大坪里遺跡 80
　　年度地表採集例（**図 7-14-12**）があげられる [3]。

〈穿孔技法〉

二孔：ドリルにより二孔が穿孔されたもの。江原道河中島遺跡 6 号住居
　　跡例（**図 7-13-3**）をはじめ，多数みられる。

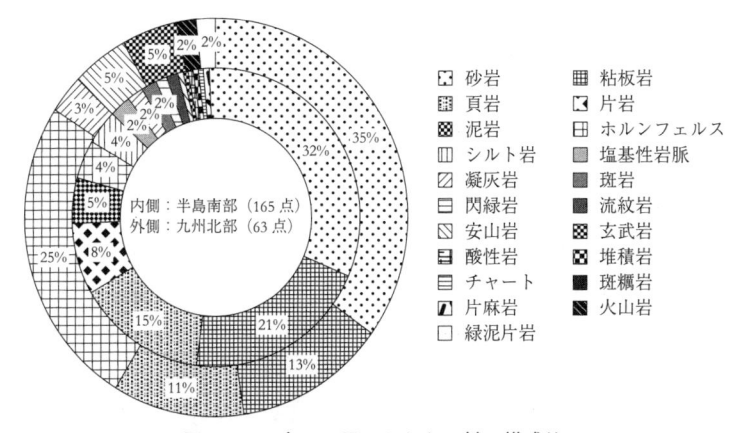

図7-4　石庖丁に用いられた石材の構成比

凡例：
砂岩　　粘板岩
頁岩　　片岩
泥岩　　ホルンフェルス
シルト岩　塩基性岩脈
凝灰岩　斑岩
閃緑岩　流紋岩
安山岩　玄武岩
酸性岩　堆積岩
チャート　斑糲岩
片麻岩　火山岩
緑泥片岩

内側：半島南部（165点）
外側：九州北部（63点）

擦切二孔：ドリルにより二孔が穿孔され，その間に擦切技法で溝が施されたもの。擦切溝は紐かけとしての機能が想定される［岡内 1974］。たとえば，蔚山広域市新峴洞黄土田遺跡10号住居跡例（**図7-14-19**）があげられる [4]。

一孔：ドリルにより一孔のみが穿孔されたもの。たとえば，慶尚南道梨琴洞2号住居址例（**図7-14-15**）があげられる。

擦切：擦切技法で穿孔されたもの。擦切により貫通しており，一孔のみを施した一孔類と同様の使用法が想定される。たとえば，（伝）慶尚南道泗川採集例（**図7-14-13**），大坪里遺跡80年度地表採集例（**図7-14-12**）があげられる。

なお，上記の類型のほかに，紐を引っかけるために抉りを施したものと思われる例がみられる。たとえば，半島南部では京畿道欣岩里遺跡12号住居跡例，九州北部では福岡県石崎曲り田遺跡黒色包含層例があげられる。しかし，例が極めて少なく，実際に紐かけに用いたかどうか確証が得られない例もあるため，本節では分析対象とはしない。

3　製作者の石材選択に対する検討

まず，サイズ・形態・技法の分析に入る前に，石庖丁製作者の石材選択のあり方を検討することにより，石材がサイズ・形態・技法に影響を与えたかどうかを明らかにしよう。**図7-4**は，半島南部と九州北部の石庖丁に用いられた石材の構成比を示したものである。分析に用いた石材の種類は，あくまで報告書の記載に従ったものであり，統一基準により筆者が自ら石材同定を行ったものではない。そのため，この分析はおおまかな傾向の把握を目的とするものであることをご了承されたい。これによれば，半島南部の石庖丁は，砂岩・粘板岩・頁岩・片岩・泥岩などの堆積岩・変成岩が80％以上を占めることがわかる。このような石材のあり方は，孫晙鎬［2001］がすでに指摘するように，①加工の容易さ，使用時の耐久性による選択，②入手の容易さによる選択という二つの製作者の選択性に起因するものと考えられる。また，九州北部の石庖丁も半島南部と同様，砂岩・ホルンフェルス・粘板岩・頁岩などの堆積岩・変成岩が80％以上を占めている。したがって，半島南部と九州北部との間に，石庖丁を製作する際の，製作者の石材選択に顕著な違いはないといえる。後述するように，半島南部の石庖丁は無文土器中期にいたると，サイズ・形態・技法において地域差が発生する。しかしこの地域差は，半島南部と九州北部にわたって，上記のような加工の容易さ，使用時の耐久性や入手の容易さにより石材選択が行われたとすると，用いた石材の種類に起因するものではなく，石庖丁製作にかかわる文化伝統の違いに起因するものと考えられる。そのため，時期や地域ごとのサイズ・形態・技法の違いを評価するにあたって，石材の違いが大きな障害となることはないといえる。

4　資料の所属時期の決定

第2章で検討した物質文化の存続時間幅にもとづき，小地域ごとの石庖丁の所属時期を決定した。なお，物質文化のうち，甕の文様については，以下の通りに分類した。

表 7-1　石庖丁の所属時期決定に用いた資料

No.	地域	遺跡	遺構	遺物番号	非計測的属性		
					刃部平面	刃部断面	穿孔技法
1	漢江	新梅大橋敷地	26号遺構埋土	図面275	外湾形	両刃	二孔
2	漢江	渼沙里（崇）	A4号住Ⅲ層	図面44-②	外湾形	両刃	二孔
3	漢江	渼沙里（崇）	A5号住	図面50-⑥	外湾形	片刃	二孔
4	漢江	三巨里	8号住	図面50-550	外湾形	両刃	二孔
5	漢江	三巨里	8号住	図面50-551	外湾形	両刃	二孔
6	漢江	三巨里	8号住	図面50-552	外湾形	両刃	二孔
7	漢江	三巨里	9号住	図面59-616	外湾形	片刃	二孔
8	漢江	欣岩里	第13号住	図4	外湾形	片刃	擦切二孔
9	漢江	欣岩里	第14号住	図5	外湾形	片刃	二孔
10	漢江	挙頭里	1号遺構	図面16	外湾形	片刃	二孔
11	漢江	古康洞	第10号住	図面50	外湾形	片刃	二孔
12	漢江	古康洞	第8号住	図面33	外湾形	片刃	二孔
13	漢江	古琴山	1号住	図1-⑤	外湾形	片刃	二孔
14	漢江	新梅大橋敷地	27号遺構	図面383	外湾形	片刃	二孔
15	漢江	渼沙里	（高）第005号住	図面152-6	外湾形	片刃	二孔
16	漢江	古康洞	第1号住	図面9-⑥	外湾形	片刃	二孔
17	漢江	古康洞	第1号住	図面9-⑦	外湾形	片刃	二孔
18	漢江	早洞里	6号住	図23-⑨	外湾形	片刃	二孔
19	漢江	欣岩里	第12号住	図1	外湾形	片刃	二孔
20	漢江	欣岩里	第12号住	図3	外湾形	両刃	-
21	漢江	堂下里	住埋土Ⅲ層	図面26-④	外湾形	両刃	二孔
22	漢江	堂下里	住埋土Ⅲ層	図面26-⑤	外湾形	片刃	二孔
23	漢江	河中島	7号住	図面223	外湾形	片刃	二孔
24	漢江	河中島	3号住	図面21	外湾形	片刃	二孔
25	漢江	河中島	6号住	図面205	外湾形	片刃	二孔
26	漢江	古康洞	積石環濠Ⅱ・Ⅲ層	図面24	外湾形	片刃	擦切二孔
27	嶺東	朝陽洞	2号住	図9-⑤	外湾形	片刃	二孔
28	嶺東	朝陽洞	2号住	図9-⑥	外湾形	片刃	二孔
29	嶺東	朝陽洞	2号住	図9-⑦	外湾形	片刃	二孔
30	嶺東	朝陽洞	2号住	図9-⑧	外湾形	片刃	二孔
31	嶺東	朝陽洞	2号住	図10-①	外湾形	片刃	二孔
32	嶺東	朝陽洞	2号住	図10-②	外湾形	片刃	二孔
33	嶺東	朝陽洞	2号住	図10-③	外湾形	両刃	二孔
34	嶺東	朝陽洞	2号住	図10-④	外湾形	片刃	二孔
35	嶺東	朝陽洞	2号住	図10-⑤	外湾形	片刃	二孔
36	嶺東	朝陽洞	2号住	図10-⑥	外湾形	両刃	二孔
37	嶺東	朝陽洞	4号住	図18-③	外湾形	両刃	二孔
38	嶺東	朝陽洞	7号住	図30-⑤	外湾形	両刃	二孔
39	嶺東	朝陽洞	7号住	図30-⑥	外湾形	片刃	二孔
40	嶺東	朝陽洞	7号住	図30-⑦	外湾形	片刃	二孔

第7章　石庖丁製作伝統の拡散と変容　413

No.	地域	遺跡	遺構	遺物番号	非計測的属性		
					刃部平面	刃部断面	穿孔技法
41	嶺東	朝陽洞	7号住	図30- ⑧	外湾形	片刃	二孔
42	嶺東	坊内里	1号住	図面11- ①	外湾形	両刃？	二孔
43	嶺東	坊内里	1号住	図面11- ②	外湾形	片刃	二孔
44	嶺東	坊内里	6号住	図面27- ④	外湾形	片刃	二孔
45	嶺東	池里	青銅器時代住	図9- ③	外湾形	片刃	二孔
46	嶺東	松林里	1号遺構	図6	外湾形	片刃	二孔
47	嶺東	浦月里	4号住	図18- ⑥	外湾形	？	二孔
48	嶺東	浦月里	4号住	図18- ⑦	外湾形	片刃	二孔
49	中西	白石洞	A -6号住	図面27- ⑤	外湾形	片刃	二孔
50	中西	白石洞	A -8号住	図面33- ②	外湾形	片刃	二孔
51	中西	白石洞	B -19号住	図面79- ①	外湾形	片刃	二孔
52	中西	白石洞	B -19号住	図面79- ②	外湾形	片刃	二孔
53	中西	白石洞	B -19号住	図面79- ③	外湾形	片刃	二孔
54	中西	白石洞	B -19号住	図面79- ④	外湾形	片刃	二孔
55	中西	白石洞	B -21号住	図面85- ④	外湾形	片刃	二孔
56	中西	白石洞	B -2号住	図面46- ①	外湾形	片刃	二孔
57	中西	白石洞	B -2号住	図面46- ②	外湾形	片刃	二孔
58	中西	龍院里	1号住	図面7- ⑦	外湾形	片刃	二孔
59	中西	館山里	KC -004	図11-4	外湾形	片刃	二孔
60	中西	館山里	KC -008	図17-8	外湾形	片刃	二孔
61	中西	舟橋里	KC -013	図面20-17	外湾形	片刃	二孔
62	中西	舟橋里	遺物包含層	図面45-22	外湾形	片刃	二孔
63	中西	白石洞	B -17号住	図面74- ③	外湾形	片刃	二孔
64	中西	白石洞	B -22号住	図面88- ①	外湾形	片刃	二孔
65	中西	白石洞	B -22号住	図面88- ②	外湾形	両刃？	二孔
66	中西	鳴岩里	14号住	図面49-2	外湾形	片刃	二孔
67	中西	鳴岩里	14号住	図面49-3	外湾形	片刃	二孔
68	中西	鳴岩里	7号住	図面60-2	外湾形	片刃	二孔
69	中西	芝制洞	5号住	図面67-1	外湾形	片刃	二孔
70	中西	芝制洞	5号住	図面67-3	外湾形	片刃	二孔
71	中西	寛倉里 (高)	KC -007	図面22-22	三角形	交差刃	二孔
72	中西	古南里	ナ1ピット貝殻層	図43- ②	三角形	交差刃	二孔
73	中西	寛倉里 (高)	KC -086	図面224-20	三角形	交差刃	二孔
74	中西	寛倉里 (高)	KY -818	図面315-58	三角形	交差刃	二孔
75	中西	寛倉里 (高)	KX -504	図面330-22	外湾形	片刃	二孔
76	中西	寛倉里 (高)	KC -040	図面124-217	外湾形	片刃	二孔
77	中西	寛倉里 (高)	KC -079	図面210-102	三角形	交差刃	二孔
78	錦江	思陽里	4号住	図16- ③	外湾形	片刃	二孔
79	錦江	官坪洞	3号住	図22- ②	外湾形	片刃	二孔
80	錦江	官坪洞	9号住	図37- ②	外湾形	片刃	二孔
81	錦江	龍岩洞	Ⅱ -11号住	図面51- ①	外湾形	片刃	二孔

No.	地域	遺跡	遺構	遺物番号	非計測的属性		
					刃部平面	刃部断面	穿孔技法
82	錦江	龍岩洞	Ⅱ-1 号住	図面 23-⑫	外湾形	両刃？	二孔
83	錦江	龍岩洞	Ⅱ-1 号住	図面 23-⑬	外湾形	両刃	二孔
84	錦江	龍岩洞	Ⅱ-1 号住	図面 23-⑭	外湾形	両刃	二孔
85	錦江	永登洞	Ⅰ-16 号住	p.150-558	三角形	？	二孔
86	錦江	盤橋里	第 1 号住	図面 26-⑨	三角形	交差刃？	一孔
87	錦江	大井洞	1-2 地区 KC-006 号住	図面 26-1	三角形	交差刃	二孔
88	錦江	大井洞	1-2 地区 KC-006 号住	図面 26-2	三角形	片刃	二孔
89	錦江	松菊里	55-6 号住（Ⅰ層）	図面 108-②	三角形	片両刃	二孔
90	錦江	麻田里	A区 KC-005 号住	図面 11-3	三角形	片刃	二孔
91	錦江	烏石里	95-1 号住	図面 40-③	外湾形	片刃	二孔
92	錦江	道三里	KC-003	図面 16-11	三角形	交差刃	二孔
93	錦江	松菊里	19 号長方形住	図面 4-⑧	三角形	交差刃	二孔
94	錦江	松菊里	54-11 号住	図 29-③	外湾形	片刃	二孔
95	錦江	松菊里	54-11 号住	図 29-④	外湾形	片刃	一孔
96	錦江	松菊里	54-14 号住	図 39-④	三角形	交差刃	二孔
97	錦江	松菊里	54-2 号住	図面 56-①	三角形	交差刃	二孔
98	錦江	松菊里	54-2 号住	図面 56-②	三角形	交差刃	二孔
99	錦江	松菊里	54-3 号住	図面 62-①	三角形	片刃	二孔
100	錦江	松菊里	54-3 号住	図面 62-②	三角形	交差刃	二孔
101	錦江	松菊里	54-5 号住	図 13-③	三角形	片刃	二孔
102	錦江	山儀里	22 号土壙	図面 53-⑭	三角形	交差刃？	二孔
103	錦江	山儀里	27 号土壙	図面 59-⑬	三角形	交差刃？	二孔
104	錦江	麻田里	KK-044 号土壙	図面 63-11	三角形	交差刃	一孔
105	錦江	麻田里	KK-046 号土壙	図面 67-1	三角形	交差刃	二孔
106	錦江	麻田里	KK-046 号土壙	図面 67-2	三角形	？	二孔
107	錦江	院北里	27 号土坑	図面 149-①	三角形	片刃	二孔
108	西南	大谷里（道弄）	5 号住	図面 9-⑧	外湾形	片刃	二孔
109	西南	大谷里（道弄）	5 号住	図面 9-⑨	外湾形	片刃	二孔
110	西南	大谷里（道弄）	52 号住	図面 104-⑧	三角形	交差刃	二孔
111	西南	大谷里（한실）	36 号住	図面 68-③	三角形	交差刃	一孔
112	西南	長川里	2 号住	図面 34-①	三角形？	交差刃	二孔
113	西南	長川里	第 2 号住	図面 7-①	三角形	交差刃	二孔
114	西南	洛水里	第 13 号住	図 38-⑬	三角形	交差刃	二孔
115	南江	大坪里玉房 5 地区	C-4 号長方形住	図面 235-②	外湾形	片刃	二孔
116	南江	大坪里玉房 5 地区	C-4 号長方形住	図面 235-①	外湾形	片刃	二孔
117	南江	大坪里玉房 5 地区	C-4 号長方形住	図面 236-③	外湾形	片刃	二孔
118	南江	大坪里玉房 5 地区	C-4 号長方形住	図面 237-①	外湾形	片刃	二孔
119	南江	大坪里玉房 5 地区	C-4 号長方形住	図面 237-②	外湾形	片刃	二孔
120	南江	大坪里玉房 5 地区	C-2 号長方形住	図面 215-③	外湾形	片刃	二孔
121	南江	大坪里玉房 5 地区	C-2 号長方形住	図面 215-②	外湾形	片刃	二孔
122	南江	大坪里玉房 5 地区	C-2 号長方形住	図面 216-②	外湾形	片刃	二孔

No.	地域	遺跡	遺構	遺物番号	非計測的属性		
					刃部平面	刃部断面	穿孔技法
123	南江	大坪里漁隠2地区	2号住	図面11-26	外湾形	片刃	二孔
124	南江	沙月里	第11号住	挿図39-⑦	外湾形	片刃	二孔
125	南江	沙月里	第11号住	挿図39-⑧	外湾形	片刃	二孔
126	南江	大坪里（文）	1号住	挿図21-③	外湾形	片刃	二孔
127	南江	大坪里（文）	1号住	挿図21-⑦	三角形	交差刃	一孔
128	南江	大坪里玉房8地区	埋土Ⅵ層	図面135-558	外湾形	片刃	二孔
129	南江	上村里（漢）	9号住	図面108-③	外湾形	片刃	二孔
130	南江	梨琴里	2号住	図面7-2	三角形	両刃	一孔
131	南江	梨琴里	62号住	図面47-4	三角形	両刃	一孔
132	南江	大坪里玉房（文）	2号支石墓	挿図88-②	外湾形	片刃	二孔
133	南江	大坪里玉房2地区	17号竪穴	図面74-466	三角形	交差刃	一孔
134	南江	大坪里玉房8地区	2号住	図面22-85	三角形	両刃	一孔
135	南江	大坪里玉房8地区	埋土Ⅴ層	図面134-540	外湾形	片刃	二孔
136	南江	大坪里漁隠（文）	2号支石墓南便石棺	挿図109-⑤	外湾形	片刃	二孔
137	南江	貴谷洞大村	11号住	図面28-3	外湾形	片刃	一孔
138	南江	大坪里玉房1地区	Ⅹ環濠	図面133-1767	三角形	片刃	一孔
139	南江	大坪里玉房1地区	Ⅳ環濠	図面122-1618	外湾形	片刃	二孔
140	南江	大坪里玉房1地区	Ⅴ環濠	図面115-1514	外湾形	片刃	二孔
141	南江	大坪里玉房1地区	131号竪穴	図面94-1265	三角形	交差刃	二孔
142	南江	大坪里玉房1地区	106号竪穴	図面79-1091	三角形	片刃	一孔
143	大邱	上洞	2次調査2号住	図面155-⑥	外湾形	片刃	二孔
144	大邱	松峴洞	2号住	図面8-4	外湾形	片刃	二孔
145	金海	梧谷里	2号住	図11-23	外湾形	片刃	二孔
146	金海	道項里	住	図面40-173	外湾形	片刃	二孔
147	蔚山	新峴洞黄土田	10号住	図面19-30	外湾形	片刃	擦切二孔
148	蔚山	芳基里	青銅器時代5号住	図面12-2	外湾形	片刃	二孔
149	蔚山	新峴洞黄土田	13号住	図面25-45	外湾形	片刃	二孔
150	蔚山	新峴洞黄土田	15号住	図面27-51	外湾形	片刃	二孔
151	蔚山	新峴洞黄土田	31号住	図面51-119	外湾形	片刃	二孔
152	蔚山	倉坪里	6号住	図面22-1	外湾形	片刃	擦切二孔
153	蔚山	倉坪里	14号住	図面36-3	外湾形	片刃	二孔
154	蔚山	川上里	28号住	図面55-3	外湾形	片刃	二孔
155	蔚山	川上里	28号住	図面55-4	外湾形	片刃	擦切二孔
156	蔚山	鳳渓里（蔚州）	Ⅰ-7号住	図面13-6	外湾形	片刃	二孔
157	蔚山	鳳渓里（蔚州）	Ⅱ-7号住	図面55-13	外湾形	片刃	二孔
158	蔚山	錫杖洞	7号住	図面7-5	外湾形	片刃	擦切二孔
159	蔚山	隍城洞	Ⅰナ-1号住	図面4-10	外湾形	片刃	二孔
160	蔚山	隍城洞	Ⅰナ-1号住	図面5-11	外湾形	片刃	二孔
161	蔚山	隍城洞	Ⅰナ-1号住	図面6-20	外湾形	片刃	二孔
162	蔚山	隍城洞	Ⅱラ-1号住	図面143-21	外湾形	片刃	擦切二孔
163	蔚山	検丹里	2号住	図面7-12	外湾形	片刃	二孔

No.	地域	遺跡	遺構	遺物番号	非計測的属性		
					刃部平面	刃部断面	穿孔技法
164	蔚山	検丹里	74号住	図面108-5	外湾形	両刃	二孔
165	蔚山	陰城洞	Ⅱラ-6号住	図面164-297	外湾形	片刃	二孔
166	蔚山	陰城洞	Ⅱラ-6号住	図面164-298	外湾形	片刃	二孔
167	蔚山	斗旺洞	2号住	図面10-①	外湾形	片刃	二孔
168	蔚山	薬泗洞	1号住	図面13-18	外湾形	片刃	二孔
169	蔚山	薬泗洞	1号住	図面13-19	外湾形	片刃	二孔
170	蔚山	茶雲洞マ区域	1号住	図面11-⑳	外湾形	片刃	二孔
171	蔚山	川上里	11号住	図面24-4	外湾形	片刃	二孔

註） No.は表7-2に対応，遺物番号は各文献のもの。

表 7-2　石庖丁の所属時期決定に用いた資料とその結果

No.	時期	住居跡							甕の文様						長胴壺				磨研壺					磨製石鏃							磨製石剣				
		1	2	3	4・5	6	7		二短	二複	単文	無文	米粒	円粘	1	2・3	4		AI	AII	AIII	B	C	無茎	有段1	有段2	無段1	無段2	無関1	無関2	有段	有節	無段	有茎	抉茎
1	前期	△									○	○														○									
2	前後		△								○													○		○					○				
3	前後		○								○															○									
4	前後		△																					○	●	○					○				
5	前後		△																					○	●	○					○				
6	前後		△																					○	●	○					○				
7	前後		○												○									○	●	○									
8	前後		△																							○									
9	前後		△								○													○	●	○									
10	前後		○								○							○						○		○									
11	前後		○								○				○																				
12	前後		○																														○	○	
13	前後		○								○							○																	
14	前後				○						○	○																○			○				
15	前後			○																											○				
16	前後			○							○				○									○	○										
17	前後			○							○				○									○	○										
18	前後										○				○						C				○					○				
19	前後～中期	△									○													○	○	●					○		○		
20	前後～中期	△									○													○	○	●					○		○		
21	前期～中期	△									○	○												○	●	○		○							
22	前期～中期	△									○	○			○									○	●	○		○							
23	中期	△									○																								
24	中期			○							○																								
25	中期			△							○																								
26	前後～後前										○	○		○										●		●		○							
27	前前	●	●						○	○												C													
28	前前	●	●						○	○												C													
29	前前	●	●						○	○												C													
30	前前	●	●						○	○												C													
31	前前	●	●						○	○												C													
32	前前	●	●						○	○												C													
33	前前	●	●						○	○												C													

No.	時期	住居跡 1	2	3	4·5	6	7	裏の文様 二短	二複	単文	無文	米粒	円粘	長側壺 1	2·3	4	磨研痕 AI	AII	AIII	B	C	磨製石鏃 無茎	有段1	有段2	無段1	無段2	無関1	無関2	磨製石剣 有段	有節	無段	有茎	扶茎
34	前前	●	●						○	○																							
35	前後	●	●						○	○																							
36	前前	●	●						○	○																							
37	前前	●	●						○	○																							
38	前前	●	●						○	○																							
39	前前	●	●						○	○																							
40	前前	●	●						○	○																							
41	前前	●	●						○	○																							
42	前前								○	○																							
43	前前	○	○	○					○	○	○																						
44	前前								○	○		○																					
45	前期													○																			
46	後期																				○												
47	前期											○								○													
48	前期	○	○						○										○			○											
49	後前	△																															
50	前後	○							○	○				○																			
51	前前	○							○	○				○																			
52	前前	○							○	○				○																			
53	前後	○							○	○				○																			
54	前後	△							○	○				○			○										●	●					
55	前後	○							○	○				○			○																
56	前後	○							○	○				○			○																
57	前前	○							○	○	○			○			○																
58	前後	△								○					○												○	●	●				
59	前前	○							○	○	○										○												
60	前前	●							○	○	○							○				○											
61	前前	○							○	○	○											○					○						
62	前後																														○			
63	前後	△							○	○	○																						
64	前後	△							○	○	○			○																			
65	前後	○									○			○																			
66	前後	○							○	○	○																						
67	前後	○	○						○	○	○																			○			
68	前後	○	○						○	○	○																			○			

磨製石剣 / 磨製石鏃 / 磨研壺 / 長頸壺 / 甕の文様 / 住居跡 資料分布表

No.	時期	住居跡 1	2	3	4·5	6	7	甕 二短	二複	単文	無文	米粒	円粘	長頸壺 1	2·3	4	磨研壺 AI	AII	AIII	B	C	石鏃 無茎	有段1	有段2	無段1	無段2	無関1	無関2	有段	有茎	石剣 無段	有節	有茎	抉基
69	前期～中期									○	○																				○			
70	前期～中期									○	○			○									○					○			○			
71	中後					△													○								○							
72	中期								○		○			○									○		○		○							
73	中後					△					○			○																				
74	中後										○			○									○	○			○							
75	中後											○	○	○									○	○	○		○			○				
76	中後～後前					△	△			○													●											
77	中後～後前					△				○																								
78	前前							○		○							○																	
79	前前			○				○						○																				
80	前前	○	○	○				○		○	○			○																				
81	前期	●	●	●						○	○			○																				
82	前期		△	△						○	○			○																				
83	前期		△	△						○	○			○																				
84	前期										○			○																				
85	中後					△					○			○							○						○							
86	中後					△					○			○																				
87	中後					△					○			○																				
88	中後					△					○			○																				
89	中後					△					○			○							○						○			○				
90	中後					△					○			○																				
91	中後					△					○			○							○													
92	中後					△					○			○							○			○	○		○			○				
93	中後						○							○																				
94	中後						○							○																				
95	中後						○							○																○	○			
96	中後						○							○	○																			
97	中後						○							○							○					●						○		
98	中後						○							○							○					●						○		
99	中後						○							○							○													
100	中後						○							○																				
101	中後						○							○							○													
102	中期													○																				
103	中期													●	●																			

420

No.	時期	住居跡						甕の文様						長胴壺			磨研壺					磨製石鏃							磨製石剣				
		1	2	3	4・5	6	7	二短	二複	単文	無文	米粒	円粘	1	2・3	4	AⅠ	AⅡ	AⅢ	B	C	無茎	有段1	有段2	無段1	無段2	無関1	無関2	有段	有節	無段	有茎	抉茎
104	中後															○																	
105	中後															○																	
106	中後															○																	
107	中後															○																	
108	中期			△						○															○							○	
109	中期			△						○															○							○	
110	中後				●											○																	
111	中期					▲																						○					○
112	中期																									○							
113	中後					○										○											○						
114	原三国																																
115	前前		○						○	○	○						○																
116	前前		○						○	○	○						○																
117	前前		○						○	○	○						○																
118	前前		○						○	○	○						○																
119	前前		○						○	○	○						○																
120	前後		○							○																							
121	前後		○							○																							
122	前後		○							○																							
123	前前		○						○					○										○									
124	前前		●	●				○	○	○				○			○							○					○				
125	前前		●	●				○	○	○				○			○							○					○				
126	前期～中期		△							○	○			○			○				○					○			○				
127	前期～中期		△							○	○			○			○				○					○			○				
128	前期～中期																								○								
129	中前				○																												
130	中期					○																				○							
131	中期					○																											
132	中期																														○		
133	中後										○					○																	
134	中期					○				○																○							
135	中期																									○							
136	中期																									○							
137	中期					○																											
138	中後										○					○		○	○	○	○										○		

No.	時期	住居跡						甕の文様						長胴壺			磨研壺					磨製石鏃							磨製石剣				
		1	2	3	4・5	6	7	二短	二複	単文	無文	米粒	円粘	1	2・3	4	AI	AII	AIII	B	C	無茎	有段1	有段2	無段1	無段2	無関1	無関2	有段	有節	無段	有茎	抉茎
139	中期									○	○															○							
140	中期									○	○																						
141	中期										○															○							
142	中後														○																		
143	前後	○									○							○															
144	中期	○																								○							
145	中期				○																												
146	中期				○																					●							
147	前期	○																				○											
148	前期～中期	○																															
149	前期～中期	○																															
150	前期～中期	○																															
151	前期～中期	○																															
152	前期～中期	●							○																								
153	前期～中期	●																○															
154	前期～中期	○																							○								
155	前期～中期	○																							○								
156	前期～中期	○																							○								
157	前期～中期	○									○																						
158	前期～中期	○																															
159	前期～中期	○									○																						
160	前期～中期	○									○																						
161	前期～中期	○									○																						
162	中期	○											○																				
163	中期		○								○																						
164	中期		○						○		○		○					○															
165	中期		○						○	○	○		○																				
166	中期		○						○	○	○		○																				
167	中期		○								○		○																				
168	中期		○							○			○																				
169	中期		○							○			○																				
170	中期		○										○	○								○			○								
171	中期		○										○																				

註） 1　No. は表 7-1 と対応。
　　2　時期の「前前」は前期前半，「前後」は前期後半，「中前」は中期前半，「中後」は中期後半，「後前」は後期前半を示す。
　　3　●は判定の曖昧なもの，△は埋土のため，遺物との共伴関係にある程度の時間幅を見積もるべきものを示す。

二短：二重口縁短斜線文。

二複：二重口縁短斜線文と口唇刻目文や孔列文との複合文。

単文：短斜線文，口唇刻目文，孔列文の単純文。ただし，口唇刻目文＋
　　　孔列文の複合文も含む。

無文：文様の施されないもの。

米粒：検丹里式土器の指標である米粒文。

円粘：円形粘土帯。

　この結果は，**表7-1・2**の通りである[5]。表にも示してあるが，住居跡
の型式により所属時期の決定を行う場合は，床面直上から出土した資料の
みを対象とした。これは住居が埋没する過程で，ある程度の時間幅をもっ
て遺物が埋没することを考慮し，住居が廃棄された時期と遺物が埋没する
時期とを同時期とみなすことを極力避けるためである。なお分析は，以上
の手続きの結果から得られた無文土器時代「前期」・「中期」という大別時
期区分にもとづいて行った。石庖丁の時間的変化を追跡するにあたっては，
このような大まかな時間尺度でも，問題はないものと考える。

5　計測的属性の時間的・空間的様相

　次に，以上の手続きにより所属時期の決定された資料を対象として，計
測的属性の時間的・空間的様相を検討しよう。**表7-3**は，半島南部の諸地
域と九州北部における計測的属性の時期ごとの平均値を示したものである。
個々の地域の平均値だけでなく，中西部地域・錦江流域・西南部地域・南
江流域・大邱地域・金海地域をまとめた松菊里文化圏の平均値，漢江流
域・嶺東地域・蔚山地域をまとめた非松菊里文化圏の平均値，さらに半島
南部全体の平均値を算出した。そして，サンプル数を十分に確保できた松
菊里文化圏・非松菊里文化圏・半島南部全体については，前期と中期の平
均値の差を t 検定により統計的に有意差があるのかどうかを検討した[6]。

　まず，半島南部全地域の平均値をみると，前期と中期との間に5％水準
以下で統計的に有意差が認められた属性は，全長・幅・孔間・外径・孔
端・長幅比・弧背度・厚さの八属性で，そのうち増加傾向にあるものは

表 7-3 各地域・時期における計測的属性の平均値

地域	時期		全長	幅	孔間	内径	外径	背孔	孔端	長幅比	弧背度	厚さ
漢江	前期	平均	155.1	50.4	27.8	4.2	10.3	16.6	66.6	32.7	20.0	8.6
		個体数	18	18	18	18	18	18	18	18	18	18
	中期	平均	122.3	53.3	20.0	3.5	6.7	10.0	52.2	43.7	0.3	9.5
		個体数	3	3	3	3	3	3	3	3	3	3
嶺東	前期	平均	162.8	51.3	24.4	4.1	11.1	16.4	70.2	31.8	21.8	8.7
		個体数	20	20	20	20	20	20	20	20	20	20
	後期前半	平均	166.5	48.5	21.3	4.3	9.5	12.5	72.8	29.0	9.1	7.3
		個体数	2	2	2	2	2	2	2	2	2	2
蔚山	前期	—	161.0	38.0	24.0	5.0	12.0	12.0	82.0	23.6	30.3	7.5
		個体数	1	1	1	1	1	1	1	1	1	1
	中期	平均	136.8	44.2	23.9	4.2	9.7	15.4	61.3	33.0	14.1	8.0
		個体数	10	10	10	10	10	10	10	10	10	10
非松菊里文化圏	前期	平均	159.5	50.5	25.7	4.2	10.7	16.2	69.0	31.9	20.6	8.5
		個体数	39	39	39	39	39	39	39	39	39	39
	中期	平均	133.4	46.3	23.0	4.0	9.0	14.1	59.2	35.4	10.9	8.3
		個体数	13	13	13	13	13	13	13	13	13	13
中西部	前期	平均	160.2	51.3	31.2	4.9	11.2	15.8	66.2	32.8	18.8	7.6
		個体数	20	20	20	20	20	20	20	20	20	20
	中期	平均	111.6	64.6	24.6	5.5	9.1	16.5	48.7	58.7	-0.9	7.5
		個体数	7	7	7	7	7	7	7	7	7	7
錦江	前期	平均	193.4	55.4	34.0	5.4	12.1	16.5	80.9	28.8	8.0	7.1
		個体数	7	7	7	7	7	7	7	7	7	7
	中期	平均	126.9	57.5	22.8	4.0	8.5	16.5	55.6	46.6	4.5	6.8
		個体数	23	23	20	21	22	23	20	23	23	23
西南部	前期	平均	114.2	56.0	17.4	4.4	8.0	12.5	47.5	49.7	-0.3	7.7
		個体数	6	6	6	6	6	6	5	6	6	6
	原三国	—	112.0	69.0	24.0	4.0	7.5	9.0	46.0	61.6	15.9	8.0
		個体数	1	1	1	1	1	1	1	1	1	1
南江	前期	平均	176.8	55.0	31.8	3.6	11.3	19.3	74.3	32.5	18.0	8.4
		個体数	11	11	11	11	10	11	11	11	11	11
	中期	平均	116.0	55.3	22.3	4.0	12.4	20.8	49.8	49.0	6.6	8.1
		個体数	14	14	6	14	14	14	6	14	14	14
大邱	前期	—	158.0	45.0	32.0	5.0	9.0	19.0	64.0	28.5	13.3	9.5
		個体数	1	1	1	1	1	1	1	1	1	1
	中期	—	159.0	49.0	28.0	3.5	8.5	11.0	65.0	30.8	40.8	6.0
		個体数	1	1	1	1	1	1	1	1	1	1
金海	前期	平均	123.0	52.0	22.0	2.3	8.8	17.3	51.0	42.1	6.7	7.5
		個体数	2	2	2	2	2	2	2	2	2	2

地域		時期		全長	幅	孔間	内径	外径	背孔	孔端	長幅比	孤背度	厚さ
文化圏	松菊里	前期	平均	170.8	52.9	31.9	4.6	11.4	17.0	71.1	31.9	16.5	7.8
			個体数	39	39	39	39	38	39	39	39	39	39
		中期	平均	121.0	57.3	22.5	4.1	9.6	17.1	52.6	48.7	4.6	7.4
			個体数	53	53	41	51	52	53	41	53	53	53
全地域	半島南部	前期	平均	165.0	51.8	28.9	4.4	11.0	16.7	69.9	31.9	18.9	8.2
			個体数	78	78	78	78	77	78	78	78	78	78
		中期	平均	123.5	55.2	22.6	4.1	9.5	16.5	54.2	46.1	5.8	7.6
			個体数	66	66	54	64	65	66	54	66	66	66
九州北部		黒川式期（貫川）	―	193.5	51.5	32.5	7.5	10.0	20.0	82.5	26.6	10.7	6.0
			個体数	1	1	1	1	1	1	1	1	1	1
		夜臼～板付Ⅰ式期	平均	136.9	64.9	27.6	4.9	11.7	19.3	59.5	47.6	5.4	6.4
			個体数	24	24	17	26	26	28	14	24	24	43

註）　1　有意差が認められたペアとその水準　　■ 0.1%　■ 1%　■ 5%
　　　2　九州北部夜臼式期～板付Ⅰ式期のトーンは半島南部全地域との有意差を示す。

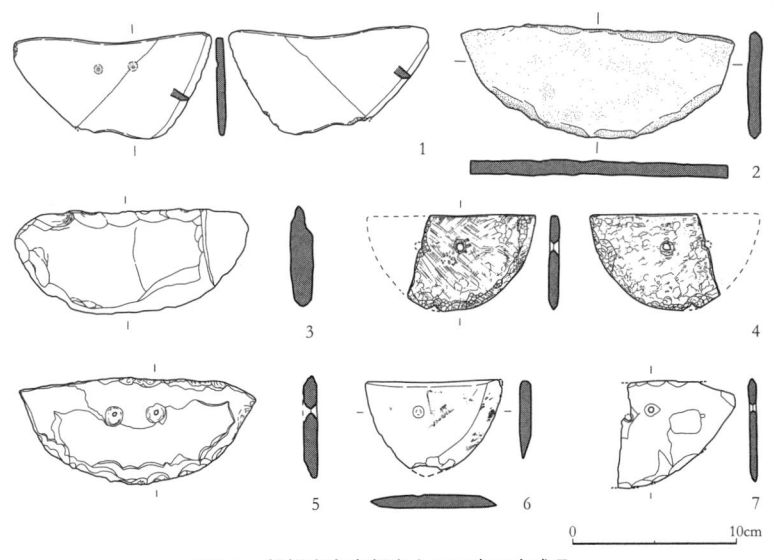

0　　　　　　　　10cm

図7-5　朝鮮半島南部出土の石庖丁未成品

1：寛倉里（亜州大）8号住居跡　　2：大坪里玉房5地区C-4号住居跡　　3：麻田里005号住居跡
4：大坪里玉房3地区採集　　5：沙月里11号住居跡　　6：巣松里貝塚　　7：大坪里1号住居跡
（1・6：研磨後穿孔　　2・3：打裂　　4・5・7：打裂後穿孔）各文献よりトレース・改変。

幅・長幅比の二属性，減少傾向にあるものは全長・孔間・外径・孔端・弧背度・厚さの六属性であることがわかる。すでに孫晙鎬が本書の計測項目と一部重複する項目を対象として分析を試みているが，これによると，全長・孔間・孔端・背孔が 5 ％以下水準で有意差が認められ，時間的変化を示す一方，幅・外径・内径・厚さは有意差がなく，時期的変化は示さないという［孫晙鎬 2001］。これは幅・外径・厚さは時間的変化を示さず，また背孔は時間的変化を示すとしている点で，本書の分析結果とは異なる。孫晙鎬は，本書で分析対象とした「魚形」・「舟形」・「三角形」，ないし「弧背弧刃系」と呼ばれる型式群のほかに，「長方形」・「櫛形」と自身が新たに設定した型式（梯形・逆梯形・偏舟形）を含め，かつ半島全体出土資料を対象に分析を行ったため，その結果に歪みが生じたものと考えられる。「魚形」・「舟形」→「三角形」という大きな変化の流れを，計測的属性により把握するためには，他の系列に属する型式群を除外したうえで分析すべきであろう。

　次に，松菊里文化圏の平均値をみると，全長・幅・孔間・外径・孔端・長幅比・弧背度の七属性で，前期と中期との間に 5 ％水準以下で統計的に有意差が認められた。このうち，増加傾向にあるものは幅・長幅比の二属性で，減少傾向にあるものは全長・孔間・外径・孔端・弧背度の五属性である。このように，全長の減少とともに，孔間・外径・孔端が減少するのは，石庖丁が，**図 7-5** にあげた未成品の事例が示す通り，荒割→打裂→（敲打）→研磨→穿孔，あるいは荒割→打裂→（敲打）→穿孔→研磨という工程を経て，製作されることと深く関連する。すなわち，製作工程において，まず全体のサイズや形態が決定され，その後に孔の位置やサイズが決定されるという順序による製作上の制約をよく反映しているのである。前期から中期にわたって比較的多くのサンプルが得られた中西部地域・錦江流域・南江流域をみると，中西部地域と錦江流域は松菊里文化圏全体の傾向と同様であるが，南江流域は外径が増加している点で，松菊里文化圏全体の傾向とは異なる。これは後述するように，中西部地域と錦江流域では中期にいたっても前期から引き続き，穿孔技法として二孔が主として用い

られるのに対し，南江流域では中期になると，一孔が多く採用されるようになる動向と大きく関連するものと考えられる。また，松菊里文化圏の中西部地域・錦江流域・南江流域の三地域では，弧背度が前期から中期にかけて減少する。すなわち，背部の直線化という傾向を示している。西南部地域では，前期のサンプルを欠くが，全長・幅・孔間・外径・孔端・孔端・長幅比・弧背度の中期の平均値は，松菊里文化圏の中期の平均値に近い。なお，原三国時代まで下る例が全羅南道洛水里遺跡で1例のみ出土しているが，弧背度をのぞき，全長・幅・孔間・外径・孔端・長幅比は松菊里文化圏の中期の平均値に近いものとなっている。大邱地域では，前期に属するものは1例のみであるが，外径を除き，全長・幅・孔間・孔端・長幅比・弧背度は松菊里文化圏の前期の平均値に近い。中期に属するものも1例のみで，前期の例と同様，外径は松菊里文化圏の中期の平均値に近いものの，全長・幅・孔間・孔端・長幅比・弧背度は松菊里文化圏の前期の平均値に近い。一方，金海地域は，前期のサンプルを欠き，中期が2例のみであるが，幅を除き，全長・孔間・外径・孔端・長幅比・弧背度は松菊里文化圏の中期の平均値に近い。

　次に，非松菊里文化圏の平均値をみると，全長・外径・孔端・弧背度の四属性で，前期と中期との間に5％水準以下で統計的に有意差が認められた。中期の平均値は漢江流域と蔚山地域のものを合わせて算出したものであるが，統計的に有意差が認められた四属性は全て減少傾向である。幅・長幅比の増加，孔間の減少がみられない点は松菊里文化圏とは異なる。嶺東地域では，前期と判断した資料のなかから，中期に併行する時期のものを分離することができなかったが，代わりに後期前半（水石里式）の2例をあげる。これをみると，外径・弧背度は非松菊里文化圏全体の傾向と同様，減少しているが，全長・孔端は逆にやや増加している。

　最後に，九州北部の時期ごとの計測値・平均値と，半島南部全体の時期ごとの平均値とを比較しよう。まず，縄文晩期中葉（黒川式期）に属する1例，すなわち福岡県貫川遺跡出土例（**図7-15-1**）は，無文土器前期の平均値と比較すると，全長・孔間・内径・背孔・孔端はそれより大きく，幅・

外径・長幅比・弧背度・厚さは小さいことがわかる。縄文晩期後葉（夜臼式期）〜弥生前期前葉（板付Ⅰ式期）の平均値と，松菊里文化圏の中期の平均値との間に，5％水準以下で統計的に有意差が認められた属性は，全長・幅・孔間・外径・孔端・厚さの七属性で，全長・幅・孔間・外径・孔端は九州北部の平均値が大きく，厚さは松菊里文化圏の平均値が小さい。

6　遊離資料の所属時期比定

非計測的属性の検討に先立って，出土住居跡・共伴遺物の型式により所属時期が決定された資料の計測値をもとに，遺構・遺物をともなわない遊離資料の所属時期を比定し，分析に耐えうるのに十分なサンプル数の確保を目指した。これにあたっても，松菊里文化圏と非松菊里文化圏を分けて行った。まず，松菊里文化圏では，時間的変化を示す属性のうち，孔とは関係のない属性，すなわち全長・幅・長幅比・弧背度の間の相関関係の強弱を，相関分析を用いて検討することにより，どの属性が他の属性と相関性が強く，時間性を最も反映するかを明らかにした。**表7-4** は，これら四属性を対象とした単相関係数による相関分析の結果を示したものである。これによれば，長幅比が，他の三属性のいずれとも高い単相関係数が認められ（有意差水準1％），どの属性とも相関が強いことがわかる。したがって，時間性を最もよく反映する属性として，長幅比を用いて，所属時期を比定した。出土住居跡・共伴遺物の型式により所属時期が決定された資料をみると，前期に属する資料の長幅比の値は22.58 〜 50％，中期に属する資料の長幅比の値は28.57 〜 74.07％を範囲とすることがわかる。したがって，長幅比が50％より大きいものを中期に比定した。非松菊里文化圏では，時間的変化を示す属性のうち，孔とは関係のない属性は全長のみである。したがって，時間性を最もよく反映した属性として，全長を用いて，所属時期を比定した。出土住居跡・共伴遺物の型式により所属時期が決定された資料をみると，前期に属する資料の全長の値は125 〜 204㎝，中期に属する資料の全長の値は99 〜 197㎝を範囲とすることがわかる。したがって，197㎝より大きいものを前期，125㎝より小さいものを中期に比定する。

表 7-4　単相関係数による相関分析の結果（N = 92）

	全長	幅	長幅比	弧背度
全長	1.000	0.055	-0.790*	0.421*
幅	0.055	1.000	0.525*	-0.300*
長幅比	-0.790*	0.525*	1.000	-0.535*
弧背度	0.421*	-0.300*	-0.535*	1.000

註）　有意差水準　＊1%

表 7-5　刃部平面形態の存続時間幅

時期	刃部平面形態	
	外湾形	三角形
前期	○	
中期	○	○

表 7-6　刃部断面形態の存続時間幅

時期	刃部断面形態			
	片刃	両刃	交差刃	片両刃
前期	○	○		
中期	○	○	○	○

表 7-7　穿孔技法の存続時間幅

時期	穿孔技法			
	二孔	擦切二孔	一孔	擦切
前期	○	○		
中期	○	○	○	○

　さらに，所属時期が決定された資料により明らかとなった非計測的属性の存続時間幅をもとに，遊離資料の所属時期を比定する。**表 7-5 ～ 7** は，非計測的属性の三属性，刃部平面形態・刃部断面形態・穿孔技法の各類型の時期ごとの存否を示したものである。刃部平面形態をみると，外湾形は前期と中期にわたって存続するが，三角形は中期にのみみられることがわかる。刃部断面形態をみると，片刃・両刃は前期と中期にわたって存続するが，交差刃・片両刃は中期に限られることがわかる。穿孔技法をみると，二孔・擦切二孔類は前期から中期にわたって存続するが，一孔・擦切は中

期に限られる。以上のことから，刃部平面形態の三角形，刃部断面形態の交差刃・片両刃，穿孔技法の一孔・擦切類をもつ資料の所属時期を中期に比定する。

7　非計測的属性の時間的・空間的様相

　非計測的属性の時間的・空間的様相を検討する前に，計測的属性と非計測的属性の関係を検討することによって，非計測的属性の類型が発生する要因を想定するにあたっての手がかりとしたい。ここで用いる計測的属性は，先に行った相関分析の結果，独立変数同士で最も高い相関が得られた長幅比と弧背度である。**図 7-6** は，刃部平面形態と長幅比・弧背度の関係を示した散布図である。これによれば，外湾形は長幅比・弧背度のどの値とも相関がみられるが，一方，三角形は長幅比が高く，弧背度が低いものとの相関が高いことがわかる。**図 7-7** は，刃部断面形態と長幅比・弧背度の関係を示した散布図である。これによれば，片刃・両刃は長幅比・弧背度のどの値とも相関がみられるが，交差刃と片両刃は，長幅比は高く，弧背度は低いものとの相関が高いことがわかる。**図 7-8** は，穿孔技法と長幅比・弧背度の関係を示した散布図である。これによれば，二孔と擦切二孔は長幅比・弧背度のどの値とも相関がみられるが，一方，一孔・擦切は長幅比が高く，弧背度が低いものとの相関が高いことがわかる。

　さて，以上の結果をふまえたうえ，所属時期を比定した資料を含めて，非計測的属性の時間的・空間的様相を検討しよう。ここではまず，各地域における非計測的属性ごとの変化の方向性を想定する。なおこれは，型式（三属性の組み合わせ）の同定が不可能な破片資料の評価も兼ねている。

　図 7-9 は，各時期・各地域における刃部平面形態の類型の構成比を示したグラフである。前期には半島南部の全地域で外湾形のみがみられる。サンプル数が極めて少なく，グラフには示していないが，大邱地域の 1 例，蔚山地域の 2 例は，ともに外湾形である。九州北部の縄文晩期中葉の 1 例も外湾形である。中期には，中西部地域・錦江流域・西南部地域・南江流域で，外湾形に加えて，三角形がみられるようになる。先の検討結果をふ

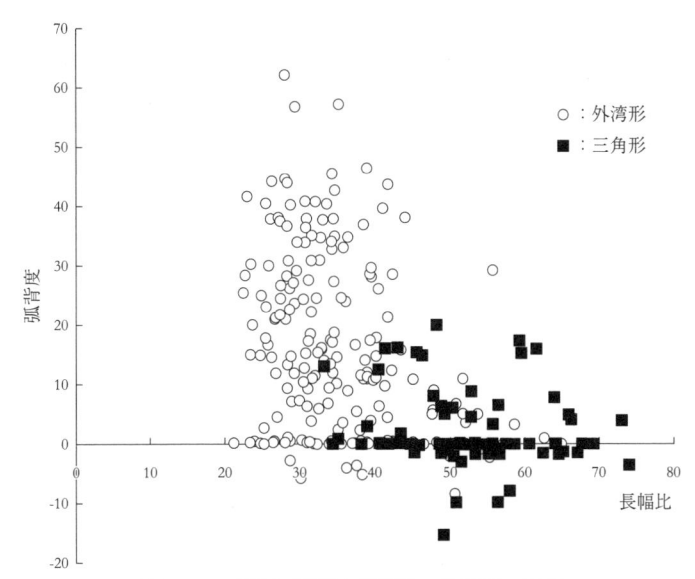

図7-6　刃部平面形態と長幅比・弦背度の関係

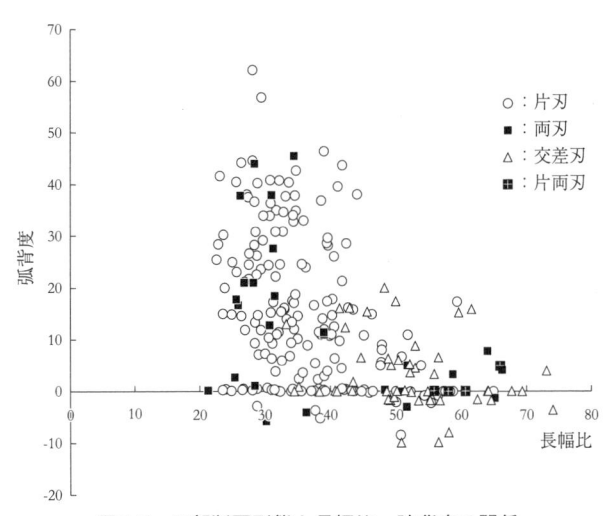

図7-7　刃部断面形態と長幅比・弦背度の関係

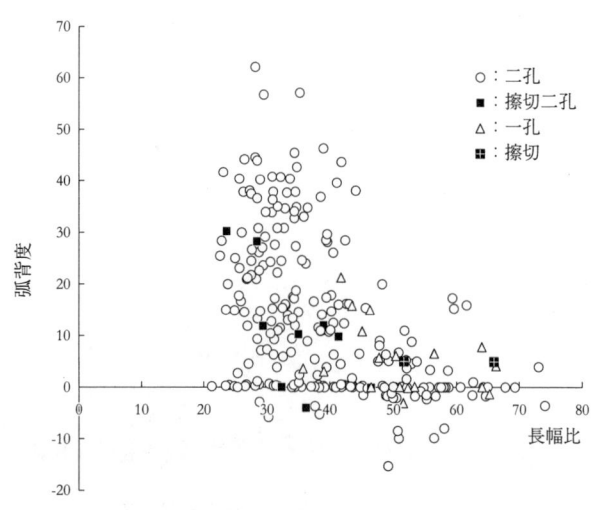

図7-8　穿孔技法と長幅比・弦背度の関係

　まえると，三角形の出現は，長幅比の増加，弧背度の低下と連動し，外湾形→三角形という変化の方向性が想定される。漢江流域・蔚山地域では三角形は未確認で，外湾形のみみられる。

　忠清南道雙龍洞遺跡［成正鏞ほか2003］，鳴岩里遺跡［羅建柱・姜乗權2003］，大田広域市新垈洞遺跡［李亨源2002］といった，無文土器前期終末期に編年される遺跡では，刃部と背部が直線的な例が報告されている[7]。これらを三角形の初出例ととらえるならば，中西部地域ないし錦江流域で三角形石庖丁が発生し，西南部地域や南江流域に拡散したということになる。西南部地域では起源地である中西部地域・錦江流域と同様に三角形が類型すべてのなかで主体を占めるのに対し，南江流域では急減にその比率を下げ，外湾形が上回っている点は注意される。サンプル数が極めて少なく，グラフに示していないが，大邱地域の1例，金海地域の2例は，ともに外湾形である。九州北部の縄文晩期後葉〜弥生前期前葉でも，外湾形・三角形の両方がみられるが，外湾形が主体をなし，三角形は極めて少数である。この組成は，半島南部各地域のなかでは，南江流域の組成に近い。

図 7-10 は，各時期・各地域における刃部断面形態の類型の構成比を示したグラフである。前期には，片刃・両刃がみられる。全地域で片刃が主体をなすが，漢江流域・嶺東地域・錦江流域では両刃もみられる。孫晙鎬 [2001] によれば，本書で対象とした半島南部より北方に位置する鴨緑江・豆満江・清川江・大同江の流域では，片刃とともに両刃も分布しており，これらの地域からの影響力を示すものと考えられる。サンプル数が少なく，グラフには示していないが，大邱地域では片刃が 1 例，蔚山地域では片刃と両刃がそれぞれ 1 例ずつみられる。九州北部の縄文晩期中葉の 1 例は両刃である。中期には中西部地域・錦江流域・西南部地域・南江流域では交差刃，錦江流域・西南部地域・南江流域では片両刃が新たに出現する。先の検討結果をふまえると，交差刃・片両刃の出現は，長幅比の増加，弧背度の低下と連動し，片刃・両刃→交差刃・片両刃という変化の方向性が想定される。交差刃は，漢江流域・大邱地域・金海地域・蔚山地域ではみられず，片刃が主体をなす。刃部平面形態の三角形と同様，起源地を中西部地域ないし錦江流域とするならば，西南部地域・南江流域に拡散したということになるが，西南部地域と南江流域では様相が異なる。すなわち，西南部地域では中西部地域・錦江流域と同様，交差刃が主体をなしているが，一方，南江流域では極端にその比率が下がり，代わりに片刃や両刃の比率が高くなっている点は注意される。サンプル数が少なく，グラフには示していないが，大邱地域の 1 例，金海地域の 2 例，ともに片刃である。九州北部では縄文晩期後葉から弥生前期前葉において，片刃・両刃の両方がみられ，そのうち両刃が主体をなしており，交差刃はみられない。この両刃の多さは，半島南部のなかでは南江流域の構成比と最も近い。

　図 7-11 は，各時期・各地域における穿孔技法の類型の構成比を示したグラフである。前期には，二孔・擦切二孔がみられ，全地域で二孔が主体を占める。漢江流域では擦切二孔がみられる。サンプル数が少なく，グラフに示していないが，金海地域では二孔が 1 例，蔚山地域では二孔と擦切二孔がそれぞれ 1 例ずつみられる。九州北部の縄文晩期中葉の 1 例は，二孔である。中期にいたると，二孔・擦切二孔のほかに，一孔・擦切が出現す

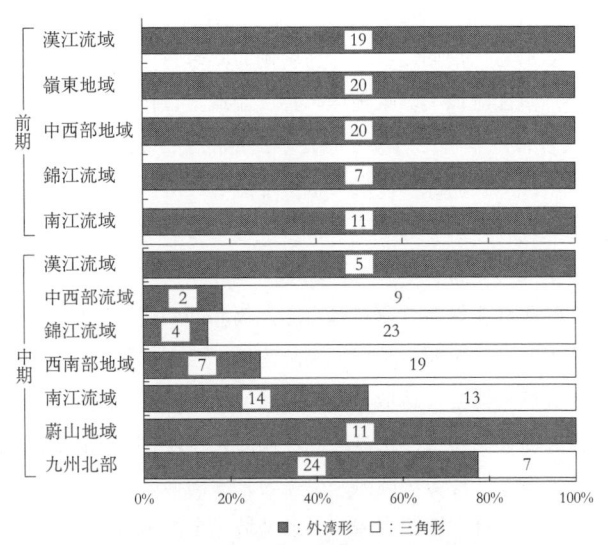

■：外湾形　□：三角形

図7-9　刃部平面形態の時間的・空間的様相

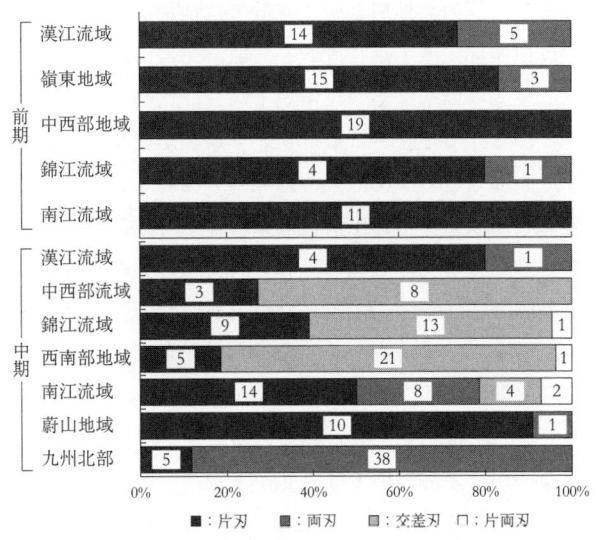

■：片刃　■：両刃　■：交差刃　□：片両刃

図7-10　刃部断面形態の時間的・空間的様相

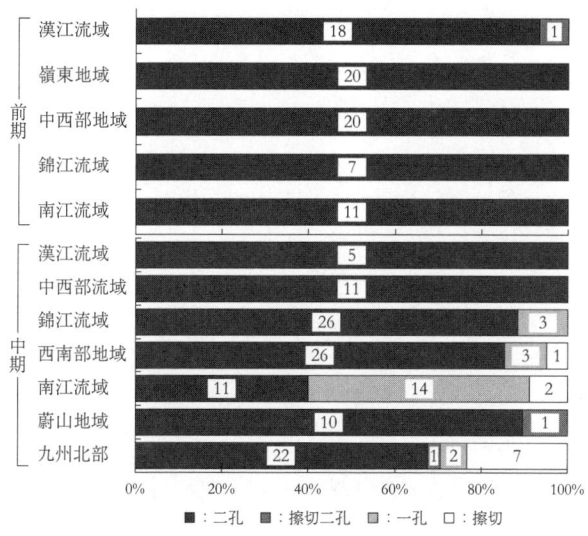

図7-11　穿孔技法の時間的・空間的様相

る。先の検討結果をふまえると，一孔・擦切の出現は，長幅比の増加，弧背度の低下と連動し，二孔・擦切二孔→一孔・擦切という変化の方向性が想定される。一孔は，錦江流域・西南部地域・南江流域でみられるが，南江流域では全体の半数以上を占めている点で，他の二地域とは異なる。また，西南部地域と南江流域では擦切が少数みられる[8]。サンプル数が少なく，グラフには示していないが，大邱地域の1例，金海地域の2例は，ともに二孔である。九州北部の縄文晩期後葉から弥生前期前葉においては，二孔・擦切二孔・一孔・擦切がみられるが，二孔が主体を占め，擦切は一定量，擦切二孔・一孔は極めて少数である。擦切と一孔は南江流域との関係，擦切二孔は蔚山地域との関係を想起させる。

8　型式の時間的・空間的様相

　最後に，型式の時間的・空間的様相を検討しよう。これは，三つの非計測的属性の変化の方向性を，属性間の関係を検討することによって裏づけるためである。**表7-8**は，各時期・各地域における型式の数を示したもの

である。刃部平面形態・刃部断面形態・穿孔技法という三つの非計測的属性を組み合わせた型式は，理論的には32類ありうるが，実際に本書の対象資料では18類が確認された。無文土器前期には外湾形片刃二孔が最も数が多く，漢江流域・嶺東地域・中西部地域・錦江流域・南江流域・大邱地域でみられる。これに続いて，外湾形両刃二孔が漢江流域・嶺東地域・錦江流域・蔚山地域にみられる。外湾形片刃擦切二孔も漢江流域と蔚山地域で1例ずつみられる。九州北部縄文晩期中葉の貫川遺跡例は，外湾形両刃二孔にあたる。

　まず，無文土器中期の様相を全体的に検討しよう。三角形交差刃二孔が最も数が多く，中西部地域・錦江流域・西南部地域・南江流域でみられる。それに次いで，外湾形片刃二孔がほぼ全地域で確認される。三角形交差刃二孔は，先の計測的属性・非計測的属性の分析で得られた属性の変化の方向性をふまえると，長幅比の増加，弧背度の減少と連動し，外湾形片刃二孔あるいは外湾形両刃二孔から発生したものと考えられる。外湾形片刃二孔は無文土器前期以来の型式が存続したものととらえられる。

　次に，南江流域に焦点をあて，松菊里文化圏に属する他地域とは異なる，独自の変化のあり方を，型式を通じて裏づけたい。先述のとおり，刃部断面形態の両刃，穿孔技法の一孔の比率が高く，穿孔技法の擦切が存在することは，南江流域の特徴といえる。刃部断面形態の両刃と穿孔技法の一孔・擦切とが組み合う型式には，外湾形両刃擦切（1例），三角形両刃一孔（6例）がある。これらの例は，南江流域以外の地域ではみられず，当該地域において，両刃と一孔・擦切の発生が連動したものであったことの裏づけとなろう。また，これらの例のうち，三角形と組み合う例は6例で，外湾形と組み合う例より多いことも注意される。このことは，刃部平面形態に三角形を採用することと，両刃あるいは一孔・擦切とが相互に関連したものであることを物語っている。

　つづいて，九州北部の縄文晩期後葉例との比較にあたって，煩雑さを避けるために「半島南部と九州北部に共通して分布する型式」「半島南部だけに分布する型式」「九州北部だけに分布する型式」の三つに整理すること

表7-8　型式の時間的・空間的様相

型式			無文土器前期									黒川	無文土器中期									夜臼	合計
刃部平面	刃部断面	穿孔技法	漢江	嶺東	中西	錦江	西南	南江	大邱	金海	蔚山	九州	漢江	嶺東	中西	錦江	西南	南江	大邱	金海	蔚山	九州	合計
外湾形	片刃	二孔	13	15	19	4		11	1				4		2	2	4	7	1	2	9	2	96
外湾形	片刃	擦切二孔	1								1										1		3
外湾形	片刃	一孔														1	1	4					6
外湾形	片刃	擦切																				3	3
外湾形	両刃	二孔	5	3		1					1	1	1					1			1	5	19
外湾形	両刃	擦切二孔																			1		1
外湾形	両刃	一孔																				2	2
外湾形	両刃	擦切															1					2	3
外湾形	交差刃	二孔													1	1						2
外湾形	片両刃	二孔															1					1
三角形	片刃	二孔												1	5		1					7
三角形	片刃	一孔															2					2
三角形	両刃	二孔																		2		2
三角形	両刃	一孔															6					6
三角形	交差刃	二孔											8	11	16	1					36
三角形	交差刃	一孔												1	1	2					4
三角形	片両刃	二孔												1	1						2
三角形	片両刃	擦切														1					1
合計			19	18	19	5	0	11	1	0	2	1	5	0	11	22	24	27	1	2	12	16	196

とする。まず，半島南部と九州に共通して分布する型式には，外湾形片刃二孔・外湾形両刃二孔・外湾形両刃擦切の三つがある。外湾形片刃二孔はほぼ全地域にわたり，外湾形両刃二孔は南江流域・蔚山地域の二地域，外湾形両刃擦切は南江流域でのみ確認される。このことは，九州北部の縄文晩期後葉の石庖丁は，南江流域のそれとの結びつきが濃いことを示している。半島南部だけに分布する型式には，外湾形片刃擦切二孔・外湾形片刃一孔・外湾形両刃擦切二孔・外湾形交差刃二孔・外湾形片両刃二孔・三角形片刃二孔・三角形片刃一孔・三角形両刃一孔・三角形交差刃二孔・三角形交差刃一孔・三角形片両刃二孔・三角形片両刃擦切の 12 類がある。一方，九州北部だけに分布する型式には，外湾形片刃擦切，外湾形両刃一孔，三角形両刃二孔の三つがある。このうち，とくに三角形両刃二孔は，半島南部の中西部地域・錦江流域・西南部地域に多く分布する三角形交差刃二孔とは，刃部平面形態・穿孔技法こそ類似するものの，刃部断面形態は異なる。先述のように九州北部と共通する要素をもった例の多い南江流域においては，刃部形態が九州北部例と全く同じ三角形両刃が 6 例みられる。しかし，穿孔技法は一孔であり，九州北部の三角形石庖丁と極めて類似しつつも異なる要素をもつ点において，似て非なる型式と評価される。

第2節　考　察

　以上，半島南部各地域と九州北部の石庖丁を対象とし，計測的・非計測的属性と型式の時間的・空間的様相を検討した。まず，計測的属性の分析結果を整理すると，以下の通りである。
・無文土器前期から中期にかけて，半島南部の全地域において，弧背度が減少する。すなわち，背部が直線状になっていく。
・それよりやや範囲を狭めた嶺東地域を除く地域では，全長と孔端が減少する。
・松菊里文化圏のうち，中西部地域・錦江流域では幅・長幅比の増加，孔間・外径の減少がみられるが，南江流域では外径はやや増加する。

- 西南部地域の中期の平均値は松菊里文化圏の平均値に近い。
- 貫川遺跡例は，無文土器前期の平均値にくらべ，全長・孔間・内径・背孔・孔端は大きく，幅・外径・長幅比・弧背度・厚さは小さい。
- 九州北部縄文晩期後葉〜弥生前期前葉の平均値は，無文土器中期の平均値にくらべ，全長幅・孔間・内径・外径・背孔は大きく，厚さは小さい。

次に，非計測的属性・型式の分析結果を整理すると，以下の通りである。

- 無文土器前期から中期にかけて，松菊里文化圏では，刃部平面形態では外湾形→三角形，刃部断面形態では片刃・両刃→交差刃という変化が起きる。これは，いわゆる三角形交差刃石庖丁の成立を示している。
- 一方，非松菊里文化圏では，中期になっても前期以来の石庖丁が継続する。
- 南江流域では松菊里文化圏の他地域においての変化のあり方とはやや異なり，サイズの小形化や形状の変化にともない，三角形の採用とともに，穿孔技法では一孔・擦切が盛行し，刃部断面形態では両刃もそれに連動した独自の動きをみせる。
- 半島南部の各地域のうち，南江流域は，九州北部例と共通する要素をもった例が最も多く，九州北部と共通する型式も他地域にくらべ多い。
- 同じ三角形石庖丁でも，九州北部縄文晩期後葉の例は三角形両刃二孔，半島南部に多く分布する例は三角形交差刃二孔であり，刃部断面形態において違いがある。また，三角形両刃は南江流域でもみられるが，こちらは三角形両刃一孔であり，穿孔技法の点で異なる。

これらの結果を統合し，筆者が想定する弧背弧刃系石庖丁の製作伝統の推移をやや単純化して一図に示すと，**図 7-12** の通りである。図では三角形交差刃を松菊里的製作伝統と表現しているが，その発生については，刃部使用面積を極大化（片方の刃部を使用した後，裏返してもう一方の刃部を使用）するためという説がある［安承模 1985 ほか］。この仮説が正しいならば，南江流域において，三角形交差刃の流入とともに両面使用（裏返して両面を使用。リバーシブル使用）の意識も流入し，それを在地の住民が

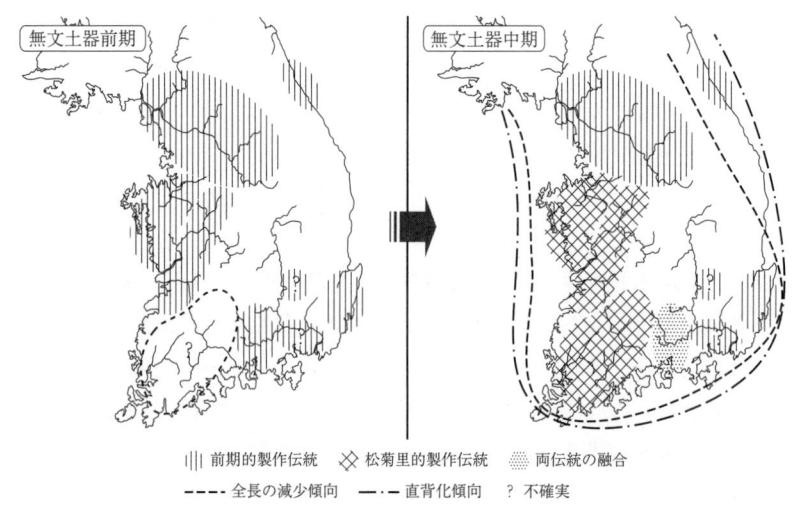

||| 前期的製作伝統　◇ 松菊里的製作伝統　▨ 両伝統の融合

---- 全長の減少傾向　—·— 直背化傾向　? 不確実

図7-12　石庖丁製作伝統の推移

独自に解釈し直した結果，両刃において両面使用を実現したのではないか
と考えられる。こうした両面使用の意識は，穿孔技法で一孔・擦切が盛行
している点にもうかがえる。ちなみに，一孔や擦切は二孔に比べ，片面を
使用した後，もう一方の面に裏返して使用する際に，紐をかけ直す手間が
省けるという利点があるという意見もある[9]。また，このような一孔や擦
切を採用した，もう一つの背景として，製作時の破損の危険性を減らすた
めではなかったかと筆者は考えている。平面サイズが小型化すると，当然，
孔を穿孔する際に破損の危険性が増大するものと考えられるが，それを軽
減するため，一孔や擦切を採用したのではないか。そして，これは，松菊
里文化圏の錦江流域・西南部地域においての，二孔で孔間や外径を小さく
することによって，製作時の破損の危険性に対処している動向とは異なる
ものと考えている。また，松菊里文化圏の周辺に位置する漢江流域・蔚山
地域でも，松菊里文化圏と同様に全長・孔端の減少がみられ，さらに嶺東
地域を含めた全地域にわたって背部が直線化する傾向にある。これは松菊
里的製作伝統が中心から周辺へと向かうにつれ，減少することを示してい

るといえる。

　次に，九州北部への拡散について考えてみたい。縄文晩期中葉（黒川式期）の貫川遺跡例は，本書分類では同時期の半島南部にもみられる外湾形両刃二孔にあたるが，計測値をみると，前期無文土器文化の石庖丁そのものではないようにもみえる。とくに内径が大きく，厚さが薄い点は，列島的な変容とみなせる可能性がある。しかし，内径・厚さともに，無文土器前期の石庖丁がもつ変異幅に収まる可能性もあり，これについては，改めて再検討する必要があると考える [10]。また，両刃である点は，漢江流域・嶺東地域・錦江流域・蔚山地域でみられるものと共通するが，それと結びつけることができるか，あるいはこれを列島における変容とみて，あとの時期の縄文晩期後葉の例へとつながる伝統とみるか，両方の可能性があろう。

　九州北部縄文晩期後葉〜弥生前期前葉の石庖丁は，確かに南江流域の例と共通する要素をもった例が多い。しかし，両地域間の結びつきの濃さがうかがえるのと同時に，双方に独自性が認められるのも事実である。両地域に共通して分布する三角形両刃であっても，穿孔技法の点で九州北部は二孔，南江流域は一孔というように違いがあり，極めて類似しつつも全く同じというわけではないのである。この穿孔技法の違いをどのように考えればよいのだろうか。九州北部においては，両刃が主体をなす点からみて，南江流域と同じく，両面使用の意識が流入したと考えられるが，平面サイズの点で両者は異なる。平面サイズの増大はすでに下條信行［1986b］が指摘しているが，これと二孔の採用が大きく関わったものと考えられる。筆者は，石庖丁の製作工程において，破損する危険性の最も高い穿孔という作業にそなえ，厚さを大きくして平面形態を小さくするか，厚さを小さくして平面サイズを大きくしたかという対処の違いが，半島南部と九州北部との間にあったのではないかと考えている。これらの点で，九州北部においても石庖丁導入当初からの変容，すなわち弥生化がうかがえるのである。

　なお，以上の分析で導いた南江流域と九州北部との関係の濃さは，あくまで現状の資料にもとづいており，金海地域・大邱地域における資料の増

加をまって再検討する必要がある。そのため，とくに金海地域については，九州北部との関係の濃い地域であった可能性も残しておきたい。また，蔚山地域における擦切二孔石庖丁の存在もまた，九州北部との関係を示唆するものであり，決して九州北部が南江流域以外の地域とは没交渉であったということを主張するわけではない。

ところで筆者は，このような半島南部の松菊里文化圏内の地域差，そして九州北部との間にみられる違いは，サケット［Sackett 1982］や後藤明［2001］のいう概念，「同列機能内変異」でとらえてよいと考える。「同列機能内変異」とは，簡単にいえば，同じ機能をもつ道具でもその背景にある文化的伝統の違いによって，異なる形態をもつことがあるということである。これはまた，石毛直道［1968］のいう「文化的なくせ」にもあたる。言い換えれば，石庖丁の刃部は，「穂摘み」という目的を果たしさえすれば，形態にはある程度，自由度があったのではないかと考えている。

註

1) 朝鮮半島では石錐の出土例がほとんどないため，動物の骨・角や木材を素材とするドリルが推定される［孫晙鎬 2001］。また，ドリルによる穿孔のほかに，管錐による穿孔の可能性がある例も極少数みられる。たとえば，全羅南道琶山里例［国立大邱博 2005, p.201, 図版349］は，二孔のうちの一方が未貫通で，円形の周辺部が溝状にくぼみ，中心部が出ベソのように残っている。未実見のため，断面形態を確認できておらず不確実だが，管錐による穿孔の痕跡のようにみえる。

2) この2例は，肉眼観察により，刃部両面に鎬が作り出され，かつ断面が非対称であることが確認された。したがって，「偏刃両刃」であることは確実である。

3) 大坪里遺跡80年度地表採集例の刃部平面形態は，小田富士雄によって本書分類の片刃両刃であることが報告されている［小田 1986］。ちなみに，この例は，本書の型式でいえば，三角形片両刃擦切にあたる。

4) 欣岩里遺跡13号住居跡例は二孔の間を研磨して凹状の溝を作り出したものであることが肉眼観察によって確認された。これは他の擦切二孔の例がV字状溝をなすのとは異なるが，擦切二孔に含めた。

5) 第2章での無文土器文化編年の成果をふまえ，端野［2008c］での結果を修正した。

6) t検定とは，帰無仮説が正しいと仮定した場合に，統計量が t 分布に従うこと

を利用する統計学的検定法のことをいう。母集団が正規分布に従うと仮定するパラメトリック検定法で，t分布が直接もとの平均や標準偏差にはよらないことを利用する方法である。二つの集団の平均値に有意差があるかどうかの検定に用いられる。

7) 新垈洞遺跡と雙龍洞遺跡の例は，小破片のため，本書では分析に入れていない。また，鳴岩里遺跡の例は，三角形に近いようにもみえるが外湾形との違いが不明確であるため，本書では外湾形に含めて分析した。

8) 西南部地域の擦切を施した例は，全羅南道雲垈里遺跡カ号支石墓例（図 3-80-4）である［国立光州博 2003］。共伴遺物は無文土器の小片が 1 点と時期決定には心許ない。ただ，この支石墓群が営まれた時期が，丹塗磨研壺・磨製石剣・磨製石鏃などの出土遺物からみて，無文土器時代前期から中期にわたり，そのなかでも中期に比重がかかっていることと，本書の非計測的属性による時期比定の結果とを参照するならば，中期に時期比定してよかろう。この例は，報告書では「三角形石刀」として扱われているが，刃部の鎬が擦切部を切っていることから，たびかさなる再加工により，平面形態は製作直後のものから相当，逸脱したものと考えられる。このため，刃部平面形態と刃部断面形態のグラフには，本例のデータを含めていない。また，計測的属性の検討対象からもはずしてある。

9) 石川日出志氏からのご教示による。ちなみに，氏によれば，両刃は長期間にわたってイネ科植物に対して使用する場合，片刃に比べ，耐久性に優れ，かつ摘み取りやすいという。

10) 武末純一氏によれば，貫川遺跡の石庖丁の厚さが薄いのは，背部断面が刃部断面に比べて薄くなっていることからみて，刃部だけでなく面全体にかけて，研磨を行った結果である可能性があるという。

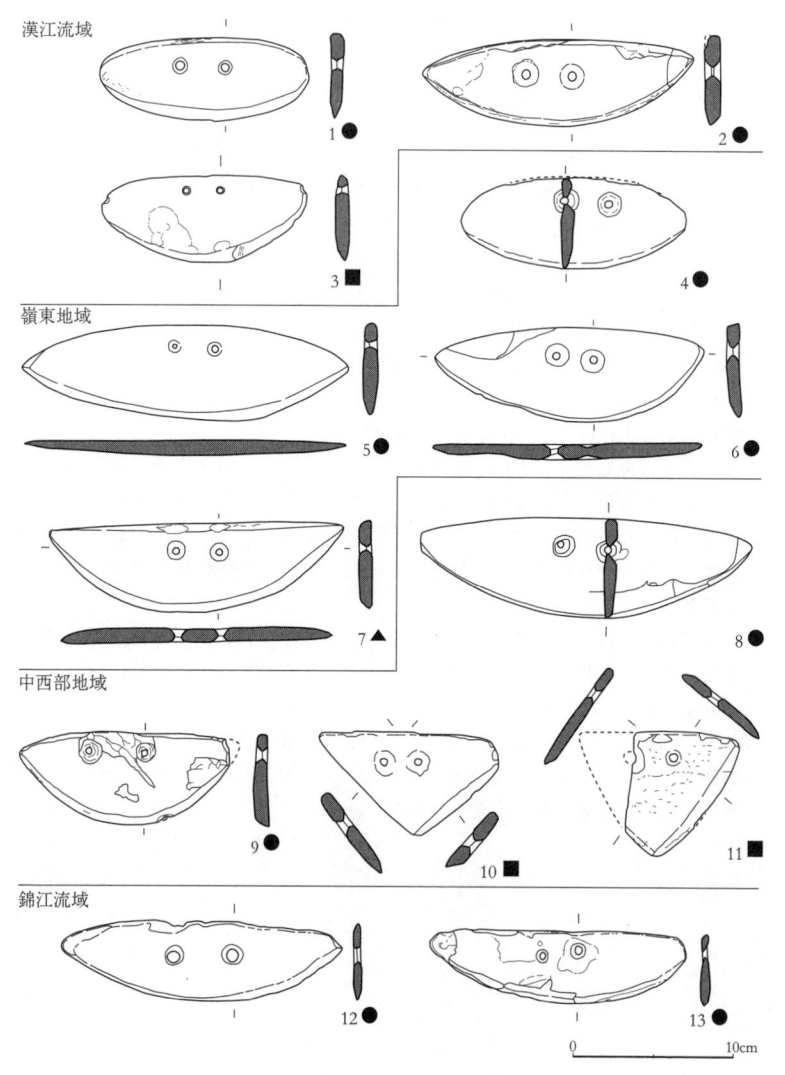

漢江流域

嶺東地域

中西部地域

錦江流域

0　　　　　　　　　10cm

図7-13　朝鮮半島南部の石庖丁（1）

1：渼沙里（崇）A5号住居跡　2：三巨里8号住居跡　3：河中島6号住居跡　4：欣岩里14号住居跡　5：朝陽洞7号
住居跡　6：坊内里1号住居跡　7：池里住居跡　8：白石洞B-19号住居跡　9：舟橋里KC-013　10：寛倉里（高）
KC-086　11：寛倉里（高）KC-007　12・13：龍岩里Ⅱ-1号住居跡
●無文土器前期　■無文土器中期　▲無文土器後期前半　（各文献よりトレース・改変）

444

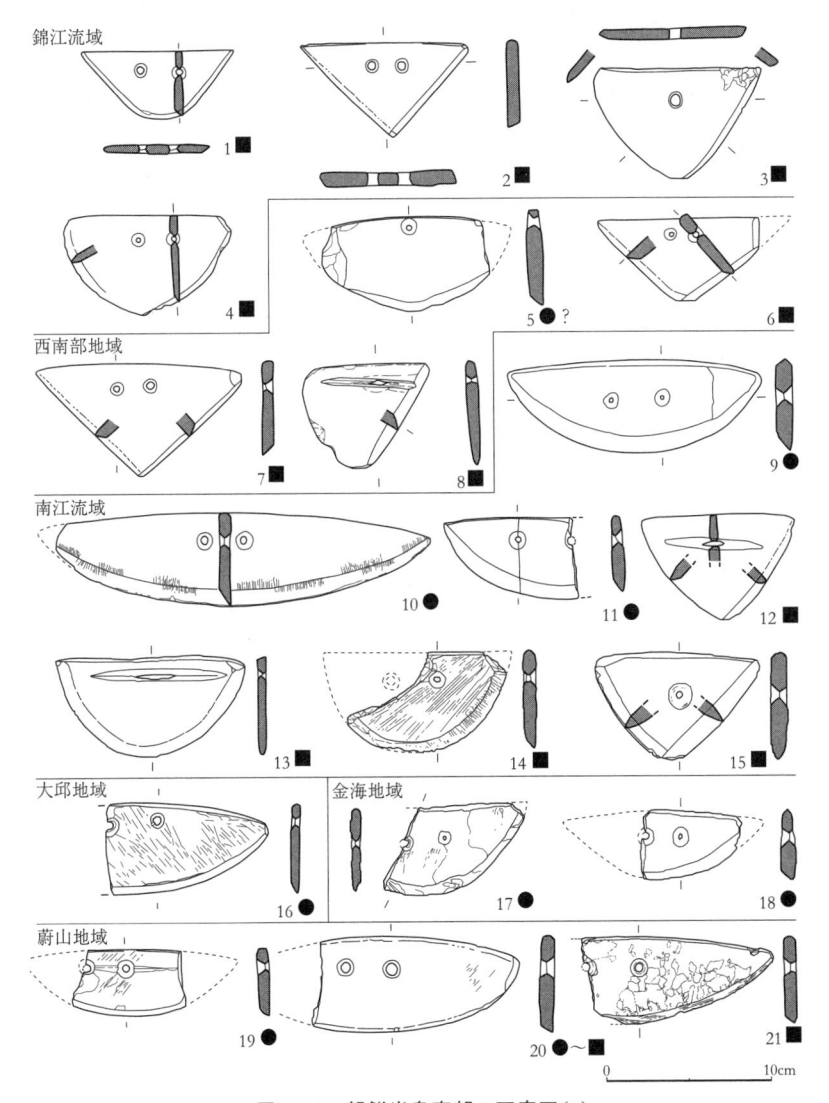

図7-14　朝鮮半島南部の石庖丁（2）

1：松菊里54-3号住居跡　2：松菊里19号長方形住居跡　3：麻田里A区KK-044号土坑　4：松菊里55-6号住居跡　5：竹山里夕群6号支石墓　6：長川里2号支石墓　7：永坪里　8：雲垈里　9：大坪里玉房5地区C-2号長方形住居跡　10：大坪里漁陰2地区2号住居跡　11：沙月里地表採集　12：大坪里80年度地表採集　13：(伝)泗川　14：大坪里玉房2地区畑　15：梨琴洞2号住居跡　16：松峴洞2号住居跡　17：梧谷里2号住居跡　18：道項里住居跡　19：新峴洞黄土田10号住居跡　20：芳基里地表採集　21：検丹里74号住居跡

●無文土器前期　■無文土器中期　（21は筆者実測、それ以外は各文献よりトレース・改変）

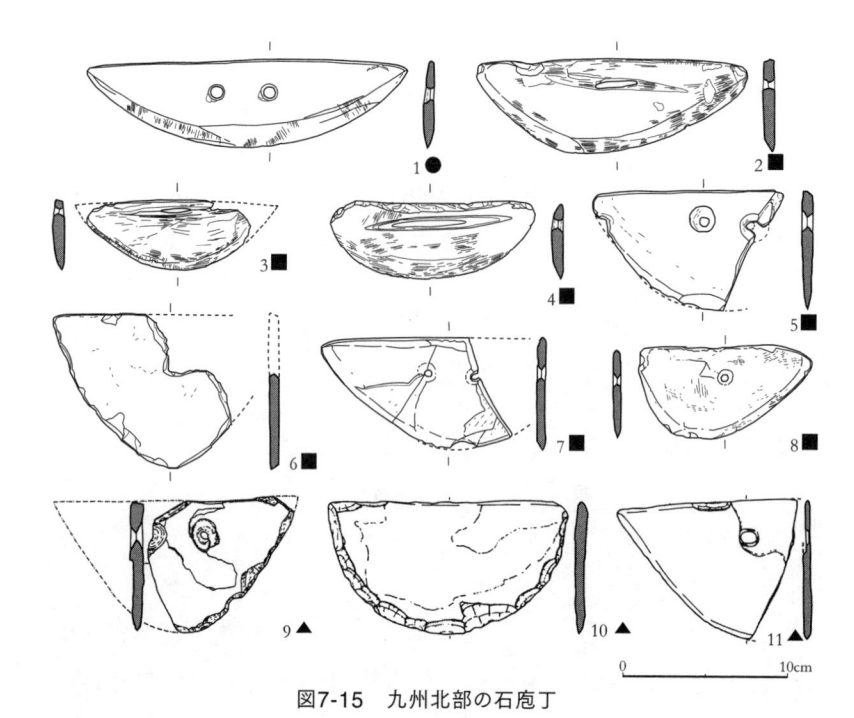

図7-15　九州北部の石庖丁

1：貫川　2：西原　3：原山　4：菜畑9～10層　5：石崎曲り田17号住居跡　6：石崎曲り田W-2区　7・
9：板付　8：石崎曲り田8号住居跡　10・11：石丸・古川
●黒川式期　■山ノ寺・夜臼式期　▲板付Ⅰ式期（1～4は筆者実測，それ以外は各文献よりトレース・改変）

446

第8章　水稲農耕開始前後の列島・半島間交流とその背景

第1節　本書で明らかとなった考古学的事象

　前章まで，朝鮮半島と日本列島の水稲農耕開始前後に相当する無文土器時代前半期と弥生時代前半期の物質文化の編年と暦年代，気候変動，両地域に共通して分布する墓制・住居跡・壺形土器・石庖丁といった物質文化の動態について検討してきた。ここでは，これらの分析と考察の結果の要点を整理したい。

　第2章ではまず，無文土器時代前半期の文化編年と弥生時代前半期の土器編年との関係について検討した結果，無文土器前期と縄文晩期中葉の黒川式期，無文土器中期と縄文晩期後葉の夜臼式期がほぼ併行関係にあることが確かめられた。そして，無文土器前期〜中期に属する炭素14年代を検討した結果，前期の炭素14年代（中心年代）の較正年代の下限と中期の炭素14年代（中心年代）の較正年代の上限の境界は，800 cal BC ごろであることがわかった。ただし，古木効果や大気中の炭素14濃度の地域差によるリザーバー効果の影響，較正曲線がフラットになる問題を考慮すると，無文土器中期とそれに併行する縄文晩期後葉（弥生早期）の始まりの暦年代は，800 cal BC よりも確実に下るものと予想された。

　第3章では，半島南部と列島西部のそれぞれの地域における花粉分析・第四紀学的方法・遺跡堆積相分析による気候変動の研究成果について検討した。その結果，これらの気候変動データから推定される寒冷期のうち，島・列島の両地域を横断して認められる極めて確度の高い寒冷期には，前2500年ごろの寒冷期と前1000年〜200年ごろの寒冷期があることがわかった。そして，そのうち後者の寒冷期のなかでも列島で確認された前

1000 ～前 400 年ごろの寒冷期は，半島・列島における水稲農耕の開始期にあたり，本書で問題となる農耕伝播の背後にある要因・メカニズムに関係するものと考えられた。ただし，この寒冷期が終了する考古学的時期については，縄文晩期後葉より前の時期に当てるということで見解が一致するものの，いつ始まったのかという点では，縄文晩期中葉の黒川式の終末期とみなす見解と，黒川式期の長期間にわたったとみなす見解の二つに分かれていた。また，樹木年輪から知りうる地球規模での寒冷期からみて，前1000 ～ 200 年ごろの寒冷期には，複数のより短期間の寒冷期が含まれる可能性があり，これらには半島南部と列島の北部九州での水稲農耕開始期だけでなく，その後の列島内で水稲農耕が広がる時期にも関係するものもあることが予測された。

　第 4 章では，半島南端部と九州，中国・四国地方に分布する墓制の伝播・変容とその背景について検討した。その結果，まず半島南部の南江流域に起源する支石墓は，縄文晩期後葉（夜臼式期）に玄界灘沿岸地域を中心に到達し，その周辺に拡散すること，それにあたって，済州島を経由地した可能性は低いことが明らかとなった。そして，玄界灘沿岸地域，とくに福岡平野においては，弥生前期前葉（板付 I 式期）になると，支石墓が列島独自の木棺墓へと変容するのに対し，その周辺の地域では，変容の度合いが小さかったり，「支石墓」の範疇から脱しきれなかったりしていることがわかった。さらに，弥生前期前葉には，福岡平野などの玄界灘沿岸地域において一定の変容を遂げた半島系の墓制が，中国・四国地方へと拡散し，各地で変容する。この拡散にあたっては，日本海沿岸ルートの方が瀬戸内海沿岸ルートに比べ，情報伝達手段のなかにより多くの人の移住を含んだ可能性があると考えられた。

　第 5 章では，半島南部と玄界灘沿岸地域における松菊里型住居の拡散・変容過程とその背景について検討した。その結果，松菊里型住居は，半島南部の中西部地域（牙山湾周辺）に起源し，西海岸ラインと小白山脈越えラインという二つの太い情報伝達ラインにおおむね沿って拡散し，半島南部の各地においては起源地のものとは似て非なる独自のものへと変容する

ことがわかった。そして，半島南部の南江流域・金海地域から日本列島の玄界灘沿岸地域へと到来した松菊里型住居は，弥生前期前葉（板付Ⅰ式期）になると，半島南部のそれとは異なる列島独自の形態への変化がより顕在化するという現象がとらえられた。また，石崎曲り田住居群の系譜に関する諸見解のうち，半島南部の検丹里遺跡方形住居に系譜を求める見解については，可能性が低いことがわかった。

　第6章では，半島南部出土の丹塗磨研壺の型式分類・編年と地域性，頸部ミガキ方向について検討した。その結果，列島の壺形土器の祖型は，半島南部の南江流域の丹塗磨研壺に求められ，その祖型となった南江流域や固城―金海地域の丹塗磨研壺もまた，忠清道地域からの影響を受けつつも，独自の変化を遂げ，形成されたものであることがわかった。また頸部ミガキ方向については，土器製作者が頸部にミガキを施すに際して，最も効率的な方向で行った結果である可能性があるし，条件の設定次第では北部九州の事例との対比によって，「半島南部は縦研磨が主体」とは必ずしもいえないと考えられた。なお，今後の資料の増加によっては，半島南部における地域性が鮮明となる可能性もある。

　第7章では，半島南部の無文土器時代と九州北部の縄文晩期中葉〜弥生前期前葉の石庖丁を対象とし，計測的・非計測的属性と型式の時間的・空間的様相を検討した。その結果，無文土器中期になると松菊里文化圏では，三角形交差刃石庖丁が成立する一方で，非松菊里文化圏では，中期になっても前期以来の石庖丁が継続することがわかった。そして，松菊里文化圏に属する地域のなかで，南江流域は他の地域の変化のあり方とはやや異なり，穿孔技法や刃部断面形態が独自の変化を示すことが看取された。半島南部の各地域のうち，南江流域は，九州北部例と共通する要素をもった例が最も多く，九州北部と共通する型式も他地域に比べて多い。ただ，南江流域と九州北部に共通して分布する三角形両刃石庖丁でも，穿孔技法は異なっており，双方は似て非なる型式と評価された。

　以上，前章までに検討した結果の要点をまとめた。次節では，水稲農耕開始前後における先行研究の到達点を振り返り，本書で明らかとなった考

古学的事象について議論するための妥当な段階を設定する。

第2節　水稲農耕伝播における渡来の二段階

　さて，ここで段階設定するための基準は，先行研究にならって，列島における半島系の文化要素の出現率としたい。古くから弥生時代開始論の脈絡では，縄文時代と弥生時代との境界を前後する時期において，弥生文化を構成する要素が断片的にみられるのか，あるいはほぼすべてみられるのかによって，個々の時期を評価し，文化の移行を段階的にとらえようとする考え方が提出されている。森貞次郎は，九州の弥生文化を構成する文化要素を「定型化された土器，大陸系磨製石器を含む農工具，米，紡錘車，金属器，支石墓など」の組み合わせに求めた。そして，長崎県原山遺跡，山ノ寺遺跡，礫石原遺跡の調査を通じて，縄文晩期にこれらの要素の一部がすでに認められるとして，「弥生式文化の成立の過程は意外に複雑で，決して短い時期に一挙にして成立したといったものではなく，弥生式文化を構成する幾つかの要素が積み重ねられていき，それらが緊密に組み合わされて，完全な形を備えた時が弥生式文化の発生の時期と見られるのではあるまいか」と述べている［森 1960］。これは，弥生前期より前の時期に，弥生的な要素の出現を認め，そこに一定の意味を与えた見解といえよう。

　ところが，その後の 1970 年代末〜1980 年初めにかけての発掘調査によって得られた事実によって，この見解は変更を迫られることとなった。福岡県板付遺跡で夜臼式期の水田が発見され［福岡市教委 1979］，続いて佐賀県菜畑遺跡ではそれよりややさかのぼる時期の水田と大陸系磨製石器類，木製農耕具が豊富に出土した［唐津市教委 1982］。さらに，福岡県石崎曲り田遺跡の調査では，夜臼式期に属する住居跡群が検出され，それに大陸系磨製石器群と鉄器がともなうことが明らかにされた［福岡県教委 1985］。これらの調査の結果，森が提示した弥生文化の成立に必要な諸要素のうち，「定型化された土器」（弥生土器）を除いたほぼすべての要素が夜臼式期あるいは山ノ寺式期とされる時期にすでに出そろっていたことが判明した。

こうした学史的な流れからすれば，列島における本格的な農耕や弥生時代の開始が一気に起きたように論調が転換してもよかったとも思えるが，実際にはそうはならなかった。1980年代以降も，弥生文化の構成要素が出そろう段階よりも前に，要素が断片的に出現する段階を設定するという考え方自体は，こうした段階をより古い時期へとスライドさせたかたちで生き続けることとなった[1]。これは，山ノ寺・夜臼式期よりもさらにさかのぼる黒川式期において，半島系の文化要素の一部が存在するという事実が認識されていたか，その後の発掘調査によって得られた新たな事実が付け加えられたからである。田中良之は，黒川式期において半島の丹塗磨研小壺の塗彩を模倣した丹塗浅鉢と，在来の粗製深鉢・突帯文土器に施された孔列の存在を指摘し，水稲農耕が本格化する前の時期にすでに半島南部からの情報の流入・蓄積があったと考えた［田中 1986］。前田義人・武末純一は，福岡県貫川遺跡出土の石庖丁を半島南部無文土器文化に由来するものとし，当時の水稲農耕が試行的で一般化しなかったものと評価した［前田・武末 1994］。

　その後も，水稲農耕の本格化に先立つ半島南部からの影響に焦点をあてて研究が進行してきた。たとえば，広田式期における浅鉢・深鉢の色調の模倣を明らかにした研究［松本 1996］[2]，黒川式期における孔列土器の列島西部への拡散過程の研究［片岡 1999］などがそれにあたる。2000年代に入ってからは，これらの研究成果にもとづき，広田式期から黒川式期を本格的な水稲農耕の開始に先立つ「園耕」段階に位置づける見解も提出された［宮本 2005］。

　以上の研究成果をふまえ，列島における半島系文化要素の出現率にもとづくと，以下の二つの段階が設定できる。

　渡来第1段階：水稲農耕は試行的で一般化しなかったものの，孔列土器や石庖丁，赤色塗彩浅鉢などが半島南部との交流と渡来人の存在を暗示する無文土器前期後半／縄文晩期中葉（黒川式期）。

　渡来第2段階：水田をはじめ，農耕具，各種の工具，磨製石鏃・石剣，壺形土器，松菊里型住居，支石墓などの様々な文化要素が体系的に出

現し，水稲農耕が本格化する無文土器中期前半／縄文晩期後葉（夜臼式期）。

　なお先行研究では，半島系文化要素が断片的に出現する段階を縄文晩期前葉（広田式期）以降とみる見解と，縄文晩期中葉（黒川式期）以降とみる見解の二つに分かれる。本書では，文化要素の出現率の点からみて，この二つの時期を区別し，このうち出現率の高い縄文晩期中葉を渡来第1段階に位置づける。次節以降は，この段階設定にしたがって，議論を進めることとする。

第3節　朝鮮半島南部における松菊里文化の変容と渡来人の故地

　本節では，第4～7章での検討結果をふまえ，半島南部における松菊里文化の拡散過程をみていき，さらに列島に水稲農耕をもたらした渡来人の故地を推定することとする。ここで対象とする時期は，前節で設定を行った渡来の二段階のうち，第2段階に相当する無文土器中期前半／縄文晩期後葉となるが，ここであえて第1段階よりも先に取り上げるのは，本書で対象としてきたのが主としてこの段階の事象であることと，渡来第2段階においての事象の背景をより深く理解するためには，この方がより説明しやすいことによる。

　まず，松菊里文化の一指標とされる松菊里型住居についての検討結果にもとづいて，半島南部における情報伝達のあり方を明らかにしよう。松菊里型住居の祖型は無文土器前期末において，半島南部の中西部地域において発生するとされる［宮里 2005；李亨源 2006］。本書では，空間的セリエーショングラフを用いて，そのあとの伝播過程を検討した。その結果，中西部地域で発生した松菊里型住居は，西海岸ライン（中西部地域─錦江中・下流域─栄山江流域─宝城江流域）と山越えライン（中西部地域─錦江上流域─南江流域・大邱地域）という二つの太い情報伝達ルートに沿っておおむね拡散すること，中西部地域で発生した松菊里型住居そのものが半島南部全域で盛行するわけではなく，とくに宝城江流域・南江流域・大邱地

域といった半島東南部地域では似て非なる独自のものへと変容すること，列島の松菊里型住居のルーツは南江流域と金海地域とをあわせた範囲の地域に求められる可能性が高いことを明らかにした。

　こうした松菊里型住居の拡散と変容のあり方は，石庖丁や丹塗磨研壺などの他の文化要素のあり方とも連動している。本書では，無文土器前期〜中期に属する石庖丁を検討した。その結果，半島南部の小地域ごとの石庖丁製作伝統の推移が明らかとなった。すなわち，無文土器前期には西南部地域，大邱地域，金海地域は資料数が少なく不確実ではあるものの，他の全地域でほぼ斉一的な様相を呈する。そして無文土器中期になると，中西部地域において松菊里的製作伝統（三角形交差刃）が発生し，錦江流域や西南部地域にまで広がる。南江流域では前期的製作伝統と松菊里的製作伝統との融合がみられる。その他の地域においては，大邱地域・金海地域は前期と同じく，資料数が少なく不確実なものの，漢江流域・嶺東地域・蔚山地域では前期的製作伝統が存続する。こうした事象は松菊里型住居でみた西半地域にみられる大きなまとまり，南江流域における変容とほぼ一致する。また，嶺南地方に集中分布する丹塗磨研壺の型式・底部形態・出土遺構の構成比を通じて，半島南部から北部九州における情報伝達のあり方についても，検討した。その結果，無文土器中期においては，湖西地域—南江流域—北部九州を結ぶラインに密接な情報伝達ルートを想定できること，南江流域の丹塗磨研壺は湖西地域のそれと強い影響関係にありつつも口頸部・底部形態に独自の特徴をもつことを明らかにした。これも松菊里型住居にみる情報伝達ルートと南江流域における変容と一致するのである。さらに，支石墓の型式と上石の規模・形態とを重ね合わせた検討を通じても，南江流域と北部九州との結びつきは支持される。このように，松菊里型住居，三角形交差刃石庖丁などによって特徴づけられる松菊里文化が，半島の中西部地域で発生し，各地に広がるなかで，無文土器前期以来の在来伝統と規制の作用によって変容する。そのなか，南江流域や金海地域で変容した文化が海を越え，列島の北部九州へと渡来したものと考えられるのである。

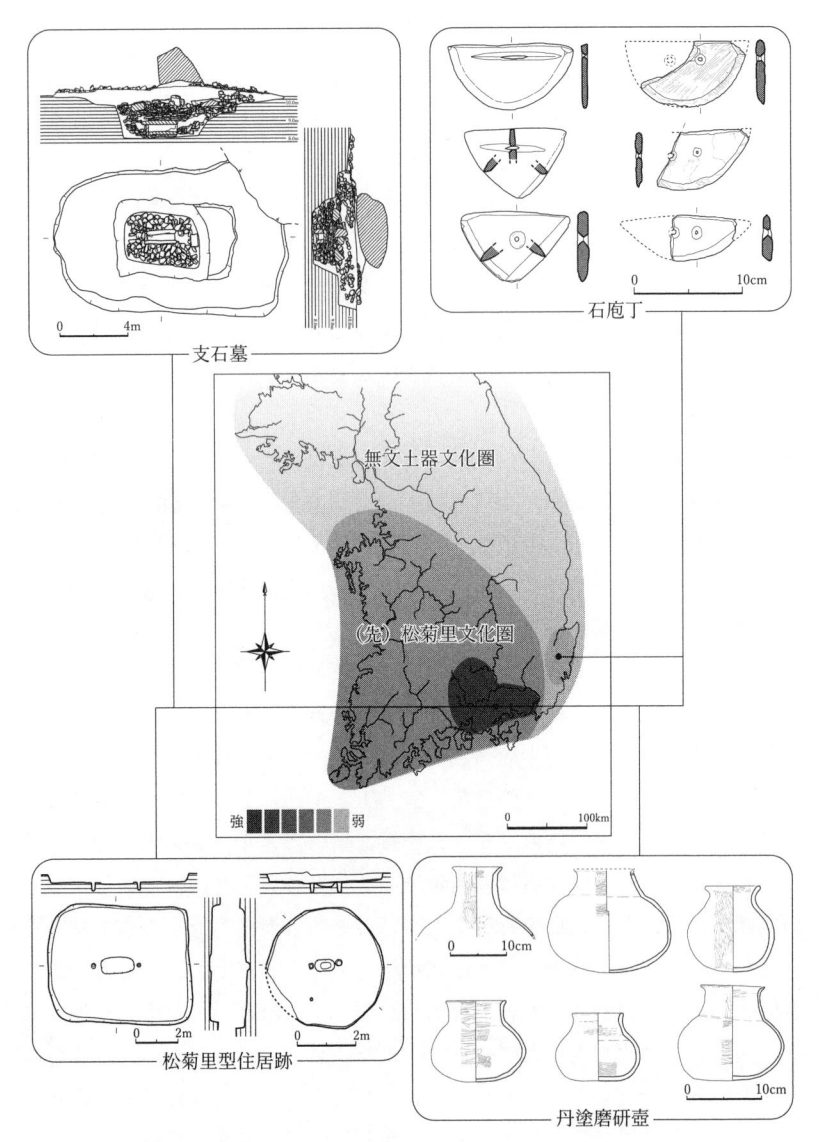

図8-1　渡来人の故地の推定（Hashino［2016］より引用・改変）

研究対象とした物質文化それぞれの分析結果にもとづいて　日本列島の物質文化との親縁性の濃淡を表示。支石墓は栗下里A1-11号墓［慶南発展研　2009a］それ以外は端野［2003b, 2008b, 2008c］より抽出・再構成。

支石墓

石庖丁

無文土器文化圏

（先）松菊里文化圏

強　　　　弱

松菊里型住居跡

丹塗磨研壺

454

さて，以上の議論で導かれた結果を，先行研究と対比することによって，見解の相違を明確にしよう。従来，列島における弥生文化の形成の背後に，半島南部の松菊里文化からの影響が想定されてきた［中間 1987］。一方，本書で得られた結論は，中西部地域で発生した松菊里文化が周辺へと拡散し，半島南部の各地において，無文土器前期以来の在来伝統と作用によって，様々な変容型を生み出す。そして，そのうちの南江流域や金海地域における文化が北部九州の弥生文化の成立に大きく関与したと考えるものである。この点において，従来の研究とは異なっている。また，渡来人の故地については，従来から研究者が対象とする物質文化によって様々な場所が想定されていたが，本書では北部九州の縄文晩期後葉に導入される文化要素の系譜を総合的に検討した結果，半島南部のなかでも南海岸部に位置する南江流域や金海地域（洛東江下流域）である可能性が最も高いことがわかった。そして，この時期においての半島と列島との間での情報伝達網は，南江流域・金海地域と北部九州との間に最も密に形成されており，その周囲に行くにつれ薄まっていくというグラデーション構造をなしているものと考えられる（図 8-1）。

　ところで，以上のような議論をもって，筆者は九州北部の玄界灘沿岸地域以外の地域と半島南部の南江流域・金海地域の間，あるいは九州北部の玄界灘沿岸地域と半島南部の南江流域・金海地域以外の地域の間においては，没交流であったことを主張するものではない。筆者は，複数の文化要素の重なり，型式・属性の組成の類似度などを総合的に検討することによって，上記の結論に至っているが，実はこうした方法を用いたのは，「A地域とB地域の間には関係がある」ということの蓋然性を高めることを意図したのであって，「A地域はB地域以外には関係をもたない」ということを証明しようとしたつもりはない。逆にいえば，一定の文化要素を共有することによって，無文土器文化あるいは松菊里文化としてくくることの可能な半島南部の諸地域と，列島の玄界灘沿岸地域との間に交流が全くなかったことを考古学的に証明することの方が困難である。要するに，筆者の研究は，従来は同一の文化としてくくられていた地域において，これま

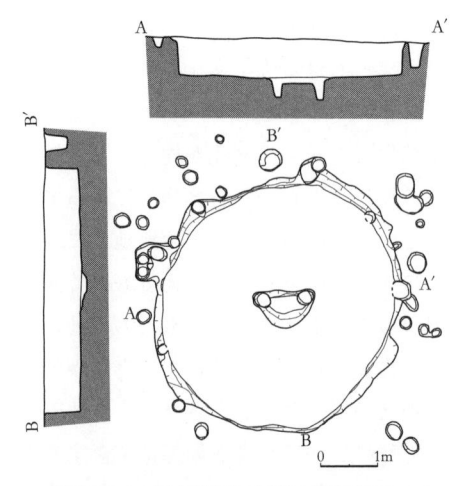

図8-2　三陽洞遺跡1区域1号住居跡
（済州大博［1999］よりトレース・改変）

で見落とされてきた細かな地域差を見出し，それにもとづいて，地域間関係の濃淡と文化伝播の大きな流れを鮮明にしたものであることを強調しておきたい。

　また，古墳時代研究者からもっと多元的な交流ではなかったのかという意見をときおり耳にすることがある。しかし，異なる時代のイメージを，歴史背景の全く異なる弥生時代の開始期にそのまま適用すること自体に無理があるし，とくに弥生時代の開始期の場合，人骨形質の変化から人の移動が想定されるため，複数の文化要素の組み合わせを重視して，交流の実態を追究すべきであると筆者は考えている。実際，これまでの分析結果によって地域間の関係の濃淡は明らかであるので，「多元的な交流」としてその濃淡を無視，ないし軽視してしまうことは，半島南部全体を一括してとらえていた従来の渡来文化論への退行を招く危険性がある。

　そのほか，単に南江流域だけが調査が進んでいるから，列島との関係を示す資料が鮮明になっているだけだという批判もあるかもしれない。しかし，韓国における発掘調査による無文土器時代資料の蓄積は近年めざましく，京畿道・忠清道・全羅道・江原道や慶尚道東部などの地域相も鮮明になりつつあり，筆者の研究はそれをふまえたものであるので，この批判は当たらない。

第4節　渡来第2段階における半島・列島間の交流ルート

前節では，渡来第2段階の半島南部における松菊里文化の拡散過程と，列島に水稲農耕をもたらした渡来人の故地についての議論を行った。本節では，その結果をふまえ，その後にいかなるルートを経て，列島へと到着したのかについて，議論を深めることとする。

まず経由地については，これまでの研究では，半島と列島の間に位置する対馬島・壱岐島と済州島のいずれかに見解が分かれていた。これについて，墓制と住居跡についての検討結果をふまえ，議論したい。墓制については，第4章で検討したように，済州島の支石墓は半島や列島の支石墓とは，所属時期や立地などの点で異なることから，半島と列島をつなぐ交流の痕跡として，これをみなすことはできない。一方，対馬・壱岐のうち，対馬には支石墓ではないが，泉遺跡で縄文晩期に属するとされる石槨甕棺墓からは碧玉製管玉が，その付近からは有柄式磨製石剣が出土しており［岡崎 1953]，これらと類似する遺物は北部九州でもみられる。したがって，墓制の伝播にあたっては，済州島より対馬島（壱岐島）を経由した可能性が高いものと考えられる。

次に住居跡については，松菊里型住居に対する検討結果をふまえて議論する。まず済州島においては，中央土坑の内部に柱穴を設けた松菊里型住居跡が，三陽洞遺跡［済州大博 1999］で発見されている（**図8-2**）。この型式の松菊里型住居は，第5章での検討結果によれば，朝鮮半島においては，栄山江流域などの西海岸地域に多くみられることから，そこに由来するものとみなされる。一方，北部九州の縄文晩期後葉に出現する松菊里型住居は全て，中央土坑の外側に柱穴を設ける型式であり，これらは半島南部の諸地域のなかでは，南江流域や金海地域において優勢な型式との類似性が高い。したがって，済州島の例と北部九州の例とは，半島南部における起源地がそれぞれ異なるものと判断される。加えて済州島の例は，無文土器後期に属するものであり，これは北部九州において松菊里型住居が出現す

る縄文晩期後葉よりも時期的に遅いものであることから，両者の間に直接的な関係を求めるのは困難である。以上のことから，この済州島の松菊里型住居跡の事例を，半島と列島との間をつなぐ論拠としては，みなせないものと考えられる。なお対馬島・壱岐島では，現状で松菊里型住居が確認されておらず，住居跡の事例をもって，こちらのルートの優位性を示すことはできない。

　では，墓制や住居を除いた他の文化要素についてはどうであろうか。まず済州島においては，先述の支石墓や松菊里型住居跡に加え，大浦洞洞窟遺跡の松菊里型土器や磨製石剣［国立済州博 2001］などの半島南部との交流を物語る考古資料が発見されているものの，弥生開始期の列島に由来するような文化要素は全く発見されていない。一方，対馬島の峰町井手遺跡［下條 1996］では，九州北部に由来する夜臼式土器とともに，半島南部に由来する孔列土器・丹塗磨研土器・瘤状把手付甕形土器などが出土している。これは当該期における半島・列島間の交流の一端を物語る証拠といえる。

　以上，墓制と住居，その他の文化要素に関わる考古学的事実にもとづいて，半島・列島間の交流における経由地について議論した。その結果，墓制とその他の考古学的事実からみた場合，対馬島・壱岐島ルートの可能性が高いと考えられた一方で，住居においては済州島ルート，対馬・壱岐ルートともに，これらを支持する積極的な証拠は認められなかった。これらのことを総合的にみた場合，当該期における半島・列島間の交流をつなぐ経由地は，対馬島・壱岐島であった可能性が高いものと考えられる。ただし，ここで注意すべきは，半島・列島の間をつなぐ考古学的証拠の存在が認められた対馬島の場合であっても，渡来第2段階（縄文晩期後葉／無文土器中期前半）に属する遺物の量はごく少数であり，住居跡などの一定期間の人の居住を表す遺構が確認されていないということである。このことからみて，そこでの長期間の滞在を経ない，九州島へ到達するための航海上の中継地点としての性格が強いものと考えられる。そして，この背景には，対馬島・壱岐島ともに水稲農耕適地が少なかったことに起因して，半島南部からの水稲農耕民が積極的に居住を行わなかったことがあるもの

と思われる。

　次に，列島においての到着地について議論する。本書では，墓制・住居・壺形土器・石庖丁の四つの物質文化を対象としたが，このうち，この問題を議論するに際して，取り上げることができるのは，墓制のみである。これは，当該物質文化が九州北部の全地域において分析に必要な資料数を十分に確保することができたこと，かつ九州北部の各地において明確な地域性を把握することができたことによる。松菊里型住居・壺形土器・石庖丁については，九州北部全域にわたる資料を，分析対象として扱えていないため，ここでの論拠とすることはできない。個々の検討については，今後の課題としたい。

　さて，第4章で墓制を検討した結果，半島南端部における祖型との類似度の点において，支石墓は玄界灘沿岸地域にまず到達し，そこを二次的な起点として西北九州や佐賀平野などの周辺部へと拡散したものと考えられた。これに対して，玄界灘沿岸地域よりも先に西北九州へと到達したという見解や，半島南端部の異なる地域から西北九州と玄界灘沿岸地域のそれぞれの地域へとほぼ同時期に到達したという見解，さらには中国・四国地方に直接的に到達したとする見解もあった。しかし，これらの見解には事実の認定，分析，論理展開の点において，問題を有することから同意することはできなかった。墓制のみならず，他の文化要素に目を移すと，福岡県板付遺跡・石崎曲り田遺跡，佐賀県菜畑遺跡・宇木汲田遺跡などの所在する玄界灘沿岸地域においては，大陸系磨製石器や土器の器種組成，製作技術，コメの粒型の点において，半島南部との共通点が多くみられる［下條 1986a］。これは，墓制においての到達地の想定を後押しするものといえる。

　以上のことを総合すると，渡来第2段階においての半島・列島間の交流ルートは，半島南部の南江流域・金海地域から対馬（壱岐）を経由して，玄界灘沿岸地域にいたるルートが最も有力であると結論づけられる。

第5節　玄界灘沿岸地域における無文土器文化の受容と渡来人

　本節では，前節で行った渡来第2段階の半島南部における松菊里文化の変容と渡来人の故地，交流ルートについての議論の結果と，第4〜7章での検討結果とをふまえ，玄界灘沿岸地域における無文土器文化の受容と渡来人について議論したい。

　前節では，松菊里文化が半島南部の各地に広がるなかで変容し，そのなかでも南江流域から金海地域を中心とする地域から九州北部へと情報伝達がなされた過程をみてきた。これらの無文土器文化に由来する諸要素は，列島での最初の到着地である玄界灘沿岸地域において，どのように受容されたのであろうか。本書で対象とした墓制・住居・壺形土器（丹塗磨研壺）・石庖丁の分析結果と先行研究による成果をふまえ，縄文晩期中葉から弥生前期前葉にかけてのそれぞれの要素の時間的推移と，それらを統合した結果をみて，文化構造の動態を明らかにしよう。

　まず墓制についてであるが，半島南部の無文土器前期には，支石墓や周溝墓などが確認されている。一方，これにほぼ併行する九州北部の縄文晩期中葉においては，墓の調査事例が少なく様相ははっきりしないものの，九州島全体でかつ縄文後期後半（三万田式期）〜晩期中葉という広い時間幅でみると，人骨が検出され，確実に墓として認定できる資料のすべてが素掘りの土坑墓である［坂本 1997］。そのほか，九州島からは外れるが，山口県御堂遺跡では縄文晩期中葉に属する木棺墓群が検出されており［水島 1991］，これは半島南部に系譜が求められる縄文晩期後葉や弥生前期の木棺とは異なり，縄文系木棺である可能性が高い［澤下 2009, 2010］。したがって，この時期には半島南部からの外来墓制は導入されていないとみなせる。次の時期の縄文晩期後葉になると，九州北部には外来墓制としての支石墓が導入される。しかし，これらは支石墓とはいっても，導入の当初から変容したものであり，半島南部の支石墓そのものといえる例は一つもない。さらに次の弥生前期前葉になると，北部九州のなかでも，とりわけ

福岡平野では，支石墓から列島独自の木棺墓への変化を遂げる。一方の福岡平野の周辺地域においては，支石墓がなおも残存し，列島独自のものへと昇華しきれていない。

　次に，住居についてみてみよう。半島南部の無文土器前期には，炉跡をともなう細長方形・長方形住居が盛行する。一方，これに併行する九州北部の縄文晩期中葉には，方形の住居が盛行している。しかし，これらは明確な炉跡をともなわない点で，同時期の半島南部の住居跡例とは区別され，この時期に確実に外来系とみなせる例はないとみてよい。次の時期の縄文晩期後葉になると，外来の住居様式としての松菊里型住居が出現し，それからなる集落と，縄文晩期中葉以来の方形住居からなる集落の両者が併存した状況となる。さらに弥生前期前葉になると，松菊里系住居はその起源地である南江流域や金海地域でのあり方とは異なり，四本主柱をもつものが住居様式の一つとして定着する。

　壺形土器は，半島南部において無文土器前期に丹塗磨研土器の一器種として存在している。一方，これに併行する九州北部の縄文晩期中葉には，壺ではなく在来の浅鉢が土器様式において精製器種としての位置を占めている。その次の縄文晩期後葉になると，半島南部の無文土器文化から壺が土器様式内に導入される。この時期には，半島南部における同時期の無文土器中期の丹塗磨研壺と形態的に類似した例がみられるとともに，縄文土器的な底部をもつ例や浅鉢の屈曲部に類似する肩部をもつ例もある。さらに弥生前期前葉になると，祖型となった無文土器中期の丹塗磨研壺とは異なる，列島独自の形態へと変化する。これがいわゆる板付Ⅰ式土器の成立である。

　石庖丁は，半島南部においては無文土器早期〜前期に出現する。これらの時期のうち，後出する無文土器前期に併行する九州北部の縄文晩期中葉では，貫川遺跡で１例が確認されているのみであり，この時期には石庖丁と水稲農耕は本格的に導入されているとはいえない。縄文晩期後葉になると，水稲農耕とともに石庖丁も導入される。導入当初から半島南部の石庖丁そのものはみられず，縄文晩期後葉から弥生前期前葉にかけて，大型化

と両刃化という点において列島独自に変容する。

　さて，以上の各要素の時間的な推移は，縄文晩期中葉は在来要素が優勢であったのが，縄文晩期後葉には在来要素と外来要素とが拮抗，あるいは在来伝統によって変形した外来要素が優勢となり，さらに弥生前期前葉にいたると，在来要素でも外来要素でもない列島独自の要素となるという点で共通している。また，前節で明らかにしたように，これらの外来要素の故地は，半島南部のなかでも南江流域から金海地域にかけての地域が中心となっていることがわかった。これらのことから，外来要素の導入からその変容にいたるまでの過程は，当初から個々の要素がバラバラに導入されるというあり方ではなく，各要素が密接に関係し合って導入されている可能性が高く，そしてその後も要素同士の結びつきが強固でありながら，連動して変化していったことを物語っている。さらに，これは田中良之 [1986] のいう土器様式の構造変化の過程とも連動している。

　このように，縄文晩期中葉から弥生前期前葉にかけての時期は，急激に外来文化に在来文化が取って代わられるのではなく，一定期間の在来文化の優勢期，在来文化と外来文化の拮抗期を経て徐々に外来文化の摂取が行われ，やがては単に土器や石器などの一部の文化要素の変化にとどまらず，文化構造全体の大きな変革がなしとげられる過程，すなわち縄文文化でも無文土器文化でもない列島独自の文化，弥生文化が創出される過程であったと評価されるのである。以上の文化システムの変化を模式化すると，**図8-3** のようになる。

　さて，第1章第1節2で概観したように，先行研究においても，弥生時代の開始にともなう文化変化の背景に，渡来人の何らかの関与が想定されてきた。上述の文化構造の変化過程において，玄界灘沿岸地域の社会では，渡来人と在来人の双方がいかなる関わりをもって，無文土器文化の採用や改変，拒否が行われたのであろうか。ここでは，本書で明らかとなった墓制と住居についての分析結果と，古人骨研究による渡来人論とを対比させ，より具体的に議論を深めていきたい。

　第4章では，当該期の九州北部における墓制を取り上げ，それを構成す

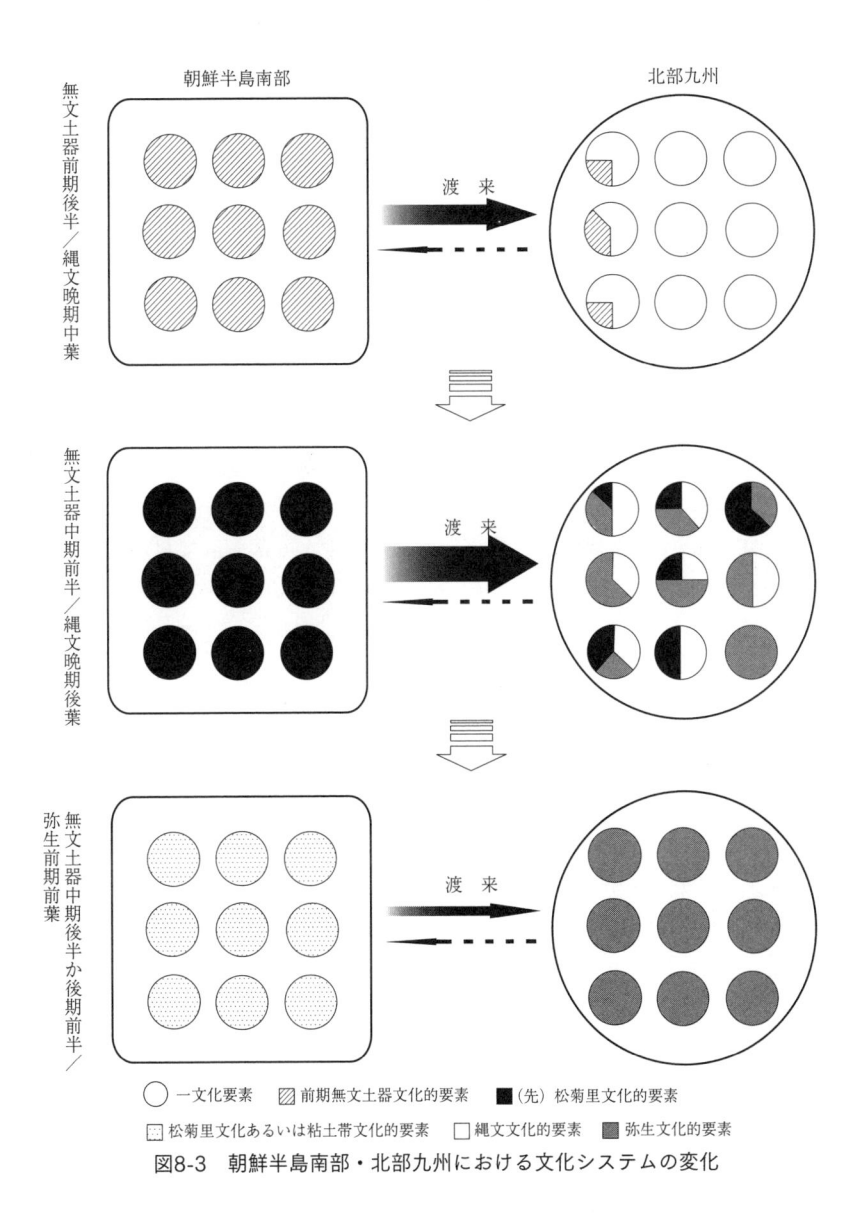

図8-3　朝鮮半島南部・北部九州における文化システムの変化

る属性間の相関状況をみて，地域ごとの時期的な変化の過程や地域間における祖型との類似度について検討した。その結果は以下の通りであった。

- ・玄界灘沿岸地域では時期が下るにつれ，石を用いた施設をともなう墓が減少傾向にある。
- ・縄文晩期後葉では同地域において，西北九州や佐賀・筑後地域に比べて，祖型との類似度が高い例が存在している。
- ・玄界灘沿岸地域のなかでも，唐津→糸島→福岡という序列で，縄文晩期後葉から弥生前期前葉という時期的な違いとともに，類似度が高い→中間→低いという違いがみられる。

次に，以上の墓制の地域・時期的な変異の状況をふまえ，玄界灘沿岸地域の各地区における墓の形態と被葬者の形質の関係がわかる事例をみてみよう（図8-4）。唐津地区に位置する大友遺跡5・6次調査では，縄文晩期後葉に属する支石墓から数体の人骨資料が得られている。中橋孝博は，低顔・低眼窩・広鼻という形質をもつ，この人骨資料を，北部九州弥生人とは異なり，津雲縄文人や新町遺跡人骨に近いものとみなした［中橋 2003］。この事例においての，墓の形態と人の形質の関係をみると，墓の形態は半島南端部の祖型との類似度が高いにもかかわらず，その被葬者の形質は縄文的といえる。

糸島地区に位置する新町遺跡では，弥生前期前葉に属する9号墓から，詳細な計測と観察が可能な人骨（男性・熟年）が得られている。この人骨を報告した中橋孝博と永井昌文は，上顔高・上顔示数・眼窩・鼻部については，金隈弥生人よりも，大友遺跡人骨のような西北九州型弥生人や津雲縄文人に近いとした［中橋・永井 1987］。これに対して，低上顔・低身長ではあるものの，眼窩においては必ずしも縄文的ではなくむしろ渡来人的であるという評価もある［田中 1991］。この人骨が出土した9号墓は支石墓ではあるものの，下部構造は石を用いた施設を全くともなわず，半島南端部の祖型からは変容した形態とみなすことができる。この事例は，必ずしも縄文的とはいえない人物が，やや変容を遂げた半島系の墓制に埋葬されたものと評価されよう。

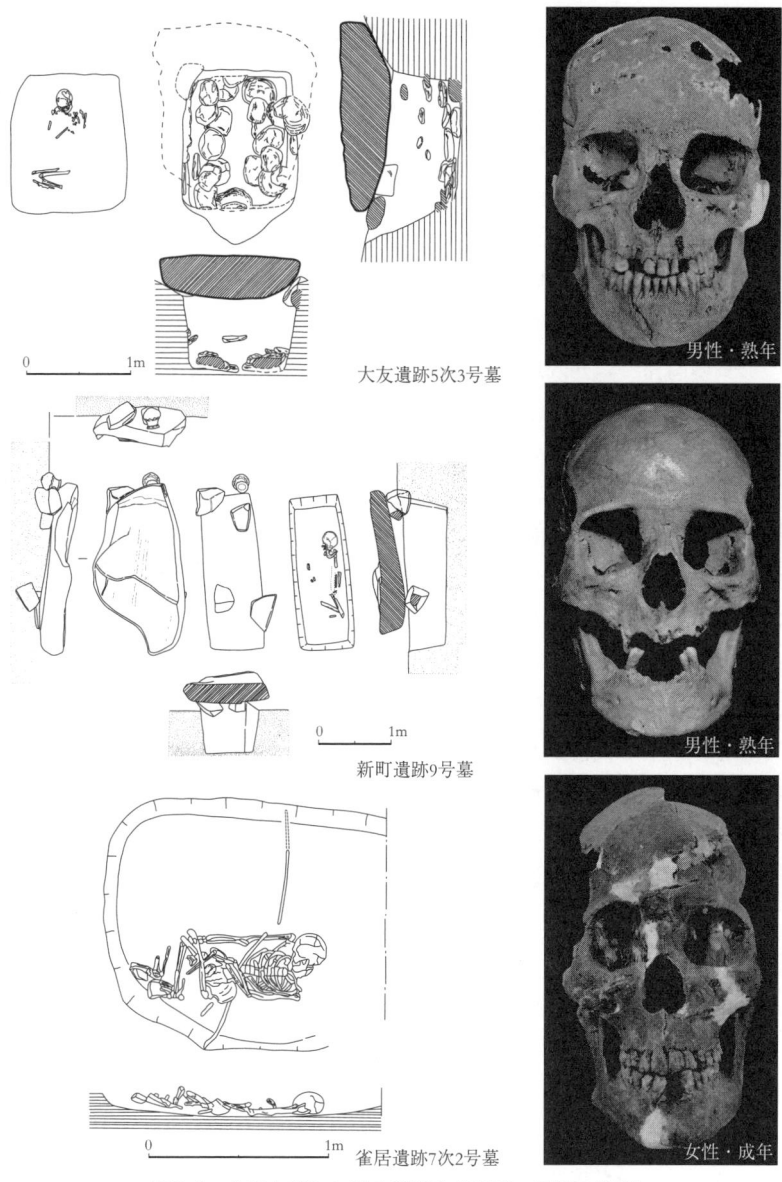

大友遺跡5次3号墓

新町遺跡9号墓

雀居遺跡7次2号墓

男性・熟年

男性・熟年

女性・成年

図8-4　北部九州における墓制と被葬者の形質の関係
遺構実測図は各文献より引用，人骨写真は筆者撮影。

福岡地区に位置する雀居遺跡 7 次調査では，弥生前期中葉に属する 2 号土壙墓から，分析可能な人骨（女性・成年）が得られている。この人骨を報告した中橋孝博は，かなり高顔傾向で，北部九州弥生人と共通する特徴をもっているものとこれをみなした［中橋 2000］。この土壙墓では，石や木などを用いた施設の痕跡は確認されていない。この事例は，渡来的な形質をもつ人物が半島的色彩の薄い墓制に埋葬されたものといえる。

　以上，玄界灘沿岸地域の各地区における墓の形態と被葬者の形質の関係がわかる事例について概観した。その結果を墓の祖型との類似度と被葬者の形質の関係という観点からまとめると，唐津地区の大友遺跡例は類似度（高）／縄文的，糸島地区の新町遺跡例は類似度（中）／縄文的（一部，渡来的），福岡地区の雀居遺跡例は類似度（低）／渡来的，ということになろう。もちろん，ここでの人骨情報から得られた被葬者の形質についての評価は，地域ごとの傾向をとらえたものではなく，各地域における個別の埋葬事例に対するものであることをあらかじめ断っておきたいが，これらの事実のなかで注目されるのは，墓での半島的要素の濃淡と被葬者の渡来的形質の濃淡との関係が逆転しているようにみえることである。ある人物が移住を行い，移住先で死亡した際に，そこにおいても周囲の人々の同意のもとで，その人物がかつて居住した地の墓制が用いられ埋葬されると単純に仮定するならば，墓の形態は移住元の文化に属するものであり，かつその被葬者の形質は移住元に存在するものというように，文化と人の形質とが一致するはずである。ところが，ここでの事例の場合，墓制の類似度（高）と渡来的形質，あるいは墓制の類似度（低）と縄文的形質とがペアとはならず，相反している。これらの人骨資料を報告した中橋も，大友遺跡の事例については，朝鮮半島に起源する支石墓からなぜ縄文的形質をもった人が埋葬されたのかと述べ，ある種の違和感を表明している［中橋 2001，2003］。

　さて，こうした事象はどのように理解できるのであろうか。まず，墓制の類似度は低いが被葬者は渡来的形質をもっていた福岡地区の雀居遺跡例について，考えてみよう。当該地区は水稲農耕適地を豊富に備えており，

こうした地域を対象としつつ，考古学と自然人類学の成果を統合して提出された「田中良之の渡来モデル」[田中・小澤 2001；田中 2002] を参照することができる。雀居遺跡例が属する弥生前期中葉は，このモデルでいえば，前時期までの渡来人と在来人との共住によって混血が進み，集落内に渡来的な形質をもった人が確実に増えつつあった時期にあたる。そして，文化規範を取り仕切ったのも，先の時期の縄文人の熟年・老年層から，渡来人と在来人の混血の結果，生まれた子孫たちへと移行しており，その文化規範に沿って，墓などの物質文化も造られたと考えられる。もちろん，この混血による子孫たちの文化規範は，縄文文化の規範ではないし，無文土器文化の規範でもない。あえていえば，「弥生的」な文化規範である。この結果として，この時期の墓制は支石墓からすでに変容を遂げた列島独自の木棺墓，あるいは縄文文化から継続して造られる土壙墓であり，それに埋葬された被葬者は渡来的な形質をもった人物であった，というように理解できよう。なお，この時期の渡来的形質をもつ人を，渡来人そのものとみなす考え方もあるかもしれない。しかし，この時期（板付Ⅰ式期〜Ⅱa式期）の遺跡には，前時期である夜臼式期に比べ，朝鮮無文土器文化に由来する考古遺物の存在が希薄になっていることから，その可能性は低いものと考えられる。

　次に雀居遺跡例とは反対に，墓制の類似度は高いが被葬者が縄文的形質をもっていた唐津地区の大友遺跡例についてみてみよう。この地域は，福岡平野に比べ，水稲農耕適地が少ないという点で，「田中の渡来モデル」を適用するための前提条件が備わっていない。したがって，この事例については，別の条件を想定したうえで，議論する必要がある。まず，在来の集落の周辺に水稲農耕適地が少ないということは，そこを目指して渡来人が移住することも，福岡平野に比べると多くはないものと判断される。これをふまえると，当該地域においては，在来人との混血によって，のちに渡来的弥生人が形成されるのに十分なほど，渡来遺伝子が蓄積されなかったとみなすことができ，結果として「西北九州型」[内藤 1984] と呼ばれる縄文的な形質の強く残った弥生人が形成されたものと考えられる。一

方，この地域における夜臼式期の文化規範は，在来の縄文人の熟年・老年層が取り仕切ったものと思われる。にもかかわらず，外来要素である支石墓が，かなりの改変が加えられているとはいえ，なにゆえ墓制として採用されたのであろうか。これを考える際には，この時期よりも前の時期からの半島南部から当該地域への情報流入の存在が大きなキーポイントとなる。これを裏づける考古学的証拠として，孔列土器や西北九州型結合釣針，石銛をあげることができる。片岡宏二［1999］によれば，唐津市高峰遺跡では，縄文晩期中葉の粗製浅鉢で，下部に組織痕をもつ孔列土器が出土しており，この土器は搬入品の可能性もあるという。また，西北九州と半島南海岸の両地域において，縄文前期～後期にかけて分布する西北九州型結合釣針，縄文後期を中心に分布する石銛の存在は，これらは現状では縄文晩期の例を欠くものの，縄文前期以来，両地域間において「漁民の交流」が存在していたことを物語っているという［渡辺 1995］。これらのことにもとづけば，縄文晩期中葉において，半島南部から当該地域へと無文土器文化に関わる情報の流入が存在したものとみなせる。この黒川式期においての彼我の交流による半島由来の情報が基礎となって，先進文化である渡来文化へのある種の憧れと，より多くの渡来文化の恩恵を受けている北部九州，なかでも福岡平野の住民とは異なるアイデンティティを表現したいという欲求が高まり，これらが結果として無文土器文化に由来する墓制「支石墓」の導入に踏み切らせたものと考えられよう。

ところで，玄界灘沿岸地域以外の西北九州，佐賀・筑後地域といった二つの地域における墓制の形態と被葬者の形質の関係はどうであろうか。西北九州，佐賀・筑後地域ともに，縄文晩期後葉には，起源地である半島南部のものに改変が加えられているとはいえ，外来墓制である支石墓が導入されている。墓制においての祖型との類似度は高いといえる。一方，被葬者の形質はどうか。西北九州においては，縄文晩期後葉に属する人骨資料は得られていないものの，それよりも新しい時期に属する弥生人骨を対象とする形態分析によって，同地域の弥生人には縄文的特徴が強く残ったものとみなされている［内藤 1984］。また佐賀・筑後地域についても，縄文

晩期後葉に属する人骨資料は得られていないが，当該期には縄文的色彩の強い遺物が遺跡から多く出土していることから，この地域に居住していた人々も縄文的形質をもっていたという推測が立てられる。したがって，これらの二地域における墓制の形態と被葬者の形質の関係は，墓制の類似度は高いものの，被葬者が縄文的形質をもっていた唐津地区の大友遺跡例と似通ったケースととらえられ，外来墓制の受容における契機も同種のものが想定されよう。

　さて第5章では，縄文晩期後葉の住居跡に関する検討を行ったが，それに際して，集落ごとに採用された住居様式に違いがあることが看取された。見解の分かれていた石崎曲り田遺跡の方形住居の系譜については，縄文後晩期の住居に求める見解の方がより蓋然性が高いという結果が得られた。もう一つの縄文晩期後葉の代表的な集落遺跡である江辻遺跡［新宅 1994, 1996］は，半島に由来する松菊里型住居のみで構成されることは間違いない。このほかの北部九州の縄文晩期後葉に属する住居跡には，平面形態が方形の例と円形の例の両者が存在する。方形住居跡例については，本書での分析結果によれば，竪穴規模・形態と柱穴の配置状態の2点において，縄文晩期中葉例と類似するか，その範疇に収まることがわかった。したがって，縄文後晩期以来の方形住居に系譜が求められる可能性が高い。円形住居例については，福岡市周船寺1次住居跡［福岡市教委 1980］，板付遺跡 60 次 SC01［福岡市教委 1995］，有田遺跡 180 次 SC11［福岡市教委 2001］の3例が知られ，これらは松菊里系住居跡か，その可能性があるものである。

　また，以上の遺跡のうち，江辻遺跡は，当該期において集落構造が明確に把握しうる，数少ない集落遺跡であるが，中央に広場と大型建物があり，それを取り囲むように円環状に住居を建てており，縄文モデルムラの円形配置の流れも受けている［武末 1998；松本 2000］。したがって，この場合は，住居様式と集落景観の二点において，半島系と縄文系の二者が共存しているといえる。

　では，こうした集落間における住居様式の違いや，同一集落における系

譜の異なる要素の共存関係が発生した背景はいかなるものであったのであろうか。これらの考古学的事象についても，先述の「田中の渡来モデル」を援用して，議論を深めてみよう。北部九州の縄文晩期後葉集落には，若年〜成年層を中心とする男女からなる渡来人とすべての世代と男女からなる在来人とが共住していたことがまず想定される。当然のことながら，このような共住は，住居の建築が行われた後のことであるが，集落の形成に先だって，どのような住居様式を採用するのかという判断は，在来人の熟年・老年層の手に委ねられ，在来の文化規範にもとづいて行われたものと考えられる。縄文晩期後葉よりもさかのぼる縄文晩期中葉に，列島では渡来の痕跡は認められることから，ここでいう「在来人」には，縄文晩期中葉に到来した渡来人と在来人との混血の子孫たちも含まれる。すると，彼ら自身の故地での記憶や渡来後の彼我の交流を通じて，半島系の住居様式も候補の一つとして彼らは知っていたことが予想される。したがって，縄文系・半島系のいずれの住居様式を採用するかは，選択肢としては両方とも存在しつつも，各集落における在来人の熟年・老年層の采配に委ねられた。結果として，集落間に違いが生じたものと考えられる。また江辻集落において，住居様式は半島系，集落景観は縄文系という共存もまた，こうした集落づくりにあたっての選択肢の多様性を物語っている。

　このように，縄文晩期後葉の遺跡間にみられる住居様式の差，同一集落における異系統要素の共存は，集落ごとに住居の建築に先だって，そこに住もうとする人々が縄文系・半島系のいずれの住居様式あるいは集落景観を選択するかという意志決定の多様性と柔軟性を雄弁に語っているといえよう。そして，これは先述の通り，縄文晩期後葉という時期が，縄文系文化と無文土器系文化の双方が混在あるいは融合し，それらが後に列島独自の弥生文化へと昇華される以前の過渡的な段階にあったことをも示している。このような違いを生んだ背景には，縄文晩期中葉から縄文晩期後葉にかけて継続的に行われた半島南部との交流にあたって，地域や集落ごとに，渡来人との関わり方や度合いに違いがあり，それが半島系文化の採用にも差違をもたらしたことがあるのかもしれない。

第6節　半島・列島における情報伝達網の形成と機能

本節では，第9節で水稲農耕伝播のメカニズムを予察するうえでの鍵概念として「情報伝達網」を定義づけ[3]，それが半島・列島にわたる地域にどのようにして形成され，機能していたのかを議論する。あわせて，実態としての情報伝達の手段はどのようなものであったのかについても理解を深めたい。

まず，筆者のいう「情報伝達網」とは何なのかを明らかにしよう。「情報伝達網」の定義にかかわる概念として「コミュニケーション」がある。これを，発信者がもつ概念（意味）が何らかの規則体系（コード）に従って感覚的にとらえられるメッセージとなり，それがなんらかの手段（回路）を通じて受信者に受け渡されてメッセージが解読され，さらにフィードバックされていくプロセス［伊藤 1994］といった，ごく一般的な意味で理解する。すると，「情報伝達網」とは，交易・婚姻・移住などの様々な手段を媒介とする一定のコミュニケーションが保証された人間関係を基盤とする情報の受け渡し回路の集合体と定義される［端野 2014a］。

さて，以上の定義にしたがえば，当該期・地域においては，その考古学的な諸事象からみて，位相の異なる二者の「情報伝達網」が存在するといえる。すなわち，半島・列島それぞれに形成された「密な情報伝達網」と，半島・列島間を横断する「粗な情報伝達網」の二者である。それぞれの「情報伝達網」について，渡来第1段階においての考古学的事象をあげて説明すると，次の通りである。まず「密な情報伝達網」は，半島南部でいえば可楽里式土器・駅三洞式土器・欣岩里式土器が表す前期無文土器文化圏，列島でいえば九州島を中心とした黒川式土器分布圏の背後に横たわっているものである。そして，もう一つの「粗な情報伝達網」は，土器に施された孔列，赤色塗彩などの部分的な要素の広がり，あるいは貫川遺跡の石庖丁のような普遍的ではない単発的な外来文化の存在が表すような，「密な情報伝達網」を横断する範囲に横たわっているものである[4]。

以上のことをふまえ，渡来第2段階における半島から列島への文化の広がりを，「情報伝達網」の形成と機能に着目して考えてみよう。まず，渡来第2段階の松菊里型住居，三角形石庖丁，松菊里型土器の分布をみると，これは渡来第1段階の前期無文土器の分布範囲に収まることがわかる。このことから，無文土器前期に形成され機能していた「密な情報伝達網」を背景として，松菊里文化が半島南部の各地へと拡散していったといえる。列島西部においては，突帯文土器分布圏が示すコミュニケーション・システムを背景として，北部九州の板付Ⅰb式期に板付Ⅰ式土器が広域伝播したことが考えられており［田中 1986］，これと同じような出来事が，半島南部においても一足先に起きていたといえる。

　同時に，無文土器中期の松菊里型住居の分布圏が前期無文土器の分布圏に比べ，やや縮小しているという事実も見逃してはならない。前期無文土器の分布圏のうち，無文土器中期の松菊里型住居の分布からはずれる地域として，済州島や嶺東地域がある。済州特別自治道三陽洞遺跡［済州大博 1999；国立金海博 2004］や江原道松峴里遺跡［朴榮九 2005］の松菊里型住居では水石里式土器が出土していることから，これらは無文土器後期前半に属する例と判断される。これは水稲農耕適地が乏しい地域には，松菊里型住居の波及が遅れたことを示すと同時に，松菊里型住居という物質文化と水稲農耕という生業形態との密接な関係を暗示している。

　また先述の通り，渡来第1段階の九州北部では，半島からの渡来を物語る文化要素が断片的に出現する。これは，「密な情報伝達網」の外側の，半島南部と九州北部とを横断する範囲に「粗な情報伝達網」が広がっていたことを意味する。そして渡来第2段階になると，水稲農耕と不可分な文化要素が九州北部に体系的に伝わるのは，こうした「粗な情報伝達網」が前段階に形成・機能しており，この段階にも健在であったからこそだといえる。もちろんそこにゆき渡る情報の粗密でいえば，半島南部内部に形成された情報伝達網の方が圧倒的に濃密であることは間違いないが，半島と列島とを横断する情報伝達網は，半島南部のそれより粗ではありながらも確実に存在する。このことは極めて重要で，渡来第2段階での半島南部から

九州北部への情報伝達もまた，この第1段階に形成され，機能していた情報伝達網に乗るかたちで行われたといえよう。そして，この時期の半島南部・北部九州社会の双方が，移住者の受け入れや彼らとの婚姻に対して寛容な双系的社会であったことが［田中・小澤 2001；田中 2002］，このような海を介した情報伝達網の形成を容易にしたものと考えられる。

　以上のように，渡来第2段階において，半島の中西部地域で松菊里文化が発生し，それが半島南部各地に広がり，列島にいたる背景には，渡来第1段階に形成・機能していた，位相の異なる二つの「情報伝達網」が複合して横たわっていたものと考えられる。

　では，こうした「情報伝達網」は，半島→列島という一方向の情報伝達にだけ機能していたであろうか。いや，決してそうではない。近年，半島で発見された，渡来第2段階での列島→半島という方向の情報伝達を物語る考古資料を紹介しよう。**図 8-5** と **図 8-6-1** は，韓国の慶尚南道網谷里遺跡［慶南発展研 2009b］で出土した突帯文系土器である。この土器はこの遺跡の環濠の埋土から内湾甕・口唇刻目甕などの無文土器片，丹塗磨研壺とともに出土した（**図 8-6-2 〜 5**）。環濠は松菊里型住居群が分布する微高地を取り巻くように位置することから，環濠と住居跡とはほぼ同時期に掘削・使用されたものと考えられる。また，出土遺物によって無文土器中期に属すると判断される2号・4号石棺墓が，この環濠を切って造られている。これらのことから，環濠の埋没期間は，無文土器中期の幅に収まることは間違いない。この土器は，屈曲する口頸部とヘラ状工具による刻目の付いた二条の突帯をもち，西北九州・北部九州縄文晩期後葉の突帯文土器に類似する。しかし，器面調整と粘土紐（帯）接合技法をみると，西北九州・北部九州の突帯文土器に多い条痕や内傾接合手法ではなく，無文土器に通有な板状工具による擦過痕がみられ，外傾接合手法で作られている。また，底部の形状も西北九州・北部九州のそれとはやや異なる。さらに，色調は無文土器的な明褐色を呈しており，胎土も同遺跡出土の無文土器と変わらない。これらのことから，西北九州・北部九州から持ち込まれた搬入品ではなく，西北九州・北部九州での一定期間の滞在あるいは彼我の交流を通

図8-5　網谷里遺跡環濠出土突帯文系土器（筆者撮影）

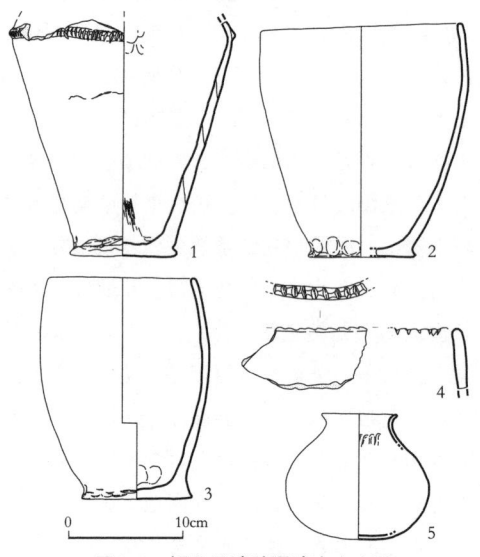

図8-6　網谷里遺跡環濠出土土器
（慶南発展研［2009b］よりトレース・改変）

じて，突帯文土器を知り得た無文土器人の手による在地製作の模倣品である可能性が高い。もちろん，無文土器中期（縄文晩期後葉）における交流の方向は，半島→列島が圧倒的に強いことは間違いないが，この土器は，その逆方向も確実に存在していたことを裏づける証拠であろう。

　なお，渡来第1段階における半島南部から北部九州への情報流入について，岡田憲一・千羨幸 [2006] を支持し，土器にみられる孔列の分布が山陰地域や南九州に集中するのに対して，北部九州ではむしろ希薄であることを論拠として，この段階における半島南部との交流による情報の蓄積が，縄文晩期後葉における，より体系的な文化要素の導入の契機となったとは考えにくいとする見解 [小南 2009] もある。しかし，孔列土器の分布差は，必ずしも情報流入量の差を反映したものとはいえず，各地での受容のあり方の違いがこれを生んだともみなしうる。少数ながらも確実に存在する北部九州の孔列土器はやはり積極的に評価すべきであろう。

　さて，以上のように半島南部の内部や半島・列島間の交流を情報伝達網に着目して議論してきたが，その実態としての情報伝達の手段はどのようなものであったのであろうか。半島南部におけるそれについては，現状の考古資料からアプローチするのは難しい。しかし，列島の北部九州では，考古資料のみならず人骨資料の蓄積と，これにもとづいた弥生時代開始論と渡来人論についての研究成果があり，これを参考にすると，この問題に一定の答えを導くことができる。考古学・自然人類学の成果を総合すると，縄文晩期中葉から縄文晩期後葉を通して，半島南部から北部九州へと小規模で散発的な渡来が行われ，このうち縄文晩期後葉には規模がやや増加したと想定される。また，土器の様式構造においては，縄文晩期中葉は在来要素が外来要素に対して優勢であり，縄文晩期後葉になると両者が拮抗・逆転するという過程を経ていることから，大量の渡来人が在来文化を払拭してしまうパターン（displacement pattern）ではありえない [田中 1991]。なお前節において議論したように，このような土器様式の構造変化と連動して，文化構造を構成する，墓制・住居・壺形土器・石庖丁などの諸要素が同様の過程を経て推移していることも，この情報伝達の背景についての

想定を裏づけるものといえる。このような渡来先である北部九州側の状況をふまえると，渡来人の故地とみなせる半島南部においても，無文土器前期から中期にかけて，通常の情報伝達手段（交易・婚姻など）に加え，小規模な人の移動が行われ，松菊里型住居や三角形石庖丁が出現・盛行する無文土器中期にはその規模や頻度がやや増加した可能性がある。しかし，その規模が在来文化を払拭してしまうほどのものではなかったことは，各地に広がった松菊里型住居や三角形石庖丁が在来伝統の作用によって変容しているという事実がよく示している。

　次に，半島・列島間における情報伝達の手段についても，人骨研究の成果をふまえ，若干の補足を行っておこう。本書で対象とした物質文化のうち，墓制に関する先行研究のなかには，本書での渡来の時期・到着地についての見解とは異なることと相まって，情報伝達の手段についても異なる見解が提出されている。本間元樹は，福岡県新町遺跡・佐賀県大友遺跡・長崎県宇久松原遺跡の支石墓から出土した人骨が，いずれも縄文的形質であり，かつ縄文的抜歯風習の頻度も高いことから，まず支石墓の伝播現象と渡来人の移住とを分離した。そして，支石墓は渡来人の移住というよりは習俗の伝播の一例としてまず西北九州へ伝播し，一方，渡来人は支石墓よりやや遅れて水稲農耕をはじめとする諸技術を携え北部九州へ移住したと考えた［本間 1991］。ところが先述の通り，一般に縄文的形質をもつとされている新町遺跡出土 9 号人骨（熟年男性）は，低上顔・低身長ではあるものの，眼窩においては渡来人的であり，そのまま縄文人の末裔とすることはできない［田中 1991］。また，北部九州においては，縄文晩期中葉からは孔列［田中 1986；片岡 1999］，晩期後葉からは粘土帯外傾接合［家根 1981］という半島南部由来の土器製作技法の二要素が在来の甕に導入されており，とりわけ後者は不可視的要素であり渡来人の移住を暗示するものである［田中 1986］。したがって，支石墓より遅れて渡来人が北部九州へ移住を開始したとは言い難い。なお，縄文晩期中葉に属する福岡県貫川遺跡出土の石庖丁は，試行錯誤段階ではあったものの，水稲農耕技術に関する情報がすでに伝達されていたことを示している［武末・前田 1994］。以上

のことからみて，縄文晩期後葉に北部九州（玄界灘沿岸地域）へと渡来が行われたとみなす見解がやはり妥当であると考えられる。

　さらに，外来墓制としての支石墓においては，玄界灘沿岸地域から周辺地域への拡散が考えられたが，この情報伝達の手段はいかなるものだったのであろうか。人骨にみられる渡来的形質は，水稲農耕適地である北部九州から適地ではない西北九州へといたるルートでは急激に失われていく[Doi and Tanaka 1987；土肥・田中 1987]。これは支石墓を含む水稲農耕と不可分な諸要素の拡散のあり方と同様である。すなわち，北部九州（水稲農耕適地）から西北九州（水稲農耕不適地）へといたるにつれ，渡来人の遺伝的情報の欠落と連動して，支石墓を含む水稲農耕関連の文化的情報も変形あるいは欠落するものと考えられるのである。このような人の形質と文化の双方のあり方をみると，半島南部から玄界灘沿岸地域への情報伝達の背景とは異なり，玄界灘沿岸地域からその周辺地域への情報伝達は，通常の婚姻・交易などを媒介として行われたものと考えられる。

第7節　日本列島西部における弥生文化の広域拡散とその背景

　前節までに，墓制・住居・壺形土器・石庖丁といった四つの文化要素の受容のあり方を総合的に検討し，さらに「田中の渡来モデル」をふまえ，北部九州，とくに福岡平野における弥生文化の成立と渡来の弥生人の形成，それ以外の地域における渡来文化の受容と縄文的弥生人の形成，さらには半島・列島における情報伝達網の形成と機能，情報伝達の手段について議論した。北部九州において成立した弥生文化は，いわゆる遠賀川式土器の広がりで知られるように，さほど時間をおかずに東方へと拡散したものと考えられるが，この遠賀川式土器やそれにともなう文化の起源については，いくつか異論も存在する。そこで本節ではまず，遠賀川式土器の広域伝播についての研究成果と，人骨資料からみた渡来的形質の拡散についての研究成果をあわせて概観することによって，今日における弥生文化の拡散についての正しい理解を導く。次にそれをふまえ，本書で検討した弥生前期

の中国・四国地方における墓制の広がりの背景について議論する。

　まず，土器・人骨の研究成果を概観し，今日における研究の到達点を確認しておきたい。遠賀川式土器の成立と人の渡来的形質の拡散については，かねてより田中良之の見解がある。田中は，列島西部で散見される板付I式土器に類似する壺や甕を，各地における弥生土器の母胎とみた。そして，こうした板付I式土器の広域伝播は，それ以前に形成・機能していたコミュニケーション・システムを背景としているとし，その背景に九州からの移住者を想定するべきかもしれないとした [田中 1986]。さらに，西日本の古墳時代と弥生時代の諸集団間の形質と地理的距離との関係を検討した結果 [Doi and Tanaka 1987] をみて，渡来的形質は北部九州から水稲農耕の適地へと向かって拡散したこと，北部九州から東方へと向かうルートは，通常の婚姻などを媒介とした拡散では説明ができず，ある程度の人の移動を考えなくてはならないことを主張した [田中 1991]。

　この見解に対して，以前から近年にいたるまで，遠賀川式土器が北部九州以外の地域でも成立したとする見解 [高橋 1986；平井 1995；豆谷 1995；田端 2000；出原 2000] もいくつか提出されているようである。しかし最近，列島西部における弥生前期前葉〜中葉の甕形土器を検討した大森真衣子 [2011] によれば，弥生前期板付系甕の最古型式の分布は九州北半部に限定され，その次の型式の出現頻度は，福岡平野で最も高いという。この事実は，いわゆる遠賀川式土器がやはり北部九州に起源する土器であることを物語っている。また，遠賀川式土器の北部九州以外起源説は，最古の弥生土器の成立の背後に，渡来的弥生人の生成を全く考慮していないことに大きな問題を抱えているといえる。したがって，北部九州以外に起源地を想定する見解は妥当ではなく，田中の見解 [1986, 1991] は，資料が大幅に増加した現在にあっても，妥当なものと考えられる。

　以上，列島西部における遠賀川式土器の広域拡散についての研究の到達点を確認した。次に，これをふまえ，本書で検討した墓制の広がりの背景について議論する。これらの墓制は，石を用いた何らかの施設と木棺をともなうという点において，支石墓に系譜が求められる九州北部の墓制に由

来することは間違いない。そして，北部九州の土器編年の板付Ⅰb式期（福岡県今川遺跡V字溝出土土器，福岡市雀居遺跡5次調査SK177・178・188を基準資料とする時期）における板付Ⅰ式土器の広域拡散にともなって，墓制も中国・四国地方に展開することとなる。また，中国・四国地方で散見される弥生前期の松菊里系土器や松菊里系住居も，このような板付Ⅰ式土器の広域拡散の波に乗って，半島系墓制と同様，北部九州からもたらされたものと考えられる。

　さて本書では，中国・四国地方の弥生前期墓制の構造的属性と出土遺物を検討したが，その結果のなかでも，日本海沿岸地域と瀬戸内海沿岸地域との間に相違があり，前者の墓制は後者のそれにくらべ，構造的属性において九州北部の墓制と類似度が高く，かつ出土遺物の種類が多いことが注意された。また，遺物の出土位置においても，九州北部の墓制と日本海沿岸地域のそれとの間には，共通性がみられた。さらに，瀬戸内海沿岸地域の状況を細かくみると，石槨施設の点で，西部瀬戸内地域の愛媛県では，石を用いる傾向が強く，反対に東部瀬戸内地域の岡山県では石を用いた例はほとんどみられなかった。

　では，これらの事象をどのように理解すればよいのであろうか。ここではまず，弥生前期の列島西部に分布する他の文化要素の動態をみることで，このことについて考えてみたい。墓制の分布様態と似通ったあり方を示す文化要素として，土笛と西北九州型結合釣針があげられる。土笛は，弥生前期中葉から中期初頭までの限られた時期にみられ，福岡県東北部から丹後地域周辺にかけての日本海沿岸地域から集中的に出土している。これまで，所属時期が明確で最古と考えられる例は，山口県綾羅木郷遺跡出土の弥生時代前期中葉の例であったが，近年，島根県堀部第1遺跡出土の弥生時代前期中葉の例が，石を多用した墓制にともなって出土している［弥生博編 2000］。これに対して，瀬戸内海沿岸では全く発見されていない。また，西北九州型結合釣針は日本海沿岸地域では，弥生時代前期〜中期に属する鹿角製軸2例・同未製品3例・猪牙製針4例が出土し，その形態は明らかに西北九州型そのものである。一方，瀬戸内海沿岸では所属時期が弥生時

代中期に下り，岡山県真菰谷貝塚から鹿角軸3例・鹿角製針・猪牙製針・骨製針未製品各1例が出土しているが，形態・サイズの点からみて変容した西北九州型の退化形態とされている［渡辺 1995］。

このように，他の文化要素である土笛や西北九州型結合釣針の分布も墓制と同様に，日本海沿岸地域と瀬戸内海沿岸地域（特に中部瀬戸内地域）との間では違いがあり，かつ九州北部と日本海沿岸地域との間により強い結びつきがあったことがうかがえる。すなわち，これらの事象は，複数の文化要素と連動するかたちで，墓制がある程度の類似性を保ちつつ，九州北部から日本海沿岸に位置する響灘沿岸地域や山陰地域へと拡散したことを物語っているといえる。

さて，先述の土器・人骨研究の成果をふまえると，板付Ⅰb式期における北部九州から中国地方への物質文化の広域拡散の背景には，婚姻・交易などの通常の情報伝達手段のほかに，人の移動が含まれるものと考えられる。そして田中［1991］では，中国地方のなかでの日本海沿岸地域と瀬戸内海沿岸地域との間の違いについての言及はないが，これは中国地方の弥生人骨が土井ヶ浜遺跡と古浦遺跡といった日本海沿岸地域で得られた資料に限られていたことによるものと思われる。しかし，古墳時代人の諸集団間の形質と地理的距離との関係を求めた図（田中［1991］の図6）をみると，山陰地域の値は筑前のそれからやや下がった比較的近い値を示しているのに対し，中部瀬戸内地域の値は大きく下降し，南九州の値に近いことがわかる。あくまで，古墳時代人を対象とした結果であることは注意しなければならないが，日本海沿岸地域と中部瀬戸内海地域との間で，北部九州からの情報伝達のあり方に違いがあったことを暗示するものであろう。

このようにみてくると，福岡平野などの玄界灘沿岸地域において，水稲農耕の開始からしばらくして形成された渡来的弥生人が，板付Ⅰb式期になって中国・四国地方へと移動し，墓制や土器を含む複数の文化要素がそこに伝えられることとなった。そして，たとえ外来の文化要素の受容がもともとその土地に居住していた在来人と新たに移住してきた人との相対的比率によって左右されたとしても，日本海沿岸ルートの方が瀬戸内海沿岸

ルートに比べ，情報伝達手段のなかにより多くの人の移動を含んだ可能性があると考えられる。

　なお，これらの議論をふまえると，西部瀬戸内地域に位置する広島県高平遺跡・塚迫遺跡・岡の段Ｃ遺跡の墓制の上部施設が，日本海沿岸地域の墓制と同様に，九州北部の墓制のそれとの類似度が高いのは，瀬戸内海沿岸ルートよりむしろ日本海沿岸ルートを介してもたらされたものであった可能性もある。というのも，これらの三遺跡は中国山地において，日本海と瀬戸内海の両方に流れ込む河川の分水嶺付近にちょうど位置しているからである。

　次に，遠賀川式土器の広域拡散より前の時期における半島系文化要素の状況をみて，北部九州と中国・四国地方との間においての墓制の類似性について，改めて議論を深めたい。まず，片岡宏二による日本列島出土の孔列土器の研究［片岡 1999］を参照して考えてみよう。片岡は，列島出土の孔列土器を類型化し，その分布と地域性を明らかにした。その類型のうち，縄文晩期中葉に属する 1-a 類は，孔列土器のなかでも半島南部のものに近いとされ，それは玄界灘沿岸地域とそこから若干内陸に入った地域，響灘沿岸地域，そして山陰地域の海岸部に分布している［片岡 1999］。もちろん，この現象によって，半島南部からいったん玄界灘沿岸地域に到達し，そこから響灘沿岸地域や山陰地域に伝播したのか，あるいは半島南部から各地域にそれぞれ伝播したのか，判断することはできないものの，縄文晩期中葉の日本海沿岸地域ではすでに，半島南部に由来する情報に対するある種のなじみがあり，それが弥生前期前葉になってからの，北部九州から日本海沿岸地域への情報拡散の素地になった可能性は指摘できよう。

　また孔列土器のほかに，中国・四国地方において弥生前期よりさかのぼる時期に属する無文土器文化系資料として，愛媛県大渕遺跡出土のナスビ文土器（壺）と磨製石庖丁があげられる。これらは同遺跡 5 層において，道後平野における突帯文土器出現期（中部瀬戸内の前池式併行期）の土器資料とともに出土しており，両方とも半島の例そのものではなく，一部の要素だけ類似するものである。同遺跡の同層からは九州系の深鉢も出土し

ていることから，これらは半島から直接的に伝わったものではなく，北部九州などの経由地を経て，情報の変容が起こったうえで伝わった結果とみなされている［松山市教委 2000］。これらの考古学的証拠は，遠賀川式土器の広域拡散に先立って，北部九州—周防灘—伊予灘—道後平野という情報伝達ルートが存在していたことを物語っている。この情報伝達ルートを介して，弥生前期中葉～後葉（板付Ⅱa・Ⅱb式併行期）に属する持田町3丁目遺跡［愛媛県教委 1995］や弥生前期中葉～後葉に属する西田Ⅲ遺跡［長井 1978］でみられる石を多用する半島系墓制も伝わったものと考えられる。また，武末純一［1982］によれば，中国・四国地方のなかでも，愛媛県の道後平野では，無段有柄式磨製石剣の分布が集中し，これらのうち，剣身と柄に鎬がよく通る，より古式の型式は板付Ⅰ式期に北部九州からもたらされた可能性が高いという。これも遠賀川式土器の広域拡散以前から形成・機能していた北部九州からの直接的な情報伝達ルートが，なおも健在であったことを物語っていよう。

　さて，以上の議論は，北部九州の墓制と日本海沿岸地域のそれとの間における類似点や共通点に着目したものであったが，差異点についても評価しなければならないであろう。石を用いた施設や木棺をともなう点で，北部九州の墓制に由来するのは明らかであるが，その一方ですべてが同じというわけではない。中村大介が「木棺型式の逆転現象」［中村 2006］としてとらえた現象もその一側面なのである。中村はこの現象の背後に，半島南部からの直接的な文化的影響を想定したが，そうではない。この現象はまさに北部九州に由来する文化の受容にあたって，在来の文化伝統が作用した結果を物語っている。もう一方の瀬戸内海沿岸地域の墓制についても，当然のことながら在来の文化伝統が作用した結果として，情報源である北部九州の墓制とも異なり，かつもう一つの北部九州系文化の受容地である日本海沿岸地域の墓制とも異なるものとなったといえる。このような中国・四国地方の墓制にみられる多様性は，北部九州に由来する弥生文化の受容にあたっての，各地域における在来伝統の健在と規制が作用したことの一側面を如実に表しているものといえよう。

なお，ここで導いた見解とは異なり，縄文晩期から弥生前期において，半島南部から中国・四国地方への直接的な影響や人の移動を想定する見解も，近年いくつか提出されている。そこで，それらの見解の妥当性について次節で検討を加えることとする。

第8節　遠隔地直接渡来論の検討

　近年，半島南部から列島の中国・四国地方への直接的な移住や文化的影響を想定する見解がいくつか提出されている。本書では，これらの見解を「遠隔地直接渡来論」と呼んでいるが，対象とする時期によって，列島における水稲農耕開始以後の板付Ⅰb式〜Ⅱa式併行期のものと，水稲農耕開始前の黒川式併行期以前のものとに分けられる。前者の例として中村大介［2006］，後者の例として岡田憲一・千羨幸［2006］や千羨幸［2008］がある。前者については，第4章で検討を済ませたので，ここでは後者について検討したい。

　岡田憲一と千羨幸は，山陰地方の島根県三田谷Ⅰ遺跡や原田遺跡1区出土の「二重口縁土器」を半島南部に由来するものとみなした［岡田・千 2006］。さらに千羨幸は，列島西部出土孔列土器を検討し，山陰地方と九州地方とのあいだでは系譜が異なり，前者は半島東南部，後者は半島西南部に系譜が求められるとした。そして，九州地方では孔列土器は南部九州から周辺地域に拡散したと考えた［千 2008］。

　まず，山陰地方出土の「二重口縁土器」を半島南部に由来するとみなした点についての筆者の疑問点を述べる。岡田と千は，この「二重口縁土器」が，大邱広域市松峴洞11号住居跡出土土器や慶尚南道大坪里遺跡漁隠1地区95号住居跡出土土器と，口縁部接合手法と断面形態の点で類似するとして半島南部に由来するものと考えた。しかし，彼らも認めているように，山陰地方の「二重口縁土器」と半島南部の二重口縁土器とは全く同じものではない。実は類似点と差異点をもつという点では，列島内の類似した土器と何ら変わらないのである。また，2点という数の少なさも気にな

る。単なる「他人の空似」の可能性もあるのではないだろうか。したがって，もしこの論を展開するのであれば，半島南部系の他の文化要素からの検証が必要であったように思う。

　次に，山陰地方の孔列土器は半島東南部，九州地方のそれは半島西南部に系譜が求められるとした点についてである。この論の最大のポイントは，山陰地方例の出現時期を九州地方例のそれより古く位置づけたことにある。岡田は，近畿地方の篠原式に併行する土器群として提唱された「原田式」[柳浦 2004] を「古段階」「中段階」「新段階」の三つに細分した。このうち，「新段階」の基準資料には，黒川式新段階にともなう浅鉢と突帯文土器期にともなう浅鉢の両者があり，この段階が黒川式新段階に併行するのは確実としている。それよりさかのぼる「古段階」と「中段階」は，近畿地方の篠原式の深鉢の変化を基準に設定している。そして，この「古段階」の資料に孔列土器が含まれることから，山陰地方における孔列土器の出現は，九州地方の黒川式新段階よりも早いという論理を展開している [岡田・千 2006]。ところが，これは本来，考古学的に「原田式」という同一時期ととらえられるものを，古い要素をもつ深鉢を含む資料のみを抽出するという恣意的操作をしているようにみえる。この山陰地方の土器編年の細分と，それと九州地方との併行関係の想定は検証されたものではなく，仮説の域にとどまっているのではないか。浅鉢と深鉢とが一定量含まれる良好な一括資料をもとに，編年の細分と九州地方との併行関係の妥当性を再度，検証する必要があろう。

　もう一つの疑問は，南部九州の孔列土器の系譜を半島西南部・済州島に求めている点である。この論のポイントは，九州北部と九州南部との間にみられる孔列土器の穿孔手法の違い，孔列の施される器種や器形の違いを強調し，両地域の孔列土器を別系譜ととらえることにある。そのうえで，九州南部の孔列土器の起源地を，穿孔手法の類似性にもとづき，半島南部西南部・済州島に求めている。ところが，九州北部と九州南部の孔列土器は，千自身も認めるように孔列の外面的効果や類似する器形のような共通性もまたもっており，このような「違い」は，孔列土器の受容にあたって

九州南部の住民が既存の土器に外来要素を付加する過程で生じたと十分に解せるレベルのものなのである。すなわち，半島南部からまず九州北部へと流入し，九州南部に拡散し，そこで穿孔手法などが独自に変化したものととらえられる。そして，九州南部と半島西南部・済州島の孔列土器の穿孔手法の点での類似性は，九州南部における変化の結果として，偶然，半島西南部の孔列土器と似たものとなったとみなすことができる。これは，九州北部と山陰地方の孔列土器の関係についても同様のことが当てはまる。さらに，他の文化要素に目を移し，広田式〜黒川式期における土器の色調の模倣 [松本 1996]，黒川式期に属する福岡県貫川遺跡の石庖丁の存在 [前田・武末 1994] をみると，広田式期から黒川式期にかけて，九州島のなかでも北半部に半島南部からの影響が濃いことは明らかである。これらをふまえると，孔列土器についても，依然として九州北部から九州南部へ拡散するルートの蓋然性が高いといえる。もし半島西南部・済州島から南部九州へのルートを説くならば，半島西南部系の他の文化要素による裏づけが必要であろう。

　確かに，北部九州以外の列島の諸地域でも「半島系」と思われる資料の蓄積は，近年目覚ましいものがある。しかし，量が増えてきたからといって，直接的影響や人の移動を安易に想定する論の展開は慎まなければならない。実は，これらの「遠隔地直接渡来論」は，依然としてかつて武末純一 [2002] が提示した要件をクリアしていないのではないだろうか。筆者は，半島南部からの列島の遠隔地までの直接的影響を想定するためには，次のような判定基準が必要であると考える。すなわち，①半島と列島とに存在する類似の文化要素が同時期に存在したことが編年研究により保証されること，②同時期に存在することが確定できても九州北部の要素とは異なる半島小地域に由来する要素であることが証明できること，③同時期・同地域における他の半島系要素の存在から「他人の空似」である蓋然性を極力減らすこと，③半島からの搬入品の存在を示すこと，の四つである。これらの判断基準を重層的に用いたうえで，当該期における半島と列島との遠隔地間の直接的交流を，筆者は想定したい。

第9節　水稲農耕伝播の背後にある要因・メカニズム

　前節までに，水稲農耕開始前後における半島・列島間交流を二つの段階に分け，半島南部における松菊里文化の変容と渡来人の故地，九州北部における無文土器文化の受容と渡来人，列島西部における弥生文化の広域拡散，半島・列島における情報伝達網の形成と機能について議論した。これらの結果をふまえ，本節では，人を取り巻く外部環境の一つである気候変動に着目して，渡来の二つの段階における半島・列島間交流の背後にある要因とメカニズムについての議論を試みる。なお，これに関してはすでに何度か論じたことがあるが［端野 2008a, 2009, 2010a, 2014a, 2014b, 2016a, 2016b；Hashino 2010, 2011, 2016］，紙幅の都合上，細部については十分に論じられず，また考古学的時期と暦年代，寒冷期との対応関係については変更点もあるので，その後の学界の研究動向をふまえつつ，ここで再論する。

　まず，第3章での検討結果によれば，複数の方法から導かれた確度の高い寒冷期のなかでも，列島の気候変動データで確認できた 1000 年 BC ～ 400 年 BC ごろの寒冷期は，半島・列島における水稲農耕の開始に前後する時期に相当し，本書で問題となる農耕伝播の背後にある要因・メカニズムに関係する可能性が示唆された。しかし，この議論をさらに推し進めるには，考古学的時期と暦年代，気候現象との関係をもう少しきめ細かく把握する必要がある。これには，炭素 14 年代の較正曲線から知られる過去の気候変動と暦年代，列島沿岸部の遺跡で確認された風成砂丘の形成期に関する情報が有用である。

　現在のところ，炭素 14 年代の較正曲線が，過去の気候変動と暦年代の関係を明らかにするのに最も適したものである。従来から地球科学では，較正曲線が表す過去の大気中の ^{14}C の増減によって，地球規模での気候変動を推定できることが知られている。^{14}C は，地球外から降り注ぐ宇宙線によって生成される炭素同位体元素であり，^{14}C 量が多いほど宇宙線照射量が多かったことが明らかとなっている。そして，宇宙線が大気中に多く入っ

てくると雲が増えることもわかっている。すると，気候の寒冷化は，宇宙線量の増加→雲の増加→太陽熱量の低下→気温の低下という流れで，説明が可能である［丸山 2008］。こうしたことをふまえると，較正曲線において，急に上がったり平坦になったりしている部分は ^{14}C が増加傾向にある時期＝寒冷期，一方，下がる部分は ^{14}C が減少傾向にある時期＝温暖期というように評価できる。

　また，考古学の立場からは，縄文晩期中葉（黒川式期）と晩期後葉（夜臼式期）の間に，寒冷化にともなう海水準低下により，列島西部の沿岸部で風成砂丘が形成されたことが指摘されている［甲元 2008］。上述の較正曲線から推定される寒冷期と，風成砂丘の形成期とを結びつけた田中良之は，縄文晩期後葉（夜臼Ⅰ式期）の開始年代は前 700 年より古くはなりえず，夜臼Ⅱ式期〜板付Ⅰ式期は前 560 年よりも後，弥生前期末葉は前 260年以降と考えた。そして，これらの年代観が人骨の炭素 14 年代（海洋リザーバー効果補正）とも整合するとした［田中 2009, 2011］。

　さて，以上の理解をふまえつつ，較正曲線と考古学的事実をもう少し細かくみて，考古学的時期と暦年代，寒冷期／温暖期，砂丘形成期／安定期の関係を鮮明にしてみよう。**図 8-7** は，炭素 14 年代 2500 年 BP を前後する時期に相当する較正曲線 IntCal13 ［Reimer *et al.* 2013］を拡大して示したグラフである。縦軸は炭素 14 年代，横軸は較正年代を表している。このグラフをみると，730 cal BC ごろからそれまで下降していた較正曲線は平坦になり，急激に上昇したあと下降し，再び上昇したうえ，小刻みに上下し，600 cal BC ごろで下降しているのがわかる。こうした較正曲線の形状からみて，730 cal BC ごろから 600 cal BC ごろにかけての時期を，寒冷期とみなすことが可能である［Hashino 2016］[5]。そして，この寒冷期から，それに続く温暖期への転換が，考古学的時期でいえば，いつ起こったのかは，福岡県新町遺跡 1 次調査［志摩町教委 1987］における墓地形成開始期が一つのヒントとなる。この遺跡は，黒川式期と夜臼式期の間に形成されたとされる風成砂丘上に立地するものの一つであり，なかでも砂丘安定後の遺跡形成の時期が最も古くさかのぼるものである［甲元 2008］。ここでの墓地造

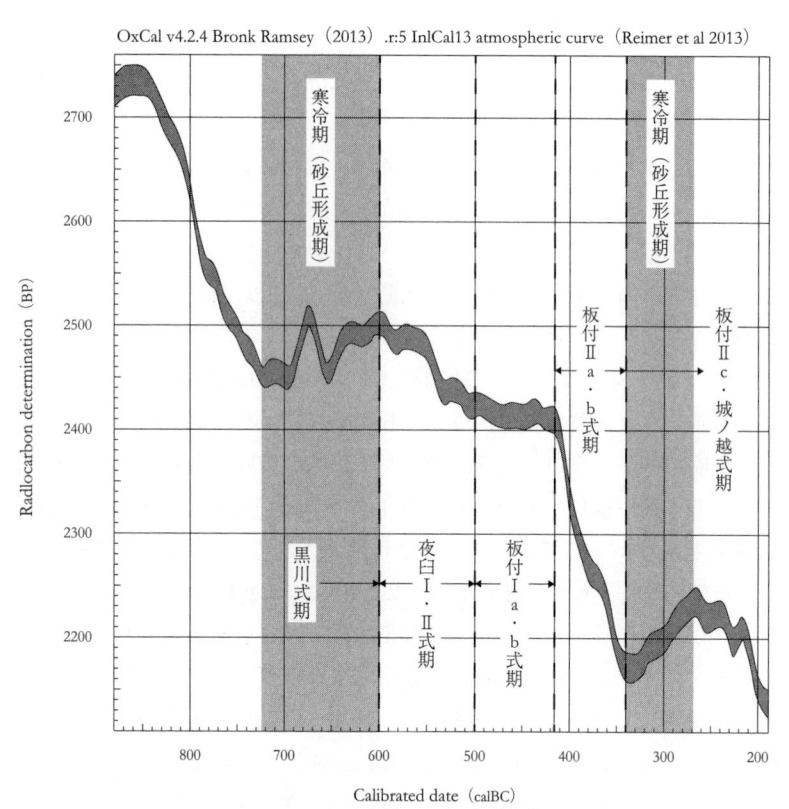

OxCal v4.2.4 Bronk Ramsey（2013）.r:5 InlCal13 atmospheric curve（Reimer et al 2013）

図8-7　較正曲線からみた寒冷期とその時期

板付Ia・b式期と板付IIc・城ノ越式期の較正年代上の位置づけは田中［2011］の人骨年代を参照した。板付Ia・b式期も較正曲線の形状からみて寒冷期の可能性がある。グレー部分は寒冷期を示す。OxCal4.2.4より作成。

営の開始は，墓に副葬された小壺（45 号墓の口頸部が直立する壺）からみて，夜臼I式期〔橋口［1985］の曲り田古式〕からである。福岡県藤崎遺跡もまた，こうした砂丘上に立地する遺跡であるが，ここで時期が最もさかのぼるのは，第7地点第101 号甕棺［福岡市教委 1982］であり，これは橋口［1992］でいえば曲り田古式（夜臼I式期）の特徴を有している[6]。したがって，砂丘安定期，すなわち温暖期への転換は，夜臼I式期の一時期

には完了していたといえ，おおむね 600 cal BC ごろを黒川式期と夜臼 I 式期の境界とみなしうる。なお，この見解は，砂丘安定化後の遺跡形成の始まりを夜臼 II 式期とみた田中良之 [2009, 2011] とは異なる。

第 2 章において筆者は，半島南部の無文土器時代前半期の炭素 14 年代を統計的に検討した結果，無文土器中期前半（休岩里式）の開始年代は，前 800 年より確実に下ることを示した。これは無文土器中期前半にほぼ併行する縄文晩期後葉（夜臼 I 式期）の開始年代もまた，前 800 年よりも下ることを物語っており，ここで示した年代観と矛盾しない。また，東北アジアの青銅器などの考古資料にもとづいて，夜臼 I 式期の上限年代を紀元前 6 世紀以降と推定した岩永省三 [2011] とも調和している。

さて，以上の年代観をふまえて，水稲農耕伝播のメカニズムについて，予察したい（図 8-8）。なお，較正曲線から導かれた較正年代をそのまま考古学的時期の暦年代とみるには慎重を要する。宇宙線量の増減と気候変化の間にはタイムラグがあることを考慮すると，砂丘形成期より求められる考古学的時期の暦年代は，較正年代より確実に新しくなるからである。ただ，現状ではそれがどの程度新しくなるのかわからない。そのため，以下，年代については，較正年代そのものの意味で，〇〇 cal BC と表記する。

渡来第 1 段階の始まりは，730 cal BC からの寒冷期の開始と時を同じくする。そして，この気候の悪化は，畑作を主たる生業としていた前期無文土器社会に農業生産力の低下をもたらす。気候の悪化にともない，一つの集落に居住する人口を支えるために十分な生産力を確保できなくなると，その解決策の一つとして，人口の分散が行われる。この人口の分散は，無文土器人が農耕にとってより好条件を求め，列島にまで及ぶことになる。その結果として，半島・列島間を横断する「粗な情報伝達網」が形成される。同時に列島各地では，寒冷化にともなう海水準の低下により，小野 [1980] や甲元 [2008] が指摘するように，河畔・湖畔に沖積低湿地，砂丘・砂堤の背後に後背湿地が形成される。これが後に開始される水稲農耕の適地となる。

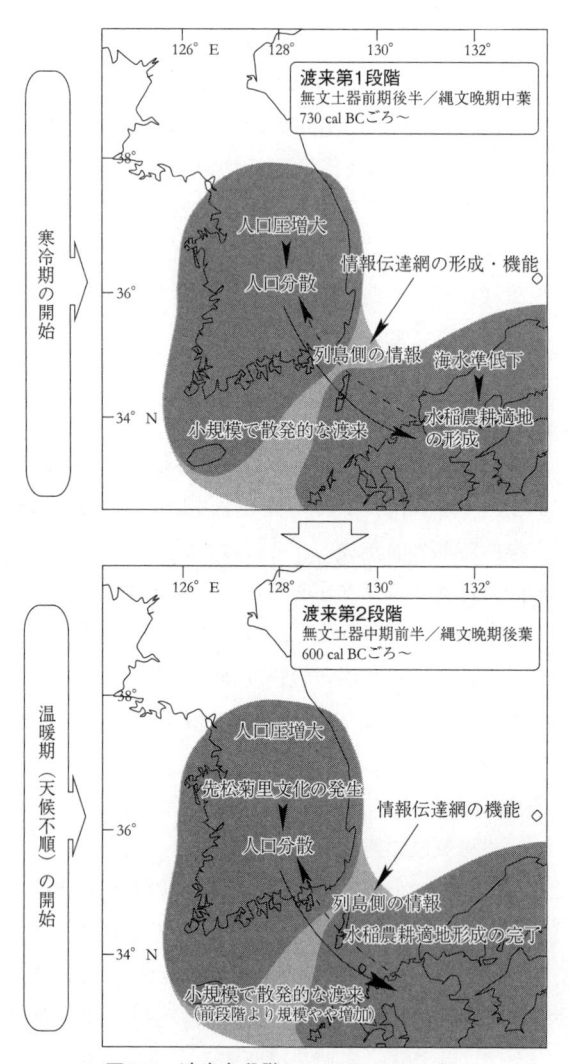

図8-8　渡来各段階におけるメカニズム

490

つづいて，渡来第2段階は600 cal BCごろから始まるが，この段階には気候は温暖化し，これにともない洪水リスクが高まる。洪水による農作物の被害や農地の喪失が渡来の要因となる。慶尚南道大坪里玉房2地区などでは，無文土器中期前半に属する畑地が洪水砂によって埋没している［慶尚大博 1999］（**図8-9**）。あくまで参考ではあるが，本書で渡来人の故地と推定している南江流域・洛東江下流域は現在，半島のなかでも降水量がとくに多い地域であり，過去にも洪水リスクが高く，温暖化あるいは気候変化にともなう天候不順によってそれがより高まった可能性がある（**図8-10**）。こうした自然災害を要因とする生産力の低下は，集落内における人口圧の増大を招く。これに対して，無文土器社会は，より積極的に人口の拡散によって解決を図ろうとする。同時に，温暖化にともなう湿潤環境への変化が，半島南部においても水稲農耕に適した湿地を形成し，これを利用した農耕を軸とする生業システムへの転換を社会に招く。結果として，前期無文土器文化システムから中期無文土器文化システム（先松菊里文化システム）へと移行を導いたのではないか。（先）松菊里文化の指標とされる松菊里型住居は，居住規模の小ささや柱構造の脆弱性からみて，前段階の長方形住居とくらべ，人間集団がより遊動性を志向しはじめたことを暗示している。また，リバーシブルを可能にした三角形交差刃石庖丁は，人口圧の増大を解消するために，生産効率を高める道具として考案されたものととらえられる。こうした文化変化は，環境変化に対する適応の結果とみなせ，変化は生業システムにとどまらず，それを包括する文化システムにまで及んだと理解される。半島の中西部地域でまず出現した先松菊里文化は，前段階から存在し機能していた「密な情報伝達網」によって，半島の各地へと広がる。その広がりは「密な情報伝達網」の範囲を越え，海を隔てた列島まで及ぶ。このとき機能したのが前段階に形成された「粗な情報伝達網」である。

　この段階における半島→列島の渡来や交流は，前段階に比べて，やや活発化する。これは，「粗な情報伝達網」を通じて，列島側に存在する水稲農耕に好ましい自然条件や人・社会などに関する情報が，この段階以前の無文土器社会にすでに蓄積されていたことを背景にすると考えられる。そし

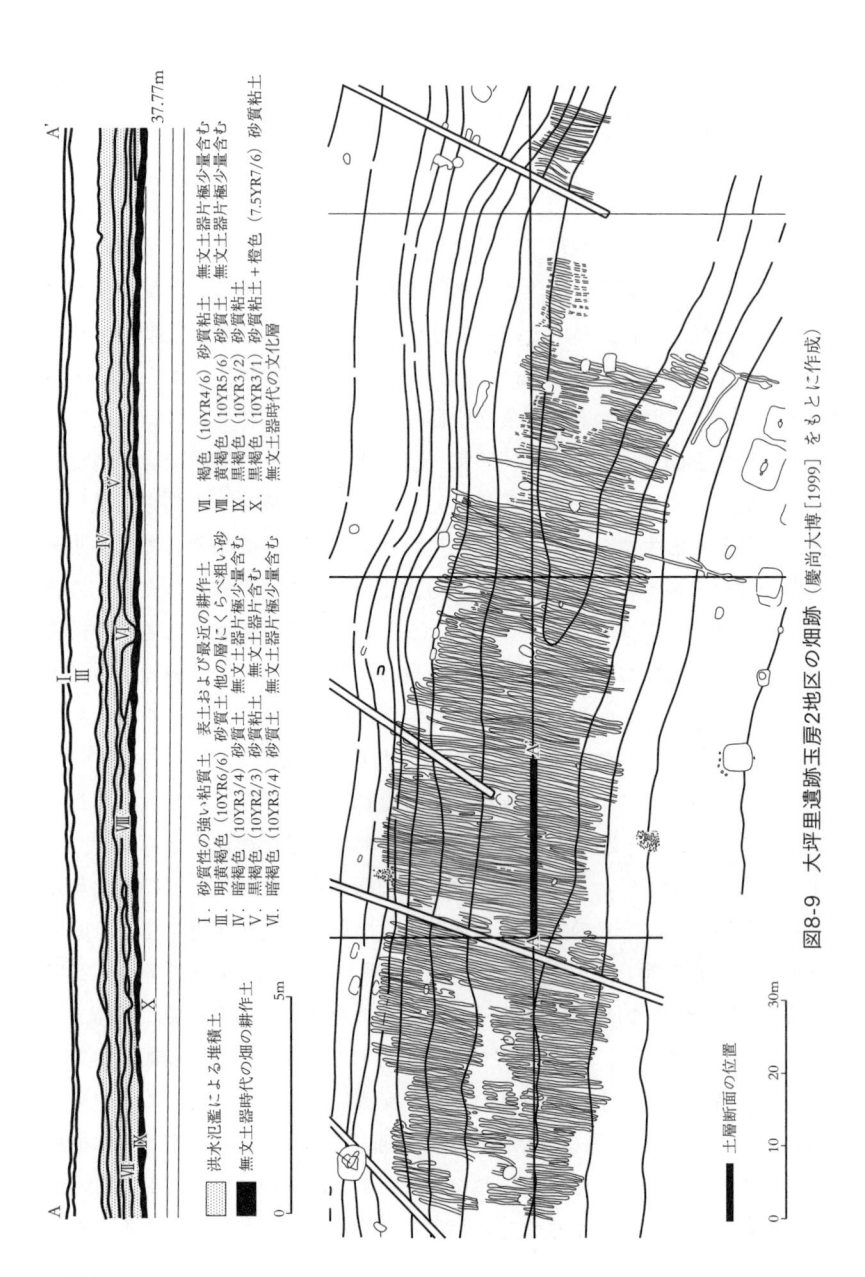

図8-9　大坪里遺跡玉房2地区の畑跡（慶尚大博［1999］をもとに作成）

凡例:
- 洪水氾濫による堆積土
- 無文土器時代の畑の耕作土

I. 砂質性の強い粘土　麦土および最近の耕作土
II. 　　　　　　　　砂質土他の層にくらべ粗い～砂
III. 明黄褐色 (10YR6/6)　砂質土　無文土器片極少量含む
IV. 暗褐色 (10YR3/4)　砂質土　無文土器片含む
V. 黒褐色 (10YR2/3)　砂質土　無文土器片含む
VI. 暗褐色 (10YR3/4)　砂質土　無文土器片極少量含む
VII. 褐色 (10YR4/6)　砂質粘土　無文土器片極少量含む
VIII. 黄褐色 (10YR5/6)　砂質土
IX. 黒褐色 (10YR3/1)　砂質粘土＋橙色 (7.5YR7/6)　砂質粘土
X. 黒褐色　無文土器時代の文化層

37.77m

0　　　　　　5m

0　10　20　30m

土層断面の位置

492

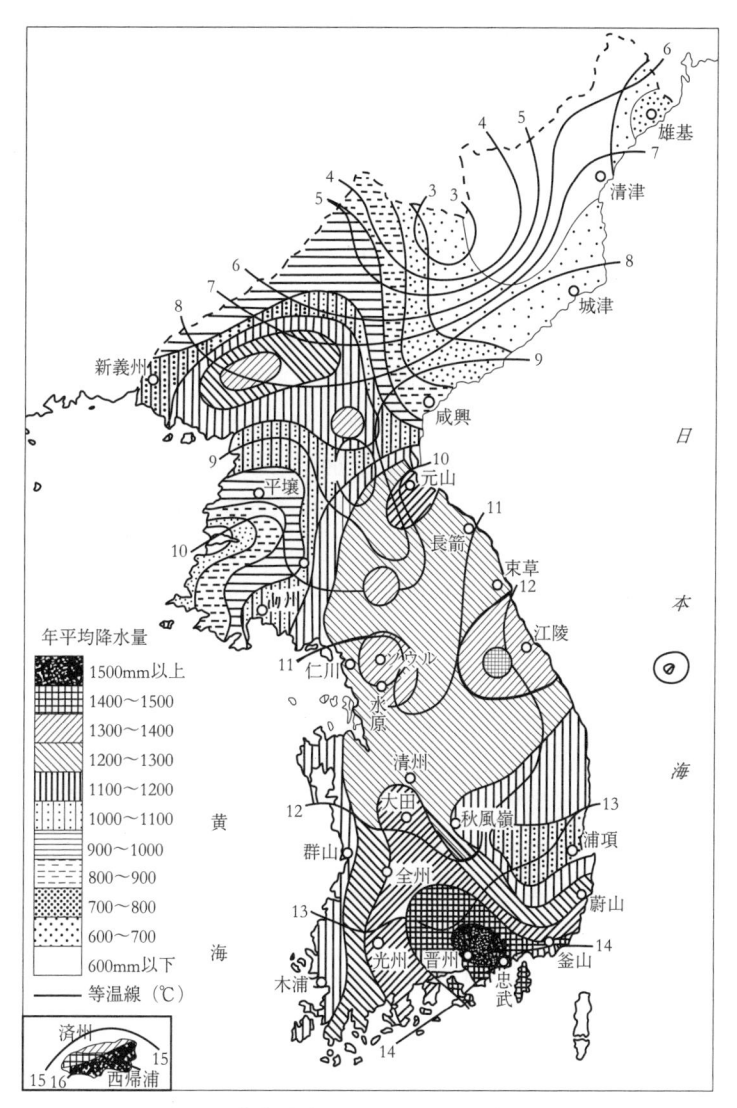

図8-10　朝鮮半島における年平均降水量の分布

南江流域・洛東江下流域付近に位置する晋州・忠武・釜山で特に降水量が多いことに注意（朝鮮史研究会［1986］より引用）。

て，こうした情報伝達網の存在を可能にしたのは，前段階に列島に移住した渡来人やその子孫，あるいは彼らと近しい関係にある列島在来人と無文土器人との間に確立していた人間関係のネットワークであっただろう。このネットワークを通じて，かねてから水稲農耕に適した風土があると知られ，かつ自らを受け入れてくれる人や社会が列島側に存在するという確信があったからこそ，渡来第2段階は第1段階にくらべ，半島→列島の渡来や交流が活発になったと考えられる。

なお，今村峯雄と藤尾慎一郎は，較正曲線 IntCal04 から炭素 14 生成率を算出し，その結果によって前 900 年ごろ，前 850 ～ 700 年ごろを寒冷期とみなした。そして，前者を夜臼 I 式期，後者を夜臼 II 式期～板付 I 式期にあてる見解を提出した［今村・藤尾 2009］。しかしながら，これが寒冷期の暦年代と考古学的時期との対応関係において，誤りを犯していることは，これまでの議論からみて明らかである。

また，本書と同様，半島から列島への農耕伝播の要因の説明に，気候変動データを用いた宮本一夫［2005, 2009, 2011b, 2013］についても，本書で得られた結論との違いと問題点を明らかにしておきたい。まず，これらの内容を確認しよう。宮本［2005］は，縄文晩期後葉（夜臼式期）における水稲農耕の導入の要因に，水月湖の年縞堆積物分析の結果［福澤 1995］で示された前 800 年の寒冷期をあげた。そして，気候の寒冷化（悪化）による人口圧の高まりが農耕民の移住を促し，結果として農耕が半島から列島へ伝わったとみた。宮本［2009］でもほぼ同様の論を展開したが，寒冷期および縄文晩期後葉の暦年代については，東北アジアの青銅器の相対関係から導いたとする前 8 世紀という年代観［宮本 2008］に改めた。その後，宮本［2011b］は，今村・藤尾［2009］が炭素 14 生成率で示した三つの寒冷期のうち，前 850 ～ 700 年ごろの寒冷期を，最も炭素 14 生成率が高く，その期間も比較的長いことから社会経済に最も影響を与えた段階としてとらえ，これを遺跡数の減少期，風成砂層による砂丘の形成時期［甲元 2005；田崎 2008］に対応させた。同時に，この寒冷期を「黒川式新段階や江辻遺跡第 4 地点 SX-1 段階に相当し，弥生時代開始期すなわち夜臼 I 式に先行す

る段階の寒冷期」ととらえ，これは夜臼Ⅰ式期の実年代が前8世紀という年代観［宮本2008］とも合致するとした。さらに，前900年ごろの寒冷期は黒川式段階に相当し，これに関連して貫川遺跡の石庖丁の存在からうかがえるような渡来人の流入が開始されるとした。筆者が炭素14年代の較正曲線を用いて気候変動と暦年代，考古学的時期の関係を論じたのに続いて［Hashino2010；端野2012］，宮本もこれをうけてか，較正曲線を用いて再論した［宮本2013］。宮本は較正曲線の形状から，前850〜720年ごろ，前680〜660年ごろ，前420〜340年ごろの三つの寒冷期を読みとり，今村・藤尾［2009］をふまえ，このうちの前850〜720年ごろが最も寒冷な時期であったとみなした。そして，この時期に水稲農耕の適地である後背湿地が形成されたと考えた。

さて，以上のような過程を経て形成された宮本説は，本書で示したモデルとは，考古学的時期に付与した年代，寒冷期の年代，農耕伝播の原因の点で明らかに異なる。以下，宮本［2011a, 2011b, 2013］を現時点での最終的な見解として，その問題点を指摘しよう[7]。

第一に，考古学的時期に付与した暦年代に問題がある。先述の通り，較正曲線から知りうる寒冷期と風成砂丘の形成期との関係，人骨の炭素14年代測定結果からみて，夜臼Ⅰ式期の開始年代は前700年より古くはなりえない［田中2009, 2011］。また，東北アジア青銅器の実年代観からみて，夜臼Ⅰ式期に併行する半島の無文土器中期前半（休岩里式期）の上限年代は，前8世紀より確実に下る［岩永2011］[8]。したがって，縄文晩期後葉の開始年代を前8世紀とみなす宮本の年代観［宮本2008］はやはり受け入れがたい。ちなみに，宮本［2011b］は，今村・藤尾［2009］の炭素14生成率による前850〜700年ごろの寒冷期を「黒川式新段階や江辻遺跡第4地点SX-1段階」に相当する時期ととらえ，夜臼Ⅰ式期の実年代が前8世紀という年代観［宮本2008］とも合致するとしたが，これは正しくない。前850〜700年ごろの寒冷期に，夜臼Ⅰ式期より先行する考古学的時期を当てたのだから，夜臼Ⅰ式期の年代は，それよりも新しい前7世紀ということとなり，宮本［2008］の年代観とは合致しない。

第二に，寒冷期の把握の仕方に関する問題である。宮本 [2011b] は今村・藤尾 [2009] による寒冷期の推定，宮本 [2013] では炭素 14 年代の較正曲線にもとづいて議論を展開したが，先に検討したように，較正曲線の 850 ～ 700 cal BC 部分に寒冷期は読み取れない。この部分に相当する時期は，較正曲線が右下がりの形状をなしていることから，大気中の炭素 14 の生成量が少ない時期，すなわち温暖期であったとみなせる。寒冷期が読み取れるのは，較正曲線が平坦あるいは上昇する部分であり，本書では 730 ～ 600 cal BC にそれを認めた。

　第三に，寒冷期とみなした「黒川式新段階」や「江辻遺跡第 4 地点 SX-1 段階」に，遺跡数が前時期より減少したととらえたこと [宮本 2011a] に関する疑問である。宮本は，黒川式古・中段階，黒川式新段階（長行段階を含む），江辻 SX-1 段階，夜臼 I 式という四つの時期に分けて，福岡平野（糸島地域，糟屋地域の一部も含む）の遺跡分布を検討したが，この時期区分は果たして妥当であろうか。というのも，どのように時期を区分するかによって，一つの時期における遺跡数も変わってくるからである。現に，北部九州縄文後・晩期の遺跡分布を検討した宮地聡一郎 [2012] は，古閑式新段階と黒川式古段階の間に，遺跡数の有意な減少を認めており，宮本の理解とは異なる結果を提示している。

　宮本がここで用いた黒川式古・中・新段階という時期は，水ノ江和同の北部九州縄文晩期土器の編年 [水ノ江 1997] に依拠したものである。宮本は，黒川式古段階と中段階とを一つの時期にまとめ，この時期の遺跡数（30）と，黒川式新段階の遺跡数（7）や江辻 SX-1 段階の遺跡数（6）とを比べ，黒川式新段階や江辻 SX-1 段階に遺跡数が減少したものとみなした。しかし，この資料操作に問題がある。宮本が依拠した水ノ江 [1997] による黒川式の各時期の主な特徴をまとめると，以下の通りである。

　黒川式古段階：浅鉢は A1 類，橿原式文様が存在。深鉢には文様が存在。
　黒川式中段階：浅鉢は A2 類。深鉢の文様が消失。深鉢の口頸部や頸部にリボン状突起が出現。無刻目突帯文深鉢，孔列文土器，組織痕文土器の出現。

黒川式新段階：浅鉢は A3 類。基本的なセット関係は中段階とほとんど
　変わらない。

　以上の編年案は，浅鉢の型式を主軸としつつ，孔列や組織痕の有無，深
鉢の文様・無刻目突帯の有無などとのセット関係を加味して，各時期が設
定されている。この編年案で，より多くの要素の発生・消滅が同時に起き
たとみなせるのは，古段階と中段階の間であり，ここに大きな画期を求め
ることが可能であろう。しかし宮本は，両者の間に明瞭な画期が認められ
る，この二つの時期を一つの時期にまとめたうえで，遺跡数を検討した。
それがいかなる理由によるものなのか，不明である。また宮本は，長行段
階や江辻 SX-1 段階といった初期の刻目突帯文期は，福岡平野以西には存在
せず，この時期には黒川式土器が依然として存続していたと想定している。
そうであれば，黒川式新段階には長行段階の遺跡だけでなく，江辻 SX-1
段階の遺跡をも合わせて，遺跡数を検討すべきである。以上のことは，本
来，二つの時期に分けて把握すべき遺跡の数を一つの時期にまとめること
で，見かけ上の数字は多くなり，反対に本来，一つの時期で把握すべき遺
跡の数を，複数の時期に分けて示すことで，見かけ上の数字が少なくなっ
たのではないかという疑念を抱かせるものである。再検討を要請したい。

　以上，水稲農耕伝播にあたっての半島側の要因とメカニズムについて議
論したが，最後に，列島側の要因についても言及しよう。先行研究を参考
にすると，列島側の主たる要因として，①既存の食料獲得システムとの適
合，②水稲農耕適地の形成，③水稲農耕文化とその文化への期待，の三つ
があげられる。すなわち①は，列島西部の縄文社会の多くが「森林・淡水
複合」生態系に適応した季節労働を行っていたが，これは水稲農耕の導入
にあたっても，既存の生業機構やそれを維持した社会秩序などに大幅な改
変を迫ることなく，季節労働を再編成することが比較的容易であったとす
る見解 [Akazawa 1986; 赤澤 1988] である。また②は，気候の寒冷化にと
もなう海水準の低下によって，河畔・湖畔に沖積低湿地や砂丘・砂堤の背
後に後背湿地が形成され，これが水稲農耕の適地となり，水稲農耕民が渡
来する好条件となったとする見解 [小野 1980；甲元 2008] である。そして

③は，稲作農耕が本格的に開始される前の黒川式期に，半島南部の無文土器文化に関する情報の流入があり，その蓄積によって稲作農耕とその文化への期待が高まり，これが後の稲作農耕の導入へとつながったとする見解[田中 1991] である。これら複数の列島側の要因が，半島側の状況と時を同じくしてうまく適合したことが，列島西部を水稲農耕社会の開始へと導いたものと結論づけられる。

註

1) 興味深いことに，これとほぼ同時期に欧州考古学界においても，狩猟採集経済から食料生産経済への移行を段階的にとらえた，似通った考え方が提出されている。Zvelebil と Rowley-Conwy [1984] による有効性モデル（availability model）がそれである。これは，時間軸と空間軸の双方において，採集民と農耕民とを明確に区分する境界線を設けるのではなく，採集活動と農耕活動のコンタクト・ゾーンを想定する点に特徴があり，一定地域内における農耕活動と非農耕活動の要素間の関係，農耕活動の集中度にもとづいて，狩猟採集活動から農耕活動への転換における相（phase）として，次の三つを設定している。すなわち，狩猟採集民と農耕民との間に物質文化や情報の交換があり，狩猟採集民は農耕の存在を知りつつも，それを採用していない「有効性の相（availability phase）」，農耕民が狩猟採集民のテリトリーに移住した後，あるいは狩猟採集民が自らの生業戦略に農耕活動の要素を加えた後，農耕民と狩猟採集民の両者が土地と食料資源をめぐって競合している「置換の相（substitution phase）」，そして農耕転換への最終段階かつ新石器経済の最初の段階で，食料生産の広域化・集中化を特徴とし，農耕適地を求めて農耕集落が新たな2次的地域に拡大したり，土地利用の潜在力を使い果たし，農耕の集約化が図られたりしている「定着の相（consolidation phase）」の三つである。ただし，このモデルでは，狩猟採集経済から農耕経済への移行において，一つの集落における渡来人と在来人との共住が想定される列島の水稲農耕開始期の場合とは異なり，狩猟採集民と農耕民とがそれぞれ別の集落で生活を営み，相互交流や競合を行い，結果として狩猟採集民が生業活動を農耕へと転換するという点は注意しておく必要がある。このことから，このモデルを半島あるいは列島にそのまま当てはめるのは妥当ではない。

2) 橋口達也は，松本直子 [1996] よりも先に，黒色磨研の精製土器のなかでも「黒色を呈する土器は比較的古い段階に多く，次第に茶褐色・黄褐色を呈するものが多くなってくる」という傾向を指摘した。そのうえで，福岡県広田遺跡と

同県権現塚北遺跡出土の土器を対比すると，その傾向は広田遺跡の方が早く進行しているとみた［橋口 1988］。しかし松本は，この二つの遺跡出土土器の間で，色調の違いを確認できなかったとした。

3) 旧稿［端野 2009, 2010a］では，「コミュニケーション・システム」という用語を用いて，渡来第2段階での半島南部の各地，さらに半島南部から列島への文化伝播の背景を説明しようとした。これは，列島の板付Ⅰ式土器の広域伝播の背景を説明する際に，この用語を用いた田中良之［1986］に倣ったつもりであった。ところが田中は，土器様式成立の背後にある情報交換系を「コミュニケーション・システム」と呼び，通婚などによる土器製作者の移動範囲を超えた広域に存在する土器様式圏の背後にあるものをとりあえず把握する概念として，これを用いたのであり［田中 1982］，一定の考古学的文化のなかでの新出文化要素の広がりや異文化間を横断するような文化伝播の背景を説明するために用いたわけではない。田中のいう「コミュニケーション・システム」の本来的な意味では，旧稿ではそれを誤用したことになる。したがって，本書では「コミュニケーション・システム」に替え，新たに「情報伝達網」という概念の設定を行うことによって，この問題を解消しようとする次第である。

4) 田中良之［1982］，田中・松永［1984］のコミュニケーション・システム論でいえば，「密な情報伝達網」は開放的システム間，あるいは閉鎖的システム内に，「粗な情報伝達網」は閉鎖的システム間に存在するものといえるだろう（澤下孝信氏からのご教示）。

5) 端野［2016］では，730calBC ～ 670calBC を寒冷期とし，夜臼Ⅰ式期の開始を 670calBC とみたが，これを撤回する。較正曲線の読み取り，青銅器年代との関係から，ご意見いただいた澤下孝信氏に感謝申し上げる次第である。

6) 南健太郎はこの甕棺の時期を，田崎［1994］の「夜臼式新段階」とみているが［南 2008］，筆者はこれよりも古くみる。

7) 宮本［2011b］では，宮本［2005, 2009］で夜臼Ⅰ式期の直前期に対応させていた寒冷期の考古学的時期を，「黒川式新段階や江辻遺跡第4地点SX-1段階」という具体的な名称を用いて言い直した。また，それより前の時期にも別の寒冷期をあて，それと考古学的事象との間に関係を求めた。結果として，風成砂丘の形成から知りうる寒冷期と考古学的時期との対応関係，農耕伝播の遠因として単発ではない二度の気候の寒冷化をあげる考え方だけをみれば，筆者がそれまでに示していた見解［端野 2010a；Hashino 2010］と変わらなくなった。

8) 宮本［2008b］は，岩永［2005］の批判への反論を行ったが，岩永［2011］はそれに対して再反論しており，やはり問題は依然として解決していないことは明らかである。また，田中［2009, 2011］に対しては，今のところ何の意見も表明していない。

終章 初期稲作文化と渡来人はどこからなにゆえ来たのか

　前章まで，水稲農耕開始前後における朝鮮半島・日本列島の交流に関する検討を行い，さらにその背後にある要因・メカニズムの解明を目的として，議論を行った。以下，各章で行ってきた検討の結果，および議論の内容について要約し，結びとしたい。

　第1章では，従来の水稲農耕開始前後における列島・半島交流論の学説史的検討を行った。検討は，物質文化の編年と暦年代に関する諸説，弥生時代の開始と渡来人をめぐる諸説，列島・半島間交流に関する諸説，水稲農耕伝播の要因・メカニズムに関する諸説という四つに分けて行い，それぞれについての問題点を明らかにした。そして，それをふまえ，本書の目的である水稲農耕開始前後における列島・半島間の交流の実態とその背後にある要因・メカニズムを解明するための資料と方法を提示した。

　第2章では，無文土器時代前半期の編年と弥生時代前半期の編年との併行関係および，その暦年代について検討した。まず，半島南部各地における無文土器文化の編年と北部九州の弥生土器編年との併行関係を検討した。そのうえで，無文土器前期・中期の炭素14年代を検討した。その結果，無文土器前期の炭素14年代の度数分布と無文土器中期のそれとはピークを異にし，無文土器前期は2700 ～ 2900 ^{14}C BP，無文土器中期は2400 ～ 2600 ^{14}C BP を中心年代としてとらえられることがわかった。そして，これは炭素14年代と考古学的編年との調和を示している。また，無文土器前期炭素14年代（中心年代）の較正年代の下限と，無文土器中期炭素14年代（中心年代）の較正年代の上限の境界は，800 cal BC ごろであった。無文土器中期の始まり，および縄文晩期後葉（弥生早期）の開始の暦年代は，古木効果や大気中の炭素14濃度の地域差によるリザーバー効果の影響，較正曲線がフラットになる問題を考慮すると，真の年代は800 cal BC より確実に

下る。さらに，無文土器中期炭素14年代の中心年代は，較正曲線がフラットになっている範囲にかかる。これは，縄文晩期後葉（弥生早期）の炭素14年代の中心年代もやはり同様の問題に直面するものであることを示している。

　第3章では，花粉分析・第四紀学的方法・遺跡堆積相分析による気候変動研究の成果を整理することによって，半島南部と列島西部における過去の気候変動を検討した。その結果，半島南部と列島西部における寒冷期のうち，確実に両地域に共通して認められるものが二つあった。すなわち，前2500年ごろの寒冷期（櫛目文土器後期／縄文前期と中期の境界期），前1000～200年ごろの寒冷期（無文土器中期～原三国終末期／縄文晩期中葉～弥生終末期）の二つである。このうち，後者の前1000～200年ごろの寒冷期には，アメリカの樹木年輪からみて，最低でも三つのより短期間の寒冷期が含まれるものとみなされた。さらに，その中でも列島で把握された前1000～前400年ごろの寒冷期は，半島・列島両地域における水稲農耕の開始前後に当たり，本書で問題とする農耕伝播の背後にある要因・メカニズムとの関係が示唆された。

　第4章では，水稲農耕開始前後における半島南端部と九州，中国・四国地方に分布する墓制の伝播・変容とその背景について検討した。その結果は，次の通りである。列島の支石墓の祖型は，石槨を下部施設とするもので，その内部には木棺が推定された。半島南部の南江流域・金海地域を出発した支石墓は，列島の玄界灘沿岸を中心にまず到達し，その周辺に拡散するものと考えられた。さらに，玄界灘沿岸地域のなかでも，とくに福岡平野においては，支石墓が列島独自の木棺墓へと変容する。これは弥生土器の成立と時を同じくしている。それに対し，周辺の地域では，半島南端部の祖型となった支石墓からは変容が認められるものの，依然として「支石墓」であったり，それに類するものであったりして，列島独自のものへと昇華しきれていないものとみなせた。北部九州で一定の変容を遂げた半島系墓制は，弥生土器の広域拡散の波に乗って，中国・四国地方へと伝わった。これらの墓制のうち，日本海沿岸地域の墓制は，瀬戸内海沿岸地

域のそれに比べ，上部施設，出土遺物の種類，遺物の出土位置において，北部九州の墓制との間に類似点や共通点が多かった。さらに，瀬戸内海沿岸地域の状況を細かくみると，石槨施設において西部瀬戸内地域の愛媛県では石を用いる傾向が強く，反対に東部瀬戸内地域の岡山県では石を用いた例はほとんど見られないという違いがあった。

第5章では，半島南部と玄界灘沿岸地域における松菊里型住居の拡散・変容過程を検討し，その背景を考察した。その結果は次の通りである。松菊里型住居は，半島南部の中西部地域（牙山湾周辺）に起源し，西海岸ラインと小白山脈越えラインという二つの太い情報伝達ラインにおおむね沿って拡散する。そして，中西部地域で発生した松菊里型住居そのものが半島南部の各地や列島で盛行したわけではなく，半島南部の各地において起源地のものとは似て非なる独自のものへと変容する。これは，松菊里型住居の受容にあたって，無文土器前期からの在来伝統と規制が健在で機能したことを物語っている。また，列島の松菊里型住居のルーツは，南江流域と金海地域をあわせた範囲の地域の可能性が高い。さらに玄界灘沿岸地域において，松菊里型住居は出現当初から列島的な変容も一部ではみられつつ，弥生前期前葉（板付I式期）になると半島南部，とくにその起源地の可能性の高い南江流域や金海地域とは異なる独自の形態への変化を強める。なお，縄文晩期後葉の代表的な集落遺跡として知られる石崎曲り田遺跡の住居群の系譜をめぐっては諸見解があるが，縄文後晩期の方形住居に系譜が求められる蓋然性が最も高いものと考えられた。

第6章では，半島南部の丹塗磨研壺の型式分類・編年と地域性，そして頸部ミガキ方向について検討した。その結果は次の通りである。従来，一系列で変化が語られてきた丹塗磨研壺は，複数系列が同時併存し，無文土器前期後半もしくは中期まで存続する。水稲農耕開始期の壺形土器の祖型は，半島南部の南江流域や固城─金海地域の丹塗磨研壺に求められる。南江流域や固城─金海地域の丹塗磨研壺は，湖西地域からの影響を受けつつも，独自の変化を遂げ，形成されたものである。頸部ミガキ方向は，土器製作者が頸部にミガキを施すに際して，最も効率的な方向で行った結果で

ある可能性があったり，半島南部のなかでの地域性が存在する可能性が
あったりして，従来，いわれてきたような「半島南部例は縦ミガキが主体」
とは必ずしもいえない。

　第7章では，半島南部無文土器時代と九州北部縄文晩期中葉～弥生前期
の石庖丁を対象とし，計測的・非計測的属性と型式の時間的・空間的様相
を検討した。その結果は次の通りである。無文土器中期になると，松菊里
文化圏では，いわゆる三角形交差刃石庖丁が成立する一方で，非松菊里文
化圏では，中期になっても前期以来の石庖丁が継続する。南江流域では松
菊里文化圏の他地域においての変化のあり方とはやや異なり，独自の動き
をみせる。半島南部の各地域のうち，南江流域は，九州北部例と共通する
要素をもった例が最も多く，九州北部と共通する型式も他地域にくらべ多
い。しかし，同じ三角形両刃石庖丁でも穿孔技法が異なっており，双方は
似て非なる型式と評価される。

　第8章では，第2～7章までに行ってきた，物質文化の編年と暦年代，
気候の変動，物質文化の動態それぞれに関する検討と議論とを総括し，水
稲農耕開始前後における半島・列島間交流の実態とその背後にある要因・
メカニズムについて議論した。まず，本書で明らかになった考古学的事象
を整理し，次にこれまでの弥生時代開始論の研究成果にふまえ，渡来第1
段階（無文土器前期後半／縄文晩期中葉）と渡来第2段階（無文土器中期
前半／縄文晩期後葉）という二つの段階を設定した。そして，この段階設
定にしたがって，①半島南部における松菊里文化の変容と渡来人の故地，
②渡来第2段階における半島・列島間の交流ルート，③九州北部における
無文土器文化の受容と渡来人，④半島・列島における情報伝達網の形成と
機能，⑤列島西部における弥生文化の広域拡散，⑥遠隔地直接渡来論の検
討，⑦水稲農耕伝播の背後にある要因・メカニズム，といった七つの項目
について議論した。項目ごとに得られた結果は，以下の通りである。

　①列島に水稲農耕をもたらした渡来人の故地は，半島南部の南江流域か
　　ら金海（洛東江下流域）にかけての地域であった。そして，渡来人が
　　もたらした水稲農耕にともなう文化は，半島南部で発生した松菊里文

化が列島へと直接つたわったものではなく，中西部地方で発生した松
菊里文化が，南江流域や金海地域でいったん変容したものであった。

②渡来第2段階における半島・列島間の交流ルートは，半島南部の南江
流域・金海地域から対馬（壱岐）を経由して，玄界灘沿岸地域にいた
るルートが最も有力である。

③北部九州における墓制・住居・壺形土器・石庖丁といった各文化要素
の時間的推移は，縄文晩期中葉は在来要素が優勢であったのが，縄文
晩期後葉には在来要素と外来要素とが拮抗，あるいは在来伝統によっ
て変形した外来要素が優勢となり，さらに弥生前期前葉にいたると，
在来要素でも外来要素でもない列島独自の要素となるという過程を経
たものであった。この過程は，土器様式の構造変化とも連動しており，
文化構造全体が大きな変革を遂げ，結果として縄文文化でもなく無文
土器文化でもない列島独自の弥生文化が創出されたことを物語ってい
る。

④水稲農耕開始前後における半島・列島交流の背後には，レベルの異
なる二つの情報伝達網が横たわっており，一定の役割を果たした。渡
来第2段階における半島南部での松菊里文化の広がりは，渡来第1段
階に半島南部内部に形成された情報伝達網を背景としている。さらに，
渡来第1段階においては，この半島南部内部に形成された情報伝達網
の外側，すなわち半島南部と九州北部あるいは列島西部とを包括する
範囲に，半島南部内部に形成されたそれとはレベルの異なる情報伝達
網が広がっていた。渡来第2段階においての半島南部から九州北部へ
の水稲農耕をはじめとする情報伝達もまた，この第1段階に形成され
機能していた情報伝達網に乗るかたちで行われた。

⑤北部九州，そのなかでも福岡平野において成立した弥生文化は，さ
ほど時をおかず，中国・四国地方などの東方へと拡散する。それにあ
たって，日本海沿岸地域と瀬戸内海沿岸地域との間で情報伝達のあり
方に違いがあり，日本海沿岸地域の方が人の移動による情報伝達がよ
り多く含まれる可能性が示唆された。また，瀬戸内海沿岸地域のなか

でも，西部瀬戸内地域には，北部九州からのより直接的な情報伝達が行われたものと考えられた。さらに，中国・四国地方の各地域における，北部九州に由来する物質文化は，しばらくして北部九州のものとは異なる，独自のものへと変化し始める。この背後には，弥生文化の受容にあたっての各地域の在来伝統の健在と規制とが存在したことを物語っている。

⑥近年，半島南部から列島の中国・四国地方への直接的な移住や文化的影響を想定する「遠隔地直接渡来論」がいくつか提出されている。しかし，これらの論は，前提となる半島南部と列島西部との間における土器（文化）の併行関係において，未解決の問題があったり，論拠としている事実が半島南部との直接的な結びつきを積極的に示唆するものではなかったりして，首肯することはできなかった。

⑦渡来第1段階（無文土器前期後半／縄文晩期中葉）の始まりは730 cal BCごろからの寒冷期の開始と時を同じくする。この寒冷期は，前期無文土器社会に農業生産力の低下をもたらした。これに起因する人口の分散は，海を越えた列島まで及ぶこととなり，結果として，半島・列島間を横断する情報伝達網が形成されることとなった。同時に列島においては，気候の寒冷化にともない海水準が低下し，河畔・湖畔に沖積低湿地，砂丘・砂堤の背後に後背湿地が形成され始め，これが後に開始される水稲農耕の適地となった。次の渡来第2段階（無文土器中期前半／縄文晩期後葉）は600 cal BCごろから始まるが，この段階に気候は温暖化に転じる。温暖化あるいは気候変化にともなう天候不順に起因する洪水などの自然災害を要因とする生産力の低下は，集落内における人口圧の増大を招く。これに対して，無文土器社会は，より積極的に人口の拡散によって解決を図ろうとした。その文化的適応の表れが先松菊里文化の成立である。この段階における半島→列島の渡来や交流は，前段階に比べて，やや活発化する。これは，前時期に形成された情報伝達網を通じて，列島側に存在する水稲農耕に好ましい条件や人・社会などに関する情報が，この段階以前の無文土器社会

にすでに蓄積されていたことを背景としている。

　最後に，本書の意義と今後の課題についてふれておきたい。本書では，近年の半島南部における資料の蓄積をふまえ，半島南部と列島西部に共通して分布する物質文化の広がりや変化を総合的にとらえることによって，列島に水稲農耕をもたらした渡来人の故地が半島南部のどこであるかが鮮明となった。同時に，水稲農耕にともなう文化が列島にいたるまでに，半島南部の各地において，変容を遂げていることも明らかとなった。さらに，水稲農耕受容期における北部九州での文化構造全体が列島独自に変化する過程が明らかとなった。このように，当該期における半島南部から列島西部にかけての情報伝達のあり方を鮮明となった点と，半島南部と列島西部の文化構造全体を総合的にとらえたうえで，その変化のあり方を明らかにした点に本書の意義をおきたい。また，より時期精度の確かな気候変動データにもとづいて，水稲農耕伝播の背後にある要因とメカニズムの解明にまで踏み込み，さらにそのなかでの情報伝達網が果たした役割を重視している点も，本書の大きな特色である。

　とはいえ，今後に残された課題も多い。そのうちの一つは，水稲農耕伝播の要因・メカニズムについて，気候変動に焦点を当てて議論を展開したが，これに対する人の適応の痕跡についての検討を欠いていることである。自然環境に対する人の適応という生態学的観点から，本書で導いた結論の妥当性を検証する必要がある。これには，集落立地や生業活動の分析からのアプローチが有効ではないかと考えている。もう一つは，この研究結果を人類史における農耕化という共通のテーマ上に位置づけることである。そのためには，世界各地における農耕化の事例との徹底的な比較を行うことによって，本書での研究事例の人類史上における普遍性と特殊性を明らかにする必要がある。これらの課題をクリアすることによって初めて，考古学以外の研究領域への学際的貢献や，朝鮮半島や日本列島以外の諸地域における歴史研究への国際的貢献が可能となろう。

文献一覧

[**日本語**]（五十音順）

赤澤威, 1988. 縄文人の生業―その生態的類型と季節的展開. 佐々木高明・松山利夫（編）, 畑作文化の誕生. 日本放送出版協会, 東京. 239-267.

秋山進午, 1968a. 中国東北地方の初期金属器文化の様相（上）. 考古学雑誌 53(4), 1-29.

秋山進午, 1968b. 中国東北地方の初期金属器文化の様相（中）. 考古学雑誌 54(1), 1-24.

秋山進午, 1969. 中国東北地方の初期金属期文化の様相（下）. 考古学雑誌 54(4), 21-47.

阿子島香, 1983. ミドルレンジセオリー. 芹沢長介先生還暦記念論文集刊行会（編）, 考古学論叢（芹沢長介先生還暦記念論文集）. 寧楽社, 東京. pp. 171-197.

甘木市史編纂委員会, 1984. 甘木市史資料考古編. 甘木市, 甘木.

新井宏, 2006. 炭素 14 による弥生時代遡上論の問題点. 東アジアの古代文化 127, 25-51.

有明海研究グループ, 1965. 有明海・不知火海の第四紀系. 地学団体研究会, 東京.

有光教一, 1959. 朝鮮磨製石剣の研究　京都大学文学部考古学叢書第二冊. 考古学談話会, 京都.

有家町教育委員会, 1997. 西鬼塚支石墓・石棺群. 有家町教育委員会, 有家.

安在晧, 2008. 韓国青銅器時代の時期区分. 九州考古学 83, 47-63.

安在晧・千羨幸, 2004. 前期無文土器の文様編年と地域相. 小田富士雄先生退職記念事業会（編）, 福岡大学考古学論集（小田富士雄先生退職記念）. 小田富士雄先生退職記念事業会, 福岡. pp. 69-98.

池田次郎, 1982. 日本人の起源. 講談社, 東京.

李健茂, 1991. 韓国無文土器の器種と編年. 小田富士雄・韓炳三（編）, 日韓交渉の考古学　弥生時代篇. 六興出版, 東京. pp. 26-31.

諫早市教育委員会, 1976. 風観岳支石墓群調査報告書. 諫早市教育委員会, 諫早.

諫早市教育委員会, 2006. 風観岳支石墓群発掘調査報告書. 諫早市教育委員会, 諫早.

李相吉, 1994. 韓国・昌原徳川里遺跡発掘調査概要. 古文化談叢 32, 245-256.

伊崎俊秋, 1981. 弥生土器について. 酒井仁夫（編）, 今川遺跡. 津屋崎町教育委

508

員会，津屋崎．pp. 81-85.

石川日出志，2003．弥生時代暦年代論と AMS 年代．考古学ジャーナル 510，21-24.

石川日出志，2006．AMS[14]C・年輪較正法による弥生年代論について．有限責任法人日本考古学協会（編），有限責任法人日本考古学協会第 72 回総会研究発表要旨．有限責任法人日本考古学協会，東京．pp. 338-341.

石毛直道，1968a．日本稲作の系譜（上）―稲の収穫法―．史林 51（5），130-150.

石毛直道，1968b．日本稲作の系譜（下）―石庖丁について―．史林 51（6），96-127.

石田英一郎・泉靖一・有光教一・伊東信雄・金廷鶴・芹沢長介・宋文薫・坪井清足，1968．シンポジウム日本農耕文化の起源．角川書店，東京．

泉拓良，1986．縄文と弥生の間に―稲作の起源と時代の画期―．歴史手帖 14（4），45-52.

泉拓良，1990．西日本凸帯文土器の編年．文化財学報 8，55-79.

泉拓良・山崎純男，1989．凸帯文系土器様式．小林達雄（編），縄文土器大観 4．小学館，東京．pp. 347-352.

李昌熙，2010．炭素 14 年代を用いた粘土帯土器の実年代―泗川芳芝里遺跡の資料を中心に―．国立歴史民俗博物館研究報告 158，79-105.

伊藤奎二・高倉洋彰，1982．森田支石墓群．唐津湾周辺遺跡調査委員会（編），末盧国．六興出版，東京．pp. 235-239.

糸島市教育委員会，2010．石崎矢風遺跡．糸島市教育委員会，糸島．

今村峯雄・春成秀爾・西本豊弘・藤尾慎一郎・坂本稔・小林謙一，2007．弥生時代前・中期の実年代．有限責任中間法人日本考古学協会（編），有限責任中間法人日本考古学協会第 73 回総会研究発表要旨．有限責任中間法人日本考古学協会，東京．pp. 32-33.

今村峯雄・藤尾慎一郎，2009．炭素 14 の記録から見た自然環境変動―弥生文化成立期―．設楽博已・藤尾慎一郎・松木武彦（編），弥生文化誕生．同成社，東京．pp. 47-58.

岩崎二郎，1980．北部九州における支石墓の出現と展開．鏡山猛先生古稀記念論文集刊行会（編），古文化論攷（鏡山猛先生古稀記念）．鏡山猛先生古稀記念論文集刊行会，太宰府．pp. 215-240.

岩崎二郎，1987．支石墓．金関恕・佐原眞（編），弥生文化の研究 8．雄山閣出版，東京．pp. 91-97.

岩崎卓也，1984．3．中ノ浜遺跡の調査―東京教育大学―．豊浦町教育委員会（編），史跡中ノ浜遺跡保存管理計画策定報告書．豊浦町教育委員会，豊浦．pp. 19-42.

岩永省三，1989．土器から見た弥生時代社会の動態．横山浩一先生退官記念事業

会(編),生産と流通の考古学(横山浩一先生退官記念論集 I).横山浩一先生退官記念事業会,福岡.pp. 43-105.

岩永省三,2002.青銅武器義器化の比較研究—韓と倭—.西谷正(編),韓半島考古学論叢.すずさわ書店,東京.pp. 203-234.

岩永省三,2005.弥生時代開始年代再考—青銅器年代論から見る—.九州大学総合研究博物館研究報告 3,1-22.

岩永省三,2010.弥生時代における首長層の成長と墳丘墓の発達.九州大学総合研究博物館研究報告 8,17-42.

岩永省三,2011.弥生時代開始年代再考—青銅器年代論から見た—.高倉洋彰・田中良之(編),AMS 年代と考古学.学生社,東京.pp. 39-87.

宇久町教育委員会,1998.宇久松原遺跡.宇久町教育委員会,宇久.

海津正倫,1994.沖積低地の古環境学.古今書院,東京.

愛媛県埋蔵文化財調査センター,1995.持田町 3 丁目遺跡.愛媛県埋蔵文化財調査センター,松山.

大阪府立弥生文化博物館,2000.平成 12 年春季特別展神々の源流出雲・石見・隠岐の弥生文化.大阪府立弥生文化博物館,大阪.

大島隆之,2003.韓国無文土器時代磨製石器の時間性・地域性.古文化談叢 50,143-175.

大田陽子・松島義章・森脇広,1982.日本における完新世海面変化に関する研究の現状と課題.第四紀研究 21,133-143.

大塚初重・戸沢充則,1996.最新日本考古学用語辞典.柏書房,東京.

大槻瓊士,2004.放射性炭素 ^{14}C 年代測定法の問題点.古文化談叢 51,1-13.

大坪志子,2003.縄文の玉から弥生の玉へ.龍田考古学会(編),先史学・考古学論究IV.龍田考古学会,熊本.pp. 415-431.

大貫静夫,1996.欣岩里類型土器の系譜論をめぐって.東北アジア考古学研究会(編),東北アジアの考古学.東北アジア考古学研究会,ソウル.pp. 71-94.

大貫静夫,2001.韓国の竪穴住居とその集落—覚え書き—.大貫静夫(編),韓国の竪穴住居とその集落.国際日本文化研究センター千田研究室,京都.pp. 189-225.

大貫静夫,2004.研究史からみた諸問題—遼東の遼寧式銅剣を中心に.季刊考古学 88,84-88.

大貫静夫,2005.最近の弥生時代年代論について.Anthropological Science(Japanese Series)113,95-107.

大貫静夫,2007.上馬石上層文化の土器編年.大貫静夫(編),『遼寧を中心とする東北アジア古代史の再構成』平成 16 年度〜平成 18 年度科学研究費補助金(基盤研究 B)研究成果報告書.東京大学大学院人文社会系研究科考古学研究室,

東京. pp. 102-135.

大貫静夫, 2008. 双房型壺を副葬した石棺墓の年代. 春成秀爾・西本豊弘（編）, 東アジア青銅器の系譜（新弥生時代のはじまり第3巻）. 雄山閣, 東京. pp. 90-113.

大野城市教育委員会, 1977. 中寺尾遺跡. 大野城市教育委員会, 大野城.

大野城市教育委員会, 1994. 牛頸日ノ浦遺跡群. 大野城市教育委員会, 大野城.

大野城市教育委員会, 1997. 御陵前ノ椽遺跡. 大野城市教育委員会, 大野城.

大野町教育委員会, 1971. 中寺尾遺跡. 大野町教育委員会, 大野.

大庭孝夫, 2002. 北部九州における木棺墓の展開〜裏込・棺台に石を使用するものを中心に〜. 25周年記念論文集編集委員会（編）, 究班Ⅱ 埋蔵文化財研究会25周年記念論文集. 埋蔵文化財研究会, 福岡. pp. 83-92.

大森真衣子, 2011. 甕形土器からみた遠賀川系土器の成立と展開. 九州史学会考古学部会（編）, 平成23年度九州史学会考古学部会発表資料集. 九州史学会考古学部会, 福岡. pp. 7-14.

岡内三眞, 2004a. 東北式銅剣の成立と朝鮮半島への伝播. 春成秀爾・今村峯雄（編）, 弥生時代の実年代. 学生社, 東京. pp. 181-197.

岡内三眞, 2004b. 朝鮮半島青銅器からの視点. 季刊考古学 88, 67-74.

岡内三真, 1974. 訳者あとがき―金元龍（韓国半月形石刀の発生と展開）. 史学 46（1）, p. 28.

岡内三真, 2003. 燕と東胡と朝鮮. 青丘学術論集 23, 5-29.

岡内三眞, 2008. 朝鮮と倭の細形銅戈. 菅谷文則（編）, 王権と武器と信仰. 同成社, 東京. pp. 588-599.

岡崎敬, 1953. 対馬の先史遺跡（一）. 水野清一（編）, 対馬. 東亜考古学会, 京都. pp. 9-34.

岡崎敬, 1968. 日本における初期稲作資料―朝鮮半島との関連にふれて. 朝鮮学報 49, 67-87.

岡崎敬, 1971. 日本考古学の方法. 岡崎敬・平野邦雄（編）, 古代の日本第9巻研究資料. 角川書店, 東京. pp. 30-53.

岡崎敬, 1982. 出土古代米および土器上の籾痕. 唐津湾周辺遺跡調査委員会（編）, 末廬国. 六興出版, 東京. pp. 171-178.

岡田憲一・千羨幸, 2006. 二重口縁土器と孔列土器. 古文化談叢 55, 1-46.

岡正雄, 1958. 日本文化の基礎構造. 大間知篤三（編）, 日本民俗学大系 2. 平凡社, 東京. pp. 12-14.

岡村勇, 1966. 弥生文化の成立. 和島誠一（編）, 日本の考古学Ⅲ. 河出書房新社, 東京. pp. 424-441.

岡山県教育委員会, 1985a. 百間川沢田遺跡2 百間川長谷遺跡2. 岡山県教育委

員会，岡山．

岡山県教育委員会，1985b．百間川沢田遺跡 3．岡山県教育委員会，岡山．

岡山県教育委員会，1981．岡山県埋蔵文化財調査報告書 40．岡山県教育委員会，岡山．

岡山県文化財保護協会，1972．雄町遺跡．岡山県文化財保護協会（編），埋蔵文化財発掘調査報告．岡山県教育委員会，岡山．pp. 67-128.

岡山市教育委員会，1971．南方遺跡発掘調査概報．岡山市教育委員会，岡山．

岡山市教育委員会，1992．百間川沢田（市道）遺跡発掘調査報告書．岡山県教育委員会，岡山．

小郡市教育委員会，1986．三国の鼻遺跡Ⅱ．小郡市教育委員会，小郡．

小郡市教育委員会，1988．横隈北田遺跡．小郡市教育委員会，小郡．

小沢佳憲，2000．集落動態からみた弥生時代前半期の社会—玄界灘沿岸域を対象として—．古文化談叢 45，1-42.

小澤佳憲，2006．玄界灘沿岸地域の弥生時代前半期集落の様相—住居形態の変遷を中心に—．埋蔵文化財研究会・第 55 回埋蔵文化財研究集会（編），弥生集落の成立と展開．埋蔵文化財研究会・第 55 回埋蔵文化財研究集会，福岡．pp. 1-26.

小田富士雄，1959．佐賀県田代発見の石剣と土器．九州考古学 7-8，10.

小田富士雄，1970．五島列島の弥生文化—総説編—．長崎大学医学部解剖学第二教室，長崎．

小田富士雄，1975．大野台遺跡．古文化談叢 1，2-23.

小田富士雄，1986．北部九州における弥生文化の出現序説．九州文化史研究所紀要 31，141-197.

小田富士雄・賀川光夫・永井昌文・田中良之・岡崎敬，1982．宇木汲田貝塚．唐津湾周辺遺跡調査委員会（編），末盧国．六興出版，東京．pp. 135-178.

小田富士雄・韓炳三，1991．日韓交渉の考古学　弥生時代篇．六興出版，東京．

小野忠熙，1980．日本考古地理学．ニューサイエンス社，東京．

香川県埋蔵文化財調査センター，1996．龍川五条遺跡Ⅰ．香川県教育委員会，高松．

鹿島町教育委員会，2005．堀部第 1 遺跡．鹿島町教育委員会，鹿島．

鹿島町歴史民俗資料館，1999．'99 特別展開拓者の眠るところ速報！　堀部第 1 遺跡木棺群．鹿島町歴史民俗資料館，鹿島．

粕屋町教育委員会，2002．江辻遺跡第 5 地点．粕屋町教育委員会，粕屋．

片岡宏二，1999．弥生時代渡来人と土器・青銅器．雄山閣出版，東京．

片岡宏二・飯塚勝，2006．数理的方法を用いた渡来系弥生人の人口増加に関する考古学的研究．九州考古学 81，1-20.

片桐孝浩・信里芳樹, 1998. 弥生時代の墓制について—樋ノ口遺跡の事例を中心に—. 財団法人香川県埋蔵文化財調査センター研究紀要 VI, 1-29.

加藤光臣, 2000. 石に固執した弥生墓の系譜—弥生前期〜中期墓制の地域相—. 汗と夢広島県廿日市市立西高等学校研究紀要 8, 13-71.

金関丈夫, 1955. 人種の問題. 杉原荘介（編）, 日本考古学講座 4. 河出書房, 東京. pp. 238-252.

金関丈夫, 1966. 弥生時代人. 和島誠一（編）, 日本の考古学III. 河出書房, 東京. pp. 460-471.

金関丈夫, 1971. 人種論. 大場磐雄・内藤政恒・八幡一郎（編）, 新版考古学講座 10. 雄山閣出版, 東京. pp. 183-200.

金関丈夫・坪井清足・金関恕, 1961. 山口県土井浜遺跡. 日本考古学協会（編）, 日本農耕文化の生成本文篇. 東京堂, 東京. pp. 223-253.

金関恕, 1965. 梶栗浜遺跡. 下関市市史編修委員会（編）, 下関市史原始—中世. 下関市役所, 下関. pp. 138-149.

金関恕, 1969. 弥生の社会. 国分直一・岡本太郎（編）, 日本文化の歴史 1. 学習研究社, 東京. pp. 203-206.

金関恕, 1987. 山口県梶栗浜遺跡. 佐原眞・工楽善通（編）, 探訪弥生の遺跡 西日本編. 有斐閣, 東京. pp. 264-268.

金関恕, 1995. 考古学の新しいパラダイム—農耕社会形成のモデル—. 金関恕・大阪府立弥生文化博物館（編）, 弥生文化の成立：大変革の主体は「縄紋人」だった. 角川書店, 東京. pp. 257-267.

金関恕, 2000. 梶栗浜遺跡. 山口県（編）, 山口県史 資料編考古 1. 山口県, 山口. pp. 324-327.

金関恕・大阪府立弥生文化博物館, 1995. 弥生文化の成立：大変革の主体は「縄紋人」だった. 角川書店, 東京.

嘉穂町教育委員会, 2002. 才田・下原遺跡. 嘉穂町教育委員会, 嘉穂.

梶本杜人, 1980. 朝鮮の考古学. 同朋舎出版, 京都.

唐津市教育委員会, 1982. 菜畑遺跡. 唐津市教育委員会, 唐津.

川瀬雄一, 2007. 滑川遺跡. 川瀬雄一（編）, 諫早市文化財調査年報 I. 諫早市教育委員会, 諫早. pp. 45-74.

菅民郎, 1993. 多変量解析の実践（下）. 現代数学社, 京都.

苅田町教育委員会, 1984. 葛川遺跡. 苅田町教育委員会, 苅田.

九州縄文研究会, 2008. 九州の縄文住居 II. 九州縄文研究会, 熊本.

九州大学考古学研究室, 1966. 北部九州（唐津市）先史集落遺跡の合同調査. 九州大学文学部, 福岡.

九州大学考古学研究室, 1997a. 天久保遺跡の調査. 九州大学考古学研究室（編）,

東アジアにおける支石墓の総合的研究．九州大学考古学研究室，福岡．pp. 151-194.

九州大学考古学研究室，1997b．佐賀県・森田支石墓の調査．九州大学文学部考古学研究室（編），東アジアにおける支石墓の総合的研究．九州大学考古学研究室，福岡．pp. 195-222.

九州大学考古学研究室，2001．佐賀県大友遺跡．九州大学考古学研究室，福岡．

九州大学考古学研究室，2003．佐賀県大友遺跡II．九州大学考古学研究室，福岡．

北有馬町教育委員会，1981．国指定史跡原山支石墓群環境整備事業報告書．北有馬町教育委員会，北有馬．

北九州市教育委員会，2012．小倉城二ノ丸家老屋敷跡 2．北九州市教育委員会，北九州．

北九州市教育文化事業団，1987．井手尾遺跡．北九州市教育文化事業団，北九州．

北九州市教育文化事業団，1989．貫川遺跡 2．北九州市教育文化事業団，北九州．

清野謙次，1949．古代人骨の研究に基づく日本人種論．岩波書店，東京．

清野謙次・宮本博人，1926．津雲貝塚人骨の人類学的研究，第 2 部，頭蓋骨の研究．人類学雑誌 41（4），151-208.

熊本市教育委員会，2005．江津湖遺跡群 I．熊本市教育委員会，熊本．

倉吉市教育委員会，1989．イキス遺跡発掘調査報告書．倉吉市教育委員会，倉吉．

久留米市教育委員会，1977．木塚遺跡．久留米市教育委員会，久留米．

近藤喬一，2006．燕下都出土の朝鮮式銅戈．高麗美術館研究紀要 5，49-66.

甲元眞之，1973．朝鮮支石墓の編年．朝鮮学報 66，1-36.

甲元眞之，1978．西北九州支石墓の一考察．法文論叢 41，124-151.

甲元眞之，1978．弥生文化の系譜．歴史公論 4（3），48-56.

甲元眞之，2002．先史時代の日韓交流試論—九州出土韓国系遺物および韓国出土縄文系遺物の基礎的研究．青丘学術論集 20，5-104.

甲元眞之，2004a．東アジアの動静からみた弥生時代の開始年代．春成秀爾・今村峯雄（編），弥生時代の実年代．学生社，東京．pp. 174-180.

甲元眞之，2004b．砂丘の形成と考古学．甲元眞之（編），日本の初期農耕文化と社会．同成社，東京．pp. 15-24.

甲元眞之，2007．環境変化の考古学的検証．甲元眞之（編），砂丘形成と寒冷化現象．熊本大学文学部，熊本．pp. 7-35.

甲元眞之，2008．気候変動と考古学．熊本大学文学部（編），文学部論叢　歴史学篇．熊本大学文学部，熊本．pp. 1-52.

甲元眞之・鄭澄元・河仁秀・小畑弘己・正林護・田中聡一・高野晋司，2002．先史時代の日韓交流試論．青丘学術論集 20，5-104.

古賀市教育委員会，2000．六ノ坪・百田遺跡．古賀市教育委員会，古賀．

小林謙一，2004．縄紋社会研究の新視点—炭素 14 年代測定の利用—．六一書房，東京．

小林正史，1993．カリンガ土器の製作技術．北陸古代土器研究 3，74-103．

小林青樹，1999．瀬戸内地域における弥生文化の成立．論争吉備，pp. 165-188．

小林青樹，2000．中四国における初期弥生墓制の変容—礫石使用墓と列状墓群の動向を中心に—．古代吉備 22，18-32．

小林青樹，2007．東北アジアにおける銅戈の起源と年代—遼西式銅戈の成立と燕・朝鮮への影響—．春成秀爾・西本豊弘（編），東アジア青銅器の系譜．雄山閣，東京．pp. 24-38．

小林青樹・石川岳彦・宮本一夫・春成秀爾，2007．遼西式銅戈と朝鮮式銅戈の起源．中国考古学 7，57-76．

小林達雄，1985．縄文文化の終焉．八幡一郎先生頌寿記念考古学論集編集委員会（編），日本史の黎明（八幡一郎先生頌寿記念考古学論集）．六興出版，東京．pp. 231-253．

小林行雄，1951．日本考古学概説．創元社，東京．

小南裕一，2005．北部九州地域における弥生文化成立期前後の土器編年．古文化談叢 52，13-44．

小南裕一，2006．日韓農耕文化成立期の土器編年と併行関係（予察）．日韓交流史理解促進事業実行委員会（編），日韓交流史理解促進事業調査研究報告書．日韓交流史理解促進事業実行委員会，唐津．pp. 110-117．

小南裕一，2008．中国地方における無文土器関連資料と渡来系集団．月刊考古学ジャーナル 568，23-28．

近藤喬一，2000．東アジアの銅剣文化と向津具の銅剣．山口県．（編），山口県史資料編考古 1．山口県，山口．pp. 709-794．

近藤義郎，1962．弥生文化論．家永三郎（編），岩波講座日本歴史 1．岩波書店，東京．pp. 139-188．

後藤明，1997．実践的問題解決過程としての技術．国立民族学博物館研究報告 22（1），125-187．

後藤明，2001．情報考古シリーズ 3 民族考古学．勉誠出版，東京．

後藤直，1973．南朝鮮の「無文土器」—その変遷について．考古学研究 75，49-77．

後藤直，1979．朝鮮系無文土器．三上次男博士頌寿記念論集編集委員会（編），三上次男博士頌寿記念東洋史・考古学論集．三上次男博士頌寿記念論集編集委員会，東京．pp. 485-529．

後藤直，1980．朝鮮南部の丹塗磨研土器．鏡山猛先生古稀記念論文集刊行会（編），古文化論攷（鏡山猛先生古稀記念）．鏡山猛先生古稀記念論文集刊行会，太宰府

町．pp. 269-306.

後藤直，2007．朝鮮半島の銅戈―燕下都辛荘頭 30 号墓出土銅戈の位置づけ―．大貫静夫（編），遼寧を中心とする東北アジア古代史の再構成．東京大学大学院人文社会系研究科考古学研究室，東京．pp. 301-322.

斎藤忠，1937．慶州附近発見の磨石器―聚成図を中心として―．考古学 8 (7)，316-324.

榊原博英，1996．鰐石遺跡について．亀山 23，13-23.

阪口豊，1984．日本の先史・歴史時代の気候―尾瀬ヶ原に過去 7600 年の気候変化の歴史を探る―．自然 39 (5)，18-36.

阪口豊，1989．尾瀬ヶ原の自然史．中央公論新社，東京．

阪口豊，1993．過去 8000 年の気候変化と人間の歴史．専修人文論集 51，79-113.

坂田邦洋，1978．長崎県・小川内支石墓発掘調査報告．古文化談叢 5，155-173.

坂本豊治，2010．出雲における稲作文化の伝播過程．出雲市教育委員会（編），矢野遺跡．出雲市教育委員会，出雲．pp. 109-134.

坂本稔，2004．AMS による炭素 14 年代法．春成秀爾・今村峯雄（編），弥生時代の実年代．学生社，東京．pp. 66-78.

坂本嘉弘，1997．九州における縄文時代の葬制．古文化談叢 37，1-37.

佐賀県教育委員会，1980．大門西遺跡．佐賀県教育委員会，佐賀．

佐賀県教育委員会，1989a．礫石遺跡．佐賀県教育委員会，佐賀．

佐賀県教育委員会，1989b．寺浦瓦窯跡．佐賀県教育委員会（編），老松山遺跡．佐賀県教育委員会，佐賀．pp. 202-231.

佐賀県教育委員会，1981．香田遺跡．佐賀県教育委員会，佐賀．

佐賀県教育委員会，1983．西原遺跡．佐賀県教育委員会，佐賀．

佐賀県教育委員会，1986．久保泉丸山遺跡．佐賀県教育委員会，佐賀．

佐賀県教育委員会，1995．東山田一本杉遺跡Ⅰ区．佐賀県教育委員会（編），東山田一本杉遺跡．佐賀県教育委員会，佐賀．pp. 18-151.

佐賀市教育委員会，1986．黒土原遺跡．佐賀市教育委員会，佐賀．

佐々木高明，1986．縄文文化と日本人―日本基層文化の形成と継承―．小学館，東京．

佐々木高明，1988．日本における畑作農耕の成立をめぐって．佐々木高明・松山利夫（編），畑作文化の誕生．日本放送出版協会，東京．pp. 1-22.

佐世保市教育委員会，1994．四反田遺跡発掘調査報告書．佐世保市教育委員会，佐世保．

佐藤竜馬・川井囲博・中山尚子，1998．佐古川・窪田遺跡．香川県埋蔵文化財調査センター（編），国道バイパス建設に伴う埋蔵文化財発掘調査概報平成 9 年度．香川県教育委員会，高松．pp. 12-37.

佐原真, 1975. 海の幸と山の幸. 坪井清足 (編), 日本生活文化史・日本的生活の母胎. 河出書房, 東京. pp. 22-24.

佐原真, 1983. 弥生土器入門. 佐原真 (編), 弥生土器 I. ニューサイエンス社, 東京. pp. 1-24.

佐原眞, 1986. 粘土から焼き上げまで. 金関恕・佐原眞 (編), 弥生文化の研究 3. 雄山閣出版, 東京. pp. 27-41.

澤下孝信, 1994. 文化動態論―石器組成および土器様式との関連で―. 九州文化史研究所紀要 39, 35-64.

澤下孝信, 1995. 考古学における社会論の一視座―中園聡氏の批判に応えて―. 日本考古学 2, 181-189.

澤下孝信, 2009. 縄文時代の木棺墓―下関市御堂遺跡の検討―(上). 下関市立考古博物館研究紀要 13, 7-19.

澤下孝信, 2010. 縄文時代の木棺墓―下関市御堂遺跡の検討―(下). 下関市立考古博物館研究紀要 14, 1-9.

庄田慎矢, 2004a. 韓国嶺南地方南西部の無文土器時代編年. 古文化談叢 50 (下), 157-175.

庄田慎矢, 2004b. 比來洞銅剣の位置と弥生暦年代論 (上). 古代 117, 1-29.

庄田慎矢, 2009. 朝鮮半島南部青銅器時代の編年. 考古学雑誌 93 (1), 1-31.

庄田慎矢, 2011. 韓国出土炭化米による年代測定の試み. 高倉洋彰・田中良之 (編), AMS 年代と考古学. 学生社, 東京. pp. 163-173.

潮見浩, 1984. 中ノ浜遺跡の調査―広島大学―. 豊浦町教育委員会 (編), 史跡中ノ浜遺跡保存管理計画策定報告書. 豊浦町教育委員会, 豊浦. pp. 13-18.

鹿町町教育委員会, 1983. 大野台遺跡―重要遺跡範囲確認調査報告―. 鹿町町教育委員会, 鹿町.

設楽博已, 2006. 弥生時代改訂年代と気候変動― SAKAGUCHI1982 論文の再評価―. 駒沢史学 67, 129-154.

柴尾俊介, 2006. 松菊里型住居をめぐって. (財) 北九州市芸術文化振興財団埋蔵文化財調査室研究紀要 20, 1-36.

島根県教育委員会, 1998. 板屋 III 遺跡. 島根県教育委員会, 松江.

志摩町教育委員会, 1987. 新町遺跡. 志摩町教育委員会, 志摩.

下條信行, 1980. 東アジアにおける外湾刃石包丁の展開―中国・朝鮮・日本―. 鏡山猛先生古稀記念論文集刊行会 (編), 古文化論攷 (鏡山猛先生古稀記念). 鏡山猛先生古稀記念論文集刊行会, 大宰府. pp. 193-213.

下條信行, 1986a. 弥生時代の九州. 岩波講座日本考古学 5. 岩波書店, 東京. pp. 125-156.

下條信行, 1986b. 日本稲作受容期の大陸系磨製石器の展開. 九州文化史研究所

紀要 31，pp. 103-140.

下條信行，1987．東アジアにおける擦切技法について―弥生時代擦切石器の系譜．岡崎敬先生退官記念事業会（編），東アジアの考古と歴史（岡崎敬先生退官記念論集）上．同朋舎，京都．pp. 25-62.

下條信行，1988．日本石包丁の源流．永井昌文教授退官記念論文集刊行会（編），日本民族・文化の生成 1（永井昌文教授退官記念論文集）．六興出版，東京．pp. 453-474.

下條信行，1996．井手遺跡．長崎県教育委員会文化課埋蔵文化財班（編），原始古代の長崎県資料編 I．長崎県教育委員会，長崎．pp. 141-146.

下稗田遺跡調査指導員会，1985．下稗田遺跡．青柳工業，福岡．

新宅信久，1994．江辻遺跡の調査．九州考古学会・嶺南考古学会（編），九州考古学会・嶺南考古学会第 1 回合同考古学会―資料編―．九州考古学会・嶺南考古学会第 1 回合同考古学会実行委員会，福岡．pp. 118-131.

新宅信久，1996．パズルの一片―弥生時代早期の集落の様相―．福岡考古 17，9-20.

新宅信久，2001．江辻遺跡第 5 地点の調査成果について．九州考古学会（編），平成 13 年度九州考古学会総会研究発表資料集．九州考古学会，福岡．pp. 17-28.

新村出，1989．広辞苑第三版．岩波書店，東京．

住宅・都市整備公団，1982．十郎川（二）福岡市早良平野石丸・古川遺跡．住宅・都市整備公団，福岡．

鄭澄元，1991．墓制（1）韓国．小田富士雄・韓炳三（編），日韓交渉の考古学 弥生時代篇．六興出版，東京．pp. 76-82.

菅波正人，2000．北部九州における弥生文化の成立．埋蔵文化財研究集会（編），第 47 回埋蔵文化財研究集会弥生文化の成立―各地域における弥生文化成立期の具体像―．埋蔵文化財研究集会，高知．pp. 167-186.

杉原荘介，1977．日本農耕社会の形成．吉川弘文館，東京．

鈴木公雄，1979．縄文時代論．大塚初重・戸沢充則・佐原真（編），日本考古学を学ぶ 3．有斐閣，東京．pp. 178-202.

鈴木尚，1963．日本人の骨．岩波書店，東京．

曺華龍，1979．韓国東海岸における後氷期の花粉分析学的研究．東北地理 31（1），23-35.

副島和明，2008．門前遺跡検出の木組み遺構及び矢板遺構について．杉原敦史・松尾秀昭（編），門前遺跡 II．長崎県教育委員会，長崎．pp. 334-341.

大社町教育委員会，1986．出雲・原山遺跡発掘調査概報．大社町教育委員会，大社．

高木暢亮，2003．壺形土器の製作技法にみられる地域性．北部九州における弥生

時代墓制の研究. 九州大学出版会, 福岡. pp. 73-98.

高倉洋彰, 2001. 交流する弥生人. 吉川弘文館, 東京.

高倉洋彰, 2003. 弥生文化開始期の新たな年代観をめぐって. 考古学ジャーナル 510, 4-7.

高倉洋彰, 2011. 交差年代法による弥生時代中期・後期の実年代. 高倉洋彰・田中良之（編）, AMS年代と考古学. 学生社, 東京. pp. 203-232.

高瀬克範・庄田慎矢, 2004. 大邱東川洞遺跡出土石包丁の使用痕分析. 古代 115, 157-174.

高野晋司, 1996. 泉遺跡. 長崎県教育委員会（編）, 原始・古代の長崎県資料編Ⅰ. 長崎県教育委員会, 長崎. pp. 39-41.

高橋学, 2003. 平野の環境考古学. 古今書院, 東京.

高橋護, 1986. 遠賀川式土器. 金関恕・佐原眞（編）, 弥生文化の研究4. 雄山閣出版, 東京. pp. 7-15.

武末純一, 1982. 有柄式石剣. 唐津湾周辺遺跡調査委員会（編）, 末盧国. 六興出版, 東京. pp. 386-398.

武末純一, 1983. 石庖丁の計測値―北九州市域出土例を中心に―. 岡崎敬先生退官記念事業会（編）, 東アジアの考古と歴史（岡崎敬先生退官記念論集）中. 同朋舎出版, 京都. pp. 385-420.

武末純一, 1987. 弥生土器と無文土器・三韓土器―併行関係を中心に―. 三佛金元龍教授停年退任記念論叢刊行委員会（編）, 三佛金元龍教授停年退任紀年論叢Ⅰ考古学編. 一志社, ソウル. pp. 842-857.

武末純一, 1988a. 佐賀県安永田遺跡の石庖丁―石庖丁の計測値（2）―. 古文化談叢 19, 27-32.

武末純一, 1988b. 朝鮮半島の布留式系土器. 永井昌文教授退官記念論文集刊行会（編）, 日本民族・文化の生成1（永井昌文教授退官記念論文集）. 六興出版, 東京. pp. 827-843.

武末純一, 1998a. 弥生環溝集落と都市. 田中琢・金関恕（編）, 古代史の論点3. 小学館, 東京. pp. 81-108.

武末純一, 1998b. 日本の環溝（濠）集落―北部九州の弥生早・前期を中心に―. 九州考古学会・嶺南考古学会（編）, 九州考古学会・嶺南考古学会第3回合同考古学大会環濠集落と農耕社会の形成. 九州考古学会・嶺南考古学会, 福岡. pp. 115-139.

武末純一, 2001. 石器の生産と流通―石庖丁と蛤刃石斧を中心に―. 筑紫野市編さん委員会（編）, 筑紫野市史資料編（上）考古資料. 筑紫野市, 筑紫野. pp. 528-555.

武末純一, 2002a. 弥生文化と朝鮮半島の初期農耕文化. 佐原真（編）, 古代を考

える稲・金属・戦争―弥生―. 吉川弘文館, 東京. pp. 105-138.

武末純一, 2002b. 朝鮮半島と日本列島. 季刊考古学 80, 69-73.

武末純一, 2004. 弥生時代前半期の暦年代. 小田富士雄先生退職記念事業会（編）, 福岡大学考古学論集（小田富士雄先生退職記念）. 小田富士雄先生退職記念事業会, 福岡. pp. 131-156.

武末純一, 2011. 弥生時代前半期の暦年代再論. 高倉洋彰・田中良之（編）, AMS 年代と考古学. 学生社, 東京. pp. 89-130.

武末純一・上田龍児, 2006. 弥生土器の編年と地域間交流. 行橋市史編纂委員会（編）, 行橋市史資料編原始・古代. 行橋市, 行橋. pp. 344-380.

田崎博之, 2008a. 発掘調査データからみた土地環境とその利用―北部九州玄界灘沿岸における検討―. 愛媛大学法文学部考古学研究室（編）, 地域・文化の考古学（下條信行先生退任記念論文集）. 下條信行先生退任記念事業会, 松山. pp. 323-342.

田崎博之, 2008b. 朝鮮半島における青銅器時代の環境変遷と土地利用. 宮本一夫（編）, 日本水稲農耕の起源地に関する総合的研究. 九州大学大学院人文科学研究院考古学研究室, 福岡. pp. 105-124.

田崎博之, 1994. 夜臼式土器から板付式土器へ. 牟田裕二君追悼論集刊行会（編）, 牟田裕二君追悼論集. 牟田裕二君追悼論集刊行会, 太宰府. pp. 35-74.

田崎博之, 2007. 発掘調査データからみた砂堆と沖積平野の形成過程. 甲元眞之（編）, 砂丘形成と寒冷化現象. 熊本大学文学部, 熊本. pp. 56-67.

田崎博之, 2010. 朝鮮半島南部における新石器時代中期～青銅器時代の気候変動と農耕化プロセス. 龍田考古学会（編）, 先史学・考古学論究Ⅴ（下巻）（甲元眞之先生退任記念）. 龍田考古学会, 熊本. pp. 925-938.

田中琢, 1978. 型式学の問題. 大塚初重・戸沢充則・佐原真（編）, 日本考古学を学ぶ（1）. 有斐閣, 東京. pp. 14-26.

田中良之, 1982. 磨消縄文土器伝播のプロセス. 森貞次郎博士古稀記念論文集刊行会（編）, 古文化論集（森貞次郎博士古稀記念）. 森貞次郎博士古稀記念論文集刊行会, 福岡. pp. 59-96.

田中良之, 1985. 長崎県山の寺遺跡. 潮見浩（編）, 探訪縄文の遺跡　西日本編. 有斐閣, 東京. pp. 380-385.

田中良之, 1986. 縄文土器と弥生土器 1. 西日本. 金関恕・佐原眞（編）, 弥生文化の研究 3. 雄山閣出版, 東京. pp. 115-125.

田中良之, 1991. いわゆる渡来説の再検討. 高倉洋彰（編）, 日本における初期弥生文化の成立（横山浩一先生退官記念論文集Ⅱ）. 文献出版, 福岡. pp. 482-505.

田中良之, 1993. 古代社会の親族関係. 埴原和郎（編）, 原日本人：弥生人と縄文

人のナゾ. 朝日新聞社, 東京. pp. 223-232.

田中良之, 1995. 古墳時代親族構造の研究―人骨が語る古代社会―. 柏書房, 東京.

田中良之, 1996. 埋葬人骨による日韓古墳時代の比較. 嶺南考古学会・九州考古学会（編）, 4・5世紀の日韓考古学. 啓明大学校博物館, 大邱. pp. 61-75.

田中良之, 1998. 出自表示論批判. 日本考古学 5, 1-18.

田中良之, 1999. 南江流域出土人骨について. 東亜大学校博物館（編）, 南江先史文化セミナー要旨. 東亜大学校博物館, 釜山. pp. 127-131.

田中良之, 2000. 墓地からみた親族・家族. 都出比呂志・佐原真（編）, 古代史の論点 2. 小学館, 東京. pp. 131-152.

田中良之, 2001. 弥生時代における日韓の埋葬姿勢について. 田中良之（編）, 弥生時代における九州・韓半島交流史の研究. 九州大学大学院比較社会文化研究院基層構造講座, 福岡. pp. 63-71.

田中良之, 2002. 弥生人. 佐原真（編）, 古代を考える 稲・金属・戦争―弥生―. 吉川弘文館, 東京. pp. 47-76.

田中良之, 2007. ヒトの移動と文化変容. 今西裕一郎（編）, 九州大学九州史学会（編）, 21世紀COEプログラム「東アジアと日本：交流と変容」統括ワークショップ報告書. 九州大学大学院比較社会文化研究院, 福岡. pp. 3-17.

田中良之, 2009. AMS年代測定法の考古学的利用の諸問題. 平成21年度九州史学会大会シンポジウム・研究発表要旨. 九州史学会, 福岡. p. 53.

田中良之, 2011. AMS年代測定法の考古学への適用に関する諸問題. 高倉洋彰・田中良之（編）, AMS年代と考古学. 学生社, 東京. pp. 131-161.

田中良之・小山内康人・中野伸彦・李ハヤン, 2010. 弥生人骨に対する Sr 同位体比分析（予察）―LA-ICP-MS を用いた非破壊による人口移動分析―. 九州考古学会・嶺南考古学会（編）, 日韓新時代の考古学. 九州考古学会・嶺南考古学会, 福岡. pp. 13-14.

田中良之・小澤佳憲, 2001. 渡来人をめぐる諸問題. 田中良之（編）, 弥生時代における九州・韓半島交流史の研究. 九州大学大学院比較社会文化研究院基層構造講座, 福岡. pp. 3-27.

田中良之・松永幸男, 1984. 広域土器分布圏の諸相. 古文化断叢 14, 281-117.

田中良之・溝口孝司・岩永省三, 2006. AMS年代測定法の考古学への適用に関する諸問題. 有限責任中間法人日本考古学協会（編）, 有限責任法人日本考古学協会第72回総会研究発表要旨. 有限責任法人日本考古学協会, 東京. pp. 328-329.

田中良之・溝口孝司・岩永省三・Higham, T. D., 2004. 弥生人骨を用いた AMS 年代測定（予察）. 嶺南考古学会・九州考古学会（編）, 日・韓交流の考古学.

嶺南考古学会，釜山．pp. 245-251.

田畑直彦，2000．西日本における初期遠賀川式土器の展開．土器持寄会論文集刊行会（編），突帯文と遠賀川．土器持寄会論文集刊行会，松山．pp. 913-956.

多良見町教育委員会，1974．化屋大島遺跡．多良見町教育委員会，多良見．

大栄町教育委員会，1984．向野遺跡・後ろ谷遺跡発掘調査報告．大栄町教育委員会，大栄．

千羨幸，2008．西日本の孔列土器．日本考古学 25，1-22.

千葉基次，2002．支石墓研究―撐石墓―．日本考古学 13，67-92.

都出比呂志，1984．農耕社会の形成．歴史学研究会・日本史研究会（編），講座日本歴史 1 原始古代 1．東京大学出版会，東京．pp. 117-158.

都出比呂志，1986．墳墓．近藤義郎・甘粕健・佐原真・戸沢充則・横山浩一・加藤晋平・田中琢（編），岩波講座日本考古学 4．岩波書店，東京．pp. 217-255.

寺澤薫，1996．日本稲作の系譜と照葉樹林文化論．季刊考古学 56，270-76.

出原恵三，2000．四国における遠賀川式土器の成立．土器持寄会論文集刊行会（編），突帯文と遠賀川．土器持寄会論文集刊行会，松山．pp. 825-868.

鳥取県教育文化財団，1982．鳥取県羽合町長瀬高浜遺跡発掘調査報告書Ⅳ．鳥取県教育文化財団，鳥取．

鳥取市教育福祉振興会，1993．西大路土居遺跡．鳥取市教育福祉振興会，鳥取．

藤間生大，1949．政治的社会の成立．日本評論社，東京．

藤間生大，1951．日本民族の形成．岩波書店，東京．

徳島大学埋蔵文化財調査室，1998．庄・蔵本遺跡 1．徳島大学埋蔵文化財調査室，徳島．

徳島大学埋蔵文化財調査室，2018．庄・蔵本遺跡 3．徳島大学埋蔵文化財調査室，徳島．

豊浦町教育委員会，1985．中ノ浜遺跡第 9 次発掘調査概報．豊浦町教育委員会，豊浦．

土井ヶ浜遺跡・人類学ミュージアム，1998．土井ヶ浜遺跡第 16 次発掘調査報告書．豊北町教育委員会，豊北．

土肥直美・田中良之・船越公威，1986．歯冠計測値による血縁者推定法と古人骨への応用．人類学雑誌 94（2），147-162.

内藤芳篤，1984．九州における縄文人骨から弥生人骨への移行．日本人類学会（編），人類学―その多様な発展―．日経サイエンス，東京．pp. 52-59.

中井信之，1987．川崎市域の沖積層の ^{14}C 年代測定による堆積速度の変遷と ^{13}C，^{12}C，CN による相対的海水面変動と古気候変化．松島義章（編），川崎市内沖積層の総合研究．川崎市博物館資料収集委員会，川崎．pp. 97-115.

那珂川町教育委員会，1991．山田西遺跡．那珂川町教育委員会，那珂川．

中島直幸, 1982. 初期稲作期の凸帯文土器. 森貞次郎博士古稀記念論文集刊行会（編），古文化論集（森貞次郎博士古稀記念）. 森貞次郎博士古稀記念論文集刊行会，福岡. pp. 297-354.

中園聡, 1994. 弥生時代開始期の壺形土器—土器作りのモーターハビットと認知構造—. 日本考古学 1, 87-101.

中橋孝博, 1989. 男女差. 永井昌文・那須孝悌・金関恕・佐原眞（編），弥生文化の研究 1. 雄山閣出版，東京. pp. 52-64.

中橋孝博, 1990. 渡来人の問題. 西谷正（編），古代朝鮮と日本（古代史論集 4）. 名著出版，東京. pp. 117-174.

中橋孝博, 1993. 墓の数で知る人口爆発. 宮本貢（編），原日本人：弥生人と縄文人のナゾ. 朝日新聞社，東京. pp. 30-46.

中橋孝博, 1996. 縄文人と弥生人. 泉拓良（編），縄文土器出現. 講談社，東京. pp. 155-157.

中橋孝博, 2000. 福岡市雀居遺跡（第 7・9 次調査）出土の弥生前期人骨. 福岡市教育委員会（編），雀居遺跡 5. 福岡市教育委員会，福岡. pp. 183-189.

中橋孝博, 2001. 大友遺跡第 5 次発掘調査出土人骨. 宮本一夫（編），大友遺跡第 5 次発掘調査出土人骨. 九州大学大学院人文科学研究院考古学研究室，福岡. pp. 60-67.

中橋孝博, 2003. 大友遺跡第 6 次調査出土人骨. 宮本一夫（編），佐賀県大友遺跡 II. 九州大学大学院人文科学研究院考古学研究室，福岡. pp. 50-63.

中橋孝博・飯塚勝, 1998. 北部九州の縄文～弥生移行期に関する人類学的考察. 人類学雑誌 106（1），31-53.

中橋孝博・飯塚勝, 2008. 北部九州の縄文～弥生移行期に関する人類学的考察（2）. Anthropological Science（Japanese Series）116（2），131-143.

中橋孝博・永井昌文, 1989a. 形質. 永井昌文・那須孝悌・金関恕・佐原眞（編），弥生文化の研究 1. 雄山閣出版，東京. pp. 23-51.

中橋孝博・永井昌文, 1989b. 寿命. 永井昌文・那須孝悌・金関恕・佐原眞（編），弥生文化の研究 1. 雄山閣出版，東京. pp. 76-95.

中橋孝博・永井昌文, 1987. 福岡県志摩町新町遺跡出土の縄文・弥生移行期の人骨. 橋口達也（編），新町遺跡. 志摩町教育委員会，糸島. pp. 87-105.

中間研志, 1987. 松菊里型住居—我国稲作農耕受容期における竪穴住居の研究—. 岡崎敬先生退官記念事業会（編），東アジアの考古と歴史（岡崎敬先生退官記念論集）中. 同朋舎，京都. pp. 593-634.

中村修身, 1987. 砂山遺跡出土擦切溝状穴石包丁. 地域相研究 17, 1.

中村大介, 2003. 弥生文化早期における壺形土器の受容と展開. 立命館大学考古学論集刊行会（編），立命館大学考古学論集 III. 立命館大学考古学論集刊行会，

京都．pp. 415-432.

中村大介，2004．方形周溝墓の成立と東アジアの墓制．朝鮮古代研究 5，27-50.

中村大介，2005．無文土器時代前期における石鏃の変遷．大阪大学考古学研究室（編），待兼山考古学論叢（都出比呂志先生退任記念）．大阪大学考古学研究室，豊中．pp. 51-85.

中村大介，2006．弥生時代開始期における副葬習俗の受容．日本考古学 21，21-54.

中村大介，2007．方形周溝墓の系譜とその社会．菅榮太郎・若林邦彦（編），墓制から弥生社会を考える．六一書房，東京．pp. 73-116.

中村大介，2009．弥生時代開始期の木棺墓．出土木器研究会（編），木・ひと・文化（出土木器研究会論集）．出土木器研究会，岡山．pp. 273-289.

中村大介，2016．支石墓の多様性と交流．長崎県埋蔵文化財センター研究紀要 6，3-18.

長井数秋，1978．西野III遺跡．愛媛県埋蔵文化財調査センター（編），愛媛県営総合運動公園関係埋蔵文化財調査報告書 I．愛媛県埋蔵文化財調査センター，松山．pp. 153-397.

長井数秋，1997．前松町宝剣田遺跡出土の有柄式磨製石剣と支石墓．愛媛考古学 14，105-114.

長崎県教育委員会，1983．長崎県埋蔵文化財調査集報VI．長崎県教育委員会，長崎．

長崎県教育委員会，1994．天久保遺跡．長崎県教育委員会（編），県内重要遺跡範囲確認調査報告書 2．長崎県教育委員会，長崎．pp. 35-72.

長崎県教育委員会，2006．門前遺跡．長崎県教育委員会，長崎．

長崎県教育委員会，2008．門前遺跡II．長崎県教育委員会，長崎．

西谷正，1973．三角形石包丁について．考古学論叢 1，101-107.

西谷正，1980．日朝原始墳墓の諸問題．井上光貞・西嶋定生・甘粕健・武田幸男（編），東アジア世界における日本古代史講座 1．学生社，東京．pp. 152-191.

西谷正，1986．朝鮮半島における石包丁の分布．月刊考古学ジャーナル 260，11-14.

西谷正，1997．日本列島の支石墓．西谷正（編），東アジアにおける支石墓の総合的研究．九州大学文学部考古学研究室，福岡．pp. 52-55.

西田茂，2003．年代測定値への疑問．考古学研究 50（3），18-20.

西田茂，2004．ふたたび年代測定値への疑問．考古学研究 51（1），14-17.

西田正規，1980．縄文時代の食糧資源と生業活動．季刊人類学 11（3），3-41.

西本豊弘，2006．弥生時代の新年代．雄山閣，東京．

二丈町教育委員会，1995．大坪遺跡 I．二丈町教育委員会，二丈．

二丈町教育委員会, 2001. 石崎曲り田遺跡—第 3 次調査—. 二丈町教育委員会, 二丈.

二丈町教育委員会, 2006. 上深江海老ノ峯遺跡. 二丈町教育委員会, 二丈.

野井英明, 1991. 比恵遺跡 24・25 次調査によって得られた試料の花粉分析. 福岡市教育委員会(編), 比恵遺跡群 10. 福岡市教育委員会, 福岡. pp. 229-233.

乗松真也, 1999. 国道バイパス建設に伴う埋蔵文化財発掘調査概報平成 10 年度. 香川県教育委員会, 高松.

乗安和二三, 2014. 埋葬と葬送習俗. 土井ヶ浜遺跡・人類学ミュージアム(編), 土井ヶ浜遺跡第 1 次〜第 12 次発掘調査報告書. 土井ヶ浜遺跡・人類学ミュージアム, 下関. pp. 209-251.

河仁秀, 1994. 嶺南地方支石墓の形式と構造. 古文化談叢 32, 167-235.

河仁秀, 2000. 嶺南地域無文土器墓制の諸相—洛東江下流域を中心として—. 埋蔵文化財研究会(編), 第 48 回埋蔵文化財研究集会弥生の墓制(1)—墓制からみた弥生文化の成立—発表資料・資料集. 埋蔵文化財研究会, 福岡. pp. 949-987.

橋口達也, 1979. 九州の弥生土器. 座右宝刊行会(編), 世界陶磁全集 1 日本原始. 小学館, 東京. pp. 212-238.

橋口達也, 1985. 日本における稲作の開始と発展. 橋口達也(編), 石崎曲り田遺跡. 福岡県教育委員会, 福岡. pp. 5-103.

橋口達也, 1987. 新町遺跡. 志摩町教育委員会, 志摩.

橋口達也, 1988. 九州における縄文と弥生の境. 季刊考古学 23, 17-22.

橋口達也, 1992. 大形棺成立以前の甕棺の編年. 九州歴史資料館研究論集 17, 19-40.

橋口達也, 1997. 福岡県. 西谷正(編), 東アジアにおける支石墓の総合的研究. 九州大学文学部考古学研究室, 福岡. pp. 56-71.

橋口達也, 2003. 炭素 14 年代測定法による弥生時代の年代論に関連して. 日本考古学 16, 27-44.

端野晋平, 2001. 支石墓の系譜と伝播様態. 田中良之(編), 弥生時代における九州・韓半島交流史の研究. 九州大学大学院比較社会文化研究院基層構造講座, 福岡. pp. 29-62.

端野晋平, 2003a. 支石墓伝播のプロセス—韓半島南端部・九州北部を中心として—. 日本考古学 16, 1-25.

端野晋平, 2003b. 韓半島南部丹塗磨研壺の再検討—編年・研磨方向を中心として—. 九州考古学 78, 1-21.

端野晋平, 2006a. 朝鮮半島南部丹塗磨研壺の編年と地域性—嶺南地方を中心として—. 有限責任中間法人日本考古学協会(編), 有限責任中間法人日本考古学

協会第72回総会研究発表要旨．有限責任中間法人日本考古学協会，東京．pp. 238-251.

端野晋平，2006b．水稲農耕開始期における日韓交渉—石庖丁からみた松菊里文化の成立・拡散・変容のプロセス—．溝口孝司・田尻義了・端野晋平（編），九州考古学会・嶺南考古学会第7回合同考古学大会—日韓新時代の考古学．九州考古学会・嶺南考古学会，福岡．pp. 49-87.

端野晋平，2007．渡来人は「なぜ」「どのように」「どこから」来たのか？—水稲農耕開始期の日韓交渉をめぐる諸問題—．有限責任中間法人日本考古学協会（編），有限責任中間法人日本考古学協会第73回総会研究発表要旨．有限責任中間法人日本考古学協会，東京．pp. 142-143.

端野晋平，2008a．玄界灘沿岸地域における渡来人とその文化—朝鮮半島との比較を通じて—．考古学ジャーナル 568，13-18.

端野晋平，2008b．松菊里型住居の伝播とその背景．九州大学考古学研究室50周年記念論文集刊行会（編），九州と東アジアの考古学—九州大学考古学研究室50周年記念論文集—．九州大学考古学研究室50周年記念論文集刊行会，福岡．pp. 45-72.

端野晋平，2008c．計測的・非計測的属性と型式を通じた石庖丁の検討—韓半島南部と北部九州を素材として—．日本考古学 26，41-67.

端野晋平，2009．無文土器文化からの影響．古代文化 61（2），83-93.

端野晋平，2010a．近年の無文土器研究からみた弥生早期．季刊考古学 113，31-34.

端野晋平，2010b．朝鮮半島南部無文土器時代前・中期炭素14年代の検討—歴博弥生開始年代に対する検討もかねて—．古文化談叢 65（2），217-247.

端野晋平，2014a．渡来文化の形成とその背景．公益財団法人古代学協会（編），列島の初期稲作の担い手は誰か．すいれん舎，東京．pp. 79-124.

端野晋平，2014b．朝鮮半島・日本列島における過去の気候変動データの検討．高倉洋彰先生退職記念論集刊行会（編），東アジア古文化論攷1．中国書店，福岡．pp. 318-335.

端野晋平，2015a．石崎曲り田遺跡住居群の系譜．国立大学法人徳島大学埋蔵文化財調査室紀要 1，3-31.

端野晋平，2015b．近年の弥生時代開始期墓制論の検討．古文化談叢 74，95-129.

端野晋平，2016a．考古学における気候変動論の検討—日本列島・朝鮮半島の水稲農耕開始前後を対象として—．国立大学法人徳島大学埋蔵文化財調査室紀要 2，25-36.

端野晋平，2016b．水稲農耕開始前後の日本列島・韓半島間交流．石堂論叢 64，33-63.

端野晋平, 2016c. 板付Ⅰ式成立前後の壺形土器—分類と編年の検討—. 田中良之先生追悼論文集編集委員会（編）, 考古学は科学か 田中良之先生追悼論文集. 中国書店, 福岡. pp. 325-349.

端野晋平, 2017. 中村大介著「支石墓の多様性と交流」に対するコメント. 長崎県埋蔵文化財センター研究紀要 7, 59-71.

端野晋平, 2018. 庄・蔵本遺跡一帯における弥生時代前期墓制の検討. 徳島大学埋蔵文化財調査室（編）, 庄・蔵本遺跡 3. 徳島大学埋蔵文化財調査室, 徳島. pp. 91-114.

端野晋平・石田智子・渡部芳久・奥野正人, 2006a. 韓半島南部の松菊里型住居址・掘立柱建物と集落構造. 埋蔵文化財研究会（編）, 第 55 回埋蔵文化財研究集会—弥生集落の成立と展開—（発表要旨集）. 埋蔵文化財研究会, 福岡. pp. 427-447.

埴原和郎, 1993. 渡来人に席巻された古代の日本. 宮本貢（編）, 原日本人：弥生人と縄文人のナゾ. 朝日新聞社, 東京. pp. 6-29.

埴原和郎, 1984. 日本人の起源. 朝日新聞社, 東京.

原俊一, 1999. まとめ. 原俊一（編）, 田久松ヶ浦. 宗像市教育委員会, 宗像. pp. 21-31.

原田大六, 1952. 福岡県石ヶ崎支石墓を含む原始墳墓. 考古学雑誌 38（4）, 1-33.

春成秀爾, 1973. 弥生時代はいかにしてはじまったか—弥生式土器の南朝鮮起源をめぐって—. 考古学研究 20（1）, 5-24.

春成秀爾, 1990. 弥生時代のはじまり. 東京大学出版会, 東京.

春成秀爾, 2003. 弥生早・前期の鉄器問題. 考古学研究 50（3）, 11-17.

春成秀爾, 2004. 弥生時代の開始年代. 季刊考古学 88, 17-22.

春成秀爾, 2006. 弥生時代の年代問題. 西本豊弘（編）, 弥生時代の新年代（新弥生時代のはじまり第 1 巻）. 雄山閣, 東京. pp. 65-89.

春成秀爾・藤尾慎一郎・今村峯雄・坂本稔, 2003. 弥生時代の開始年代— ^{14}C 年代の測定結果について—. 日本考古学協会（編）, 日本考古学協会第 69 回総会研究発表要旨. 日本考古学協会, pp. 73-76.

朴宣映, 2009. 朝鮮半島中南部における有柄式磨製石剣の編年と地域性. 考古学研究 56（1）, 20-41.

東広島市教育文化事業団, 2005. 西条町黄幡 1 号遺跡発掘調査報告書. 東広島市教育文化振興事業団文化財センター, 東広島.

久山町教育委員会, 2006. 片見鳥遺跡. 久山町教育委員会, 久山.

秀島貞康, 1999. 風観岳支石墓群の調査. 長崎県考古学会（編）, 長崎県考古学会総会発表資料. 長崎県考古学会, 長崎.

秀島貞康・古賀力・橋本幸男, 2006. 総括. 秀島貞康（編）, 風観岳支石墓群発掘

調査報告書. 諫早市教育委員会, 諫早. pp. 182-198.

平井勝, 1995. 遠賀川系土器の成立. 考古学研究会 (編), 展望考古学 (考古学研究会 40 周年記念論集). 考古学研究会, 岡山. pp. 67-74.

平郡達哉, 2014. 列島における支石墓の受容と変容. 愛媛大学東アジア古代鉄文化研究センター(編), 平成 26 年度瀬戸内海考古学研究会第 4 回公開大会予稿集. 瀬戸内海考古学研究会, 松山. pp. 41-50.

広島県教育委員会・広島県埋蔵文化財調査センター, 1982. 中国縦貫自動車道建設に伴う埋蔵文化財発掘調査報告 3. 広島県教育委員会, 広島.

広島県教育委員会, 1971. 広島県文化財調査報告 9. 広島県教育委員会, 広島.

広島県埋蔵文化財調査センター, 1992. 金平山遺跡・貞付谷遺跡西条バイパス建設予定地内埋蔵文化財発掘調査報告. 広島県埋蔵文化財調査センター, 広島.

広島県埋蔵文化財調査センター, 1994. 中国横断自動車道建設に伴う埋蔵文化財調査報告Ⅳ. 広島県埋蔵文化財調査センター, 広島.

広瀬和雄, 1997. 広瀬和雄 (編), 縄文から弥生への新歴史像. 角川書店, 東京.

広瀬和雄, 2003. 新しい弥生開始年代によせて. 考古学ジャーナル 510, 12-16.

深澤芳樹・庄田慎矢, 2009. 先松菊里式・松菊里式土器と夜臼式・板付式土器. 設楽博已・藤尾慎一郎・松木武彦 (編), 弥生文化誕生. 同成社, 東京. pp. 172-187.

福岡県教育委員会, 1968. 福岡県伯玄社遺跡調査概報. 福岡県教育委員会, 福岡.

福岡県教育委員会, 1974. 九州縦貫自動車道関係埋蔵文化財調査報告Ⅳ. 福岡県教育委員会, 福岡.

福岡県教育委員会, 1978a. 九州縦貫自動車道関係埋蔵文化財調査報告ⅩⅩⅣ. 福岡県教育委員会, 福岡.

福岡県教育委員会, 1978b. 九州縦貫自動車道関係埋蔵文化財調査報告ⅩⅩⅤ. 福岡県教育委員会, 福岡.

福岡県教育委員会, 1980. 三雲遺跡Ⅰ. 福岡県教育委員会, 福岡.

福岡県教育委員会, 1983. 石崎曲り田遺跡Ⅰ. 福岡県教育委員会, 福岡.

福岡県教育委員会, 1984. 石崎曲り田遺跡Ⅱ. 福岡県教育委員会, 福岡.

福岡県教育委員会, 1985. 石崎曲り田遺跡Ⅲ. 福岡県教育委員会, 福岡.

福岡県教育委員会, 1992a. 九州横断自動車道関係埋蔵文化財調査報告 22 朝倉郡朝倉町所在鎌塚・山ノ神・鎌塚西遺跡の調査. 福岡県教育委員会, 福岡.

福岡県教育委員会, 1992b. 白峯遺跡. 福岡県教育委員会, 福岡.

福岡県教育委員会, 1994. 九州横断自動車道関係埋蔵文化財調査報告 31 福岡県甘木市所在高原遺跡・口ノ坪遺跡. 福岡県教育委員会, 福岡.

福岡県教育委員会, 1995. 九州横断自動車道関係埋蔵文化財調査報告 37 甘木市所在柿原Ⅰ縄文遺跡. 福岡県教育委員会, 福岡.

福岡県教育委員会, 1996. 九州横断自動車道関係埋蔵文化財調査報告 41　朝倉郡杷木町所在大谷遺跡の調査　甘木市所在柿原遺跡群の調査Ⅵ（L地区）. 福岡県教育委員会, 福岡.

福岡県教育委員会, 1997. 九州横断自動車道関係埋蔵文化財調査報告 43　朝倉郡杷木町所在クリナラ遺跡・若宮遺跡. 福岡県教育委員会, 福岡.

福岡県教育委員会, 1998a. 九州横断自動車道関係埋蔵文化財調査報告 49　朝倉郡杷木町所在楠田遺跡・小覚原遺跡・二十谷遺跡・陣内遺跡・上野原遺跡. 福岡県教育委員会, 福岡.

福岡県教育委員会, 1998b. 九州横断自動車道関係埋蔵文化財調査報告 56　畑田遺跡. 福岡県教育委員会, 福岡.

福岡県教育委員会, 1999. 九州横断自動車道関係埋蔵文化財調査報告 54　朝倉郡朝倉町所在金場遺跡. 福岡県教育委員会, 福岡.

福岡市教育委員会, 1967. 福岡市有田古代遺跡発掘調査概報. 福岡市教育委員会, 福岡.

福岡市教育委員会, 1970. 福岡市板付遺跡調査報告. 福岡市教育委員会, 福岡.

福岡市教育委員会, 1975. 九州縦貫自動車道関係埋蔵文化財調査報告 33. 福岡市教育委員会, 福岡.

福岡市教育委員会, 1975. 九州縦貫自動車道関係埋蔵文化財調査報告書 33. 福岡市教育委員会, 福岡.

福岡市教育委員会, 1976. 鶴町遺跡. 福岡市教育委員会, 福岡.

福岡市教育委員会, 1979. 板付遺跡調査概報. 福岡市教育委員会, 福岡.

福岡市教育委員会, 1980. 板付周辺遺跡調査報告書 6. 福岡市教育委員会, 福岡.

福岡市教育委員会, 1982a. 藤崎遺跡. 福岡市教育委員会, 福岡.

福岡市教育委員会, 1982b. 千里シビナ遺跡調査概報. 福岡市教育委員会, 福岡.

福岡市教育委員会, 1983. 福岡市有田七田前遺跡. 福岡市教育委員会, 福岡.

福岡市教育委員会, 1987. 柏原遺跡群Ⅳ. 福岡市教育委員会, 福岡.

福岡市教育委員会, 1992. 那珂 6. 福岡市教育委員会, 福岡.

福岡市教育委員会, 1994. 飯倉唐木遺跡. 福岡市教育委員会, 福岡.

福岡市教育委員会, 1995a. 雀居遺跡 2. 福岡市教育委員会, 福岡.

福岡市教育委員会, 1995b. 雀居遺跡 3. 福岡市教育委員会, 福岡.

福岡市教育委員会, 1995c. 環境整備遺構確認調査板付遺跡. 福岡市教育委員会, 福岡.

福岡市教育委員会, 1996. 下月隈天神森遺跡Ⅲ. 福岡市教育委員会, 福岡.

福岡市教育委員会, 1997. 有田・小田部第 29 集. 福岡市教育委員会, 福岡.

福岡市教育委員会, 1998. 福岡外環状道路関係埋蔵文化財調査報告 5　福岡市西区橋本一丁目遺跡第 2 次調査・橋本遺跡第 1 次調査. 福岡市教育委員会, 福岡.

福岡市教育委員会，1999．入部Ⅸ．福岡市教育委員会，福岡．

福岡市教育委員会，2000a．JR筑肥線複線化地内遺跡埋蔵文化財調査報告書．福岡市教育委員会，福岡．

福岡市教育委員会，2000b．雀居遺跡 5．福岡市教育委員会，福岡．

福岡市教育委員会，2001．有田・小田部第 36 集．福岡市教育委員会，福岡．

福岡市教育委員会，2005．雑餉隈遺跡 5．福岡市教育委員会，福岡．

福澤仁之，1995．天然の「時計」・「環境変動検出計」としての湖沼の年縞堆積物．第四紀研究 34（3），135-149．

福澤仁之，1996．稲作の拡大と気候変動．季刊考古学 56，49-53．

福澤仁之・小泉格・岡村真・安田喜憲，1995．水月湖細粒堆積物に認められる過去 2000 年間の風成塵・海水準・降水変動の記録．地学雑誌 104（1），69-81．

福永伸哉，1990．原始古代埋葬姿勢の研究．都出比呂志（編），原始・古代日本葬制の考古学的研究．大阪大学文学部考古学研究室，大阪．pp. 5-24．

藤尾慎一郎，1987．板付Ⅰ式甕形土器の成立とその背景．史淵 124，1-27．

藤尾慎一郎，1990．西部九州の刻目凸帯文土器．国立歴史民俗博物館研究報告 26，1-73．

藤尾慎一郎，1993．生業からみた縄文から弥生．国立歴史民俗博物館研究報告 48，1-66．

藤尾慎一郎，2003．弥生変革期の考古学．同成社，東京．

藤尾慎一郎，2004．韓国・九州・四国の実年代．春成秀爾・今村峯雄（編），弥生時代の実年代．学生社，東京．pp. 6-19．

藤尾慎一郎，2009．弥生時代の実年代．西本豊弘（編），新弥生時代のはじまり第 4 巻 弥生農耕のはじまりとその年代．雄山閣，東京．pp. 9-54．

藤尾慎一郎・今村峯雄，2004．炭素 14 年代とリザーバー効果—西田茂氏の批判に応えて—．考古学研究 50（4），3-8．

藤口健二，1986．朝鮮無文土器と弥生土器．金関恕・佐原眞（編），弥生文化の研究 3．雄山閣出版，東京．pp. 147-162．

藤尾慎一郎，2008．日韓青銅器文化の実年代．春成秀爾・西本豊弘（編），東アジア青銅器の系譜（新弥生時代のはじまり第 3 巻）．雄山閣，東京．pp. 138-147．

藤田憲司，1982．中部瀬戸内の前期弥生土器の諸相．倉敷考古館研究集報 17，54-132．

藤田等，1966．埋葬．和島誠一（編），日本の考古学Ⅲ．河出書房，東京．pp. 300-326．

藤田等，1968．弥生時代の配石墓について．金関丈夫博士古希記念委員会（編），日本民族と南方文化．平凡社，東京．pp. 241-267．

藤田等，1987a．石棺墓．金関恕・佐原眞（編），弥生文化の研究 8．雄山閣出版，

東京．pp. 98-104.

藤田等，1987b．多様化する墓制．天山舎（編），世界考古学大系日本編補遺．天山舎，東京．pp. 97-112.

藤田等，1987c．島根県古浦遺跡．佐原眞・工楽善通（編），探訪弥生の遺跡西日本編．有斐閣，東京．pp. 284-289.

文化財保護委員会，1956．志登支石墓群．文化財保護委員会，東京．

豊北町教育委員会，1995．土井ヶ浜遺跡第 13 次調査報告書．豊北町教育委員会，豊北．

本間元樹，1991．支石墓と渡来人．小嶋隆人先生喜寿紀年事業会（編），古文化論叢（児嶋隆人先生喜寿記念論集）．児嶋隆人先生喜寿記念事業会，飯塚．pp. 219-262.

埋蔵文化財研究会，1996．考古学と実年代．埋蔵文化財研究会，大阪．

埋蔵文化財研究会，2000．弥生の墓制（1）―墓制からみた弥生文化の成立―．埋蔵文化財研究会，福岡．

前島巳基，1973．浜田市鰐石遺跡．季刊文化財 22，14-19.

前田義人・武末純一，1994．北九州市貫川遺跡の縄文晩期の石庖丁．九州文化史研究所紀要 39，65-90.

前原町教育委員会，1989．長野川流域の遺跡群Ⅰ．前原町教育委員会，前原．

牧田公平，1999．邑智郡沖丈遺跡の配石墓．邑智郡文化財担当者会（編），悠邑Ⅰ―邑智郡の文化財―．邑智郡文化財担当者会，邑智．pp. 33-34.

牧田公平，2000．島根県邑智町沖丈遺跡．島根考古学会誌 17，5-9.

槇原桃代・德永隆，2000．島根県鹿島町堀部第 1 遺跡．島根考古学会誌 17，10-14.

松江市教育委員会，1983．友田遺跡．松江市教育委員会（編），松江圏都市計画事業乃木土地区画整備事業区域内埋蔵文化財包蔵地発掘調査報告書．松江市教育委員会，松江．pp. 99-176.

松岡史，1979．佐賀・福岡の支石墓．考古学ジャーナル 161，26-30.

松尾禎作，1957．北九州支石墓の研究．松尾禎作先生還暦記念事業会，佐賀．

松本岩雄，1992．出雲・隠岐地域．正岡睦夫・松本岩雄（編），弥生土器の様式と編年―山陽・山陰編―．木耳社，東京．pp. 413-482.

松本直子，1996．認知考古学的視点からみた土器様式の空間的変異―縄文時代晩期黒色磨研土器様式を素材として―．考古学研究 42（4），61-84.

松本直子，2000．認知考古学の理論と実践的研究―縄文から弥生への社会・文化変化のプロセス―．九州大学出版会，福岡．

松山市教育委員会，2000．大渕遺跡―1・2 次調査―．松山市教育委員会，松山．

豆谷和之，1995．前期弥生土器出現．古代 99，48-73.

丸山茂徳, 2008. 「地球温暖化論」に騙されるな！. 講談社, 東京.

三阪一徳, 2009. 土器製作技術からみた文化変容過程―弥生時代開始前後の北部九州を対象として―. 九州史学会考古学部会（編）, 平成21年度九州史学会考古学部会発表資料集. 九州史学会考古学部会, 福岡. pp. 28-35.

三阪一徳, 2014. 土器からみた弥生時代開始過程. 公益財団法人古代学協会（編）, 列島初期稲作の担い手は誰か. すいれん舎, 東京. pp. 125-174.

水ノ江和同, 1997. 九州北部の縄文後・晩期土器―三万田式から刻目突帯文土器の直前まで―. 縄文時代 8, 73-110.

水ノ江和同, 2009. 黒川式土器の再検討―九州の縄文時代晩期土器―. 西本豊弘（編）, 弥生農耕のはじまりとその年代（新弥生時代のはじまり第4巻）. 雄山閣, 東京. pp. 138-147.

溝口孝司, 1987. 土器における地域色―弥生時代中期の中部瀬戸内・近畿を素材として―. 古文化談叢 17, 137-158.

溝口孝司, 1998. カメ棺墓地の移り変わり. 福岡市博物館（編）, 弥生人のタイムカプセル. 福岡市博物館, 福岡. pp. 58-61.

溝口孝司, 1999. 北部九州の墓制. 季刊考古学 67, 49-53.

溝口孝司, 2001. 弥生時代の社会. 高橋龍三郎（編）, 村落と社会の考古学. 朝倉書店, 東京. pp. 135-160.

南健太郎, 2008. 博多湾沿岸の砂丘遺跡. 熊本大学大学院社会文化科学研究科（編）, 平成19年度社会文化科学研究科学際的共同研究の拡充・推進プロジェクト報告書, 熊本大学大学院社会文化科学研究科, 熊本. pp. 45-49

三原正三・宮本一夫・中村俊夫・小池裕子, 2003. 名古屋大学タンデトロン加速器質量分析計による大友遺跡出土人骨の14C年代測定. 宮本一夫（編）, 佐賀県大友遺跡II. 九州大学大学院人文科学研究院考古学研究室, 福岡. pp. 64-69.

宮地聡一郎, 2004a. 刻目突帯文土器圏の成立（上）. 考古学雑誌 88（1）, 1-32.

宮地聡一郎, 2004b. 刻目突帯文土器圏の成立（下）. 考古学雑誌 88（2）, 37-52.

宮地聡一郎, 2009. 弥生時代開始年代をめぐる炭素14年代測定土器の検討. 考古学研究 55（4）, 35-54.

宮地聡一郎, 2012. 縄文時代後・晩期の遺跡群動態. 古代文化 64（1）, 22-41.

宮本一夫, 2004a. 青銅器と弥生時代の実年代. 春成秀爾・今村峯雄（編）, 弥生時代の実年代. 学生社, 東京. pp. 198-218.

宮本一夫, 2004b. 中国大陸からの視点. 季刊考古学 88, 78-83.

宮本一夫, 2001. 大友支石墓の変遷. 宮本一夫（編）, 佐賀県大友遺跡. 九州大学大学院人文科学研究院考古学研究室, 福岡. pp. 52-59.

宮本一夫, 2002. 朝鮮半島における遼寧式銅剣の展開. 西谷正（編）, 韓半島考古学論叢. すずさわ書店, 東京. pp. 177-202.

宮本一夫, 2005. 園耕と縄文農耕. 慶南文化財研究院（編）, 韓・日新石器時代農耕問題. 韓国新石器学会・慶南文化財研究院, 昌原. pp. 111-130.

宮本一夫, 2007. 漢と匈奴の国家形成と周辺地域—農耕社会と遊牧社会の成立—. 今西裕一郎（編）, 九州大学 COE21 世紀プログラム「東アジアと日本：交流と変容」統括ワークショップ報告書. 九州大学 COE21 世紀プログラム「東アジアと日本：交流と変容」, 福岡. pp. 111-121.

宮本一夫, 2008. 遼東の遼寧式銅剣から弥生の年代を考える. 史淵 145, 155-190.

宮本一夫, 2009. 農耕の起源を探る 稲の来た道. 吉川弘文館, 東京.

宮本一夫, 2011a. 板付遺跡・有田遺跡からみた弥生の始まり. 福岡市史編集委員会（編）, 新修福岡市史 資料編考古 3 遺物からみた福岡の歴史. 福岡市, 福岡. pp. 595-621.

宮本一夫, 2011b. 考古資料からみた縄文時代から中・近世の博多. 福岡市史編集委員会（編）, 新修福岡市史 資料編考古 3 遺物からみた福岡の歴史. 福岡市, 福岡. pp. 702-720.

宮本一夫, 2011c. 東北アジアの相対編年を目指して. 高倉洋彰・田中良之（編）, AMS 年代と考古学. 学生社, 東京. pp. 5-38.

宮本一夫, 2012. 弥生移行期における墓制から見た北部九州の文化受容と地域間関係. 古文化談叢 67, 147-176.

宗像市教育委員会, 1999. 田久松ヶ浦. 宗像市教育委員会, 宗像.

村上勇・川原和人, 1979. 出雲・原山遺跡の再検討. 島根県立博物館調査報告 2, 1-37.

森田孝志, 1997. 佐賀県. 西谷正（編）, 東アジアにおける支石墓の総合的研究. 九州大学文学部考古学研究室, 福岡. pp. 72-106.

森貞次郎, 1960. 島原半島（原山・山ノ寺・礫石原）及び唐津市（女山）の考古学的調査—おわりに—. 九州考古学 10, 6-8.

森貞次郎, 1961. 宮崎県檍遺跡. 日本考古学協会（編）, 日本農耕文化の生成 本文篇. 東京堂出版, 東京. pp. 183-189.

森貞次郎, 1966. 弥生文化の発展と地域性—九州—. 和島誠一（編）, 日本の考古学Ⅲ. 河出書房, 東京. pp. 32-80.

森貞次郎, 1968a. 弥生時代における細形銅剣の流入について. 金関丈夫博士古稀記念委員会（編）, 日本民族と南方文化. 平凡社, 東京. pp. 127-161.

森貞次郎, 1968b. 飯倉の甕棺と細形銅剣. 九州大学文学部考古学研究室（編）, 有田遺跡. 福岡市教育委員会, 福岡. p. 41.

森貞次郎, 1969. 日本における初期の支石墓. 金載元博士回甲紀年論叢編輯委員会（編）, 金載元博士回甲記念論叢. 乙酉文化社, ソウル. pp. 974-992.

森貞次郎・岡崎敬, 1961. 福岡県板付遺跡. 日本考古学協会（編）, 日本農耕文化

の生成 本文篇. 東京堂出版, 東京. pp. 37-77.

森貞次郎・岡崎敬, 1962. 縄文晩期および板付弥生式初期遺跡出土の土器上の籾および炭化籾計測表. 九州考古学 15, 4-6.

安田喜憲, 1988. 縄文時代の環境と生業―花粉分析の結果から. 佐々木高明・松山利夫（編）, 畑作文化の誕生. 日本放送出版協会, 東京. pp. 25-63.

安田喜憲, 1992. 日本文化の風土. 朝倉書店, 東京.

安田喜憲, 1994. 紀元前 1000 年のクライシス. 安田喜憲・川西宏幸（編）, 古代文明と環境. 思文閣出版, 京都. pp. 177-194.

安田喜憲, 2007. 環境科学と考古学. 岩崎卓也・高橋龍三郎（編）, 現代社会の考古学. 朝倉書店, 東京. pp. 127-157.

安田喜憲・塚田松雄・金遵敏・任良宰, 1978. 韓国における環境変遷史と農耕の起源 文部省海外学術調査報告書. 文部省, 東京.

柳浦俊一, 2004. 山陰地方・縄文時代晩期前半の土器編年（予察）. 島根県教育委員会（編）, 家ノ脇 II 遺跡・原田遺跡 1 区・原田遺跡 4 区. 国土交通省中国地方整備局・島根県教育委員会・島根県教育委員会, 松江. pp. 313-318.

柳田康雄, 2004. 日本・朝鮮半島の中国式銅剣と実年代論. 九州歴史資料館研究論集 29, 1-48.

柳田康雄, 2009. 中国式銅剣と磨製石剣. 国学院大学大学院紀要―文学研究科―40, 159-188.

家根祥多, 1984. 縄文土器から弥生土器へ. 帝塚山考古学研究所（編）, 縄文から弥生へ. 帝塚山考古学研究所, 奈良. pp. 49-78.

家根祥多, 1993. 遠賀川式土器の成立をめぐって―西日本における農耕社会の成立―. 坪井清足さんの古稀を祝う会（編）, 論苑考古学. 天山舎, 京都. pp. 267-329.

家根祥多, 1996. 縄文土器の終焉. 泉拓良（編）, 縄文土器出現. 講談社, 東京. pp. 134-154.

家根祥多, 1997. 朝鮮無文土器から弥生土器へ. 立命館大学考古学論集刊行会（編）, 立命館大学考古学論集 I. 立命館大学考古学論集刊行会, 京都. pp. 39-64.

山口敏, 1986. 日本人の顔と身体. PHP 研究所, 東京.

山崎純男, 1980. 弥生文化成立期における土器の編年的研究. 鏡山猛先生古稀記念論文集刊行会（編）, 古文化論攷（鏡山猛先生古稀記念）. 鏡山猛先生古稀記念論文集刊行会, 太宰府. pp. 117-192.

山崎龍雄, 2001. 有田・小田部第 36 集. 福岡市教育委員会, 福岡.

山田康弘, 2000. 山陰地方における列状配置墓域の展開. 島根考古学会誌 17, 15-38.

山内清男, 1964. 縄文式時代. 山内清男・甲野勇・江坂輝弥 (編), 日本原始美術 I. 講談社, 東京. pp. 140-144.

八女市教育委員会, 1982. 室岡山ノ上遺跡八女市大字室岡弥生時代遺跡調査概要. 八女市教育委員会, 八女.

横山浩一, 1978. 刷毛目調整工具に関する基礎的実験. 九州文化史研究所紀要 23, 1-24.

吉留秀敏, 1994. 板付式土器成立期の土器編年. 古文化談叢 32, 29-44.

米子市教育委員会, 1982. 米子市諏訪遺跡群発掘調査報告書II—県営五千石地区 ほ場整備事業に伴う発掘調査他—. 米子市教育委員会, 米子.

呼子町教育委員会, 1981. 大友遺跡. 呼子町教育委員会, 呼子.

力武卓治, 1995. 環境整備遺構確認調査板付遺跡. 福岡市教育委員会, 福岡.

渡辺正気, 1982a. 瀬戸口支石墓. 唐津湾周辺遺跡調査委員会 (編), 末盧国. 六 興出版, 東京. pp. 221-225.

渡辺正気, 1982b. 五反田支石墓. 唐津湾周辺遺跡調査委員会 (編), 末盧国. 六 興出版, 東京. pp. 225-228.

渡辺正気, 1982c. 葉山尻支石墓. 唐津湾周辺遺跡調査委員会 (編), 末盧国. 六 興出版, 東京. pp. 228-234.

渡辺誠, 1973. 縄文時代のドングリ. 古代文化 25 (4), 127-133.

渡辺誠, 1975. 食料獲得. 考古学ジャーナル 100, 31-34.

渡辺誠, 1995. 日韓交流の民族考古学. 名古屋大学出版会, 名古屋.

[**韓国語**] カナダ順

江陵大学校博物館, 1996. 江陵 坊内里 住居址. 江陵大学校博物館, 江陵.

江陵大学校博物館, 2000. 束草 朝陽洞 住居址. 江陵大学校博物館, 江陵.

江陵大学校博物館, 2001. 襄陽 池里 住居址. 江陵大学校博物館, 江陵.

강병학, 2013. 서울·경기지역의 조기—전기문화 편년. 한국청동기학회 (編), 한국 청동기새대 편년. 서경문화사, 서울. pp. 81-125.

겸병섭, 2013. 남강유역조기—전기 무문토기의 편년. 한국청동기학회 (編), 한 국 청동기새대 편년. 서경문화사, 서울. pp. 243-280.

京畿道博物館, 2002. 漣川 三巨里遺跡. 京畿道博物館, 龍仁.

慶南考古学研究所, 2002a. 陝川 盈倉里 無文時代 集落. 慶南考古学研究所, 晋州.

慶南考古学研究所, 2002b. 晋州 大坪 玉房 1·9 地区 無文時代 集落. 慶南考古学 研究所, 晋州.

慶南考古学研究所, 2003. 泗川 梨琴洞 遺跡. 慶南考古学研究所, 晋州.

慶南考古学研究所, 2005. 梁山 所土里 松菊里文化集落. 慶南考古学研究所, 晋州.

慶南発展研究院歴史文化센터, 2005. 泗川 芳芝里 遺跡 I. 慶南発展研究院歴史

文化센터, 咸安.

慶南発展研究院歴史文化센터, 2009a. 金海 栗下里遺跡 Ⅱ. 慶南 発展研究院歴史
文化센터, 咸安.

慶南発展研究院歴史文化센터, 2009b. 마산 진북 망곡리유적Ⅰ. 慶南発展研究院
歴史文化센터, 咸安.

慶南発展研究院歴史文化센터, 2011a. 진주 평거 3-1 지구 유적. 慶南発展研究院
歴史文化센터, 咸安.

慶南発展研究院歴史文化센터, 2011b. 山清 下村里 遺跡. 慶南発展研究院歴史文
化센터, 咸安.

慶南発展研究院歴史文化센터, 2012. 진주 평거 4-1 지구 유적. 慶南発展研究院歴
史文化센터, 咸安.

慶北大学校博物館, 1991. 大邱 大鳳洞 支石墓―再発掘調査報告―. 慶北大学校
博物館, 大邱.

慶北大学校博物館, 2000. 慶州 隍城洞 遺跡 Ⅲ '나','라' 地区. 慶北大学校博物
館, 大邱.

慶尚大学校博物館, 1999. 晋州 大坪里 玉房 2 地区 先史遺跡. 慶尚大学校博物館,
晋州.

慶尚大学校博物館, 2001. 晋州 大坪里 玉房 3 地区 先史遺跡. 慶尚大学校博物館,
晋州.

慶尚大学校博物館, 2011. 泗川 本村里 遺跡. 慶尚大学校博物館, 晋州.

慶尚北道文化財研究院, 2000. 上洞遺跡発掘調査報告書. 慶尚北道文化財研究院,
永川.

慶尚北道文化財研究院, 2002. 大邱壽城区上洞우방아파트建設敷地内上洞遺跡発
掘調査報告書. 慶尚北道文化財研究院, 永川.

慶尚北道文化財研究院, 2004. 大邱壽城初等学校敷地内上洞遺跡発掘調査報告書.
慶尚北道文化財研究院, 永川.

慶尚北道文化財研究院, 2005. 清道 松邑里・楡湖里・内湖里遺跡. 慶尚北道文化
財研究院, 永川.

慶尚北道文化財研究院, 2010. 달성 평촌리・예현리 유적. 慶尚北道文化財研究院,
永川.

慶星大学校博物館, 2000. 金海 大成洞 古墳群Ⅰ. 慶星大学校博物館, 釜山.

啓明大学校博物館, 1989. 臨河댐水没地域 文化遺跡 発掘調査報告書 Ⅲ. 啓明大
学校博物館, 大邱.

高麗大学校考古環境研究所, 2005a. 道三里 遺跡. 高麗大学校考古環境研究所,
燕岐.

高麗大学校考古環境研究所, 2005b. 梨寺里・月岐里 遺跡. 高麗大学校考古環境

研究所, 燕岐.

高麗大学校埋蔵文化財研究所, 1996. 館山里 遺跡 (I). 高麗大学校埋蔵文化財研究所, 燕岐.

高麗大学校埋蔵文化財研究所, 2001a. 寛倉里 遺跡. 高麗大学校埋蔵文化財研究所, 燕岐.

高麗大学校埋蔵文化財研究所, 2001b. 黃灘里遺跡. 高麗大学校埋蔵文化財研究所, 燕岐.

高麗大学校埋蔵文化財研究所, 2002a. 麻田里 遺跡— A 地区 発掘調査 報告書—. 高麗大学校埋蔵文化財研究所, 燕岐.

高麗大学校埋蔵文化財研究所, 2002b. 蓮芝里 遺跡. 高麗大学校埋蔵文化財研究所, 燕岐.

高麗大学校埋蔵文化財研究所, 2002c. 大井洞 遺跡—大田綜合流通団地 開発事業地区内 文化遺跡発掘調査報告書—. 高麗大学校埋蔵文化財研究所, 燕岐.

高麗大学校埋蔵文化財研究所, 2004a. 舟橋里 遺跡. 高麗大学校埋蔵文化財研究所, 燕岐.

高麗大学校埋蔵文化財研究所, 2004b. 麻田里 遺跡— C 地区—. 高麗大学校埋蔵文化財研究所, 燕岐.

高麗大学校発掘調査団・渼沙里先史遺跡発掘調査団, 1994. 渼沙里 第 5 巻. 高麗大学校発掘調査団・渼沙里先史遺跡発掘調査団, 서울.

高旻廷, 2003. 南江流域 無文土器文化의 変遷. 慶北大学校大学院碩士学位論文, 大邱.

後藤直 (安在晧訳), 2002. 無文土器時代의 農耕과 聚落. 韓国考古学会 (編), 韓国 農耕文化의 形成. 学研文化社, 서울. pp. 173-202.

공민규, 2013. 충청 남동지역의 청동기시대 조기—전기 편년. 한국청동기학회 (編), 한국 청동기새대 편년. 서경문화사, 서울. pp. 169-207.

公州大学校博物館, 1995. 南館里遺跡. 公州大学校博物館, 公州.

公州大学校博物館, 1996. 烏石里遺跡. 公州大学校博物館, 公州.

公州大学校博物館, 1998. 白石洞遺跡. 公州大学校博物館, 公州.

公州大学校博物館, 1999. 公州 山儀里遺跡. 公州大学校博物館, 公州.

公州大学校博物館, 2000. 白石・業成洞 遺跡. 公州大学校博物館, 公州.

公州大学校博物館, 2002. 胎封洞 遺跡. 公州大学校博物館, 公州.

孔智賢, 1999. 진주 대평리 옥방 2・3지구 선사유적. 東亜大学校博物館 (編), 남강선사문화세미나요지. 東亜大学校博物館, 釜山. pp. 47-57.

国立光州博物館, 1983. 康津 永福里 支石墓 発掘調査報告書. 国立光州博物館, 光州.

国立光州博物館, 1984. 高興長水堤支石墓調査. 国立光州博物館, 光州.

国立光州博物館, 1992. 여천 월내동 고인돌. 国立光州博物館, 光州.

国立光州博物館, 2000. 고흥 운대지석묘. 国立光州博物館 (編), 특별전 새천년 (1999-2000) 호남고고학의 성과. 国立光州博物館, 光州. p.108.

国立光州博物館, 2003a. 高興 雲坮·安峙 支石墓. 国立光州博物館, 光州.

国立光州博物館, 2003b. 宝城 東村里遺跡. 国立光州博物館, 光州.

国立大邱博物館, 2005. 머나먼 진화의 여정—사람과 돌—. 国立大邱博物館, 大邱.

国立文化財研究所, 2001. 羅州新村里 9 号墳. 国立文化財研究所, 大田.

国立密陽大学校博物館·慶南考古学研究所, 2002. 密陽佳仁里遺跡. 国立密陽大学校博物館·慶南考古学研究所, 密陽.

国立扶余文化財研究所, 1998. 堂丁里 —住居址 및 周溝墓 発掘調査 報告書—. 国立扶余文化財研究所, 扶余.

国立扶余文化財研究所, 2001. 扶余 合井里. 国立扶余文化財研究所, 扶余.

国立扶余博物館, 2000a. 松菊里 6. 国立扶余博物館, 扶余.

国立扶余博物館, 2000b. 舒川 漢城里. 国立扶余博物館, 扶余.

国立全州博物館, 1996. 完州 盤橋里遺跡. 国立全州博物館, 全州.

国立全州博物館, 2001. 鎮安 龍潭댐 水没地区内 文化遺跡 発掘調査 報告書 III. 国立全州博物館, 全州.

国立済州博物館, 2001. 済州島의 歴史와 文化. 통천분화사, 서울.

国立中央博物館, 1979. 松菊里 I. 国立中央博物館, 서울.

国立中央博物館, 1986. 松菊里 II. 国立中央博物館, 서울.

国立中央博物館, 1987. 松菊里 III. 国立中央博物館, 中央.

国立中央博物館, 1990. 休岩里. 国立中央博物館, 中央.

国立晋州博物館, 2001. 晋州 大坪里 玉房 1 地区 遺跡. 国立晋州博物館, 晋州.

国立昌原文化財研究所, 1996. 咸安岩刻書古墳. 国立昌原文化財研究所, 昌原.

国立昌原文化財研究所, 1999. 昌原上南支石墓群. 国立昌原文化財研究所, 昌原.

国立昌原文化財研究所, 2001a. 昌原 上南先史遺跡. 国立昌原文化財研究所, 昌原.

国立昌原文化財研究所, 2001b. 晋州 大坪里 漁隠 2 地区 先史遺跡 I. 国立昌原文化財研究所, 昌原.

国立昌原文化財研究所, 2003. 晋州 大坪里 玉房 8 地区 先史遺跡. 国立昌原文化財研究所, 昌原.

群山大学校博物館·益山地方国土管理庁, 2002. 群山 孔德—全州間 道路拡—. 鋪装工事区間内 文化遺跡 試掘調査 報告書 : 金堤 石潭里. 群山大学校博物館, 群山.

畿甸文化財研究院, 2002. 始興 桂壽洞 안골遺跡. 畿甸文化財研究院, 水原.

金權中, 2005. 嶺西地域 青銅器時代 住居址의 編年 및 性格—北漢江流域을 中心으로—. (編), 2005 年 秋季学術大会 江原地域의 青銅器文化. 江原考古学会,

春川. pp. 111-140.

김권중, 2013. 강원 영서지역 청동기시대 조기—전기문화의 편년—. 한국청동기학회 (編), 한국 청동기새대 편년. 서경문화사, 서울. pp. 51-80.

김권중, 2016. 청동기시대의 고고학 2 편년. 서경문화사, 서울.

金奎正, 2000. 湖南地方 靑銅器時代의 住居址研究. 木浦大学校大学院碩士学位論文, 木浦.

金奎正, 2006. 호서·호남지역의 송국리형 주거지. (編), 금강 : 송국리형 문화의 형성과 발전. 湖南考古学会·湖西考古学会, 全州·大田. pp. 17-60.

金吉植, 1998. 扶余 松菊里 無文土器時代墓. 考古学誌 9, 5-49.

김명진, 이성준, 박순발, 홍덕균, 2005. 베이지안 통계학 (Bayesian statistics)을 이용한 한국 청동기시대 전기 可楽洞 類型의 연대 고찰. 韓国上古史学報 47, 37-57.

金美嘆, 2011. 頸部内傾 赤色磨研長頸壺의 분포와 성격에 대한 연구. 福岡大学·慶南大学校·漢陽大学校 (編), 2011 年 3 個大学国際学術交流会発表集. 福岡大学·慶南大学校·漢陽大学校, 서울. pp. 50-62.

金秉模·李鮮馥, 1988. 月山里반월支石墓. 全南大学校博物館 (編), 住岩댐水没地域文化遺跡発掘調査報告書Ⅱ. 全南大学校博物館, 光州. pp. 407-462.

金秉模·李海日, 1988. 節山里장선支石墓. 全南大学校博物館 (編), 住岩댐水没地域文化遺跡発掘調査報告書Ⅳ. 全南大学校博物館, 光州. pp. 281-327.

김병섭, 2016. 청동기시대의 고고학 2 편년. 서경문화사, 서울.

金相冕, 1985. 三角形石刀의 一研究. 嶺南大学校大学院碩士学位論文, 慶山.

金承玉, 2006. 송국리문화의 지역권 설정과 확산과정. (編), 금강 : 송국리형 문화의 형성과 발전. 湖南考古学会·湖西考古学会, 全州·大田. pp. 151-186.

金良善·林炳泰, 1968. 駅三洞住居址発掘報告. 史学研究 20, 23-52.

金榮珉, 2000. 울산 연암동형 주거지의 검토. 울산연구 2, 1-34.

金英夏, 1970. 伝山清出土紅陶와 그 伴出石器. 美術史学研究 106·107, 7-12.

金英夏, 1980. 청도화동 (清道華洞) 의 선사유적. 역사교육논집 1, 31-40.

金元龍, 1963. 金海茂溪里支石墓의 出土品. 東亜文化 1, 139-158.

金元龍, 1966. 水石里 先史時代 聚落住居址 調査報告. 美術資料 11, 1-16.

金元龍, 1972. 韓国半月形石刀의 発生과 展開. 史学志 6, 1-17.

金壮錫, 2001. 흔암리 유형 재고 : 기원과 연대. 嶺南考古学 28, 35-64.

金壮錫, 2003. 충청지역 송국리유형 형성과정. 韓国考古学報 51, 33-55.

金壮錫, 2006. 충청지역의 선송국리 물질문화와 송국리유형. 韓国上古史学報 51, 43-77.

金載元·尹武炳, 1967. 韓国支石墓研究. 国立博物館, 서울.

金廷鶴, 1963. 広州可楽里先史住居址発掘報告. 古文化 2, 11-25.

金廷鶴, 1983. 金海内洞支石墓調査概報. 釜山大学校博物館（編）, 釜山堂甘洞古墳群. 釜山大学校博物館, 釜山.

金賢植, 2005. 蔚山式 住居址의 增築과 社会的─意味. 嶺南考古学 36, 27-41.

김현식, 2013. 동남해안지역 (경주─포항─울산지역) 청동기시대 편년. 한국청동기학회（編）, 한국 청동기새대 편년. 서경문화사, 서울. pp. 281-296.

羅建柱, 2005. 中西部地方 松菊里類型 形成過程에 대한 檢討. 금강고고 2, 5-25.

나건주, 2013. 충청 북서지역의 청동기시대 전기 편년. 한국청동기학회（編）, 한국 청동기새대 편년. 서경문화사, 서울. pp. 127-168.

나건주, 2016. 청동기시대의 고고학 2 편년. 서경문화사, 서울.

中村大介, 2007. 日本列島 弥生時代 開始前後의 墓制. 東北亜支石墓研究所（編）, 아시아의 巨石文化와 支石墓. 東北亜支石墓研究所, 和順. pp. 123-148.

壇国大学校博物館, 1988. 所谷里新月의 青銅器時代墳墓. 壇国大学校博物館, 龍仁.

大田保健大学博物館, 2002. 寛倉里遺跡 : C·E 区域 発掘調査報告書. 大田保健大学博物館, 大田.

大田保健大学博物館, 2005. 晋州 上村里 9-13 支石墓 및 先史遺跡. 大田保健大学博物館, 大田.

東国大学校慶州캠퍼스博物館, 2002a. 大邱 松峴洞 先史遺跡. 東国大学校慶州캠퍼스博物館, 慶州.

東国大学校慶州캠퍼스博物館, 2002b. 錫杖洞遺跡 III 王京遺跡 I. 東国大学校慶州캠퍼스博物館, 慶州.

東西文物研究院, 2011. 晋州 加虎洞 遺跡. 東西文物研究院, 金海.

東亜大学校博物館, 1981. 金海 府院洞 遺跡. 東亜大学校博物館, 釜山.

東亜大学校博物館, 1986. 陜川 鳳溪里 古墳群. 東亜大学校博物館, 釜山.

東亜大学校博物館, 1999. 南江流域文化遺跡発掘図録. 東亜大学校博物館, 釜山.

東亜大学校博物館, 2001. 晋州 内村里 遺跡. 東亜大学校博物館, 釜山.

東亜細亜文化財研究院, 2012. 晋州 虎灘洞 先史遺跡. 東亜細亜文化財研究院, 昌原.

東義大学校博物館, 1987. 居昌, 陜川 큰돌무덤. 東義大学校博物館, 釜山.

東義大学校博物館, 1988. 大也里住居址 I. 東義大学校博物館, 釜山.

東義大学校博物館, 1989. 大也里住居址 II. 東義大学校博物館, 釜山.

東義大学校博物館, 1999. 山清 沙月里遺跡. 東義大学校博物館, 釜山.

東義大学校博物館, 2008. 晋州 大坪里 玉房 4 地区 先史遺跡 I. 東義大学校博物館, 釜山.

董眞淑, 2001. 반월형석도의 일고찰. 博物館研究論集 8, 53-76.

董眞淑, 2003. 영남지방 청동기시대 문화의 변천. 慶北大学校大学院碩士学位論文,

大邱.

明知大学校博物館, 1991. 安山 仙府洞 支石墓 発掘調査報告書. 明知大学校博物館, 龍仁.

木浦大学校博物館, 1984. 霊岩青龍里・長川里支石墓群. 木浦大学校博物館, 木浦.

木浦大学校博物館, 1986a. 霊岩長川里住居址Ⅰ. 木浦大学校博物館, 木浦.

木浦大学校博物館, 1986b. 霊岩長川里住居址Ⅱ. 木浦大学校博物館, 木浦.

木浦大学校博物館, 1992. 務安月厳里支石墓. 木浦大学校博物館, 木浦.

木浦大学校博物館, 1993. 승주 우산리 고인돌. 木浦大学校博物館, 木浦.

木浦大学校博物館, 1997. 務安 城東里안골 支石墓. 木浦大学校博物館, 木浦.

文化公報部文化財管理局, 1974. 八堂. 昭陽댐 水没地区遺跡発掘 綜合調査報告. 文化公報部文化財管理局, 서울.

文化公報部文化財管理局, 1976. 馬山外洞城山貝塚発掘調査報告. 文化公報部文化財管理局, 서울.

文化財研究所, 1994. 晋陽 大坪里 遺跡 発掘調査報告書. 文化財研究所, 서울.

文化財研究所・江陵大学校博物館, 1992. 江原 嶺東地方의 先史文化研究Ⅱ. 文化財研究所・江陵大学校博物館, 서울.

宮里修, 2005. 無文土器時代의 취락 구성 —中西部地域의 駅三洞 類型—. 韓国考古学報 56, 49-92.

朴淳發, 1993. 한강유역의 청동기—초기철기문화. (編), 한강유역사. 민음사, 서울. pp. 115-223.

朴淳發, 1999. 欣岩里類型 形成過程 再検討. 湖西考古学報 1, pp. 79-93.

朴榮九, 2005. 嶺東地域 青銅器時代 聚落構造. (編), 2005 年秋季学術大会 江原地域의 青銅器文化. 江原考古学会, 春川. pp. 11-64.

박영구, 2013. 강원 영동지역의 조기 – 전기 편년. 한국청동기학회, 한국 청동기 새대 편년. 서경문화사, 서울. pp. 23-49.

裵德煥, 2005. 청동기시대 영남지역의 주거와 마을. 嶺南考古学会 (編), 영남의 청동기시대 문화. 嶺南考古学会, 釜山. pp. 71-108.

裵眞成, 2001. 柱狀片刃石斧의 変化와 画期 – 有溝石斧의 発生과 無文土器時代 中期社会의 性格—. 韓国考古学報 44, 19-65.

裵眞成, 2005. 検丹里類型의 성립. 韓国上古史学報 48, 5-28.

白弘基, 1982. 江原道東海岸地方의 支石墓. 考古美術 156, 1-15.

釜慶大学校博物館, 1998. 山清 沙月里 環濠 遺跡. 釜慶大学校博物館, 釜山.

釜山広域市立博物館福泉分館, 1998. 晋州貴谷洞 대촌遺跡. 釜山広域市立博物館福泉分館, 釜山.

釜山大学校博物館, 1987. 陝川 苧浦里 E 地区 遺跡. 釜山大学校博物館, 釜山.

釜山大学校博物館, 1995. 蔚山 檢丹里 마을 遺跡. 釜山大学校博物館, 釜山.

釜山大学校博物館, 2000. 梁山 新平 遺跡. 釜山大学校博物館, 釜山.

釜山大学校博物館, 2002a. 金海 大清 遺跡. 釜山大学校博物館, 釜山.

釜山大学校博物館, 2002b. 蔚山 芳基里 遺跡. 釜山大学校博物館, 釜山.

徐聲動・成洛俊, 1989. 大谷里 도롱・한실 住居址. 全南大学校博物館（編）, 住岩댐 水没地区 発掘 調査 報告書Ⅵ. 全南大学校博物館, 光州. pp. 395-688.

서울大学校博物館, 1974. 欣岩里住居址―漢江畔先史聚落址発掘進展報告―. 서울大学校博物館, 서울.

서울大学校博物館, 1978. 欣岩里住居址 4. 서울大学校博物館, 서울.

서울大学校博物館, 2002. 華城 古琴山遺跡. 서울大学校博物館, 서울.

鮮文大学校博物館, 2001. 晋州 大坪里 玉房 5 地区 先史遺跡. 鮮文大学校博物館, 牙山.

成正鏞, 1997. 大田新垈洞・比來洞青銅器時代遺跡. 順天大学校博物館（編）, 호남고고학의 제문제. 順天大学校博物館, 順天. pp. 205-236.

世宗大学校博物館, 2000. 平澤 芝制洞遺跡. 世宗大学校博物館, 서울.

孫秉憲・李一容, 1988a. 月山里사비支石墓. 全南大学校博物館（編）, 住岩댐水没地域文化遺跡発掘調査報告書Ⅱ. 全南大学校博物館, 光州. pp. 463-536.

孫秉憲・李日容, 1988b. 竹山里하죽 나群支石墓. 全南大学校博物館（編）, 住岩댐水没地域文化遺跡発掘調査報告書Ⅲ. 全南大学校博物館, 光州. pp. 255-304.

孫晙鎬, 2001. 韓半島出土 半月形石刀의 諸分析. 高麗大学校大学院碩士学位論文, 서울.

孫晙鎬, 2006. 청동기시대 마제석기 연구. 서경문화사, 서울.

宋満榮, 2001. 南韓地方 農耕文化形成期 聚落의 構造와 変化（編）, 한국 농경문화의 형성. 韓国考古学会, 서울. pp. 95-142.

송연진, 2012. 南江流域 研磨土器의 変化와 時期区分. 嶺南考古学 60, 37-72.

宋正炫・李榮文, 1988a. 牛山里내우支石墓. 全南大学校博物館（編）, 住岩댐水没地域文化遺跡発掘調査報告書Ⅱ. 全南大学校博物館, 光州. pp. 123-406.

宋正炫・李榮文, 1988b. 竹山里하죽 다群支石墓. 全南大学校博物館（編）, 住岩댐水没地域文化遺跡発掘調査報告書Ⅲ. 全南大学校博物館, 光州. pp. 305-472.

宋正炫・李榮文・鄭基鎭, 1990. 竹山里・福橋里遺跡. 全南大学校博物館（編）, 住岩댐水没地域文化遺跡発掘調査報告書Ⅶ. 全南大学校博物館, 光州. pp. 209-237.

庄田慎矢, 2005. 湖西地域出土琵琶形銅剣과 弥生時代開始年代. 湖西考古学報 12, pp. 35–61.

順天大学校博物館, 2006. 麗水 華東里・館基里 遺跡. 順天大学校博物館, 順天.

順天大学校博物館, 2007. 光陽 七星里遺跡. 順天大学校博物館, 順天.

順天大学校博物館・全羅南道光陽教育庁, 2003. 光陽 龍江里 機頭 遺跡. 順天大学校博物館, 順天.

崇実大学校博物館・渼沙里先史遺跡発掘調査団, 1994. 渼沙里 第3巻. 崇実大学校博物館・渼沙里先史遺跡発掘調査団, 서울.

沈奉謹, 1979a. 日本 弥生文化 形成過程 研究 : 韓国文化와 関聯해서. 東亜論叢 16, pp. 153-324.

沈奉謹, 1979b. 일본 지석묘 (支石墓) 의 일고찰. 釜山史学 3, pp. 1-66.

沈奉謹, 1980. 慶南地方 出土 青銅遺物의 新例. 釜山史学 4, pp. 161-182.

沈奉謹, 1984. 密陽 南田里와 義昌 平城里遺跡 出土遺物. 尹武炳博士回甲記念論叢刊行委員会 (編), 尹武炳博士回甲記念論叢. 通川文化社, 서울. pp. 53-66.

沈奉謹, 1987. 陜川 鳳溪里出土 先史遺物新例. 삼불김원룡교수정년퇴임기념논총 간행위원회 (編), 三佛金元龍教授停年退任紀念論叢. 一志社, 서울. pp. 201-216.

沈奉謹, 1990. 宜寧 石谷里 支石墓群. 考古歴史学志 5・6, 17-86.

亜洲大学校博物館, 1999. 寛倉里遺跡 : A・F 区域 発掘調査報告書. 亜洲大学校博物館, 水原.

安東郡・安東大学・啓明大学校, 1989. (臨河댐水没地域) 文化遺跡 発掘調査報告書. 安東郡, 安東.

安承模, 1985. 韓国半月形 石刀의 研究 : 発生과 変遷을 中心으로. 서울大学校大学院碩士学位論文, 서울.

安在皓, 1991. 南韓 前期無文土器의 編年 : 嶺南地方의 資料를 中心으로. 慶北大学校大学院碩士学位論文, 大邱.

安在皓, 1992. 松菊里類型의 検討. 嶺南考古学 11, 1-34.

安在皓, 1996. 無文土器時代 聚落의 変遷―住居址를 通한 中期의 設定―. (編), 碩晤尹容鎭教授停年退任紀念論叢. 碩晤尹容鎭教授停年退任紀年論叢刊行委員会, 大邱. pp. 43-90.

安在皓, 2000. 韓国 農耕社会의 成立. 韓国考古学報 43, 41-66.

安在皓, 2002. 赤色磨研土器의 出現과 松菊里式土器. 韓国考古学会 (編), 韓国農耕文化의 形成. 学研文化社, 서울. pp. 143-171.

安在皓, 2006. 青銅器時代聚落研究. 釜山大学校大学院博士学位論文, 釜山.

安在皓, 2009. 青銅器時代 泗川 梨琴洞聚落의 変遷. 嶺南考古学 51, 5-33.

安春培, 1977. 남강상류의 선사문화연구. 白山学報 23, 15-61.

양영주, 2013. 전북지역 전기 무문토기의 전개양상. 한국청동기학회 (編), 한국청동기시대 편년. 서경문화사, 서울. pp. 297-326.

嶺南考古学会, 1999. 南江댐 水没地区의 発掘成果. 嶺南考古学会, 釜山.

嶺南大学校博物館, 1999. 時至의 文化遺跡 I. 嶺南大学校博物館, 慶山.

嶺南大学校博物館, 2000. 蔚山 鳳溪里 遺跡. 嶺南大学校博物館, 慶山.

嶺南文化財研究院, 2002a. 蔚山 川上里聚落遺跡. 嶺南文化財研究院, 漆谷.

嶺南文化財研究院, 2002b. 大邱 東川洞 聚落遺跡. 嶺南文化財研究院, 漆谷.

嶺南文化財研究院, 2002c. 大邱 西辺洞 聚落遺跡 I. 嶺南文化財研究院, 漆谷.

嶺南文化財研究院, 2003a. 蔚山 倉坪洞遺跡. 嶺南文化財研究院, 漆谷.

嶺南文化財研究院, 2003b. 大邱 東湖洞遺跡. 嶺南文化財研究院, 漆谷.

嶺南文化財研究院, 2003c. 慶山三省里 665 番地遺跡. 嶺南文化財研究院, 漆谷.

嶺南文化財研究院, 2003d. 大邱 辰泉洞遺跡. 嶺南文化財研究院, 漆谷.

嶺南文化財研究院, 2005. 清道 陳羅里遺跡. 嶺南文化財研究院, 漆谷.

蔚山大学校博物館, 2001. 蔚山蓮岩洞遺跡. 蔚山大学校博物館, 蔚山.

蔚山文化財研究院, 2003a. 蔚山 新亭洞遺跡. 蔚山文化財研究院, 蔚山.

蔚山文化財研究院, 2003b. 蔚山 新峴洞 黄土田遺跡. 蔚山文化財研究院, 蔚山.

蔚山文化財研究院, 2004a. 蔚山校洞里 456 遺跡. 蔚山文化財研究院, 蔚山.

蔚山文化財研究院, 2004b. 蔚山 蓮岩洞山城遺跡. 蔚山文化財研究院, 蔚山.

蔚山文化財研究院, 2005a. 蔚山 薬泗洞 861 遺跡. 蔚山文化財研究院, 蔚山.

蔚山文化財研究院, 2005b. 蔚山 玉洞遺跡. 蔚山文化財研究院, 蔚山.

蔚山発展研究院文化財센터, 2003. 蔚山 茶雲洞 마 区域 遺跡. 蔚山発展研究院文化財센터, 蔚山.

圓光大学校 馬韓·百済文化研究所, 2000. 益山 永登洞 遺跡. 圓光大学校 馬韓·百済文化研究所, 益山.

兪炳琭, 2002. 고찰 (編), 大邱 東川洞 聚落遺跡 — 本文 2. 嶺南文化財研究院, 大邱. pp. 240-302.

兪炳琭, 2010. 慶尚 南海岸 松菊里文化의 特徴과 交流. 韓国青銅器学報 6, 34-51.

大邱 東川洞 聚落遺跡 — 本文 2. 嶺南文化財研究院, 大邱. pp. 240-302.

尹徳香, 1987. 梧峰里다群支石墓. 全南大学校博物館 (編), 住岩댐水没地域文化遺跡発掘調査報告書 I. 全南大学校博物館, 光州. pp. 138-191.

尹徳香, 1988. 徳峙里신기支石墓. 全南大学校博物館 (編), 住岩댐水没地域文化遺跡発掘調査報告書Ⅲ. 全南大学校博物館, 光州. pp. 75-170.

尹武炳, 1975. 無文土器 型式分類 試攷. 震檀学報 39, 5-41.

尹武炳, 1987. 公州郡 灘川面 南山里 先史墳墓群. 삼불김원룡교수정년퇴임기념논총간행위원회 (編), 三佛金元龍教授停年退任紀念論叢. 一志社, 서울. pp. 45-72.

尹武炳, 1988. 鳳甲里고수월支石墓. 全南大学校博物館 (編), 住岩댐水没地域文化遺跡発掘調査報告書Ⅲ. 全南大学校博物館, 光州. pp. 171-217.

尹順玉, 1998. 江陵雲山충적평야의 後期의 環境変化와 地形発達. 대한지리학회지 33-2.

윤순옥・김혜령・황상일・최정민, 2005. 밀양 금천리의 홀로세 후기 환경변화와 논경활동. 韓国考古学報 56, 27-48.

殷和秀, 2001. 宝城 東村里遺跡 発掘調査. 韓国考古学会（編）, 한국 농경문화의 형성. 韓国考古学会, 서울. pp. 155-168.

李健茂, 1986. 彩文土器考. 嶺南考古学 2, 59-82.

李健茂, 1992. 松菊里型 住居分類試論. 擇窩許善道先生停年紀念韓国史学論叢刊行委員会（編）, 擇窩許善道先生停年紀年 韓国史論叢. 一潮閣, 서울. pp. 913-933.

李白圭, 1974. 京畿道 出土 無文土器・磨製石器. 考古学 3, 53-129.

李白圭, 1976. 楊州郡 仁倉里遺跡. 美術史学研究 129・130, 26-43.

李相吉, 1994. 支石墓의 葬送儀礼. 古文化 45, 95-113.

李相吉, 1999. 晋州 大坪 漁陰 1 地区 発掘調査 概要. 東亜大学校博物館（編）, 남강선사문화세미나요지. 東亜大学校博物館, 釜山. pp. 103-109.

李盛周, 2006. 韓国青銅器時代 '社会' 의 考古学問題. 古文化 68, 7-24.

李秀鴻, 1999. 진주 대평 옥방 1・9지구 유적. 東亜大学校博物館（編）, 남강선사문화세미나요지. 東亜大学校博物館, 釜山. pp. 11-33.

李秀鴻, 2005. 検丹里式土器의 時空間的 位置와 性格에 대한 一考察. 嶺南考古学 36, 43-72.

이신효, 1993. 裡里 富松洞 住居址 発屈調査. 湖南考古学報 1, pp. 91-119.

李栄文, 1990. 遺物相으로 본 湖南地方의 支石墓. 韓国 支石墓의 諸問題 — 湖南地方을 中心으로—. 韓国考古学会, 서울. pp. 31-60.

李隆助・禹鍾允・河文植, 1988c. 牛山里곡천先史遺跡. 全南大学校博物館（編）, 住岩댐水没地域文化遺跡発掘調査報告書V. 全南大学校博物館, 光州. pp. 63-124.

李隆助・李錫麟・河文植・禹鍾允, 1988a. 牛山里곡천支石墓. 全南大学校博物館（編）, 住岩댐水没地域文化遺跡発掘調査報告書II. 全南大学校博物館, 光州. pp. 23-121.

李隆助・河文植・趙詳紀, 1988b. 泗洙里대전支石墓. 全南大学校博物館（編）, 住岩댐水没地域文化遺跡発掘調査報告書IV. 全南大学校博物館, 光州. pp. 227-279.

李宗哲, 2000. 松菊里型 住居址에 대한 研究. 湖南考古学報 12, 85-124.

李柱憲, 1999. 晋州 大坪面 大坪里 先史文化遺跡 発掘調査（漁隠 2 地区 및 玉房 8 地区）. 東亜大学校博物館（編）, 남강선사문화세미나요지. 東亜大学校博物館, 釜山. pp. 95-102.

李眞旼, 2004. 중부 지역 역삼동 유형과 송국리 유형의 관계에 대한 일고찰 —역삼동 유형의 하한에 주목하여—. 韓国考古学報 54, 35-62.

李清圭, 1987a. 大光里신기支石墓. 全南大学校博物館 (編), 住岩댐水没地域文化遺跡発掘調査報告書Ⅰ. 全南大学校博物館, 光州. pp. 24-135.

李清圭, 1987b. 柳坪里유천支石墓. 全南大学校博物館 (編), 住岩댐水没地域文化遺跡発掘調査報告書Ⅳ. 全南大学校博物館, 光州. pp. 329-402.

李清圭, 1988. 南韓地方 無文土器文化의 展開와 孔列土器文化의 位置. 韓国上古史学報 1, 37-92.

李清圭, 1995. 済州島 考古学 研究. 学研文化社, 서울.

李亨求, 1999. 진주 대평리 옥방 5 지구 선사유적 발굴조사와 성과. 東亜大学校博物館 (編), 남강선사문화세미나요지. 東亜大学校博物館, 釜山. pp. 59-79.

李亨源, 2002. 韓国 青銅器時代 前期 中部地域 無文土器 編年 研究. 忠南大学校大学院碩士学位論文, 大田.

李亨源, 2005. 松菊里類型과 水石里類型의 接触様相：中西部地域 住居遺跡을 中心으로. 湖西考古学報 12, 15-33.

李亨源, 2006. 泉川里聚落의 編年的位置 및 変遷—松菊里類型의 形成과 関連하여—. 韓神大学校博物館 (編), 華城 泉川里 青銅器時代 聚落. 韓神大学校博物館, 서울. pp. 179-189.

李浩官・趙由典・安春培, 1976. 長城댐水没地区遺跡発掘調査報告. 全羅南道文化公報室 (編), 栄山江水没地域 遺跡発掘調査報告書. 全羅南道文化公報室, 光州. pp. 155-269.

李弘鍾, 1996. 청동기사회의 토기와 주거. 서경문화사, 서울.

李弘鍾, 2002. 松菊里文化의 時空의 展開. 湖西考古学報 6・7, 77-103.

李弘鍾, 2006. 무문토기와 야요이 토기의 실연대. 韓国考古学報 60, 237-258.

林炳泰・李鮮馥, 1987. 新坪里금평旧石器. 全南大学校博物館 (編), 住岩댐水没地域文化遺跡発掘調査報告書Ⅴ. 全南大学校博物館, 光州. pp. 24-62.

林炳泰・崔恩珠, 1987. 新坪里금평支石墓. 全南大学校博物館 (編), 住岩댐水没地域文化遺跡発掘調査報告書Ⅰ. 全南大学校博物館, 光州. pp. 332-391.

任世權, 1980. 춘천중도의 선사문화—즐문 및 무문토기를 중심으로—. 韓国考古学報 9, pp. 45-69.

林孝沢・河仁秀, 1991. 金海内洞 第 2 号 큰돌무덤. 釜山直轄市立博物館年報 13, 51-70.

全南大学校博物館, 1977. 光州 松岩洞 住居址. 忠孝洞 支石墓. 全南大学校博物館, 光州.

全南大学校博物館, 1982. 同福댐 水没地区 支石墓 発掘調査 報告書. 全南大学校博物館, 光州.

全南大学校博物館, 1990. 麗川市 鳳渓洞 支石墓. 全南大学校博物館, 光州.

全南大学校博物館, 1992. 麗水 五林洞 支石墓. 全南大学校博物館, 光州.

全南大学校博物館, 1993a. 麗川 積良洞 상적 支石墓. 全南大学校博物館, 光州.

全南大学校博物館, 1993b. 麗川 平呂洞 산본 支石墓. 全南大学校博物館, 光州.

全南大学校博物館, 1994. 光陽 元月里 支石墓群. 全南大学校博物館, 光州.

全南大学校博物館, 1997. （湖南高速道路 拡張区間（古西—順天間））文化遺跡発掘調査報告書 I. 全南大学校博物館, 光州.

全南大学校博物館, 1998. 宝城金坪遺跡. 全南大学校博物館, 光州.

全羅北道博物館, 1973. 古阜隱仙里古墳群. 全羅北道博物館, 全州.

全羅北道博物館, 1975. 扶安地方古代囲郭遺跡과 그 遺物. 全羅北道博物館, 全州.

全北大学校博物館, 1992. 全州 如意洞 遺跡—收拾調査報告書. 全北大学校博物館, 全州.

全北大学校博物館, 2001a. 鎮安 龍潭댐 水没地区 内 文化遺跡 発掘調査 報告書Ⅷ —如意谷遺跡—. 全北大学校博物館, 全州.

全北大学校博物館, 2001b. 鎮安 龍潭댐 水没地区 内 文化遺跡 発掘調査 報告書Ⅸ —農山遺跡—. 全北大学校博物館, 全州.

全北文化財研究院, 2006. 井邑 上坪洞遺跡. 全北文化財研究院, 全州.

全榮來, 1987. 석기의 비교. 国史編纂委員会（編）, 한국사론 17（한국의 고고학 4）. 민족문화사, 서울. pp. 131-262.

全州大学校博物館, 1990. 全州, 如意洞先史遺跡 発掘調査報告書. 全州大学校博物館, 全州.

鄭永鎬, 1988. 福橋里복교支石墓. 全南大学校博物館（編）, 住岩댐水没地域文化遺跡発掘調査報告書Ⅳ. 全南大学校博物館, 光州. pp. 183-225.

鄭義道, 1999. 晋州 大坪里 玉房 7 地区 先史遺跡. 東亜大学校博物館（編）, 남강선사문화세미나요지. 東亜大学校博物館, 釜山. pp. 81-93.

정지선, 2010. 南江流域 突帯文土器의 編年. 慶尚大学校大学院碩士学位論文, 晋州.

鄭漢德, 1999. 欣岩里類型 形成過程 再檢討에 대한 토론. 湖西考古学報 1, 158-160.

済州大学校博物館, 1990. 上募里遺跡. 済州大学校博物館, 済州.

済州大学校博物館, 1999. 済州 三陽洞 遺跡. 済州大学校博物館, 済州.

趙由典, 1979. 慶南地方의 先史文化研究—晋陽大坪里遺跡을 中心으로—. 考古学 5・6, 1-77.

趙由典, 1987. 漢江流域의 先史文化研究（1）—山清 江楼里 先史遺跡의 性格—. 韓国考古学報 20, 23-58.

曺華龍, 1987. 韓国의 沖積平野. 教学研究社, 서울.

中央文化財研究院, 2001a. （文白 電気・電子農工団地 造成敷地内）鎮川 思陽里遺跡. 中央文化財研究院, 城南.

中央文化財研究院, 2001b. 論山 院北里遺跡. 中央文化財研究院, 城南.

中央文化財研究院, 2002. (대덕테크노밸리 事業地区内) 大田 官坪洞遺跡. 中央文化財研究院, 城南.

中央文化財研究院, 2004. 遺跡 発掘調査報告書 : 蔚山 斗旺 — 無去間 道路拡張区間内—. 中央文化財研究院, 城南.

池健吉, 1990. 湖南地方고인돌의 型式과 構造. 第 14 回韓国考古学全国大会発表要旨 韓国支石墓의 諸問題—湖南地方을 中心으로—. 韓国考古学会. pp.9-30.

池東植, 1988. 德山里죽산支石墓. 全南大学校博物館 (編), 住岩댐水没地域文化遺跡発掘調査報告書Ⅲ. 全南大学校博物館, 光州. pp. 23-74.

池東植・朴鍾国, 1987. 梧峰里라群支石墓. 全南大学校博物館 (編), 住岩댐水没地域文化遺跡発掘調査報告書Ⅰ. 全南大学校博物館, 光州. pp. 194-330.

昌原大学校博物館, 1995. 咸安 梧谷里遺跡. 昌原大学校博物館, 昌原.

千羨幸, 2003. 無文土器時代 前期文化의 地域性研究 : 中西部地方를 中心으로. 釜山大学校大学院碩士学位論文, 釜山.

崔基龍, 2001. 무제치늪의 화분분석 연구. 한국제 4 기학회지 15-1.

崔基龍, 2002. 한반도의 벼농사 개시기와 자연환경. 韓国考古学会 (編), 韓国農耕文化의 形成. 学研文化社, 서울. pp. 9-24.

崔夢龍, 1973. 영산강유역의 선사 유적・유물. 歴史学報 59, 67-87.

崔夢龍, 1975. 全南地方에서 새로이 発見된 先史遺物 (栄山江流域의 考古学的 調査研究 (5)). 호남문화연구 7, 141-162.

崔夢龍, 1976a. 康津琵山里出土의 磨製石器類. 韓国考古 3, 149-162.

崔夢龍, 1976b. 大草・潭陽댐水没地区発掘調査報告. 全羅南道文化公報室 (編), 榮山江水没地区遺跡発掘調査報告書. 全羅南道文化公報室, 光州. pp. 9-151.

崔夢龍, 1986. 驪州欣岩里先史聚落址. 三和社, 서울.

崔夢龍・權五榮・金承玉, 1989. 大谷里 도롱 住居址. 全南大学校博物館 (編), 住岩댐 水没地区 発掘 調査 報告書Ⅵ. 全南大学校博物館, 光州. pp. 145-394.

崔夢龍・李盛周・李根旭, 1987. 梧峰里아群支石墓. 全南大学校博物館 (編), 住岩댐水没地域文化遺跡発掘調査報告書Ⅰ. 全南大学校博物館, 光州. pp. 302-330.

崔夢龍・李盛周・李根旭, 1989. 洛水里 낙수 住居址. 全南大学校博物館 (編), 住岩댐 水没地区 発掘 調査 報告書Ⅵ. 全南大学校博物館, 光州. pp. 21-144.

崔夢龍・秋淵植, 1984. 洪城 八卦里 풀무학원 所蔵遺物 数例. 古文化 24, pp. 1-15.

崔茂蔵, 1983. 漢江流域의 無文土器. 韓国考古学報 14・15, pp. 61-75.

崔茂蔵, 1988. 誌川里살치 가群支石墓. 全南大学校博物館 (編), 住岩댐水没地域文化遺跡発掘調査報告書Ⅳ. 全南大学校博物館, 光州. pp. 23-100.

崔盛洛, 1988. 誌川里살치 나群支石墓. 全南大学校博物館 (編), 住岩댐水没地域文化遺跡発掘調査報告書Ⅳ. 全南大学校博物館, 光州. pp. 101-181.

崔盛洛, 2006. 일본 야요이시대 연대 문제에 대하여. 韓国考古学報 58, 147-164.

崔鍾圭・安在皓, 1983. 新村里 墳墓群. 国立中央博物館 (編), 中島―進展報告Ⅳ. 国立中央博物館, 서울.

忠南大学校博物館・서울大学校考古美術史学科, 1999. 天安 大興里 遺跡. 忠南大学校博物館, 大田.

忠南大学校博物館, 2002a. 天安 雙龍洞遺跡. 忠南大学校博物館, 大田.

忠南大学校博物館, 2002b. 龍山洞. 忠南大学校博物館, 大田.

忠南大学校博物館, 2002. 天安 雙龍洞遺跡. 忠南大学校博物館, 大田.

忠南大学校博物館, 2006a. 弓洞. 忠南大学校博物館, 大田.

忠南大学校博物館, 2006b. 大田 上書洞遺跡. 忠南大学校博物館, 大田.

忠南大学校百済研究所, 2002. 錦山 水塘里遺跡. 忠南大学校百済研究所, 大田.

忠南発展研究院, 2003. 公州 長善里 土室遺跡. 忠南発展研究院, 公州.

忠北大学校博物館, 1996. 保寧댐 水没地域 発掘調査 報告Ⅱ―평라리 선사유적―. 忠北大学校博物館, 清州.

忠北大学校博物館, 2001. 忠州 早洞里 先史遺跡 (I) ― 1・2 次 調査報告―. 忠北大学校博物館, 清州.

忠北大学校博物館, 2004. 清原 鳳鳴洞遺跡Ⅲ. 忠北大学校博物館, 清州.

忠清南道歴史文化院, 2004a. 扶余 羅福里 遺跡. 忠清南道歴史文化院, 公州.

忠清南道歴史文化院, 2004b. 扶余 甌山里 遺跡. 忠清南道歴史文化院, 公州.

忠清埋蔵文化財研究院, 1999a. （天安―論山間 高速道路 （17-19 地区） 予定敷地内） 公州 安永里遺跡. 忠清埋蔵文化財研究院, 公州.

忠清埋蔵文化財研究院, 1999b. 天安 龍院里遺跡 : A 地区. 忠清埋蔵文化財研究院, 公州.

忠清埋蔵文化財研究院, 2000. 公州貴山里遺跡. 忠清埋蔵文化財研究院, 公州.

忠清埋蔵文化財研究院, 2001. 公州 長院里 遺跡. 忠清埋蔵文化財研究院, 公州.

忠清埋蔵文化財研究院, 2003. 公州安永里새터・신매遺跡. 忠清埋蔵文化財研究院, 公州.

忠清文化財研究院, 2003. 牙山 鳴岩里遺跡 : 11・3 地点. 忠清文化財研究院, 公州.

河仁秀, 1989. 嶺南地方 丹塗磨研土器에 대한 新考察 : 型式分類와 編年을 中心으로. 釜山大学校, 釜山.

河仁秀, 1992. 嶺南地方 丹塗磨研土器의 編年. 嶺南考古学 10, 19-51.

河仁秀, 1995. 彩文土器의 編年 検討. 博物館研究論集 4, 1-23.

하진호, 2013. 대구지역 청동기시대 전기의 편년. 한국청동기학회 (編), 한국청동기새대 편년. 서경문화사, 서울. pp. 209-242.

韓国文化財保護財団, 2000a. 清州 龍岩遺跡 I. 韓国文化財保護財団, 서울.

韓国文化財保護財団, 2000b. 西海岸高速道路（藍浦—熊川）建設区間内 文化遺跡 発掘調査報告書. 韓国文化財保護財団, 서울.

韓国文化財保護財団, 2005. 慶州隍城洞 950-1・7 番地共同住宅新築敷地発掘調査報告書. 韓国文化財保護財団, 서울.

韓国文化財保護財団・韓国道路公社, 2000. 西海岸 高速道路（藍浦—熊川）建設区間内 文化遺跡 発掘調査報告書. 韓国文化財保護財団, 서울.

韓国民俗村・忠北大学校考古美術史学科, 1990. 和順大田先史文化. 韓国民俗村・忠北大学校考古美術史学科, 清州.

韓南大学校博物館, 1997. 大田 九城洞 遺跡. 韓南大学校博物館, 大田.

翰林大学校博物館, 2002. 춘천 하중도 제방공사 구간 문화유적 발굴조사 보고서. 翰林大学校博物館, 春川.

翰林大学校博物館, 2003a. 동해고속도로 확장・신설구간 (송림리) 문화유적 발굴조사 보고서. 翰林大学校博物館, 春川.

翰林大学校博物館, 2003b. 춘천 신매대교부지 문화유적 발굴조사 보고서. 翰林大学校博物館, 春川.

翰林大学校博物館, 2004. 춘천 거두지구 문화재 시굴조사 보고서. 翰林大学校博物館, 春川.

韓神大学校博物館, 2006. 華城 泉川里 青銅器時代 聚落. 韓神大学校博物館, 서울.

漢陽大学校文化人類学科・韓国先史文化研究所, 1994. 多栗里. 堂下里 支石墓 및 住居址. 漢陽大学校文化人類学科・韓国先史文化研究所, 서울.

漢陽大学校博物館, 1990. 安眠島 古南里 貝塚（1 次 発掘調査報告書）. 漢陽大学校博物館, 서울.

漢陽大学校博物館, 1997. 光明 駕鶴洞 支石墓. 漢陽大学校博物館, 서울.

漢陽大学校博物館, 1999. 晋州 上村里 2 号 支石墓 및 先史 遺跡. 漢陽大学校博物館, 서울.

漢陽大学校博物館・文化人類学科, 1996. 富川 古康洞 先史遺跡 発掘 調査 報告書. 漢陽大学校博物館, 서울.

漢陽大学校博物館・文化人類学科, 1999. 富川 古康洞 先史遺跡 第3 次 発掘 調査 報告書. 漢陽大学校博物館, 서울.

漢陽大学校博物館・文化人類学科, 2000. 富川 古康洞 先史遺跡 第4 次 発掘 調査 報告書. 漢陽大学校博物館, 서울.

韓永熙, 1986. 国立晋州博物館 新収品（1984 ～ 85）紹介—慶南地方出土 青銅器時代 遺物—. 嶺南考古学 1, 151-167.

湖南文化財研究院, 2005. 長興 新豊遺跡 I. 湖南文化財研究院, 潭陽.

湖南文化財研究院, 2006. 務安 桶亭遺跡. 湖南文化財研究院, 潭陽.

湖南文化財研究院, 2007a. 井邑 長水洞・新龍里遺跡. 湖南文化財研究院, 潭陽.

湖南文化財研究院, 2007b. 羅州 永川遺跡. 湖南文化財研究院, 潭陽.

홍밝음, 2013. 전남지역 청동기시대 조—전기문화의 변천과정. 한국청동기학회 (編), 한국 청동기새대 편년. 서경문화사, 서울. pp. 327-353.

黄龍渾, 1988. 竹山里하죽 가群支石墓. 全南大学校博物館 (編), 住岩댐水没地域文化遺跡発掘調查報告書Ⅲ. 全南大学校博物館, 光州. pp. 219-253.

黄相一, 2001. 한강 하류 일산들에서의 현세 해수면변동. 한국의 제4기환경. 서울대학교출판부, 서울. pp. 150-152.

黄相一・尹順玉, 2000. 蔚山 大和江 中・下流域의 Holocene 自然環境과 盤龍台 先史人의 生活变化. 韓国考古学報 43, 67-112.

皇城洞遺跡発掘調查団, 1991. 慶州隍城洞 遺跡 第一次 発掘調查 概報. 嶺南考古学 8, 1-102.

黄炫眞, 2004. 嶺南地域의 無文土器時代 地域性研究—東南海岸 無文土器文化를 中心으로—. 釜山大学校大学院碩士学位論文, 釜山.

[**中国語**] （五十音順）

王成生, 2003. 遼寧出土銅戈及相関問題的研究. 遼寧省文物考古研究所 (編), 遼寧考古文集. 遼寧民族出版社, 瀋陽. pp. 217-241.

岡内三真, 2002. 燕下都出土銅戈的啓示. 辺疆考古研究 1, 63-66.

竺可楨, 1972. 中国近五千年来気候変遷的初步研究. 考古学報 1, 15-38.

田広金・史培軍, 1997. 中国北方長城地帯環境考古学的初步研究. 内蒙古文物考古 2, 44-51.

[**英語**] （アルファベット順）

Akazawa, T., 1986.Hunter-gatherer adaptations and the transition to food production in Japan. In: Zvelevil, M. (ed.), Hunter in Transition. Cambridge University Press, London. pp. 151-165.

Bentley, R., Alexander, T., Douglas, P., Jens, L., Detlef, G., Joachim, W., Paul D, F., 2002. Prehistoric migration in europe: strontium isotope analysis of early neolithic skeletons. Current Anthropology 43(5), 799-804.

Boguchi, P., 1998. Holocene Climatic Variability and Early Agriculture in Temperate Europe. In: Zvelebill, M., Domanska, L., Dennell, R. (ed.), Harvesting the Sea, Farming the Forest. Sheffield Academic Press, Sheffield. pp. 77-86.

Bowman, S., 1990. Radiocarbon Dating. British Museum Press, London.

Childe, V.G., 1956. Piecing together the past: the interpretation of archæological data. Routledge & K. Paul, London.

Clarke, D.L., 1968. Analytical Archaeology. Methuen&Co LTD, London.

Clarke, D.L., 1978. Analytical Archaeology (2nd ed.). Columbia U.P, Columbia.

Damon, P.E., Donahue, D.J., Gore, B.H., Hatheway, A.L., Jull, A.J., Linick, T.W., Sercel, P.J., Toolin, L.J., Bronk, C.R., Hall, E.T., Hedges, R.E.M., Housley, R., Law, I.A., Perry, C., Bonani, G., Trumbore, S., Woelfli, W., Ambers, J.C., Bowman, S.G.E., Leese, M.N., Tite, M.S., 1989. Radiocarbon dating of the shroud of turin. Nature 337, 611-615.

Deetz, J., 1967. Invitation to Archaeology. Doubleday, New York.

Doi, N., Tanaka, Y., 1987. A geographical cline in metrical characteristics of kofun skulls from western Japan. 人類学雑誌 95(3), 325-343.

Fagan, B., 2000. The little ice age. Basic Books, New York.

Hanihara, K., 1987. Estimation of the number of early migrants to Japan: A simulative study. 人類学雑誌 95(3), 391-403.

Hashino, S., 2006a.The regional variability and transformation process of the red burnished jars of southern Korea and the Northern Kyushu region of Japan. In: World Archaeological Congress (ed.), World Archaeological Congress, Inter-Congress: Osaka, 2006, Kyosei-no-Koukogaku: Coexistence in the Past-Dialogues in the Present, Program & Abstracts. World Archaeological Congress, Osaka. pp. 16-17.

Hashino, S., 2006b. The dolmen diffusion process in Southern Edge of Korean Peninsula and Northern Kyushu region. Interaction and Transformations 4, 1-52.

Hashino, S., 2010.Rice paddy agriculture diffusion mechanism: A case study of diffusion from southern Korea to Japan. In: ESF-JSPS (ed.), ESF-JSPS Fronthier Science Conference Series for Young Researchers. ESF-JSPS, Fukuoka. pp. 148-149.

Hashino, S., 2011.The diffusion process of red burnished jars and rice paddy field agriculture from the southern part of the Korean peninsula to the Japanese Archipelago. In: Matsumoto, N., Bessho, H., Tomii, M. (ed.), Coexistence and Cultural Transmission in East Asia (One World Archeology). Left Coast Press. pp. 203-221.

Hashino, S., 2016. Immigrants and interaction: A case of the Japanese Archipelago and the Korean peninsula before and after the beginning of paddy-field agriculture. The Eighth World Archaeological Congress, Kyoto, Japan,

Iizuka, M., Nakahashi, T., 2002. A population genetic study on the transition from Jomon people to Yayoi people. Genes & Genetic Systems 77, 287-300.

Keesing, R.M., 1975. Kin groups and social structure. (小川正恭・笠原政治・河合利光訳. 親族集団と社会構造. 未来社, 東京).

Kristiansen, K., 1998. Europe before history. Cambridge University Press, London.

Kusaka, S., Ando, A., Nakano, T., Yumoto, T., Ishimaru, E., Yoneda, M., Hyodo, F., Katayama, K., 2009. A strontium isotope analysis on the relationship between rital tooth ablation and migration among the Jomon people in Japan. Journal of Archaeological Science 36, 2289-2297.

McEvedy, C., Jones, R., 1978. Atlas of world population history. Facts on File, New York.

Mizoguchi, Y., 1988. Affinities of the protohistoric kofun people of Japan with pre and proto-historic asian populations. 人類学雑誌 96(1), 71-109.

Ota, Y., Matsushita, Y., Moriwaki, H., 1981. Atlas of holocene sealevel records in Japan: IGCP Project 61. International Geological Correlation Programme.

Reimer, P.J., Baillie, M.G., Bard, E., Bayliss, A., Beck, J.W., Bertrand, C.J.H., Blackwell, P.G., Buck, C.E., Burr, G.S., Cutler, K.B., Damon, P.E., Edwards, R.L., Fairbanks, R.G., Friedrich, M., Guilderson, T.P., Hogg, A.G., Hughen, K.A., Kromer, B., McCormac, G., Manning, S., Ramsey, C.B., Reimer, R.W., Remmele, S., Southon, J.R., Stuiver, M., Talamo, S., Taylor, F.W., Plicht, J.v.d., Weyhenmeyer, C.E., 2004. IntCal04 terrestrial radiocarbon age calibration. Radiocarbon 46, 1029-1058.

Sakaguchi, Y., 1982. Climatic variability during the holocene epoch in Japan and its causes. Bulletin of the Department of Geography, University of Tokyo 14, 1-27.

Sakaguchi, Y., 1983. Warm and cold stages in the past 7600 years in Japan and their global correlation —especially on climatic impacts to the global Sea level changes and the ancient Japanese history –. Bulletin of the Department of Geography, University of Tokyo 15, 1-31.

Simmons, I.G., Michael, M.J., 1981. The Environment in British Prehistory. Duckworth, London.

Stark, M.T., 1998. Technical choices and social boundaries in material culture Pattering: An introduction. In: Stark, M.T. (ed.), The Archaeology of social boundaries. Smithsonian Institution Press, Smithsonian. pp. 1-11.

Taylor, T., 2001. Thracians, scythians and dacians, 800 BC-AD 300. In: Cunliffe, B. (ed.), Oxford Illustrated History of Prehistoric Europe. Oxford University Press, Oxford. pp. 373-410.

Winkler, M.G., Wang, P.K., 1993. The late-quaternary vegetation and climate of China. In: Wright, H.E.J. (ed.), Global climates since the last glacial maximum. University of Minnesota Press, Minnesota. pp. 221-264.

Yasuda, Y., Fujiki, T., Nasu, H., Kato, M., Morita, Y., Mori, Y., Kanehara, M., Toyama,

S., Yano, A., Okuno, M., Jiejun, H., Ishihara, S., Kitagawa, H., Fukusawa, H., Naruse, T., 2004. Environmental archaeology at the Chengtoushan site, Hunan Province, China, and implications for environmental change and the rise and fall of the Yangtze River civilization. Quaternary International 123-125, 149-158.

Zvelevil, M., Rowley-Conwy, P., 1984. Transition of farming in Northern Europe; a hunter-gather's perspective. Norwegian Archaeological Review 17, 104-128.

あとがき

　本書は，2012 年 3 月に九州大学大学院比較社会文化学府へ提出した博士学位論文をもとに，その後の研究成果も加え，まとめ直したものである。既発表論文による部分も含まれるが，大幅に書き改めたものや複数の論文を分割・再構成した部分もあり，多くは初出論文のままではない。本書との関係を示すと，以下の通りである。

　第 1 章第 1 節 1・第 2 節 1・第 3 節 1：2010b

　第 1 章第 1 節 3：2003a・2003b・2008b・2008c・2015b

　第 1 章第 2 節 3・第 3 節 2：2003a・2003b・2008b・2008c

　第 2 章第 2 節：2010b

　第 3 章：2014a

　第 4 章第 1 節 1 〜 3・第 2 節 1 〜 3：2003a

　第 4 章第 1 節 4：2001

　第 4 章第 2 節 4：2015b

　第 5 章第 1 節 1 〜 4・第 2 節 1：2008b

　第 5 章第 1 節 5・第 2 節 2：2015a

　第 6 章第 1 節 1・第 2 節 1：2003b

　第 6 章第 1 節 2・第 2 節 2：2011b（英）

　第 6 章第 2 節 3：2003b・2011b（英）

　第 7 章：2008c

　第 8 章第 2 節・第 3 節：2014b

　第 8 章第 4 節：2003a

　第 8 章第 6 節：2010a・2014b

　第 8 章第 7 節：2001

　第 8 章第 8 節：2009

第 8 章第 9 節：2014b・2016a・2016（英）

　それ以外は博士学位論文をもとに，加筆・修正を行ったものである。とくに第 2 章第 1 節は，韓国での資料蓄積や研究の現状をふまえて，書き下ろした新稿である。

　主査の故・田中良之先生には，研究の構想段階から遂行にいたるまで終始，懇切なご指導をいただいた。先生からは考古学だけでなく，学問に臨む態度・姿勢をはじめ，人としての生き方までを学ばせていただいた。先生からのご指導は，出来の悪い卒論しか書けなかった私を厳しく叱責された考古学研究室追い出しコンパ 2 次会の「陣太鼓」に始まり，大学院に進学し，博士学位を取得するまで続いた。この間，ときおり鬱屈した時間を過ごすこともあった私に，ひたすら前へと進む勇気を与えてくださったのも先生であった。本来ならば，本書は誰よりもさきに先生にお届けするはずであった。しかし，怠惰な私がそうする前に，先生は逝かれてしまった。痛恨の極みである。不肖の弟子を先生は天国からどうご覧になっているのであろうか。

　副査の岩永省三・溝口孝司・宮本一夫・武末純一の諸先生には，有益なご助言をいただくとともに，細部にわたりご丁寧なご指導をいただいた。岩永先生からは，先入観なしに純粋な論理で物事を考えること，方法を十分に吟味して研究することの大切さを学んだ。溝口先生からは，世界の考古学界の最新動向をふまえた有益なご教示をいただくとともに，英語を敬遠しがちであった私を国際的な場に導いていただいた。宮本先生からは，細かなことにこだわり，とかく視野が狭くなりがちな私を，東アジア世界を広く見渡したうえで，歴史的な意義づけができるようご指導いただいた。武末先生からは，日韓考古学の先輩として，学史や資料の正しい理解について，つぶさにご指導いただくとともに，叱咤激励いただいた。

　中橋孝博先生，佐藤廉也先生，辻田淳一郎先生からは，大学院の授業や日常的な場を通じて，多くのご助言，ご指導をいただいた。西谷正先生からは，私が学部生時，韓国考古学の手ほどきを受けてから今日にいたるまで，温かくご指導いただいている。九州大学大学院比較社会文化学府基層

構造講座・比較基層文明講座，大学院人文科学府歴史空間論専攻アジア史学考古学専修の諸氏には，学内でのゼミ発表や日常的な場を通じて，よき討論相手となっていただいた。とくに，私が所属した当時の基層構造講座は，考古学と自然人類学の院生が席を並べ，専門の全く異なる者同士が侃々諤々の議論を行うような，自由奔放かつ独特な雰囲気をもつ場所であった。こうした環境が，私の研究に大きな影響を与えたのは間違いない。以上の諸先生・諸氏に深謝の意を表したい。

　また，私は大学院博士後期課程在籍時に，幸運にも二度にわたって大韓民国への留学を経験することができた。2003 年 10 月から 2004 年 8 月までの東国大学校慶州キャンパス埋蔵文化財研究所への留学では，同大学校人文大学考古美術史学科の安在晧先生，姜賢淑先生には，私の研究活動に対して格別のご配慮をいただくとともに，生活面についてもお気遣いいただいた。また，2005 年 3 月から 12 月までのソウル大学校人文大学考古美術史学科への留学では，同学科の任孝宰先生（当時）をはじめとする諸先生には，様々なご助言とともに数々の学問的刺激をいただいた。以上の韓国の諸先生にも深謝の意を表したい。

　博士学位取得後の 2013 年 2 月には，下條信行先生を代表者とする共同研究（古代学協会）の還元事業として，シンポジウムが福岡で開催され，私も共同研究者の一人として発表する機会を得た。そこで発表した内容は，博士論文のエッセンスともいうべきものであり，その後，『列島初期稲作の担い手は誰か』（古代学協会編，下條信行監修，すいれん舎，2014）で文章化された。貴重な機会をいただいた下條先生，シンポジウムの席上で有益なご教示をいただいた全ての方々に感謝の意を表したい。

　2013 年 4 月より，思いもよらず，故郷にある大学，徳島大学に勤務することとなった。職場は幸運にも（？）私の専門とする水稲農耕開始期の集落遺跡，庄・蔵本遺跡の真上に位置し，この遺跡の調査とそこから出土した遺物の整理作業に追われる毎日を送っている。同大学教授の中村豊氏からは仕事だけに限らず，研究の面でも数多くのご助力をいただいている。同大学名誉教授の東潮先生からも事あるごとに，有益なご助言とご指導を

いただいている。また，職場を会場として，ほぼ毎月，開催されている考古フォーラム蔵本のメンバーの皆様からも様々なご教示をいただいている。以上の方々に感謝の意を表す次第である。

　以下の諸先生・諸氏・諸機関には，九州大学在籍時の授業や日常的な場，学会・研究会，資料調査などを通じて，有益なご教示と様々なご協力をいただいた。記して感謝の意を表したい（敬称略・五十音順）。

　石井扶美子，石井陽子，石川日出志，石田智子，板倉有大，井上義也，岩橋由季，上田恵，宇野愼敏，大槻瓊士，大庭孝夫，大森真衣子，岡部裕俊，奥野正人，小田富士雄，郭鍾喆，片山まび，勝部智明，加藤光臣，片岡宏二，金田一精，上角智希，亀田修一，蒲原宏行，姜奉遠，岸本圭，木村幾多郎，金恩瑩，金宰賢，金姓旭，金想民，久住猛雄，粂畑光博，康昌和，河眞鎬，孔奉石，甲元眞之，児玉洋志，後藤直，小南裕一，齋藤瑞穂，Simon Kaner，坂本豊治，坂元雄紀，佐藤浩司，重藤輝行，島津義昭，庄田慎矢，新宅信久，進村真之，菅波正人，杉本岳史，崔景圭，崔得俊，陳有貝，澤下孝信，重見泰，柴尾俊介，申敬澈，須賀照隆，全玉年，孫豪晟，孫晙鎬，高久健二，高倉洋彰，高椋浩史，田子森千子，田崎博之，池珉周，趙榮済，趙賢庭，沈奉謹，堤伴治，鄭義道，董眞淑，徳本洋一，中島達也，西岡義貴，西健一郎，西江幸子，能登原孝道，裵德煥，林潤也，秀島貞康，平郡達哉，福田啓人，藤野好博，藤丸詔八郎，古澤義久，朴東百，星野惠美, Martin T. Bale，間壁忠彦，松本直子，三阪一徳，三原一将，宮里修，宮地聡一郎，森下靖士，山崎純男，山崎頼人，山田広幸，山村信榮，李弘鍾，李作婷，李昌熙，李正鎬，Richard Pearson，李東冠，李東注，李ハヤン，柳昌煥，柳智賢，若杦善満，脇山佳奈，渡辺正気，渡辺芳久

　諫早市教育委員会，出雲市教育委員会，糸島市教育委員会，ウリ文化財研究院，蔚山文化財研究院，愛媛県教育委員会，大阪市立東洋陶磁美術館，大野城市教育委員会，小郡市教育委員会，鹿島町教育委員会，春日市奴国の丘歴史資料館，粕屋町教育委員会，唐津市教育委員会，韓国考古環境研究所，苅田町教育委員会，北九州市教育委員会，北九州市芸術文化振興財団，北九州市立自然史歴史博物館，九州大学総合研究博物館，九州大学大

学院人文科学研究院考古学研究室，九州大学大学院比較社会文化研究院基層構造講座，熊本市教育委員会，倉敷考古館，慶尚大学校博物館，慶南発展研究院，慶南文化財研究院，江陵大学校博物館，古賀市歴史資料館，済州文化芸術財団，佐賀県立博物館，三江文化財研究院，島根県教育庁埋蔵文化財調査センター，ソウル大学校博物館，太宰府市教育委員会，忠清文化財研究院，東亜大学校博物館，東義大学校博物館，東国大学校博物館，東国大学校埋蔵文化財研究所，東新大学校博物館，徳島大学埋蔵文化財調査室，福岡県教育委員会，福岡市教育委員会，福津市教育委員会，釜山大学校博物館，宗像市教育委員会，木浦大学校博物館，柳川市教育委員会，山口県埋蔵文化財調査センター，嶺南文化財研究院

なお本書の一部は，2002 年度韓国国際交流財団研究奨学資金，2003 年度大阪市立東洋陶磁美術館奨学補助金，2003 年度笹川科学研究助成金，2005 年度大韓民国ソウル大学交換留学奨学金，2014 年度高梨学術奨励基金若手研究助成，2015 年度韓昌祐・哲文化財団研究助成，2015 年度稲盛財団研究助成，JSPS 科研費 09J04282，同 15K16871 による成果にもとづく。

本書の出版をお引き受けいただいたすいれん舎社長の高橋雅人氏をはじめ同社の方々に心よりお礼申し上げる。また，装丁では篠塚明夫氏にたいへんお世話になった。

最後に，つねに私の意志を尊重し，のびのびと育ててくれた両親，仕事から体調管理にいたるまでの多くを献身的に支えてくれている妻・裕美，まだ幼い息子・湊太に本書を捧げたい。

2017 年 12 月

端野 晋平

端野 晋平（はしの しんぺい）

1976年，徳島県生まれ。九州大学文学部卒業，九州大学大学院比較社会文化学府博士後期課程単位取得退学。現在，徳島大学埋蔵文化財調査室室長・准教授。日韓考古学専攻，博士（比較社会文化）。
主な著作
「渡来文化の形成とその背景」（古代学協会編，下條信行監修『列島初期稲作の担い手は誰か』すいれん舎，2014）
"The diffusion process of red burnished jars and rice paddy field agriculture from the southern part of the Korean peninsula to the Japanese Archipelago," Coexistence and Cultural Transmission in East Asia (One World Archeology), Left Coast Press, January, 2011.

著者紹介

初期稲作文化と渡来人
― そのルーツを探る ―

2018年5月30日第1刷発行

著　者	端野晋平
発行者	高橋雅人
発行所	株式会社 すいれん舎

〒101-0052
東京都千代田区神田小川町 3-14-3-601
電話03-5259-6060 FAX 03-5259-6070
e-mail masato@suirensha.jp

印刷・製本	モリモト印刷株式会社
装　丁	篠塚明夫

©Shinpei Hashino
ISBN978-4-86369-558-0 Printed in Japan